2020年
上海市体育决策咨询研究成果报告

上海市体育局　编

2020 NIAN SHANGHAISHI
TIYU JUECEZIXUN YANJIU CHENGGUO BAOGAO

上海大学出版社
·上海·

图书在版编目(CIP)数据

2020年上海市体育决策咨询研究成果报告 / 上海市体育局编. —上海：上海大学出版社,2021.8
ISBN 978-7-5671-4305-0

Ⅰ.①2… Ⅱ.①上… Ⅲ.①体育事业—研究报告—上海—2020 Ⅳ.①G812.751

中国版本图书馆CIP数据核字(2021)第157702号

责任编辑　傅玉芳
封面设计　柯国富
技术编辑　金　鑫　钱宇坤

2020年上海市体育决策咨询研究成果报告
上海市体育局　编
上海大学出版社出版发行
(上海市上大路99号　邮政编码200444)
(http://www.shupress.cn　发行热线 021-66135112)
出版人　戴骏豪
＊
南京展望文化发展有限公司排版
上海颛辉印刷厂有限公司印刷　　各地新华书店经销
开本 787mm×960mm　1/16　印张 33.25　字数 562千
2021年8月第1版　2021年8月第1次印刷
ISBN 978-7-5671-4305-0/G·3378　定价 78.00元

版权所有　侵权必究
如发现本书有印装质量问题请与印刷厂质量科联系
联系电话: 0510-56152633

编委会名单

主　编　徐　彬

副主编　许　琦

编　委（以姓氏笔画排序）

　　　　　余诗平　宋　娟　张　蓓

　　　　　赵文杰　曹可强

编　辑　路　宁

全面推进全球著名体育城市建设

(代序)

上海市体育局党组书记、局长　徐　彬

体育是社会发展和人类进步的重要标志,是综合国力和社会文明程度的重要体现。展望2035年,在国家远景目标描绘中,体育与文化、教育、人才并列,是强国目标之一。2020年10月,上海市人民政府办公厅印发《上海全球著名体育城市建设纲要》,确定了全球著名体育城市"三步走"战略,积极打造活力之城、赛事之都、体育资源配置中心、体育科技创新中心、体育消费中心和体育文化中心,最终形成"一城一都四中心"的发展格局。

我们深刻地体会到,全球著名体育城市的建设离不开对上海强大的城市功能与多元的发展优势的依赖,只有搭准上海城市发展的脉搏,在上海市经济社会发展大局中找准自身的发展定位,才能在上海具有世界影响力的社会主义现代化国际大都市和充分体现中国特色、时代特征、上海特点的人民城市建设中发挥出更为切实的效用。《上海市国民经济和社会发展第十四个五年规划和二〇三五远景目标纲要》提出,"十四五"时期,要"全面推动全球著名体育城市建设",就是要在"十三五"建成框架体系的基础上,力争"十四五"基本建成全球著名体育城市。未来五年,我们将牢固树立创新、协调、绿色、开放、共享的新发展理念,推进上海体育治理体系和治理能力现代化,走出一条与社会主义现代化国际大都市相适应的都市型体育高质量发展新路径。

一、坚持融合发展,推进全民健身焕发新活力

全民健康从"治已病"向"治未病"转变的思路渐入人心,要着力回应市民健康需求,推动健康关口前移,建立部门协同、全社会共同参与的运动促进健

康新模式。要优化体育设施布局,梳理体育健身设施现状,制定体育健身设施补短板五年行动计划,千方百计挖掘潜力,构建"处处可健身"的高品质运动空间;建成徐家汇体育公园、浦东足球场等重大设施,集体育健身和休闲娱乐等多元功能为一体的都市运动中心实现各区全覆盖。要共同秉持健康第一的教育理念,"体教融合"大有可为,让孩子们动起来、拼起来、壮起来,文明其精神、野蛮其体魄,让祖国的未来健康成长。

二、强化科技支撑,构建竞技体育发展新体系

要主动适应东京奥运会延期对竞技体育和体育赛事带来的深刻变革和挑战。要充分发挥上海科创中心优势,注重训练理念、方法和手段的研究和创新,提高科技助力水平,打造国际一流的竞技体育科研中心、运动医疗康复中心,强化运动队复合型训练管理团队建设,加强体育科技成果转化,率先走出竞技体育高质量发展的道路。要坚持有所为有所不为,推动奥运优势项目、传统基础大项、集体球类项目和城市特色项目发展,形成重点清晰、功能互补的项目布局。要不断优化职业体育发展环境,大力推进"三大球"等重点项目职业化发展,加大改革试点力度,努力打造一批与上海城市地位相匹配的百年职业体育俱乐部和品牌体育赛事。

三、更新体育理念,促进体育产业实现新跨越

2020年9月习近平总书记在教育文化卫生体育领域专家代表座谈会上明确指出,体育是促进经济社会发展的重要动力。2020年之前,上海体育产业年均增长18%以上,日益成为上海推动高质量发展中新的增长点。到2025年,体育产业总规模要在2020年基础上翻一番;到2035年,体育产业要发展成为国民经济支柱性产业。要坚持集聚发展,依托体育场馆设施、体育赛事、体育企业等资源,培育若干个符合市场规律、具有引领作用的体育产业集聚区。要坚持创新发展,大力推进新技术在体育领域的应用,创新生产方式、服务方式和商业模式,积极培育数字体育,发展体育智能制造,加快体育场馆设施智能化改造升级。要坚持消费引领,优化体育产品供给,打造运动社交、主题活动、住宿餐饮等复合型消费场景,激发体育消费热情。

"十四五"时期,围绕建设全球著名体育城市的目标,上海体育将始终坚持

政府体制与市场机制相结合、体育健身与人民健康相结合、弘扬体育精神与坚定文化自信相结合,持续推动从办体育向管体育、从小体育向大体育、从体育向"体育+"转变,不断满足市民对美好生活的向往,让人人从参与体育中收获健康,让整座城市因体育而更富生机与活力。

目 录
Contents

（标★者为优秀课题）

●●● 第1篇 群众体育

★上海市居民体育锻炼水平及健康促进研究
.... 姚 芹 季 锋 韦玮玲 3

★上海基本公共体育服务体系研究............... 陈 丹 陈 灏 曹可强 16

★格林模式视角上海市居民健康促进策略研究................ 叶 宇 31

上海推动冰雪运动加快发展的路径与政策研究............... 倪京帅 50

"体医结合"的发展现状和上海市推进策略研究报告
.... 王 磊 胡德平 蔡玉军 张 烨 68

上海城市社区基本公共体育服务体系建设研究
.... 夏正清 俞东寿 韩 雪 娄笑升 姚 武 87

"健康上海"视域下上海市全民健身与全民健康深度融合的现实困境及
突破路径的研究............... 杨至刚 王 茹 刘丰彬 赵新平 105
　　　　　　　　　　　朱为模 董静梅 尚延侠 裴会义

协会实体化改革背景下实现上海冰雪运动快速发展的协同机制
研究............... 申 亮 刘 兵 周 艳 邱达玮 118

●●● 第2篇 竞技体育（青少年体育）

★上海市公园绿地和居民住宅区建设儿童青少年健身设施的困境与治理
路径研究............... 孙铭珠 侯士瑞 尹志华 王 佳 133
　　　　　　　　　　　葛耀君 邹 薇 李璐雯

上海规范青少年足球培训市场机构研究
　　……………………颜中杰　陈富贵　孙　岩　王文胜　159
　　王长琦　颜凯林　孙明远

上海市高校高水平运动员倦怠现状、成因及发展对策
　　研究……………李　森　张庆文　唐晓清　罗艳蕊　刘江山　177

"体教融合"背景下上海市竞技体育后备人才培养
　　研究………………………杨　烨　申彦丽　李豪靓　周战伟　193
　　崔　燕　顾倩倩　朱小丽

校园足球课程对上海市青少年体质健康指标的影响研究
　　——基于FIFA 11健康足球课程
　　……………………沈寅豪　朱建明　杨　炀　王　强　陈　勇　204

"十四五"期间上海市青少年体育发展评价体系
　　研究………………刘　阳　李　博　修　晨　霍倩文　施利娟　212
　　韩姗姗　张丹青　洪金涛　王　飞

上海"三大球"发展现状及改革
　　研究………………朱从庆　张　怡　李　俊　谢　懿　曾　彦　224
　　姜志成　张元文　邱路遥　曹玉洁　成奥晨

全面备战奥运视角下上海市竞技体育项目布局
　　研究…………马　佩　姜传银　薛玉佩　吴旭东　郝宝泉　孔令彦　235

●●● 第3篇　体育产业

★上海建设国内外重要的体育资源配置中心
　　研究………………………郭　华　曹如中　朱君璇　黄英实　253
　　尚珊珊　卢倩芸　高卫卫

上海高端体育装备制造业提升路径与消费引领对策研究………周晓燕　273

上海建设国内外重要的体育资源配置中心的现状及
　　对策…………徐　斌　丁云霞　胡小杰　沈　敏　王　海　朱自强　287

融媒体时代上海自主品牌体育赛事的品牌价值提升策略………齐　超　302

上海高端体育装备制造消费引领研究………………………………于嵩昕　314

上海体育特色小镇建设模式和发展路径
　　研究………………………李　霞　王筱莉　张　强　江　瑶　刘　笑　325

长三角区域体育旅游一体化的现状、困境与出路 …… 周　珊　晏　慧　*343*

上海培育自主品牌体育赛事研究

　　………………………… 李玉峰　黄紫薇　张　凡　孔庆涛　*358*

提升全球著名体育城市文化软实力：创新上海体育赛事文化发展

　　策略 ………………… 卢天凤　邱佳玉　张文佳　张晓宇　*370*

　　　　　　　　　　　　　　王　敏　顾昌杰　何琛珏

第4篇　体育法治（体育管理）

★ 上海全球著名体育城市建设研究

　　………………………… 陈林华　胡美华　张大治　徐晋妍　*385*

★ 基于数字技术的上海体育市场事中事后全息型监管体系

　　研究 ………………… 王　跃　曾　理　王　静　宋可可　*401*

　　　　　　　　　　　　　　肖巧俐　杜　梅　吴　婷　汪　艳

★ 上海电竞产业生态系统发展研究 ……………………… 季　丹　*421*

上海大型体育场馆委托运营管理模式

　　研究 ………………… 鲁　荻　李兴林　秦　曼　刘　今　*435*

上海发挥单项体育协会作用推进体育治理能力现代化

　　研究 …………………………………… 马德浩　薛昭铭　*450*

上海体育市场事中事后监管研究 ……………… 黄海燕　刘蔚宇　*476*

上海市黄浦区电子竞技产业研究与政策

　　建议 ………… 沈　云　杨　越　吴　鸿　袁建国　李志朋　刘忠亚　*490*

疫情防控常态化背景下体育赛事医疗保障对策

　　研究 ………………… 王惠英　贾　波　孙　峰　张　昂　*501*

编后语

第1篇 群众体育

上海市居民体育锻炼水平及健康促进研究

姚 芹 季 锋 韦玮玲[*]

一、居民体育锻炼水平与健康促进的研究逻辑分析

（一）关键概念界定

要分析研究上海市居民体育锻炼水平与健康促进，首先必须对这两个概念进行界定。

关于"体育锻炼水平"，学术界还没有明确的界定，目前普遍使用的是"经常参加体育锻炼"这一标准。该标准于2007年由国家体育总局在《全国第三次城乡居民参加体育锻炼现状调查公报》中提出，指的是：每周参加体育锻炼频度3次及以上，每次体育锻炼持续时间30分钟及以上，每次体育锻炼的运动强度达到中等及以上。该标准从参与体育锻炼的角度对体育锻炼的水平进行了界定，且被作为《上海市全民健身实施计划（2016—2020年）》（以下简称《实施计划》）和《"健康上海2030"规划纲要》（以下简称《规划》）的关键性指标。

需要指出的是衡量体育锻炼的水平不仅只有"参与"这个维度，还应包括具体的锻炼效果。2013年印发的《国家体育总局 教育部 全国总工会关于国家体育锻炼标准施行办法》指出："《国家体育锻炼标准》（以下简称《锻炼标准》）是以检验公民体育锻炼效果、评价身体素质为目的，以测验达标为手段的

---

[*] 本文作者简介：姚芹，上海体育学院经济管理学院副教授，博士，研究方向：全民健身效果研究；季锋，上海市社会体育管理中心（上海市体育竞赛管理中心）赛事活动部主任，硕士，研究方向：竞赛组织；韦玮玲，上海市社会体育管理中心（上海市体育竞赛管理中心）赛事活动部科员，硕士，研究方向：竞赛组织。

评价体系。"2019年《体育总局 卫生健康委 全国总工会 共青团中央关于广泛开展国家体育锻炼标准达标测验活动的通知》明确了广泛开展国家体育锻炼标准达标测验活动的目标任务:"逐步把国家体育锻炼标准达标测验合格率作为衡量各地市群众体育发展的重要指标。目前衡量各地群众体育发展水平的主要指标是'经常参加体育锻炼的人数比例'和'国民体质达标率'","实时测算出各地国家体育锻炼标准达标测验合格率,让这些及时、准确、权威的数据为各地体育、卫生健康、工会、共青团等部门决策服务,为各地广大群众参加体育锻炼提供参考。"

由此可见,虽然对"体育锻炼水平"没有明确的界定,但是以检验公民体育锻炼效果、评价身体素质的《锻炼标准》可作为衡量居民体育锻炼水平的标准。因此,本研究中"上海市居民体育锻炼水平"可界定为:上海市居民根据国家体育锻炼标准所达到的体育锻炼等级。

"健康促进"一词是1986年11月21日由世界卫生组织(WHO)在加拿大的渥太华召开的第一届国际健康促进大会上首先提出的,"健康促进是促使人们维护和改善他们自身健康的过程"。2000年第五届全球健康促进大会上"健康促进"被更清晰地解释为:"健康促进就是要使人们尽一切可能让他们的精神和身体保持在最优状态,宗旨是使人们知道如何保持健康,在健康的生活方式下生活,并有能力做出健康的选择。"美国健康促进杂志将"健康促进"定义为:"健康促进是帮助人们改变其生活方式以实现最佳健康状况的科学(和艺术)。"在我国,2019年12月颁布的《中华人民共和国基本医疗卫生与健康促进法》的第一章"总则"指出:"国家实施健康中国战略,普及健康生活,优化健康服务,完善健康保障,建设健康环境,发展健康产业,提升公民全生命周期健康水平。国家建立健康教育制度,保障公民获得健康教育的权利,提高公民的健康素养。"第六章"健康促进"从国家、各级人民政府、医疗卫生、教育、体育、宣传等机构、基层群众性自治组织和社会组织及公民自身详细规定了健康促进的具体职责和内容。

根据国内外对"健康促进"的界定和解释可以发现:健康促进中的健康不但包含了身体健康,还包括精神健康;健康促进的主体包含国家、人民政府、各级政府部门、学校、社会组织和公民个人等;健康促进的内容和方式包含健康教育、健康服务、健康环境、健康产业、健康保障等等。综上,本研究中的健康促进可界定为:国家、政府、社会组织、公民等多主体以多种健康促进方式和手段提升居民全生命周期内的身体和精神的健康水平。

（二）居民体育锻炼水平与健康促进的关联

要研究居民体育锻炼水平与健康促进就必须明确两者之间存在的关联。从相似性上看，首先，两者的服务人群相同，都是服务全体居民，且覆盖整个生命周期。其次，它们的终极目标是一致的，作为全民健身的重要体现的体育锻炼，其最终实现的是全民健身的目标——引导大众科学地参与运动、形成积极健康的生活方式，最终达到改善和提高健康水平的目的；而健康促进的最终目标则是全民健康，即全方位、全周期维护和保障居民健康，不断提高居民的健康水平和生命质量，显著改善健康公平，提升居民的幸福感。

从差异性上看，两者的涉及范围有差异。居民体育锻炼水平涉及的范围主要是居民的健身运动，测验项目涵盖人体的力量、速度、耐力、灵敏、柔韧五类素质；而健康促进不但包括全民健身运动，还包括健康教育、健康状况调查和监测、群众性卫生与健康活动、营养状况监测、公共场所控烟等内容。从成效体现看，居民体育锻炼水平可划分为优秀、良好、及格和不及格四个等次，而健康促进则是一个体系，包含健康水平、健康生活、健康服务与保障、健康环境和健康产业多个维度和指标。

综上，体育锻炼与健康促进有着共同服务对象和终极目标，而体育锻炼是健康促进的手段和方式之一，体育锻炼水平是体现健康促进的成效指标之一。

（三）居民体育锻炼水平与健康促进的研究逻辑

根据前文中对"居民体育锻炼水平""健康促进"的定义和两者关联的分析，本文对居民体育锻炼水平与健康促进的研究逻辑如下：

由于体育锻炼与健康促进有着共同服务对象和终极目标，因此本研究的出发点和落脚点都是基于改善和提高上海市居民的健康水平，提升居民的幸福感。

由于体育锻炼水平是体现健康促进的成效指标之一，因此本研究通过上海市居民在国家体育锻炼标准达标测验活动中所反映出来的体育锻炼水平（按总体、不同性别、年龄、区域）反映上海市市民在"全民健身"与"全民健康"深度融合中的现实基础和挑战。同时，由于体育锻炼是健康促进的手段和方式之一，因此本研究中的健康促进主要从"全民健身"和"全民健康"融合的途径出发，针对上海居民所面临的主要健康问题，以"体育＋"的方式尝试提供健康促进的建议。

二、上海市居民体育锻炼水平分析

（一）上海市居民体育锻炼水平数据来源

根据2019年《体育总局 卫生健康委 全国总工会 共青团中央关于广泛开展国家体育锻炼标准达标测验活动的通知》的要求，上海市自2019年开始举办上海市《国家体育锻炼标准》达标赛（以下简称达标赛）。2020年上海市体锻达标赛自9月开始举办，作为时间跨度长、参与人群广泛的全民体育活动，覆盖上海16个区、100余个街镇，由测验赛、分站赛和总决赛组成。达标赛以"竞赛＋体验"的形式开展，规模较去年有显著提升，覆盖面更广、覆盖人数更多，由原本对基础体质的监测升级到对运动能力的全面监测，全方位助力全民健康。

本研究中的上海市居民体育锻炼水平数据由2019—2020年上海市体锻达标赛的运营机构每步体育文化发展（上海）有限公司提供。从两年的数据情况看，2019年上海市体锻达标赛覆盖全市16个区，共计收集了3 185位市民的《国家体育锻炼》标准测验数据，2020年上海市体锻达标赛收集了全市16个区的17 420位市民的《国家体育锻炼》标准测验数据。考虑到2020年的数据收集人群的覆盖面更广、数据时效性更近，故本研究以2020年上海市体锻达标赛的数据作为分析上海市居民体育锻炼水平的数据。

（二）上海市居民体育锻炼水平现状

1. 总体已达良好水平，但青年人群体育锻炼水平仅为合格

《国家体育锻炼标准》的评级标准分为优秀、良好、及格和不及格四个等次。优秀、良好、及格三个等次，每个等次共有三个等级，共九个等级。优秀等次的等级标准：一级500分、二级450～499分、三级400～449分；良好等次的等级标准：四级375～399分、五级350～374分、六级320～349分；及格等次的等级标准：七级280～319分、八级240～279分、九级200～239分；不及格等次标准：199分（含）以下。

对照以上等级划分，根据表1中上海市居民体育锻炼等级情况，目前上海市居民体育锻炼水平现状可概括为：总体已达良好水平，但青年人群体育锻炼水平仅合格。从测试合格率上看，目前上海市居民体育锻炼测试合格率超过90％，即绝大部分的上海市居民体育锻炼水平达到合格标准。但从锻炼水

平的等次等级划分看,上海市居民体育锻炼平均得分(340.32分)虽然为良好等次,却处于良好等次中最低的六级等级。重点人群中,青年组(18~24岁)人群的锻炼水平得分在所有分组中最低(248.35分),处于及格等次中的八级等级,且青年组不论在合格率还是优秀率上均明显低于其他组别。

表1　上海市居民体育锻炼等次等级表

类　型	完赛人数/参赛人数	总　分	等级	等次	优秀率(%)	合格率(%)
总　体	15 992/17 420	340.32	六级	良好	27.73	93.23
男　性	7 869/8 550	327.70	六级	良好	23.00	91.50
女　性	8 123/8 870	352.54	五级	良好	32.32	94.92
青年组(18~24岁)	3 440/3 695	248.35	八级	及格	3.58	73.90
壮年一组(25~44岁)	4 250/4 696	353.62	五级	良好	27.60	97.91
壮年二组(45~59岁)	4 120/4 444	390.03	四级	良好	48.98	99.20
老年组(60~69岁)	4 182/4 585	353.48	五级	良好	26.81	98.52

2. 上海市居民耐力素质最佳,柔韧素质仅达合格标准

《锻炼标准》的测验项目共分五类,根据不同年龄、性别分为:30秒跳绳/仰卧举腿、800米跑/1 000米跑/3 000米快走、俯卧撑/仰卧举腿/仰卧起坐/引体向上/掷实心球、曲线托球跑/绕杆跑、坐位体前屈,以上项目涵盖人体的速度、耐力、力量、灵敏、柔韧五类素质。

参照《锻炼标准》各项打分标准及总分等级、等次、优秀率、合格率的划分,本研究得出上海市居民在五类测试中的对应情况(如表2所示)。统计数据显示,上海市居民五项身体素质中,耐力的平均得分最高(75.34分),处于良好等次中最高的四级等级,且该项身体素质的合格率和优秀率均超过其他四类身体素质;力量、速度和灵敏三项素质均处于良好等次;柔韧素质则仅达到及格标准(59.79分),且该项素质的合格率和优秀率均低于其他四项身体素质。

表2　上海市居民五项身体素质得分表

序号	素质	均值	等级	等次	优秀率(%)	合格率(%)
1	耐力	75.34	四级	良好	56.47	89.95
2	力量	70.34	五级	良好	47.78	83.82

续 表

序号	素质	均值	等级	等次	优秀率(%)	合格率(%)
3	速度	70.11	五级	良好	42.98	88.66
4	灵敏	64.74	六级	良好	44.56	77.99
5	柔韧	59.79	七级	及格	31.38	76.84

3. 上海市居民体育锻炼水平等级分类情况

（1）女性居民体育锻炼水平显著高于男性居民

根据表1显示的数据，虽然上海市男女性居民的体育锻炼等次均为良好等次，但经统计分析，男女性居民在体育锻炼水平上存在显著性差异（sig<0.05）。女性居民的锻炼水平显著高于男性居民，且女性居民体育锻炼的合格率和优秀率均高于上海市总体平均水平。

（2）24～69岁居民体育锻炼水平高于上海市总体平均水平，18～24岁居民体育锻炼水平大大低于上海市总体平均水平

统计显示，上海市不同年龄段的市民在体育锻炼水平上同样存在显著性差异（sig<0.05）。从表1的统计数据看，四个年龄段中有三个年龄段居民的体育锻炼水平超过上海市总体水平。其中，45～59岁年龄段居民的体育锻炼水平最高，达到良好等次的最高等级——四级等级，且该年龄段的达标率接近100%，优秀率接近50%。60～69岁、25～44岁两个年龄段居民的体育锻炼水平也同样突出，总分和合格率均超过上海市总体平均水平。

四个年龄段居民中，仅有18～24岁的青年居民的体育锻炼水平低于上海市居民总体平均水平，且是大幅低于总体平均水平。18～24岁年龄段居民的体育锻炼水平仅为合格等次（八级等级），从合格率和优秀率上看，18～24岁年龄段居民的合格率不足75%，优秀率不足5%。

（3）区域因素是影响上海市居民的体育锻炼水平的因素，中心城区与非中心城区差异显著

由表3可知，上海市16个区中共有14个区的体育锻炼水平处于良好等次，且这14个区的合格率均超过90%。但本研究发现，各区的参赛人数与各区常住人口数量存在不对等的情况，例如浦东新区常住人口为555.02万人，但参与达标测试赛人数为1541人，而嘉定区常住人口为158.89万人，参赛人数为2225人。基于以上原因，为避免由于参赛人数差异造成的误差，本研究

建议以上各区的体育锻炼水平排名仅作为参考。

经显著性差异检验,各区居民的体育锻炼水平存在显著性差异,且中心城区(总分336.14分)与非中心城区(总分341.90分)的居民在体育锻炼水平上也存在显著性差异。该统计结果表明,区域因素是影响上海市居民体育锻炼水平的因素。

表3 各区体育锻炼水平(按总平均分排序)

序号	区域	完赛人数/参赛人数	总分	等级	等次	优秀率(%)	合格率(%)
1	宝山区	581/701	369.99	五级	良好	46.99	93.63
2	金山区	332/385	358.40	五级	良好	37.05	95.48
3	虹口区	669/757	354.92	五级	良好	38.57	91.78
4	奉贤区	468/470	353.46	五级	良好	32.69	95.30
5	徐汇区	879/1 008	350.66	五级	良好	34.47	93.86
6	嘉定区	1 999/2 225	347.31	六级	良好	30.77	95.95
7	闵行区	697/706	346.83	六级	良好	30.42	95.27
8	青浦区	1 031/1 062	338.75	六级	良好	28.13	92.14
9	黄浦区	1 959/2 169	336.66	六级	良好	24.71	93.21
10	杨浦区	1 890/1 998	334.86	六级	良好	24.55	92.49
11	松江区	1 483/1 526	334.70	六级	良好	21.92	94.47
12	普陀区	708/768	330.27	六级	良好	20.20	92.66
13	浦东新区	1 404/1 541	329.18	六级	良好	24.36	90.46
14	长宁区	671/679	323.93	六级	良好	17.59	93.14
15	静安区	574/711	316.05	七级	及格	16.90	89.90
16	崇明区	370/370	315.82	七级	及格	14.86	89.73

(三)上海市居民体育锻炼水平发展的成效与挑战

要实现"全民健身"与"全民健康"深度融合的前提应是两者各自已发展到一定的水平,且两者需要解决的问题的程度也基本一致,即两者均已有一定的基础且面临共同的问题。针对上海市居民体育锻炼水平现状的数据,本研究将从"全民健身"是否具备与"全民健康"深度融合的现实基础角度,分析上海市居民体育锻炼水平发展的成效与挑战。

1. 上海市居民体育锻炼总体水平已达良好标准,接近《规划》2022年标准要求

目前上海市居民体育锻炼水平已达到良好标准,合格率已超90%。该结果与《2019年上海市全民健身发展报告》(以下简称《报告》)公布的上海市居民全民健身现状较为一致。《报告》显示,上海市经常参加体育锻炼的人数占常住人口比例达43.7%,该比例已接近《规划》中2022年达到45%的目标要求。以上数据均表明,上海市居民全民健身已达到一定的水平,全民健身与全民健康深度融合已基本达到体育锻炼标准要求。

2. 上海市居民身体素质水平较高,已超过《规划》2030年标准要求

本研究通过对上海市居民分项身体素质的分析发现,目前上海市居民的五项核心身体素质已基本达到良好水平。该结果与《报告》显示的上海市成年居民的体质监测结果较为一致。《报告》指出2019年上海市成年居民体质监测达标及格率为97.6%。优良率为65.9%,该比例已超过《规划》设定的2030年96.5%的城乡居民达到《国民体质测定标准》及格以上的标准。以上数据表明,上海市居民的总体身体素质水平较高,全民健身与全民健康深度融合已具备基本的身体素质条件。

综上,本研究认为上海市居民已具备良好的体育锻炼水平和身体素质,"全民健身"的发展成效已具备与"全民健康"深度融合的基础。

3. 青年人群(18~24岁)的健康成为"全民健身"与"全民健康"深度融合必须共同攻克的难点

青少年、在职人群、老年人、残疾人等群体是《规划》提出的"促进重点人群体育活动"的人群,而在《实施计划》"促进市民经常参与"提及的人群包括:青少年、在职人群、老年人、残疾人、妇女、幼儿、外来务工务商人员。但不论是《规划》还是《实施计划》均未将18~24岁的青年人群单独提及,这部分人群从年龄划分上已不属于青少年,且大部分均处于高等教育阶段,仅有部分属于在职人群。正是由于18~24岁青年群体在年龄、职业划分上的复杂性,导致对于这部分群体体育锻炼水平、健康水平的关注度不足。

本研究的数据显示,18~24岁的青年人群不仅在体育锻炼水平方面是所有年龄段中最低的,仅在及格水平,而且各项身体素质也基本处于及格水平,其中"柔韧"素质为不合格(39.04分)。以上数据表明,目前上海市居民中,

18～24岁青年人群的体育锻炼水平和身体素质的问题均较为突出,该年龄人群已成为上海市各年龄段居民中最需要重点关注的人群,青年人群(18～24岁)的健康成为"全民健身"与"全民健康"深度融合必须共同攻克的难点。

4. 地域差异成为"全民健身"与"全民健康"深度融合须共同平衡的焦点

无论是《规划》还是《实施计划》,规划和执行的视角均为上海市全局,但两者最终的执行需要落实到16个区的实际工作中,因此区域的协调和平衡对"全民健身"与"全民健康"深度融合的发展有着重要的意义。

本研究的结果表明,目前上海市各区居民的体育锻炼水平存在显著性差异,且中心城区的居民体育锻炼水平显著低于非中心城区的居民。根据《报告》数据,各区的不平衡还体现在各区在人均全民健身工作经费、人均体育场地面积、市民社区健身中心街镇覆盖率、人均体育消费等指标上。

虽然上海自身存在显著的地域差异,但在关系到全民健康的这个关系国家战略发展和居民幸福的问题上,明显的地域差异不利于"全民健身"与"全民健康"深度融合,是须共同平衡的焦点。

三、上海市居民健康促进建议

如前文所述,体育锻炼是健康促进的手段和方式之一,本研究在上海市居民体育锻炼水平分析中所发现的健康问题仍然首先考虑通过体育锻炼等体育类手段去解决。本着促进主要从"全民健身"和"全民健康"融合思路,本研究将以"体育＋"的方式,尝试提供健康促进的建议。

(一)上海市居民"体育＋"的健康促进方向

1. "体育＋"的健康促进目标方向

从健康促进的定义可以看出,健康促进所包含的内容覆盖领域较广,指标内容较为丰富,而体育是健康促进的手段和方式之一,所以本研究中的"体育＋"健康促进的目标必须明确。根据"健康上海"2030年的规划目标和上海市"十四五"时期的发展思路,并结合本研究的研究结果,建议"体育＋"以均等化、标准化、融合化和智慧化为目标方向进行上海市居民的健康促进。

2. "体育＋"的均等化方向

本研究的结果表明,目前上海市居民的体育锻炼水平已达到一定的健康促进标准,即已满足总体要求,但不同年段、不同性别、不同居住区域的居民的体育锻炼水平均存在显著性差异,即区域之间、人群之间存在锻炼水平的差异。因此,要缩小差距首先就需要保证"体育＋"的全覆盖,包括人群的全覆盖、服务区域的全覆盖、服务内容的全覆盖。同时,对于本研究中 18～24 岁人群、中心城区进行重点化的覆盖。

3. "体育＋"的标准化方向

目前"体育＋"的健康促进还需要发挥标准化的指导和引领作用。本研究的结果显示,目前上海市居民的体育锻炼水平已经达到良好标准,在此基础上,建议以标准化的方向继续提升上海市居民的体育锻炼质量。在标准化的体育健身指导下,在标准化的体育赛事、体育旅游等服务的过程中,在标准化的信息发布要求下,规范化、体系化和标准化地提高上海市居民的健康水平。

4. "体育＋"的融合化方向

本研究发现,上海市不同年龄段、不同性别、不同居住区域的居民在体育锻炼水平上存在显著差异。在提供均等化的体育＋健康促进外,还需从融合化的方向发展,"体育＋"的核心就是融合化,通过"体育＋",将旅游、医疗、健康食品等"大健康"中的内容与体育有机结合,扩大体育的覆盖面和渗透层,打通体育与教育、卫生、文化、旅游、养老、绿化、农业、科技等领域的链接点,融合多个领域,满足不同性别、年龄、区域的"体育＋"健康促进需求,尤其是通过"体育＋互联网""体育＋旅游"等融合化方向促进 18～24 岁年龄段居民的体育锻炼水平,从而让"体育＋"的健康促进覆盖更多的人群,提供更丰富的健康促进服务。

5. "体育＋"的智慧化方向

由于"体育＋"的融合化,通过"体育＋"将产生大量的数据、信息内容。利用大数据、云计算等智慧化的方式,让这些数据和信息内容供应和服务变得更加便捷、高效、易于获取,有利于上海市居民对健康促进信息和信息服务的获得、掌握和利用。

(二)上海市居民"体育＋"的健康促进供给提供

根据目前上海市居民体育锻炼水平的发展现状,"体育＋"的方式应提供一套完整的健康促进的供给。

1. 提供"体育＋"的空间供给

"体育＋"的载体是各类空间,包括体育健身场地设施空间、体育活动空间,及可与体育融合的空间,例如"体育＋旅游"的旅游景区空间、"体育＋医疗"的医疗康养空间等等。本研究结果显示,中心城区的居民体育锻炼水平显著低于非中心城区的居民。可能与中心城区的体育空间有限有关。因此须加"大体育＋"的空间供给。上海市于2020年12月正式发布《上海市国民经济与社会发展第十四个五年规划》,其中专门指出关于"体育＋"的内容：推动更多城市公共空间建设融入文化元素、增添体育功能,打造更多群众家门口的"文化客厅""健康驿站",让市民拥有更多文化体育休闲的好去处。因此"体育＋"的空间供给一方面应合理化体育健身场地等新增空间的布局,另一方面应采用复合型供给的方式,在现有的空间中增加"体育＋"的复合功能,保证上海市居民有充分的体育空间。

2. 提供"体育＋"的内容供给

根据本研究的数据分析,不同人群体育锻炼水平有显著差异,这可能与健康促进的内容供给对不同人群的吸引力有关。"体育＋"对健康的促进最大的特点在于其内容和形式的多样化,而现有的"体育＋"服务内容仍然较为分散,建议从两个方面考虑"体育＋"的内容供给。

第一,体育主体内容的供给。"体育健身＋指导""体育＋社区服务""体育＋健康监测""体育健身＋互联网""体育赛事＋互联网"等等,发挥体育领域自身的内容供给作用,为上海市居民提供以体育为主体的健康促进选择。

第二,体育融合性内容的供给。"体育＋教育""体育＋医疗""体育＋旅游"等体育与其他领域相融合的内容供给,充分利用"体育＋"的融合性特征,为上海市居民提供更多层次更多内容的健康促进选择。

3. 提供"体育＋"的服务机构供给

"体育＋"的供应不但需要空间、内容,还需要有规范、先进的服务机构。根据本研究得出的上海市居民体育锻炼水平,加大对提供体育锻炼水平提升、重点人群"体育＋"服务、重点区域"体育＋"服务等服务机构的扶持和培育,确保服务机构供给。建立"体育＋"健康促进的机构网络体系,并对服务机构进行一定的评级,可为居民进行健康促进的机构选择,为政府等相关机构进行健康促进服务购买提供一定的指导。

（三）上海市居民"体育＋"的健康促进保障

1. 制定"体育＋"的政策保障

将"体育＋"的健康促进方向、供给的思路落实到"十四五"期间体育、教育、医疗、文化、旅游等相关政策中,使"体育＋"对健康促进有对应的政策依据。

2. 完善"体育+"的融合保障

由于"体育+"的融合化特点,因此须建立多部门的联络体系,加强与"体教""体医""体旅""体文""体绿""体农"等领域的融合与沟通,形成多部门协同推进"体育+"的健康促进联动机制。同时,联络体系的构建还应包括政府、企事业单位、体育社会组织等多元主体,发挥联络体系的协调和沟通功能,引导社会力量参与"体育+"的健康促进工作。

3. 加强"体育+"的舆论保障

加强对"体育+"的舆论引导和典型报道,帮助市民树立"体育+"的健康促进意识,养成终身锻炼习惯,形成良好的"体育+"健康促进舆论氛围。

4. 形成"体育+"的人才保障

"体育+"对于人才的复合性要求较高,应加强体育与教育、医疗、文化、旅游等相关领域的人才互通与培育,为"体育+"健康促进提供人才保障。

参考文献

[1] 《关于推进"健康上海"行动的实施意见》的政策解读[R].上海市人民政府公报,2019(19):38.

[2] 鲍勇.健康中国行动及"健康上海"发展战略[J].健康研究,2020(1).

[3] 陈佩杰,运动与健康促进[J],体育科研,2003(2).

[4] 陈婉莉,张成钢,王现,王继伟,余金明.上海市徐汇区居民健康素养与健康促进生活方式关系的横断面研究[J].复旦学报(医学版),2020(1).

[5] 陈晓峰.以"体育+"发展模式促进上海健康城市建设[J].科学发展,2020(12).

[6] 葛新,石韶俊,张芸龙,冯瑞华.2018年上海市杨浦区居民健康素养现况分析[J].健康教育与健康促进,2020(4).

[7] 顾沈兵,潘新锋,胡亚飞,陈润洁,夏明康,康凯,丁园.上海居民健康素养与"'健康上海'2030"[J].上海预防医学,2019(1).

[8] 国家体育总局 教育部 全国总工会关于国家体育锻炼标准施行办法[EB/OL].http://www.sport.org.cn/search/system/gfxwj/qzty/2018/1108/191871.html.

[9] "健康上海"行动实现良好开局[J].健康中国观察,2020(7).

[10] 李明君,艾蔚.教育人力资本、健康人力资本与上海经济增长——基于扩展的Mankiw-Romer-Weil模型的实证研究[J].合肥师范学院学报,2020(1).

[11] 梁燕.构建和完善上海社区健康服务体系[J].科学发展,2020(10).
[12] 刘欣.全民健身的健康效应及在推进"健康上海"建设中的路径[J].上海预防医学,2020(1).
[13] 卢文云 陈佩杰,全民健身与全民健康深度融合的内涵、路径与体制机制研究[J].体育科学,2018(5).
[14] 马成国."体育＋"发展模式与上海健康城市建设[J].科学发展,2020(7).
[15] 潘鸿雁,王彤."健康上海"行动的实践探索与启示[N].中国人口报,2019-12-26(3).
[16] 潘新锋,丁园,陈润洁,吴立明,崔元起."'健康上海'行动"指导下的居民健康素养提升策略研究[J].上海预防医学,2020(1).
[17] 潘匀,赵加奎,林军,陆瑛.2017年上海市黄浦区居民健康素养现况及影响因素分析[J].中国健康教育,2020(1).
[18] 2007年中国城乡居民参加体育锻炼现状调查公报[EB/OL].http：//www.gov.cn/test/2012-04/19/content_2117453.htm.
[19] 尉晓霞,胡亚飞,陈润洁,潘新锋,武晓宇,崔元起,丁园.2018年上海健康自我管理小组健康促进生活方式情况及影响因素分析[J].健康教育与健康促进,2020(1).
[20] 邬惊雷.推进"健康上海"行动 建设健康城市典范[J].健康中国观察,2020(3).
[21] 中华人民共和国基本医疗卫生与健康促进法[EB/OL].http：//www.shanghai-hp.org.cn/xgflfg-c-117.html? Xgflfg.
[22] 2019年上海市全民健身发展报告[EB/OL]. https：//www.sohu.com/a/422142572_649768.

上海基本公共体育服务体系研究

陈 丹 陈 灏 曹可强[*]

党的十九大报告明确提出：要完善公共服务体系，保障群众基本生活，不断满足人民日益增长的美好生活需要。在国务院《国家基本公共服务体系"十二五"规划》（国发〔2012〕29号）和《"十三五"推进基本公共服务均等化规划》（国发〔2017〕9号）的持续推进，我国各领域的公共服务体系初步建成。基本公共服务水平明显提高，基本公共服务均等化总体实现。但是，从维护最广大人民根本利益的高度，仍然需要健全基本公共服务体系，加快形成政府主导、覆盖城乡、可持续的基本公共服务体系。

上海是我国经济社会发展的高地，是国际经济、金融、贸易、航运、科技创新中心，是长江三角洲地区和长江经济带的龙头城市，也是G60科创走廊核心城市。上海住户存款总额和人均住户存款均居全国第二，市民生活水平较高。随着经济社会发展，上海市已形成了以基本公共服务项目清单制定为基础、涵盖九大领域的基本公共服务体系，基本公共服务应保尽保和均等化水平稳步提升。

基本公共体育服务，作为公共服务的内容之一，随着全民健身公共服务体系的日益完善，基本公共体育服务体系不断健全，内容日益丰富，水平逐渐提高。已经构建了与上海经济社会发展水平、人口状况、市民体育需求相匹配的现代全民健身公共服务体系。但是，在基本公共体育服务领域，还存在着发展不平衡、不充分的问题，在区域之间、城乡之间、人群之间还存在着一定差距。因此，需要进一步提高基本公共体育服务的质量和水平，以适应市民对美好生

---

[*] 本文作者简介：陈丹，上海立信会计金融学院，讲师，硕士，研究方向：体育管理；陈灏，上海立信会计金融学院，讲师，硕士，研究方向：体育管理；曹可强，上海体育学院，教授，博士，研究方向：公共服务。

活的期待。

"十四五"时期是我国全面建成小康社会、实现第一个百年奋斗目标之后，乘势而上开启全面建设社会主义现代化国家新征程、向第二个百年奋斗目标进军的第一个五年，是上海建设具有世界影响力的社会主义现代化国际大都市的关键时期，也是加快建设"健康上海"，促进城市高质量发展、市民高品质生活，基本建成全球著名体育城市的重要时期。为了贯彻落实国家发展改革委员会发布的《建立健全基本公共服务标准体系的指导意见》，以及18个部门联合印发的《加大力度推动社会领域公共服务补短板强弱项提质量促进形成强大国内市场的行动方案》，着力实现补齐基本公共体育服务短板、增强非基本公共体育服务弱项、提升公共体育服务质量和水平的发展目标和行动任务，需要研究上海市公共体育服务体系建设，尤其要明确"十四五"时期基本公共体育服务体系建设的重点，提高基本公共体育服务便利化程度，实现基本公共体育服务均等化。同时，提升基本公共体育服务的整体水平，努力满足市民日益增长的多元化体育健身需求。

一、国内外基本公共体育服务体系建设历程

（一）基本公共体育服务的概念

基本公共体育服务是由政府主导、保障全体公民生存和发展基本需要、与经济社会发展水平相适应的公共体育服务。基本公共体育服务均等化是指全体公民都能公平可及地获得大致均等的基本公共体育服务，其核心是促进机会均等，重点是保障人民群众得到基本公共体育服务的机会，而不是简单的平均化。

2017年3月1日国务院《关于印发"十三五"推进基本公共服务均等化规划的通知》的第十章"基本公共文化体育"中，明确提出："国家构建现代公共文化服务体系和全民健身公共服务体系，促进基本公共文化服务和全民健身基本公共服务标准化、均等化，更好地满足人民群众精神文化需求和体育健身需求，提高全民文化素质和身体素质。"

（二）基本公共体育服务的特征

从基本公共体育服务的性质和功能来看，基本公共体育服务主要表现为

以下五个方面的特征。

1. 公平性

尽管我国经济发展不均衡状态还未得到消除，人们的收入水平和财富享有还因为经济发展不均衡而存在明显差异，但是，政府愿意并有能力提供均等的基本公共体育服务，可以大大缩小这一客观差距。政府正是通过基本公共体育服务和其他体育资源的公平分配，逐步消除差别，以保障全体社会成员享有基本的公共体育服务。例如，在《国家基本公共服务十二五发展规划》中提出：保证每一位公民，无论是市民还是农民，无论是在沿海还是在中西部地区，无论是在发达地区还是在贫困落后地区，都能平等地享有政府所提供的基本公共体育服务。

2. 多样性

公共体育服务的多样性主要体现在"四多"上：一是提供基本公共体育服务和产品的多样性，满足所有社会成员各种各样基本体育需求；二是服务对象的多样性，服务要考虑惠及不同群体，对社区居民、白领、外来工、未成年人、老年人、残障人等，提供不同种类的基本公共体育服务；三是组织管理的多元性，建立健全以政府部门为主导、以体育总会、项目协会、行业协会、文体站、社区体育协会为基础，以社会体育指导员和志愿者为骨干，以各种健身、休闲场所为依托的多元化组织管理系统；四是提供信息的多渠道，政府可以通过互联网、广播、电视、报纸等多种媒体，多渠道地提供基本公共体育信息服务。

3. 阶段性

整个社会的基本公共体育服务水平因为经济发展水平、社会认识的偏好等因素的影响而呈现出阶段性的特征。总的来说，经济发达的地区一般都具有较高的基本公共体育服务水平和较广泛的基本公共体育服务覆盖人群。再从个体成长过程中体育需求变化的角度来看，每一个人的体育需求，随着年龄、时期的不同而发展变化，如幼儿和少年时代喜欢游戏运动，青年时期则热衷于剧烈的对抗性、刺激性运动，到了中老年就会参与健身性、保健类的体育活动。因此，需要为不同年龄群体提供不同的基本公共体育服务。

4. 层次性

人们在满足了最基本的物质需求之后，就会产生高一层次的需求。基本公共体育服务是为保证人口或劳动力再生产得以顺利进行的外部条件，它是人类自身发展的必然要求。基本公共体育服务随着社会经济的进步而不断发展，从最初主要集中在提供体育活动场地等基础设施方面，逐步扩大到具有个性特征的体育健身指导、体育健身组织建设和体育健身活动组织等基本公共体育服务,体现了基本公共体育服务水平的层次性上升。

5. 社会制约性

经济社会发展的水平直接影响着人民的生活水平,也决定着政府基本公共体育服务的供给水平。在经济落后、生活水平低下时期,人们需要的是温饱;在经济发展、生活水平提高的时期,人们需要的不仅是丰富的物质生活,同时也开始需要高雅的精神生活。在不同的社会历史发展阶段,不同的生产方式决定了基本公共体育服务的具体内容和表现形式,例如,经济发达地区基本公共体育服务水平要高于经济相对落后地区和农村地区。

(三)其他国家基本公共体育服务供给

20 世纪 90 年代,国际大众体育运动进入到一个快速发展的时期,主要表现是许多国家特别是一些发达国家分别将推动本国大众体育的发展作为公共体育政策的主要目标,从而在制度上、政策上规定为一般民众提供所需要的基本公共体育服务。目前,世界上有 100 多个国家和地区的政府发布了公共体育政策或大众体育发展计划,旨在履行政府提供基本公共体育服务的职能,这些政策或计划在美国、英国、荷兰、日本、新加坡、韩国等许多国家都不同程度地得以体现。从国际视野来看,尽管不同国家在体育管理体制和运行机制方面存在着差异,但是,在促进大众体育健身以及提供基本公共体育服务方面,如为大众提供体育健身场地设施、体育健身技能培训和体育信息服务等上,政府都发挥着关键性作用。

作为基本公共服务的主要内容,美国政府分别颁布和制定相关法律,规定社区体育中心的基本标准,并通过拨出专款和建立相关基金的方式投资社区体育中心的建设。现在,美国几乎每个社区都有自己的社区体育中心,一般由室内设施和室外设施组成。室内设施包括多用途的体育馆、健身房、游泳池等,可以开展乒乓球、羽毛球、游泳、舞蹈、游戏、健身活动。室外设施包括高尔夫球场、网球场、钓鱼池、野营地等,可以开展骑马、滑翔、飞机模型等活动项目。美国"健康公民 2000 年"又把增加社区体育中心的数量作为一个重要指标,其中规定:到 2000 年,美国每 10 000 人的社区要建一英里野营、自行车或健身路径;每 25 000 人的社区要建一个公共游泳池,每 100 000 人的社区要建四英亩开放的休闲公园。

作为基本公共体育服务的组成部分,英国在 20 世纪 80 年代中期制定了英国社区体育中心基本标准：要求每25 000人的社区需要建设能开展17个体育项目的体育中心，同时还需要配套建设健身房、会议室及更衣室，向居民提供各种体育服务。英国体育理事会于2004年发布了《英国体育框架》，提出了使英国成为世界上"最积极和成功的体育国家"的远景目标，以及每年使英国参与体育和积极休闲活动的人数增加1%的具体目标。英国在"适合你的体育活动"中开发出专门适合妇女进行体育锻炼的项目，安排专人到社区体育中心进行辅导。

荷兰政府在提供基本公共体育服务时，推行"荷兰人在运动"计划，明确提出要重点关注三个部分人群：一是青少年；二是老年人；三是慢性病患者。荷兰的《健康锻炼标准》规定："成年人每天至少参加中等强度的体育活动30分钟，每周5次；儿童和青少年每天锻炼60分钟，每周7次。"

日本文部科学省制定了基本公共体育服务基础——社区体育中心建设标准。首先，社区体育中心的建设体现出层次性，分成基层社区、市区町村、都道府县三个层次。其次，建设能够开展多种体育项目的运动场和球场。最后，对社区体育中心建设护球网、夜间照明、更衣室、健身房及会议室等标准提出了要求，即在社区体育中心建立保健咨询室、研修室、资料室、观众席等附属设备。到1995年末，全日本除个人和单位体育设施外，政府投资兴建的以社区为依托的体育设施共有229 000多个。全日本学校运动场对外开放程度为86.9%，学校体育馆的对外开放程度为91.7%。

新加坡于1975年由15个部门联合制定实施了公共体育设施蓝图计划，在全国修建15个社区体育中心，规定20万人的居民区，必须建有一个社区体育中心，标准为：一条跑道，一个运动场，一个游泳中心（包括3个50米的游泳池），一个多用途的室内体育馆，一个以能降体重与提高心肺功能设备为主的健身中心，一个类似公园环境能开展慢跑、散步、太极拳、武术等运动的户外健身点，一个能向居民播放舞蹈及有氧锻炼影片和录像的影音室及会议室。

韩国的基本公共体育服务主要用于一般居民体育活动的开展、弱势群体的体育福利等活动。为了让更多的居民能够在居住小区附近找到方便、低廉、设施优秀的体育设施，韩国在全国的居民小区修建国民体育活动中心，计划在全国的中小学体育场、公共体育设施、残疾人学校操场铺塑胶跑道和草坪。到2004年底，全国已经完成修建71所国民体育活动中心。331所中小学体育场、公共体育设施或残疾人学校操场铺塑胶跑道和草坪。活动中心内一般有游泳场、健身房、运动处方室、体育馆等。2005年国民体育振兴公团继续为大众体育拨款1 654亿韩元,计划修建12所国民体育活动中心,铺设87个中小学体育场、公共体育设施或残疾人学校操场铺塑胶跑道和草坪。

(四)基本公共服务体系建设的国际经验

1. 政府履行基本公共体育服务职能

政府在管理体育事业和行使基本公共体育服务职能时,主要集中于承担为国民提供基本公共体育服务的职责,建立了一个为政府本身、社会非营利组织和市场商业性组织之间利益进行协商和协调的机制,以实现基本公共体育服务的多元化供给。

2. 政府重视公共体育政策的制定

基本公共体育服务的供给是一个系统工程,是从政府制定相关的政策开始,这也是政府承担职责和宏观指导基本公共体育服务供给的责任表现。

3. 政府创新基本公共体育服务供给模式

从部分发达国家基本公共体育服务的现状与研究中我们可以发现,一种渗透多个区域层面(地方、省级州级、国家层面)、涉及多个方面(政府相关部门、社会非营利组织、市场商业性组织)的基本公共体育服务供给框架是值得我们学习与借鉴的。

4. 政府保证基本公共体育服务的经费投入

提供基本公共体育服务既然是政府的责任和职能,那么,基本公共体育服务供给的经费投入必然由政府财政予以保障。这从部分发达国家基本公共体育服务运作的经验中已经看出,不仅有财政拨款的支持,更是有相关制度作保障。

二、我国全民健身公共服务体系的演进

(一)全民健身公共服务体系的构建

自新中国成立以来,我国各级政府一直重视公共体育服务供给,旨在提高国民体质健康水平。国务院于1995年6月20日印发《全民健身计划纲要》提出:"努力实现体育与国民经济和社会事业的协调发展,基本建成具有中国特色的全民健身体系",这是在我国开展全民健身运动之初就提出的"全民健身体系"概念。

2002年,中共中央国务院印发《关于进一步加强和改进新时期体育工作的意见》,要求各级政府"建设面向全体国民、重点突出、能够适应不同区域、不同人群的不同需求的多元化体育服务体系,以保障广大人民群众享有基本的体育服务",这是中央文件中首次提出"体育服务体系"和"基本的体育服务"。

此后,随着我国全民健身运动的广泛开展,在2011年6月国务院发布的《全民健身计划(2011—2015年)》中提出:"坚持体育事业公益性,逐步完善符合国情、比较完整、覆盖城乡、可持续的全民健身公共服务体系,保障公民参加体育健身活动的合法权益。"这是政府在"体育服务体系"的基础上,又提出的"全民健身公共服务体系"。

经过"十二五"时期的努力,我国全民健身公共服务体系初步形成。为了完善全民健身公共服务体系,保障公民享有基本公共体育服务,《全民健身计划(2016—2020年)》继续深化,提出"支撑国家发展目标、与全面建成小康社会相适应的全民健身公共服务体系日趋完善,政府主导、部门协同、全社会共同参与的全民健身事业发展格局更加明晰",至此,政府在"逐步完善"全民健身公共服务体系基础上,又提出了"日趋完善"。

未来五年,我国全民健身事业发展的目标将以习近平总书记2020年9月22日在教育文化卫生体育领域专家代表座谈会上的重要讲话为指引,"要紧紧围绕满足人民群众需求,统筹建设全民健身场地设施,构建更高水平的全民健身公共服务体系"。

(二)国家基本公共体育服务清单

为了构建符合国情、比较完整、覆盖城乡、可持续的全民健身公共服务体系,在2012年7月国务院《关于印发国家基本公共服务体系"十二五"规划的通知》(国发〔2012〕29号)中明确:基本公共体育服务内容和标准包括"体育场馆开放"和"全民健身服务",即"加强基层公共体育设施建设。大力推动公共体育设施向社会开放,健全学校等企事业单位体育设施向公众开放的管理制度。全面实施全民健身计划,健全基层全民健身组织服务体系,扶持社区体育俱乐部、青少年体育俱乐部和体育健身站(点)等建设,发展壮大社会体育指导员队伍,大力开展全民健身志愿服务活动。积极推广广播体操、工间操以及其他科学有效的全民健身方法,广泛开展形式多样、面向大众的群众性体育活动。建立国家、省、市三级体质测定与运动健身指导站,普及科学健身知识,指导群众科学健身。推动落实《国家体育锻炼标准》,加强学生体质监测,制定残疾人体质测定标准,定期开展国民体质监测"。

在2017年3月1日国务院《关于印发"十三五"推进基本公共服务均等化规划的通知》中再次提出基本公共体育服务的重点任务是:"实施全民健身计划,组织实施国民体质监测,推行《国家体育锻炼标准》,开展全民健身活动,实行科学健身指导。推动公共体育场馆向社会免费或低收费开放。全面实施青少年体育活动促进计划,培养青少年体育爱好和运动技能,推广普及足球、篮球、排球和冰雪运动等。"其保障措施主要是:"公共体育服务设施建设。重点支持足球场地设施、中小型全民健身中心、县级体育场、农民体育健身工程、社区多功能运动场、冰雪运动设施、科学健身指导服务平台等建设。充分利用体育中心、公园绿地、闲置厂房、校舍操场、社区空置场所等,拓展公共体育设施场所。"

在《"十三五"国家基本公共服务清单》中也明确:基本公共体育服务项目包括"公共体育场馆开放"和"全民健身服务",服务对象是"城乡居民",服务指导标准分别是:"有条件的公共体育设施免费或低收费开放;推进学校体育设施逐步向公众开放"和"提供科学健身指导、群众健身活动和比赛、科学健身知识等服务;免费提供公园、绿地等公共场所全民健身器材",其"支出责任"是"地方人民政府负责,中央财政对部分事项予以补助",牵头负责单位包括"体育总局、教育部和财政部"。

(三)上海基本公共体育服务清单

从全国层面上看,上海因为经济社会发展水平较高,所以,政府提供的基本公共体育服务水平也较高。在贯彻落实《国务院关于印发"十三五"推进基本公共服务均等化规划的通知》的基础上,上海市政府于2017年11月21日印发《上海市基本公共服务项目清单》,并且在2020年1月10日又印发了调整后的《上海市基本公共服务项目清单》,明确基本公共体育服务的内容和标准。

1. 公共体育设施开放

服务内容:提供公共体育场馆、学校体育设施、社区体育设施等公益性开放服务。

保障标准:公共体育场馆、社区体育设施每周累计开放时间不少于56小时,法定节假日和学校寒暑假期间延长开放时间,全民健身日免费开放。学校体育设施开放率达到86%,每周累计开放时间不少于21小时。健身苑点、健身步道、农民体育健身工程常年免费开放。

2. 全民健身指导服务

服务内容：提供体育健身知识与方法的培训指导等服务。

保障标准：社会体育指导员占常住人口的比例不低于2‰。全市市级为社区配送体育技能培训不少于4 000次，健身知识讲座不少于300次；区级为社区配送健身技能培训不少于3 000次。

三、上海基本公共体育服务体系建设的基础与形势

（一）建设的基础

"十三五"时期，上海市基本公共体育服务体系不断完善，保障水平持续提升，市民体育健身的获得感和满意度不断增强。《2019年上海市全民健身发展报告》（即"300指数"）显示：2016—2019年，"300指数"总分从2016年的226.8分上升到2019年的256.3分，"健身环境""运动参与"和"体质健康"三方面综合情况良好。上海市民的《国民体质测定标准》总体合格达标率和人均期望寿命处于全国先进水平，全民健身与全民健康融合发展，助力建设更高水平的全面小康社会。

截至2019年底，全市人均体育场地面积增加到2.38平方米，公共体育场馆、社区体育设施每周累计开放时间达到56小时，法定节假日和学校寒暑假期间延长开放时间，全民健身日免费开放。全市累计建成市民益智健身苑（点）16 307个、市民球场2 208片、市民健身步道1 326条、社区市民健身中心84个、市民游泳池35个、市民健身房181个，实现市、区、街镇和居村四级健身场地全覆盖，并且常年免费或低收费开放。全市学校体育场馆开放率达到93.5%，开放水平不断提升。全市共有社会体育指导员63 474名，占常住人口的比例达到2.62‰。广泛开展"你点我送"——社区体育服务配送、为社区居民提供健身技能培训、科学健身讲座等服务，基本实现街镇全覆盖，"十三五"以来累计配送近2万场次，受益市民超过50万人次。全市累计建成100多个区级市民体质监测指导中心和社区市民健康体质监测站，首批建成85个智慧健康驿站，有效整合体育、卫生服务资源，提升社区综合健康服务水平。

市政府制定出台《上海市体育设施管理办法》《进一步推进社区市民健身中心建设和管理的指导意见》《上海市公园绿地市民健身体育设施设置导则

(试行)《关于进一步加强本市学校体育场馆向社会开放工作的实施意见》等政府规章和政策文件,为基本公共体育服务提供了制度保障。

(二)面临的形势

"十四五"时期是我国两个百年的历史交汇期,是全面建成小康社会后的第一个五年。随着经济社会发展和收入水平提高,市民的体育健身意识显著增强,对基本公共体育服务的内容、质量、便利性和公平性更加关注,对基本公共体育服务的要求和预期也逐步提高。未来五年,上海将着力打造"国际知名、全国领先、上海特色的全民健身活力城市",实现市民身体素养和健康水平处于国际领先地位。这就要求政府提供的基本公共体育服务,不仅覆盖全体常住人口,而且要在更高水平上符合市民的基本需求,这对上海基本公共体育服务体系建设和供给提出了新的挑战。

随着"健康中国"和"全民健身"国家战略的实施,全社会逐步形成了政府应当优先保障基本公共体育服务供给的共识。在转变职能和"服务型"政府建设进程中,政府应主导并吸纳社会力量形成多元化的基本公共体育服务供给格局。从促进社会公平正义和推进社会治理体系和治理能力现代化的高度,要建设与社会主义现代化国际大都市相匹配、与全面建成小康社会相适应的基本公共体育服务体系,以满足全体市民不断增长的多元化基本体育需求。

(三)发展的机遇

"十四五"时期,是建设上海全球著名体育城市的窗口期和机遇期。到2025年,体育将实现全领域、全方位高质量发展,体育发展水平稳居全国前列,市民参与体育的获得感、幸福感大幅提升,体育综合实力和国际影响力明显增强。全民健身普及率有效扩大,经常参加体育锻炼人数比例达到45%以上,人均体育场地面积达到2.6平方米左右,这些都为政府提供更高水平的基本公共体育服务奠定了坚实的基础。

四、上海基本公共体育服务体系建设的总体要求

(一)指导思想

以习近平新时代中国特色社会主义思想为指导,全面贯彻落实党的十九

大和十九届二中、三中、四中、五中全会精神,牢固树立新发展理念,学习贯彻习近平总书记考察上海重要讲话精神,坚持以人民为中心的发展思想和新发展理念,深入贯彻落实"人民城市人民建,人民城市为人民"重要理念,实施健康中国和全民健身国家战略,以保障和改善民生、促进人的全面发展作为出发点和落脚点,以人人机会均等享有基本公共体育服务为目标,充分发挥政府主导作用,支持社会参与,不断提高基本公共体育服务水平和市民满意度,助力全球著名体育城市和"健康上海"建设,为城市高质量发展、市民高品质生活做出积极贡献。

（二）基本原则

1. 保障基本

围绕市民的基本体育健身需求,坚持尽力而为、量力而行,确保基本公共体育服务水平与上海经济社会发展以及其他领域基本公共服务水平相匹配。

2. 体现公平

在全体市民机会均等享有基本公共体育服务的前提下,针对老年人、残疾人等特殊人群加大保障力度,体现政府"兜底线"的职责,努力促进人人享有基本公共体育服务。

3. 多方参与

坚持基本公共体育服务政府主导,同时引导社会力量积极参与,满足市民多样化的体育健身需求,形成政府、社会、市场多元供给的局面。

（三）发展目标

到2025年,形成与社会主义现代化国际大都市、全球著名体育城市和"健康上海"相匹配的较为完备、方便可及、公平高效、可持续的基本公共体育服务体系,城乡区域间基本公共体育服务水平稳步提高,基本公共体育服务保障水平显著提升,实现城乡、区域和不同人群基本公共体育服务均等化,基本公共体育服务水平位居全国前列。

五、上海基本公共体育服务体系建设的主要任务

"十四五"时期,要完善上海基本公共体育服务体系,促进基本公共体育服务均等化、标准化、融合化和智慧化,为市民提供方便可及的体育场地设施,加

强科学健身指导服务,持续提升基本公共体育服务水平。

对照体育总局最新出台的《国家基本公共体育服务标准》(2020年版),结合上海实际,提出上海市"十四五"时期基本公共体育服务的主要任务,包括两大服务项目。

（一）体育设施开放

服务对象:全体市民;

牵头单位:市体育局、市教委、市绿化市容局;

文件依据:《全民健身条例》《上海市市民体育健身条例》《上海市体育设施管理办法》《"'健康上海'2030"规划纲要》《关于进一步加强本市学校体育场馆向社会开放工作的实施意见》等。

具体包括以下四项服务内容:

1. 公共体育场馆开放

市级和区级公共体育场馆每周开放时间不少于56小时,全年开放时间不少于330天;公休日、国家法定节假日、全民健身日、学校寒暑假期间等,每天开放时间不少于12小时;全民健身日免费向社会开放;在工作日的9:00~17:00对老年人、残疾人低收费或免费开放;对学生、军人全天半价开放;场馆附属空间向社会开放,场馆所属户外公共区域及户外健身器材全年免费开放。

2. 社区体育设施开放

市民益智健身苑(点)、市民健身步道全天免费开放;社区市民健身中心、市民健身房、市民球场和市民游泳池等实行公益性开放,每周开放时间不少于56小时,开放时间与市民的工作、学习时间适当错开,全民健身日免费向社会开放。

3. 学校体育场馆开放

各类学校的体育场馆在非教育教学活动时段并在保证校园安全的前提下向社会开放;开放时间与市民的工作、学习时间适当错开;国家法定节假日和寒暑假期间,适当延长开放时间。

4. 经营性体育设施公益开放

通过向市民发放体育消费券等方式,支持经营性体育设施向市民公益性开放。

（二）全民健身服务

服务对象:全体市民;

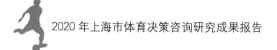

牵头单位：市体育局、市卫健委；

文件依据：《全民健身条例》《上海市市民体育健身条例》《"'健康上海'2030"规划纲要》等。

具体包括以下四项服务内容：

1. 社会体育指导员服务

市民享有各等级社会体育指导员提供的科学健身知识、方法和技能指导等服务；支持市区两级社会体育指导员协会发挥作用，创新健身指导方式，增强社会体育指导员服务的针对性和实效性。

2. 体质监测及健康服务

整合区级市民体质监测指导中心、社区市民健康体质监测站、智慧健康驿站等场所的体质监测及健康服务功能，构建市、区、社区三级体质监测及健康服务网络，建立健全便民服务机制；市民《国民体质测定标准》总体合格率不低于96%。

3. 社区体育服务配送

实施市区两级体育服务配送，推进科学健身讲座、健身技能培训等公共体育服务进社区、进园区、进校园、进楼宇；市区两级每年开展社区体育服务配送不少于10 000次。

4. 全民健身赛事活动

完善市、区、街镇三级全民健身赛事活动体系，组织公益性全民健身赛事活动，覆盖青少年、职工、老年人、残疾人、军人等人群；举办市民运动会、城市业余联赛和社区运动会等全民健身品牌赛事活动，每年开展各级各类全民健身赛事活动不少于10 000场次，打造"一区一品""一街（镇）一品"全民健身赛事活动。

六、保障措施

（一）加强组织领导

将基本公共体育服务纳入国民经济和社会发展规划及基本公共服务发展规划，把相关重点体育工作纳入政府年度民生和实事项目。充分发挥各级全民健身联席会议制度作用，建立责任明确、分工合理、齐抓共管的工作机制，落实基本公共体育服务主要任务，保障基本公共体育服务的充分供给。

（二）加大经费投入

随着国民经济发展逐步增加全民健身经费投入。将基本公共体育服务所需经费纳入年度预算，安排财政资金、体育彩票公益金保障基本公共体育服务的支出，并保持与其他领域基本公共服务经费同步增长。引导社会力量参与基本公共体育服务，不断拓展基本公共体育服务供给的经费来源和渠道，形成多元化供给基本公共体育服务的格局。

（三）增加体育设施

加强体育设施规划建设和管理，利用公园绿地、商业设施、闲置厂房、仓储用房、地下空间、建筑屋顶和城乡环境整治产生的空地，结合城市更新和"一江一河"贯通等项目，建设社区市民健身中心、城市运动中心、多功能运动场、体育公园、自行车道、健身步道等体育设施。对规划新建的居民区，按照人均用地不低于0.3平方米的标准配建室外体育设施，或按照人均建筑面积不低于0.1平方米的标准配建室内体育设施。支持老旧小区，通过补建等方式配备体育设施。

（四）建设人才队伍

优化社会体育指导员队伍的年龄结构和技术等级结构，吸纳体育健身组织骨干、健身俱乐部教练、退役运动员、教练员、裁判员、体育教师等各类体育专业人士加入社会体育指导员队伍，为市民提供专项健身技能培训和指导。加强对社会体育指导员的日常培训和专项化健身技能培训，提高社会体育指导员的上岗服务率，增强服务市民科学健身的针对性和实效性，提升指导效率和市民满意度。

（五）强化绩效评估

建立健全基本公共体育服务绩效评估制度，将基本公共体育服务情况纳入每年发布的上海市全民健身发展报告。按照国家和上海市基本公共体育服务标准，结合各区实际，细化基本公共体育服务内容和保障标准，并将有关工作纳入文明城区、文明单位等创建的指标体系。

参考文献

[1] 胡锦涛.坚定不移沿着中国特色社会主义道路前进,为全面建成小康社会而奋斗——在中国共产党第十八次全国代表大会上的报告[EB/OL].[2012-11-08]. http://wenku.cyjzzd.com/a/1300020958.

[2] 市政府关于印发《上海市全民健身实施计划(2016—2020年)》的通知[EB/OL]. [2016-12-02]. https://www.sohu.com/a/120459621_528958.

[3] 曹可强,俞琳.公共体育服务:体系构建、机制创新与制度安排[M].北京:北京体育大学出版社,2013.

[4] 国务院关于印发"十三五"推进基本公共服务均等化规划的通知[EB/OL].[2017-03-01]. http://www.gov.cn/zhengce/content/2017-03/01/content_5172013.htm.

[5] 国家基本公共服务"十二五"发展规划[EB/OL].[2012-07-19]. http://www.gov.cn/zhengce/content/2012-07/19/content_7224.htm.

[6] 刘玉.发达国家体育公共服务社会化改革经验及启示[J].西安体育学院学报,2011(3).

[7] 金仙女.韩国大众体育协会[J].体育科技文献通报,2005(4).

[8] 全民健身计划纲要[EB/OL].[1995-06-20]. https://baike.so.com/doc/5381737-5618074.html.

[9] 中共中央国务院关于进一步加强和改进新时期体育工作的意见[EB/OL].[2002-07-22]. http://www.cctv.com/news/china/20020821/374.html.

[10] 全民健身计划(2011—2015年)[EB/OL].[2011-02-15]. http://www.gov.cn/zwgk/2011-02/24/content_1809557.htm.

[11] 全民健身计划(2016—2020年)[EB/OL].[2016-06-23]. http://www.gov.cn/zhengce/content/2016-06/23/content_5084564.htm.

[12] 国务院关于印发国家基本公共服务体系"十二五"规划的通知[EB/OL].[2012-07-31]. http://www.mohrss.gov.cn/SYrlzyhshbzb/zwgk/ghcw/ghjh/201207/t20120731_72345.html.

[13] 国务院关于印发"十三五"推进基本公共服务均等化规划的通知(国发〔2017〕9号) [EB/OL].[2017-03-01]. http://www.gov.cn/zhengce/content/2017-03/01/content_5172013.htm.

[14] 上海基本公共服务项目清单发布[EB/OL].[2017-12-04]. http://www.gov.cn/xinwen/2017-12/04/content_5244314.htm.

[15] 2019年上海市全民健身发展报告发布[EB/OL].[2020-10-01]. https://www.sohu.com/a/422142572_649768?qq-pf-to=pcqq.c2c.

[16] 上海市体育局.上海市全民健身实施计划(2016—2020年)实施效果评估报告[R]. 2020(5).

格林模式视角上海市居民健康促进策略研究

叶 宇[*]

一、前言

(一) 研究背景

人民群众健康是国家富强和民族昌盛的重要标志之一,是上海市建设具有世界影响力的社会主义现代化国际大都市的重要内涵。政府高度重视市民健康工作,认真践行"人民城市人民建,人民城市为人民"重要理念,紧紧围绕满足人民群众对美好生活向往、促进人民群众健康水平提升的目标,有序推进"健康上海"建设,取得了显著效果。上海市健康服务水平稳步提升,健康公共服务体系日趋完善,市民健康生活方式日益普及,人民群众获得感、幸福感、安全感不断提升。但是,由于人口深度老龄化,加之生态环境、疾病谱的变化,上海市依旧面临着多重疾病威胁共存、多种健康影响因素交织的复杂局面。体育是提高人民健康水平的重要途径,全民健身是增强体魄、健康生活的基础和保障,也是推动健康关口前移的实现路径。本研究在此背景下采用格林模式理论模型,对上海市居民健康水平依次进行社会学诊断、流行病学诊断、行为及环境诊断、管理政策诊断、教育诊断,从而明确影响上海市居民健康水平的倾向性因素、促成性因素、强化性因素,以此为依托提出上海市居民体育健康促进策略,为改善上海市居民健康水平、推进"健康上海"行动和建设全球著名体育城市做出贡献。

---

[*] 本文作者简介:叶宇,同济大学体育教学部党委副书记、纪委书记,副教授,硕士,研究方向:学校体育、体育管理。课题成员:杜哲、杨星辰、唐婉莹。

(二)研究意义

本研究在格林模式理论模型的指导下,厘清多种健康影响因素交织的复杂局面,解决影响上海市民健康的主要问题,促进全民健身运动广泛开展,发挥体育的健康促进功能和社会效应,有力保障和维护上海市居民的健康权益,进一步提升广大市民的健康获得感、幸福感和安全感,助力全球著名体育城市和"健康上海"建设。

(三)研究方法

1. 格林模式

格林模式又被称为 PRECEDE-PROCEED 评估模式,是由美国教授格林在基于社区人群健康促进干预实验的基础上,综合归纳外界环境因素与个人心理因素,借鉴以往健康促进理论模型提出的提升目标人群健康质量的健康促进模式。格林模式指出在制定健康促进策略前首先对目标人群的健康状况进行评估,找出影响他们健康问题的倾向性因素、促成性因素和强化性因素,以此为依据制定针对性的健康促进策略。

格林模式共由9个连续的步骤构成(图1),分别为社会学评估、流行病学评估、行为环境评估、教育生态评估、管理政策评估、实施、经过评价、影响评价、结果评价。其中社会学评估、流行病学评估、行为环境评估、教育生态评

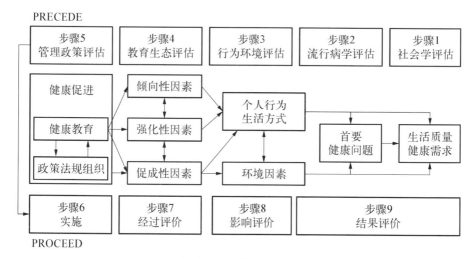

图 1 格林模式示意图

估、管理政策评估为 PRECEDE 阶段,在该阶段要分析出影响目标群体行为产生的倾向性因素、促成性因素和强化性因素,而实施、经过评价、影响评价、结果评价为 PROCEED 阶段,在该阶段要对目标群体进行行为干预,在干预过程中要着重采用政策、法规和组织的手段。

二、格林模式下上海市居民健康水平诊断

(一) 社会学诊断

社会学诊断是格林模式诊断的第一个步骤,诊断的内容重点是目标人群的人口结构特征、生活质量和健康需求,主要目的是从分析广泛的众多社会问题入手,了解社会问题与健康问题的相关性。因此该评估阶段依据上海市人口结构和主要生活方式展开分析。

1. 人口结构深度老龄化

上海市人口总量持续处于高位,是全国人口最多的城市之一,潜在的健康风险高,资源环境硬约束加大。2019 年,全市常住人口总数为 2 428.14 万人,较上年增加 4.36 万人。自 2017 年上海常住人口负增长后,连续两年常住人口增加。同时上海是我国最早进入老龄化社会的城市之一,在 1990 年就进入了老龄化社会,也是我国老龄化程度最高的大型城市之一。根据上海市老龄工作委员会办公室、市统计局发布的最新数据显示,2019 年上海户籍 60 岁及以上老年人口为 518.12 万人,占户籍总人口的 35.2%,该比例较 2018 年年末的 34.4% 提高了 0.8 个百分点。根据预测,到 2030 年上海户籍人口 60 岁及以上老年人口将占户籍总人口的 40%,到 2040 年至 2050 年,这一比例将达到 44.5%。关于老年人慢性病的研究表明,随着年龄的增长,罹患慢性病的风险逐渐增高,同时患有多种慢性病的比例也随之增加。而慢性病治疗难度高、周期长、医疗费用高,占用了大量的公共医疗资源,对老年人的生活质量和健康水平造成了严重威胁,也给"健康上海"建设带来了极大挑战。人口老龄化问题是上海社会发展过程中必然面临的最严峻挑战,也是必须承担和解决的社会责任,是关系到上海每一个家庭的重大民生问题。

2. 生活方式

《"健康上海"行动》首批项目——"影响市民健康的不良生活方式"社会调查结果显示,一般人群常见的不良生活方式中,排名最高的是"久坐不动,缺乏

体育锻炼",占比高达82%。同时,"久坐不动,缺乏体育锻炼"也是职业人群"生活方式病"的"第一名",是青少年"不良生活病"的"第五名",是老年人"不良生活病"的"第三名"。由此可见,"久坐不动,缺乏体育锻炼"正成为影响上海市居民生活质量最主要的因素。

（二）流行病学诊断

流行病学诊断与社会学诊断具有互补性,主要任务是客观地判断影响目标人群的主要健康问题,主要描述人群的躯体健康问题、心理健康问题、社会健康问题以及相应的各种危险因素的发生概率、分布、频率、强度等。

20世纪50年代,导致上海人口死亡的主要因素有传染病、自然死亡等。1992年,死亡"杀手"的前五位中,慢性病的致病和致死率已经大幅上升,慢性病是指以糖尿病、慢性呼吸系统疾病、癌症和心脑血管疾病等为代表的一组疾病,比如循环系统疾病的发病率和致死率由原来的9%上升到了30%左右;恶性肿瘤发病率和致死率从原来的3%上升到了25.26%。2012年慢性病在上海市居民死亡原因中占比超过80%,其中2007年高血压的发病率为23.60%,2013年糖尿病患病率近16%,心脑血管疾病和死亡率近年来都有明显上升的趋势。慢性病具有发病原因复杂、潜伏期长、病情重、病程持续时间长、治疗费用高和致残致死率高等特点,其中大部分慢性非传染性疾病正日益成为死亡"杀手"。由于人口深度老龄化以及生态环境、生活方式、疾病谱不断变化,上海市面临较大的慢性病防治挑战,慢性病疾病负担较重。慢性病已经成为严重威胁本市居民健康、影响经济社会发展的最大公共卫生问题。

（三）行为及环境诊断

行为及环境诊断就是在流行病学诊断的基础上,分析影响这些健康问题的行为及环境因素。影响人类健康的基本要素主要是遗传、环境、营养、医疗水平、身体活动等。在经济社会发展水平较低的城市,医疗水平、营养是影响健康的主要因素;上海作为全国经济社会发展水平最高的城市之一,人群的疾病构成发生了深刻的变化,慢性病成为影响上海市居民健康的主要公共卫生问题,而慢性病的产生和治疗与上海市居民体育锻炼行为有着密切的关系。本研究依据《2019年上海市全民健身发展报告》(即"300指数")统计数据,分析上海市居民的体育锻炼行为与健身环境。

2019年上海市居民经常参加体育锻炼人口为43.7%,与2017年、2018年相比稳步上升,19～39岁、50～59岁等年龄段居民经常参加体育锻炼人口比例显著增长,是2019年上海市居民经常参加体育锻炼人口比例增长的主要动力(图2)。

图2　2012—2019年上海市居民经常参加体育锻炼人口比例

但是从不同年龄段来看,虽然相比于2018年,19～39岁经常参加体育锻炼的人口比例明显增加,但是40～49岁、60～69岁经常参加体育锻炼的人口出现了下降,同时40岁以上的上海市居民经常参与体育锻炼人口的比例明显高于19～39岁年龄段的上海市居民(图3)。

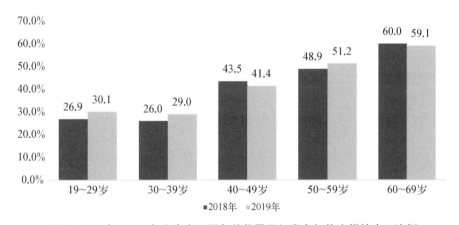

图3　2018年、2019年上海市不同年龄段居民经常参加体育锻炼人口比例

2019年,经常参加体育锻炼的上海市居民进行体育锻炼的主要阻碍因素为缺乏体育指导,占比为10.6%,其次为工作忙没时间及缺乏场地设施,占比分别为10.1%、9.0%(图4);而对于没有参加体育锻炼的上海市居民而言,工作忙没时间是最大的制约因素,占比为66.7%,家务忙没时间、惰性是影响紧随其后的因素,占比分别为45.8%、29.2%(图5)。

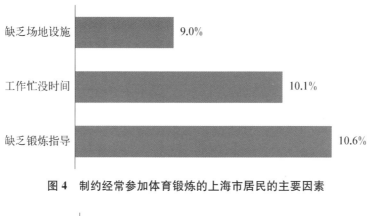

图 4　制约经常参加体育锻炼的上海市居民的主要因素

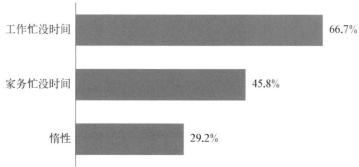

图 5　没有参加体育锻炼的上海市居民的主要原因

而在经常参加体育锻炼的上海市居民中,跑步、快走(健步走)、游泳、骑自行车是最常进行的体育锻炼项目。而在不同年龄段的体育项目偏好中,39岁以下的居民参与比重最高的是跑步,40岁以上居民参与比重最高的是快步走。可见,步行是上海市居民参与度最高的体育锻炼项目,39岁以下居民选择了运动强度更高些的跑步,而39岁以上居民选择了运动强度更平稳的快步走。

同时,在经常参加体育锻炼的上海市居民中,有48.3%的居民选择加入健身组织,相比于2018年提升了3个百分点。在所有类型的健身组织中,参与度最高的是健身会员俱乐部,参与比例为35.9%;其次为体育协会,比重为34.1%;第三为企事业单位健身团队,参与度为31.9%。其余类型的健身组织的参与度都低于30%(图6)。

健身素养包括对运动技能方法、运动伤害与防护、健身知识和概念、运动干预知识的了解程度。2019年上海市居民健身素养得分为58.4分,较2018年上涨1.7分。其中50岁及以上上海市居民健康素养得分显著低于50岁以

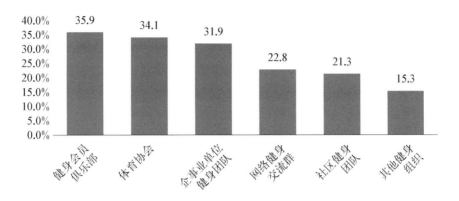

图6 上海市居民不同类型健身组织参与度

下的上海市居民,其中60岁以上老年人健身素养得分垫底。在每一个项目的得分中,2019年上海市居民运动技能与方法得分最高,为69.1分;其次为运动伤害防护得分,为66.1分;与2018年相比,上海市居民运动干预得分增长最快但仍为各项中得分最低的项目,为49.1分(图7、图8)。

图7 2019年上海市居民健身素养得分

居民体育锻炼行为与所在城市的健身环境密切相关。截至2019年底,上海市可供全民健身的体育场地达到57 745 689平方米,人均体育场地面积(国家统计标准)达2.23平方米;上海市人均可利用的场地面积为0.15平方米,可供市民健身的人均体育场地面积为2.38平方米。目前上海市共有市民益智健身苑(点)17 235个、平均每个居村委2.8个;市民球场2 694片、市民健身步道(绿道)1 565条,居村委覆盖率为70.1%;社区市民健身中心98个,街镇覆盖率为46.5%;市民游泳池37个、市民健身房186个,体育健身设施实现了

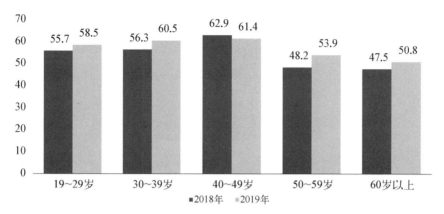

图8　2018—2019年各年龄段上海市居民健康素养得分

城乡社区全覆盖。自2016年以来,上海市民对体育场地的满意度持续增长,但是仍然存在令上海市民不满意的因素,其中对于社区体育场地最不满意的因素是开放时间和器材配备,占比分别为32.7%、21.6%,对于经营性场地最不满意的是性价比和开放时间,占比分别为21.5%、17.1%。

（四）管理及政策诊断

管理及政策诊断主要分析影响目标群体行为产生的政策、组织、法规等因素。

2019年,上海出台全国第一个省级中长期健康行动方案——《"健康上海"行动(2019—2030)》,方案着眼于全周期、全方位保证市民健康,努力为上海市民创造品质生活,体现"健康融入万策理念"。基于国家要求,突出上海引领,在国家15个行动计划基础上结合上海市具体情况增加健康服务体系优化和健康信息化、健康国际化、健康一体化等内容,最终形成了18个重大专项行动、100条新举措、177个监测考核指标。2020年,围绕建设全球著名体育城市和"健康上海"的奋斗目标,努力确保"十三五"全民健身计划顺利收官,推动新时代上海全民健身高质量发展,满足广大市民日益增长的健康需求,上海市颁布了《2020年上海市全民健身工作要点》,提出了坚持建设与管理并重、增加社区体育设施供给、搭建全民健身平台、组织群众体育赛事活动、提供健身指导服务、引导市民科学健身等三大行动计划和21条具体行动举措。2020年,为推动全球著名体育城市建设,全面落实《体育强国建设纲要》,上海市颁布了《上海全球著名体育城市建设纲要》,将"建设人人运动、人人健康的活力城市"

放在了六大主要任务中的第一位,提出了"促进全民体育公共服务提质增效,推动全民健身与全民健康深度融合;构建'处处可健身'的高品质空间,倡导'天天想健身'的现代化生活方式,培育'人人会健身'的高水平健康素养"。由此可见,无论是推动"健康上海"建设,还是建设全球著名体育城市,上海市各大政策文件都对上海市民体质健康状况、全民健身发展水平给予了充分重视,在顶层设计上给予了足够的方向把控和政策支持。

与此之外,上海市还发布了《2019年上海市全民健身发展报告》(即"300指数")。针对2019年上海市全民健身工作开展情况,分健身环境、运动参与、体质健康三项指标进行数据阐释。数据显示,2019年上海市全民健身事业总体发展状况令人满意,市民体质健康状况良好,经常参与体育锻炼人口比例稳步上升,市民对健身环境的满意度高。面对新时代新要求,从服务市民多元化的健身需求、提升公共体育服务供给质量出发,从2012年起,上海市每年都会公布"300指数",旨在为上海市高效、高质量地开展全民健身活动提供数据参考。

(五)教育生态诊断

教育生态诊断是格林模式的核心,它是在社会学诊断、流行病学诊断、行为及环境诊断、管理及政策诊断的基础上,找出促使人们行为发生改变的倾向因素、促成因素和强化因素。

随着上海市民生活水平的提高和老龄化程度的加深,慢性病成为影响上海市居民健康的主要公共卫生问题。慢性病的决定因素并不单一,既有经济迅速发展的大背景,也有基因和行为等因素。据现代医学数据调查,慢性病的发病在一定程度上是由基因决定的,环境因素占了15%的比例,而生活方式的影响比例占到了45%,所以生活方式是影响慢性病发生的最主要因素。作为《健康上海行动(2019—2030年)》首批项目——"影响市民健康的不良生活方式"社会调查结果显示:"久坐不动,缺乏体育锻炼"是上海市民最常见的不良生活方式。所以增强居民健身意识、培养健身习惯、提升体育锻炼水平、以全民健身助力现代化建设是降低上海市居民慢性病发病率、提升上海市居民健康水平的重要选择。本研究通过借鉴2019年上海市全民健身"300指数",依据对上海市居民健康水平的社会学诊断、流行病学诊断、行为及环境诊断、管理及政策诊断,归纳出影响上海市居民体育锻炼行为的倾向性因素、促成性因素和强化性因素。

1. 倾向性因素

倾向性因素是产生某种行为的动机、愿望或者诱发某种行为产生的因素,如知识水平、态度、信念等。健身素养包括运动技能与方法、运动伤害防护、健身知识和理念、运动干预四部分,2019年上海市全民健身"300指数"显示,上海市居民这四项的得分分别为69.1分、66.1分、50.4分、49.1分,其中运动技能与方法得分最高,运动干预得分最低。说明上海市居民对于各种体育锻炼行为的技能和方法掌握程度较高,能够比较熟悉地进行各种类型的健身活动,但是对运动干预知识掌握不够。运动干预是指对于亚健康人群或者慢性病患者,通过积极的体育锻炼增强体质,从而提升健康水平,改善亚健康状态或促进慢性病的恢复,改变只依赖医疗途径进行疾病治疗的方式,强调运动非医疗干预在慢性病防治模式中的重要作用。2016年,我国推出了《"健康中国2030"规划纲要》,该纲要明确指出:通过"广泛开展全民健身运动,加强体医融合和非医疗健康干预,促进重点人群体育活动"等方式提高全民族身体素质。通过"300指数"的运动干预得分可以发现,上海市居民"体医融合"观念较为淡薄,缺乏运用运动进行健康促进的意识,未能发挥全民科学健身在健康促进、慢性病预防和康复等方面的积极作用。

2. 促成性因素

促成性因素是促使某种行为动机或者愿望得以实现的因素,即实现某种行为所必需的技术或资源。

(1)锻炼指导。根据全民健身"300指数"的调查显示,制约上海市民经常参加体育锻炼的主要障碍依次为缺乏锻炼指导、工作忙没时间、缺乏场地设施,其中,缺乏锻炼指导权重最高,为10.6%。缺乏锻炼指导成为制约上海市民参加体育锻炼的最重要因素。上海市健身指导服务体系主要由社会体育指导员和社区体育配送组成,2019年上海市对部分因超龄原因不能履行健身指导责任的社会体育指导员进行清理,清理后仍有60 932名社会体育指导员,占常住人口比例为2.5‰;同时,2019年上海市共为社区配送体育服务6 992场,覆盖全市16个区,服务街镇211个,街镇覆盖率高达98.1%。从数据上看,上海市社会指导服务体系覆盖范围已经日趋完善,但是缺乏锻炼指导仍然成为制约居民经常参加体育锻炼的主要因素,说明上海市健身指导服务体系需要进一步优化服务内容、提升服务效率,真正发挥健身服务指导效能。

(2)健身场地设施。上海市相关体育管理部门强调建设市民身边的社区体育场地,完善社区体育设施管理服务平台,推动公共体育设施附属空间开放,推进学校体育场馆向社会开放。同时,上海市经营性体育场地与社区体育场地形成结构性互补,作为上海市全民健身场所的有机组成部分,可以满足市民不同层次的多样化健身需求,共同推进上海全民健身高质量发展。但是2019年全民健身"300指数"调查结果显示,缺乏体育场地设施是制约经常参加体育锻炼的上海市民第三大障碍因素,虽然上海市社区体育设施已经形成了比较完善的局面,但部分社区仍存在体育设施匮乏的现象,这影响了社区居民体育锻炼的参与度。同时上海市居民在对社区体育场地最不满意的方面进行选择时,满意度最低的是开放时间,其次是器材设备,说明在上海市社区健身场所中,开放时间、器材设备仍然存在不能满足居民健身需求的情况,存在着改善空间。而在经营性体育场地中,上海市居民最不满意的是性价比及开放时间,说明在营利性健身机构中存在着价格和服务不匹配的现象,而开放时间也有待改善。

3. 强化性因素

强化性因素是指能够促进目标行为持续进行的因素,如对人群给予激励或适时反馈。

(1) 社会体育组织。社会体育组织是市民体育活动和交往的重要组织形式,是市民体育锻炼需求和愿望的汇聚之地,也是体育公共产品提供和消费的主要场所,它是政府公共体育服务的重要方面和重要纽带,也是维持、激励市民持续进行体育锻炼的重要手段,能够有效满足市民不断增长的个性化、多样化体育需求。上海市共有1 246个体育社会组织,其中体育类的民办非企业单位834个、体育类社团408个、基金会4个,较2018年增长了5.1%。同时拥有在册体育团队53 888个,每千人拥有固定健身团队2.22个。根据全民健身300指数,2019年上海市民体育组织参与度为48.3%,这一比重仍然存在着较为广阔的提升空间。上海市社区体育组织虽然在规模上已经日趋成熟,但在体制上还未形成完整的管理体系,职能上还未完全转移,机构上还未完全独立,致使公共体育服务供给功能作用受到限制。如何充分发挥上海市社会体育组织的优势和作用,进一步激发体育社会组织的活力,是一项具有全局性重要意义的系统工程。

(2) 规划及政策。2018年,上海市为进一步提升市民健康水平,贯彻落实《"健康中国2030"规划纲要》,制定了《"2030'健康上海'"规划纲要》。2019年,上海市又出台了第一个省级健康行动计划——"健康上海"行动(2019—2030)。2020年,上海市发布《2020年上海市全民健身工作要点》及《上海全球著名体育城市建设纲要》,全面加快推进上海市新时代上海全民健身的高质量发展。这些文件的发布有力地凝聚了社会共识,动员全社会提升健康意识,树立运动干预健康观念,以主动的体育锻炼行为提升健康水平。

三、上海市居民体育健康促进策略研究

本部分研究基于前文对上海市居民健康状况的诊断分析结果,结合上海市体育健康促进具体工作实施情况,坚持"人民城市人民建,人民城市为人民"的重要理念,以提升上海市居民身体素养和健康水平为目标,针对性地制定上海市居民体育健康促进策略。

(一)全面推进上海市"十四五"规划时期全民健身工作

"十四五"规划是新时代开启全面建设社会主义现代化国家新征程的第一个五年规划,是上海迈向全球卓越城市和具有世界影响力的社会主义现代化国际大都市的开局起步期,同时也是上海建设全球著名体育城市的关键期。上海市"十四五规划"中明确提出"推进'健康上海'建设,全方位全周期保障人民健康,倡导健康文明生活方式,深入开展全民健身行动"。上海市全民健身工作要以习近平新时代中国特色社会主义思想为指导,贯彻落实习近平总书记关于体育工作重要论述和考察上海重要讲话精神,全面落实党中央、国务院和上海市委、市政府工作要求,立足上海,服务全国,面向全球,面向未来,围绕建设全球著名体育城市和"健康上海"的奋斗目标,坚持以人民为中心的发展思想,大力推动全民健身与全民健康深度融合,推动新时代上海全民健身高质量发展,满足广大市民对于体育健身的美好生活需要,以全民健身助力社会主义现代化强国建设。

(二)加强宣传引导,提升上海市居民对体育健康促进的认知度

1. 普及全民健身知识,提升运动促进健康的意识

推动上海市体育健康促进中心建设,统筹各大体育协会、体育科研机构、高校和新闻媒体等各类资源,打造权威的运动健康知识科普平台。建立完善体育健康知识科普"两库、一机制",建设市级运动健康知识专家库和资源库,完善全媒体体育健康科普知识发布和传播审核机制。组织上海体科所、各体育协会、各高校知名运动健康专家开展多种形式的、面向广大市民群体的体育健康知识科普活动和面向各大商业健身机构的体育知识培训工作,充分利用"上海体育"政务微信、政务微博、喜马拉雅音频号、政务抖音号等新媒体平台

开展运动健康知识科普,综合使用物联网、区块链、大数据、云算法等前沿互联网技术,推动"互联网精准体育健康促进科普",准确对接老年人、高危人口等重点人群的健康需求,培育一批体育系统内的"健康上海"建设示范、优秀案例。

2. 深入开展全民体育健康教育

在全市范围内加强学校体育健康教育,打造中小学体育教学课程资源库,加强体育教师师资队伍建设,开展经常性体育锻炼课外宣传、教育和实践活动,向中小学生传播健康运动知识,增强运动健康促进意识,在全市社区和单位普及健康知识,针对影响上海市居民的主要健康问题——高血压、糖尿病,开展运动干预知识传播行动。丰富完善《上海市民居家健康知识读本》内容,在原有的医学、环境、绿化、急救等内容基础上,结合新型冠状肺炎疫情防控常态化背景,增加居家体育锻炼指导内容,传授居家锻炼技巧,鼓励市民积极参加体育锻炼,通过主动预防提升自己健康水平。

(三)探索体医融合服务新模式

1. 继续建设标准化智慧健康驿站,扩大标准化智慧健康驿站覆盖范围

2019年底,上海市建设了85家体质监测站"升级版"——智慧健康驿站。智慧健康驿站在体质监测站的基础上进行了智能化升级,促进了体检服务与体测方式、现代医学理念与现代科学锻炼理念、医学治疗与运动处方三者的有机结合。上海市居民凭有效身份证件前往就近的智慧健康驿站进行智能身份识别,就可以自动新建或调用居民健康账户,获得11项自助健康检测、11项自助体质检测和15项健康量表自评服务。根据居民健康自检或自评结果,智慧健康驿站会为居民出具健康自检自评报告以及针对性的运动处方。

目前上海市已经建成195家智慧健康驿站,到2021年,要基本实现每个街镇至少有一家标准化智慧健康驿站。智慧健康驿站所设置的点位更加多元化,在保证居民社区智慧驿站数量基础上逐步增加设置在写字楼宇、产业园区等功能社区内的驿站的数量,将健康服务延伸至职业人群身边,促进健康管理关口前移,有效覆盖职业人群健康需求。同时不同的健康智慧驿站要根据设置所在的点位与服务对象的不同,提供灵活多样的服务,例如:设置在居民社区的智慧驿站要着重整合优化诊疗服务流程,推广慢性病运动干预;设置在学校的智慧驿站着重监测学生体质水平,提高青少年体育参与意识和实践水平,帮助青少年养成良好的锻炼习惯,提升体质健康水平。居住社区以及写字楼宇、学校、工厂等功能社区遍布着的多种形态的智慧健康驿站,可以将健康服

务的触角延伸到上海市居民生活的各个角落。

2. 建立运动处方库

运动处方作为运动医学促进健康的有效应用之一,在科学指导健身中发挥着重要作用,建立运动处方库是实现"体医融合"健康服务模式的关键桥梁。不同人群身体素质、机能不同,女性、青少年、老年等特殊人群均存在着不同的运动健身需求,建立和完善针对不同环境、不同人群、不同身体状况的运动处方库,尤其是建立老年人、青少年、慢性病人群等特殊群体的精准个性化运动处方,充分发挥体育锻炼在慢性病预防和康复、健康促进等方面的积极作用。培养具备开具运动处方技能的临床医生,借鉴已经成功举办的"香港赛马会运动处方师培训班"经验,充分利用市场力量,完善运动处方师培训内容体系,在涵盖原有运动处方理论知识的同时,注重实用的运动风险评估筛查以及运动评估测试方式等实践性知识的传授,不断充实丰富培训内容,将实际操作演示和理论讲解相结合,提升培训的针对性和可操作性。

在运动处方师的培训中不断摸索成熟的培训体系并加以推广,积极发动上海市体科所、体育学科高校等科研机构,研发具有上海特色的运动处方理论与方法体系,制定分别用于临床医生、全科医生、社会体育指导员的运动处方培训大纲和课程体系,推广运动处方师培训体系,扩大培训活动的广度和宽度,使上海市更多的临床医生具备开具个性化运动处方的技能,成为"体医融合"的推广者和践行者,传播科学健身知识,通过全民健身实现全民健康。推动运动处方师职业资格认证进程,实现运动处方师国家职业资格认证,保障运动处方师在"体医融合"中的合理地位。

3. 继续增设运动处方门诊

运动处方门诊模式是指临床医生开设个性化体育锻炼计划和运动处方,对亚健康或者慢性病患者提供疾病预防、治疗和康复的一种服务模式。该模式是全新的跨学科综合模式,是将运动作为一种干预手段推广到健康促进和疾病治疗中,为亚健康人群和慢性病患者提供治疗和运动康复方案。2018年,同济大学附属杨浦区中心医院和上海体科所、上海体育科研所、杨浦区市民体质监测中心共同合作,共同开设医学运动处方专家门诊,组建内分泌专家、营养师、体院教授、区体质监测中心专业人员"四位一体"的复合型运动处方诊疗团队,成功完成了上海市首例通过"体医融合"运动处方逆转糖尿病前期的成功案例。

在全市范围内充分吸取杨浦区中心医院的成功经验,依托上海体科所和上海体育学院的运动康复专业资源和各区体质监测中心展开合作,推进全市运动处方门诊建设进程。依据国家卫健委规定的临床标准与规范，推动运动处方门诊形成规范的诊疗流程，保证运动处方门诊在上海市现代医院管理体系下的正常运行，实现上海市运动处方门诊服务常态化，优化诊疗环境，创新诊疗服务机制，增加开诊时间，使得运动处方门诊设置更加人性化，诊疗流程更加畅通，最大限度发挥运动在健康促进、慢性病预防和康复等方面的技术支撑作用。充分利用"随申办""上海健康云"等新媒体平台，开设运动处方门诊新入口，满足就诊人员多样化、个性化就诊服务需求，提供快捷、高效、科学、共享的运动健康服务。紧跟国家深化医药卫生体制改革工作精神，参照国家分级诊疗制度，实现运动处方门诊的医疗、医药、医保"三医联动"。

（四）完善上海市社区公共体育服务布局

1. 优化社区体育配送服务

进一步做好上海市基本公共体育服务社区配送工作，实现上海市公共体育资源的优化配置，满足市民体育健身需要，保障市民的基本体育权利，持续、稳定、公平地向市民提供公益性体育产品和服务。落实上海市基本公共服务项目清单和"一网通办"工作要求，创新社区体育服务配送模式，完善配送网络，优化配送流程，让更多的市民享受体育公共服务的红利。在现有社区体育配送内容——科普知识讲座、健身技能传授、暑期青少年体育培训基础上，进一步探索新的社区体育配送内容形式，立足市民需求，不断增加足球、篮球、排球、羽毛球、乒乓球、网球等广受市民欢迎的运动项目课程，完善健身传授项目格局。全面整合体育信息、健身器材、讲座指导、健身培训、场馆服务、体育指导员、健身团队、体育活动策划等八大类近百种配送项目，逐步增加配送服务对象为机关企业事业单位、工业园区等职工的比例，针对职业人群活动相对集中、年龄结构相对较年轻等特点，有针对性地提供体育健康配送服务，满足职业人群的健康需求，完善社区体育服务配送服务人群格局。充分利用"上海社区体育公益活动"小程序向市民直接提供配送服务，普及全民科学健身知识，引导居民增强保健知识，合理运动，掌握科学生活方式，切实提高健康水平，同时又能掌握体育技能、体验新兴体育项目。不断扩充社区体育公益配送教师队伍，鼓励具备运动特长、掌握科学健身知识且有志于服务的市民加入教师队伍，不断完善既专业而又接地气、既具备专业素养又掌握沟通技巧的专业教师队伍。在疫情常态化防控期间，严格按照上海市相关疫情防控要求，落实各项防控措施，不断优化配送机制，探索适应疫情防控常态化配送方式，做好空间布局、受众疏导、活动保障等相关工作。各社区及社区体育协会在活动开展前主动做好防控及配送保障方面各项事宜的充分沟通、协调,确保社区配送服务在"安全第一"的原则下严格按照上海市疫情防控要求顺利进行。

2. 拓展社区健身空间

继续拓展市民身边的社区体育健身空间,打造高品质的"15分钟社区体育生活圈",推进各社区建设健身中心,争取实现街镇全覆盖,并在绿地、公园、沿河、沿江等区域建设嵌入式体育设施,利用屋顶和地下空间、闲置用地、旧区改造和城市更新项目,因地制宜布局小型多样的健身设施。同时支持社会力量建设社区运动中心等社区体育服务综合体,通过持续推进市民健身步道、市民益智健身苑(点)、市民球场等社区体育健身设施建设,形成类型丰富、功能完善的体育健身设施服务网络,营造处处可健身的城市社区环境。

3. 完善社区体育设施信息化建设

进一步探索创新社区体育设施管理模式,持续完善社区体育设施管理服务平台,积极推进公共体育设施信息化管理和服务,为市民提供便捷高效的服务,采用信息化的手段为全市2万余处社区体育设施建立二维码信息库,在全市社区公共体育设施电子"身份证"基本实现全覆盖的基础上,探索运用大数据、物联网、区块链等技术,推进社区体育设施电子地图建设,加强体育设施智慧化管理,提升信息化便民服务水平。

(五) 推进互联网新兴技术在体育健康促进领域的应用

充分利用大数据快速发展所带来的优势,积极利用现代化网络与信息技术普及的便利,以健康医疗大数据为基础,以物联网、云数据、运动科学为支撑,建设体育健康云、运动处方云,推进运动医学服务、运动健康管理业务的优化、创新和协同,促进体医融合健康服务体系建设和大健康管理模式的转变,提升全民锻炼水平,推动"健康上海"城市建设。

推进全民健身大数据开发应用,加强大数据在市民体育锻炼、运动处方门诊、健身需求、社区体育服务配送等领域的应用,精准把握市民健身需求,提高全民健身公共服务供需匹配度,不断丰富完善上海市全民健身公共服务数据库。构建基于大数据与现代信息技术的上海市全民健身健康服务平台,促进多层次、多类型的体育健康服务体系建设,使运动健康促进能够在理论创新、技术创新与应用实践方面实现突破。充分利用"上海健康云"平台,在为市民提供便捷化、精准化的医疗健康服务的基础上,增加体育健康促进服务,推动体育健康知识普及、个性化体质健康监测、运动处方门诊预约挂号等新兴化、精准化体育健康服务实践方式,满足市民多元化、个性化的健康需求,拓展"上海健康云"平台健康服务内容格局,实现上海市大健康服务智慧化建设。推动全民健身健康大数据分级分类分域规范化应用,维护市民健康隐私安全,促进网络安全建设。

推动上海市公共体育服务信息网络体系建设,汇集全市各类公共体育服务数据并落实管理要求。强化数据整合利用,支撑公共体育服务体系精细化管理。加强数据的共享应用,推进公共体育数据服务社会民生事业和城市精准治理,服务"健康上海"建设。利用大数据推进全市各大体育场馆智慧互联,加快全民健身场地设施智能化改造升级,推进云计算、物联网、数据中心等新技术在全市公益性社区健身场地、营利性商业健康机构的深度应用,为市民提供更加舒适、便捷、高效的健身服务。

(六)搭建体育健康促进人才指导体系

1. 推进社会体育指导员队伍建设

积极发挥社会指导员作用,创新社会体育指导员组织和队伍建设,改革社会体育指导员管理模式,加强社会体育指导员培训力度,提升社会体育指导员工作、技能及服务的指导质量和水平,更好地发挥社会体育指导员在全民健身工作中的"领头羊"作用,整合上海市社区体育协会和上海市社区社会体育指导员协会两大机构资源,明确职能分工,优化社会体育指导员资源配置,逐步建立资源共享机制,完善体系完整、功能互补、分工明确、密切协作、运行高效的上海市社会体育指导员服务体系,发挥"1+1≥2"的综合效应。

加强社会体育指导员队伍建设,不断更新社会体育指导员队伍。定期开展社会体育指导员理论再培训再考核,对没有通过定期考核的人员暂时冻结其社会体育指导员资格并进行二次培训,待考核合格后再准许上岗,保证队伍人才的持续流动性,不断提高队伍专业技能及组织管理能力。优化队伍人员组成结构,有针对性地培育一批拥有不同技能特长的社会体育指导员,让不同年龄、不同类型、不同需求的市民能够接受更加专业、对口、适合自己的体育运动指导。建设良好的沟通及信息传递渠道,在社区自我健康管理小组、社区智慧驿站中加入社会体育指导员,搭建社区自我健康管理小组、社区智慧驿站、社会体育指导员之间的联系纽带,形成以自我健康管理小组为实施组织,以智慧驿站为实施空间,以社会体育指导员为实施指导的三级联动模式。在管理层面实现从横向到边以及纵向到底的精细化管理,在信息层面实现全方位了解需求、快速传递需求、准确响应需求。

2. 培养"体医融合"复合型专业人才

树立"大健康"领域人才观,整合吸纳熟悉体育和医疗行业的复合型人才投身体育健康事业。坚持"体医协同",建立和完善复合型运动医学人才培养供需平衡机制,适应人才需求变化,调整优化运动医学专业结构,完善运动医学教育质量保障机制,推动运动医学教育与国际接轨。依托上海交通大学医学院、复旦大学医学院等优质医疗教学资源,上海体育学院、华东师范大学等优质体育教学资源,培养出能够掌握运动医学、运动训练学基础知识和常见慢性病相关知识,熟悉各种运动处方规范并能将其应用进行慢性病及亚健康人群干预的复合型人才。细化"体医融合"政策标准,规范"体医融合"服务人才市场,确保复合型人才服务质量。

(七)发展体育健康产业

发展大健康产业是建设"健康上海"的重要内容,逐步提升体育健康服务业在"大健康"产业中的地位。建设以运动健身、体质监测、运动处方大数据、慢性病运动防治、运动伤病预防和治疗、普遍患者的术后病后运动康复、运动诊疗器材开发、运动食品饮料开发以及与旅游、养老、地产、保险配套协同的健康服务生态圈,全力促进体育健康产业成为对接"健康上海"的重要端口。

体育健康服务的产业化发展是实现高效、合理、科学精准供给,提升上海市公共体育健康服务供给水平的必要条件。推动上海市体育健康产业与高精尖技术、高质量服务的发展,有机对接与消费者相联系的现实需求和潜在需求,形成"体质监测—运动处方—锻炼指导"的完整产业链条,形成健康服务领域新产业、新业态和新模式。首先培育体育健康产业多元市场主体,增加体育健康市场供给,依据"健康上海"、全球著名体育城市建设的相关政策,加大对体育健康产业政策扶持力度,减少行政审批,鼓励各类市场主体力量参与到公共体育健康服务供给建设中来,满足广大市民个性化、多元化运动健康需求。其次,实现体育健康产业多元化资源配置模式,按照现代经济理论、"'健康上海'2030"建设要求、上海市全球著名体育城市建设要求,依托上海市丰厚的体育科研机构、高校资源,充分发挥智库的咨询功能,结合上海市具体发展情况制定针对性地上海市体育健康产业发展政策,与市场协同发挥作用。在市场经济条件下,体育健康产业要遵循市场决定资源配置的经济发展规律,在发挥产业政策保障、政府监督等职能的同时,通过公平竞争、调整供给与需求关系等方法优化资源配置,结合体育健康服务业具体发展特点,提高体育健康服务业产品供给质量和效率。最后,建立行之有效的体育健康产业监督机制,减少管理成本,规范运动健康服务行业。根据专业意见,统一规范体育健康服务业的服务质量和服务管理内容,定期评估政策执行效果和服务提供质量,建立合理的奖罚制度,保证体育健康服务行业的可持续发展。

参考文献

[1] 上海:在"健康中国行动——各地行品牌传播活动"上的讲话[J].健康中国观察,2020(10).

[2] 晏嫦君,王洪兴,万和平.上海智慧健康驿站服务功能及数据应用[J].健康教育与健康促进,2020(1).

[3] "健康上海"行动实现良好开局[J].健康中国观察,2020(7).

[4] 冯振伟,韩磊磊.融合·互惠·共生:体育与医疗卫生共生机制及路径探寻[J].体育科学,2019(1).

[5] 胡扬.从体医分离到体医融合——对全民健身与全民健康深度融合的思考[J].体育科学,2018(7).

[6] GREEN LW K. Health education planning: a diagnostic approach[M]. Mountain View CA: Mayfield, 1980: 2 - 17.

[7] TRAMM R, MCCARTHY A, Yates P. Using the Precede-Proceed model of health program planning in breast cancer nursing research[J]. J Adv Nurs, 2012(8).

[8] 甄志平,朱为模,姚明焰.国际儿童青少年体质与健康促进研究的现状与趋势——第63届美国运动医学会年会启示[J].北京体育大学学报,2016(8).

[9] 李献青,唐刚,张波.人类卫生健康共同体:身体活动促进健康世界的中国范式探骊[J].沈阳体育学院学报,2020(6).

[10] 孙鹃娟,田佳音.新健康老龄化视域下的中国医养结合政策分析[J].中国体育科技,2020(9).

[11] 于文谦,季城,呼晓青.残疾人社会体育指导员人才培养问题剖析与路径优化[J].体育学刊,2020(4).

[12] 魏国芳,郭小璐,曹梅娟.格林模式在健康干预中的应用与研究进展[J].护理学杂志,2014(13).

[13] 陈燕.健康促进格林模式促进护生职业防护知信行的效果研究[D].复旦大学,2013.

[14] 叶旨微.天津市城市社区健康教育与健康促进研究[D].天津大学,2004.

上海推动冰雪运动加快发展的路径与政策研究

倪京帅*

2020年突如其来的新冠肺炎疫情打乱了人们的生产和生活节奏。体育界面临东京奥运会延期的严峻形势和冬奥会筹办与主办的繁重任务。2020年中央政府工作报告坚定地提出:"筹办北京冬奥会、冬季残奥会,倡导全民健身,使全社会充满活力,向上向善。"习近平总书记强调:"要把推动冰雪运动普及贯穿始终,大力发展群众冰雪运动,提高冰雪运动竞技水平,加快冰雪产业发展,推动冬季群众体育运动开展,增强人民体质。"总书记关于冰雪运动的重要论述提升了冰雪运动发展的战略定位,也为上海加快推动冰雪运动发展指明了方向。

对于上海冰雪运动而言,2020是"十四五"规划谋篇布局之年,也是加快推动国家体育总局与上海市人民政府关于冰雪运动项目发展全面战略协议的关键之年。距离北京冬奥会举办仅剩两年时间,上海作为冰雪运动"北冰南展西扩东进"战略的桥头堡,如何在冰雪国家战略体系中发挥更大的作用,提炼冰雪运动发展的上海经验,如何加快上海冰雪运动发展,加强上海冰雪产业发展,加大大型冰雪场馆建设,依然是"十四五"期间上海体育必须思考与回答的重要问题。与此同时,在国家及上海市大力发展冰雪运动一系列政策驱动的背景下,在了解上海冰雪运动开展现状的基础上,研究上海推动冰雪运动加快发展的路径及政策,需要提出哪些具体目标及措施;对于"缺少冰雪"的地区,如何不缺少"冰雪爱好者"。这些问题的研究将对北京

---

* 本文作者简介:倪京帅,上海对外经贸大学体育部,教研室主任,副教授,博士学位,研究方向:体育社会学。

冬奥会后上海促进冰雪运动转型发展、建成全球著名体育城市具有重要的现实意义。

一、现状与趋势

(一) 文献研究现状

2022年北京冬奥会申办成功后，国内学术界掀起了一股冰雪运动研究热潮，特别是2018年，学者们从不同视角对中国冰雪运动的发展做了深入研究，归纳起来主要有以下几个方面：一是冰雪文化的普及和传播。庄艳华提出我国冰雪普及的实现机制在于建立多元的冰雪文化资源供给模式，对大众冰雪文化供给侧进行有效治理。梁益军认为大众传播模式对我国冰雪运动文化传播具有借鉴意义，并提出了我国冰雪运动文化的传播策略。二是冰雪运动的群众参与。北京人民大学教授李树旺、马江涛研究得出年龄、性别、受教育年限、社会地位、冰雪运动的兴趣及家庭氛围是影响北京地区居民冰雪运动参与的重要因素；阚军常认为我国大众冰雪运动发展在人口支撑、动力推进、场地供给和管理职能等方面还存在诸多问题。三是冰雪运动的产业融合。李在军认为冰雪产业融合动力包括技术融合、企业融合、产品融合、市场融合四条实现路径。王恒利则探究了我国冰雪体育赛事产业要实现"一赛多热"的产业景象，认为应加强人才梯队建设，打造综合型人才，利用冬奥会契机，创建自主品牌。四是冰雪运动的可持续发展。张婷认为北京冬奥会背景下政策支持、市场支持、技术支持以及运动红利为我国冰雪运动可持续发展提供了契机，并提出了新建冰雪运动场馆、构建冰雪运动文化、创建冰雪专业人才库、搭建冰雪管理标准服务体系的策略。五是冰雪运动进校园。"3亿人上冰雪"的目标将给学校体育工作增加丰富的内容。教育部体卫艺司司长王登峰提出构建中小学冰雪运动特色学校和扩大冰雪运动高水平运动队规模两大发展方向，得到了学者卞高强、代春玲、王玉柱、马毅等的认同。

纵观以上的研究成果，在北京冬奥会申办成功的背景下，国内学者虽然从冰雪文化、冰雪产业、冰雪参与、冰雪进校园等方面做了比较全面的研究，冰雪运动仍存在着区域发展不平衡、经费投入不足、场馆设施欠缺、冰雪文化普及程度不够等问题，尤其是对于南方省份冰雪运动发展的现状和发展策略还缺乏相应的研究。根据2018年中国人民大学发布的"全国冰雪运动大众参与状况调查"显示,我国不同区域群众冰雪运动参与水平差异明显。南方省份的参与率仅为18%,约1.02亿人。因此,对照《关于以2022年北京冬奥会为契机大力发展冰雪运动的意见》,实现上海冰雪运动发展目标,就必须了解上海冰雪运动开展的现状。开展的哪些项目?冰雪运动场地有哪些?市民参与情况如何?参与冰雪运动的影响因素有哪些?促进上海冰雪运动发展的路径有哪些?这些问题对于探讨上海推动冰雪运动加快发展的路径和政策显得尤为必要。

(二)上海冰雪运动开展现状

1. 上海冰雪运动的项目布局

冰雪运动分为冰上项目和雪上项目。冰上项目主要包括短道速滑、速度滑冰、花样滑冰、冰壶、冰球等传统项目;雪上运动主要包括有高山滑雪、越野滑雪、跳台滑雪、北欧两项滑雪、自由(花样)滑雪以及冬季两项、雪橇、雪车等。截至目前,冬奥北京周期里上海开展了短道速滑、花样滑冰、冰球、速度滑冰、冰壶、雪车、滑雪等七个冰雪运动项目,由于受到气候及场地条件的限制,上海的冰上项目如滑冰、冰球、冰壶等发展迅速,城市已经具有了良好的冰上运动基础。雪上项目相对发展缓慢,目前仅开展有雪车、滑雪项目,受众群体相对较少,雪车仅局限在竞技运动员层面,滑雪仅在小众群体中流行,呈现明显的"冰强雪弱"的布局。

2. 上海冰雪运动组织形式

借助北京冬奥会的契机,最近几年上海群众性冰雪运动取得了较大的发展。在这其中,以冰雪俱乐部为主要形式的体育组织发挥了重要作用。2018年11月,上海市滑冰协会更名为上海市冰雪运动协会,上海冰雪正式进入冰、雪组织协调发展阶段。截至目前,通过上海市社会团体管理局注册的冰雪运动俱乐部共有包括冰上、雪上、轮滑等16个(表1),冰上项目目前已普及到近40所学校。每年参加各类冰雪活动(训练)的人数达30多万人次。比较有代表性的冬奥会冠军杨扬创办的飞扬冰上俱乐部,是申城首批在全民健身日免费对公众开放的盈利性体育场馆;世纪星滑冰俱乐部则是国家体育总局冬季运动管理中心授予的国家花样滑冰队训练基地、冰上项目后备人才培养基地,业务范围涉及15个冰雪项目的普及,其中花样滑冰的学员已经达到万余人,为上海冰雪运动后备人才的培养起到了重要作用。其中,冰球在青少年冰雪运动参与中最受欢迎,发展势头最为强劲,冰球队伍也从原来的7支发展到目前的30支,每年举办冰球赛事近600场。

表 1 上海冰雪运动俱乐部名称

种 类	俱乐部名称
冰 上	全明星滑冰俱乐部、飞扬冰上俱乐部、世纪星滑冰俱乐部、上海齐佳冰上运动俱乐部、精英假日(上海)滑冰俱乐部有限公司、上海徐汇滚轴溜冰俱乐部、上海对外经贸大学冰壶俱乐部
雪 上	上海白鸦滑雪俱乐部、上海 X-UNITED 联合滑雪俱乐部、上海 HiSki 滑雪俱乐部、上海 KINGS 滑雪俱乐部、上海雪酷滑雪训练俱乐部、上海 SPADERS 黑桃户外滑雪俱乐部、上海银速滑雪俱乐部有限公司、snowhero 滑雪俱乐部
轮 滑	上海市第 6 频道轮滑俱乐部

3. 上海冰雪场地设施

冰雪场地设施是开展冰雪运动的基础条件。经过实地调研,目前上海有 15 块冰场,其中标准冰场 4 块,分别是东方体育中心海上王冠、上海大学生体育中心国际冰球馆、飞扬冰上运动中心(上海唯一有上下两层冰面的场馆)、世纪星冰场。冠军溜冰场是国内首家连锁溜冰场,东方明珠城市广场是上海首块户外真冰冰场;室内滑雪场也有 11 处场地,其中约有 60~70 块雪毯(表 2)。6 个室内滑雪场所常年开放,为雪上运动项目开展提供了优良的场地条件。此外,上海浦东临港地区正在筹建的"冰雪之星"将成为全球最大的室内滑雪场,包括 9 万平方米室内滑雪场、25 个滑雪项目以及符合奥林匹克标准的雪道设施,建成后将于 2022 年正式对外开放。目前上海拥有 8 条冰壶道,分别是徐汇区青少年体育运动学校冰壶训练馆(4 条道),青浦零碳冰壶俱乐部冰壶场(1 条标准道,1 条儿童道);卢湾少体校冰壶馆(1 条标准道,1 条儿童道)。2020 年由上海对外经贸大学牵头建设的上海冰壶馆已经列入了市政府的"十四五规划",该冰壶馆计划建设至少 4 条标准道,达到国际赛事标准,正在论证筹建中。

表 2 上海冰雪运动场地

种 类	名 称
冰 场	冠军溜冰场(新世界城店、百联又一城、冰之魅真冰溜冰馆、西郊百联)、南桥百联炫冰真冰滑冰场、全明星冰滑场、闵行游悉谷馆、迪士尼星愿滑冰场、东方明珠城市广场冰上嘉年华、东方体育中心海上王冠、上海大学生体育中心国际冰球馆、飞扬冰上运动中心、世纪星冰场

续 表

种 类	名 称
滑雪场	Vankoo滑雪工厂滑雪场、顽酷雪工厂、SNOW51城市滑雪一站式空间、Sheercool雪酷滑雪、雪乐山、零度滑雪室内训练中心、华雪梦工场、雪梦都滑雪体验中心、supsnow滑雪场、智旅冰雪乐园
冰壶道	徐汇区青少年体育运动学校冰壶训练馆、青浦零碳冰壶俱乐部冰壶场、卢湾少体校冰壶馆

4. 冰雪运动赛事

2019年3月国务院办公厅颁布的《关于以2022年北京冬奥会为契机大力发展冰雪运动的意见》中提出:"拓展冰雪竞赛表演市场,有序申办和举办冰雪运动国际高水平专业赛事。"从2011年起,上海已经举办了花样滑冰世锦赛、短道速滑世界杯、短道速滑世锦赛、花样滑冰大奖赛在内的世界顶级赛事(表3)。特别是随着上海冰雪运动赛事的不断推进,一项拥有自主权的赛事——上海超级杯也应运而生。上海超级杯体现了四个历史第一:第一个以城市命名的比赛;第一个将短道速滑、花样滑冰和队列滑三个项目放在一起进行的比赛;第一个设置男女混合接力的比赛;第一次为短道速滑选手设立赛事奖金。可以说,上海超级杯为国际冰上赛事建立了上海标准,提供了中国经验。此外,2018年上海市第十六届运动会中,冰壶、花样滑冰两个冬季项目纳入了本届运动会的31个大项、39个小项中,冰球则成为市运会展示项目。从国内到国际,从顺利办赛到赛事创新,上海在冰雪运动赛事筹备、举办、服务方面具备了丰富的经验。

表3 上海举办的高水平冰雪运动赛事

赛事名称	举办时间
国际滑联短道速滑世界杯	2010—2018年(2018—2019年赛季缺席),共举办九届
中国杯世界花样滑冰大奖赛	2011、2012、2014年三届
短道速滑世界锦标赛	2012年3月9—11日
花样滑冰世界锦标赛	2015年3月25—29日
上海超级杯	2016、2017、2019年三届

5. 冰雪运动政策保障

在中央及国家有关部门颁布推动冰雪运动发展政策的基础上,上海市政府、体育局和教委相继颁布了多项促进冰雪运动发展的政策,为全国冰雪运动的开展提供了上海经验(表4、表5)。2017年1月,上海颁布《上海市体育产业发展实施方案(2016—2020)》,提出要大力发展冰雪运动的主导思想,打造上海市成为全球著名体育城市。2018年12月,为了加快上海冰雪运动发展,积极备战2022年北京冬奥会,国家体育总局会同上海市人民政府签署合作协议,加强上海冰雪项目人才培养,推动上海冰雪运动的发展。上海市冰雪运动进入了前所未有的大发展时期,为了吸引更多的青少年参与冰雪运动,2019年上海市教委和上海体育局公布了"北京2022年冬奥会和冬残奥会奥林匹克教育示范学校"和中小学校园冰雪运动特色学校名单。2019年12月,根据上海市人民政府与国家体育总局签订的《关于共同推进实现2022年北京冬奥会总体目标的协议书》精神,上海体育局制定了《冰雪运动奥全运项目发展规划(2019—2025年)》。2020年,上海市人民政府办公厅印发《上海全球著名体育城市建设纲要》,在建设国际知名的体育消费中心的目标任务中提出,要提供更多时尚、个性、品质的消费选择,推动冰雪运动等具有消费引领特征的体育项目产业化发展,拓展体育消费新空间。

表4　国家关于冰雪运动的政策汇总

发布时间	发布单位	政策名称	发布时间	发布单位	政策名称
2014年10月20日	国务院	国务院关于加快发展体育产业促进体育消费的若干意见	2016年11月25日	体育总局、发改委等7部门	全国冰雪场地设施建设规划(2016—2022年)
2016年6月23日	国务院	国务院办公厅关于加快发展健身休闲产业的指导意见	2018年2月27日	教育部 国家体育总局 北京冬奥组委	关于印发《北京2022年冬奥会和冬残奥会中小学生奥林匹克教育计划》的通知
2016年11月2日	体育总局等23部门	群众冬季运动推广普及计划(2016—2020年)	2019年3月31日	中共中央办公厅、国务院办公厅	关于以2022年北京冬奥会为契机大力发展冰雪运动的意见

续 表

发布时间	发布单位	政策名称	发布时间	发布单位	政策名称
2016年11月25日	体育总局、发改委等4部门	冰雪运动发展规划（2016—2025年）			

表5 上海市冰雪运动的政策汇总

发布时间	发布单位	发布政策	主要内容
2017年1月	上海市政府办公厅	上海市体育产业发展实施方案(2016—2020)	提升本土品牌体育赛事影响力和辐射力，提出要"大力发展冰雪运动"，打造全球著名体育城市
2018年12月	国家体育总局、上海市人民政府	国家体育总局 上海市人民政府关于冰雪运动项目合作协议书	共建冬奥竞技备战队伍、深化青少年冰雪运动项目合作、推动冰雪运动普及推广、大力发展冰雪运动产业
2019年4月	上海市教委、体育局	关于公布"北京2022年冬奥会和冬残奥会奥林匹克教育示范学校"和中小学校园冰雪运动特色学校名单的通知	39所奥林匹克教育示范学校，57所上海市中小学校园冰雪运动特色学校
2019年10月	上海市体育局	冰雪运动奥全运项目发展规划(2019—2025年)	增强本市冰雪运动奥全运项目的综合实力，带动大众冰雪运动的普及和冰雪产业的发展
2020年10月	上海市人民政府办公厅	上海全球著名体育城市建设纲要	推动冰雪等具有消费引领特征的体育项目产业化发展

6. 上海冰雪运动进校园

青少年是冰雪运动的参与主体，是实现"3亿人参与冰雪运动"的关键群体。上海市教育部门和体育部门重视青少年冰雪运动的推广，积极推动冰雪运动校园。一是相关政策的驱动。2018年12月，上海市教委正式启动了"冰雪运动进校园"，并由平昌冬奥会单板滑雪银牌得主刘佳宇出任形象大使。2019年4月，上海市教育委员会、上海市体育局公布了"北京2022年冬奥会和冬残奥会奥林匹克教育示范学校"和中小学校园冰雪运动特色学校名单，有39所入选奥林匹克教育示范学校，57所入选上海市中小学校园冰雪运动特色学校。二是组织校园冰雪运动比赛。上海市教委组织上海市中小学生冰上运动会、上海市大学生春季冰壶联赛等多个市级单项比赛,吸引了广大中小学生和大学生参与。三是积极拓展校外青少年精英训练基地。目前,上海已命名6个冰雪运动项目青少年精英训练基地,积极举办青少年冰雪运动的夏令营、冬令营,让更多青少年直接参与冰雪运动。四是开展青少年冰雪专业人才的培训。为了提高青少年教练员的业务水平,实现冰雪运动专业化发展,组织初级教练员和裁判员的培训。据统计,2018年全年参加培训的青少年近3 000人,参与活动的近21万人次。

7. 上海市民冰雪运动参与情况

由表6和表7的数据可以看出,约有41.8%的上海市民曾经参与过冰雪运动,而有58.2%的上海市民从没接触过冰雪运动,这其中有12.3%市民冰雪运动参与频次较高,大多为一年多次。与此同时,还有29.4%的上海市民仅有体验性参与的经历,大多为只参与过1次。在间接性参与的市民中,经常观看冰雪运动项目的仅为总数的8.6%,从不观看的市民比例达到15.4%,有51.7%的市民处于有时观看或偶尔观看的情况。由此可见,上海市民直接参与频率与间接参与频率程度间的差异较大。

表6 直接参与频率统计

参 与 程 度	样本量	百分比(%)
高频度参与	77	12.32
体验性参与	184	29.44
从不参与	364	58.24
总　　计	625	100.00

表7 间接参与频率统计

频　率	频　数	百分比(%)
经常观看	54	8.64
有时观看	167	26.72
偶尔观看	156	24.96
很少观看	152	24.32
从不观看	96	15.36
总　　计	625	100.00

8. 上海市民冰雪运动影响因素分析

(1) 性别因素。通过数据分析结果显示(表8),性别差异对上海市民是否参与冰雪运动的影响非常显著,上海市民冰雪运动参与存在明显的性别差异。表9显示,从男性视角来看,影响市民冰雪运动参与因素中排在第一位的是"缺乏冰雪运动设施",排在第二位的是"工作太忙",排在第三位的是"没有冰雪运动经历";在对女性的调查中,排在前几位的分别是"缺乏冰雪运动设施""没有冰雪运动经历"以及"工作太忙"。数据分析结果显示,性别差异对于市民冰雪运动参与的影响主要体现在两个方面:第一,女性与男性相比,自身主体性因素对市民冰雪运动参与的影响更大一些。第二,冰雪运动的项目属性也是影响女性群体参与数量较少的一个重要原因,由于冰雪运动项目的技术难度较高,而且参与过程中有一定的危险性,一定程度上影响了女性的参与度。未来上海普及群众性冰雪运动,促进女性参与冰雪运动成为体育管理部门需要重点探索问题。

表8 不同性别市民冰雪运动参与状况

性 别	不参与		体验性参与		高参与	
	频 数	占比(%)	频 数	占比(%)	频 数	占比(%)
女	76	50.33	39	25.83	36	23.84
男	94	46.08	48	23.53	62	30.39

表9 不同性别上海市民冰雪运动参与的影响因素

参 与 状 况	男		女	
	频 数	占比(%)	频 数	占比(%)
没有冰雪运动经历	143	37.8	181	47.8
没有喜欢的冰雪项目	38	10.1	44	11.8
经济不允许	114	30.2	101	26.7
工作太忙,没时间	159	41.9	134	35.4
家务事太多,没时间	59	15.6	105	27.7
健康状况不允许	85	22.5	103	27.1
缺乏冰雪运动设施	220	58.3	187	49.3
缺乏专业教练的指导	66	17.6	54	14.3
缺乏冰雪运动组织	62	16.4	46	12.3

（2）年龄因素。年龄对于上海市民参与冰雪运动的影响还是非常显著的。从表10可以看出，青年人是参与冰雪运动重要群体，0～17岁首次参加冰雪运动的百分比达到98.1%。老年人由于身体状况不允许，已经不再适宜参加具有一定技术难度和危险性的冰雪运动。冰雪运动设施、没有冰雪运动参与经历是影响青年人参与的两个重要因素。随着市民年龄的增长，冰雪运动参与的比例在逐年下降。到了中年阶段40岁以后，有将近95%以上的市民因为没有冰雪运动参与经历，造成了终身无冰雪运动参与的情况。因此，对于普及冰雪运动而言，青少年群体是关键，只有把握住青少年群体，才有可能完成冰雪运动3亿人的参与目标。

表10　上海市民首次参加冰雪运动年龄

年 龄 段	频　数	百分比（%）
0～6岁	145	55.1
7～17岁	113	43.0
18～40岁	4	1.5
41～65岁	1	0.4
总　计	263	100.0

（3）受教育程度因素。从受教育程度对上海市民参与冰雪运动的影响也是非常显著的。数据显示（表11）学历越高、受教育年限越长，参与冰雪运动的比例越高，其中本科以上学历高参与比例达96.9%，初中学历高参与比例只有13%，高中学历参与比例有11.8%，说明高学历人群是冰雪参与的主力人群，其主观参与冰雪运动的愿意也较为强烈。

表11　受教育程度影响上海市民冰雪运动参与的状况

受教育程度	不参与		体验性参与		高参与	
	频　数	占比（%）	频　数	占比（%）	频　数	占比（%）
初　中	16	69.6	4	17.4	3	13.0
高　中	61	71.7	14	16.5	10	11.8
大　专	37	50.1	20	27.0	17	22.9
本　科	50	33.3	46	30.7	54	36.0
研究生	6	26.1	3	13.0	14	60.9

(4) 冰雪运动的兴趣。数据显示(表12),喜好程度对于上海市民参与冰雪运动的影响很大,往往个人喜好越强烈,参与冰雪运动的频率就越高。非常喜欢的高参与频率达到60.4%,比较喜欢的有29.9%,在群众性冰雪运动普及过程中,如何提高市民的冰雪运动兴趣,使市民感受到冰雪运动文化的魅力,吸引越来越多市民能亲身参与体验冰雪乐趣,是体育管理部门需要着重解决的问题。

表12 冰雪运动喜好程度与上海市民冰雪运动参与状况

参与状况	不参与		体验性参与		高参与	
	频 数	占比(%)	频 数	占比(%)	频 数	占比(%)
非常喜欢	5	11.5	14	28.1	29	60.4
比较喜欢	88	43.2	55	26.9	61	29.9
说不清	58	71.2	17	20.2	7	8.6
不太喜欢	19	88.4	2	9.3	1	2.3
非常不喜欢	0	0	1	100.0	0	0

(5) 家庭氛围因素。个体对事物的兴趣能够直接影响个体参与的决策。家庭中参与冰雪运动的人越多,家庭成员选择冰雪运动的概率就越大,由此可见,家庭氛围对个体参与冰雪运动至关重要。从表13来看,经常带孩子参与冰雪运动的家长比例并不高,经常参加的2017年、2018年分别只有2.9%、2.1%。从调研数据来看,目前上海市民冰雪运动参与来自家庭的支持力度显然不够,需要挖掘更大的潜力。

表13 上海家长带孩子参与冰雪运动的调查分析

参 与 程 度	2017年		2018年	
	样 本	百分比(%)	样 本	百分比(%)
经常参加	8	2.9	7	2.1
有时参加	52	18.4	36	10.6
偶尔参加	65	23.4	75	21.9
很少参加	47	16.9	90	26.5
从不参加	107	38.4	132	38.9

二、上海冰雪运动发展存在的问题

（一）冰雪运动项目布局存在"冰强雪弱"的情况

随着国家提出"冰雪运动南展西进东扩"的战略部署和"3亿人上冰雪"战略目标的推进，最近五年来，上海的群众性冰雪运动蓬勃开展。冬奥会北京周期中，上海冰雪组织形式由原来的冰上为主的俱乐部发展到目前的冰上、雪上、轮滑等共计15个俱乐部（单位），其中冰球从原来的7支队伍发展到今天的30支队伍，冰上项目目前已普及到近40所学校。每年参加各类冰雪活动（训练）的人数达30多万人次。根据国家体育总局冬奥项目总体布局，上海冰雪运动冬奥会、冬运会项目的总体发展思路为兼顾冰雪、协调发展。重点项目布局为"5X"：5是滑冰（短道速滑、花样滑冰）、滑雪（个别小项）、冰球、冰壶、雪车；X是轮滑等冬运会全能项目。但受到气候及场地条件的影响，上海冰雪运动的发展还是呈现明显的"冰强雪弱"的布局，雪场的数量和质量、滑雪专业指导人员数量不足，无法满足竞技性冰雪运动和群众性冰雪运动发展的需要。

（二）冰雪运动场地设施建设不足影响上海冰雪运动发展

2018年11月中国人民大学人文奥运研究中心发布的《全国冰雪运动参与状况调查报告》显示，运动场地太远和没有时间参加为阻碍参与冰雪运动的主要因素。最近几年，为了推动冰雪运动发展，上海市建有15块冰场、6个市内滑雪场，但与民众的需求相比，还是有一定差距。受到有关土地政策限制以及南方气候影响，冰雪运动场地建设不足，冰场、雪场资源紧张，成为影响上海冰雪运动发展的短板之一。依据国家《森林法》以及上海市森林管理相关规定和土地政策，占用土地，砍伐树木，需要严格的审批手续，而兴建滑雪场与环境保护存在着天然的矛盾，造成了冰场雪场扩改建存在着较大困难。由于南方气候的影响，依靠人工造雪造冰将增加很大的运营成本，企业负担重。且当前雪场缴纳的税费种类有增值税（3%～6%）及附加税、房产税、土地使用税、（企业）个人所得税、车船税、印花税、城建税、文化事业建设税、环保税、残保金、教育附加费、排污费等十余种。滑雪场配套设施明显不足，影响了冰雪运动爱好者的参与热情。

（三）体验式参与成为影响冰雪运动参与的主体性因素

从上海市民冰雪运动参与调查情况来看，上海市民参与冰雪运动的主要年龄结构为青少年群体，参与的性别结构存在明显的差异，有过高等教育经历的人群更容易参与。对于不同人群来说，冰雪运动参与的影响因素是比较一致的，包括性别、年龄、受教育程度、兴趣程度、家庭氛围等。但在调查的数据中又发现，市民冰雪运动多以体验式参与为主，很多市民在体验参与一次后，就出现了中断现象，没有形成经常性参与，因此，影响冰雪运动参与因素中，"缺乏运动项目体验来引发对冰雪运动的兴趣"是属于参与者自身的主体性因素，但对于如何把体验式参与转化为经常性参与是后续研究需要关注的主题。

（四）冰雪运动人才匮乏

自北京获得 2022 冬奥会主办权后，国内冰雪运动越来越热，当前我国冬奥运动发展及冬奥筹办中普遍存在高水平人才队伍建设相对滞后的问题。我国冬季项目高水平运动员主要集中在短道速滑、自由式滑雪和花样滑冰及速度滑冰等大项中的几个小项上，夺金点单一。与世界冰雪运动强国相比，高水平教练员及裁判员等人才储备也严重不足。除了运动员、裁判员的短缺外，我国在冰雪场地的管理与维护、冰雪场地运营、雪场救护等各方面均呈现人才短缺的状态。与此同时，体育类高等院校对冬季项目专业人才培养输送不足，目前体育类高等院校中，仅有东北地区的体育院校招收数量有限的冰雪项目专业学生，在上海的体育院校中还没有冰雪项目专业，也未开设冰雪体育职业类课程，远远不能满足日益增长的专业人才需求。此外，冰雪运动人才质量参差不齐也影响了参与者的参与体验。

（五）冰雪运动政策主题范围有待进一步扩展

2022 年北京冬奥会的申办成功，为我国冰雪运动的快速发展提供了千载难逢的良机。随后中共中央、国务院以及国家有关部门颁布了一系列政策来促进冰雪运动的普及与开展，从 2014 年到 2019 年颁布了七项政策，这五年间是冰雪运动政策产出最多、最快的阶段，这些政策的颁布为广大人民群众广泛参与冰雪运动、提高群众性冰雪运动的参与度、促进我国冰雪运动大跨步发展提供了政策依据和发展方向。从冰雪运动政策主题来看，这个时期的政策主要集中在提高冰雪运动竞技水平、普及群众性冰雪运动以及发展冰雪运动产业方面,这也反映了国家、各级政府对于冰雪运动的关注和重视,冰雪运动政策的从"暂行规定"到"深化改革",再到"加强工作",逐渐呈现出系统化态势。2019年3月《关于以2022年北京冬奥会为契机大力发展冰雪运动的意见》的颁布,是新形势下加快冰雪运动的纲领性文件,反映了国家对冰雪运动有了更高的要求和期待。与此相比,目前冰雪运动政策的主题分类仅有纲领类、具体主题类、机构建设类三类,总体而言,冰雪运动政策的主题范围和层次有待进一步扩展。

三、上海推动冰雪运动加快发展的路径与政策

(一)完善冰雪运动发展的顶层设计,优化"冰强雪弱"项目布局

2022年北京冬奥会是我国的重大标志性活动,表明了当前在筹备北京冬奥会背景下冰雪运动的发展在国家建设工作中的重要战略地位。"十四五"期间,上海要紧紧抓住北京举办冬奥会的契机,进一步推动冰雪运动加快发展,着力打造长三角冰雪运动强市。首先要建立由市政府牵头,体育局、教委、发改委等相关部门协调配合的冰雪运动发展工作机制,成立上海市冰雪运动和冰雪产业发展联席会议制度,认真贯彻落实《关于以2022年北京冬奥会为契机大力发展冰雪运动的意见》《关于支持冰雪运动和冰雪产业发展的实施意见》等政策文件的要求,优化当前存在的"冰强雪弱"项目布局,确保顺利实现预期目标。

上海冰雪运动协会要积极拓展工作范围,组织雪上运动项目的推进工作。例如:国家体育总局冬季运动中心、上海体育局共建国家雪车队的协议,需要有协会具体落实协议工作内容,提高雪上项目竞技水平。随着跨界选材的提出和雪上运动的兴起,接下来要优化上海冰雪运动项目布局,逐步实现冰上项目与雪上项目协调发展。上海市的冰雪竞技项目布局中,花滑、速滑为重点项目,冰球、冰壶为次重点项目,雪车和滑雪为一般项目,为了促进冰、雪项目的协调发展,还需要在雪上项目上多下功夫,着力提升上海市与国家体育总局冬季运动项目管理中心共建的雪车项目的竞技水平,特别是2020年冬运会提前进行的雪车比赛中,上海队已经获得了女子和男子雪车两块金牌,实现了上海冬运会金牌零的突破,为尽早实现冰上项目和雪上项目协调发展,起到了良好的推动作用。

（二）发挥竞赛杠杆作用，建立上海冰雪运动竞赛标准

为了加快上海冰雪运动的发展，充分发挥冰雪运动赛事的竞赛杠杆作用，自2010年以来，上海共举办了九届国际滑联短道速滑世界杯；承办了2011、2012、2014年三届中国杯世界花样滑冰大奖赛；2012年上海举办了短道速滑世界锦标赛，2015年上海再次举办花样滑冰世界锦标赛，成为国内唯一举办过短道速滑、花样滑冰世界锦标赛的城市。通过以冰雪竞赛为杠杆，带动上海冰雪项目的快速发展，可以促进上海冰雪市场的培育，既能为2022冬奥会项目选送运动员，又能扩大冰雪项目参与人口。目前，上海拥有冰雪运动项目注册运动员的数量达到千余名，上海自主培养的青少年运动员在各项大赛中崭露头角，平昌冬奥会上海冬奥第一人邵奕俊完成了中国男子四人雪车的奥运首秀；青少年冰球联赛从最初的7支队伍扩大到30支队伍，每年举办冰球赛事近600场；第十三届全国冬季运动会首次出现了上海代表团的身影。

上海作为国际化大都市，未来将举办众多世界高水平的冰雪赛事，同时要更多融入上海特色，建立上海标准。2016年诞生的上海超级杯，就把上海标准融入了运动赛事，为冰上运动赛事提供了上海经验。与此同时，在市运会的竞赛项目设置中，要继续研究增设一定数量的冰雪运动竞赛项目；在冰壶、花样滑冰进入市运会的基础上，将冰球、短道速滑、室内滑雪纳入市运会，将重点冰雪运动项目纳入市级青少年比赛序列，支持上海与冰雪运动强省进行跨省合作，优化冰雪运动项目的布局，在上海广泛传播冰雪运动文化，协作申办国际冰雪运动项目顶级赛事，这些政策的制定实施，将更好地发挥我国体制的优势，在发展冰雪运动国家战略的影响下，推动上海竞技冰雪运动和群众冰雪运动的全面协调发展。

（三）全面提升冰雪运动竞技水平，广泛开展冰雪运动健身活动

2018年底，国家体育总局与上海市人民政府签署了《关于共同推进实现2022年北京冬奥会总体目标的协议书》，上海冰雪竞技运动迎来了难得的发展机遇。2019年10月，上海市体育局关于印发《冰雪运动奥全运项目发展规划（2019—2025年）》，上海将加强与国家体育总局冬季运动管理中心的对接与合作，双方加快共建雪车项目的国家队。最近几年，上海冰雪竞技运动的目标，围绕2022年冬奥会及2020年、2024年全冬会设定目标：2022年北京冬奥会实现奖牌零的突破，2020年第十四届全冬会实现金牌零的突破，金牌、奖牌和

总分全面超越上届。

"十四五"期间,根据冰雪运动项目特点,广泛开展群众性冰雪运动健身活动。第一,要重点抓好青少年学生和中年群体两个主要参与群体的普及推广工作。大力培养青少年冰雪运动技能,要持续推进"冰雪运动进校园";第二,围绕北京冬奥主题,开展以"'健康上海'欢乐冰雪"为主线,建立以冰雪旅游节、冰雪文化节、冰雪嘉年华、欢乐冰雪季等为支撑的群众冬季项目活动组织体系;第三,强化冰雪运动健身指导,体育局要制定培训计划和考核标准,加大冰雪运动社会体育指导员的培养力度,将冰雪运动指导情况纳入区政府年底考核;第四,加速冰雪运动市场培育,加快发展冰雪运动产业。依托长三角一体化的培育冰雪运动职业队伍,要求每个区至少打造一个冰雪运动品牌,打造具有上海文化特色的冰雪运动赛事文化,构建上海冰雪运动及其产业发展新格局。

(四)降低冰雪运动入门门槛,夯实冰雪运动培训人才基础

鉴于南方省份缺冰少雪的现实情况,上海可以大力推广仿真冰、雪技术,如"人造草""金针菇"等模拟雪场技术,建成旱雪四季滑雪场,吸引上海市民参与旱雪滑雪运动。此外,我们还可以大力推广陆地冰壶项目,借助创新思维和科技力量,将冰壶运动延伸、转移到陆地上,降低群众的参与门槛,吸引更多的爱好者参与冰壶运动。目前,陆地冰壶已经在上海对外经贸大学等高校推广运行。在冬奥北京周期的关键时间段,要实现"3亿人上冰雪"的目标,大力推广普及各类仿真冰、雪技术,让更多的人愿意参与、便于参与、积极参与冰雪运动,形成群众性冰雪运动蓬勃发展的生动局面。冰雪运动参与作为文化自觉的大众参与形式,凸显竞技体育与全民健身的深度融入,凸显传统运动式样作为一种生活方式、教育方式和文化现象,通过鼓励普通人参与体育活动,促进其具有更加积极和健康的生活方式和生活态度。

专业人才是推动冰雪运动加快发展的人力资源保障。尽管自北京获得2022年冬奥会主办权,但冰雪运动呈现出"外热内冷"的局面,冰雪运动专业人才的匮乏依然是影响我国冰雪运动发展的重要制约因素。自"3亿人上冰雪"的目标提出后,对于身处南方少雪的上海而言,如何增加冰雪运动人才数量是亟待解决的问题。经过几年的发展,上海冰雪运动呈现"冰强雪弱"的局面,受到气候以及人工造雪成本的影响,雪上基础薄弱,通过培训帮助退役运动员实现从"雪上到陆地,滑雪到轮滑"的转型,滑雪和轮滑在项目属性上具有较高的

相似性,可以成为滑雪陆地训练的重要辅助手段。同时通过培训帮助退役运动员掌握轮滑理论与实操技能,经过集中培训并通过测试,获得滑轮培训指导的理论知识及实践教学技能。目前上海已有 15 个轮滑俱乐部,在滑雪场地受到限制的情况下,可以最大限度地提高上海冰雪运动人才匮乏的局面,夯实冰雪运动培训人才的基础。

(五)积极推进学校冰雪运动项目建设,不断完善学校冰雪运动的条件保障机制

近几年,国家颁布了一系列冰雪运动的相关政策,促进我国冰雪运动的发展,其中包括《中共中央 国务院关于加强青少年体育增强青少年体质的意见》(中发〔2007〕7 号)、《北京 2022 年冬奥会和冬残奥会中小学生奥林匹克教育计划》(教体艺〔2018〕1 号)、《冰雪运动发展规划(2016—2025 年)》(体经字〔2016〕654 号)。在相关政策的驱动下,为了加快推动了冰雪运动进校园的进程,按照教育部的相关要求,上海市需要体育部门和教育部门协调配合,扎实推进学校冰雪运动项目的建设。具体可以通过以下路径实施:一是广泛开展奥林匹克教育,特别是加强中小学奥林匹克教育,推广普及冰雪运动;二是强化冰雪运动教育教学,不断提高冰雪育人功能;三是构建完善赛事活动体系,以赛促练,提升冰雪运动竞技水平;四是培育校园冰雪运动文化,营造校园体育文化氛围;五是强化示范引领效应,开展奥林匹克教育特色学校创建工作;六是发挥冰雪运动的育人价值,把冰雪运动作为推动学校体育改革发展的重要突破口,激发青少年学生的爱国主义和集体主义热情,发挥冰雪运动对全面育人的重要价值和作用。通过以上路径,大力推进冰雪运动向校园普及发展,夯实冬季运动的青少年基础,形成具有上海特色和示范效应的奥林匹克教育和校园冰雪运动发展模式,促进青少年学生体质健康水平不断提升。

青少年群体是普及和发展冰雪运动的核心人群,要实现"3 亿人上冰雪"战略目标,必须要抓住学校核心人群,同时要不断完善学校冰雪运动的条件保障机制。第一,政府层面要求教育和体育部门加大校园冰雪经费扶持力度,对于学校发展的冬季体育项目在政策和经费上给予支持。有条件的学校要拓宽经费来源渠道,积极与社会冰雪场馆、俱乐部、运动基地以及冰雪资源丰富的外省市学校进行合作,利用其场地和训练方面的资源和优势,通过购买公共服务形式,开设冰雪运动课程,引入社会资金进入青少年冰雪运动培养体系。第二,对于冰雪特色学校,要在教学、训练、竞赛、培训师资、场地器材等方面提供支持和帮助。在

学校中考虑聘请专职或兼职冰雪运动教师,并鼓励和支持教师能经常参加冰雪运动项目相关培训,为教师创造"一专多能"的条件。第三,在场地设施、器械配备等方面能满足校园基本教学需求或者与校外冰雪俱乐部资源共享,鼓励学校通过轮滑、3D模拟训练、旱地冰球等方式因地制宜开设仿冰雪运动课程。

参考文献

[1] 庄艳华.我国冰雪文化普及的理论之维与实现路径[J].体育与科学,2018(5).
[2] 李树旺,马江涛.北京地区居民冰雪运动参与的影响因素研究[J].首都体育学院学报,2018(6).
[3] 梁益军,邹红,李舒雅.大众传播模式视角下我国冰雪运动文化传播策略[J].体育与科学,2018(6).
[4] 阚军常,王飞,张宏宇,等.我国大众冰雪运动发展的问题、形成根源及对策[J].体育文化导刊,2018(10).
[5] 张瑞林.基于北京冬奥会视域下我国冰雪运动发展研究[J].吉林体育学院学报,2016(1).
[6] 程文广,刘兴.需求导向的我国大众冰雪健身供给侧治理路径研究[J].体育科学,2016(4).
[7] 王锥鑫.我国冰雪运动竞技人才储备与发展路径研究[J].南京体育学院学报(社会科学版),2017(2).
[8] 王诚民,郭晗,姜雨.申办冬奥会对我国冰雪运动发展的影响[J].体育文化导刊,2014(11).
[9] 上海市人民政府办公厅.上海全球著名体育城市建设纲要[Z].2020-10-20.
[10] Martin Falk. Impact of Long-Term Weather on Domesticand Foreign Winter Tourism Demand[J]. International Journal of Tourism Research,2013(15).
[11] Deccio C,Baloglu S. Nonhost Community Resident Reactions to the 2002 Winter Olympics:The Spillover Impacts[J]. Journal of Travel Research,2002(1).
[12] Coleman A G. Ski style:Sport and Culture in the Rockies[M]. University Press of Kansas,2004.
[13] Burgess D J,Naughton G A. Talent Development in Adolescent Team Sports:A Review[J]. International Journal of Sports Physiology and Performance,2010(1).

"体医结合"的发展现状和上海市推进策略研究报告

王 磊 胡德平 蔡玉军 张 烨[*]

《黄帝内经》提道:"圣人不治已病治未病,不治已乱治未乱。"古人治未病的思想早已体现我国先进而朴素的健康理念。西方在19世纪初开始从现代医学角度观察运动与健康的关系,尤其是心血管系统疾病等慢性病与患者体育活动参与之间存在的关系。"体医结合"的概念则是起源于美国,美国健康领域的专家于19世纪就开始探索将医学知识应用至体育领域的可行性,由于体育运动在美国民众间的普及程度高,加之资本主义的高度市场化,"体医结合"在美国医院得到广泛实行。我国对"体医结合"的概念研究起始于21世纪初,现在人们普遍认为"体医结合"是体育和医学的结合,是将运动医学、保健体育、康复医学、医学营养、健康评估、运动处方等众多学科知识结合,实现相互补充、渗透促进。然而不同的学者对于"体医结合"的具体概念有着不同的定义,总体来说,"体医结合"是体育系统与医疗卫生系统的结合,发挥体育健身预防疾病,保健养生的前端健康功能和医疗卫生诊断治疗康复的后端健康功能的"大健康"服务统一体。

一、"体医结合"的实践现状

"体医结合"在国内外已经得到了广泛的推广和实践,透过这些实践经验,

---

[*] 本文作者简介:王磊,上海体育学院发展规划处战略规划与评估主管、副研究员,博士,研究方向:体质健康促进及高等教育评价;胡德平,上海体育学院发展规划处处长、副教授,博士,研究方向:马克思主义理论及高等教育评价;蔡玉军,上海体育学院体育教育训练学院副院长、教授,博士,研究方向:体育空间规划和学校体育学;张烨,上海体育科学研究所(上海市反兴奋剂中心)科员、干事,硕士,研究方向:反兴奋剂教育与管理。

可以看出目前"体医结合"的几个主要发展方向集中在制定运动处方、实现医保覆盖、增强社区服务等方面。

(一) 国外"体医结合"的主要经验

表1汇总了一些国家"体医结合"的主要做法和经验。

表1 一些国家"体医结合"主要做法和经验汇总

国　家	"体医结合"的主要做法和经验
美　国	强化顶层设计和大健康概念，国家卫生部门承担包含运动、饮食在内的综合健康指导和国民健身的推广责任
英　国	施行运动转介制度二十年，体育部和卫生部均给予资金支持。在严格资质监管下，运动健康服务商提供市场化服务
法　国	各体育联合会通力合作，按循证医学原则制定运动处方，收录于法国药典VIDAL中，供医师开具处方时参考
德　国	国家运动医学学会等联合开发运动处方，并在各州试行，个人医疗保险承担运动处方的费用
日　本	从法律层面强化体育的重要性，同时以综合型区域体育俱乐部为载体，推动全民体质健康工作
澳大利亚	强调健康社区计划和国民体育素养计划，社区体育俱乐部服务能力强，国家给予经费支持

1. 美国经验

美国最早提出"体医结合"的概念，也是运动健康促进的先行者。从1980年开始将体育运动纳入健康管理体系之中，经过多年的实践，建立起了以政府部门统领、多部门跨界融合、非营利性组织强力支撑以及科学责任评价机制的管理体系。美国实践经验的借鉴意义在于，"体医结合"工作要从顶层设计上构建涵盖运动健康的"大健康"系统，即"体医融合协同治理模式"。国家层面的卫生管理机构担负起制定"全民健康规划"的责任，并将体育运动作为重要的健康促进手段纳入并推广；成立国家运动医学研究中心，科学编制适合国民的体力活动指南，尤其针对儿童青少年和老年人制定运动健身处方；委托第三方机构，对整体方案的实施成效进行定期评估。美国目前开展"体医结合"涉及的部门包括美国卫生与公共服务部(HHS)、农业部(USDA)、膳食指导咨询委员会(DGAC)、运动医学学会(ACSM)、疾病预防与健康促进办公室

(DPHP)等机构,以及一些非营利性组织,这些机构和功能设置,为我国开展"体医结合"工作提供了有益的借鉴。由于美国长期施行大健康的管理理念和机制,因此运动健康促进工作一直由卫生部门负责推广,并且在国际范围内具有重要的参考价值。

2. 英国经验

英国在借鉴美国经验的基础上开展运动健康干预工作。20世纪90年代初期英国开始实施运动转介计划(Exercise Referral Scheme),英国卫生部将长期病患从初级保健阶段开始转介给第三方服务机构,后者帮助患者提高身体活动水平,1997年推出157个项目。2001年颁布了《运动转介制度——国家质量保证框架》,89%的初级保健机构都在施行运动转介制度。英国健康和社会慈善机构还发起"我们不可战胜"计划,由英国国家彩票、体育部、公共卫生部给予资助,主要采取案例营销的方式,采集那些通过体育锻炼成功从病患走向健康的案例并制作视频,用以鼓励全国的病患群体,用适合自己的方式运动起来。英国实践经验的借鉴意义在于,在质量控制方面做到精益求精,例如运动转介的相关人员:医务人员、转介人员、体育人员(已纳入国家运动专业人员名册)以及运动场馆的资质等,包括转介过程标准都采取严格的监管,并采用世界通用的过程评价和结果评价手段对整个转介周期进行监测和评估。标准的确立以及评估的设置使得任何符合要求的体育健康服务商可以进入该框架提供商业性服务。

3. 法国经验

法国体育部门一直关注竞技体育工作。从2015年开始,各个体育联合会开始关注体育锻炼对运动健康促进的工作,对以健身防病为目的的体育大众发放体育执照,包含一级、二级、三级运动执照。各个体育联合会都成立一个全国委员会,并制定出适合慢性病患者的运动处方。目前共有50多个体育联合会参与了运动处方的循证研究工作,包括如何提高耐力、力量与减少疲劳以及局限性和禁忌证等方面的运动处方。循证研究结果最后提交法国奥委会科学委员会,该委员会根据疾病的状态定义三个适应证水平。法国药典——VIDAL,是法国医生和其他医护人员广泛使用的药物词典,2016年开始,法国已经将运动处方加入VIDAL,医生可以根据病人的意愿和状况为他们开具包含特定运动在内的体育锻炼处方。

4. 日本经验

1961年日本颁布《体育振兴法》,1964年颁布《关于增进国民健康和体质的对策》,而后出台了《增进国民健康促进对策》和《关于面向21世纪的体育振兴策略》，2003 年出台的《健康增进法》进一步坚固了"健康日本 21 计划"在日本的法定地位，2007 年颁布了《为了增进健康的运动指南 2006》。2011 年 8 月颁布了《体育基本法》并制定了"体育立国"的目标。2015 年以通过体育运动来增进国民健康、减少体育医疗费用为目标，增设了"体育厅"。日本也是世界上较早强调居民日常体力活动和科学健身的国家，重视健康运动指导员的培养，为民众"体医结合"的健康素养宣传打下良好的基础。同时日本重视社区体育俱乐部在国民体质促进中的重要性，强调市区镇村必须配备一个综合性社区体育俱乐部，俱乐部配置老年人体育指导员，定期开展培训。2015 年 80.8%的市町村建立了 3 550 所社区健身俱乐部，对改善居民生活质量尤其是老年人的生活质量起到很好的效果。日本的经验主要是通过从国家法律层面高度保障公民的体育权利和义务。

5. 德国经验

德国运动医学与预防学会（DGSP）、德国奥林匹克运动联盟（DOSB）和德国医学会（BÄK）共同编制了《德国体育锻炼处方集》（*Rezept für Bewegung*）。德国医师可以参考该处方集，为患者提供有关体育锻炼和运动的书面处方。医师开具的体育运动处方上面包含有 SPORT FOR HEALTH 的质量认证，注明了该份处方是属于心血管系统、姿势和活动性、放松、压力管理或协调性等方向的运动处方。处方表格上，医生勾选适合患者病症的运动特征，并为体育培训人员提供具体的指导说明。运动处方的费用通常由个人健康保险支付，患者可以在网上搜索有认证资格的体育服务商并前往使用运动处方。这套运动健康促进方案已经在德国多个州成功实施。德国的经验与英国法国类似，由学会负责运动处方的开发并得到医师的广泛认可，在应用领域已经商业化，符合资格的服务商就可以应用运动处方并由医保覆盖。

6. 澳大利亚经验

澳大利亚一直强调健康社区的建设，2009 年发布了健康社区倡议（Healthy Communities Initiative），该倡议通过促进健康的生活方式减少社区人群的超重和肥胖情况，该计划以社区为基础，提供体育活动，实施健康饮食计划等，并制定了一系列支持健康生活方式的政策，不同城市会结合实际对健康教育有所侧重。澳大利亚健身俱乐部（Fitness Australia）会向各社区居民提供中低强度的体育培训服务，并且部分费用由国家覆盖。澳大利亚近几年重视对国民体育素养（Physical literacy）的培养，2017 年，发布的《澳大利亚体育素养标准》，对国民身体素质、心理素质等进行了严格的规定，并且要求与现行的医疗卫生政策相匹配。澳大利亚的实践提供了"体医结合"在社区推进的经验,真正做到"理念—实践—机制保障"的建设体系。澳大利亚的健康社区特别工作组制度,允许任何个人和组织进行投入,使得运动技能培训、建成环境改善等国家层面的规划可以落实到具体的社区。

(二)国内"体医结合"实践现状

1. 以社区为中心的探索

社区体育、卫生服务的不断完善为我国"体医结合"工作提供了条件支撑,目前,各地正在积极推进社区医疗改革,以社区为范围,以辖区内居民为服务对象,以居民健康为中心的基层公共服务,为城市社区体育实施"体医结合"提供环境,创造条件。表2汇总了目前我国以社区为主的较有影响力的"体医结合"实践案例。

表2 以社区为主的"体医结合"发展的有益探索案例

地点	项目	内容
江苏	苏州"阳光健身卡"	采用体育与医疗相结合的方式,申请者将医保账户余额划拨到"阳光健身卡"中,在指定运动健身中心进行体育消费,享受定点场馆"三优"服务
山东	青岛市崂山区推行"运动处方"	各街道老年体协、社区卫生院、居委会的健身志愿者、医务等形成覆盖全区的健康教育网络,宣传并免费发放慢性病患者健康"运动处方",建立老年人慢病运动健康台账,实行跟踪随访
上海	嘉定区"1+1+2"社区主动健康工程	一是推广"体卫结合"社区体质测试站;二是提倡非医疗健康干预,使慢性病患者接受科学体育干预的社区防治模式
	徐汇区康健社区卫生服务中心为居民开"运动处方"	2012年起康健街道社区卫生服务中心为居民开具运动处方
	社区健康师项目	医疗和体育专家团队组成的社区健康师定期进社区,指导居民怎么吃、怎么练、怎么防、怎么调,推动"运动让身心更健康"理念深入人心
北京	海淀区全民健身科学指导中心携手海淀区疾病预防控制中心共同推进"测—评—防—指导"为一体的健康管理服务新体系	培养全国首批科学锻炼指导师进入三甲医院进行科学锻炼指导,打造好学院路社区医院"体医融合"试点单位,创新设立脑血管与运动健康门诊,实施高科技人才"体医融合"专项保障活动

续　表

地点	项　　目	内　　容
深圳	沙头角街道助推健康社区建设	社区非医疗健康干预和健康服务模式：开展"体医结合"复合型人才培训，让"运动是良医"的理念深入人心
浙江	绍兴"'体医结合'试点基地"落户市人民医院	市民去医院体检时可免费进行国民体质健康测试，医生根据测定数据开"运动处方"，市民可依据"运动处方"进行体育锻炼
福建	厦门市"体医融合"示范社区	街道社区提供场地资源、社区卫生服务中心和高校专家团队，构建"政府部门—医院—社区—科研院所"四位一体的厦门"体医融合"模式。

以社区为中心的"体医结合"模式，主要服务对象是社区老年人群体。在社区嵌入式养老模式的基础上，适度增配健身场所或健身器材，让居民能够利用医保余额进行有偿的体育消费。目前社区"体医结合"工作急需的是懂运动处方的体育指导员以及配套的健身器材。目前上海正在开展的"社区健康师"也正契合了这一需求，由医学专家和体育专家组成的队伍进驻社区，开展健康教育和实练操作，起到非常好的效果。

2. 体育医院的发展模式

我国早期体育医院大多为竞技体育国家队运动员和国内外大型赛事提供医疗保障服务，同时积极面向社会开展医疗服务。随着我国全民健身运动的深度落实，各地区开始建设以提高国民体质健康为目标的体育医院，秉承"体医结合"理念，以"预防—治疗—康复"为特色，同时在一定程度上打破了体育和医院原有体制管理间的壁垒，并为健全我国"体医结合"健康服务人才队伍注入重要推动力。我国原有的以服务竞技体育为目的的"体医资源"正逐步向服务大众健康倾斜。

我国各地纷纷筹备建立体育医院，逐步从服务竞技体育向服务大众健康倾斜，在保障运动队服务的基础上向市民开放（表3）。体育医院开展的服务主要有常见运动损伤治疗、国民体质测试以及运动康复治疗。一些体育医院依托所在省市现有的医院康复资源，部分体育医院借助所在地区体育科研所或体育学院的资源开展相关服务，是目前优质体医资源结合最为集中的实践方式。体育医院的缺点是大众服务面仍然较窄，主要面向的是较为严重的病患群体。

表3 以体育医院为主的"体医结合"发展的有益探索案例

地点	医院	介绍
北京	国家体育总局运动医学研究所体育医院	为国家队运动员和国内外大型赛事提供医疗保障,同时面向社会开展医疗服务;北京市医疗保险定点医疗机构,具有运动医学特色的专科医院
北京	北太平庄医院健康体质监测指导中心	北京可以开具运动处方的医院,由北太平庄医院经营,首都体育学院进行运动指导
北京	延庆冬奥医疗保障中心	为北京冬奥会和残奥会提供医疗服务,赛后转型为"医学中心"实体机构,开展雪上运动损伤预防、急救、诊治康复的研究,为冰雪运动提供高效的医疗急救服务
四川	成都体育医院	成都体育医院前身是成都体育学院附属体育医院,后更名为国家体育总局成都体育医院,以骨伤治疗为主
黑龙江	黑龙江体育运动创伤康复医院	以治疗运动创伤性疾病和运动康复为特色的专科医院;将服务运动队的运动创伤与康复经验服务群众健康
江苏	常州市体育医院	依托常州体育医疗科研所,重点发展中医骨伤和康复医学科两大特色科室
江西	江西省体育医院	承担江西省专业运动队和国家队江西籍运动员的医疗保障服务工作
内蒙古	内蒙古体育医院	二级专科医院,主要围绕运动医学专科建设为主,突出运动康复、运动理疗康复的专科特色
浙江	温州市运动医学中心	落户温州市中西医结合医院,是社会力量办体育之"体医结合"取得的重要突破;运动损伤患者和中老年患者可得到"诊疗—康复—个性运动处方"的一条龙服务
辽宁	沈阳体育学院运动人体科学学院"教学医院""实习就业基地"	沈阳体院和辽宁省金秋医院通过教学、医疗、科研等方面的合作打造高质量"体医融合"和快速康复研究基地
陕西	北京大学第三医院延安分院	陕西省运动与康复临床医学研究中心分中心,积极开展临床研究、学术交流、人才培养、技术推广应用等工作,建立陕西省运动损伤疾病与康复的诊疗规范

3. 体育企业的"体医结合"探索

体育企业在一定的技术支持下,可以参与"体医结合",利用自身技术优势,开发"体医结合"所需产品,提供"体医结合"需要的休闲健身硬件环境。"体医结合"的未来发展,顶层设计固然重要,能够对接提供体育健康服务的供应商也非常重要。目前,我国体育健康产业发展前景非常好,但成果并不多。能够对接上位需求,提供配套商业服务的公司较少,这也为"体医结合"工作的开展带来一定的困难。从欧美发达国家的运营经验来看,行业领先企业的带动作用非常重要。运动健康产业的标准已基本成型,这与发达国家原本较为成熟的体育产业标准和体系分不开。因此,我国"体医结合"的未来发展离不开我国体育产业整体的健康发展并以此孵化出具备市场资质的体育健康企业,乃至形成体育健康产业集群(表4)。

表4 体育企业为主的"体医结合"尝试案例

地点	俱乐部	简 介
北京	郡王府阳光康漫健康管理中心	由现代阳光体检中心、北京国民体质监测中心和郡王府康漫健身俱乐部成立了京城首家"体医结合"健身中心,是一家带有医疗健身功能的"体医结合"俱乐部,将医学体检、体质监测和运动健身三者结合在一起
	生命说(北京)健康管理有限公司	推出雕刻者——抗反弹科学减脂系统,通过检测、评估、干预三大措施,帮助超重和肥胖人群实现精准减脂、严防反弹
上海	尚体体育发展有限公司	针对慢病人群、康复人群以及老年人提供慢性疾病康复、运动健康管理方案,针对老年人体质特征设计健身器材,为各类老年健身房提供全方位整体解决方案;2016年创立乐活空间,与全国超200家机构、街道合作开展"体医结合"服务
山东	泰山体育产业集团	开发3D智能体测机,通过智能体测一体机完成体质检测,建立个人"体质档案",医师根据体质数据制定运动处方,同时还提供运动专家、养生专家、康复专家等海量健康服务不断督促指导;不定期体质检测,实时观察个人健康状况改善;泰山体育与北京大学人口研究所成立北京大学·泰山体育体医融合实践基地,并于2017年12月29日在北京大学完成挂牌仪式
浙江	世合健身俱乐部	除健身器械外,配备 Inbody770 体成分仪,营养师、物理治疗师和健康咨询室,根据客户的数据给出具体的健身方案

4. 各地出台的"体医结合"相关政策

在《"健康中国2030"规划纲要》的基础上,各地也纷纷出台自己的健康规划纲要,将"体医结合"纳入其中。广西壮族自治区体育局联合自治区卫健委于2020年8月出台了《关于促进广西"体医融合、资源共享"实施意见》,详细列举了七大主要任务:健全"体医融合"服务体系,建设"体医融合"人才队伍,发展健身指导服务,完善"体医融合"协作管理机制,打造智能化平台,发展健康康复产业,开展居民健身素养教育。广西壮族自治区的实施意见更多的是体育和卫生机构在现有工作框架内做好群众的健康服务工作,该指导意见在推进智能化运动健康产品方面具有一定的创新性。

江苏省体育局和江苏省卫健委于2020年12月联合出台了《促进体医融合发展的意见》,其中也明确了七大主要任务:引导群众树立正确健康观、完善"体医融合"服务机构、建设"体医融合"人才队伍、支持"体医融合"科研创新、加强竞技体育医疗保障、发展"体医融合"服务产业、提升"体医融合"服务水平。两部门联合推出"实施意见",希望在宣传、机制、人才、科研、竞体、产业六大方面实现突破,走在全国的前列,打造全国示范基地,形成标准、规范和指南。该指导意见彰显了江苏省在"体医结合"方面下大力气拓展局面的决心,意见在实际落实过程中的成效非常值得期待。

通过两个省近期在"体医结合"领域出台的意见,也为上海市下一步制定相关政策,出台相关实施意见提供了重要参考。尤其是在建设体育—卫生联合领导机构、建设"体医结合"示范区、运动健康城、健康教育基地等一些具有引领性、显示度较高的举措方面也要有所动作。

5. 各地"体医结合"相关会议

从2017年开始,各地相继举办"体医结合""体医融合"会议,包括座谈会、研讨会、论坛、高峰论坛、发展大会、培训班等,并且呈现越来越频繁的趋势(表5)。其中以运动处方为主题的会议最多,其次是运动健康产业方面的会议。这也是目前探讨"体医结合"发展方面的两大主题和两大重要工作抓手。

表5 各地开展的"体医结合"研讨会一览

主办单位	举办时间	会议主题	会议内容
中国体育科学学会、中华预防医学会、国家体育总局体育科学研究所	2017年4月	"体医融合"大健康高端论坛	库珀有氧助力"健康中国2030"

续 表

主办单位	举办时间	会议主题	会议内容
国家体育总局、国家卫建委	2017年5月	国家体育总局与国家卫生和计划生育委员会"体医融合"工作座谈会	紧紧扭住"四个共同"推进"体医融合"
上海市体育局、上海市卫计委	2017年11月	上海首届"体医交叉培训"	以高血压及相关疾病的运动干预为主题,旨在通过交叉培训的方式,提高基层医疗卫生人员和体育指导人员的理论水平和知识技能,夯实"体医结合"的基础,提升本市"体医结合"慢性病运动干预的工作水平
国家体育总局科研所	2017年12月	中国医体整合联盟成立大会暨医体整合高峰论坛	整合各种体育和医疗资源,将包括竞技体育科技与全民健身科技在内的体育科学与包括临床医学、康复医学、预防医学、保健医学在内的医学互通融合,用以指导覆盖"全人群、全疾病过程、全生命历程"的科学锻炼,推动全民健身和全民健康的深度融合
国家发改委国际合作中心、沈阳体育学院、辽宁省体育产业校企联盟	2017年12月	"体医融合"健康服务研讨会	"体医融合"促进健康服务发展,加快开展适应市场需求的人才培养和科技研发
广州体育学院和中国体育科学学会运动医学分会	2018年6月	第五届广州运动与健康国际学术研讨会暨第五届"'体医结合'论坛"	"科学运动、健康第一"主题,国内外专家就"体医深度融合"和"健康促进"的最新研究成果作大会报告
国家体育总局运动医学研究所与黑龙江省卫生和计划生育委员会	2018年7月	黑龙江省首届"体医融合"促进全民健康高峰论坛暨"体医融合"——运动促进健康系列培训班	"体医融合"——"健康中国"需要一张运动处方、"体医结合"——运动健康促进管理新模式、体医融合推动健康革命、科学健身——从普惠式指导到运动处方、全民健身对接健康中国的机遇和挑战、运动健康促进慢病与运动损伤防治、龙江医派治未病的智慧和运动改善糖尿病多个方面

续　表

主办单位	举办时间	会议主题	会议内容
河北省体育局与河北省卫生健康委	2018年12月	河北省"体医融合"运动处方培训班开班	慢病运动处方课程、运动处方临床课程、运动处方临床实践、健身级运动处方和运动急救课程等
北京市海淀区太极拳协会、北京体育大学及河北省体育产业协会	2018年12月	首届"运动康养处方促进'体医融合'研讨会"	探讨如何促进运动康养处方与中西医的互相融合,深化体育和医疗体制改革,促进运动康养处方的研发推广,并倡导以太极拳为例的健康消费的生活方式
中国工程院整合医学发展战略研究院、青岛市政府	2019年1月	首届"体医融合"产业发展大会	共同推动体医融合事业发展,共商、共享、共建青岛即体医融合试点城市项目
黑龙江省体育局、黑龙江省卫生健康委员会	2019年4月	"体医融合"暨国民体质检测与健康促进研讨会	慢病健康知识讲座、生活方式干预、运动干预对慢病人群影响及疾病康复效果,以及如何有效规避运动风险等方面
安徽省体育局	2019年4月	"体医融合"与全民健康研讨会暨安徽省体质测定与科学健身指导培训班	加强全民健身公共服务体系建设,促进全民健康与全民健身深度融合,提升全民科学健身意识素养,培育体质测定与科学健身指导业务骨干,进一步提高"体医融合"工作水平
人民网	2019年7月	人民体育体医康养融合发展大会	聚集产业核心要素,打造完整链条,推动产业集群的形成,成为体医康养融合发展解决方案与大健康产业整合输出发展平台
长三角区域合作办公室、上海交通大学	2020年7月	首届长三角体医养康护融合发展论坛	"体医养康护融合发展理念"和"聚焦体医养康护融合发展的实践案例"两个主题展开
中国人民大学、中国老年学与老年医学学会、人民网	2020年8月	"体医融合"助推健康老龄化——社区居家养老论坛	探讨以人民太极拳运动康复服务为典型代表的"体医融合"如何助推健康老龄化

续 表

主办单位	举办时间	会议主题	会议内容
江苏省体科所	2020年10月	新形势下"体医融合"赋能体质与健康研究的机遇与挑战研讨会	运动处方与慢性疾病
中国生物物理学会、中国整合医学发展战略研究院、首都体育学院、北京市朝阳区人民政府	2020年11月	"体医融合"主动健康与产业发展论坛	大健康产业的高质量发展
国家体育总局体育科学研究所、中国体育科学学会	2020年11月	香港赛马会助力运动处方师上海培训班	使全科医生和社区医生具备为人民群众开具个性化运动处方的技能,成为"运动是良医"的践行者和推广者,传播科学健身知识,通过全民健身实现全民健康

6. 各地成立的"体医结合"组织

2017年4月,国家体育科学研究所成立了体医融合促进与创新研究中心,该中心的主要任务是围绕"健康中国"主题,开展体育与医学融合相关的政策、理论和技术的创新性研究,加强成果转化,进行模式示范,推动体育产业与健康产业对接。2018年2月,北京健康管理协会体医融合分会成立,主要职责是制定"体医融合"发展规划、行业规范,开展"体医融合"专业培训,举办技术交流活动,开展科研工作,为政府部门提供咨询服务,推进体育产业与医疗和健康产业衔接等。2019年,中国学生营养与健康促进会成立体医融合学生健康分会,成立的目的是用整合医学理论指导进行融合来解决学生体育运动的安全性、有效性和可持续性问题。2019年,青岛市体医融合专家咨询委员会成立,旨在依靠专家智库研发"运动处方"指导手册,开展运动处方推广培训,以及开设科学健身大讲堂等工作。2020年,中华运动康复教育学院正式成立,其主要目标是搭建专业的运动康复医学教育平台,构筑人才高地,推动学科建设,开展知识普及。2020年12月,陕西省成立了体育科学学会体医融合专委会,旨在加强与高校、卫生部门、科研院所等社会力量的交流合作,从维护生命全周期的健康、重大疾病防控上下功夫,逐步实现从以治病为中心向以人民健康为中心的积极转变,把"体医结合"作为实现陕西新时代追赶超越发展的重要任务落地落实。这些成立的机构以体育部门发起的组织偏多，医疗卫生部门发起成立的较少，这些协会、学会更多的是为"体医结合"工作提供智力支撑和开展培训工作，是一种"智力融合"的探索。

二、"体医结合"工作的核心问题

（一）运动处方库

运动处方库目前是国内外较为重视的资源建设模块。基于大样本人群，采用循证医学的方法科学研发的运动处方库，是"体医结合"最实际的、可操作的工作内容之一。运动处方库的研发本身就需要体育和医学领域的专家通力合作，建立在大量数据基础之上，能够得到学术领域的广泛认可，并需要在医疗领域和社区健康领域大面积推广和实施。国家体育总局于2016年启动了运动处方库一期建设项目（体科字〔2017〕78号），内容包括：普通人群运动处方、代谢性疾病和心血管风险人群的运动处方、基于物联网技术的运动处方系统平台和运动处方研制的质量监控。在一期项目基础上，2018年启动了二期建设项目——中国慢病人群运动处方，主要针对肥胖合并高脂血症、高血压、代谢综合征、糖尿病、冠心病、慢性心力衰竭、妇科肿瘤、慢阻肺、脊椎疾病九类慢病人群的运动处方库。除国家体育总局外，各省市也在积极推进本地区运动处方库的建设，如黑龙江省、广西壮族自治区，均鼓励高校、医院、协会、健身机构合作研发具有本地区特色的运动处方库并推广使用。运动处方库的核心是如何让不同水平和不同需求的人群通过运动处方达到其健康目的，分类、分级、个性化设置是运动处方库的核心问题。

（二）人才培养

"体医结合"复合型人才被广泛提及，在医学院校或体育类院校设立"体医结合"相关专业固然重要，但目前更重要的工作是如何推动体育、医学、商业、管理等领域的优秀人才投入到"体医结合"事业中去。让专业的人做各自专业的事，在"体医结合"领域形成合力，比培养复合型人才显得更为实际。从国外经验来看，医师需要具备一定的运动处方知识，体育健身指导人士需要了解被指导人群的健康背景，体育健身服务提供商需要具备合格的运营资质，保障体育健身的安全开展。因此，开展"体医结合"的基本素养培训更为重要。国家体育总局于 2017 年 8 月开始启动运动处方师培训班,香港赛马会助力后,2018 年在北京、南京、成都、广州开始举办培训班,2020 年在又在深圳、厦门、上海举办专项培训班,已有 702 人参加该项培训,594 人获得中国体育科学学会颁发的运动处方师证书。运动处方师培训为"体医结合"专项人才的先行尝试,未来投入"体医结合"事业开展相关工作的成效值得期待。

(三)体育健康产业

"体医结合"的真正发展离不开体育健康产业的发展。在社会主义市场经济环境下,要培育成具有一定规模的体育健康产业集群,是推动我国"体医结合"事业全面发展的根本驱动力。目前"体医结合"工作仍然停留在行政推动方面,行业发展仍然处于起步状态。产业发展的政策利好消息持续出现,政府部门仍需积极引导行业的发展,从人才资质、企业准入资格等方面尽快出台政策,真正引导和推动行业的有序竞争和健康发展。培育一批行业领先企业,并形成初具规模的产业集群。

国家"十四五"规划中明确提到要加快发展健康产业,也提到了加快发展体育、健康等服务业,推进服务业的标准化、品牌化建设。在新出台的上海市"十四五"规划方案中,也将生命健康产业列为未来六大重点产业之一,并规划在金山区着力打造国际领先的生命健康产业集群。运动处方库的建设、"体医结合"专业人才的培养都是推动体育健康产业运转的一部分内容,此外要加大体育健康产业的投入力度,拓宽投资渠道,遴选培育优质项目。

三、"体医结合"发展中的主要问题

(一)组织管理体制亟待健全

"体医结合"的首要问题是"话语权融合",当前我国体育与医疗两大部门由于管理系统的长期分离,互动积极性不高,体制、条块管理方面还是存在一定的障碍,体育与医疗卫生两个部门契合度不高。我国体育部门和医疗卫生部门在彼此是并行关系,两个部门各自为政,互相独立。体育部门关心的是竞技体育、群众体育和学校体育工作,医疗卫生部门关心的是疾病预防、医疗服务、药物监管、食品安全等工作,彼此职能、权责互不交叉。近几年来提出发展"体医结合"的理念,使得体育和医疗卫生部门之间有了一些联系,但目前更多的是体育部门在积极推动,医疗卫生部门更重视医养结合的理念,即医疗与养老相结合的新模式。因此,长期以来的体育、卫生部门的互设壁垒、政出多门,使得"体医结合"难以走向真正的融合。

(二)专业人才队伍建设有待完善

"体医结合"健康服务人才专业知识涉及面较广,涵盖体育、医学、心理、营养及健康管理等多方面。一是我国体育康复人才匮乏,体育康复人才大多毕业于体育类院校,医科院校很少设立该专业,两者相对割离无法满足社会需求,此外,体育康复进入医院康复科、运动队医、健身俱乐部等行业后,全国性执业资格的建设一直不健全,也造成专业人才发展缓慢。二是我国社会体育指导员发展不足,全民健身运动普及之后,社会体育指导员的健身指导率普遍较低,队伍的年龄层次偏高,难以满足大众体育健身的实际要求。居民日益增长的健康要求对体育指导员提出了越来越高的标准,体育指导员需要向懂体育、懂医学、懂健康的综合人才转变。

(三)"体医结合"理念有待提高

居民对预防、治疗疾病的认知习惯和主动健康理念的缺失将会降低居民对"体医结合"的需求度,常人的认知习惯注重将"生物学预防与治疗疾病"作为首选医生,而忽视体育锻炼及其他非医疗性健康干预手段。这主要涉及科学健身知识的能力储备,同时也暴露出人们主动健康理念的缺失。主动健康理念倡导人们在没有患病或将达到亚健康状态前先进行健康体检,以体育运动及健康教育为手段,把防病关口前移,通过非医疗性健康干预促进健康,使人们免于患病。在社会调研中,群众对于"体医结合"的概念认识不清,有运动健康的需求但缺乏基本的健康素养,有运动的意识但缺乏科学健身的知识。

(四)体育产业有待发展

体育产业是为社会提供体育产品和服务的同一类经济部门的总和。我国体育产业存在发展空间巨大但由于缺少体育产业的科技创新力而导致健身、培训产品单一、运营效率低等问题,一些产业项目无法满足人们的"体医结合"需求;我国体育产业的从业人员以体育用品制造业为主,而真正从事体育服务业的比例相对较低。"健康中国"建设的最佳手段离不开全民健身运动,是"体医结合"形成千亿级市场的沃土,"体医结合"是体育产业与健康服务业延伸融合的内在诉求,要在 2035 年建成国民经济的支柱型产业,任重而道远。

四、上海市"体医结合"工作的推进策略

综合国内外发展现状以及对目前存在的主要问题,可以看出我国"体医结合"工作仍然处于发展初期,需要在"体医结合"工作上凸显亮点和地方特色,形成在全国具有示范性和引领性的工作点。以下是具体的工作建议。

(一)成立"体医结合"研究中心

建议成立上海市"体医结合"研究中心,在体育科学学会下设立体医融合专委会,为上海市"体医结合"各项工作开展提供智力支撑。着力筹划研发适合我市居民特点的具有上海特色的运动处方库,一方面加强国内外公开的运动处方库的收集,另一方面与体育总局以及本市医疗卫生部门加强运动处方的共建共享,推动运动处方在现有医疗处方中的普及。此外在国民体质健康监测工作上,与医疗卫生部门加强合作,打造医疗体检与国民体测的融合。加强肥胖人群、亚健康人群的运动健康数据测量与监控,共建共享国民体测数据,共同开展相关科学研究。定期开设论坛或交流会,集思广益,共商"体医结合"事业的未来发展,为政府决策提供智力支撑。

(二)建立体育系统与医疗卫生系统紧密结合的联合工作机制

体育系统与医疗卫生系统的合作机制需要关注以下几个方面:一是希望医疗部门重视运动康复事业,在科室建设和专业医院建设方面给予一定的政策倾斜和资金支持;二是在社区运动健康服务方面紧密合作,形成工作合力,给予专家队伍的支持;三是打通居民医疗信息平台与体质健康信息平台,让居民在大健康的视角下认识疾病与体质的关系,做到健康信息的全跟踪,让居民自发重视运动锻炼;四是合作开展个人医保可覆盖的体育健身消费,增设一批符合要求的健身服务网点,主要面向老年人及康复人群,改善慢性病症,增强体质。体育系统与医疗卫生系统要建立联合工作机制,定期召开沟通会,在"体医结合"方面制定中长期发展规划,并根据近期工作发展动态做出及时调整。

(三)加大"体医"贯通专业人才的培养

一是继续推进目前的运动处方师、社区健康师等工作,建立一支能够下社

区开展实际工作,既懂体育又具备医学常识的队伍。与国家体育总局、体育科学学会密切合作,加强运动处方师队伍的建设,扩大运动处方师的培训覆盖面,快速建立一支满足本市需求的运动处方师队伍。二是加大社会体育指导员队伍的建设,持续开展医学知识和健康知识的培训。三是完善针对不同人群和身体状况的运动处方库建设,对于较为成熟的运动处方可以直接吸收利用,持续提升全民健身的科学性和有效性。四是健全相关人员的执业资格,为健身指导工作者提供保障体系。

(四) 开展全民体育素养和健康素养宣传教育

一是利用现有的宣传平台和媒体资源,继续做好大众体育锻炼和实践的基本素养等体育素养的宣传教育,包括体育锻炼意识、身体活动能力、基本体育知识、基本运动能力以及体育娱乐欣赏能力。二是做好国家相关政策的宣传工作,如各级政府颁布的"体医结合"相关的政策如《全面健身计划(2016—2020年)》和《"健康中国2030"规划纲要》的宣传。三是协同医疗卫生部门做好大众健康素养的宣传教育,即基本的健康知识、健康生活方式和行为、健康技能的教育。四是建立一支社区健康宣讲师队伍,让宣传教育深入到每家每户,定期进驻社区开设讲座,加强上海市民的体育素养和健康素养教育。五是对"体医结合"工作开展较好的社区加大投入和曝光力度,起到宣传效应。

(五) 引导和推进体育健康产业的发展

积极响应国家和上海市的规划,支持体育健康产业的发展。体育产业的发展是"体医结合"工作顺利开展的核心。健康产业已经被政府列为未来"十四五"发展的六大重点产业之一。体育健康产业也已经被纳入健康产业的范畴,体育部门应积极推进体育产业的发展,助推千亿级市场的形成。体育健康产业,主要包括了体育健康产品和体育健康服务两大块,同时要沿着国际化、智能化、个性化以及融合化的道路发展。政府部门在助推体育健康产业发展方面,一是要在政策和资金层面重视扶持创新创业项目的发展,二是要重视引入国内外相关产业龙头企业参与本地区体育健康产业发展,三是要重视行业信息的调查和分析。

(六) 充分利用人工智能、大数据技术

智能健康设备可以通过大数据、云计算、物联网等技术应用,实时采集用

户健康数据信息和行为习惯,已经是智慧医疗获取信息的重要入口。健康管理信息交互大数据平台可以通过汇总不同智能硬件的健康数据,集合为用户的整体运动健康数据电子档案,为医疗数据接入、慢病管理提供可操作的健康数据依据。将这些健康数据和生命体征指标集合起来,再通过大数据+人工智能的分析应用,可以推进居民全生命周期的疾病预防、治疗、康复和健康管理的一体化。体育健康产业要发展为支柱性产业必然要拥抱大数据和人工智能技术。

参考文献

[1] 赵妍妍,童立涛.我国"体医结合+医养结合"的健康支持体系发展对策[J].大众科技,2018(4).

[2] 戴志鹏,马卫平."体育+医疗+养老"干预老年健康的路径构建[J].老龄科学研究,2018(9).

[3] 杨继星.体医融合的制约因素分析及路径构建[J].体育文化导刊,2019(4).

[4] 李璟圆,梁辰,高璨,等.体医融合的内涵与路径研究——以运动处方门诊为例[J].体育科学,2019(7).

[5] 于洪军,冯晓露,仇军."健康中国"建设视角下"体医融合"研究的进展[J].首都体育学院学报,2020(6).

[6] 吕家爱,陈德喜.体医结合模式运动干预对糖尿病患者控制效果评估[J].公共卫生与预防医学,2016(3).

[7] 莫轶,薛桂月,姚盛思,等.社区全民健身"体医结合"指导模式医学策略的研究[J].当代体育科技,2016(36).

[8] 王刚军,李晓红,王伯超.社区"体医结合+医养结合"养老服务研究[J].佛山科学技术学院学报(自然科学版),2019(6).

[9] 江志鹏.人口老龄化背景下"体医结合"实施路径研究[J].福建体育科技,2017(4).

[10] 何文捷,王泽峰.日本社区体育俱乐部发展历程及启示[J].体育文化导刊,2017(4).

[11] 岳建军.美国《国民体力活动计划》中体育与卫生医疗业融合发展研究[J].体育科学,2017(4).

[12] 翁顺灿,陈春,于立.澳大利亚健康社区建设经验及对我国的启示[J].城市建筑,2019(4).

[13] WHO. Current status and success stories from the European Union Member States of the WHO European Region [EB/OL]. https://apps.who.int/iris/handle/

10665/336353,2020-01-31.

[14] 王访清.辽宁省"体医结合"健身模式引导大众健身机制的研究[J].当代体育科技,2017(8).

[15] 华冰,陈永军,彭春政.老年健康干预的"体医养结合"模式构建[J].当代体育科技,2020(2).

[16] 戴素果.健康中国理念下老年健康促进的体医深度融合路径[J].广州体育学院学报,2017(3).

[17] 周信德,庄永达."健康中国"战略背景下"体医融合"发展路径构建研究[J].浙江体育科技,2020(3).

[18] 张鲲,杨丽娜,张嘉旭.健康中国:"体医结合"至"体医融合"的模式初探[J].福建体育科技,2017(6).

[19] 蓝敏萍.广西体医结合与医养结合深度融合探析[J].经济与社会发展,2019(4).

[20] 董琛.大数据视域下"医养结合+体育"的运动处方模式创新研究[J].齐鲁师范学院学报,2019(6).

[21] 罗平,林鸿生."健康中国"战略背景下体医结合助推健康社区建设模式探索[J].当代体育科技,2019(1).

[22] 梁美富,郭文霞."健康中国"战略背景下体医结合的发展路径探讨[J].河北体育学院学报,2018(3).

[23] 何珂.城市社区"体医结合"公共服务模式构建研究——以郴州市为例[D].湖南科技大学,2017.

上海城市社区基本公共体育服务体系建设研究

夏正清　俞东寿　韩　雪　娄笑升　姚　武[*]

建设社区基本公共体育服务体系是公民体育权利的需要,体现了以人为本的价值理念。社区作为社会发展中最小的单位,是群众生活、工作和娱乐的共同场所,更是政府为公众提供公共服务最便捷有效的载体。基本公共体育服务体系建设需要以社区为基础,保证公民公共体育权利和体育需求的满足,保障公共体育服务的均等化和普遍化。推动社区公共体育服务体系构建,不仅能增强公民的体育素质,更能强化社区凝聚力,为社区建设添砖加瓦。

一、上海城市社区基本公共体育服务体系建设现状分析

(一)上海城市社区基本公共体育服务体系构成

1. 建设主体

在城市社区基本公共体育服务体系建设过程中,政府作为基本公共体育服务体系建设的主导角色,需要不断加强在社区基本公共体育服务建设中的服务意识,积极引入社会力量参与公共事务的治理,使得政府职能得到转变、各类社会主体参与基本公共体育服务体系建设的积极性得到激发,从而为公众提供更加多样化的公共体育产品和体育服务。

具体到上海城市社区基本公共体育服务体系的建设主体方面,上海坚持

---

[*] 本文作者简介:夏正清,东华大学体育部实训室主任,教授,学士,研究方向:体育人文社会学。课题成员:俞东寿、韩雪、娄笑升、姚武。

政府领导、社会协调和公众参与的机制,积极对接体育类社会组织,建立了具有法人资格的体育社会组织1 246个,其中体育类民非组织834个、体育类社团408个、基金会4个,较2018年增长了5.1%。上海市2019年全民健身发展报告显示,截至2019年底,全市在册体育健身团队53 888个,其中社区健身团队41 184个,自2016年起,社区健身团队一直保持数量上的快速增长(图1)。同时,上海市每千人拥有固定健身团队数量也持续增长,2019年每千人拥有固定健身团队数量达到2.22个。另外,上海市各区也积极开展区域化党建项目,与社区的驻建单位如学校、商业机构等开展结对共建,共同传送与分享优质体育资源与人才队伍,形成良好的双向交流,比如由上海社区体育协会通过采取"你点我送"形式,广泛采纳社区、镇网上提交的居民需求,向社区居民提供科普健身讲座、健身技能传授、市民体育科学大讲堂等体育配送服务,并安排体育指导员上门服务,目前已服务215个街镇,配送服务23 128场次,服务631 677人次,安排了1 490场健身讲座,开展了健身技能传授20 267场。

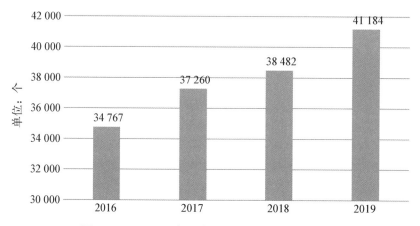

图1　2016—2019年上海市社区健身团队数量情况

2. 政策体系

基本公共体育服务体系涉及大量体育公共资源的使用和配置,关乎民众体育权益的基本底线和保障,因此具有较强的政策性。而加快体育相关政策的出台,不仅可以提高体育服务供给的有效性,更能加快基本公共体育服务体系的建设,从而更进一步促进我们全民健身事业的繁荣发展,满足民众日益增长的体育健身需求。

上海在建设公共服务方面的政策制定一直处于全国领先地位,但针对基本公共体育层面的政策文件有待加强。截至目前,上海市出台关于体育服务的政策文件主要有:《上海市市民体育健身条例》《上海市市民体质监测服务网络建设管理办法》《上海市社会体育指导员管理试行方法》《上海市社区体育服务配送工作方案(试行)》《上海市社区公共体育健身设施建设与管理办法》《各类社区公共体育健身设施建设标准与经费扶持办法》《上海市基本公共服务项目清单》《上海市基本公共服务体系"十三五"规划》《上海市体育设施管理办法》《上海市居民住宅区室外公共体育设施建设与管理的指导意见(试行)》《上海全球著名体育城市建设纲要》等。虽然《上海市基本公共服务项目清单》和《上海市基本公共服务体系"十三五"规划》有涉及基本公共体育服务建设的相关要求,但目前为止,上海市并没有针对基本公共体育服务体系建设等方面的政策法规出台。

3. 人力资源

城市社区基本公共体育服务体系的人力资源是指社区体育服务工作人员、健身团队、社区体育骨干和社会体育指导员等。只有不断发展壮大体育人才队伍、培养高素质专业人才,才能为繁荣我国社会主义体育事业奠定坚实基础。一个完整的人才体系,重要的不仅是人力资源,更重要的是建立适宜人才发展的有效的人才机制,为社区体育人才的培育与发展提供良好的环境。所以,人才队伍是构建社区基本公共体育服务体系的重要基础,只有真正地做好选人、育人,才能更好地满足公共体育事业的发展需要。

而上海在加强社区体育人才建设方面也是卓有成效的,尤其是社会体育指导员队伍的建设,社会体育指导员不仅在指导社区居民科学合理健身方面发挥重要的作用,而且是贯彻落实社区单位层面的全面健身发展的关键媒介,因此,具有一定数量和质量的社会体育指导员对推动城市社区基本公共体育服务体系建设至关重要。上海各区在上海市总工会、上海市体育局指导下,通过多形式、多层次和多角度全面可持续加强上海职工社会体育指导员队伍建设,推动上海市职工健身事业全面深入发展。2018年上海群众体育相关年鉴数据显示,全市社会体育指导员已达全市常住人口的2.4‰以上,提前达到"十三五"规划的目标任务。而到2019年底,上海市共有60 932名社会体育指导员,占常住人口比例达2.5‰,社会体育指导员数量保持平稳的增长(图2)。

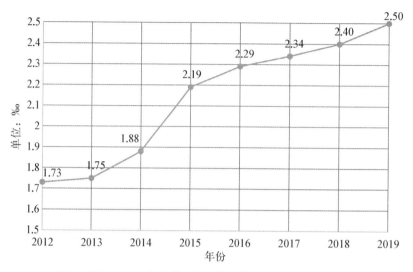

图 2　2012—2019 年上海市社会体育指导员占常住人口比例

4. 资金保障

社区基本公共服务体系建设的资金保障是一切社区体育服务开展的首要前提,包括政府拨款、贴息贷款、融资、集资、社会捐助、赞助、基金等方式。其中政府作为资金保障的主体,不仅可以通过设立公共体育服务专项资金,支持公共体育产品的供给和体育服务的支出,还可以积极引入市场机制和社会组织,以捐赠或者赞助等方式提供公共体育产品和体育服务。同时,监管部门需要对资金的运行进行规范地监管,保障公共体育服务体系持续良性运转。

2016 年 12 月 21 日,《上海市人民政府关于印发〈上海市基本公共服务体系"十三五"规划〉的通知》中强调要完善基本公共服务财政管理制度,提出建立健全公共财政优先保障,推进财政资金统筹使用,逐步加大基本公共服务财政投入力度。对纳入基本公共服务项目清单的项目,财政要优先予以保障。进一步理顺基本公共服务的市、区两级政府的事权和支出责任,研究完善基本公共服务项目的财政支出统计体系,促进区域间基本公共服务均等化。而基本公共体育服务作为基本公共服务的组成部分,毋庸置疑也在此规划指导下,正在朝目标努力迈进,夯实基础,积极推进体育产业发展,努力用优质的公共体育服务满足人民群众的需求。2019 年上海市、区两级政府在全民健身事业上的总财政经费支出达到 15.4 亿元,其中 62.8% 是全民健身专项工作经费,主要用于大型体育场馆、城市绿道、综合性运动会和体育公园的建设,从而提高居民健身环境。另外 37.2% 作为全民健身日常工作经费,主要用于社区体育场地、群众体育活动、体育组织、体质监测和信息化建设,切实解决改善贴近居民的健身环境设施。但近两年,上海市人均全民健身日常工作经费呈现下降的趋势,虽然 2019 年的 19.3 元较 2018 年的 19.0 元有所增长,但增长幅度较小,相较于 2017 年的人均 21.5 元,差距较大。

5. 基础设施

体育基础设施是社区基本公共体育服务体系的建设基础和物质保障,是一个社区体育发展程度的体现。社区应该积极遵从市政府对社区公共体育服务设施的配置要求,结合社区实际情况,有需求地建设体育基础设施。对于设施的日常维护应配备专业人员进行管理,或者发挥"居民自治"作用,让居民参与公共体育设施的运营与管理,从使用者转变为管理者。社区也要对居民的体育需求进行实际调查与研究,充分站在居民的角度去思考如何建设公共体育基础设施,解决布局、利用率等问题,增强居民的满意度。

上海市积极做好体育公共服务"最后 1 公里"建设,满足社区居民对体育服务的需求,更好地发挥社区体育基础设施的作用,构建起城市社区 15 分钟体育生活圈。2020 年上海市致力于新建改建 100 条市民健身步道、500 个市民益智健身苑(点)和 80 片市民多功能运动场。而《2010 年上海市国民经济和社会发展统计公报》和 2016—2019 年《上海市全民健身发展报告》显示,截至 2019 年末,上海共建成市民益智健身苑点 17 235 个、市民球场 2 694 片、市民健身步道 1 565 条、社区市民健身中心 98 个、市民健身房 186 个和市民游泳池 37 个。从表 1 中,我们可以发现,2018 年较 2017 年在市民球场、市民健身步道和社区市民健身中心数量方面有较大增长,而市民游泳池增长不明显,数量基本维持不动。

表 1　2016—2019 上海市公共体育设施建设情况

年份	市民益智健身苑(个)	市民球场(片)	市民健身步道(条)	市民健身房(个)	社区市民健身中心(个)	市民游泳池(个)
2019	17 235	2 694	1 565	186	98	37
2018	16 307	2 208	1 326	181	84	35
2017	13 103	473	639	167	38	35
2016	10 040	446	572	143	37	35

数据来源于 2016—2019 年《上海市全民健身发展报告》(即"300 指数")的整理。

而截至2020年11月15日,通过上海市社区体育设施管理服务平台对16个区的基础设施查询可以发现,各区发展较为不均衡(表2)。四种设施点总数排名第一的是浦东新区,闵行区和崇明区分别位列第二和第三。而虹口区、黄浦区分别是倒数第三和第二位,长宁区是最后一位,其与浦东新区相比不管是设施点总数还是各单项数量,都有较大的差距,其中长宁区的市民健身房的数量在查询结果中显示是零,这不利于居民日常室内健身的开展,较大程度地限制了居民对健身场所的选择,不利于满足市民多元化的健身需求。

表2 上海市各区社区体育设施数量查询结果排名(2020年11月)

区 域	市民益智健身苑(个)	市民球场(个)	市民健身步道(条)	市民健身房(个)	设施点总数(个)	排名
浦东新区	3 780	263	77	19	4 139	1
闵行区	1 609	88	47	4	1 748	2
崇明区	1 419	193	121	9	1 742	3
嘉定区	978	96	112	17	1 203	4
宝山区	976	45	51	8	1 080	5
松江区	931	66	58	14	1 069	6
青浦区	736	144	52	7	939	7
奉贤区	556	96	95	17	764	8
静安区	661	24	34	10	729	9
金山区	520	130	53	12	715	10
普陀区	545	14	129	8	696	11
杨浦区	615	14	33	11	673	12
徐汇区	543	20	19	8	590	13
虹口区	426	19	32	1	478	14
黄浦区	432	15	21	9	477	15
长宁区	408	13	21	0	442	16

数据来源于上海市社区体育设施管理服务平台设施点查询的整理 http://www.shggty.com.cn/facilityMap.html。

与此同时,根据2019年度《上海市全民健身发展报告》(即"300指数")的整理数据显示,截至 2019 年末,上海市可供市民健身的人均体育场地面积为 2.38 平方米,高于全国人均体育场地面积 2.08 平方米(2019 年全国体育场地相关统计调查数据),且较 2012 年的人均 1.67 平方米相比,7 年人均体育场地面积增长了 0.71 平方米,增长率达 42.5%。而以 2019 年上海市可供市民健身的人均体育场地面积平方数,来比较上海的 16 个区时(表3),可以发现各区在可供市民健身的人均体育场地面积发展极为不均衡,其中崇明区(6.42 平方米)是虹口区(0.81 平方米)近 8 倍之多。

表3 2019 年上海各区可供市民健身的体育场地面积和人均场地面积排名

区域	常住人口(万人)	场地面积(万平方米)	可供市民健身的人均体育场地面积(平方米)	人均场地面积排名
崇明区	65.08	417.81	6.42	1
嘉定区	159.60	740.54	4.64	2
奉贤区	115.78	397.13	3.43	3
金山区	80.50	269.68	3.35	4
松江区	177.19	540.43	3.05	5
青浦区	123.31	339.10	2.75	6
浦东新区	556.70	1 386.18	2.49	7
宝山区	204.23	441.14	2.16	8
闵行区	254.93	509.86	2.00	9
徐汇区	82.01	140.24	1.71	10
黄浦区	65.08	85.91	1.32	11
长宁区	69.36	79.07	1.14	12
杨浦区	130.49	142.23	1.09	13
普陀区	127.58	126.30	0.99	14
静安区	105.77	85.67	0.81	15
虹口区	71.09	57.58	0.81	16

数据来源于《上海市全民健身发展报告》和 2019 年上海市各区《国民经济和社会发展统计公报》的整理。

同时,根据上海市体育局官方网站数据显示,截至 2020 年 4 月,上海市共建有市民体质监测站 122 个,平均每区应该有 7.6 个体质监测站,而从上海各区体质监测站的分布图(图3)可以看出有8个区低于上海市平均值。另外随着互联网技术的不断发展,与时俱进的信息化传播平台逐渐成为衡量一个城市公共服务供给能力和有效性的评判标准。目前上海市体育局和各区体育局的官方微信公众号迅速发展,形成了具有多样化、多层次和多角度的体育信息传播平台——微信矩阵,它们成为上海市民了解体育服务和体育发展的重要信息窗口。通过表4可以发现,除去上海市的体育微信公众号,静安区、嘉定区和青浦区的体育微信公众平台发布信息篇数占据前三,排名第一位的总发布篇数是最后一位的75倍多,差距较大;浦东新区的微信公众号不管是总发布篇数还是总阅读数,排名都是位列最后一名,且与排名前三的区相差甚远。

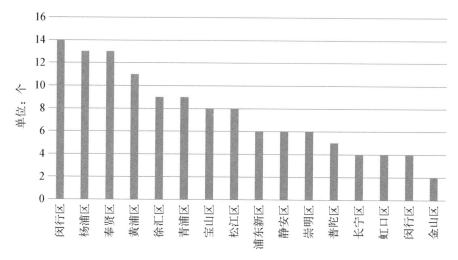

图3　2020年上海市市民体质监测站(2020年4月30日)

表4　2019年上海各区微信公众号发布篇数和阅读数量排名

发布篇数排名	账号名称	总发布篇数	日均发布篇数	总阅读数	阅读数排名
1	静安体育	2 020	2.79	263 833	3
2	上海体育	1 179	3.23	3 008 904	1
3	上海嘉定体育	1 015	2.78	120 027	7
4	青浦体育	487	1.33	83 098	11
5	宝山体育	445	1.22	356 940	2

续 表

发布篇数排名	账号名称	总发布篇数	日均发布篇数	总阅读数	阅读数排名
6	虹口体育	410	1.12	141 250	5
7	徐汇体育	405	1.11	84 401	9
8	长宁体育	384	1.05	95 618	8
9	上海普陀体育	381	1.04	129 063	6
10	杨浦体育	329	0.90	46 138	15
11	闵行体育	293	0.80	21 747	16
12	金山体育	261	0.72	84 047	10
13	奉贤体育	257	0.70	187 110	4
14	运动崇明	138	0.38	78 851	12
15	黄浦运动派	122	0.33	56 502	14
16	松江体育	120	0.33	68 328	13
17	运动浦东	27	0.07	4 659	17

数据来源于《2019年上海市全民健身发展报告》的整理。

6. 绩效评估

社区基本公共体育服务体系绩效评估指的是以科学的评估体系对社区公共体育服务做整体评价,从而评价公共体育服务现状和发展前景。在评估主体上可分为外部评估主体及内部评估主体,前者由专家、社会公众、媒体等组成,后者则由政府、事业单位、同行和社区自身等组成。以公众至上的居民需求和感知情况为原则,结合社区实际长效的体育发展状况,根据绩效评估体系中的具体指标进行全方位的、科学的、定期的、可量化的评估,从而建立常态化与规范化的评估机制,才能完整地把握社区公共体育服务体系的综合评价,从而更好地进行改进。

公共体育服务涵盖的内容较多、范围较广,国内尚未出台关于公共体育服务体系绩效考核的政策法规或指标体系。上海作为全国社区基本公共体育服务体系建设的先行者,也一直致力于对体系开展绩效评估。早在2005年上海市体育局就委托第三方上海体育学院公共体育服务研究中心承担每年度的《上海市全民健身发展报告》(即"300指数")评估工作,对"健身环境""运动参与"以及"体质健康"三个单项指标进行调研,从而评估上海全民健身事业总体发展状况和市民对健身环境的满意度。此外，上海体育局也会每年在其官网发布关于政府实事项目满意度调查问卷，以及居民对社区健身点和健身指导服务的调查问卷。但在实际的操作中，第三方独立性不够、社会公众参与度较低、政府职能仍需转变等问题逐渐凸显。

（二）上海城市社区基本公共体育服务开展情况

1. 群众性全民健身活动广泛开展

上海市以社区群众为基础，积极开展群众性的体育活动，利用自身具有优势的体育硬件和软件资源，积极推广和开展多形式的全民健身活动。2019年，上海共计开展各类全民健身活动6 000多场次，参与人数达330万人次，积极调动了居民参与健身活动的主动性，并让居民感受到了运动的魅力。2017年，上海第一届城市业余联赛拉开帷幕，历经两年的经验积累，2019年的上海城市业余联赛赛事规模不断扩大，项目联赛数量增加到12项，项目系列赛设置达到5 013项，品牌特色项目赛增加到492个，累计赛事数量达到481项。而业余联赛的参与人群基本涵盖各个年龄成，活动不管是各类项目数量，还是涵盖人群，都十分具有影响力，一定程度上构建了可以让普通居民参与健身赛事活动的层级体系，让全民健身活动充满烟火气。而上海各区也积极响应上海城市业余联赛，举办相应的赛事项目，比如黄浦区就围绕政府、社会、市场"三轮驱动"的要求，制定赛事服务管理办法，从源头上保证赛事项目规范有效开展，全年共开展健身赛事活动160余场，累计近90万人参加全民健身赛事活动。

2. 全民健身品牌与特色逐步彰显

体育品牌和特色不仅可以吸引社区群众了解参与体育活动，而且可以凸显城市个性化的体育发展特色。上海作为国际化大都市，致力于要在2025年基本建成全球著名体育城市，到2035年要迈向更高水平全球著名体育城市。为了达到发展目标，近年来上海的全民健身品牌和特色越发具有特色，各区也结合自身实际情况，开展各具特色的全民健身活动，吸引数万市民参与其中，做到了体育品牌和特色的传播与认同。比如：上海每年度都举办的"全民健身日""城市业余联赛""上海家庭健身马拉松""市民运动会""老年体育联赛"等系列品牌健身活动，并且与《解放日报》《新民晚报》《东方体育日报》和"五星体育"等媒体合作，充分利用新媒体传播渠道进行赛事期间的宣传工作，营造了良好的社会体育氛围。另外各区也相继推出各自的全民健身特色活动，比如：徐汇区开展"社区体育联盟赛""社区运动会""市民健步走活动""体育文化节"和"龙舟赛"等特色活动。

二、上海城市社区基本公共体育服务体系建设的存在问题

(一)基础设施偏少且管理不足

在对松江的方松、广富林、中山、世纪、辰富等社区进行实地探访后发现,诸如辰富、方松、广富林街道此类比较成熟的社区有6~8个公共体育场所,而较多数社区大多只有4~5个公共体育场所,而松江区在社区体育设施总数排名位列上海市全区的第六位、人均体育场地面积位列第五位,由此,可以预估上海市大部分城市社区的公共体育设施满足不了大多数社区居民的公共体育需求。根据对居民所在社区的体育设施调查显示,室外健身器材和老年活动中心是大部分社区所具备的基础体育设施,百分比都在50%以上,而健身步道、游泳池和篮球场等设施则不够完善,基本都在30%左右。而儿童活动中心、网球场、社区健身房/俱乐部、足球场、乒乓球场和可自由安排的稍大空地则基本都低于30%,其中足球场只有10%,可以说明各社区在公共体育设施建设和管理是有所欠缺的。另外有50%以上居民反映社区室外体育设施过于陈旧,希望定期对相关的基本设施进行定期的维护管理,并且要将管理维护的人员、内容和时间进行透明化的公示公开,便于社区居民了解基础设施管理维护状态,展示社区体育管理工作的及时到位,从而实现双向的满意度提升。

(二)公众参与的积极性有待拓展

从问卷调查来看,40%社区居民很少光顾社区体育场所和使用体育设施来满足自己的体育需求,大部分社区居民的参与热情不足。其一,参与或使用社区公共体育服务的人群相对集中。问卷调查显示:21~40岁群体中46%的人、41~60岁群体中35%的人至少每周会光顾一次公共体育场所、使用社区体育设施,参与的积极性较高(表5、图4)。通过实地考察和社区工作人员访谈了解,20岁以下的群体使用社区体育公共服务的频率较低,主要以学校体育服务为主,而61岁及以上的群体,使用社区体育服务的频率也主要是以每月一两次或很少为主。另外有部分社区工作人员介绍说,社区内年轻人大多都是朝九晚五的上班族,平常上班忙碌,到了周末有自己的事情要忙,基本没有

时间参与社区的公共体育活动或光顾公共体育场所。的确,或许有些青年人对于社区公共体育服务不感兴趣,但这并不包括大多数人。社区是否了解年轻人对体育服务的需求、宣传方式是否到位、体育设施是否全面、活动内容是否新颖有趣等因素直接影响青年群体参与社区公共体育服务。其二,参与或使用公共体育服务的人群主要以中年男性居多。从参与人群的年龄上来看,主要是40岁以上居民,中青年偏少,在男女比例上,又以男性居多。但大多数社区的居委会工作人员介绍说,自己社区有一批十分热衷广场舞的阿姨,她们基本每天都会利用社区空闲场地进行广场舞的训练和教学,社区也会邀请舞蹈指导员为她们进行授课,让居民接收专业化的指导。但他们也反映,社区室外健身器材的使用率不高,利用健身器材锻炼的总是那么一批人。但是否切实动员居民参与社区体育服务和活动、了解社区各年龄层居民的体育需求,也是影响居民参与体育活动的关键因素。

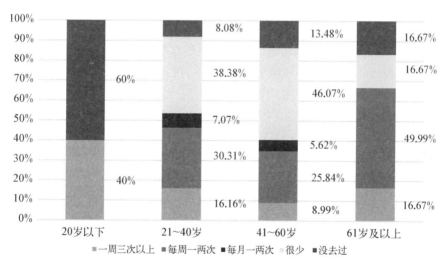

图4 不同年龄段居民光顾公共体育场所或使用公共体育设施的频率分布

表5 不同年龄段居民光顾公共体育场所或使用公共体育设施的情况

年龄 \ 频率	您光顾社区的公共体育场所或使用公共体育设施的频率					合计
	一周三次以上	每周一两次	每月一两次	很少	没去过	
20岁以下	2	0	0	0	3	5
21~40岁	16	30	7	38	8	99

续 表

年龄\频率	您光顾社区的公共体育场所或使用公共体育设施的频率					合 计
	一周三次以上	每周一两次	每月一两次	很 少	没去过	
41~60 岁	8	23	5	41	12	89
61 岁及以上	1	3	0	1	1	6
合 计	27	56	12	80	24	199

(三) 体育专业人员队伍较单薄

虽然上海市社会体育指导员占人口比例呈现逐年增长的趋势(图2),但社区在体育人才队伍建设的质量和数量上不能适应当今体育事业的发展。第一,社区未向居民公告宣传社区体育专业人员,社区居民对体育专业人员认知度低。问卷调查发现,社区居民中对体育指导员和社区居委会认知较为清楚的,分别只占19.1%和17.6%。因此,社区体育专业指导人员对于社区居民来说存在感较低,未能真正介入居民日常体育锻炼。第二,社区没有对体育管理人员资质进行明确说明,且人员素质偏低。据问卷调查显示,28.75%的居民认为自己社区的体育管理人员的工作技能比较专业,41.25%的居民认为一般,仅有26.25%的居民认为其非常专业,甚至有3.75%的居民认为不太专业。这说明各个社区体育管理人员的工作技能普遍达不到居民的要求,还有待提高(图5)。

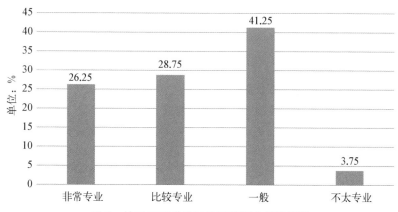

图 5　社区居民对社区体育管理人员的评价

(四)社区体育服务运作经费受限

政府财政运作经费的投入是社区基本公共体育服务的主要支持力量,如若经费受限则只能利用有限经费来维持体育设施的基本运行。《2019年上海市全民健身发展报告》数据显示,2019年上海市、区两级政府在全民健身事业上的总财政经费达到15.4亿元,其中62.8%是全民健身专项工作经费,主要用于大型体育场馆、城市绿道、综合性运动会和体育公园的建设。另外37.2%作为全民健身日常工作经费,主要用于社区体育场地、群众体育活动、体育组织、体质监测和信息化建设。但近两年,上海市人均全民健身日常工作经费呈现下降的趋势,虽然2019年的19.3元较2018年的19.0元有所增长,但增长幅度较小,相较于2017年的人均21.5元差距较大。部分社区居委会的工作人员在访谈中表示他们的社区体育经费捉襟见肘,社区内体育设施和硬件条件满足不了大多数居民的需求。可见,由于资金受限,暂时无法建设更多的公共体育场所满足居民体育需求。近几年,上海市政府重视体育服务事业,对经费的使用进行严格管控。但政府仍需要进一步加大体育经费的投入,扶持公共体育事业发展,从而使体育服务更加普及,满足社区居民的多样化需求。

(五)绩效评估和监督机制缺失

目前不管是学术界还是社区实践,尚没有专门针对基本公共体育服务体系建立一套标准的绩效评估与监督机制。其实城市社区基本公共体育服务体系建设过程中,只有经过客观、科学的评估,才能进一步进行监督和完善,使整个基本公共体育服务体系运作步入良性循环的轨道,也可以解决上述现实存在的诸多问题,从而达到体育公共服务供给有效和公平,而缺乏绩效评估与监督会让公共体育服务体系建设流于形式和表面。例如在走访一些城市社区的过程中发现:某些公共体育设施利用率不高,但政府只知道一味地加大投入,殊不知居民的真正需求却不在此,摆设的体育设施成了形象工程。又比如室外健身器材种类不足,且强度不大,根本不能满足中青年的锻炼强度需求,有些社区为了避免发生运动意外,甚至将单双杠拆除,直接导致损害了一部分社区居民的利益。造成这些问题的根本原因是缺乏公共体育服务体系绩效评估与监督机制,导致政府无法全面掌握社区的公共体育服务的发展现状,不能确切把握居民的实际需求,同时也缺乏一定的信息反馈机制。

三、城市社区优化基本公共体育服务体系建设的对策建议

(一) 完善公共体育服务均等化发展机制

对于上海城市社区来说,导致体育基础设施不足且后期管理不到位的原因就是体育资源配置和整合机制的缺失,体育资源的"蛋糕"就那么大,但是城市社区数量多,社区居民人数多,这就需要思考如何将有限的"蛋糕"科学合理地分配给每个城市社区,而城市社区层面也需要思考将其如何分配给每位社区居民,将体育资源进行均衡配置和整合,而这就是公共体育服务均等化发展机制的内容。在城市社区服务均等化方面,一是可以尝试发展流动体育服务,比如发展流动健身房、流动体育展览车、流动体育活动演出车等流动体育服务建设;二是加强建设公共体育服务的社区与不成熟社区之间的交流和沟通,形成结对扶助,共享优质体育资源与体育设施,让不同居民能够相对均等地享受体育服务;三是注重维护老年人、未成年人、外来务工者、残疾人等特殊群体的体育权益,具有偏向性地为他们提供体育服务并注重他们的体育需求。

(二) 建立公民需求表达和公众参与机制

第一,上海城市社区公共体育服务体系建设需要依托互联网,建立社区公共体育服务信息平台。网络平台的建立不仅可以为提供公民提供更加丰富的体育资源,更可以保证公民需求表达渠道的畅通,从而建立社区、政府、居民三者之间的良性的互动渠道,比如建立微信群、公众号、小程序和手机 App 等网络平台。第二,通过采用座谈会、实地走访、意见箱、问卷调查、现场征询等方式深入了解居民的实际体育需求,拓宽公众参与面,让不同年龄层次的群众共同参与社区公共体育服务体系的建设。可以充分利用楼道联络员、居民小组长、报纸宣传栏等强化公共体育服务的推介力度,发挥公众参与的积极性与主体性。第三,上海城市社区可以尝试发展智慧体育社区,借助大数据分析技术,实时统计社区运动的性别比例、年龄比例和运动时长等基础信息,居民可以通过手机、运动手环查询自己的健身情况并得到专属自己的运动处方等,实现全面健身大数据,即"数据一卡通"。另外,一些体育俱乐部或者体育设施场地可以引进人脸识别、掌静脉识别等技术,提高体育硬件的使用率。

(三) 加强公共体育服务人才队伍建设

随着老年化日益严重以及二胎政策的开放,社区不仅需要了解中老年群体的体育需求,还需要及时关注青少年群体的体育需求,并加强体育专业人才的培养,积极引进高学历、具备特长和高素质的体育专业人才,从而对居民开展公共体育活动指导。一是要建立社区公共体育志愿者队伍。由于社区居民的多样性,不同居民拥有不同的体育兴趣爱好,这便促成了多元化的社区体育团队,如广场舞队、健步队、羽毛球队、篮球队等。二是要引入高素质的专业体育人才。以优惠政策或者聘用的方式引入高素质的专业体育复合型人才到社区体育队伍中。或者让体育机构、体育事业单位的优秀体育人才以派遣的形式到社区工作,丰富公共体育服务人才队伍。三是培养社区专职体育人才,健全人才工作机制。积极与政府、社区、高校对接,储备多样化的社区体育人才,以正规的考试程序对他们进行严格的选拔与评估,并设立定期的培训与考核机制提升其业务能力,设定明确的考核标准,并要坚持专岗专人,也要尽可能地吸引年轻化的人才加入社区公共体育服务人才队伍。

(四) 健全公共体育资金投入机制

第一,加大政府对社区公共体育服务体系的财政保障力度,各区的基层政府制定每个社区对体育经费的使用额度。必须保证政府财政对体育事业的投入要高于该地区经济增长的幅度,逐步提高公共体育支出占总体财政支出的比重,公共体育资金的投入只能增不能减。第二,设立公共体育服务专项资金。这笔资金专门用于公共体育产品、服务和项目的建设,形成规范化、系统化的投入。第三,体育资金的筹集可以依靠社会力量。积极引导和支持社会团体、企业和公民个人等力量投资赞助公共体育服务,提供公共体育产品,共同兴办公共体育事业。对于参与投资和提供公共体育服务的企业可给予相应增值税优惠;对于公民个人而言,可给予相应的社会荣誉;对于社会团体而言,可给予政策性的扶持。

(五) 构建公共体育服务评估与监督体系

在评估原则上应以公众需求为根本,强调"公众主位"。在评估开始之前,以公共体育服务的需求和导向为基础来确定评估内容与指标,分析出有效的评估结果,了解公众对于社区公共体育服务的满意程度。另外,绩效评估与监督需要严格遵循规范化与制度化的操作,不论是指标的选择还是方法的确定,都要做到一定的客观和严谨。在评估主体上,形成以公众、政府、第三方机构为主的多元评估主体,开展定期评估。公众作为公共体育服务的直接享受者,有权参与公共体育服务绩效的评估过程中来发表自身的真实意见。政府作为公共体育服务建设的主导者,应从以往的"自上而下的考核机制"转变为"自下而上的考核机制",从以政府为主导转变为以公众需求为导向。而第三方机构的引进有助于加强绩效评估的专业性,进一步保证了评估结果的公正性和科学性。在评估方法上,参考平衡计分卡的总体框架,以第三方评估机构的要求为基本原则,引入以公众为导向的评估机制,力求形成系统性与关键性统一、战略性与动态性结合的评估体系。

参考文献

[1] (美)莱斯特. M. 萨拉蒙. 政府向社会组织购买公共服务研究——中国与全球经验分析[M]. 北京:北京大学出版社,2010.

[2] 郇昌店,肖林鹏,李宗浩,等. 我国公共体育服务体系概念再讨论——基于功能主义视角[J]. 山东体育学院学报,2013(2).

[3] 吴凡. 上海市公共体育服务体系建设实践研究[J]. 运动,2016(18).

[4] 田媛,肖伟,姚磊. 农村基本公共体育服务体系建设研究——基于苏北五市内容体系的考察[J]. 体育科学研究,2016(4).

[5] 朱建国. 江苏基本公共体育服务体系的构建研究[J]. 体育文化导刊,2015(4).

[6] 汤际澜,谢正阳. 我国基本公共体育服务均等化评价指标体系构建研究[J]. 南京体育学院学报(社会科学版),2014(3).

[7] 王祥. 常州基本公共体育服务体系现状分析与对策研究[J]. 常州工学院学报,2014(1).

[8] 郑家鲲,黄聚云. 基本公共体育服务评价指标体系的构建[J]. 上海体育学院学报,2013(1).

[9] 王才兴. 问需于民,惠及全民——加快上海市体育基本公共服务体系建设[J]. 体育科研,2013(1).

[10] 姜山,葛爽. 法制视角下我国体育公共服务体系未来发展研究[J]. 东北师大学报(哲学社会科学版),2020(2).

[11] 于新彦. 基于全运会视角的西安市体育公共服务供给模式研究[J]. 西安体育学院学

报,2019(6).
[12] 何国民,沈克印.我国省级区域体育公共服务与经济协调发展评价研究[J].武汉体育学院学报,2019(10).
[13] 张凤彪,崔佳琦,王松.公共体育服务绩效评价原则探讨[J].西安体育学院学报,2019(4).
[14] 黄健,曹军,黄义军."健康中国"背景下健康城市社区公共体育服务保障体系构建研究[J].西安体育学院学报,2019(3).
[15] 杨学智,刘宗杰,张园春.社区公共体育服务评价体系构建及测评效率提升研究[J].沈阳体育学院学报,2019(2).
[16] 张凤彪,王松.公共体育服务绩效评价"四位一体"解构[J].西安体育学院学报,2018(6).
[17] 祝良.我国城市社区体育治理体系构建和治理能力现代化推进研究[J].沈阳体育学院学报,2018(5).
[18] 王占坤,高继祥.浙江省公共体育服务体系建设研究[J].首都体育学院学报,2018(4).
[19] 朱保成,陈晓荣.我国群众体育公共服务的现实困境及消解路径[J].湖南科技大学学报(社会科学版),2018(4).
[20] 樊炳有,王家宏.公共体育服务标准体系框架构建及运行模式[J].体育学刊,2018(2).
[21] 范宏伟.公共体育服务均等化评价指标体系的标准化研究[J].西北师大学报(社会科学版),2017(3).
[22] 杨明.我国公共体育服务标准体系构建研究[J].武汉体育学院学报,2017(1).
[23] 郑宏伟.苏北地区社区体育公共服务体系的发展与对策研究[J].体育文化导刊,2016(11).
[24] 朱晓东.上海 30 min 体育生活圈建设评价指标体系研究[J].首都体育学院学报,2016(5).
[25] 田宝山,郭修金.我国公共体育服务运行体系的要素构成及角色定位[J].上海体育学院学报,2016(4).
[26] 姚绩伟,许文鑫.城市社区体育公共服务公众满意度测评思路与原则[J].湖南科技大学学报(社会科学版),2016(2).

"健康上海"视域下上海市全民健身与全民健康深度融合的现实困境及突破路径的研究

杨至刚　王　茹　刘丰彬　赵新平　朱为模
董静梅　尚延侠　裴会义[*]

上海是全国最早提出"健康城市"概念的城市之一，2003年以来连续开展五轮"健康城市"建设三年行动计划。上海市民主要健康指标已连续十多年处于世界发达国家和地区水平。同时，上海也面临人口深度老龄化和高度国际化以及疾病、生态环境、生活方式不断变化的挑战，所以必须把人民健康放在优先发展的战略地位。

一、上海市全民健身与全民健康深度融合的现实困境

（一）全民健身和全民健康深度融合的现状和趋势

全球著名体育城市是指在全世界城市中群众体育开展良好，有很高的竞技体育综合竞争力；有承办国际大赛的能力；体育事业的发展环境得到显著改善；体育设施条件达到国际一流水准；体育产业达到一定规模。这其中群众体育开展良好占据全球著名体育城市指标的第一位。在2010年世界城市指标

---

[*] 本文作者简介：杨至刚，复旦大学体育教学部，副教授，博士，研究方向：体能与健康；王茹，上海体育学院运动科学学院，教授，博士，研究方向：运动与健康；刘丰彬，大连大学体育学院，教授，博士，研究方向：运动科学；赵新平，复旦大学公共卫生学院，讲师，博士，研究方向：预防医学；朱为模，美国伊利诺伊大学香槟分校，教授，博士，研究方向：运动与健康；董静梅，同济大学体育部，教授，博士，研究方向：运动科学；尚延侠，上海体院运动科学学院，副教授，博士，研究方向：运动与健康；裴会义，复旦大学体育教学部，副教授，博士，研究方向：社会体育。

中,排在第一项的是体育社会人群(2010年3月9日《法制晚报》)。美国著名体育网站Sportingnews公布了2010年美国最佳体育城市评选结果,芝加哥位居美国所有城市榜首。在该次评价指标中,群众的体育参与度是其中的一项重要指标。芝加哥有着丰富的体育发展经验和运动人群,在全世界有着很大的影响力。

长期以来,我们主要强调了全民健身,让更多的人参与锻炼,对于全民健身的效果以及最终目标并不明确,与健康的结合度还不够紧密。因此,国家高度重视,在2016年6月颁布了《全民健身计划(2016—2020年)》,接着在2016年10月发出了《"健康中国2030"规划纲要》,明确提出了健康是促进人的全面发展的必然要求,是经济社会发展的基础条件。推进"健康中国"建设是全面建成小康社会、基本实现社会主义现代化的重要基础,能够提高全民身体素质、完善全民健身公共服务体系、广泛开展全民健身运动、加强"体医融合"和非医疗健康干预、促进重点人群体育活动。上海也于2017年9月发布了《"健康上海2030"规划纲要》,提出了开展全民健身,实现市、区、街镇和居村四级健身场地全覆盖;健身苑点、健身步道常年免费开放,其他公共体育设施实行公益开放;推动体育与住宅、休闲、商业综合开发,打造一批城市体育服务综合体;到2030年,上海市经常参加体育锻炼人数比例达到46%,市民体质监测达标率达到96.5%的目标。

全民健身是指全国人民,不分男女老少,全体人民增强力量、柔韧性,增加耐力,提高协调、控制身体各部分的能力,从而使人民身体强健。全民健身旨在全面提高国民体质和健康水平,以青少年和儿童为重点,倡导全民做到每天参加一次以上的体育健身活动,学会两种以上健身方法,每年进行一次体质测定。全民健身和"健康中国"的主旨无论是在理论层面还是技术层面都是高度契合的。"提高人民健康水平"是《"健康中国2030"规划纲要》承诺实现的一个宏伟目标,而全民健身则是实现这个目标的"先导"和"关键路径"之一。全民健身和全民健康深度融合,这个战略任务涉及因素众多,需要在吸收国际经验的基础上,实施严谨的顶层设计,避免走弯路。在《"健康中国2030"规划纲要》印发的基础上,建议组成"智库"或"全民健身科学化和常规化课题组",展开研究,形成战略报告,作为"健康中国2030"的配套性指南。

尽管上海在全民健身中取得了骄人的成绩,比如国家体育总局发布的《2014年国民体质监测公报》显示,上海市民最爱运动,在两项最重要的核心数据中均列全国第一,其中体质达标率达到97.1%、体质综合指数高达107.91,

但与全球著名体育城市东京、纽约、伦敦、芝加哥等相比,这些指标还有差距。这些城市不仅是世界的经济中心城市,而且也是国际体育城市。

因此,要建设全球化城市以及著名体育城市,人民的健康发展应该先行,全民健身又对全民健康起到了很重要的作用,但是全民健身如何与全民健康更好地衔接和融合起来,做到全而科学、全而健康,还需要进一步去研究,需要去分析上海与全球著名城市全民健身和全民健康融合过程中的差距,建设一条具有上海特色的全民健身和全民健康的融合之路。

上海不仅提出了"健康上海"的概念,也提出了建设全球著名体育城市的目标,全民健身是全球著名体育城市的重要指标,全民健康是全球著名体育城市的重要效果,全民健身对全民健康有着重要的作用,全民健身不能一味强调健身的人数,而是应该数量、质量一起抓。全民健身又如何才能更好地促进全民健康呢?因此全民健身必须"提档升级、合纵连横、聚力循证、精准发力",全民健身和"健康上海"的主旨无论是在理论层面还是技术层面都是高度契合的,所以上海在建设全球著名体育城市的过程中,全民健身应该与全民健康深度融合发展。

(二)上海市全民健身与全民健康深度融合的现实困境

1. 新冠肺炎疫情给全民健身与全民健康深度融合带来的新问题与新挑战

新冠肺炎疫情,严重影响着人们的健康安全,如何应对疫情而保持健康,也成为我们急需解决的问题。

新冠肺炎疫情给公共卫生带来了巨大挑战,一度使得全民健身处于瘫痪状态,全市的体育场所从2020年1月25日开始关闭,到2020年3月17日,上海市体育局关于印发了《新型冠状病毒肺炎疫情期间本市体育场所复工工作指引(第二版)》,开始陆续开放,但是受到疫情影响,参与体育锻炼的人数减少。我们应该针对疫情,有效帮助大众了解运动和新冠之间的关系,从思想上重视起运动,把运动看成是良医。但是由于缺乏专业和科学的应急指导,医疗界认为这是体育工作者的工作,体育工作者认为这是医疗界的工作,导致疫情期科学健身发展的滞后。因此,疫情暴露出全民健身和全民健康深度融合的应急管理困境和问题。

2. 全民健身与全民健康深度融合过程中体育锻炼人口发展的不均衡性

《2019年上海市全民健身发展报告》数据显示,2019年,上海市经常参加体育锻炼的人数占常住人口比例达到43.7%,比2015年、2016年、2017年和2018年有所增长(2015年占比为40.8%,2016年占比为42.2%,2017年占比为42.7%,2018年占比为42.8%),与2018年相比,19～39岁、50～59岁等年龄段市民经常参加体育锻炼的人口比例显著增长,成为市民经常参加体育锻炼人口比例增长的主要推动力。

但是整体来看锻炼人群覆盖率并不高,19～39岁的市民经常参加体育锻炼的人口比例逐年下降,其中19～29岁年龄段的参与率已不足1/4。出现了年轻人越来越"宅"的现象,年轻人忙于工作、中老年人重视锻炼成为上海市民体育锻炼的一大特色和风景线。

3. **全民健身与全民健康深度融合中癌症及慢性病带来的问题和困境**

上海是全国糖尿病患病率最高的城市之一,从上海市疾控中心的监测数据得知,2013年上海市35岁以上人口中糖尿病患者约有200万人,患病率高达17.6%,并呈明显增长趋势。上海乳腺癌发病率全国第一,每年新发乳腺癌患者已经超过4 500人;肺癌发病率居全国首位,占上海癌症发病率的三成。根据国家癌症中心数据显示,上海恶性肿瘤发病率高于我国其他城市。另外,目前上海市18岁以上常住居民中,高血压的患病率高达28.4%,高于全国平均数(25.2%),影响健康的一些疾病如癌症、糖尿病、心血管疾病、肥胖,其发病率领先全国,超过了世界平均水平,也超过了一些发达国家及城市。因此,即使上海市民体质连续三次获得全国冠军,也无法说明上海市民健康水平领跑全国。那么,如何预防癌症及慢性病的发生,是全民健身和全民健康深度融合面临的重要问题和困境。

4. **全民健身与全民健康深度融合过程中运动促进与干预不足**

运动促进与干预是"运动是良医"的实践,它是将运动的手段、方法作为运动处方来进行对症下药,并且起到运动监督、诊断、评价、跟踪的效果。运动促进与干预可以给一些亚健康、慢性疾病、运动损伤的人群进行干预和康复,从而有效地提高这一类人群的健康水平、延长运动寿命和生命。从连续几年的《上海全民健身报告》中发现,上海市民的运动促进与干预比较少,市民对相关知识的理解和掌握依然不足,政府对运动促进和干预的建设与投入较少。

相比纽约、芝加哥、东京、悉尼等国际体育城市,从社区到学校,都有运动康复中心以及运动康复、运动促进健康的研究及工作人员,美国的社区、大学体育馆里就有免费的水疗设备、运动康复训练与监测器械供师生使用。

5. 全民健身与全民健康深度融合过程中体育场地使用面积仍显不足

截至 2019 年底,上海体育场地面积达到 57 745 689 平方米,人均体育场地面积增加到 2.38 平方米(含人均上海可利用体育场地面积 0.15 平方米)。2019 年,全国人均体育场地面积达 2.08 平方米,其中江苏人均体育场地面积达 2.79 平方米,宁夏人均体育场地面积达 3.07 平方米。上海市人均体育场地面积虽然略高于全国的平均水平,但低于江苏、广东、北京、天津等兄弟省市,更远低于发达国家的人均水平,尤其是中心城区人均体育场地面积均不足 1 平方米。在这种情况下,特别是在疫情期间,强调社交距离的保持,体育场地面积就更加显得不足,最后出现的局面就是减少锻炼次数,或者更换其他健身项目。健身场地不足很容易造成人们运动热情的降低,从而减少体育活动。

6. 全民健身与全民健康深度融合过程中健身设施存在局限性

尽管上海逐年扩大体育设施的建设,每年都有所进步,但是体育设施的单一性和局限性还是特别突出。上海户籍人口中 18 岁以下儿童有 173.05 万人,占 11.9%,但适合儿童及青少年的健身设施还比较少,而中老年人的健身设施相对较多,社区健身苑中 90%以上的设施不适宜儿童使用,再加上这些社区器械无人监管,会造成儿童及青少年使用成人健身器械的情况,运动伤害的风险较大。儿童也是社区公共空间使用频率最高的群体之一,在打造"15 分钟体育圈"的时候,应该多关注不同人群的健身需求。这种全民健身的需求无法得到保障和满足的情况,会在很大程度上影响全民健康的促进。

7. 健身素养是造成全民健身与全民健康深度融合的壁垒

健身素养包含健身知识和理念、运动技能与方法、运动伤害防护及运动干预等相关知识,上海市民健身素养还不高,市民的平均得分为 50.8 分(《2016 年上海市全民健身发展报告》);50 岁及以上的市民健身素养得分显著低于 50 岁以下市民(《2019 年上海市全民健身发展报告》)。很多市民感觉到自己健身不科学或者无法判断是否科学。健身素养是全民健身和全民健康的纽带,良好的科学健身素养可以提高全民健身的科学程度,起到科学锻炼、有效锻炼的作用,从而提高全民健康水平。健康素养可以说比锻炼的频率、项目、锻炼持续时间更加重要,它是全民健身的指导,是全民健身的先行者,没有好的科学健身素养,就没有全民健身,更没有全民健康。全民健康、全民健身都是以科学健身素养为基础进行的。

8. 全民健身和全民健康深度融合中部分运动项目参与度不足

上海市民参加体育锻炼的项目主要是跑步(42.4%)、快走(42.1%)、游泳

(26.5%)、骑自行车(24.9%)、打羽毛球(19.0%),相对而言,团队项目、昂贵项目、高难度的项目的参与度低,这与项目开展的便捷性、经济性、兴趣性有关。这在一定程度上说明大力开展和开发便捷性、经济性、兴趣性高的项目,更加有利于群众的参与。还应该鼓励群众参与多样化运动项目,因为过多的单一项目运动容易带来运动伤害,反而对健康不利,比如近年来跑步带来的伤害逐渐增加。

因此,我们应该在有利于群众参与的这些项目上多下功夫,增加智慧型体育场馆。在增加便利性的运动场所外,还应考虑如何提高锻炼的科学性,比如在这些健身场所通过视频、二维码等先进的媒介,对锻炼者进行答疑解惑,宣传健身科学知识。

9. 全民健身和全民健康深度融合过程中政策的问题和困境

政策是全民健身和全民健康深度融合的保障,"没有全民健康,就没有全面小康"。党中央将全民健身上升为国家战略,高度重视,积极倡导。《"健康中国 2030"规划纲要》指出:"大力开展全民健身运动,推动全民健身和全民健康深度融合,到 2030 年,全面建立优质高效的全民健身公共服务体系。"因此,地方应该出台相关的详细政策和法规,来将"体医融合""体教融合"通过政策法规落到实处,有利于保障全民健身与全民健康深度融合工作的统筹推进,有利于推动健康中国和全民健身两大国家战略的有效对接。

10. 全民健身和全民健康深度融合过程中"体医融合"的问题和困境

体育系统和医疗系统既是全民健身和全民健康的载体,也是全民健身和全民健康的主体,但是长期以来两大系统自成体系,各自为政,因为各自的职能不一致,体育系统长期以来以竞技为主,而医疗系统救死扶伤、治疗疾病为主,并未将运动与慢性病预防和康复、运动科学运动防护、运动康复为主的健康服务纳入医学范畴,致使与运动相关的大众健身、运动康复等健康服务游离于体育与医疗管辖范围的边缘,两大系统在运动促进健康的信息共享与资源交换上难以契合,造成了体育和医疗的长期隔离。其实,体育和医疗都是为全民健康而服务的,进一步加强和健全运动处方师的培训和认证,特别是要加大对医务人员的运动知识和运动技能的培训,让医务人员重视体育、运用体育,才能更好地服务大众、救死扶伤。而目前"大部分医务人员自身也缺乏运动,甚至对运动并不感兴趣",所以,"体医融合"不能光让体靠拢医,还要让医靠拢体,不然"体医融合"最后还是以体为主,就又回到了以前的模式。

11. 全民健身和全民健康深度融合过程中人才培养的问题与困境

从以上问题和困境来看,我们与全球著名体育城市的指标还有所差距,比如东京、纽约、伦敦、芝加哥,这些城市不仅是世界的经济中心城市,而且也是国际体育城市。这些国际体育城市居民的科学健身素养都很高,这与他们长期的健身素养的培养有关。因为,从幼儿园开始到高中毕业,他们就有系统的体育健康科学的理论与实践课程,教练、体育老师都接受过良好的体育科学的培训,学校有专门的体育与健康教师。社会上的培训机构及其教练员都接受过严格的评估和认证,具备良好的体育科学知识。在这一方面,我国还有很多欠缺之处,目前学校没有配备专门的体育与健康教师,都是以运动技能为主的教师,在教学和训练的过程中,难以严格按照运动科学的要求进行;学校领导、家长、教师、学生都对体育科学不够重视,觉得运动就是出汗,技能就是多练习,体能差就多练体能。教练员的水平良莠不齐,教练员缺乏体育科学知识的培训;教练员资质认证五花八门,一些上岗证经过短期培训就能获得,没有进行有效的管理,也没有规定哪些教练证是作为上岗证的必备条件。

二、上海市全民健身与全民健康深度融合的突破路径

(一) 建立健全全民健身与全民健康深度融合的政策与法规

各级政府要建立全民健身和全民健康深度融合的行政机构,健全全民健身和全民健康深度融合的政策,树立全民健身和全民健康深度融合的正确导向,以阶段性为目标,重点解决当前的重要健康问题,特别是要提高大众的健康素养,将这些问题纳入政策法规中,自上而下进行落实。如美国,从 1979 年起,每十年由卫生福利部制定一个国家健康战略——"健康人民",直至目前的"健康人民 2030"(Healthy People 2030)。"健康人民 2030"较为注重整体人群的健康,注重消除健康差异,确保所有人都能健康长寿,其中达到健康公平和培养健康素养非常重要。"健康人民 2030"重点控制糖尿病、冠心病、肥胖高血压等慢性疾病,其中肥胖是很重要的控制目标,另外,不同的州、城市可根据自身的情况,重点关注和扶持一些薄弱项目。再如日本,战后至今共实施了四次国民健康增进战略计划,以法律的形式提出"加强运动,达到热能平衡""养成户外活动习惯""充分活动身体,进行合适运动"等,使大众逐渐形成了强烈的健身素养和健身意识。又如芬兰,将促进健康写进宪法,芬兰宪法第二章第 19

条中规定:"政府部门应该确保任何人享有应当的社会、健康、医疗服务,并促进民众的健康……"

(二)重视不同人群的全民健身和全民健康

要针对不同人群(儿童、青少年、青年、中老年)、不同性别的体育锻炼设置运动处方、体育锻炼器械,特别应该增加儿童的社区体育锻炼设施。每个社区配备社会体育指导员,设置兼职或者全职岗位,有固定的办公室,在锻炼的高峰时间在运动场馆进行监督和有序指导,在常规时间进行运动科学的宣传与讲座,解决居民常见的运动疑惑和问题。

(三)重视慢性病的运动预防与运动干预

要使全民健身走向全民健康,对慢性病的预防便不容忽视,应该通过网络、电视、报纸、自媒体等传播手段加大"运动是良药"的宣传,让运动科学走向社区、学校、企业,深入每一个人、每一个家庭。通过单位工会、社区居委会、学校学生会定期进行运动科学的讲座和指导,将年度常规体检与运动处方、运动筛查、运动康复相结合,使体检趋向"体医融合",将单位的疗养、福利结合运动康复、运动干预,做到未病先防治。

(四)提高不同人群的运动参与率

市民运动会的举办带来了良好的效果,可以进一步尝试以社区为单位开展各类体育运动与比赛,增加趣味、团队运动,增加运动中的体育文化交流,增加运动科学知识的竞赛。还应该考虑设置不同人群(儿童、青少年、青年、中年、老年)的比赛项目,让更多的人感受运动的乐趣,提高运动的参与率。

(五)建立"体医融合"的跟踪机制

要建立"体医融合"的跟踪机制,对于慢性病患者要进行常年跟踪,建立慢性病的运动干预、慢性病发病率的数据库,这些数据库对慢性病的防治有着良好的作用。

(六)建立全民健身和全民健康深度融合的智库与研发中心

要综合医学、公共卫生、体育、教育、管理、竞技、健康领域的专家团队,定期为全民健身和全民健康的深度融合提供决策咨询。建立融合体育、临床医学、公共卫生、康复的研发机构,针对大型的公共卫生事件,及时而有效地制定健康促进的科学应对方案,保障全民健身,促进全民健康。

(七) 积极推动和提高群众的科学健身素养

要积极推动群众的科学健身素养,通过报纸、电视、网络等渠道,广泛传播运动科学知识。对健身知识和理念、运动技能与方法、运动伤害防护及运动干预等相关知识点进行宣传、教育和免费培训,促进学校开设运动科学课程,社区开设运动科学讲座,并通过建立 App 软件在线答题的方式进行积分,达到一定的积分后可以兑换体育场馆费用、体育比赛门票、运动装备等奖品,不断提高群众的科学健身素养水平,有效推动"体医融合"。

(八) 培养全民健身和全民健康深度融合的复合型人才

在国外发达国家和城市中,体育和医疗早已结合,学校体育有专门的运动保健教师,有专门的体育健康课程,社区有专门的运动健康中心,并有专门的指导教练和康复师,大学的体育已经将竞技体育和全民健身分开,成立了运动与健康系或者学院。以美国伊利诺伊大学香槟分校为例,有运动医学和康复中心、残疾人运动健康中心,还设有公共卫生与健康学院,学院设医学、运动学、公共卫生等专业。校医院有专门的运动医学、运动康复科室。应该促使高校开设"体医融合"相关专业,不仅在体育院校设立"体医融合"专业,还应在医学院校、综合性大学设立"体医融合"专业,方便学生跨专业、跨校修读第二专业,进一步促进体育院校和医学院校合作办学,相互合作、相互促进、补偿取短。设置相应的国家职业资格证书,在社区、学校、企业、医院设立"体医融合"的就业岗位。

因此,上海市应该加大体育与医疗的融合,发挥"体医融合、运动是良医"的精神,并实施有效的落实,建立上海"体医融合"中心,体医研究中心,将健身、健康紧密联系起来,共同有效预防和治疗慢性疾病,将防病于未然做到实处。

(九) 规范健身市场

要规范市场现有的健身教练、私人教练,对从事健身的教练定期开展体医培训,进行教育学分认证,凡是每年通过体医课程培训,拿到相应的教育学分,方可上岗执教,每年培训学时不能低于一定的学时(比如至少 32 学时)。培训社区医生与社会体育指导员,同时积极推进区、街镇等层面的"体医结合"慢性病运动干预工作。

(十) 增加建设全民健身和全民健康深度融合的体育中心及场馆

要加快建设全民健身和全民健康深度融合的体育中心及场馆,比如互联网+的体育场馆、智慧体育场馆,还应该降低体育场馆的费用,配套建设可提供运动干预的体育场馆,继续丰富和扩大便利性的健身场地和设施,对于不同人群的健身设施要进行合理布局。可以利用楼顶、地下室、办公室等就近环境设计运动场所,配备运动设备,提高运动的便利性。

(十一) 建立医疗保险和全民健身、全民健康的一体化机制

要将医疗保险和全民健身、全民健康联系起来,比如可以通过全年健身的次数、时间、健康水平、使用医疗保险的次数和金额与缴纳的医疗保险结合起来,对于节约国家医疗资源的,可以给予一定的奖励。通过医疗保险和全民健身、全民健康的一体化机制和奖励机制,鼓励大家通过全民健身达到全民健康,不但可以减少国家的医疗负担,还可以为国家做贡献。

参考文献

[1] 国务院关于印发全民健身计划(2016—2020年)的通知[EB/OL]. http://www.gov.cn/zhengce/content/2016-06/23/content_5084564.htm.

[2] 中共中央国务院印发《"健康中国2030"规划纲要》[EB/OL]. http://cpc.people.com.cn/n1/2016/1026/c64387-28807482.html.

[3] 市政府关于印发《上海市全民健身实施计划(2016—2020年)》的通知[EB/OL] http://www.shanghai.gov.cn/nw2/nw2314/nw2319/nw12344/u26aw50390.html.

[4] 张玉超. 上海市建设国际一流体育大都市发展战略研究[J]. 南京体育学院学报(社会科学版),2011(1).

[5] 陈小英,周良君. 中外国际大都市体育产业竞争力的比较研究[J]. 西安体育学院学报,2010(4).

[6] 美国最佳体育城市评选 芝加哥第一休城列十四[EB/OL]. http://sports.qq.com/a/20101011/000327.htm.

[7] 全民健身[EB/OL]. https://baike.baidu.com/item/全民健身/803238?fr=aladdin.

[8] "全民健身"与"全民健康"深度融合——南京体院教授王正伦解读《"健康中国 2030"规划纲要》[EB/OL]. https：//www. sohu. com/a/118232991_505549.

[9] 2014年国民体质监测公报[EB/OL]. http：//www. sport. gov. cn/n16/n1077/n1422/7331093. html.

[10] 肖焕禹,李文川,等. 上海建设国际知名体育城市研究[J]. 体育科研,2010(2).

[11] 苏智良,沈晓青. 东京国际大都市之路——兼论对上海的启示[J]. 上海行政学院学报 2004(2).

[12] 刘欣. 全民健身的健康效应及在推进"健康上海"建设中的路径[J]. 上海预防医学,2020(1).

[13] 王丽,任保国. 基于健康中国战略下的全民健身和全民健康深度融合研究现状及发展趋势研究[J]. 当代体育科技,2020(7).

[14] 卢文云,陈佩杰. 全民健身与全民健康深度融合的内涵、路径与体制机制研究[J]. 体育科学,2018(5).

[15] 沈圳,胡孝乾. 全民健身与全民健康深度融合的现实困境与多维路径[J]. 体育文化导刊,2019(7).

[16] 新型冠状病毒肺炎疫情实时大数据报告[EB/OL] https：//voice. baidu. com/act/newpneumonia/newpneumonia/? from=osari_aladin_banner♯tab4.

[17] 上海市体育局发布《新型冠状病毒肺炎疫情期间本市体育场所复工工作指引(第二版)》[EB/OL] http：//sports. people. com. cn/n1/2020/0327/c202403-31651446. html.

[18] 《2019年上海市全民健身发展报告》发布[EB/OL] https：//www. sohu. com/a/422142572_649768.

[19] 《2017年上海市全民健身发展报告》发布[EB/OL] http：//www. sport. gov. cn/n316/n343/n1195/c883193/content. html.

[20] 上海35岁以上糖尿病患者约200万人患病率高达[EB/OL] 17.6% http：//sh. sina. com. cn/news/k/2016-04-08/detail-ifxrcizs7020002. shtml.

[21] 上海市是全国糖尿病患病率最高的城市 中国全面爆发健康危机[EB/OL] https：//baijiahao. baidu. com/s? id=1570147017480022&wfr=spider&for=pc.

[22] 不可不知的14个癌症之最,上海发病率最高[EB/OL] http：//www. 360doc. com/content/14/0111/00/6088821_344253989. shtml.

[23] 市疾控中心：上海居民每百人中2人患癌 结直肠癌发病率呈激增趋势[EB/OL] http：//www. shanghai. gov. cn/nw2/nw2314/nw2315/nw4411/u21aw1194571. html.

[24] 上海乳腺癌发病率全国第一[EB/OL] http：//cancer. 39. net/0710/29/147360. html.

[25] 上海最新肿瘤发病数据公布,高于国内其他城市[EB/OL] http：//sh. qq. com/a/

20170414/039373.htm.

[26] 本市恶性肿瘤发病率和死亡率均居较高水平[EB/OL] http：//news.enorth.com.cn/system/2013/05/06/010926809.shtml.

[27] 上海18岁以上常住居民高血压患病率近三成 高于全国[EB/OL] http：//sh.sina.com.cn/news/m/2017-10-18/detail-ifymviyp2136803.shtml.

[28] 上海市民体质全国第一 20—24岁男子平均身高[EB/OL]．1.719mhttp：//sh.sina.com.cn/news/k/2015-11-25/detail-ifxkxfvn9018995.shtml?from=sh_ydph．

[29] 全面健身发展不平衡不充分 沪人均体育场地1.72平方米[EB/OL].http：//sh.eastday.com/m/20180525/u1a13931763.html.

[30] 活动场所少,家长不满意,社区儿童活动场所如何优化？[EB/OL].http：//www.whb.cn/zhuzhan/2019shlh/20190129/238972.html.

[31] 健身器材难觅儿童"专属" 居民呼吁高质量游乐设施[EB/OL].https：//www.sohu.com/a/330738556_100194659.

[32] 社区健身苑逾90％设施不适宜儿童使用,上海如何建设"儿童友好型城市"？[EB/OL].https：//web.shobserver.com/news/detail?id=129993.

[33] 《2016年上海市全民健身发展报告》正式出炉[EB/OL] https：//sh.qq.com/a/20171027/005754.htm.

[34] 杨至刚,王丽娜,陈建强等.上海市市民科学健身的现状调查与对策[J].体育科研,2015(5).

[35] 《2019年上海市全民健身发展报告》发布[EB/OL].https：//www.sohu.com/a/422142572_649768.

[36] 胡扬.从体医分离到体医融合——对全民健身与全民健康深度融合的思考[J].体育科学,2018(7).

[37] 美国每十年制定一个国家健康战略[EB/OL]．https：//health.huanqiu.com/article/9CaKrnJCjSD.

[38] 达到健康公平,消除健康差异！美国发布健康2030目标[EB/OL].2020-08-23 23：20https：//www.sohu.com/a/414557002_252168.

[39] Nicole Lou. Healthy People 2030：HHS Prioritizes Socioeconomic Disparities, Overall Well-Being— New national health goals for the next decade. Med Page Today August 20，2020.

[40] 日本全民参与健康社会建设[EB/OL].http：//zqb.cyol.com/html/2016-08/22/nw.D110000zgqnb_20160822_2-T02.htm.

[41] 芬兰：促进健康是写进宪法的政府义务[N].中国青年报,2016-8-22.

[42] 《2016年上海市全民健身发展报告》正式出炉[EB/OL].http：//sh.qq.com/a/

20171027/005754. htm.

[43] 《2019年上海市全民健身发展报告》发布[EB/OL]. https：//www. sohu. com/a/422142572_649768.

[44] 刘红建,张航,沈晓莲. 全民健身与全民健康深度融合的政策体系:价值、理念与框架[J]. 武汉体育学院学报,2019(3).

[45] 2019年全国人均体育场地面积达2.08平方米[EB/OL]. http：//www. xinhuanet. com/sports/2020-11/03/c_1126690162. htm.

[46] "健康江苏"显成效！人均体育场地面积达2.79 m² [EB/OL]. https：//baijiahao. baidu. com/s？id=1686232972329112995&wfr=spider&for=pc.

[47] 宁夏人均体育场地面积达到3.07平方米[EB/OL]. http：//www. xinhuanet. com/sports/2020-12/08/c_1126834048. htm.

[48] 世界城市指标[EB/OL] http：//news. 163. com/10/0309/14/61BFIUHP000146BB. html.

[49] 张波,刘排,葛春林,马栋栋. 全民健身与全民健康融合发展研究[J]. 体育文化导刊,2019(5).

[50] 聂瑞莲. 全民健身与全民健康深度融合发展问题研究[J]. 体育世界(学术版),2019(10).

[51] 岳建军. 美国《国民体力活动计划》中体育与卫生医疗业融合发展研究[J]. 体育科学,2017(4).

[52] 王郓,李敏. 中、美全民健身服务体系的比较分析[J]. 武汉体育学院学报,2015(12).

[53] 李贞玉,孔祥金. 我国慢性病防控的制度性缺陷与应对策略研究[J]. 现代预防医学,2014(21).

[54] 刘国永. 实施全民健身战略,推进健康中国建设[J]. 体育科学,2016(12).

[55] 黄亚茹,梅涛,郭静. 医体结合,强化运动促进健康的指导——基于对美国运动促进健康指导服务平台的考察[J]. 中国体育科技,2015(6).

[56] The National Physical Activity Plan：A Call to Action From the American Heart Association：A Science Advisory From the American Heart Association[J]. William E. Kraus, Vera Bittner, Lawrence Appel, Steven N. Blair, Timothy Church, Jean-Pierre Després, Barry A. Franklin, Todd D. Miller, Russell R. Pate, Ruth E. Taylor-Piliae, Dorothea K. Vafiadis, Laurie Whitsel. Circulation. 2015 (21).

[57] 刘兰娟,司虎克,刘成. 全民健身上升为国家战略的历史演进与现实动因分析[J]. 南京体育学院学报(社会科学版),2016(3).

协会实体化改革背景下实现上海冰雪运动快速发展的协同机制研究

申 亮 刘 兵 周 艳 邱达玮[*]

随着2022年北京冬奥会的申办成功和举办期的日益临近,为促进冰雪运动和冰雪产业在我国的繁荣发展,2016年以来国家颁布了一系列重要政策。上海市政府和上海市体育局在2017年和2019年先后印发的《上海市体育产业发展实施方案(2016—2020)》和《冰雪运动奥全运项目发展规划(2019—2025年)》(下文简称《规划》)两份文件中也指出:上海市在"十三五""十四五"期间要大力发展冰雪运动。与此同时,随着我国经济社会的发展以及健康中国与体育强国战略背景下体育的功能、价值的凸显,开放办体育、动员全社会参与体育事业的发展已成为共识。而协会实体化改革无疑是体育体制改革的关键问题。因为协会实体化改革既有来自外部经济社会发展"必须改革"的压力,也有来自内部"需要改革"的动力,还有来自政府职能转变提供的"能够改革"的动力。协会面临着协会实体化过程中如何处理政府、社会组织(协会)和市场(俱乐部)之间的关系,对于一些奥运项目单项协会如何平衡扩大市场和实现奥运战略这两个不同层面的发展需要等问题。

党的十九大报告提出要"突破利益固化的藩篱""加强和创新社会治理""打造共建共治共享的社会治理格局"。这无疑给实体化改革背景下的上海冰雪运动项目改革和发展指明的方向。

---

[*] 本文作者简介:申亮,博士,上海大学体育学院副教授,研究方向:体育文史;社会变迁与体育政策的选择;学校体育。课题成员:刘兵、周艳、邱达玮。

一、上海冰雪运动协会、冰雪俱乐部的发展历程

受地理和气候条件因素的影响,20世纪80年代以前,我国冰雪运动项目都集中在东北地区。而上海作为南方城市,基本没有冰雪运动项目。20世纪80年代,原国家体委提出了"北冰南移"战略。21世纪初,国家体育总局又提出了"北冰南展"战略,其主要目的是拓展中国冰雪运动项目的发展空间,把冰雪运动项目向南方推进。此外,由于当时以冰雪运动见长的东北地区经济发展相对滞后,在发展冰雪运动的资金和科技投入方面捉襟见肘。因此,国家主管部门在当时制定这项发展战略,也是希望能让经济相对发达的南方省份加入开展冰雪运动的发展队伍,促进我国的冰雪运动发展(被访人No.01)。而在这个背景下,上海于2008年1月成立了第一个冰雪运动协会——上海滑冰协会。2012年2月9日,上海冰壶队和冰壶运动协会的成立,则迈出了上海发展冰上运动的重要一步。2018年11月18日,上海市滑冰协会召开第三届会员代表大会,表决通过协会更名,原上海市滑冰协会正式更名为上海市冰雪运动协会。

随着2022年冬奥会申办成功和举办临近,上海冰雪运动在近几年得到了快速发展。2017年,上海市体育局与国家体育总局冬季运动管理中心签订了共建国家雪车队的协议。2018年8月,上海市人民政府印发的《关于加快本市体育产业创新发展的若干意见》,明确提出了将支持冰雪、水上等健身休闲项目的发展。目前,上海的冬季运动项目由短道速滑、花样滑冰和冰球三个项目发展到六个项目,新增了雪车、滑雪和速度滑冰。

此外,作为市场主体的冰雪运动俱乐部和运动队也到了快速发展。以冰球为例,始于2012年12月15日的上海市青少年冰球联赛已经举办了七届。参赛的队伍从最初的9支队伍发展到50多支(2020年上海市冰球锦标赛于9月18日在闵行飞扬冰上运动中心举办),冰球赛事每年举办近600场。目前上海的冰雪俱乐部构成也已从以冰上为主的俱乐部发展到目前冰上、雪上、轮滑等近20个俱乐部(单位)。2020年8月上海市体育局、上海市冰雪运动协会官方推荐了28处冰雪场所,其中包括冰上场所、室内滑雪场所、嬉雪乐园等。

二、上海冰雪运动协会实体化改革中存在的制度层面的困难及其原因分析

(一) 生存之困:改革名义下实体化"变身"难以真正全面推行

"现在好像是在改革的名下,所有的东西都实体化了。但在完全实体化的情况下,很多运动协会都没办法生存下去。"(被访人 No.2)这是我们在调研中听到的最具冲击力的一句话。实体化改革后,协会面临的首要难题就是生存问题。协会过去被称作"二政府",其负责人基本上是政府来任命或指派的。实体化改革后,协会要逐渐跟政府脱钩。而脱钩核心是实现"五分离,五规范":机构分离,规范综合监管关系;职能分离,规范行政委托和职责分工关系;资产财务分离,规范财产关系;人员管理分离,规范用人关系;党建、外事等事项分离,规范管理关系。这就要求协会能够自我生存,自我发展,要把协会变成一个独立的实体,不再是政府的代理和职能机构,要能自我发展,自我约束,自我管理。

"现在政府来检验你实体化的唯一标准就是你必须要交金(五险一金),也就是要能养活你雇佣的人才行。"(被访人 No.1)显然,脱离体育系统的"铁饭碗",协会必须具备"自我造血"的功能,如果不能"造血",就无法养活自己。调研中我们了解到,就目前的工资、缴纳的社保比例而言,基本需要 1:1 的缴纳比例。假如雇佣一名工作人员需要支出 5 000 元/月,协会的人员成本一个人至少需要 1 万元左右。此外,根据社团管理制度,协会需要的监事会、理事会全部要齐全,办公人员、教练员也需要全部要到位。而一般来说,一个协会基本需要十几个人才能运作起来。因此,事实上除了一些大型项目协会或者是群众积极性很高的项目协会,比如足球、篮球、排球、羽毛球,因为基础人群和受众的体量大,可以通过会费、参与者的资助等生存下来;而一些小众的项目协会,比如棋牌协会、冰雪运动协会都是很难完全自给自足的。面临生存之困,冰雪运动协会不得不依靠政府的支持。冰雪运动协会的运营资金主要由如下几个部分构成:一是俱乐部交的会费;二是赛事活动中赞助商的缴纳费用;三是政府的补贴费用。就目前来看,政府的补贴费用应该占到较大比重。而在基础仍然不够广泛和体育项目产业规模不大的前提下,冰雪运动协会社团实体化改革面临的最大难题就是:脱钩意味着政府的拨款和补贴减少或取消,如何在这个背景下完成自我的"造血"功能并生存下去。

(二)协同之困:实体化改革过程中政府、协会和俱乐部三方的目标难以统一

体育发展需要政府、市场和非营利机构(社会体育)三方的共同努力。"三驾马车要齐头并进,分别体现了'市长、市场、市民'的关系:市长是政府,市场是企业,市民就是靠服务的社会群体。"(被访人 No.1)随着社会的进步和依法治体的不断推进,社会组织发挥的作用将越来越大,这也是实体化改革的主要方向。但在实体化改革过程中,政府、协会和市场在协同方面存在的最大的困难是三方的目标难以统一,即三方的诉求不一样。对政府而言,竞技体育的成绩无疑在全运、奥运战略的指引下仍然是其主要工作的目标。对于协会而言,"它管的是大众体育,因此不在这个竞技体系范围内"(被访人 No.1)。通过赛事去扩大运动项目的普及程度是协会的责任和工作宗旨。协会不应去直接办赛事,而主要的是管理和监管赛事。比如制定赛事等级标准、赛事的办赛指南和参赛指引。协会正在从一个弱势企业慢慢走向前台,成为一个真正的社会组织或行业性的组织,并对整个行业进行管理,制定行业标准和进行监督。在这个过程中,协会的核心价值是体现它的"公益性、唯一性、专业性、指导性"。但协会的实际功能更多的是搭建平台,而需要举办一些赛事的话,其实是委托俱乐部来做的。

而对俱乐部而言,他们的目标则是市场。"俱乐部希望有更多的家长、学生来消费……俱乐部才能够存活下去。"(被访人 No.5)此外,教练的资质和优劣很大程度上也制约着俱乐部的发展。"对于家长而言,靠什么来吸引人呢?他们会在网上查,如果这个教练员原来拿过世界冠军,那肯定会选择他所在的俱乐部。谁的俱乐部教练员好,我就去谁那里……此外,如果俱乐部没有能力满足教练的要求,教练就跑了,而家长和学生什么的,就全部带走了!资源都跟着跑了。"(被访人 No.5)由于对教练员缺乏注册管理限制以及协会的运营能力不足,也导致优质的教练员到处跑的现象,这也在一定程度上造成了俱乐部管理上的困难和一定的混乱。调研中,一些俱乐部对此也有苦难言:"俱乐部是挣个场地费,真正挣钱的是这些教练。比如说,你付我 8 000 块钱,俱乐部不仅要给你提供这个场地,还要跟教练分成"(被访人 No.4)。

(三)身份之困:协会难以兼顾普及大众冰雪运动和培养竞技后备人才的双重任务

1992 年,我国确立社会主义市场经济体制改革的目标为体育体制改革注

入了新的活力。1993年,原国家体委颁布《关于深化体育改革的意见》以及《关于运动项目管理实施协会制的若干意见》,提出"协会实体化"的改革目标。此后,国家体委确立了"中心+协会"管理模式。这种模式是符合对当时的社会发展和机构改革总体认识的。此后,上海体育系统中大部分的运动项目管理也基本上都施行了"中心+协会"管理模式。其中,协会负责的是项目社会化,运动项目管理中心负责的是竞技体育的后备队伍培养和组队参赛。而我国目前的单项协会实体化改革则处于"社团型协会实体化改革阶段",其目标就是把运动管理中心发展成为具有协会管理体制和运行机制的法人单位,进一步推进体育工作社会化发展。

但上海冰雪运动的管理模式与跟其运动项目有所不同,上海并没有设立冰雪运动管理中心,而是成立了发展冰雪运动的社会组织——上海滑冰协会(2018年改名为上海冰雪运动协会)。应该说"上海在成立和发展冰雪运动协会的设想是具有一定前瞻性的"(被访人 No.3),是在考察了具有代表性的西方国家的冰雪运动发展和体育组织改革走向后作出的决定,希望能通过优先发展大众冰雪运动的普及来带动和促进冰雪竞技体育的发展。但在备战冬全运和奥运战略的大背景下,客观上又不得不兼顾发展大众冰雪运动和竞技体育的工作。"因为上海冰雪运动没有专业训练队伍,现在的体育局委托冰雪协会来负责组建或承担一部分竞技体育的管理工作"(被访人 No.1)。根据上海市冰雪运动协会章程,其宗旨是:积极促进上海市冰雪运动的开展,增强人民体质,提高体育运动水平,为国家培养优秀的体育后备人才,为促进社会主义精神文明建设服务。显然,对于上海冰雪运动协会而言,其主要职责不仅是通过举办赛事促进上海大众冰雪运动的发展,还有为"国家培养优秀的体育后备人才"的职责。由于上海市体育局并没有像一些省级体育局那样设立冰雪运动管理中心,冰雪运动协会实际上承担了一部分冬季运动管理中心的职能。"每年体育局有专门的经费拨给协会。而像其他的协会的话,是拨到管理中心的"(被访人 No.1)。近年来,为了进一步加大与国家体育总局冬季运动中心共建与合作,促进冬全运和奥运战略,上海市体育局还成立了冬季运动备战领导小组办公室。"某种程度上,备战办起到协会和体育局之间的一个间接管理部门的作用"(被访人 No.2)。但这种身份上的双重属性给协会实体化改革带来的难题就是难以兼顾推动冰雪运动社会化发展和培养竞技体育后备人才的任务。

(四)升级之困:教练员的等级认定缺失和俱乐部学员的升学之路受阻

与冰雪运动普及和大众推广关系最密切的两类人群无疑是教练员和运动员或到俱乐部参加活动的学员群体。这两类人群的稳定和出路问题直接关系到俱乐部的前途。但目前的实体化改革措施对这两类人群的升级和发展却很难解决。

首先,冰雪运动教练员的等级认定没有统一的标准。其他的项目(足球、篮球、跆拳道)都拥有一个庞大的竞技体育组织体系,可以认定协会培养的教练员,教练员和运动员符合项目的竞技体育标准后可以颁发等级证书。但是冰雪运动协会目前却没有教练员或裁判员的等级评价标准,体育局也没有这个技术等级的评判标准,导致了冰雪运动教练员和运动员等级认定的缺失。没有教练员的等级评判,市场不认可,就给协会的管理带来了困难。"俱乐部的教练员并不是靠协会发工资,都是俱乐部老板发工资,不在一个机构体制里面。协会现在召集他们来开会,他们意见都很大,开会会影响他们赚钱。"(被访人 No.6)协会不能提供或帮助俱乐部的教练员实现升级,无疑严重影响了协会的专业性。

其次,对于学员而言,最大的难题就是随着年龄的增长,如何在继续参加冰雪俱乐部的训练和升学之间做出取舍。在调研中,一些俱乐部的项目主管和经理对此颇为无奈:"他们(家长)不是不愿意花钱,是因为现在孩子从 U6 开始参加训练打比赛,顶多打到 U12。基本上打到 U10 以上,大部分孩子学习任务就变重了,来俱乐部训练的时间有限,有时一周一次都很难保证。"(被访人 No.5)大部分的孩子家长并不是不愿意让孩子坚持参加俱乐部的训练,而现实的问题是如果参加过多的训练,就不得不减少文化课的学习时间,面临中考和高考的压力,孩子们不得不放弃冰雪运动的训练时间,而目前能接受冰雪运动项目特长生的高校和数量在上海乃至全国都非常少,这无疑阻碍了在冰雪运动方面有专长的学生的升学之路。从目前的情况看,在初高中阶段仍然让孩子坚持冰雪运动训练的家长大多把孩子们的升学规划放在了出国留学这条路上,但这无疑压抑和影响了大部分希望今后在本土就学就业的学员坚持训练的决心。如何从体制上寻求一条破局之路,让更多的家长和学员能坚持继续到俱乐部训练,对俱乐部的管理者而言既渴望又无奈。

三、协同治理视角下促进上海冰雪运动发展的建议

（一）政府制定扶持政策，帮助冰雪运动协会逐渐完成社团型协会实体化的过渡

国外体育社团的资金来源以社会、个人捐助和企业赞助为主。相比之下，国内体育协会刚刚起步，自身"造血"功能较弱。而在协会，特别是小众项目协会还处于无法完全适应市场的阶段，政府帮扶政策是非常有必要的。第一，可以提供一些专项经费来支持。实际上，目前上海体育局在这方面已经先行一步。近几年上海市体育局每年都向市财政申请700万～1 000万元不等的经费用于支持协会开展工作，本着"养事不养人"的原则，以项目招标的形式进行补贴，每个协会都可以以项目实施的形式来申请专项经费。第二，招标后的体育项目需要规范运作，可以把招标、评估体系纳入政府购买服务的过程。这样既可以鼓励更多社会组织参与进来，同时也能保证专项经费的有效使用。体育局可以委托第三方委员会来评价和认定，最终公布资助额度。据了解，目前上海市体育局对协会申请项目的评估的确是委托第三方委员会来完成的，其构成人员涉及高校、体育系统、民政局、社团局等多个部分或领域，并由上海市社会服务中心负责组织这些专家对各协会申请的项目来进行评判并进行公示。第三，可以在税收方面予以补贴或优惠。通过以上措施让政府做冰雪运动协会社会化的孵化基地，使冰雪运动协会逐渐变成行业性组织，逐渐能承担上海冰雪运动行业的管理职能。

（二）体育与教育系统协同合作，通过冰雪运动进校园扩大运动项目的群众基础

在调研中我们发现，冰雪运动进校园的过程中也需要协调多方的目标和利益。首先，对家长而言，他们认为孩子花了很多精力，牺牲了课余时间来参加冰雪运动训练，虽然说对孩子的身体和心智是有帮助的，但他们希望孩子的付出能获得一个等级证书或能增益于升学。其次，对学校而言，组织冰雪运动进校园，学校也难以看到实际益处。因为学校不能从中收费，反而在一定程度会影响升学率，因此很多学校对此积极性并不高。而教育局方面希望通过发展冰雪运动项目进学校来达到人才培养的目标，但运动等级的认定往往需要

参加体育系统或运动协会组织的比赛,这就使得学校的处境比较尴尬:参加体育系统的比赛很难获得教育主管部门的认可和支持,不参加比赛又无法使学生的体育能力获得等级认定。

2020年8月31日,体育总局、教育部联合印发了《关于深化体教融合促进青少年健康发展的意见》的通知。教育部体卫艺司司长王登峰认为,以前培养运动员是体育系统的事,而学校体育只剩下增强体质这个单一目标;只有在全面普及的基础上,各个体育项目的人才才会有相应的上升通道。为此,我们认为在推进冰雪运动进校园的过程中,必须加强体育和教育系统的协同合作,并建议采取如下几点措施:

第一,冰雪运动进校园要侧重从小学阶段开始,尽量选择靠近冰场或在有条件建冰场的学校开展。2019年,上海市教育委员会、上海市体育局确定并对外公布了39所"北京2022年冬奥会和冬残奥会奥林匹克教育示范学校"以及57所上海市中小学校园冰雪运动特色学校名单中大部分是小学。

第二,重视冰雪俱乐部与学校的合作,通过委托购买服务的方式开展冰雪运动进校园活动。在这方面,上海飞扬冰上运动中心与浦东中小学的合作起到了模范作用。2015年,在浦东新区职能部门的支持下,飞扬冰上运动中心启动了"冰上运动进校园"项目,浦东三林地区的中小学生成了上海首批获益者。自2015年开始,每年有来自25所学校的5 000多名学生来到飞扬冰上运动中心参与滑冰启蒙课程。新世界实验小学(洪山校区)从2014年开始就与飞扬冰上运动中心合作推进冰雪运动进校园活动。该校的冰雪课程很具有代表性,分为普及与提高两大模块。普及课程针对小学一年级的学生,每年有约100名学生学习冰上基本技能。提高班则是在普及的基础上选拔有运动潜力的学生继续学习,主要安排在课外。全部课程都是由飞扬冰上中心的专业教练进行授课。此外,新世界实验小学还与浦东新区教委共同编写了教材《跟着小企鹅学滑冰》。(被访人No.8)

第三,经费上可以采取政府补贴以及俱乐部折价的方式运作。就冰雪运动进校园而言,应该说家长、学校和俱乐部都是乐意去做的,但经费如何解决是个关键问题。如果全部都由政府出,这件事情很难长久运作,政府也无力不断扩大这部分补贴;若全部由家长承担,显然会招致很多反对意见,而学校的经费一般是没有这部分支出的;如果三方共同出资,从效率上讲是促进冰雪运动进校园的可取方案。冰雪运动项目大多是小众项目,不易全面铺开,可以在合适的若干所学校试点开展。通过采取项目招标的方式,让更多的俱乐部和愿意开展冰雪运动项目的中小学联合申报,政府进行评价和审核并给予补贴。这样,对俱乐部而言,虽然他们为开展冰雪项目的学校提供了补贴,但同样也获取了更多的潜在客户或学员,他们也是乐意推动此事的(被访人 No.6)。

第四,在实施的过程中,政府教育部门、学校和冰雪运动协会要共同牵头协同推进。在冰雪运动进校园的过程中,如何平衡学校、俱乐部和家长的三方诉求是关键。为此,作为学校和俱乐部的上级部门的政府教育部门以及冰雪运动协会需要协同合作。教育部门应该制定政策,鼓励学校开展特色体育项目进校园的活动或拓展课。学校通过引入冰雪运动项目,让更多的学生参与体育拓展课或活动课,并作为学校的一个特色取得上级主管部门的认可和经费支持,才有动力继续下去。对于冰雪运动协会而言,可以通过项目招标、补贴的方式,引导和鼓励更多的俱乐部能与合适的中小学开展冰雪运动进校园的合作。政府部门,要在审批冰雪运动场地或新建冰场方面给予一定的政策倾斜,要出台鼓励兴建冰雪运动场馆的一些优惠政策,其中包括土地、场馆的改造等。比如,宝山地区人口较多且适合建冰场的场地也较多,但目前没有一个冰场,这显然对冰雪运动的普及和冰雪运动进校园是不利的(被访人 No.5)。政府在审批这个区域的冰雪运动场地建设时,应给予一定的优惠政策,引入合适的企业兴建冰场或冰雪俱乐部。此外,政府还可以采用替代性的做法,发展冰雪运动,比如推动一些技术性的改造,包括仿真冰等,推动区域内的冰雪运动条件改善。

(三)长三角地区协同发展,共同促进冰雪运动后备人才的培养和基础人群的扩大

虽然有冰雪运动进校园的基础,但在培养上海冰雪竞技体育后备人才方面还是很难实现的。现实而言,上海的大部分家长不太希望孩子从事专业体育训练或走体育专业的道路。大部分是从运动兴趣出发,参与体育运动,但竞技体育人才需要长期的、系统化的刻苦训练。如何培养上海的冰雪竞技后备人才对体育局而言是不可回避的问题。目前的主要做法是采用从内地或西部、东北部地区转入或引进的形式,但这并不是长久之计,一方面,这部分队员长期远离家乡,缺乏城市的归属感,从教育的角度也不利于人的发展;第二,这部分队员退役后的安置等一系列问题,对市财政和相关工作来说也是个负担。我们认为,上海在发展冰雪运动项目时要注重发挥引领长三角地区的作用,要解决如何把冰雪运动的基础和选拔人才的范围做大的问题。要建立与长三角

地区其他省市的协同机制。因为,长三角地区并不是每个省都有冰雪运动协会的,比如安徽省还没有滑冰协会、滑雪协会。上海要利用的自己的区域优势,努力建立长三角冰雪运动发展协同机制,利用上海的财政、科技和制度优势,与长三角区域的省市开展合作,借助其他地区的人口优势,合作开展冰雪运动后备人才培养。比如,现在杭州在建冰雪运动场馆,苏州也在建冰雪运动场馆。上海可以牵头组织冰雪运动赛事,请长三角地区的冰雪俱乐部参赛。上海、江苏、浙江的滑冰协会可形成一个协同机制,通过上海的资金优势、人员优势把赛事辐射到长三角地区,通过组织比赛和培训,选拔更多的人才来上海训练。再比如,上海的场地费用很高,可以在安徽建一个场地,这样可以节省很多费用。目前来看,上海的体校所招的运动员也基本不是上海本地的。可在鼓励上海的孩子开展冰雪运动训练的同时,给予优惠条件培养和选拔安徽、江西的孩子来上海训练,成为上海的队员,扩大上海的冰雪运动后备人才的队伍。而对于长三角其他地区,可以通过这个协同机制的建立,引入上海的技术和管理经验,这也是一个双赢的合作模式。

(四)冰雪运动相关产业协同发展,促进上海冰雪运动装备的高端制造和智能制造开发

上海是一个高科技发展相对聚集的地方,而冰雪运动装备高科技含量也非常高。实现冰雪相关产业的协同发展,将有利于上海冰雪运动装备的高端制造、智能制造的技术创新与集成开发。从专业竞技角度来看,目前冰雪运动装备品牌的选择仍以国外品牌为主。以滑雪板为例,与国产品相比,进口产品技术含量高,具有高耐磨与高耐用性等特点,舒适度与安全性更胜一筹,更能适应运动员的训练强度。随着北京冬奥会的日益临近,我国的冰雪运动装备器材产业的发展也在不断提速,并有望成为新的经济增长点。事实上,国家的"十四五"规划高度重视高端制造与智能制造的技术创新与集成开发,而为加快培育发展冰雪运动装备器材产业,保障2022年北京冬奥会成功举办,助力制造强国和体育强国建设,2019年6月九部门联合印发了关于《冰雪装备器材产业发展行动计划(2019—2022年)》的通知。"高端制造"一直以来是上海制造业整体实力的反映,无论是体现上海"高端制造"的水准,还是在未来的冰雪运动装备市场上不断体现"上海品牌"的优势上都应该重视冰雪运动装备高端制造和智能制造的发展。通过滑雪模拟机、仿真冰球场、仿真冰壶场等各种高端冰雪运动装备研制和高端制造,不仅可以带动相关产业链的升级,而且能打

破地理环境、季节、时间对冰雪运动发展的限制,促进上海和长三角地区冰雪运动的发展。

(五) 在体育强市和体育强国目标的实现过程中实现多方协同发展

实现上海体育的发展离不开"三驾马车":政府、俱乐部和冰雪运动协会。而实现这三方的协同发展也是推动上海冰雪运动快速发展的必经之路。但如何解决三方的根本利益不一致、利益诉求不一样这一现实难题,则无疑成为关系到能否实现上海冰雪运动快速发展的关键。我们认为,破局之路就是将三方的目标和利益统一起来,而这一落脚点和出路就是体育强市和体育强国目标的实践过程中实现三方或多方的协同。首先,体育强国是三方的共同目标。体育强国不仅仅是用在奥运会上获得金牌数和奖牌数的多少来衡量的,它代表着的是体育事业的整体水平;体育强国也不仅包括竞技体育,还包括国家的体育科研水平、体育产业、大众体育参与度,还包括青少年在内的国民体质问题,也涉及体育俱乐部的运营管理水平以及体育场馆设施建设等方方面面的内容。而体育强市同样直接与这三方有密切的联系。只有当三方的终极目标一致时,也才可能实现三方的协同。对于俱乐部而言,在实现体育强国和体育强市的过程中,完成其商业积累或者实现商业诉求和市场价值的体现。对于协会而言,在体育强国和体育强市的过程中,可使群众体育基础扩大,参与人数扩大,赛事水平提高,从而提升自己的运营能力。对于政府而言,在支持俱乐部赛事运作过程中,办出高水平的赛事,体现上海这座国际大都市的魅力,也才能最终完成体育强市的这个城市发展目标。因此,在上海冰雪运动的协同治理过程中,只有实现了体育强国和体育强市这一目标的引领,才能更好地完成上海冰雪运动快速发展的协同治理,最终促成上海冰雪运动快速健康发展。

参考文献

[1] 刘东锋,姚芹,杨蕾,等.全国性单项体育协会改革:模式、问题与对策[J].上海体育学院学报,2018(4).

[2] 向春玲.十九大关于加强和创新社会治理的新理念和新举措[EB/OL]. http://

theory. people. com. cn/n1/2017/1211/c40764－29697335. html.

［3］ 于立强,高海军. 我国冰上运动项目"北冰南展"的战略研究[J]. 上海体育学院学报,2004(4).

［4］ 冰雪头条：上海市官方推介28处冰雪场所[EB/OL]. https：//www. 163. com/dy/article/FKNFS7640529SL28. html.

［5］ 中共中央办公厅、国务院办公厅印发《行业协会商会与行政机关脱钩总体方案》[EB/OL]. http：//www. xinhuanet. com/politics/2015－07/08/c＿1115861454. htm.

［6］ 上海市冰雪运动协会章程[EB/OL]. http：//www. shtrophy. com/news/xhzc.

［7］ 教育部解读深化体教融合意见：体、教"复位"、面向人人[EB/OL]. https：//www. thepaper. cn/newsDetail_forward_9274603.

［8］ 李启迪,周妍. 全国性单项运动协会现状与发展对策研究[J]. 北京体育大学学报,2012(12).

［9］ 王诚民,郭晗,姜雨. 申办冬奥会对我国冰雪运动发展的影响[J]. 体育文化导刊,2014(11).

［10］ 黄亚玲,郎玥,郭静. 深化改革背景下全国性单项体育协会治理机制研究[J]. 北京体育大学学报,2020(2).

［11］ 张瑞林. 基于北京冬奥会视域下我国冰雪运动发展研究[J]. 吉林体育学院学报,2016(1).

［12］ Shushu Chen,Ian Henry. Evaluating the London 2012 Games' impact on sport participation in a non-hosting region：a practical application of realist evaluation[J]. Leisure Studies,2016(5).

［13］ 熊光清,熊健坤. 多中心协同治理模式：一种具备操作性的治理方案[J]. 中国人民大学学报,2018(3).

［14］ 阚军常,王飞,张宏宇,等. 我国大众冰雪运动发展的问题、形成根源及对策[J]. 体育文化导刊,2018(10).

［15］ 汪文奇,金涛. 从"结构化割裂"到"嵌入式治理"——重构新时代我国体育治理中的政社关系[J]. 武汉体育学院学报. 2019(7).

［16］ 吴新叶. 城市治理中的社会组织：政府购买与能力建设[J]. 上海行政学院学报,2018(5).

［17］ 王名,蔡志鸿,王春婷. 社会共治：多元主体共同治理的实践探索与制度创新[J]. 中国行政管理,2014(12).

［18］ 袭亮,陈润怡. 政府跨部门协同：困境与未来路径选择——以"河长制"在M市的实施为例[J]. 山东行政学院学报,2018(4).

第 2 篇 竞技体育（青少年体育）

上海市公园绿地和居民住宅区建设儿童青少年健身设施的困境与治理路径研究

孙铭珠　侯士瑞　尹志华　王　佳
葛耀君　邹　薇　李璐雯[*]

2020年9月,国家体育总局与教育部联合发布的《关于深化体教融合促进青少年健康发展的意见》中明确指出:深化具有中国特色"体教融合"发展,推动青少年文化学习和体育锻炼协调发展,促进青少年健康成长、锤炼意志、健全人格,培养德智体美劳全面发展的社会主义建设者和接班人。由此可知,国家从顶层设计的角度将青少年健康提到了前所未有的高度。实际上这一政策的出台,与我国儿童青少年健康状况当前所面临的严峻问题密不可分。

近年来,我国儿童青少年的体质健康水平下降严重,肥胖、近视等一系列健康问题日渐突出,已经深刻影响到了儿童青少年的健康成长。2014年开展的全国学生体质健康调研结果表明了三个主要问题:第一,学生身体素质继续呈现下降趋势;第二,学生视力不良率仍居高不下,且继续呈现低龄化趋势;第三,各年龄段学生肥胖检出率持续上升。姚志强研究指出:儿童青少年在社区中的身体活动参与度不够,当前社区体育设施在加强儿童青少年身体活动参与方面未能发挥作用,亟须引导社区重视体育设施的建设。由此可见,促

---

[*] 本文作者简介:孙铭珠,上海工程技术大学体育教学部,讲师,硕士,研究方向:体育产业管理;侯士瑞,英国爱丁堡大学莫雷教育学院,在读硕士生,研究方向:体育产业管理;尹志华,华东师范大学体育与健康学院,副教授,博士,研究方向:体育人文社会学;王佳,上海工程技术大学体育教学部,讲师,硕士,研究方向:体育产业管理;葛耀君,上海工程技术大学体育教学部,副教授,博士,研究方向:体育产业管理;邹薇,上海工程技术大学体育教学部,副教授,硕士,研究方向:体育产业管理;李璐雯,华东师范大学体育与健康学院,在读硕士生,研究方向:体育产业管理。

进儿童青少年体质健康发展,除了需要继续加强校内体育课教学效果,更重要的是要发挥社会的作用,建设更多的儿童青少年健身设施,为儿童青少年的校外体育锻炼提供硬件保障。

然而,随着我国经济的高速发展以及城市土地利用的整体规划,城市体育健身设施出现了分布不均衡、空间不均衡、可达性差等多种问题,这与包括儿童青少年在内的城市居民的健身设施需求产生了矛盾,主要表现为:一方面,城市体育空间资源总量不足;另一方面,城市体育空间分配不均、闲置浪费,"大城市病"现象严重。因此,上海急需利用大量的公园绿地和居民住宅区来建设健身设施,着力解决儿童青少年校外健身设施缺乏的问题,积极探索高密度大城市发展路径,推动上海城市健康可持续发展。

一、研究现状

(一) 国内研究现状

王兰在上海市中心城区社区体育设施分布研究中指出:健身设施服务覆盖面积、人均/地均设施面积中心地区低于外围地区,北部地区优于南部地区,浦东地区整体优于浦西地区。由此可见,完善体育健身设施已经成为亟待解决的问题。当前,随着城市人地矛盾的不断加剧,城市公园绿地、住宅区空闲用地的开发利用在缓解城市矛盾、拓展居民的体育健身空间方面已经引起了研究者的逐步关注。如马成国指出,上海市在人口激增背景下对公共体育健身设施建设的需求量大,布局与设计需要完善,各区县配置不均衡;而范雯的研究表明,上海市居民对城市公园体育健身设施的使用率偏低,健身设施种类需要增多,主要侧重于建设老年人健身设施,对青年人和儿童等群体的健身需求考虑得不够全面;赵富勋则指出,我国城镇居民小区的健身设施建设出现了一系列问题,如健身设施数量少,种类单一,现有的健身设施得不到统一管理和规划,不同小区的健身设施发展不平衡等;对此,姚烨进一步提出,社区体育健身设施选址布局要因地制宜,要采取见缝插针的策略,充分挖掘社区附近的公园绿地以及社区、楼宇等空间建设小型多样的体育健身设施。对于儿童青少年体育健身设施,有研究指出,针对儿童特点和身体发育状况,社区的体育设施设计要巧妙丰富,能够对儿童有所"诱惑",要满足不同年龄层次的儿童活动,场地颜色要鲜艳,质地应柔软。针对青少年,其在社区的体育活动应多以青少年喜欢进行的且在学校学习过的篮球、羽毛球、乒乓球等竞技运动项目为主。

（二）国外研究现状

健身设施的功能复合化是国外当前的一个主要趋向，其与体育设施的建设方法相关。对体育活动设施的内容、规模及选址进行综合考虑后，在建设体育设施时不但要让其服务于各种比赛，而且还要兼顾到社区人民的生活方式、年轻人的参与，进而以此来活跃社区体育和营造生活氛围，从而使得社区健身所需的设施需求得到满足。在美国，城市社区健身的设施建设体系中，占据最主要地位的是社区公园中健身设施的建设。公园的配置除了常规的体育活动所需的场所外，20%～40%的面积应使其自然景观得到保证，且还应配备运动场、高尔夫球场、游泳池等相应场地设施。以纽约为例，运动场和体育设施合理配置和分布在每个街区，体育场地设施分为专门的运动场地和公园内配置的运动场地，如篮球架、健身休闲设备基本是必配设施。许多运动场大小合理搭配，空间得到充分利用，如运动场中间的高墙用于壁球或网球练习。纽约各种公园都配备运动场地，其中曼哈顿中央公园建设了各种运动场所，几乎可以开展所有不同类型的运动。在英国，村镇与社区建设的高质量体育设施能够满足居民不断增长的体育需求，为社区居民提供各种体育服务，并在此基础上增加公共问题服务功能，满足更多的社区居民要求。在日本，居民基本通过附近的学校健身设施进行体育锻炼，现有的体育设施近八成来自学校，在盘活和有效利用学校体育设施方面，日本通过制定指导性政策进行引导，如《体育振兴计划》及各地的具体实施细则中都提出要求，即所有公立学校必须在每天放学后对社区居民开放体育设施。

二、研究结果与分析

本研究的对象是来自上海市各行政区的市民共712名，具体包括事业单位职工、公务员、企业职工、自由职业、退休职工、学生和其他等。

（一）上海市目前公园绿地和居民住宅区的健身设施建设现状

1. 公园绿地和居民住宅区中健身设施面向的目标人群

随着人口老龄化和"二胎"政策的开放，社会的人口结构正面临着巨大改变,在社会配套设施上有必要朝着特殊人群倾斜。调查结果显示(图1),调查对象所居住的小区及其附近公园绿地中的健身设施基本都面向儿童青少、成年人、老年人这三类人群全部开放,其中居民住宅区的比例为53.72%,公园绿地的比例为60.81%。在针对性健身设施方面,专门面向老年人开放的健身设施所占比例分别为17.56%和24.82%,而专门面向儿童青少年开放的健身设施占比分别仅为11.24%和11.22%。

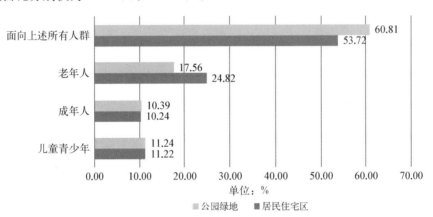

图1 公园绿地和居民住宅区中健身设施所面向的目标人群

分析调查结果可知,无论是公园绿地还是居民住宅区,其健身设施均以面向多样化的健身人群为主,同时也在一定程度上考虑到了健身设施的针对性,但更多聚焦的是老年人的健身锻炼需求。之所以产生这样的现象,一方面与目前我国已经进入老龄化社会关系密切,社会各方面均需要考虑老年人的需求;另一面因为老年人作为退休群体,他们可自由支配的空闲时间较多,可以将大量的时间用于健身,对健身设施会有更多需求。

为了进一步了解上海市不同行政区域在公园绿地和居民住宅区健身设施目标人群方面的差异性,本研究进行了差异性检验。

首先,针对公园绿地的健身设施,卡方检验表明,上海16个不同行政区的公园绿地中的健身设施所面向的目标人群存在显著性差异。总体而言,各区域公园绿地的健身设施主要针对全体人群,而专门针对儿童青少年的健身设施比例都比较低(图2)。其中,普陀、黄浦、徐汇、杨浦、虹口、长宁、静安等7个市中心辖区中共有5个区的针对儿童青少年的健身设施占比低于10%,而闵行、奉贤、金山、松江、青浦、宝山、嘉定7个郊区中,公园绿地中面向儿童青少年的健身设施所占比例有4个区高于10%。在这4个高于10%的郊区中,占比最低的金山区(13.3%)也比市中心辖区中占比最高的杨浦区(11.8%)高出1.5个百分点,这可能与市中心区面积狭小、原本的公园绿地面积有限有关系。因此,未来上海不仅要进一步在公园绿地健身设施建设中关注儿童青少年,更要重点考虑中心城区情况。

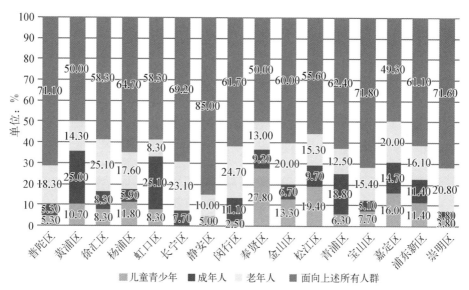

图2 不同行政区的公园绿地中健身设施所面向的目标人群

其次,针对居民住宅区,通过卡方检验发现,上海16个不同行政区的居民住宅区中健身设施所面向的人群存在非常显著的差异。从图3可知,排在前七位的均是上海的市中心区,其中徐汇、杨浦、静安这3个市区中心区的居民住宅区没有专门针对儿童青少年开放健身设施,而在7个郊区的居民住宅区中均设有专门面向儿童青少年的健身设施。在浦东新区和崇明区,前者基本符合所有区的平均情况,崇明区则在面向老年人的健身设施上比例较高。总体而言,在小区健身设施的针对性方面,7个市中心区与7个郊区相比,前者面向所有人群和儿童青少年的比例均比郊区低,而小区中专门面向老年人的健身设施比例则更高。

随着上海城市建设不断推进,开始注重打造新城区和副中心城区,如闵行莘庄、宝山吴淞等,这些区域新建了大批现代化小区,而在市中心辖区中存在着大量上世纪各年代的老小区,彼时的小区和配套设施建设远没有现在丰富和人性化,也正如调查数据所反应的那样。

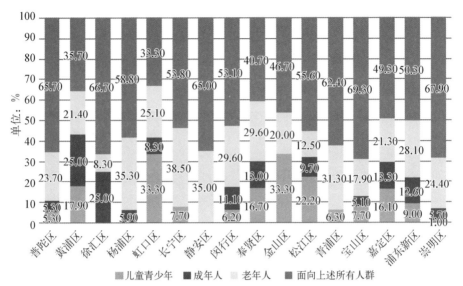

图3 不同行政区的居民住宅区中健身设施所面向的目标人群

总体而言,虽然在公园绿地中面向儿童青少年的体育设施所占比例高于其在居民住宅区中的比例,但是市中心区和郊区仍有差距。一方面是因为市中心区地段商业价值高,极少用于建设公园绿地,所以在公园绿地中改造或建设面向儿童青少年的健身设施的选择更少;另一方面,市中心区的公园绿地呈现覆盖范围广和占地面积大的特点,主要用于平衡市中心辖区的绿化面积和满足多个社区街道人口的休闲活动需求,如鲁迅公园、静安公园等;而在郊区则有很多占地面积不大的复合多样型的围合公园绿地,由于绿化面积充足并且数量繁多,可以有选择地在一些公园绿地中建设专门面向特殊人群的健身设施。

2. 公园绿地和居民住宅区中健身设施对儿童青少年健身需求的满足情况

通过对儿童青少年健身需求满足情况的调查发现(图4),无论是在公园绿地或是居民住宅区中,仍有近30%的调查对象表示现有的健身设施建设无法满足儿童青少年的锻炼需求。而横向对比公园绿地和居民住宅区对儿童青少年健身需求的满足情况,卡方检验显示两者存在非常显著的差异。公园绿地中健身设施对儿童青少年健身需求的满足程度远高于居民住宅区的情况,公园绿地达到"满足"的比例为41.57%,比居民住宅区高5.81%,"不满足"的比例是 26.27%,比居民住宅区低 4.02%。两者在总体上出现差异的关键因素在于两者的主要用途和可再规划再利用的区域有所差别。两者虽不可以相互替代,但是作为覆盖面更广、健身设施更加丰富的公园绿地可以与难以满足儿童青少年健身需求的居民住宅区健身设施相互弥补,合理分配好生活圈内的健身设施。

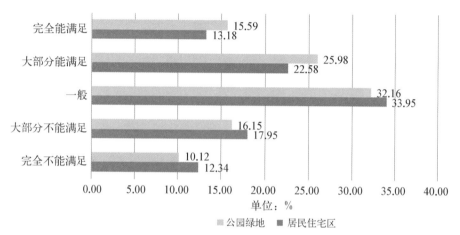

图 4 公园绿地和居民住宅区中健身设施对儿童青少年健身需求的满足情况

在此基础上,为了进一步了解上海市不同行政区域在公园绿地和居民住宅区健身设施对儿童青少年满足情况的差异性,本研究进行了差异性检验。首先,针对公园绿地健身设施,卡方检验表明各区不存在显著性差异。其次,针对居民住宅区,卡方检验结果表明,不同行政区的居民住宅区中的健身设施对于儿童青少年健身需求的满足程度存在非常显著的差异。观察图 5 可以发现,在前 7 个市中心区中有 4 个区的"不能满足"的比例相对较高,分别是黄浦区(25%、25%)、虹口区(41.7%、15.4%)、长宁区(30.8%、15.4%)、静安区(5%、40%),而在后 7 个郊区中仅有奉贤区的"不能满足"比例总计达到40.7%;而在"能满足"的比例中更是在黄浦区和静安区中出现低于 20% 的情况。此外,浦东新区和崇明区的居民住宅区健身设施满足情况整体较好。

分析数据可知,之所以在上述 4 个市中心区出现居民住宅区的健身设施难以满足儿童青少年健身需求的情况,其原因多样:第一,黄浦区和静安区作为上海市的绝对市中心,其居民住宅区以公共活动空间狭小的"年长"小区和总体住户数量较少的新建小区为主,前者不具备扩建健身设施的硬件条件,后

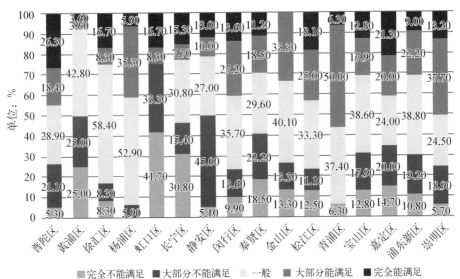

图 5　不同行政区居民住宅区中健身设施对儿童
青少年健身需求的满足情况

者建设健身设施的利用率不高;第二,虹口区建于 20 世纪的工人新村与大量老公房等影响了再建再规划。随着社会不断发展,原本工人新村式的生活配套无法再满足当下虹口区居民的需求,长宁区也存在着上述同样的问题。

3. 公园绿地和居民住宅区中可供儿童青少年使用的健身设施类型

由图 6 可知,关于公园绿地和居民住宅区中的各种不同类型的健身设施可供儿童青少年使用的情况,主要以通用性健身设施为主。同时,针对儿童的

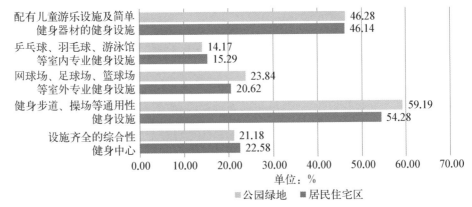

图 6　公园绿地和居民住宅区中可供儿童青少年使用的健身设施类型

游乐设施和健身器材也有着较高的比例,在公园绿地和居民住宅区分别占46.28%和46.14%。总体而言,无论在公园绿地还是在居民住宅区中,"配有儿童游乐设施及简易健身器材的健身设施"和"健身步道、操场等通用性健身设施"这类建设成本低、用途范围广、受益人群多、可容纳量大的健身设施都具有绝对的领先地位,除了上述特点使得这两类健身设施被广泛建设布局以外,更重要的是上海市体育局推进政府事实工程项目,此项目主要针对新建改建健身步道和新建改建益智健身苑点为主。

此外,其他三类供儿童青少年使用健身设施的建设情况,比例最少的是"乒乓球、羽毛球、游泳馆等室内专业健身设施",低于20%。原因是此类健身设施建设专业性强、场地要求高、空间面积需求大,所以在公园绿地和居民住宅区都极少建设。总体而言,目前在公园绿地和居民住宅区中各类型的健身设施建设呈现"二拖三"的现状,即以"游乐设施及简易健身器材"和"通用性健身设施"为主,从数量上迎合大部分儿童青少年健身需求,同时配以少量多样化的专业性健身设施,以丰富儿童青少年健身活动。

在此基础上,为了进一步了解上海市不同行政区域在公园绿地和居民住宅区中可供儿童青少年使用的健身设施类型,卡方检验结果表明均不存在差异性,说明各区在健身设施类型方面比较均衡。

4. 公园绿地和居民住宅区中儿童青少年健身设施的使用情况

由图7可知,公园绿地和居民住宅区中的儿童青少年健身设施都有较高使用率。仔细观察三个高使用率的选项,除了"工作日使用率"这一选项几乎

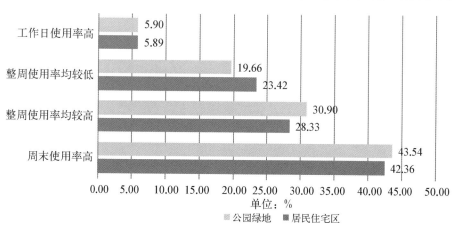

图7 公园绿地和居民住宅区中儿童青少年健身设施的使用情况

相同以外,公园绿地的整周使用率和周末使用率都相对更高。这反映了公园绿地中的儿童青少年健身设施更加受到附近居民的喜爱,也可能是因为不同居民住宅区的儿童青少年健身设施的建设程度不同,并非每个小区都有专门针对儿童青少年的健身设施,相反公园绿地中不论周末或是整周都具有较高使用率,这与其自身丰富的儿童青少年健身设施建设相关联。

同时两者对比发现,就"整周使用率均较低"的选项被选比例而言,居民住宅区(23.42%)高于公园绿地(19.66%),说明居民住宅区中儿童青少年健身设施的使用率相对低于公园绿地的儿童青少年健身设施。产生这一现象的原因可能是因为目前居民住宅区内的健身设施有限,在面对附近公园绿地健身设施和居民住宅区健身设施二选一时,更多的儿童青少年倾向于前者。此外,也与居民住宅区很少对非本小区用户开放,而公园绿地则对所有人群开放有着紧密联系。

在此基础上,为了进一步了解上海市不同行政区域在公园绿地和住宅区中儿童青少年健身设施的使用情况,本研究进行了差异性分析。首先,卡方检验表明,不同行政区中的公园绿地儿童青少年健身设施的使用率存在非常显著的差异(图8)。针对四个不同的使用率选项,16个区比例数中位数和最大值分别为"周末使用率高(43.8%、53.6%)""整周使用率均较高(31.9%、

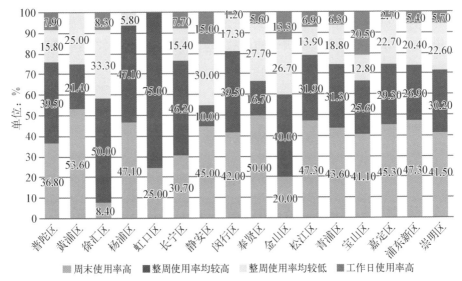

图8 不同行政区公园绿地中儿童青少年健身设施的使用率情况

75%)""整周使用率均较低(20.4%、33.3%)"和"工作日使用率高(6.3%、20.5%)",观察中位数和最大值的差值均大于10%。之所以出现这种差异,主要是因为现如今许多父母为了儿童青少年在中小学基础教育阶段获得更好的教育资源不得不跨区走读或租用民办学校附近的居民住宅区,对于他们而言高昂的读书住宿成本或通勤时间成本,都成了孩子进行健身锻炼的阻碍,也直接影响了公园绿地使用率。

针对居民住宅区,卡方检验结果显示,不同行政区中的居民住宅区儿童青少年健身设施使用情况存在显著性差异(图9)。观察图9可以发现差异体现在"整周使用率"上,分别有50%和41.2%来自徐汇区和杨浦区的受调查对象表示其生活的居民住宅区在整周的使用率都较高。在"周末使用率高"的这一选项上各区的被选率都相当高,而徐汇区的被选比例仅有8.3%。而在"工作日使用率高"的选项上静安区和宝山区数据呈现较大的差异,两区均有20%以上的被选率。

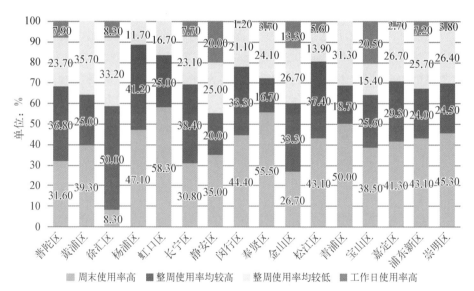

图9 不同行政区居民住宅区中儿童青少年健身设施使用率情况

5. 公园绿地和居民住宅区中儿童青少年健身设施的收费情况

关于儿童青少年健身设施收费情况,图10的结果表明,目前无论是公园绿地还是居民住宅区都提供有条件的无偿使用,有学生证的儿童青少年群体和老年人均可免费使用,这对于儿童青少年而言是很好的机会。因为住宅区及其附近的公园绿地中有免费健身设施可以使用,使得儿童青少年的体育锻炼活动可以走出体育课堂、走出学校,在校外同样可以和校内一样进行锻炼。

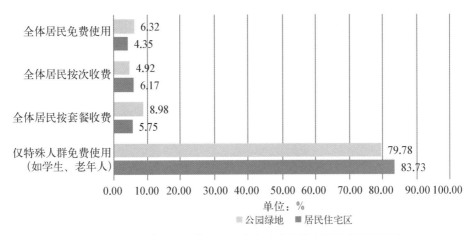

图10 公园绿地和居民住宅区中儿童青少年健身设施的收费情况

在此基础上,为了进一步了解上海市不同行政区域在公园绿地和住宅区中儿童青少年健身设施的收费情况,卡方检验结果表明无显著性差异,这说明目前上海市各地充分发挥政府职能,对于儿童青少年健身设施均是以免费为主的,满足儿童青少年的健身需求,为家庭减负,为儿童青少年成长助力。

6. 公园绿地和居民住宅区中儿童青少年健身设施的管理情况

如图11所示,在公园绿地中,儿童青少年健身设施的管理情况要优于居民住宅区中儿童青少年健身设施的管理情况。居民住宅区中无人负责看管健身设施的比例高达53.44%,而公园绿地中设置专人看管儿童青少年健身设施的比例总计46.06%。但在志愿者看管这一选项上,居民住宅区比公园绿地比例高出1.81%,虽然高出的比例不多,但是这为居民住宅区健身设施的管理指明了方向,因为居民住宅区作为所有居民的共同家园,每一位居民都有义务进行维护,在物业公司不作为的情况下,居民住宅区业委会则可以及时查漏补缺,这是公园绿地作为公共开放空间所不具备的特点。

在此基础上,为了进一步了解上海市不同行政区域在公园绿地和住宅区中儿童青少年健身设施的管理情况,卡方检验结果表明无显著性差异,这说明目前上海市各地区对于儿童青少年健身设施的管理情况相差不大,均处于较低水准。

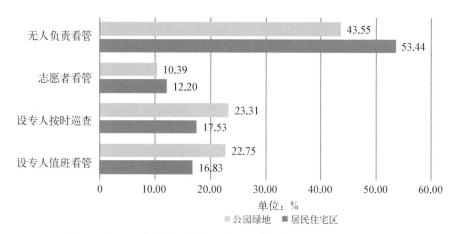

图 11　公园绿地和居民住宅区中儿童青少年健身设施的管理情况

7. 公园绿地和居民住宅区中儿童青少年健身设施的翻修维护情况

由图 12 的调查数据可知，定期更换新的健身设施并不是公园绿地和居民住宅区在维护保养儿童青少年健身设施的首选，因为定期更换会产生大量的成本，如果没有政府主管业务部门出资，作为管理的物业公司很难筹集到资金。但是仍有 37.92% 的公园绿地和 33.66% 的居民住宅区愿意花费一定的成本对健身设施进行定期检修，这种做法是值得肯定的。进一步观察最后两个选项，比例较高的均是居民住宅区，而"损坏后有过翻修维护历史"和"存在明显损坏，长期未维护"两个选项相互矛盾。这种调查结果表明了不同居民住宅区在翻修维护健身设施时呈现两极分化状态，这与居民住宅区的物业管理公司和业委会有较大的关系。

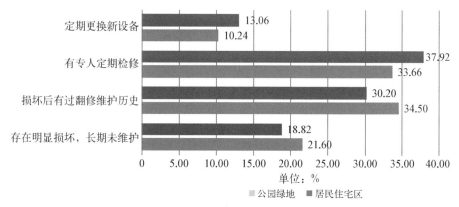

图 12　公园绿地和居民住宅区中儿童青少年健身设施的翻修维护情况

在此基础上,为了进一步了解上海市不同行政区域在公园绿地和住宅区中儿童青少年健身设施的翻修维护情况,卡方检验结果表明无显著性差异,这说明目前上海市各地对于儿童青少年健身设施的维修保养情况基本类似,整体有待进一步提高。实际上,儿童青少年健身设施的建设不是"一建了之"的事情,需要长久的跟踪翻修维护以确保设施的安全性,从而为儿童青少年的健身锻炼提供安全保障。

(二)上海市公园绿地和居民住宅区建设儿童青少年健身设施困难与需求

1. 儿童青少年前往公园绿地和住宅区健身时在健身设施方面的困难

分析表1可知,无论是在公园绿地还是居民住宅区,"无适合儿童青少年使用的健身设施"和"无人指导儿童青少年正确使用健身设施"这两种困难所占比例均为最高。不过在公园绿地区域合适儿童青少年使用的健身设施建设状况明显好于居民住宅区,主要是得益于公园绿地中可改建扩建健身设施的区域更多,也因此有了更多的选择。被选择最少的困难是"健身设施通过上锁等方式被禁止使用",虽然在居民住宅区和公园绿地中分别只占8.56%和9.54%的比例,但仍说明还有一小部分健身设施没有被很好地利用起来。剩下的四种困难可以根据被选率分为两类,如"健身设施被成年人占用""健身设施存在安全隐患""健身设施可使用时间与儿童青少年可支配时间不匹配"三种困难所占比例为20%左右,而"无力支付健身设施使用费用"则约占10%。另外,还有少数调查对象在"其他"意见中提及目前的健身设施功能单一、设施种类不够丰富等。总体而言,目前迫切需要解决的最大困难是在公园绿地和居民住宅区建设专门针对儿童青少年的建设设施,以及提供有针对性的使用指导。

表1 儿童青少年使用健身设施面临的困难 单位:%

题目/选项	无适合儿童青少年使用的健身设施	健身设施被成年人占用	健身设施存在安全隐患	无力支付健身设施使用费用	健身设施通过上锁等方式被禁止使用	健身设施可使用时间与儿童青少年可支配时间不匹配	无人指导儿童青少年正确使用健身设施	其他
居民住宅区	44.32	24.12	22.44	10.52	8.56	20.76	45.72	5.33
公园绿地	37.17	25.67	21.04	10.94	9.54	21.04	44.74	6.59

2. 解决儿童青少年使用健身设施困难需要开展的工作

由表2可知,通过"建设更多功能性不同的健身设施"成为目前居民住宅区和公园绿地建设亟待开展的工作,比例分别为58.77%和55.40%;比例最低的选项是"建立健身设施预约制度",只有1/5左右的调查对象认为需要开展此项工作。其余几方面需要开展的工作的比例集中30%~40%之间,如"建设更多使用频率较高的健身设施(38.29%、36.47%)""建设儿童青少年专属专用的健身设施(37.31%、36.89%)""免费对儿童青少年开放(32.40%、33.80%)""设立社区运动指导志愿者(30.15%、30.15%)""设立健身设施的儿童青少年专用时间(26.09%、29.45%)"(表2)。由此可知,为了更好地解决儿童青少年在公园绿地和住宅区健身设施使用方面的困难,首先需要开展的工作是使健身设施功能多元化,同时还应考虑到设施的使用频率、针对性、是否免费、提供的指导和使用时间等因素。

表2 解决儿童青少年使用健身设施困难需要开展的工作　　　　单位:%

题目/选项	建设更多功能性不同的健身设施	建设更多使用频率较高的健身设施	建立健身设施预约制度	设立社区运动指导志愿者	建设儿童青少年专属专用的健身设施	设立健身设施的儿童青少年专用时间	免费对儿童青少年开放	其他
居民住宅区	58.77	38.29	18.23	30.15	37.31	26.09	32.40	3.65
公园绿地	55.40	36.47	20.62	30.15	36.89	29.45	33.80	3.65

3. 推进公园绿地和居民住宅区建设儿童青少年健身设施的急迫性

由图13可知,目前有高达58.07%的受调查对象认为在公园绿地和居民住宅区中积极建设儿童青少年的健身设施的需求是急迫的。进一步的卡方检验表明,不同学历、职业、年龄和来自不同行政区的受调查对象在建设儿童青少年健身设施需求急迫性的认知上无显著性差异。

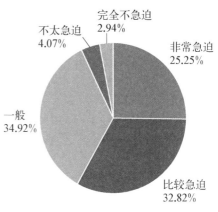

图13 公园绿地和居民住宅区中建设儿童青少年健身设施需求的急迫性

(三)上海市公园绿地和住宅区建设儿童青少年健身设施的SWOT分析

1. 推进公园绿地和居民住宅区建设儿童青少年健身设施面临的优势

由图14可知,72.93%的居民认为政府会更加关注儿童青少年体质健康问题,会采取更多的办法努力改善儿童青少年体质健康问题,目前针对学生在校内的体育方面已经采取诸如"每天锻炼一小时""体育进中高考"等举措,而校外体育健身设施也会及时得到重视和发展。63.53%的居民认为上海作为我国国际化程度最高的城市之一,有更多机会接触国外最前沿的儿童青少年健身设施信息,而这些信息的传入也会直接或间接地促进上海儿童青少年健身设施建设。55.12%的居民认为上海优越的城市配置使得住宅区和公园绿地能够高效地建设起儿童青少年健身设施,且合理均匀地覆盖儿童青少年们的健身设施需求。49.93%的居民认为二胎政策的开放导致儿童青少年健身设施内需加大也是可能的优势。总之,推进上海市公园绿地和住宅区建设儿童青少年健身设施面临着来自国家重视、国际经验、城市规划、人口政策等方面的优势。

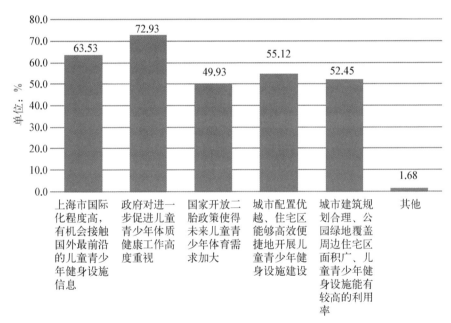

图 14 推进公园绿地和居民住宅区建设儿童青少年健身设施面临的优势

2. 推进公园绿地和居民住宅区建设儿童青少年健身设施面临的劣势

由图 15 可知,"缺乏公共体育健身设施的管理制度""开发商对住宅区健身设施建设不充分""儿童青少年缺乏体育锻炼时间和意识",这三种劣势的被选率都超过了50%。体育锻炼的意识和对于健身设施利用的需求是建设健身设施的来源和发展动力,若需求与动力不足,即便存在各种各样的优势,但推动公园绿地和居民住宅区建设儿童青少年健身设施也略显无力。而与政府相关的劣势被选率均低于50%,如"政府对公园绿地健身设施建设支持力度不够"的被选率仅为33.94%,"上海市政府对儿童青少年课外体育活动工作的落实不到位"为47.69%,"旧公园绿地和旧住宅区土地利用已成型,新建健身设施空间利用成本较高"为41.09%。上述结果充分说明群众已经深刻认识到阻碍建设儿童青少年健身设施的关键不只是政府工作支持和政策保障,更多的是儿童青少年本身和第三方的共同努力以及法律保障。

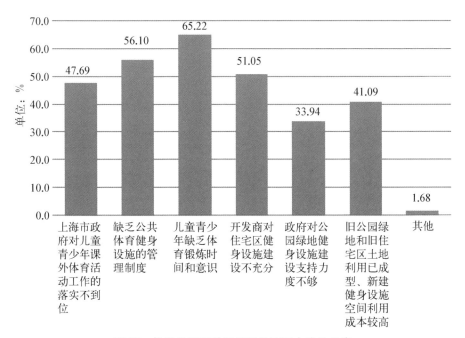

图15 推进公园绿地和居民住宅区中建设儿童
青少年健身设施面临的劣势

3. 推进公园绿地和居民住宅区建设儿童青少年健身设施面临的机会

机会主要针对未来的发展而言,由图16可知,61.01%的调查对象认为"体育总局《关于深化体教融合促进青少年健康发展的意见》中为儿童青少年体育健身设施建设工程提供了政策保障",60.17%的调查对象认为"国家对儿童青少年体质健康的高度重视",这两个比例最高的机会均与政府有关。众所周知,中国是一个典型的政策导向型发展中国家,不论是资本青睐程度、社会的关注度还是各地方政府的资源投入程度,都与政策密切相关。国家对于儿童青少年体质健康的愈发关注,体育总局作为促进青少年健康发展的牵头人之一,为儿童青少年健身设施建设提供了强有力的保障。

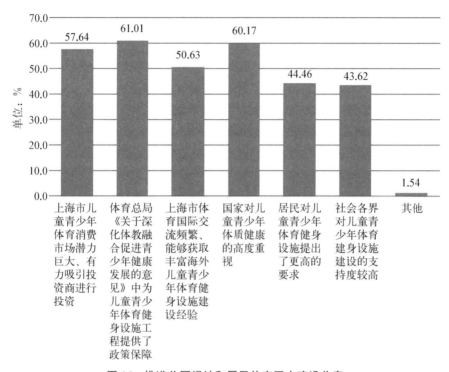

图 16　推进公园绿地和居民住宅区中建设儿童青少年健身设施面临的机会

另外,还有 57.64% 的调查对象认为上海市儿童青少年的体育市场前景广阔,同时上海作为国际化的大都市能够吸引来自全世界的资本,为儿童青少年的体育市场注入更多活力。但值得注意的是,虽然有市场、有潜力能够吸引更多的投资,有更多的资本投入到儿童青少年的健身设施建设之中,但是事关儿童青少年的未来的健康发展,必须监管好投资商,不能以牺牲儿童青少年的健康为代价达到不良投资商短期获利的目的,而是要同政府等一起携手投资儿童青少年的未来。还有 50.63% 的调查对象认为"上海市体育国际交流频繁,能够获取丰富海外儿童青少年体育健身设施建设经验"。此外,分别有 44.46% 和 43.62% 的调查对象认为"居民对儿童青少年体育健身设施提出了更高的要求"和"社会各界对儿童青少年体育健身设施的支持度较高"是在公园绿地和居民住宅区中建设儿童青少年健身设施的机会。总体而言,目前调查对象认为推进该项工作的主要机会来自于政府部门,这既体现了市民对政府工作的信任,但也从侧面反映了社会力量所产生的推动力不足。

4. 推进公园绿地和居民住宅区建设儿童青少年健身设施面临的威胁

威胁与机会是相对的,也是针对未来而言。由图17的调查数据可知,地方政府部门、主管业务部门、家长三方中任何一方对儿童青少年体质健康发展和健身设施建设的不够重视都会对推进公园绿地和住宅区建设儿童青少年健身设施的工作构成威胁,这其中又以家长不够重视的威胁认可度最高,达66.9%。这一结果表明,当前大部分市民已经理性地认识到,阻碍儿童青少年健身设施建设的主要威胁并不主要是政府和社会,他们认识到在建设儿童青少年健身设施并促进体质健康发展过程中,家长和孩子应承担起更多的主体责任。

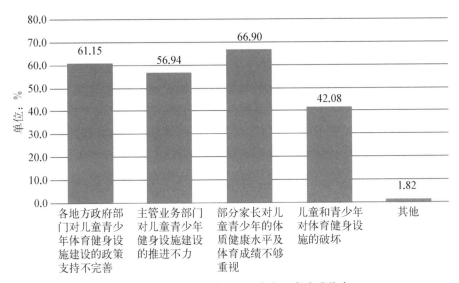

图17 推进公园绿地和居民住宅区中建设儿童青少年健身设施面临的威胁

(四)推进上海市公园绿地和居民住宅区建设儿童青少年健身设施的建议

1. 政策法规层面建议

由表3可知,对于上海市公园绿地和居民住宅区中建设儿童青少年健身设施政策法规层面建议中,其中有四项被选率高于60%,分别是"大力推进国家颁布的有关体育健身设施政策文件在上海的落实"(72.89%)、"制定专门的上海市体育健身设施建设政策法规"(63.76%)、"政府加大体育健身设施建设政策支持力度"(63.62%),"定期根据体育健身设施建设情况进行相关政策法规的修订(60.81%)"。此外,在其他意见中,少数调查对象提出要通过完善加强学校体育的工作,如提高体育考试分值和布置体育家庭作业,倒逼社会层面给予儿童青少年校外体育活动更多关注。

表3 推进儿童青少年健身设施建设的政策法规建议

选 项	小 计	比例(%)
A. 大力推进国家颁布的有关体育健身设施政策文件在上海的落实	519	72.89
B. 制定专门的上海市体育健身设施建设政策法规	454	63.76
C. 定期根据体育健身设施建设情况进行相关政策法规的修订	433	60.81
D. 政府加大体育健身设施建设政策支持力度	453	63.62
E. 其他	11	1.54

总之,健全的政策法规是建设儿童青少年健身设施的保障基础,不论是国家层面还是地方层面都要制定相应政策,并且要督促地方政府加大政策的落实力度,行动起来落到实处,同时还要根据时间、环境等影响因素的变化进行积极主动的调整。

2. 行政领导层面建议

由表4可知,关于行政领导的建议方面,调查对象选择较多的分别是"分管领导要重视体育健身设施建设工作的开展"(63.53%)、"要对特定区域儿童青少年体育健身设施建设情况进行专题调研"(61.57%)、"协调各分管部门进行儿童青少年体育健身设施建设工作"(59.89%)、"及时跟进儿童青少年体育健身设施建设工作项目进度"(58.91%)和"对各行政领导开展体育健身设施建设专题报告"(55.96%)、"加强对不同业务主管部门在儿童青少年体育健身设施建设推进工作中的协调"(49.8%)。由此可见,行政领导是否重视在建设儿童青少年健身设施方面起着重要作用,而上述调查也意味着分管行领导在该方面还面临着千头万绪的工作。

表 4 推进儿童青少年健身设施建设的行政领导层面建议

选项	小计	比例(%)
A. 分管领导要重视体育健身设施建设工作的开展	453	63.62
B. 对各行政领导开展体育健身设施建设专题报告	399	56.04
C. 要对特定区域儿童青少年体育健身设施建设情况进行专题调研	439	61.65
D. 协调各分管部门进行儿童青少年体育健身设施建设工作	427	59.97
E. 及时跟进儿童青少年体育健身设施建设工作项目进度	420	58.99
F. 加强对不同业务主管部门在儿童青少年体育健身设施建设推进工作中的协调	352	49.44
G. 其他	6	0.84

总之,群众更加关注领导对儿童青少年健身设施建设的重视程度。虽然在公园绿地和居民住宅区中的推进建设儿童青少年健身设施需要各部门相互协调,但提高领导重视程度才是群众心目做好此项工作的关键。

3. 业务主管层面建议

由表 5 可知,69.94%的调查对象建议"城市建设管理局研究制定儿童青少年体育健身设施建设方案并起草规范性文件",66.01%的调查对象认为"体育局及时召开会议部署儿童青少年体育健身设施建设工作任务",54.78%和50.84%的调查对象建议国土局要"对儿童青少年体育健身设施建设区域进行地质勘查"和"组织编制和实施全市儿童青少年体育健身设施建设总体规划",51.54%的调查对象认为"城管执法局负责儿童青少年体育健身设施建设工作的监督和考核",仅有 40.73%的调查对象建议"城管执法局研究提出儿童青少年体育健身设施建设管理意见和措施"。此外,还有少数调查对象在其他意见提出需要教育部门的参与,因为关于儿童青少年未来的成长发展,教育主管部门要提出自己意见和行动方案。

表 5 推进儿童青少年健身设施建设的业务主管层面建议

选项	小计	比例(%)
A. 体育局及时召开会议部署儿童青少年体育健身设施建设工作任务	470	66.01
B. 城市建设管理局研究制定儿童青少年体育健身设施建设方案并起草规范性文件	498	69.94

续　表

选　　项	小　计	比例(%)
C. 国土局对儿童青少年体育健身设施建设区域进行地质勘查	390	54.78
D. 国土局组织编制和实施全市儿童青少年体育健身设施建设总体规划	362	50.84
E. 城管执法局负责儿童青少年体育健身设施建设工作的监督和考核	367	51.54
F. 城管执法局研究提出儿童青少年体育健身设施建设管理意见和措施	290	40.73
G. 其他	12	1.69

上述数据表明，群众能够认识到推进公园绿地和居民住宅区中建设儿童青少年健身设施的工作需要多方协调，从公园绿地和居民住宅区的规划，到公园绿地和居民住宅区的健身设施建设方案起草与实施，最后推进公园绿地和居民住宅区的健身设施建设工作监督与考核，都需要不同部门的共同努力。虽然不同职能部门承担不同角色，但在推进公园绿地和居民住宅区中建设儿童青少年健身设施工作中缺一不可。

4. 个体层面建议

由表6可知，在推进公园绿地和居民住宅区中建设儿童青少年健身设施的工作中，73.46%的调查对象认为"体育教师要引导儿童青少年在校外积极进行体育锻炼"，74.30%的调查对象认为"家长要带领儿童青少年充分利用住宅区和附近公园绿地的健身设施"，70.36%的调查对象认为"儿童青少年自身要主动积极利用住宅区和附近公园绿地的健身设施"，55.34%的调查对象认为"各类人群要针对住宅区和附近公园绿地建设健身设施积极提意见"。由此可知，在个体层面推动推进公园绿地和居民住宅区中建设儿童青少年健身设施工作，关键在于体育教师和家长要充分发挥带头作用，一方面要引导鼓励儿童青少年积极进行校外的体育锻炼，另一方面还要主动且充分利用住宅区和附近公园绿地的健身设施。在此基础上发动社会各类人群为在住宅区和公园绿地中建设健身设施提供针对性的建议。

表6　推进儿童青少年健身设施建设的个体层面建议

选　　项	小　计	比例(%)
A. 体育教师要引导儿童青少年在校外积极进行体育锻炼	523	73.46
B. 家长要带领儿童青少年充分利用住宅区和附近公园绿地的健身设施	529	74.30
C. 儿童青少年自身要主动积极利用住宅区和附近公园绿地的健身设施	501	70.36
D. 各类人群要针对住宅区和附近公园绿地建设健身设施积极提意见	394	55.34
E. 其他	15	2.11

三、研究结论与政策建议

(一)研究结论

第一,当前上海市公园绿地和居民住宅区中的健身设施主要面向成人群,对儿童青少年的针对性不强;健身设施不能很好地满足儿童青少年的健身需求;健身设施类型主要是健身步道和操场等通用型设施以及儿童游乐设施和简易健身器材,建设设施的专业性较差;健身设施的使用率主要集中于周末,工作日使用率非常低;儿童青少年基本可以免费使用大部分健身设施;建设设施基本处于无人负责看管的管理状态;主要采用定期专人检修的维修保养措施。

第二,上海市儿童青少年在前往公园绿地和居民住宅区使用健身设施时,面临的困难多样,主要是缺乏专门针对儿童青少年使用的健身设施以及无人指导儿童青少年如何使用健身设施;解决上述困难非常急迫,主要措施可以从多方开展,重点是建设具有更多功能性的健身设施,提高针对性和目标人群的使用频率。

第三,SWOT分析表明,上海市在公园绿地和住宅区建设儿童青少年健身设施面临不同的境遇,主要优势包括国家重视、国际经验、城市规划、人口政策等;面临的劣势主要是儿童青少年缺少锻炼意识和时间,建设设施管理制度不到位;未来面临的机会主要是国家重视、政策文件颁布和消费潜力;面临的威胁主要是家长对儿童青少年健身的不重视和地方政府配套制度不完善。

第四,为了方便推进上海市在公园绿地和居民住宅区建设针对儿童青少年的健身设施,政策法规层面应加大对国家文件的落实力度,建立配套的政策法规;行政领导层面提升领导的重视程度,开展专题调研和积极推进;业务主管层面应积极发挥体育局、国土局、城管执法局等不同部门的协同治理作用;个体层面主要是加大体育教师和家长对儿童青少年校外健身的引导,使其积极主动地使用健身设施。

(二)政策建议

第一,以健全政策法规为抓手,形成上海市儿童青少年健身设施建设顶层设计。总体思路是根据上海市不同行政区域特征、公园绿地和居民住宅区所处环境特点,开展有针对性的儿童青少年健身设施建设工作,但前提是做好顶层设计。顶层主要以健全政策法规为抓手,一方面要遵守上级部门的政策法规,如《关于深化体教融合促进青少年健康发展的意见》《体育强国建设纲要》等,另一方面,可以考虑出台《上海市儿童青少年健身设施建设规划》《上海市儿童青少年健身设施建设方案》《上海市新建或改扩建公园绿地建设指导意见》《上海市新建居民住宅区健身设施建设指导意见》《儿童青少年健身设施质量检测标准》《儿童青少年健身指导方案》等指导性文件,做好顶层设计。

第二,以专项工作推进为基点,加强上海市儿童青少年健身设施建设协同治理。总体思路是将上海市儿童青少年健身设施建设作为一项专项工作予以推进。一是在工作机制方面,建设儿童青少年健身设施,相关的各类部门如体育局、教育局、国土局、商务委员会、城建集团要相互协作,不要各自为政,建议由市政府成立由分管教体工作的副市长任组长的专班工作小组,相关部门一把手亲自参与此项工作,建立长效考核机制,形成联席会议制度。二是在指导思想方面,鉴于当前处于儿童青少年体育发展的政策红利期,所以要严格把控质量关,不要一味追求形象化的面子工作。在儿童青少年健康成长的问题要追求精细化长远化的发展,政府不应立马求政绩,投资商不能马上要回报,而是相互携手共同投资儿童青少年的未来。三是在推进方式方面,在充分了解困难的基础上,可采取"左右开弓"的方式,既要加紧建设儿童青少年健身设施,同时又要引导儿童青少年和其家长树立健身锻炼的意识,将健康成长摆在首位,用好用精健身设施。

第三,以满足目标需求为导向,确立上海市儿童青少年健身设施建设"同轨不同路"的操作路径。以解决目前建设使用公园绿地和居民住宅区的儿童青少年健身设施存在的问题为导向,充分考虑居民和儿童青少年的实际需求,公园绿地和住宅区两者的建设采取"同路不同轨"的模式,结合各自特点采用定制化的建设管理模式,但在最终目标达成上要协同发力相互弥补。在居民住宅区内,考虑其"路窄""小路多"的特点,重点建设健身步道等专业性、场地面积要求低的健身设施,利用居委办公场所建设乒乓球室、健身房等室内小型健身设施;在公园绿地中,考虑其"地缘广阔"的特点,重点建设足球场、篮球场、操场等户外健身设施。居民住宅区与公园绿地"分工协作",共同打造符合儿童青少年需求的健身发展圈。此外,还可考虑设立全新职业,如儿童青少年运动健康成长指导员等,通过分担家庭和社区压力,提供更加专业的健身设施使用指导。

参考文献

[1] 国务院.健康中国行动(2019—2030年)[Z].2019.

[2] 国务院办公厅.体育强国建设纲要[Z].2019.

[3] 姚烨.基于可达性与公平性的上海市静安区社区体育设施空间分布特征及优化对策研究[D].华东师范大学,2019.

[4] 王兰,周楷宸.健康公平视角下社区体育设施分布绩效评价——以上海市中心城区为例[J].西部人居环境学刊,2019(2).

[5] 金林群.城市社区体育设施利用现状及影响因素的理论分析[J].当代体育科技,2019(12).

[6] 李陈.上海市公共体育设施建设效应评价研究[J].体育科研,2019(2).

[7] 郭强.中国儿童青少年身体活动水平及其影响因素的研究[D].华东师范大学,2016.

[8] 马成国,季浏.上海市公共体育设施建设现状与对策研究[J].沈阳体育学院学报,2012(3).

[9] 范雯,达良俊,张凯旋.城市公园体育健身设施使用特征和优化对策——以上海为例[J].现代城市研究,2015(10).

[10] 赵富勋.城镇居民小区健身设施有效性利用研究[J].河南科技,2016(7).

[11] 陈昆仑,刘小琼,陈庆玲,李军.体育与地理空间的国内研究进展[J].热带地理,2016(5).

[12] 蔡玉军,邵斌.问题与策略:我国城市公共体育空间集约化发展模式研究[J].天津体

育学院学报,2015(6).
[13] 隔超.旧城区体育活动空间集约开发与利用[J].体育科学研究,2018(5).
[14] 蒋方,房银华.城市中小学校教学楼屋顶体育活动场地设计研究设计与研究[J].建筑技艺,2018(3).
[15] 郑洁平.谈建筑屋顶空间的利用与开发[J].山西建筑,2013(34).
[16] 巴艳芳.城市体育设施空间布局与体育产业发展对策研究[D].华中师范大学,2006.
[17] 徐毅松.迈向全球城市的规划思考——上海城市空间发展战略研究[D].同济大学,2006.
[18] 王卓然,罗杰威,陈阳.城市建筑屋顶改造与再利用探析[J].建筑节能,2016(9).
[19] 查春华,陈金龙,杨灿,朱徵,林晨健.生态文明视域下健身休闲空间建设布局与实现路径——基于浙中生态廊道的调研[J].浙江师范大学学报(自然科学版),2019(3).
[20] 许帅.上海市黄浦区城市公共体育空间分布及利用情况研究[D].上海师范大学,2018.
[21] 刘忠举.我国城市体育规划现状、问题与对策[J].西安体育学院学报,2017(5).
[22] 张峰筠,肖毅,吴殷.城市社区公共体育设施场地的空间布局——以上海市杨浦区为例[J].上海体育学院学报,2014(1).

上海规范青少年足球培训市场机构研究

颜中杰 陈富贵 孙 岩 王文胜
王长琦 颜凯林 孙明远[*]

近年来,党中央国务院高度重视中国足球运动,2015年国务院办公厅下发了《中国足球改革发展总体方案》,标志着中国足球发展已经上升到国家战略高度。国家体育总局、教育部迅速行动起来,接连出台《加快发展青少年校园足球的实施意见》等一系列文件,以此作为转变我国竞技体育后备人才培养体系,深化教育教学改革,培养德智体美劳全面发展的社会主义事业建设者和接班人的重要抓手,以期充分发挥足球的育人功能,尽快推动我国足球运动发展,扩大足球运动人口,夯实基础,提高水平。

伴随着我国校园足球的迅猛发展,现有的青少年足球培训难于满足市场空前巨大的需求。各种资本大量涌入青少年足球培训市场,在民政部门或者市场监管部门登记注册的各类社会培训机构数量急剧增大,规模不断扩大,为促进全民健身、竞技体育和体育产业发展发挥了积极的作用。但部分培训机构资质不符、师资力量弱、培训质量差等问题随之而来,严重扰乱了正常的市场秩序,损害了广大学员的利益,有的甚至造成恶劣的社会影响。因此,全面客观了解上海市青少年足球培训市场机构状况,发现问题,有针对性地提出发展对策刻不容缓。

---

[*] 本文作者简介:颜中杰,上海大学体育学院教授,博士,研究方向:足球理论与实践;陈富贵,上海市足球协会、副秘书长,硕士,研究方向:足球管理;孙岩,上海大学体育学院讲师,硕士,研究方向:体育产业;王文胜,上海大学体育学院副教授,硕士,研究方向:足球管理;王长琦,上海大学体育学院讲师,硕士,研究方向:足球训练;颜凯林,东华大学旭日工商学院本科生,研究方向:市场营销;孙明远,上海大学体育学院硕士研究生,研究方向:人才培养。

一、青少年足球培训市场现状

(一) 培训机构登记注册状况

截至2020年7月11日,在上海市足球协会注册的足球俱乐部共有103家,依俱乐部性质进行分类,有6家属职业足球范畴(如上海上港集团足球俱乐部有限公司)、97家属业余足球范畴(如上海同济足球俱乐部有限公司);依俱乐部等级进行分类,有8家参加全国足球联赛(如上海绿地申花足球俱乐部有限公司)、12家参加上海市足球联赛(如上海申水足球俱乐部)、13家属于体育运动学校俱乐部(如上海市体育运动学校)、49家属于学校俱乐部(如上海市大同中学)、21家属于社会足球俱乐部(如上海幸运星足球俱乐部有限公司)。

截至2020年7月11日,登录上海市民政局(上海市社会组织管理局)官网,输入关键词"足球俱乐部",共查询到58条消息;输入关键词"体育俱乐部",共查询到351条消息。不少体育俱乐部,如马良行青少年体育俱乐部,在其业务范围中,写明了"提供青少年足球和击剑技术指导服务、竞赛组织服务,进行足球和击剑运动后备人才培养,承接政府服务项目"等内容,从法律层面具备了从事青少年足球培训的资质。

截至2020年7月11日,登录上海市市场监督管理局官网,在小微企业库中,输入关键词"足球",共查询到50条信息;在国家企业信用信息公示系统(上海),输入关键词"足球",共查询到超100条信息,显示存续状态(在营、开业、在册)。除此之外,大量企业社会服务机构在经营范围(业务范围)内也包含了体育服务、赛事咨询、体育培训、赛事策划等内容。

根据我国现行的法律法规,企业既可以在民政局登记注册为"××足球俱乐部",也可以在市场监督管理局登记注册为"××足球俱乐部有限公司"。在课题组调查的15家俱乐部中,有超过一半的俱乐部在市场监督管理局登记注册,原因就是这些企业都要从事与足球相关的经营活动(表1)。

表1 俱乐部登记注册机关

登记注册机关	俱乐部数量(个)	俱乐部百分比(%)
民政局	2	13.33
民政局、市场监督局都注册	5	33.33
市场监督管理局	8	53.34*

* 数据有调整。

但在就"民政局或市场监督管理局对贵培训机构的指导管理情况"进行调查时发现,只有2家机构选择"非常多"或"比较多",占被调查对象的13.33%(表2)。由此可见,无论是民政局还是市场监督管理局,都存在重注册、轻管理的问题。而作为行业管理部门的上海市足球协会,由于大量足球俱乐部、足球俱乐部有限公司及开展足球培训的机构都没有在上海市足球协会注册,因此众多足球俱乐部也游离在协会监管的范围之外,无法有效实施放、管、服。

表2 民政局或市场监督管理局对培训机构的指导管理情况

指导管理等级	俱乐部数量(个)	俱乐部百分比(%)
非常多	0	0
比较多	2	13.33
一般	9	60.00
比较少	1	6.67
非常少	3	20.00

(二)培训机构经营状况

培训机构经营状况不仅包括机构年度总收入、总支出的金额,而且还包括主要收入来源和支出去向,是机构能否健康、稳定、可持续发展的重要评价指标,课题组对此进行了重点调研。

1. 培训机构收入状况

表3 2019年不同类型培训机构收入情况　　　　单位:万元

类型	学员学费	政府招标	投资人投入	奖励资金	社会捐助	政府拨款	办赛补贴	场地出租	小计
精英基地	374	950	800	195	0	127	70	30	2 546
培训基地	386	239.78	260	2	7	91.6	3	23	1 012.38
一般机构	331	43	190	0	0	0	0	104	668
总　计	1 091	1 232.78	1 250	197	7	218.6	73	157	4 226.38

从表3可以看出,被调查的15家上海市足球培训机构在2019年的总收入是4 226.38万元,平均281.76万元,各培训机构2019年年收入在50万～

1 200万元之间。主要经济收入来源于投资人投入、政府招标和学员学费,分别是1 250万元、1 232.78万元和1 091万元,远远超过政府拨款等其他各项收入。三种不同类型培训机构相互比较,精英基地组收入来源丰富、渠道多样、金额较大,一般机构组则来源单一、渠道有限、金额较少。

从图1可以看出,不同类型培训机构主要收入来源占比亦不相同。在精英基地组中列居前三位的依次是政府招标占37.3%、投资人投入占31.4%、学员学费占14.7%,占总收入的83.4%;在培训基地组中列居前三位的是学员学费占38.1%、投资人投入占25.7%、政府招标占23.7%,占总收入的87.5%;而在一般培训机构组则是学员学费占49.6%、投资人投入占28.4%、场地出租收入占15.6%,占总收入的93.6%。单纯比较学员收费所占比重可以发现,从精英基地组到培训基地组再到一般机构组,其所占比重从14.7%,增加到38.1%,再到49.6%,呈逐渐增加的趋势。

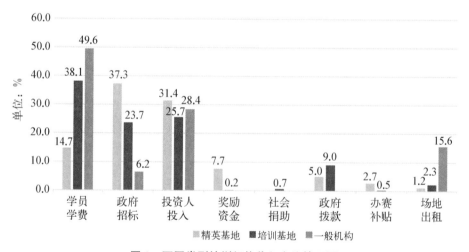

图1 不同类型培训机构收入占比情况图

争取政府招标已经成为培训机构主要的经济来源,针对这一新趋势,课题组专门做了调查。结果显示,15家被调查的培训机构,共与90所幼儿园、192所小学、49所初中、10所高中达成培训协议。平均每家机构对应6所幼儿园、13所小学、3所初中、1所高中。主动对接学校,在"体教融合"中谋求发展,已经成为培训机构的普遍共识。上海市足球培训机构每小时收费标准从0～120元不等,多数保持在50元的水平,个别机构甚至免收培训费。学员年龄大都集中在6～15岁。家长基于培养孩子兴趣、强身健体的角度,鼓励孩子参加足球活动,接受专业训练,多数家长对于运动成绩没有明确的目标。随着孩子年龄的增加和学业负担逐渐加重,参加足球训练的人数也在逐渐减少。同时,15岁也是判断孩子是否具有足球天赋、能否从事职业足球运动的关键时期,部分崭露头角的好苗子被吸纳进入职业足球俱乐部接受更加专业的训练,而大多数孩子则安心文化课学习全力备战高考。

课题组在实地调研过程中发现,精英基地组的培训机构大都拥有较优秀的教练员师资团队、较优质的场地设施、较丰富的培训经验、较稳定的学员群体、较好的社会美誉度。与其他培训机构相比,其综合实力更强,因此,能够在诸如政府采购等激烈竞争中,脱颖而出。在为社会提供更优质足球培训服务的同时,也为机构本身发展争取到更多的资源。

对精英基地组和培训基地组进行独立样本 T 检验,结果显示 $t=0.033$,存在显著性差异。对精英基地组和一般机构组进行独立样本 T 检验,结果显示 $t=0.014$,存在显著性差异。培训基地组和一般机构组则不存在显著性差异。

2. 培训机构支出状况

表4 2019年不同类型培训机构支出情况　　　　单位:万元

类型	员工薪资	场地租赁	学员食宿	报名差旅费	教练员培训	广告支出	小计
精英基地	2 116	164	265	264	58	100	2 967
培训基地	738.01	108	12	146.5	21.9	31.6	1 058.01
一般机构	340	173	10	25	16	11	575
总　计	3 194.01	445	287	435.5	95.9	142.6	4 600.01

从表4可以看出,2019年上海市足球培训机构支出在40万~850万元之间,15家机构全部支出为4 600.01万元,平均支出306.67万元。主要经费支出是员工薪资、场地租赁和报名差旅费,分别是3 194.01万元、445万元和435.5万元。实地调查过程中发现,目前上海市具有中国足协D级执照的教练员月薪一般在6 000元左右,经验越丰富、教练员执照等级越高,薪酬水平越高。为了提高培训质量、扩大培训规模,培训机构在不断地聘请高水平教练员,增加教练员队伍数量,不少培训机构教练员数量达到60人左右,有的还聘请了外籍青训总监,因此员工薪资负担较重,成为培训机构最大的一笔经费支

出,约占69.43%,换言之,培训机构近七成的经费用于支付员工薪资。

从图2可以明显看出,在三类培训机构的各项支出中,员工薪资占比均明显超出其他各项支出,其中精英基地组最高、一般机构最低、培训基地组居中,这是因为精英基地组聘请的教练员整体水平较高,因此薪资水平亦较高。而在对三个类型培训机构支出占比进行独立样本T检验时,结果显示,均不存在显著性差异。

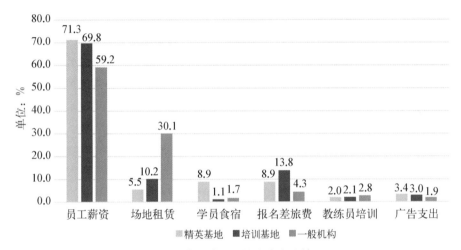

图2 不同类型培训机构支出占比情况图

(三)培训机构教练员状况

教练员是培训机构最核心的生产要素,关系到人才培养的质量和效益。课题组对教练员执照、运动经历以及学历情况进行了问卷调查,以期较全面、客观、准确了解这一关键群体的情况。

1. 教练员执照状况

在调查的15所青少年足球培训机构中,有职业级教练员9名、亚足联A级13名、亚足联B级17名、亚足联/中国足协C级110名、中国足协D级113名、上海足协E级66名、无证书者16名,共计344名,平均每家机构拥有教练员23名,其中64.83%的教练员持有中国足协D级、亚足联/中国足协C级教练员执照。从表5可以看到,精英基地组无论是教练员执照级别还是教练员数量,均远远高于培训基地组和一般机构组。而事实上,上海市足球协会在《上海市青少年足球精英基地建设方案》中,也对各培训机构的技术及人力资源有了明确的要求。本次调查结果也进一步印证了相关政策的落地实施。

表5　不同类型培训机构教练员执照情况　　　　　　　单位：名

类　型	职业级	A级	B级	C级	D级	E级	无执照	小计
精英基地	7	7	7	64	56	20	2	163
培训基地	1	4	9	29	45	39	7	134
一般机构	1	2	1	17	12	7	7	47
合　计	9	13	17	110	113	66	16	344

2. 教练员运动经历状况

一般而言，一名教练员如果拥有高水平的运动经历，不仅说明其具有高超的专项运动技能，而且拥有高水平的运动体验，这些在其执教过程中，都将发挥重要的作用。从表6可以看到，与教练员执照情况相似，精英基地组足球运动经历明显好于培训基地组和一般机构组。46.51%的教练员拥有市级及以上足球代表队运动经历。

表6　不同类型培训机构教练员足球运动经历情况　　　　单位：名

类　型	国家队经历	职业俱乐部或省队或部队队经历	市队经历	其他经历	小　计
精英基地	5	32	43	83	163
培训基地	3	32	30	69	134
一般机构	1	7	7	32	47
合　计	9	71	80	184	344

3. 教练员学历情况

现代足球对教练员的要求越来越高，一名优秀的教练员不仅要有高水平的运动技能，而且要具备运动训练学、运动生理学、心理学、运动医学等专业知识，更要具备团队协作、媒体沟通等综合能力，因此，教练员的文化素养往往会起到决定性的作用。从表7可以看出，上海市教练员具有本科、研究生及以上学历者有146名，占总数的42.44%，整体学历水平偏低，在实际工作过程中，可能会成为制约教练员执教能力的短板。

表7 不同类型培训机构教练员学历情况　　　　　　单位：名

类 型	研究生及以上	本科	专科	中专或高中	初中及以下	小计
精英基地	1	55	71	35	1	163
培训基地	7	57	44	10	16	134
一般机构	4	22	4	2	15	47
合 计	12	134	119	47	32	344

4. 外籍教练员情况

近年来，随着足球运动在我国持续升温，大量外籍教练员不断涌入，带来了先进的足球理念和科学的训练方法，极大地推动了我国足球水平的提高。不仅在职业足球领域，在社会足球培训市场也是如此。许多培训机构聘请外籍技术总监、教练员，负责制定训练大纲，实施训练监控，取得了很好的效果。从图3可见，在调查的15家培训机构中，精英基地

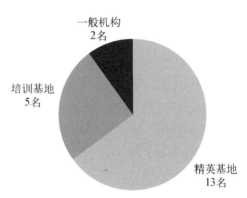

图3 不同类型培训机构聘请外籍教练员情况图

组聘请13名外籍教练员、培训基地组聘请5名、一般机构组聘请2名，平均每家机构聘请1名外籍教练员。

5. 培训机构场地状况

场地是培训机构开展足球培训活动最重要的要素之一，课题组对15家培训机构的场地情况进行了问卷调查，调查中，仅涉及场地数量，不涉及场地类别（天然草坪或人造草坪）。结果显示，各类培训机构共拥有11人制场地34块、7人制场地72块、5人制场地106块。平均每家机构拥有11人制场地2块、7人制场地5块、5人制场地14块。精英基地组场地条件依次优于培训基地组和一般机构组。

表8 不同类型培训机构场地情况　　　　　　单位：块

类 型	11人制场地	7人制场地	5人制场地	小 计
精英基地	12	27	38	77
培训基地	16	34	50	100

续 表

类　　型	11人制场地	7人制场地	5人制场地	小　　计
一般机构	6	11	18	35
合　　计	34	72	106	212

二、存在问题

课题组在实地考察的基础上,对上海市体育系统领导、专家学者进行了深度访谈,梳理出上海市青少年足球培训市场存在的10个问题,制作了4份问卷,分别请市体育系统领导、专家学者、17家培训机构领导(有2份问卷无效)、16个区校园足球精英训练营负责人勾选。

调查发现,每道题的P值均大于0.05,说明各类人群对于培训机构市场存在问题的认知,没有显著差异,意见较为统一。

我们对10个问题进行描述性统计处理,以60%认同为基准,筛选出6大主要问题。

(一) 缺少优秀青少年足球教练员

俗话说:"十年树木百年树人。"要想培养优秀的足球后备人才,首要的条件就是要有优秀的青少年足球教练员,如同张引指导培养辽小虎、徐根宝指导培养武磊。随着现代足球的快速发展,对青少年教练员的要求越来越高,他们不仅要有高水平的足球运动经历,能够完成规范、标准的动作示范,而且要具备组织教学、指挥比赛的能力,同时还应具有一颗强烈的事业心,耐得住青训的寂寞,抵御得住外界的诱惑,还要有高超的团队合作能力和语言沟通能力以及自我学习能力。

课题组在实地调研培训机构的过程中,几乎每位负责人都会提到,现在最缺的就是优秀的青少年足球教练员。同时,通过对四类人群的问卷调查,"缺少优秀青少年教练员"也在所有问题中排名第一,可见问题的严重性。调查中了解到,上海市培训机构教练员队伍比较年轻,大多拥有中国足协D级或亚足联C级教练员执照,有一半的从业者没有高水平足球运动经历,且青训经验不够丰富,存在较大的上升空间。同时,青训机构不高的收入也难以留住高水平人才,教练员队伍的稳定性也存在一定的问题。

(二)短期竞赛成绩与长期人才培养的矛盾

短期竞赛成绩与长期人才培养的矛盾是上海市青少年足球培训机构存在的一个主要问题。在充满着急功近利色彩的当下,家长把孩子送到培训机构接受培训,大都希望能够在最短的时间内,见到最大的成效。同时,培训机构为了稳定家长、扩大生源,急需用事实向家长证明,其教练员团队是最好的,培训效果是最明显的,因此,也需要在短时间内把最好的培训成果展现给家长。此外,面对俱乐部的考察,教练员也需要用成绩证明一切。而这样做的代价却有可能是毁了孩子的未来。

我们在实地调研过程中发现,不少培训机构为了准备比赛、取得好成绩,采取了大量成人化、专项化的练习手段和方法,这些只会起到拔苗助长的作用,断送青少年美好的未来。青少年体育培训是一项周期长、见效慢的基础工程,应以兴趣培养为主,注重学员的长远发展,而不是经济利益。我们常说,基础不牢,地动山摇。青少年时期,应以发现人才、培养人才、输送人才为主要目的,应紧紧抓住各项素质的敏感发展期,全面发展青少年的各项身体素质,为今后的足球专项训练,包括跨项训练打下坚实的基础。

(三)市场快速发展与管理相对落后的矛盾

长期以来,我国体育培训机构的登记注册既可以在民政部门,也可以在市场监督管理部门,体育部门对此类机构信息不掌握,造成两个相关主管部门分工不明确,出现管理真空。而从各培训机构的问卷反馈也可以看出,无论是民政局还是市场监督管理局,对体育培训机构的管理仅限于登记注册的时候,在日常经营过程中的管理非常少。而作为承担足球公共事务管理职能的专业协会——上海市足球协会,面对的困境却是大量从事青少年足球培训的机构并没有在足协注册登记,因而无法实施有效的监管和服务。

党的十九届四中全会明确提出要坚持和完善中国特色社会主义制度、推进国家治理体系和治理能力现代化。上海正在全力建设全球著名体育城市,根据《上海全球著名体育城市建设纲要》,到2035年,青少年体育素养大幅提高,健康状况明显改善;体育产业成为国民经济支柱性产业;拥有一批知名体育机构、有影响力的体育职业俱乐部、有实力的体育科研中心等。对标之下,现行的管理体制和运行机制亟须改进完善。

(四)缺少足球场地

足球场地是开展足球培训必备的重要条件之一。由于培训机构日常开展培训的时间段有明显的特点,即周一至周五,主要集中在 16:30~18:30,培训活动大都安排在孩子放学后,因此,如果一个机构有多个年龄段的受训球员,一个年龄段有多支球队,那么场地冲突问题就会立刻凸显出来。不少梯队共用 1 块场地,有些梯队要进行 8 人制对抗或 11 人制对抗的练习时,由于没有足够大的场地而不得不调整训练计划,严重影响了训练效果。

目前上海市培训机构场地的主要来源是租赁教育系统、体育系统或社会场地。调查中我们了解到,虽然平均每家机构拥有 2 块 11 人制场地、5 块 7 人制场地、14 块 5 人制场地,但普遍感觉场地紧张,不能完全满足训练、比赛需要。尤其是疫情期间,教育系统场地基本不能使用,更加剧了场地紧张的矛盾。这也是为什么上海市 4 家精英培训基地——竞达、搏击长空、幸运星、吉祥俱乐部纷纷把培训主阵地设在宝山、嘉定、闵行、浦东新区的原因了。中心城区的场地更加紧张,7 人制的小球场同时容纳两三支球队训练的现象比比皆是。

(五)培训市场机构存在"挖墙脚"行为

"挖墙脚"是所有培训机构最痛恨的行为,也是培训市场亟须整治的乱象之一。各类培训机构,无论规模大小,都希望能够培养出优秀的人才,向高一级单位输送。但是,由于青少年培训存在时间周期长等特点,因此不确定因素较多。不少非法中介、不良机构,通过非法接触球员家长,夸大事实真相,许诺不切实际的未来,与球员家长私下签订协议,鼓动球员与原培训机构毁约;阻挠球员与培训机构签约,或直接将球员带走,"转卖"给其他培训机构,以达到个人牟利的目的,致使对原培训机构有利的《青训补偿》《联合机制补偿》等政策无法得到有效落实。

事实上,"挖墙脚"行为的受害者不仅仅是原培训机构,还包括球员本身,以及培训市场整体利益。由于球员没有办理正常的注册变更、转会手续,所以他们不仅无法参加正规比赛,有的甚至会受到禁赛的处罚。而对于球技快速提高阶段的球员而言,长时间无法参赛,其损失是不言而喻的。对于培训市场整体而言,由于这种行为的存在,助长了行业的不正之风,颠覆了"谁培训,谁受益"的行业规范,让投资人蒙受了巨大的经济损失和空前的信任危机,严重打击了投资人扎根青训的信心和决心,对整个行业的健康发展造成致命的打击。

(六)外籍教练员没有在足协认证

近年来,中国足球持续升温,吸引了全世界的目光。各类人群纷至沓来,有以团队形式进入的,如可可维奇足球学校、西班牙团队等,也有个人进入的,良莠不齐,水平各异。有的培训机构为了体现教练员团队的国际化,聘请了外籍教练员,但他们看重的不是外教的执教能力和教练员执照,而是外国人的脸。更有部分机构聘请的外籍教练员,在本国并没有从事过教练员工作,也没有相关工作经验。他们的到来,最多起到的是帮助学员练习英文听说的作用,在足球水平提高方面毫无帮助。

事实上,无论是中国足球协会,还是上海市足球协会,对于外教的资质和管理都有明确的规定。例如,2019年《中国足协关于各会员协会统计、提交属地注册外籍教练员的通知》和《上海市青少年足球精英培训基地建设方案》中明确要求,"聘请外籍教练的,应持有洲际A级以上教练员证书。"但事实上,不少机构由于聘请的教练员资质不够或没有工作许可证,而无法到上海市足球协会办理教练员证书认定和履行相关手续,致使培训市场外籍教练员滥竽充数、鱼龙混杂。

三、发展对策

课题组就上海市青少年足球培训市场发展梳理出8个发展对策,制作了4份问卷,分别请市体育系统领导、专家学者、17家培训机构领导(有2份问卷无效)、16个区校园足球精英训练营负责人勾选。

通过对问卷进行统计学处理,我们发现,每道题的P值均大于0.05,说明各类人群对于培训机构市场发展对策的认知,没有显著差异,意见统一。

我们对8个发展对策进行描述性统计处理,结果显示,8个对策均值都超过4.2,换言之,这8大发展对策得到了所有受调查人群的高度认可。

(一)加强教练培训,提高培训质量

切实加大青少年足球教练员培训力度,努力打造一支思想觉悟高、业务能力强、安心从事青少年足球训练的教练员队伍,是帮助广大青少年在足球培训

中享受乐趣、增强体质、健全人格、锤炼意志的根本举措,也是提高培训机构培训质量、扩大足球人口基数、增加人才覆盖面、保证上海市足球健康发展的重要举措。

一是鼓励退役足球运动员从事足球培训工作,通过参加专项培训班,提高他们的业务能力和综合素质,帮助他们转型成为足球青训教练。

二是根据青少年球员心理、生理特点,有针对性地举行不同年龄段的教练员培训班,明确各年龄段的培训要点和培训目标,制订切实可行的培训计划,帮助不同年龄段的教练员提高执教能力。

三是采取"请进来,走出去"的方式,邀请青训发达国家或地区的教练员讲师来沪授课,或选送优秀青训教练员外出学习,帮助他们开阔视野,增长知识,了解世界足球发展的最新动向。

四是努力创造各种机会,不断提高教练员的执教能力和执照等级水平,提高上海市青训教练员的整体实力。

(二)深化"体教融合",提高"造血"功能

2020年9月21日,国家体育总局、教育部联合下发了《关于深化体教融合促进青少年健康发展的意见》的文件,提出"一体化设计、一体化推进"的原则,允许"通过政府购买服务等形式支持社会力量进入学校,丰富学校体育活动",为进一步深化"体教融合"指明了方向。根据上海市16个区校园足球精英训练营办公室负责人填写的问卷,2019年,16个区共投入2 085万元用于购买足球培训服务,显示出巨大的市场需求。而不少培训机构正是依靠优质的服务,中标成功,赢得大量资金,极大缓解了培训机构的财政状况,为其稳定运营奠定了坚实的基础,实现多方共赢的良好发展态势。

一是培训机构应深入贯彻落实深化"体教融合"的相关政策,抓住难得的发展机遇,把为学校提供更好的足球技术服务作为主要发展方向,帮助学校提高足球教学、训练水平。

二是培训机构应主动对接辖区各级各类学校,根据学校的实际需求,提供个性化服务,吸引更多的青少年参加足球活动,扩大培训规模。

三是培训机构应选派优秀教练员深入学校开展校园足球培训活动,借此缓解培训机构场地紧张、球员训练时间少等矛盾。

四是上海市足球协会应加强对培训机构的检查评估,定期向社会公布上海市青少年足球培训机构星级名单,接受社会监督,并为学校选择培训机构提

供专业指导。

(三)规范行业标准,实施分类管理

严格执行《上海市培训机构监督管理办法》,认真落实"属地负责、行为监管、分工配合"的原则,上海市教育委员会、上海市体育局、上海市足球协会要各司其职,明确准入标准,细化机构设置规定,完善分类设置标准,引导其规范发展。

一是坚持依法治理,凡是在上海从事足球培训的机构,均应主动到上海市足球协会登记注册,接受上海市足球协会业务指导和管理。

二是上海市教育委员会牵头协调培训市场工作,同时牵头协调和组织同级各有关职能部门,做好青少年足球培训活动的管理工作,并对培训机构做好监督管理工作。

三是上海市足球协会制定《上海市足球培训机构管理规范》,对注册管理、从业人员、培训范围、师资力量、保障设施等各方面制定明确规范的行业标准。

四是严格执行《上海市足球培训机构设置标准》及星级评定标准,坚决落实分类管理,在教练员培训、青少年竞赛、资源配置等方面向优质培训机构倾斜。

(四)推进信息公开,完善信用机制

加快推进足球培训机构信息公开,本着"公平、公正、公开、透明"的原则,将培训机构的基本信息向社会公开,保护消费者的知情权。弘扬社会主义核心价值观,完善培训机构信用体系建设。

一是足球培训实行有偿服务。培训机构应根据等级合理制定收费标准,将人员信息、服务项目、收费标准以及评估评级等信息向社会公布,便于消费者合理选择培训机构。

二是培训机构应依法经营,信守合同,严格根据合同提供各类足球技术服务或物资装备。

三是上海市足球协会根据培训机构服务态度、守法信用等建立信用体系评估标准,开展培训机构资信等级评估,将评估结果向社会公开,接受社会监督。

四是对于有恶意行为的培训机构(圈钱、无资质等),实施强制退出机制,并向社会公开,起到警示作用的同时,进一步规范培训机构市场行为。

(五)严格教练资质,落实持证上岗

加强教练员队伍管理是规范培训行为、保证培训质量、减少培训纠纷最重要的举措。培训机构必须贯彻党的教育方针和体育方针,坚持以人民为中心,落实立德树人根本任务。2020年11月16日,上海市足球协会颁布了《上海市足球培训机构管理规范》,必须抓紧抓实。

一是上海市足球协会应在体育部门指导下,严格准入门槛,由本市市场监管部门集中行使行政处罚权,对不具备培训资质的机构,坚决禁止其开展足球培训活动。

二是培训机构要坚决贯彻执行《上海市足球培训机构管理规范》,对相应年龄段的足球培训业务,配备相应技术等级技术指导人员等要求,确保培训业务与技术指导人员完全匹配。

三是坚决杜绝无证上岗或不具资质的教练员开展培训业务。一经发现,记入该培训机构诚信系统。

(六)避免恶意竞争,加强行业自律

各培训机构应坚守道德底线,相互监督,共同维护行业基本行为准则,不做有损于竞争对手或行业发展的事情,坚决抵制恶意竞争行为。

一是坚持"谁培养,谁受益"的原则,不使用引诱、教唆、欺骗等非法手段,诱骗学员转至有相关利益的培训机构。

二是各培训机构应树立正确的青少年足球运动员培养理念,加强对从业人员的宣传教育,自觉抵制各种非法行为。

三是上海足球应加强对恶意竞争行为的打击力度,一经发现,则将该机构列入"黑名单",相关从业人员实行"一票否决",取消其从事相关行业工作资格。

(七)强化奖惩机制,鼓励优胜劣汰

鼓励培训机构通过引进先进的训练理念、科学的训练方法,不断提高培训水平,发现、培养、输送优秀足球后备人才。对在全国学生(青年)运动会、全国运动会足球比赛中为上海代表队做出突出贡献的单位和个人给予表彰奖励。

一是完善输送奖励机制,根据培训机构输送人才的质量、数量给予表彰奖励。

二是建立退出机制,允许培训机构在履行完相关手续后,退出培训行业。

三是对于培训效果存在严重质量问题、造成严重社会影响等损害足球发展环境情况的培训机构,上海市足球协会有权给予责令整改、警告、降低等级、取消注册等处罚。

(八)增加机构数量,满足社会需求

要深入贯彻落实习近平总书记关于体育强国建设的重要论述,认真践行"人民城市人民建,人民城市为人民"重要理念,紧紧围绕满足人民群众对美好生活向往的宗旨,构建更高水平的全民健身公共体系,让人民群众有更多的获得感、幸福感、安全感。据统计,上海户籍常住人口中有青少年近400万人,对足球培训有巨大的需求。目前,在上海市足球协会登记注册的足球培训机构仅20余家,远远无法满足社会需求。

一是鼓励符合条件的培训机构开展足球培训业务,为广大青少年提供便利、丰富的足球培训服务。

二是引导现有足球培训机构,提供年龄段更加多样、培训内容更加丰富的足球培训服务。

三是鼓励培训机构与街道社区合作,利用小型多样的足球场,在中心城区开设青少年足球培训课程,为学员提供就近就便的培训服务。

四、结论

截至2020年7月11日,在上海市足球协会注册登记的青少年足球培训机构共有21家。被调查的15家青少年足球培训机构,2019年全部收入为4 226.38万元,平均每个机构281.76万元,整体而言,主要经济来源是投资人投入、政府招标和学员学费,但精英基地组与培训基地组、一般机构组之间存在显著性差异,政府招标已经成为精英培训机构最主要的收入来源。被调查的15家青少年足球培训机构2019年全部支出为4 600.01万元,平均每个机构支出306.67万元,近7成的经费用于支付员工薪资。被调查的15家青少年足球培训机构2019年整体亏损373.63万元,平均每家培训机构亏损24.90万元。

主动与教育部门对接,提供优质足球培训服务,已经成为上海青少年培训机构的发展趋势。15家青少年足球培训机构共与90所幼儿园、192所小学、49所初中、10所高中达成培训协议,平均每家机构对应6所幼儿园、13所小

学、3所初中、1所高中。学员年龄大都集中在6~15岁。每小时收费标准从0~120元不等,多数保持在50元的水平,个别机构免收培训费。

15家机构共雇佣了344名教练员,平均每家机构雇佣教练员23名,其中64.83%的教练员持有中国足协D级、亚足联/中国足协C级教练员执照;46.51%的教练员拥有市级及以上足球代表队运动经历;42.44%的教练员具有本科及以上学历。精英基地组无论是教练员数量,还是执照级别均明显优于培训基地组和一般机构组。

精英基地组聘请13名外籍教练员、培训基地组聘请5名、一般机构组聘请2名,平均每家机构聘请1名外籍教练员。各培训机构共拥有11人制场地34块、7人制场地72块、5人制场地106块。平均每家机构拥有11人制场地2块、7人制场地5块、5人制场地14块。精英基地组场地条件依次优于培训基地组和一般机构组。

上海市青少年足球培训机构存在6个主要问题:一是缺少优秀青少年足球教练员;二是短期竞赛成绩与长期人才培养的矛盾;三是市场快速发展与管理相对落后的矛盾;四是缺少足球场地;五是培训市场机构存在"挖墙脚"行为;六是外籍教练员没有在足协认证。

上海市青少年足球培训机构8大发展对策:一是加强教练培训,提高培训质量;二是深化"体教融合",提高"造血"功能;三是规范行业标准,实施分类管理;四是推进信息公开,完善信用机制;五是严格教练资质,落实持证上岗;六是避免恶意竞争,加强行业自律;七是强化奖惩机制,鼓励优胜劣汰;八是增加机构数量,满足社会需求。

参考文献

[1] 王登峰.新时代体教融合的目标与学校体育的改革方向[J].上海体育学院学报,2020(10).

[2] 叶小瑜,李海.德、澳、英三国政府培育体育社会组织的特征及启示[J].体育文化导刊,2018(9).

[3] 汪颖,李桂华,袁梭杰,等.世界体育发达国家体育俱乐部发展经验及启示[J].体育文化导刊,2020(1).

[4] 陈一曦,耿铭阁,林向阳.青少年体育俱乐部标准化管理体系构建研究[J].福建师范

大学学报,2018(5).
[5] 孟欢欢,李健,张伟.政府培育社会体育组织的实践与反思[J].沈阳体育学院学报,2018(4).
[6] 杨晓晨,肖林鹏,孙荣会,等.我国青少年体育俱乐部治理研究[J].成都体育学院学报,2015(4).
[7] 陈洪,梁斌,孙荣会,等.英国青少年体育俱乐部治理经验及启示[J].西安体育学院学报,2017(5).

上海市高校高水平运动员倦怠现状、成因及发展对策研究

李　森　张庆文　唐晓清　罗艳蕊　刘江山[*]

　　高校"体教结合"工作发展迅速，为我国竞技体育健康、持续、快速发展提供了重要保障。但不可否认的是目前我国高校高水平运动队整体水平发展受限、运动员成才率低、与发达国家大学生竞技水平相比仍有较大的差距。在文化课学习和运动竞赛成绩要求的双重压力下，如果这些压力得不到适当的缓解，不但会加剧训练和比赛生理上的疲惫，还会导致运动员出现运动能力下降、投入训练和比赛的热情降低、对训练比赛的积极性降低以及对自己所从事的运动项目漠不关心等现象，即俗称"运动员倦怠"。这在很大程度上会影响这部分学生运动员的成长与成才，不利于学生未来的发展，更不利于"体教结合"培养目标的达成与实现。

　　截至 2020 年，上海市高校具备高水平运动员招收资格的高校为 18 所，其中涵盖了本市所有的"985""211"高校和半数以上的市属本科院校。招收的运动员项目种类也由传统的三大球、田径等逐渐向小球类、棒（垒）球、冰壶等项目扩展。尽管每个高校高水平运动员的招收人数不多，但是这部分学生是"体教结合"培养目标的代表，其培养质量的高低关系到高校"体教结合"竞技体育人才的质量，甚至会影响到未来我国体育体制改革发展的道路。

　　本研究以上海市高校高水平运动员为调查对象，共调查了 14 所具备高水平运动员招收资格高校的 217 名高水平运动员。运用《运动员倦怠量表》对运

---

[*] 本文作者简介：李森，上海立信会计金融学院讲师，硕士研究生，研究方向：大学生健康促进；张庆文，上海体育学院教授，博士研究生，研究方向：运动与健康促进；唐晓清，上海立信会计金融学院讲师，博士研究生，研究方向：数学建模；罗艳蕊，上海立信会计金融学院教授，博士研究生，研究方向：运动康复；刘江山，常州大学副教授，博士研究生，研究方向：运动训练。

动员进行调查。

一、上海市高校高水平运动员倦怠的现状分析

所谓开放式运动项目和封闭式运动项目是根据运动项目技能操作中环境背景的稳定性特征进行的一种分类方式。开放式运动技能是指在操作目标、支撑平台和其他人始终处于运动状态条件下进行的技能,如篮球、羽毛球、散打、拳击等项目就属于开放式运动项目;封闭式运动技能的环境特征是稳定的,即环境背景特征在技能操作过程中不会发生位置上的移动,如射击、田径、游泳等就属于封闭式运动项目。根据以上定义,本研究中的开放式运动项目包括:足球、篮球、排球、乒乓球、羽毛球、网球、手球、击剑8个项目;封闭式运动项目包括:田径、武术、游泳、棒垒球、龙舟5个项目。

由表1可见,在项目类型中,调查的217名高水平运动员中近九成从事的为开放式运动项目,封闭式项目的运动员人数较少,只占总调查人数的10%左右,以游泳、武术项目为主;在年级分布中,随着近几年各个高校招生力度的加大和取得高水平招生资格的高校越来越多,低年级高水平运动员人数明显较高年级高水平运动员的人数多;在运动等级一项中,具备一级运动员资格的人数超过调查人数的一半,还有少数达到了健将级,两者合计占调查人数的60%左右;在训练年限上,6~10年的人数最多,训练年限超过10年的也占到近四成。

表1 调查对象基本信息汇总

类别	运动项目类型		年 级			运动等级			训练年限		
	开放式	封闭式	二	三	四	二级	一级	健将	≤5年	6~10年	>10年
人数(人)	195	22	117	59	41	88	119	10	34	101	82
占比(%)	89.9	10.1	53.9	27.2	18.9	40.6	54.8	4.6	15.7	46.5	37.8

(一)上海市高校高水平运动员倦怠的总体水平

《运动员倦怠量表》采用5点计分,3分为中数,5分为完全符合。由表2

可见,所调查的上海市高校 217 名高水平运动员的倦怠水平不高,属于中等偏低水平。说明目前上海市高校各个项目的高水平运动员倦怠情况并不明显,运动员对自己所从事的专项训练与竞赛持有较高的积极性和参与热情。这与以专业运动员或者国外的大学生运动员为调查对象的研究结果并不一致,这是因为现阶段高校的高水平运动员在我国竞技体育人才培养与输送中所占的比例较少,他们的训练与竞赛压力较小。并且高校的生活环境较为开放,缓解压力的途径选择性更多。

在运动员倦怠的三个维度因子中,采用均值/条目数量得到的条目平均分来表示各维度的倦怠高低。运动贬低因子的平均分得分最低,成就感下降因子平均分最高,这与国内学者洪燕青以福建省青少年运动员为调查对象的研究结果一致。运动贬低因子得分最低,说明大多数高校高水平运动员对于自己从事的运动专项是热爱的,能够在训练比赛中保持对运动项目的积极性,体会到运动带来的愉悦感;成就感下降因子得分最高,说明目前上海市高校高水平运动员普遍对自己的运动水平和已经取得的比赛成绩还不满足,也反映出他们不安于现状、积极进取的心态。

表 2 上海市高校高水平运动员倦怠各因素的总体水平($n=217$)

维度因子	极小值	极大值	均 值	标准差	均值/条目
成就感下降因子	3	15	8.53	2.139	2.840
情绪/体力耗竭因子	5	25	12.01	3.856	2.402
运动贬低因子	5	25	11.26	4.043	2.252
运动倦怠总分	13	64	31.79	8.89	2.445

(二)不同项目高水平运动员倦怠调查

本研究调查的 217 名高校高水平运动中,开放式运动项目的人数比例远远超过封闭式运动项目。经过独立样本 T 检验,运动员倦怠水平无论是各个维度还是倦怠总分,在项目类型上差异都不具备显著性。这与国内学者侯并并以重庆市体育专业大学生运动员为调查对象的研究结果一致。

但是从表 3 中可以看出,开放式项目的运动员无论是在倦怠总分还是在各个维度上,得分都高于封闭式项目运动员。即参与运动项目类型为开放式运动项目的运动员较封闭式运动项目的运动员更容易产生倦怠。

表 3　不同项目类型运动员倦怠比较

维度因子	开放式($n=195$)	封闭式($n=22$)	t	p
成就感下降因子	8.54±2.28	8.36±2.13	0.373	0.709
情绪/体力耗竭因子	12.68±4.02	11.93±3.84	0.863	0.389
运动贬低因子	12.05±4.28	11.17±4.02	0.963	0.336
运动倦怠总分	33.09±9.87	31.65±8.79	0.721	0.472

（三）不同运动等级运动员倦怠调查

以不同运动等级为自变量，考量运动员倦怠的总体与各个维度因子情况。方差分析的结果如表 4 所示。

表 4　不同运动等级运动员倦怠比较

维度因子	二级($n=88$)	一级($n=119$)	健将级($n=10$)	F	p
成就感下降因子	8.57±2.24	8.51±2.07	8.30±2.26	0.075	0.928
情绪/体力耗竭因子	11.69±3.65	12.03±3.86	14.50±4.97	2.415	0.092
运动贬低因子	11.44±3.85	11.02±4.26	12.50±2.88	0.774	0.462
运动倦怠总分	31.70±8.57	31.56±9.14	35.30±9.03	1.896	0.442

由表 4 可知，不同运动等级高水平运动员倦怠差异并不显著。但从三个分量表和总分来说，除去成绩感下降因子得分略低外，健将级运动员在情绪/体力耗竭、运动贬低和倦怠总分上的得分均高于一级、二级运动员。

在运动等级方面，高校高水平运动员倦怠差异并不显著，这可能是因为尽管运动员存在等级差异，但是都要进行相应的训练和比赛，不同等级运动员所要承受的心理压力水平相当。因此，彼此间的倦怠水平大致相同。在成就感下降这一维度上，健将级运动员好于一级和二级运动员，说明健将级的运动员无论是在技战术的熟练程度还是比赛经验上都好于一级、二级运动员，他们在比赛中获取成功的可能性更大，更容易从运动比赛中获得成就感与满足感。当然，这部分运动员面临的内外压力也更大，学校、教练员对其寄予的希望远大于其他等级运动员，在运动技术、训练负荷及比赛任务上的要求更高，更容易导致运动员倦怠水平的升高。

(四)不同训练年限运动员倦怠调查

由表 5 可知,不同训练年限运动员倦怠的差异并不明显。但在三个分量表和倦怠总分上,训练年限在"5 年及以下"的运动员得分较其他两组高。这与杨彩霞等以中学生和大学生运动员为调查对象的研究结果相一致。即随着训练年限的增长,运动员倦怠的水平反而出现了小幅下降。分析其中的原因,可能是因为作为学生运动员的新人,短时间内面对陌生的训练和学习环境缺少必要的心理准备。同时,在参与高水平的体育竞赛面对失败时,不能及时地进行心理疏导与调整,这些原因都会导致倦怠水平的升高。而随着训练年限的增加,运动员个体对训练比赛的适应能力更强,心理承受能力也较过去有了一定程度的提高。

表 5 不同训练年限运动员倦怠比较

维度因子	5 年及以下 ($n=34$)	6～10 年 ($n=101$)	10 年以上 ($n=82$)	F	p
成就感下降因子	8.74±2.34	8.69±2.03	8.23±2.18	1.25	0.289
情绪/体力耗竭因子	12.53±3.54	12.00±4.04	11.80±3.78	0.422	0.656
运动贬低因子	11.74±3.96	11.32±3.97	10.99±4.20	0.428	0.652
运动倦怠总分	33.00±8.68	32.01±8.77	31.02±9.18	0.647	0.525

(五)不同年级运动员倦怠调查

近几年,随着国家对"体教结合"体育人才培养的重视程度日益提高,高水平运动队落户高等院校已经成为非常普遍的现象,并且申办高水平运动队的高校逐年增加,这就使得低年级的运动员人数逐渐多于高年级。

由表 6 可知,不同年级高水平运动员的倦怠水平差异也不显著。总体而言,随着年级的升高,高水平运动员的倦怠程度有小幅增加的趋势。高校高水平运动员作为即将步入社会的青年,由于其本身的特殊性,他们肩负着学习与训练的双重任务,同时还面临着来自各方面的压力。尤其是对于高年级的运动员而言,除去日常的训练、比赛压力外,实习、工作、考研、出国等都是摆在他们面前急需解决的关键问题,这些因素都会增加他们的压力水平,从而导致倦怠水平的提高。

表 6 不同年级运动员倦怠比较

维度因子	大二($n=117$)	大三($n=59$)	大四($n=41$)	F	p
成就感下降因子	8.57±2.02	8.44±2.50	8.51±1.94	1.946	0.145
情绪/体力耗竭因子	11.80±3.62	12.19±3.92	12.34±4.45	0.379	0.685
运动贬低因子	11.09±3.98	11.22±3.72	11.78±4.69	0.439	0.645
运动倦怠总分	31.47±8.50	31.85±8.78	32.63±10.25	0.332	0.718

二、上海市高校高水平运动员倦怠的影响因素分析

（一）上海市高校高水平运动员倦怠影响因素的特点分析

由表 7 可以看出，在项目类型、运动等级、训练年限和年级四个变量上，受各因素影响的差异不具备显著性，这与目前上海市高校高水平运动员总体的倦怠程度较低相一致。

开放式运动项目与封闭式运动项目运动员在各个影响因素上没有体现出差异的显著性，但是开放式运动项目运动员在各个因素上受到的影响较封闭式运动项目运动员都要大。训练、比赛环境的动态变化，使开放式运动项目所需的技战术要求更高，对自己的身体状况和教练的指导依赖性更强，所承受的压力也更大，这与开放式运动项目运动员的倦怠水平更高相一致。

不同等级运动员在各个影响因素维度上都不存在显著的差异性，这说明目前上海市高校高水平运动员，无论等级高低，受到训练、身体、训练和压力等影响因素影响的程度基本一致。但是除去教练因素外，健将级的学生运动员更容易受到其他几个因素的影响。通过对部分高水平运动的走访调查，高等级运动员始终是各项比赛的主导，因此在日常训练中，与低等级的学生运动员相比所要所承受的压力更大，受到训练和身体状况方面的影响也越大。

不同训练年限、不同年级与不同等级运动员受各因素影响的结果基本一致，组间都不存在显著性差异，并且有随着训练年限、年级的增加，受到各因素影响越明显的趋势。因此，对于训练年限较长和处于高年级的高水平学生运动员要加大关注的力度，注意他们训练比赛中的情绪变化并予以及时的疏导。

表7 倦怠影响因素总分及各影响因素维度在不同特征上的差异性分析

变量	分类	训练因素	身体因素	教练因素	压力因素	影响因素总分
运动项目类型	开放式	12.75±4.43	10.38±3.71	8.81±4.02	15.87±5.42	47.80±15.06
	封闭式	12.09±3.25	10.14±3.87	7.23±3.46	15.09±5.42	44.55±13.31
	T	0.676	0.290	1.991	0.636	0.971
	P	0.50	0.772	0.056	0.525	0.332
不同等级	二级	12.45±4.16	10.01±3.65	8.60±3.94	15.17±5.12	46.24±14.29
	一级	12.78±4.43	10.51±3.76	8.69±4.02	16.14±5.52	48.13±15.10
	健将	13.50±4.84	11.50±3.89	8.50±4.53	17.00±6.73	50.50±18.17
	F	0.330	0.954	0.019	1.080	0.621
	P	0.719	0.387	0.981	0.342	0.539
不同训练年限	≤5年	12.68±4.15	10.50±3.47	7.18±3.19	15.09±5.29	45.44±13.89
	6~10年	12.25±4.25	10.21±3.88	8.88±4.10	15.77±5.52	47.11±15.33
	≥10年	13.22±4.48	10.48±3.66	8.86±4.07	16.10±5.73	48.76±14.82
	F	1.15	0.146	2.784	0.416	0.648
	P	0.320	0.864	0.064	0.660	0.524
不同年级	大二	12.37±4.07	10.36±3.67	8.36±3.91	15.45±5.21	46.54±14.20
	大三	12.66±4.56	9.88±3.78	8.59±4.09	15.98±5.74	47.12±15.93
	大四	13.61±4.65	11.02±3.77	9.54±4.04	16.46±5.57	50.63±15.26
	F	1.257	1.142	1.332	0.579	1.172
	P	0.287	0.321	0.266	0.561	0.312

(二)上海市高校高水平运动员倦怠与影响因素的相关性分析

本研究采用的《上海市高校高水平运动员倦怠影响因素》问卷,共分为训练竞赛因素、身体因素、教练因素和压力因素四个维度,每个维度4~6个条目。采用皮尔逊相关对调查对象运动倦怠及其影响因素开展相关分析,结果显示:成就感下降、情绪/体力耗竭、运动贬低和倦怠总分与各影响因素及总分都存在显著正相关,P值均小于0.01,结果见表8。

表 8　运动倦怠影响因素与运动倦怠的相关分析(r)

影响因素	1	2	3	4	5	6	7	8	9
1. 成就感下降	1								
2. 情绪/体力耗竭	0.495**	1							
3. 运动贬低	0.566**	0.815**	1						
4. 运动倦怠总分	0.712**	0.923**	0.944**	1					
5. 训练竞赛因素	0.399**	0.486**	0.452**	0.512**	1				
6. 身体因素	0.390**	0.571**	0.534**	0.584**	0.764**	1			
7. 教练因素	0.461**	0.510**	0.594**	0.602**	0.664**	0.607**	1		
8. 压力因素	0.527**	0.643**	0.631**	0.692**	0.575**	0.600**	0.635**	1	
9. 影响因素总分	0.528**	0.654**	0.653**	0.707**	0.868**	0.852**	0.843**	0.850**	1

* $P<0.05$，** $P<0.01$。

一般认为：$|r|\geqslant0.8$，为两变量间高度相关；$0.5\leqslant|r|<0.8$，为两变量中度相关；$0.3\leqslant|r|<0.5$，为两变量低度相关或弱相关；$|r|<0.3$，说明相关程度为极弱相关或无相关。通过表 8 可以看到，运动倦怠三个维度及总分与影响因素四个维度及总分的相关系数 $r\in[0.390,0.643]$，存在低至中等程度的相关，这与国内学者吴敏等的研究结果一致。

训练竞赛因素与倦怠三个因子(成就感下降因子、情绪/体力耗竭因子和运动贬低因子)的相关系数分别为 0.399、0.486、0.452；身体因素与倦怠三个因子的相关系数分别为 0.390、0.571、0.534；教练因素与倦怠三个因子的相关系数分别为 0.461、0.510、0.594；压力因素与倦怠三个因子的相关系数分别 0.527、0.643、0.631。压力因素与倦怠各因子的相关性最高，说明与运动员倦怠的产生关系最为密切。国内学者陈作松等将运动员倦怠定义为：运动员由于长期的压力和不满，造成具有回避自己喜欢的体育活动的心理体验。也有学者指出，倦怠是环境要求和个体资源的长期不平衡的压力效应，是个体长期应对不良压力的最后崩溃阶段。如果运动员缺乏有效的支持与应对，当面对诸多无法控制的压力时,压力的累积效应就会最终导致运动倦怠的出现。可见,压力是诱导运动员倦怠产生的主要因素。

(三)上海市高校高水平运动员倦怠与影响因素的回归分析

通过上述相关分析得知运动倦怠和各影响因素之间存在密切关系,但并不能进一步地说明变量之间的具体关系。为了进一步探讨各个影响因素的作用方向并检验变量之间是否存在因果关系,本研究在以上相关分析结果的基础上,采用回归分析,对变量之间的前后因果关系进行验证。

1. 成就感下降因子

相关分析结果表明,成就感下降因子与各影响因素之间存在显著的正相关,$r \in [0.390, 0.527](P<0.01)$。为了进一步明确变量间的确定关系,以成就感下降因子为因变量,四个影响因素为自变量,进行多元逐步回归分析,分析结果如表9、表10所示。

表9 模型汇总

模 型	R	R方	调整R方	标准估计误差
1	0.527[a]	0.278	0.274	1.822
2	0.552[b]	0.304	0.298	1.792

a. 预测变量:常量、压力因素。
b. 预测变量:常量、压力因素、教练因素。

表10 成就感下降因子[*]与四个影响因素的回归分析结果

模 型	预测变量	B	标准误差	标准系数	T	P
1	常量	5.238	0.382		13.708	<0.001
	压力因素	0.208	0.023	0.527	9.094	<0.001
2	常量	5.096	0.379		13.441	<0.001
	压力因素	0.155	0.029	0.393	5.327	<0.001
	教练因素	0.113	0.040	0.211	2.862	0.005

* 因变量。

回归分析的结果可以看出,高水平运动员倦怠影响的四个因素中,只有压力因素和教练因素进入回归方程的显著变量,两个变量的联合解释变异量为

30.4%,即两个变量能够联合预测成就感下降因子30.4%的变异量。就个别变量的解释来看,首先进入回归方程的是压力因素,当压力因素单独进入回归方程时,对成就感下降因子变化的解释率达27.8%。进一步对回归方程的显著性检验,发现P值达到了显著水平($P<0.001$),表明回归方程有意义,可以建立回归方程:

$$成就感下降 = 5.096 + 0.155 \times 压力因素 + 0.113 \times 教练因素$$

从上述回归方程可以看到,影响因素中的压力因素和教练因素可以有效地预测成就感下降因子。其中,压力因素水平每增加一个单位,成就感下降因子就增加0.155个单位;教练因素水平每增加一个单位,成就感下降因子就增加0.113个单位。

2. 情绪/体力耗竭因子

相关分析结果表明,情绪/体力耗竭因子与各影响因素之间存在显著的正相关,$r \in [0.486, 0.643]$($P<0.01$)。各因素与情绪/体力耗竭因子的相关程度较成就感下降因子更为密切。为了进一步明确变量间的确定关系,以情绪/体力耗竭因子为因变量,四个影响因素为自变量,进行多元逐步回归分析,分析结果如表11、表12所示。

表11 模型汇总

模 型	R	R方	调整R方	标准估计误差
1	0.643[a]	0.413	0.410	2.962
2	0.683[b]	0.467	0.462	2.829

a. 预测变量:常量、压力因素。
b. 预测变量:常量、压力因素、身体因素。

表12 情绪/体力耗竭因子[*]与四个影响因素的回归分析结果

模 型	预测变量	B	标准误差	标准系数	T	P
1	常量	4.783	0.621		7.700	<0.001
	压力因素	0.458	0.037	0.643	12.296	<0.001
2	常量	3.630	0.643		5.643	<0.001
	压力因素	0.334	0.044	0.469	7.513	<0.001
	身体因素	0.300	0.065	0.290	4.643	<0.001

* 因变量。

回归分析的结果可以看出,高水平运动员倦怠影响的四个因素中,只有压力因素和身体因素进入回归方程的显著变量,两个变量的联合解释变异量为46.7%,即两个变量能够联合预测情绪/体力耗竭因子46.7%的变异量。就个别变量的解释来看,首先进入回归方程的是压力因素,当压力因素单独进入回归方程时,对情绪/体力耗竭因子变化的解释率达45.8%。进一步对回归方程的显著性检验,发现 P 值达到了显著水平($P<0.001$),表明回归方程有意义,可以建立回归方程:

$$情绪/体力耗竭 = 3.63 + 0.334 \times 压力因素 + 0.3 \times 身体因素$$

从上述回归方程可以看到,影响因素中的压力因素和身体因素可以有效地预测情绪/体力耗竭因子。其中,压力因素水平每增加一个单位,情绪/体力耗竭因子就增加0.334个单位;身体因素水平每增加一个单位,情绪/体力耗竭因子就增加0.3个单位。

3. 运动贬低因子

相关分析结果表明,运动贬低因子与各影响因素之间存在显著的正相关,$r \in [0.452, 0.631]$($P<0.01$)。为了进一步明确变量间的确定关系,以运动贬低因子为因变量,四个影响因素为自变量,进行多元逐步回归分析,分析结果如表13、表14所示。

表13 模型汇总

模　型	R	R 方	调整 R 方	标准估计误差
1	0.631[a]	0.398	0.395	3.144
2	0.679[b]	0.461	0.456	2.983
3	0.688[c]	0.473	0.466	2.956

a. 预测变量:常量、压力因素。
b. 预测变量:常量、压力因素、教练因素。
c. 预测变量:常量、压力因素、教练因素、身体因素。

表14 运动贬低因子[*]与四个影响因素的回归分析结果

模　型	预测变量	B	标准误差	标准系数	T	P
1	常量	3.816	0.659		5.788	<0.001
	压力因素	0.471	0.040	0.631	11.929	<0.001

续　表

模　型	预测变量	B	标准误差	标准系数	T	P
2	常量	3.404	0.631		5.395	<0.001
	压力因素	0.318	0.049	0.425	6.551	<0.001
	教练因素	0.328	0.066	0.324	4.987	<0.001
3	常量	2.859	0.672		4.253	<0.001
	压力因素	0.278	0.051	0.372	5.420	<0.001
	教练因素	0.272	0.070	0.268	3.877	<0.001
	身体因素	0.160	0.073	0.148	2.211	0.028

* 因变量。

回归分析的结果可以看出，高水平运动员倦怠影响的四个因素中，压力因素、教练因素和身体因素进入回归方程的显著变量，三个变量的联合解释变异量为 47.3%，即三个变量能够联合预测运动贬低因子 47.3% 的变异量。就个别变量的解释来看，首先进入回归方程的是压力因素，当压力因素单独进入回归方程时，对运动贬低因子变化的解释率达 47.1%。进一步对回归方程的显著性检验，发现 P 值达到了显著水平（$P<0.001$），表明回归方程有意义，可以建立回归方程：

运动贬低 $=2.859+0.278\times$ 压力因素 $+0.272\times$ 教练因素 $+0.16\times$ 身体因素

从上述回归方程可以看到，影响因素中的压力因素、教练因素和身体因素可以有效地预测运动贬低因子。其中，压力因素水平每增加一个单位，运动贬低因子就增加 0.278 个单位；教练因素水平每增加一个单位，运动贬低因子就增加 0.272 个单位；身体因素水平每增加一个单位，运动贬低因子就增加 0.16 个单位。

通过对运动员倦怠三个因子和影响因素间的模型构建可以发现，压力因素在各个模型中都是首先进入的因素，并且在各因素中都占有最大的比重。无论是成绩感下降、情绪/体力耗竭，还是运动贬低的产生，都与高校高水平运动员压力的增加息息相关。同时，教练因素在成就感下降和运动贬低因子中有正向预测作用，身体因素则在情绪/体力耗竭和运动贬低因子中具有正向预测作用。除去训练竞赛因素外，倦怠影响因素的其他三个因子都对运动员倦怠有正向预测作用。

三、结论与对策

（一）结论

1. 上海市高校高水平运动员总体倦怠水平不高

从整体上看，上海市高校各个项目的高水平运动员总体倦怠水平不高，属于中等偏下水平。说明目前上海市高校高水平运动员对自己从事的体育项目普遍较为喜爱，并能对运动项目产生较为积极的认同感。运动项目的训练和比赛已经成为他们大学生活的重要组成部分。在运动员倦怠的三个因子中，运动贬低因子的平均分得最低，成就感下降因子平均分最高。说明大多数高校高水平运动员对于自己从事的运动专项是热爱的，并且普遍对自己的运动水平和已经取得的比赛成绩还不满足。

2. 在运动项目类型、运动等级、训练年限和年级几个因素上差异不存在显著性

通过对上海所高校高水平运动员在项目类型、运动等级、年级和训练年限的统计分析发现，尽管在各因素间可能存在一定的差异，但是差异并不存在显著性。各个运动项目的运动员，无论等级高低、训练年限长短、年级高低，所处的内外环境基本一致，面对的主客观条件相差不大。同时对于开放式运动项目，高年级和高等级运动员在倦怠总分和各维度因子上得分较高，因此要给予这部分学生运动员更多的关心和帮助，防止这部分学生运动员倦怠程度继续加深，从而诱发倦怠的产生。

3. 上海市高校高水平运动员在倦怠影响因素的差异性方面不存在显著性

在影响高水平运动员倦怠的诸多因素中，本研究提取了训练竞赛因素、身体因素、教练因素和压力因素四个影响因素。在对运动员运动倦怠影响因素的分析中发现，不同项目类型、训练年限、运动等级和年级的高水平运动员都不存在显著性差异。上海市高校高水平运动员所受到的来自个体、教练员和训练学习环境的影响基本一致。但是开放式运动项目、高年级、高运动等级和较长训练年限的高水平运动员受到的影响比其他组别要大。

4. 压力因素对高校高水平运动员倦怠的影响比重最大

上海市高校高水平运动员的成就感下降、情绪/体力耗竭、运动贬低三个因子和倦怠总分与各影响因素都存在显著正相关（$P<0.01$），说明高水平运动员的成就感下降、情绪/体力耗竭、运动贬低与训练因素、压力因素、教练因素和身体因素都息息相关。做进一步回归分析后，结果表明，教练因素、压力因素、身体因素和训练因素等对运动倦怠有正向预测作用（$P<0.05$）。其中，压力因素对应成就感下降、体力/情绪耗竭和运动贬低三个因子都是影响最大的因素。倦怠本身即是在自身和外界各种压力影响下所产生的一种心理活动，因此对压力的缓解与释放是降低运动员倦怠的重要举措。

（二）对策

1. 加大对高水平运动员的人文关怀，提高文化学习重视程度

无论是在学习上、生活上还是训练竞赛中，都要加强对高水平运动员的人文关怀。尤其是教练员，要注意观察运动员的训练状态，科学地安排训练内容和训练负荷。始终将运动员的身体健康放在首要位置，切不可一味地以牺牲运动员的身体健康来追求竞赛成绩。尤其是高等级、高年级的学生运动员，在面对学习、就业、考研等压力时，要及时给予心理疏导，真正成为他们心中的"良师益友"。同时，要提高高水平运动员这一群体对文化学习的重视程度，加强对他们的文化教育，不断提升他们的文化基础和专业素养，努力培养运动技能出色，专业知识出众的知识型运动员。

2. 拓展高水平运动员参赛途径，构建科学竞赛体系

参赛的次数和参赛的质量是影响高校高水平运动队发展的重要因素之一。受限于招生人数和规模，目前上海市高校高水平运动员的人数并不多。很多办学规模较小的高校，在高水平运动队建设上尚处于起步阶段。除极少数运动队参赛次数较多外，大多数高水平运动队基本都是每年参加一次上海市大学生比赛、一次全国大学生比赛。运动员得不到高水平赛事的锻炼，感受不到比赛的激烈氛围，容易造成参赛经验少、成就感下降的情况。因此，要积极拓展高水平运动员的参赛途径，鼓励高校运动队参加民间团体、俱乐部组织的体育比赛，做到"以赛代练"，维持良好的身体状态和参赛水平。

在大型体育比赛的安排上，应充分考虑运动员在校学习的课程规律，避免在期末考试阶段组织安排比赛。对于训练式比赛期间影响的课程，应在比赛结束的第一时间组织课程教师对其补课，缩小其专业学习的差距。

3. 完善高水平运动员的培养模式,优化教学内容

目前上海市大多数高校往往将高水平运动员挂靠在同一学院、单独组班的形式进行培养,这种方式便于运动员的日常管理以及训练、比赛的组织。在所学专业上,大部分高校高水平运动员以文科专业为主,专业多集中在管理、市场营销等,这种模式充分考虑到高水平运动员学生在文化课学习方面基础较为薄弱,可以减轻学生课业学习的压力。

在高水平运动员的文化学习上,要组织经验丰富的教师进行教学,根据学生的实际情况,优化教学内容,激发学生文化学习的热情和积极性,达到因材施教的教学目标。通过进一步调研,了解已毕业高水平运动员的就业方向、工作现状及用人单位对他们的文化素养要求,有的放矢地进行教学内容的调整和改善。

4. 丰富高水平运动员的课余生活,缓解学习比赛压力

相比普通学生,高水平运动员的课余时间多被训练和比赛占据,因此课余生活相对枯燥、单调。加之,单独成班的教学模式,使得他们与普通学生的接触较少,处于相对封闭的环境之中。因此,要鼓励高水平运动员广泛参加学校各类社团与集体活动,建立起良好的友伴关系,提高人际交往能力,拓展自己的社交范围,全方位地融入高校的学习、生活,让他们感到自己也是学校的一分子,缓解训练和比赛造成的心理压力。

参考文献

[1] 侯并并.重庆市体育专业大学生运动员运动倦怠的现状、影响因素及心理干预研究[D].西南大学,2010.

[2] Thomas D. Raedeke, Alan L. Smith. Coping Resources and Athlete Burnout: An Examination of Stress Mediated and Moderation Hypotheses[J]. Journal of Sport and Exercise Psychology, 2004(4).

[3] 陈作松,周爱光.运动员倦怠的测量与ABQ的初步修订[J].体育科学,2007(8).

[4] 关鹏.辽宁省青少年篮球运动员运动倦怠的现状、影响因素及应对策略[D].沈阳体育学院,2012.

[5] 季浏.体育心理学[M].北京:高等教育出版社,2006.

[6] 洪燕青.福建省青少年运动员运动倦怠现状调查[J].搏击·体育论坛,2012(4).

[7] 杨彩霞,石梅,王伟.青少年运动员运动倦怠现状及影响因素[J].延安大学学报(自

然科学版),2019(4).

[8] 章芳芳.浙江省高校高水平田径运动员成就动机、运动倦怠及退出意图关系研究[D].杭州师范大学,2012.

[9] 吴敏,彭秀,冯甜.组织压力源对运动员倦怠的影响[J].西安体育学院学报,2016(4).

[10] 陈作松,周爱光,张永龙.运动员倦怠的研究评述[J].成都体育学院学报,2008(34).

[11] 李永鑫,侯炜.倦怠、应激和抑郁[J].心理科学,2005(4).

[12] 邢淑芬,俞国良,王良玉.关于运动员倦怠的研究述评[J].北京体育大学学报,2007(4).

[13] 刘方琳,张力为.运动员心理疲劳的定性探索[J].体育科学,2004(11).

[14] 周毅刚,郭玉江.优秀运动员心理疲劳现状的调查与分析[J].广州体育,2008(1).

[15] 林岭.运动性心理疲劳的概念模型、多维评定、影响因素及干预措施[D].北京体育大学,2006.

[16] 陈作松,周爱光.运动员倦怠的测量、模型与预测变量[J].体育与科学,2008(2).

[17] 金湖,吴家舵.关于运动性心理疲劳的研究概况[J].体育科研 2005(3).

[18] 李雪.中国大学生网球运动员倦怠、自我效能感对主观幸福感的影响[D].东北电力大学,2019.

[19] 徐卓好.上海三所高校高水平运动队管理的比较与分析[D].华东师范大学,2017.

[20] 毕然.体教结合模式下高水平运动员学训矛盾问题探究[D].大连理工大学,2018.

[21] 郑鑫.吉林省高校高水平运动员学训矛盾分析与对策研究[D].东北师范大学,2011.

[22] 高雪峰.论优秀运动员文化教育体系的改造与重构[J].武汉体育学院学报.2000(3).

[23] 李安娜.教育过程公平视角下的"教体结合"[J].体育学刊,2008(5).

[24] 曾吉,黄厚新,蔡仲林.我国普通高校办高水平运动队20年回顾与展望[J].体育学刊,2007(6).

[25] 李育民.简述吉林省普通高校高水平运动队招生管理现状[J].吉林省教育学院学报,2009(8).

[26] 王亚力.高校高水平运动队管理的探讨[J].运动,2010(4).

[27] 刘中凯.我国U-17男子足球运动员应激、运动倦怠及社会支持的调查研究[D].福建师范大学,2008.

[28] 叶绿,等.运动员倦怠的概念、理论模型及研究展望[J].成都体育学院学报,2016(42).

"体教融合"背景下上海市竞技体育后备人才培养研究

杨 烨 申彦丽 李豪靓 周战伟
崔 燕 顾倩倩 朱小丽*

  2020年4月27日,中共中央全面深化改革委员会第十三次会议审议通过的《关于深化体教融合促进青少年健康发展的意见》中指出:"深化'体教融合'促进青少年健康发展,要树立健康第一的教育理念,推动青少年文化学习和体育锻炼协调发展,加强学校体育工作,完善青少年体育赛事体系,帮助学生在体育锻炼中享受乐趣、增强体质、健全人格、锻炼意志,培养德智体美劳全面发展的社会主义建设者和接班人。""体教融合"将成为今后我国竞技体育后备人才培养工作的发展方向。

  上海市"体教结合"培养竞技体育后备人才的工作始于20世纪末21世纪初,经过20多年的改革创新,基本形成了体育系统与教育系统共同培养竞技体育后备人才的格局,市区两级少体校和有关的中小学在青少年体育训练领域建立了协同育人关系,但是,依然存在竞技体育后备人才培养通路不够顺畅、青训资源配置不尽合理、青少年体育、训练竞赛机制有待完善等制约因素。

  基于"体教融合"来研究竞技体育后备人才培养,首先必须认识到,竞技体育后备人才培养的主体转移到了承担国民教育的中小学校,同时还要认识到,竞技体育后备人才的身份转变为学生运动员,此时的竞技体育后备人才培养,某种程

---

* 本文作者简介:杨烨,上海体育学院副教授,博士,硕士生导师,研究方向:体育教育理论;申彦丽,上海市体育学院图书馆员,硕士,研究方向:体育理论;李豪靓,上海体育学院继续教育学院培训专员,科员,研究方向:足球运动训练;周战伟,上海市青少年训练管理中心副主任,博士,研究方向:青少年体育;崔燕,上海市体育科学研究所,业务科长,硕士,研究方向:体育管理;顾倩倩,上海体育学院在读硕士研究生,研究方向:学校体育;朱小丽,上海体育学院在读硕士研究生,研究方向:学校体育。

度上就是指在学校中开展的学生运动员的体育运动训练。"体教融合"战略方针为竞技体育后备人才培养和青少年体育训练的进一步深化改革指明了方向。

一、后备人才训练现状

（一）少体校训练现状

2018年，上海市注册青少年运动员32 601人，注册教练员2 710人，少体校在训人数共16 905人，传统校在训人数共2 898人。截至2018年，上海市共有30所青少年体校，其中市属少体校7所，其余少体校分布在16个区县，青少年体校的办训形式有三种：第一种是分散学习、分散住宿、集中训练的"一集中"形式；第二种是集中训练和食宿的"二集中"形式；第三种是集中学习、集中住宿、集中训练的"三集中"形式。"一集中"和"三集中"是上海市青少年业余体育学校的主要办训形式。根据《2019上海体育年鉴》数据统计，截至2015年底，上海市青少年体校开办了田径、足球、游泳、乒乓球、篮球、排球、羽毛球、击剑、柔道、举重、自行车、射箭、体操、棒球、网球、射击、摔跤、垒球、速度滑冰、赛艇、跳水、跆拳道、皮划艇、现代五项共24个奥运、全运运动项目。

对截至2018年上海市各项目青少年运动员注册人数进行统计，田径项目共2 167人，游泳项目共2 151人，击剑项目共2 215人，篮球项目共2 457人，排球项目（含沙排）共1 660人，乒乓球项目共1 331人，羽毛球项目共837人，网球项目共1 135人，射击项目共1 393人，手球项目共1 374人，曲棍球项目共426人，棒球项目共811人，垒球项目共479人，跆拳道项目共1 120人，空手道项目共912人，摔跤项目共331人，柔道项目共909人，武术项目共885人，自行车项目共133人，举重项目共314人，拳击项目共170人，体操项目共366人，艺术体操共169人，跳水项目共121人，水球项目共55人，花样游泳项目共66人，赛艇项目共315人，皮划艇项目共250人，帆船项目共87人，散打项目共117人，蹦床项目共126人，现代五项项目共35人，马术项目共200人，高尔夫项目共314人，冰球项目共368人，冰壶项目共141人，攀岩项目共49人，花样滑冰共214人，总计共27 045人。

（二）传统学校训练现状

根据《2015—2017年上海市体育传统项目学校名单》所示，上海市体育传统项目学校共268所,分布在上海市各区县,涉及篮球、乒乓球、击剑、足球、排球、游泳、田径、射击、高尔夫球、羽毛球、水球、花样游泳、围棋、武术、手球、自行车、木兰拳、赛艇、皮划艇、航海模型、国际象棋、射箭、跆拳道、桥牌、跳水、网球、轮滑、攀岩、冰壶、健美操、飞镖、五子棋、空竹、橄榄球、棋牌、棒球、曲棍球、蹦床、垒球、跳绳、举重、拳击、花样跳绳、摔跤、板球、马术、无线电测向、啦啦操、台球、软式垒球、柔道、水上、op级帆船、沙滩排球、射击(飞碟)、踢跳拍、体操、蹴球、棋类、中国象棋、健身操等61个项目。

（三）青少年竞赛现状

青少年一般指初中到高中毕业这个阶段的人,即13～19岁年龄段。国际奥委会主办的青年奥林匹克运动会参赛选手年龄限制为14～18岁,我国青年运动参赛选手的年龄为19岁及19岁以下。

2020年,上海市体育局将"上海市青少年体育十项系列赛"更名为"上海市青少年体育精英系列赛",由上海市体育局主办,市有关项目中心、单项体育协会、区体育局、社会体育机构等承办。参赛单位为本市各区、社会力量办训单位,其中社会力量办训单位是指上海市青少年训练管理中心备案的体育机构,参赛对象为2020年在本市注册的青少年运动员(棋牌项目运动员除外)。项目包括足球、篮球、排球、乒乓球、羽毛球、网球、田径、游泳、水上(赛艇、皮划艇、帆船、帆板)、体操、击剑、射箭、棋牌(围棋、象棋、国际象棋、国际跳棋、五子棋、桥牌)共13个大项21个分项,各项目竞赛由分站赛和总决赛组成(足球、游泳、棋牌项目采用预选赛和决赛的形式竞赛)。

上海市运动会每四年举办一次,根据上海市第十六届运动会竞赛规程总则,运动会根据年龄层次不同分为青少年组和高校组,不同组别根据年龄特点分设不同的比赛项目。同时考虑到专业运动员和普通运动员的区别,每组竞赛又分为甲、乙两组,甲组由普通运动员参加比赛,乙组由专业运动员参加比赛,各项目竞赛办法按各单项竞赛规程执行。

上海市青少年体育俱乐部联赛是由上海市青少年训练管理中心和上海市青少年体育协会主办,由符合办赛条件的本市青少年体育俱乐部、有关体育协会、相关体育公司等采用竞争性磋商方式竞标确定的中标单位承办,面向全市及长三角地区适龄青少年开展的足球、篮球、排球、田径、乒乓球、羽毛球、网球、体操、击剑、射箭、冰雪、棒垒球、高尔夫球、橄榄球、攀岩、武术、拳击、跆拳道共18个项目的比赛,各项目的具体竞赛办法按各单项竞赛规程执行。

另有上海市级各项目冠军赛、锦标赛系列赛事,与全国U系列各项赛事相结合,为青少年竞技体育打造良好的竞赛氛围,扩大了青少年运动赛事影响,有利于提高青少年竞技水平,提高上海市竞技体育后备力量。

二、当前上海市竞技体育后备人才培养存在的问题

(一)以学校为核心的竞技体育后备人才"一条龙"培养体系有待完善

一是高校运动项目布局不尽合理,存在低水平重复建设,没有形成具有学校特色的运动项目品牌;

二是现有的高校优秀运动员招生政策限制了高校招收具有较高运动技能水平的竞技体育后备人才;

三是高校在竞技运动训练比赛方面的资金、人力、政策投入与高水平竞技体育人才培养的要求存在较大差距;

四是现有的高中招生政策限制了高中招收非上海户籍的优秀竞技体育后备人才,造成了人才培养体系的局部缺失;

五是现有的义务教育阶段划块(对口)入学政策限制了优秀竞技体育后备人才在市域范围内的合理流动,影响优质人才资源以优质训练平台为核心集聚。

(二)以学校为核心的竞技体育后备人才培养质量有待提高

一是现有的人才流动、聘用、晋升政策限制了优质教练员资源向学校的流动,影响了优秀教练员在教育系统内的专业发展;

二是现有的学校建设绩效评价体系和督导体系难以激发学校去积极主动地培养高水平竞技体育后备人才。

(三)青少年体育运动竞赛组织管理体系有待加强

一是青少年运动员存在两个互不兼容且相互掣肘的注册系统;

二是以青少年的主体的体育运动竞赛政出多门,各自为政,互不隶属,互不兼容,同质赛事低水平重复。

三、"体教融合"背景下上海市竞技体育后备人才培养对策的提出依据

(一)"体教融合"的解读

"体教融合"是体育运动和教育的融合,在学校教育中开展体育运动,通过体育运动对学生进行德智体美劳教育,培养全面发展人才,其中也包含全面发展的竞技体育人才。"体教融合"的具体体现如下:

一是"体教融合"开展学生体育锻炼,提高学生体质,养成体育生活方式,在更高层次实现学校、家庭、社会"三位一体"的学生体质发展工程。

二是"体教融合"实现学生的全面发展,把体育作为教育应有的组成部分,发挥体育的育人功能,培养德智体美劳全面发展的社会主义建设者和接班人。

三是"体教融合"开展广泛的学生体育运动,培养广大学生对体育运动的兴趣,自觉参加体育运动训练和比赛。

四是"体教融合"培养竞技体育后备人才,使竞技体育后备人才兼具较高的人文道德修养、较高的科学文化素养和较高的竞技运动能力。

(二)学校业余训练培养竞技体育后备人才的目的和功能

1. 目的

学校业余体育训练是指在各级各类学校教育环境中,利用课外业余时间,有组织有计划地指导学生进行的以提高学生竞技体育运动水平为目的的教育活动。

学校业余体育训练的目的如下:一是推动青少年文化学习和体育锻炼协调发展,增强青少年体质、健全青少年人格,促进青少年健康发展,培养德智体美劳全面发展的社会主义建设者和接班人;二是培养具有较高科学文化素养和较高竞技运动水平的竞技体育后备人才,服务"体育强国"战略和"奥运争光"战略,不断提高我国竞技体育水平,促进我国体育事业发展;三是落实"全面发展"教育理念,养成青少年体育生活方式,营造良好的学校体育文化氛围,充分发挥体育育人功能,使体育成为人才培养的重要组成部分。

2. 功能

一是竞技功能。在体育运动训练中不断提高学生的运动竞技水平,使他

们能在比赛中取得优异成绩,选拔有天赋的学生运动员,培养竞技体育后备人才。学校业余体育训练是学习运动技术、提高运动技能和运动水平,对专项身体训练、技战术训练以及心理智能方面的训练。业余体育训练作为我国体育事业的重要组成部分,担负着重要的使命,是我国体育训练良好发展的基础,同时也为我国全民健身的目标提供强有力的后备力量。学校业余体育训练中的竞技功能可以充分调动和发挥青少年学生的体力、智力和心理等方面的潜力。

二是社会功能。《学校体育工作条例(2017修订)》规定:"学校应当在体育课教学和课外体育活动的基础上,开展多种形式的课余体育训练,提高学生的运动技术水平。有条件的普通中小学校、农业中学、职业中学、中等专业学校经省级教育行政部门批准,普通高等学校经国家教育委员会批准,可以开展培养优秀体育后备人才的训练。"这说明学校体育负有为国家培养竞技体育后备人才的社会功能。业余体育训练是学校体育的重要组成部分,是学校体育发展程度的重要标志。学校业余体育训练的社会功能是指学校体育突破学校体育教育的局限,发挥学校体育资源的优势(体育设施、体育专业人才、培养潜在的体育消费人群、体育骨干等)为人和社会贡献力量。同时借助于人和社会反作用于学校业余体育训练,促进学校体育改革向纵深发展,使学校业余体育训练向社会化方向发展,带动社会群众开展体育运动,加强"终身体育"理念的传播,促进全民健身,传播竞技体育中的公平竞争、理性竞争、平等协作的风气。

三是育人功能。"健康的身体是从事一切活动的基础。"每个人都必须有强健的体魄和健康的心理来适应社会变化和发展。学校业余体育训练可以通过传授各种运动知识和技能,发展学生身体素质,增强体质;可以培养学生积极健康的心理,建立互助、有爱、合作、融洽的人际关系;可以提高学生大脑皮层细胞活动强度,促进智能的发展;可以通过严格的体育教学和训练,控制和约束学生的不良行为,促进学生形成良好的品格;可以提高学生在体育运动中感受美、表现美、创造美的能力;可以作为全民健身的有力抓手,促进学生自主、自发地参加体育运动,养成终身运动的良好习惯;学校体育训练还可以作为一项休闲娱乐项目,放松神经,享受运动带来的快乐,进而形成良好的健康观、社会观、生存观、道德观、审美观、生活观和休闲观。

早在1926年,马约翰先生在《体育的迁移价值》一文中便论述了体育运动对于培养学生的体育能力和思想品质都有重要意义的观点。学校体育训练负有"育体"和"育心"的双重功能:既要通过科学培育,达到强健体魄、发展体能的目的,也要培养学生健全的人格。运动训练大量时间和精力的投入、竞技体育残酷的竞争,可以培养学生的许多优秀的品质,如坚强的意志、拼搏的精神、稳定的情感、乐观的人生态度和良好的团队合作能力等。学生从体育训练中习得的这些品质会在其智能的发展和日后的社会生活中发挥积极作用。

四、对策建议

(一) 目标

一是开展高水平的学校业余体育训练,以此为基础建立竞技体育(后备)人才"一条龙"培养体系;

二是建立以教育系统为主体的青少年体育运动训练竞赛管理机制;

三是发挥体育运动在增强体质、锻炼意志、开发智力、健全人格等方面的育人功能,培养德智体美劳全面发展的社会主义建设者和接班人;

四是提高青少年学生业余训练水平,广泛开展学生体育运动,发展学生体质,为培养高水平竞技体育人才营造良好的学校教育氛围。

(二) 宗旨

一是理顺管理体制机制,优化资源配置手段,以教育主管部门为核心建立训练竞赛管理机制,完善学生运动员注册制度,提高青少年体育运动训练竞赛质量,充分发挥竞赛指挥棒作用,广泛开展青少年体育运动,培养高水平竞技体育后备人才。

二是遵循竞技体育规律,优化学校(尤其是高校和高中)运动项目布局,集中优质教育资源、学生资源、教练员资源,以建设一、二线运动队为目标,对标世界水平和国内优秀水平,凝练形成学校运动项目品牌。

三是遵循教育规律和人才培养规律,以加强高校、高中自主招生为核心,鼓励学校在合法、公平、公开、公正基础上,自主招收符合高水平竞技体育人才培养要求的学生。

四是尊重竞技体育教练员职业特点,发挥市场在教练员资源配置中的主体地位,个性化设计教练员专业发展路径,确保优质教练员在竞技体育后备人才培养中发挥关键作用。

五是遵循教育管理规律,切实落实"体教融合"的办学理念,把竞技体育

（后备）人才培养作为各级各类学校建设绩效评价和教育督导的内容，使竞技体育后备人才培养成为各级各类学校教育工作的重要组成部分。

（三）原则

一是处理好提高与普及的关系，即处理好培养高水平竞技体育运动员与促进青少年健康发展、加强学校体育工作的关系；处理好集中优质教育资源建设高水平竞技体育（后备）人才"一条龙"培养体系和在学校广泛开展体育运动业余训练的关系；

二是处理好近期目标和长期目标的关系，在国家体育体制未发生重大改革之前，继续围绕"奥运争光"战略，培养具有世界先进水平的竞技体育运动员，同时，在政策、机制等方面进行有效过渡，为可能的重大改革做准备；

三是处理好创新与继承的关系，吸收上海市体教结合的成功经验，利用上海市教育综合改革试点区的体制机制优势，在招生、人事、财政等政策上为高水平竞技体育人才培养提供保障。

（四）重点

一是改革完善教育招生政策，尤其是高校、高中招生政策；

二是改革完善学校绩效考核评价指标体系；

三是改革完善以职称分类评定为核心的教师人事制度。

（五）具体内容

1. 建立"体教融合"管理体制和运行机制

明确上海市学生体育协会的学生体育运动管理功能和运行机制，理清其与市级单项体育协会的分工合作关系，使上海市学生体育协会成为本市学生体育比赛的举办主体。

2. 建设以学校为核心的高水平竞技体育后备人才"一条龙"培养体系

一是上海市教育委员会（下称"教委"）在全市幼儿园、小学、中学、大学，按照竞技运动项目（奥运会比赛项目），设立以在校学生为训练对象的"优秀运动项目"，组建以学校为单位的常设运动队。以市代表队（一线队、二线队）为标准，在"优秀运动项目"中遴选建设"高水平优秀运动项目"。承担"优秀运动项目"日常训练比赛任务的学校为"优秀运动项目布局学校"（下称"布局学校"）。布局学校分市、区两级，市级布局学校原则上从区级布局学校中遴选产生。在

"优秀运动项目"运动队中注册训练比赛的学生为"优秀运动员学生"。

二是将所有奥运会比赛项目分为四个层次：

第一层次（适宜在学校布局的）：田径、羽毛球、乒乓球、篮球、足球、排球；

第二层次（对场地器械有一定要求，适宜在部分学校布局的）：击剑、体操、手球、网球、柔道、跆拳道；

第三层次（对场地器械或教练要求较高，适宜在个别学校布局的）：棒球、垒球、曲棍球、拳击、举重、现代五项、铁人三项、射箭、高尔夫、游泳、跳水；

第四层次（对场地器械或教练有特殊要求，不适宜在学校布局的）：赛艇、皮划艇、帆船、帆板、自行车、马术、射击、冰雪运动项目。

三是将本市所有本科高校分为五个层次：

第一层次（部属高校）：复旦大学、同济大学、上海交通大学、华东理工大学、东华大学、华东师范大学、上海外国语大学、上海财经大学；

第二层次（市属公办高校）：上海大学、上海理工大学、上海海事大学、上海电力大学、上海应用技术大学、上海海洋大学、上海中医药大学、上海师范大学、上海对外经贸大学、上海立信会计金融学院、上海海关学院、华东政法大学、上海政法学院、上海工程技术大学、上海第二工业大学、上海商学院、上海健康医学院、上海电机学院；

第三层次（市属民办高校）：上海杉达学院、上海立达学院、上海建桥学院、上海兴伟学院、上海视觉艺术学院、上海中侨职业技术大学；

第四层次（特殊类型高校）：上海科技大学、上海纽约大学、上海音乐学院、上海戏剧学院、上海公安学院；

第五层次（市属体育高校）：上海体育学院。

四是将以上第一、第二层次高校全部纳入市级布局学校，每个学校设立5～6个"优秀运动项目"（在第一、第二层次项目中各选2个，在第三层次项目中选1个，具备条件的高校可在第四层次项目中选1个），其中重点建设1～2个"高水平优秀运动项目"；鼓励第三、第四层次高校成为市级布局学校；第五层次高校为市级布局学校，以第四层次项目为主，可自主设项。

五是将市重点高中和"中高职贯通"的中职学校全部纳入市级布局学校，每个学校设立2～3个"优秀运动项目"（在第一、第二、第三层次项目中各选1个），其中重点建设1～2个"高水平优秀运动项目"。

六是市级布局学校自主招收"优秀运动员学生"，这是竞技体育后备人才科学选材的必要条件。其中，市级布局学校高校每年自主招收"优秀运动员学生"比例为该校当年本(专)科专业招生数的2%。市级布局学校高中每年自主招收"优秀运动员学生"比例为该校当年招生数的10%(其中5%可招收非上海学籍学生)。市级布局学校初中、小学、幼儿园可在黄浦区范围内招收"优秀运动员学生",不受划块入学限制,每年自主招收"优秀运动员学生"比例为该校当年招生数的5%。

七是上海市中学生体育协会下属的各单项体育协会协助教委在本市初中、小学、幼儿园中遴选市级布局学校。

八是完善基础教育阶段的"学生综合素质评价",将竞技运动成绩纳入"学生综合素质评价",作为市级布局学校自主招收优秀运动员学生的主要依据之一。

3. 提高以学校为核心的竞技体育后备人才培养质量

一是完善各级各类学校的绩效考核指标体系,将竞技体育比赛成绩纳入学校绩效考核,作为绩效考核的亮点加分项目。

二是市级布局学校用于"优秀运动项目"训练比赛的教练员课外劳务经费,可纳入绩效工资校内统筹经费,根据有关标准,按照年度预算金额执行。体育局根据运动员学生的比赛成绩,对带教教练员给予必要的奖励。

三是市级布局学校的"优秀运动项目"日常训练应体现在学校课程表中,训练时间以1∶1比例计算体育课课时。

四是市级布局学校可以公开招标方式,聘请具有中级(或相当于中级)教练员资质的教练员,负责"优秀运动项目"日常训练比赛,依据合同对应聘教练员进行管理。

五是市教委或市级布局学校高校应对负责"优秀运动项目"日常训练比赛任务的校(编)内体育教师实行分类评价,在职称评定中设立"教练员"系列,把带教运动队的竞赛成绩作为职称评定的主要指标。中小幼教师以区为单位设定各级职称名额,各区统一评聘。高校教师以学校为单位设定各级职称名额,学校统一评聘。

六是依据上一年度绩效考核结果,教委负责划拨市级布局学校年度建设经费,主要用于体育场馆日常维护、校外教练员聘用、优秀运动员学生训练比赛等。

七是市教委以四年为周期(同市运会周期),对市级布局学校的高校、高中、初中、小学、幼儿园及其"优秀运动项目"进行考核评价,各学段的市级布局学校以及"优秀运动项目"实行末位淘汰。

八是现有区级"三集中"少体校：一要逐步改制为事业单位性质的训练基地或民非性质的社会青少年体育运动俱乐部，通过公开招标参与布局学校的"高水平优秀运动项目"的训练、比赛。二要与具备条件的市级布局学校合并，有关布局学校取得的竞技运动成绩可作为所在区体育局年度工作绩效。

4. 青少年体育运动竞赛组织管理

一是上海市鼓励在中小学广泛开展体育活动，广泛开展体育运动的宣传教育。

二是将原上海市体育局举办的面向18岁以下运动员的各类竞赛与上海市教委举办的各类中小学生体育竞赛合并，建立由上海市教委主办的各单项年度学生锦标赛，面向在本市注册的所有18岁以下学生。锦标赛设立以普通学生为对象的甲组，以"优秀运动员学生"为对象的乙组。

三是建立以学生锦标赛成绩为主的比赛积分制度，"比赛积分"纳入"学生综合素质评价"，作为普通高校、高中招生和市级布局学校自主招生的主要依据之一。

校园足球课程对上海市青少年体质健康指标的影响研究

——基于 FIFA 11 健康足球课程

沈寅豪 朱建明 杨炀 王强 陈勇[*]

"体育强则中国强,国运兴则体育兴。"党的十八大以来,以习近平同志为核心的党中央提出把振兴足球作为发展体育运动、建设体育强国的重要任务,国务院出台《中国足球改革发展总体方案》(以下简称方案),为我国足球发展带来了前所未有的大好机遇。方案中强调发挥足球育人功能,深化学校体育改革、培养全面发展人才,把校园足球作为提高学生综合素质、促进青少年健康成长的基础性工程,同时要求推进校园足球普及。2019 年 7 月,中共中央、国务院发布《关于深化教育教学改革全面提高义务教育质量的意见》,要求开齐开足体育课,科学安排体育课运动负荷,开展好学校特色体育项目,大力发展校园足球,让每位学生掌握 1~2 项运动技能。教育部体卫艺司司长王登峰也多次强调要将校园足球的教学落到实处,以校园足球建设为示范,引领新时代学校体育改革发展。

国际足球联合会(FIFA)开发了"FIFA 11 For Health"项目,采用基于足球的锻炼方法,在儿童中进行健康、卫生的宣传教育,并引入定期体力活动,以使儿童从足球运动中获益。2015 年,丹麦成为欧洲第一个实施"FIFA 11 健康足球"课程项目的国家,该课程项目包括为期 11 周、每周 2 次、每次 45 分钟的

---

[*] 本文作者简介:沈寅豪,同济大学国际足球学院副院长、讲师、硕士,研究方向:体育教育与运动训练;朱建明,华东政法大学体育部副教授、博士,研究方向:校园足球;杨炀,上海久事体育装备有限公司总经理、硕士,研究方向:体育装备自动化;王强,上海同济足球俱乐部有限公司总经理、硕士,研究方向:校园足球;陈勇,上海市宝山区青少年活动中心活动部主任、中学一级教师、学士,研究方向:青少年校园运动。

交互式足球训练,两次训练至少间隔两天。第一次训练被称为"玩足球",会教授一些足球技巧,而第二次训练被称为"平等比赛",强调通过主动的足球训练进行健康宣教。两次训练都会包括小场地比赛,作为干预过程中的主要身体刺激。

一、研究方法概述

(一)测试对象

本研究在上海地区选取上海市宝山区上海大学附属小学 4~5 年级的学龄儿童,评价 11 周"FIFA 11 健康足球"课程项目(改良版)对体质健康指标的影响。干预持续时间为 11 周,在干预前实验组(Intervention Group,IG)和对照组(Control Group,CG)完成基准线(Baseline)测试,在 1~11 周时,IG 在正常的在校时间内接受"FIFA 11 健康足球"干预(每周 2 次,经改良为每次 40 分钟),每个班级自行决定在哪堂课上进行每周 2 次的干预(不是每周体育课,体育课维持正常)。在整个干预期间,CG 维持正常课程。因此,干预期间 IG 和 CG 继续接受正常的体育课程。在课程结束后一周内,IG 和 CG 进行干预后测试,干预前后测试的项目相同,由同一批研究者在同一天进行。在干预研究前,每个班级有两名教师参加为期两天的"FIFA 11 健康足球"课程指导并获得证书和教学手册,包含课程项目相关信息、每次干预的具体介绍以及信息单等。

(二)测试项目

测试项目包括身体成分检测(身高、体重、体脂率)、闭眼单腿站立、立定跳远、30 米冲刺跑和 Yo-Yo 间歇性恢复儿童测试。所有测试按照相同的顺序在同一天进行。首先,受试者分成 6~8 人的两个小组,一组开始检测身体成分、平衡测试,另一组开始跳跃测试和 30 米冲刺跑。在完成测试后,两组轮换,以便所有受试者接受所有的测试。最后,在同一时间在全班进行 Yo-Yo 间歇性恢复儿童测试。要求受试者在检测前一天避免剧烈运动。

1. 身体成分测试

使用可移动式身高仪测量身高,精确到 0.1 cm。测量时受试者赤足站立,足跟靠墙,平视前方。使用 InBody230 多频身体成分分析仪(Biosapce,

California,USA),已有研究在小学儿童中使用双能 X 射线测定法验证了 InBody 测试技术的可靠性,相关系数(ICC)为 0.94~0.99。按照 Karelis 等人描述的方法检测体质、脂肪率和瘦体重。在简单的早餐后(8:00~9:00)检测身体成分。受试者穿着轻便的衣服、赤足测量,计算脂肪含量(kg)、体脂率(%)和瘦体重(kg)。

2. 闭眼单腿站立测试

测试人员向受试者讲解测试动作、步骤及注意事项,测试开始之前,进行个人基本信息录入,基本信息包括姓名、出生年月、身高、体重等。开始测试时,受试者赤足站在测试台上,测试过程中,站姿要求为单腿闭眼站立,单腿站立统一要求为右腿。当测试者身体摇晃,双脚落地时,结束测试,记录时间。此项共测试两次,记录其中较好成绩。

3. 立定跳远测试

使用 Orntoft 等人介绍的方法评价水平跳跃能力,将皮尺在地上展开,受试者将足部放在开始点,手放在腰部,然后尽可能往远处跳,双脚着地,量取起始点到足后跟着地点之间的距离。受试者连续跳两次,以较远一次作为测试结果。允许受试者在测试之前熟悉流程。闭眼单腿站立测试后立刻进行跳跃测试。

4. 30 米冲刺跑

采用站立式起跑姿势,受试者在起跑点,听到口令后出发,全力冲刺到终点,记录成绩,测试两次,记录其较好成绩。

5. Yo-Yo 间歇性恢复儿童奔跑测试(Yo-Yo1R1C)

Yo-Yo1R1C 测试在室内木地板上进行,测试之前进行固定的热身活动,在 16 米跑道两端做好标记。受试者按照信号指示的速度进行 2×16 米跑,中间有 10 秒的休息时间。期间受试者在起点后 4 米标记处慢跑,然后回到起点。随着测试的进行,速度逐渐增加。当儿童不能保持与信号一致的速度时,结束跑步,根据测试的正常流程记录其结果。测试一直进行至儿童不能维持所需的速度时,测试持续时间一般为 2~12 分钟。

二、研究结果

(一)受试者基本信息

本研究将 149 名受试者随机分为两组,CG 共 74 名,IG 共 75 名。具体见表 1。

表 1　受试者基本情况表

基本情况	平均数±标准差	
	CG($n=74$)	IG($n=75$)
年龄(岁)	11.4±0.5	11.5±0.2
性别(女/男)	35/39	37/38
身高(cm)	151.2±6.8	149.9±7.1
体重(kg)	44.2±8.9	43.6±9.5

(二)测试结果

1. 身体成分

在为期 11 周的校园足球课程干预后,体脂率指标方面,IG 组较干预前有显著降低($P=0.017$),详见表 2。

2. 体能素质

在为期 11 周校园的校园足球课程干预后,与 CG 组相比,IG 组受试者在立定跳远、Yo-Yo 间歇恢复测试等指标有显著性改善,且具有统计学意义($P=0.004$,$P=0.034$);CG 组受试者体质健康测试结果无显著性差异($P>0.05$)。详见表 2。

表 2　干预前后各指标测试结果

指　　标	平均数(标准差)				组间差异	
	干预前		干预后		F	P
	CG	IG	CG	IG		
体脂率(%)	22.5±8.7	23.1±8.5	22.2±8.6	22.3±8.2	6.21	0.017^{Σ}
立定跳远(m)	1.07±0.28	1.11±0.25	1.09±0.17	1.15±0.17	7.901	$0.004^{\Sigma\Sigma}$
闭眼单脚站立(s)	8.17±2.11	7.93±2.58	7.85±3.05	7.45±2.62	0.097	0.745
30 米冲刺跑(s)	6.72±1.12	6.82±0.97	6.38±1.96	6.27±1.77	0.235	0.628
Yo-Yo 间歇恢复(m)	688±409	622±487	729±391	811±388	4.583	0.034^{Σ}

注:$^{\Sigma}$表示组间具有统计学差异($P<0.05$);$^{\Sigma\Sigma}$表示组间具有统计学差异($P<0.01$)。

本研究的主要结果是：11 周"FIFA 11 健康"足球课程（改良版）可有效降低上海市青少年儿童体脂率、提高立定跳远距离，并改善心肺功能，而在整个干预期间，两组受试者闭眼单腿站立时间、30 米冲刺跑的成绩未有显著变化。

肥胖是当前影响儿童青少年体质健康的重要因素，预防和干预儿童青少年肥胖最有效的方法就是参加规律的体育锻炼。本研究显示，在 11 周干预后，IG 组较 CG 组而言，在体脂率指标上有显著下降。本研究基于"FIFA 11 健康足球"课程（改良版），课程内容主体为足球技能教学和小场地比赛，一般为中高强度运动，有研究认为，长期的中高强度运动可有效增加人体肌肉含量，较高的肌肉含量可以提升人体基础代谢，从而有助于机体内脂肪的分解与燃烧。更高的肌肉含量还可有效提升运动表现，降低慢性非传染性疾病（糖尿病、高血压等）发生率。如人体肌肉含量的增加，可以提供更大的潜在肌糖原存储能力，这对提高葡萄糖在血液中的清除率有一定的积极作用。同时，在小场地比赛过程中囊括了多种力量训练元素和频率较快的激烈动作，如射门、转身、防守、跳跃等，比赛过程中学生全身各关节参与度高，能量消耗大。但是也有研究认为，11 周的校内运动干预并不能降低体脂率，分析原因可能是干预时间较短，也有可能与青春期儿童性成熟度和生长方面的差异有关。此外，根据在干预前后受试者完成的调查问卷中显示，IG 组的学生更愿意在闲暇时间进行主动体育锻炼与活动，究其原因是"FIFA 11 健康足球"课程（改良版）包含了科学运动与健康知识。如第一周第二次课"公平竞赛"讲解了大强度运动的定义、益处等，要求每天坚持 30 分钟大强度运动，并布置了体育家庭作业，督促学生完成；第五周第二次课中介绍控制体重，要求学生进行均衡饮食等。

肌肉健康被广泛认为是衡量全身健康的一个重要指标，并且与肥胖呈负相关关系。立定跳远是我国国民体质测试中被常用来评估下肢力量的简易测试手段。在最近的一项分析研究中指出，足球训练对肌肉力量有一定的益处。在本项研究中，通过 11 周的"FIFA 11 健康足球"课程干预后，IG 组在立定跳远距离上有显著提高。究其原因有三点：一是足球训练或比赛需要经常使用下肢，如盘带、射门、冲刺等，尤其强调爆发力；二是中高强度的小场地比赛可以显著提高全身肌肉含量；三是可能与 IG 组受试者体脂率的降低有关。

肥胖和超重儿童青少年往往比健康人群心肺功能更差，这也增加了罹患心血管疾病的风险。运用儿童 Yo-Yo 间歇恢复测试来确定有氧适应性水平，已被证明是一项可靠且有效的测试。本研究认为，在 11 周干预后，IG 组的 Yo-Yo 间歇恢复测试（Yo-Yo1R1C 测试）成绩有明显提高。其他研究也报道了10个月的小场地的足球比赛对儿童Yo-Yo1R1C测试成绩有着类似的影响。Bendikesen等研究认为高强度足球训练与有氧间歇性高强度运动能力相关,并且高强度训练能够有效改善青少年的有氧能力。Milanović等人系统分析了足球训练对有氧健康的影响,得出结论,足球训练可有效改善机体的最大摄氧量(3.51 ml/kg/min)。足球训练大幅改善心肺健康的原因是小场地比赛属于中高强度运动,并且运动强度经常发生变化。Hansen等人通过研究认为,足球训练引起的心血管适应的典型模式与间歇性训练有相似之处,比赛中包括冲刺、折返、慢跑等,因此在本次足球训练过程中产生的刺激足够让儿童青少年发生有氧适应,获得了与其他研究类似的指标改善。此外,受试者在参与"FIFA 11健康足球"课程的同时,做到了规律运动,定期完成体育家庭作业,了解到更多运动科学知识,具备了一定的体育素养,这可能对有氧能力的提高有一定的积极作用。

在11周"FIFA 11健康足球"课程干预期间,IG组在闭眼单腿站立、30米冲刺跑等指标方面无显著性改善。闭眼单腿站立是我国国民体质测试中被常用来评估平衡能力的简易测试。与本研究不同的是,有其他研究认为12周基于足球运动的干预,IG较CG组姿势平衡能力可得到良好改善,其认为躯体感觉系统的适应性变化和下肢骨骼和肌肉力量增加相关。而本研究中,与闭眼单腿站立测试相关的不足之处是在基准线测试之前受试者缺乏熟悉过程,测试动作不规范,可能导致测试结果不准确。此外,30米冲刺跑是评价成人足球运动员冲刺能力的一项常用测试。本研究中IG组较CG组的30米冲刺跑成绩无明显差异,究其原因在于30米冲刺常用于评价成人足球运动员专项能力,对于儿童青少年来说,距离可能过长,无法真实反映青少年阶段的专项能力,而在测试过程中时常出现受试者起跑冲刺能力强,而后程阶段无法保持高速的情况,因此30米冲刺跑可能不适合用于评价儿童青少年的足球专项冲刺能力测试。

本研究的一个局限性是在课程干预期间并没有监测饮食习惯对实验结果的影响。此外,研究中也没有对受试者日常的活动水平进行评估,这可能影响结果。

三、结论与建议

儿童青少年肥胖已成为全球性的公共卫生问题,科学有效预防和干预肥胖将是今后的重要研究课题。与此同时,在"振兴足球"道路上,大力发展校园足球，深化"体教融合"，完善校园足球课程体系，则是被国外成功经验验证过的可行之路。本研究发现"FIFA 11 健康足球"课程可以作为改善上海市儿童青少年体质健康的有效手段。因此，小场地高强度的团队运动比赛方式结合运动健康知识讲解，可以纳入学校体育课程体系中。基于相关研究综述和本文研究结果，对我国"健康中国"和"振兴足球"战略提出以下建议：

（一）政府层面

要建立健全校园足球教学体系。基础教育阶段繁重的学业负担是我国儿童青少年肥胖率逐年攀升的主要原因之一，因此，为儿童青少年营造乐于参加并能长期坚持运动锻炼的良好体育氛围，对促进他们身心的健康成长和全面发展起着关键作用。基于"FIFA 11 健康足球"的校园足球体系包含了足球技能与健康知识学习，小场地比赛也正契合了"教会、勤练、常赛"的学校体育指导思想。努力创新校园足球课程内容，将帮助他人、团队合作等思政元素融入校园足球教学。与此同时，支持青少年校园足球科研工作，鼓励开展校园足球基础性和探索性研究也同样关键。

（二）学校层面

全面开展"阳光体育一小时"活动，保证学生每天进行 1 小时的体育锻炼。完善校园足球竞赛体系，定期组织班级足球比赛，参加校际足球联赛等。鼓励开发校本足球课程，因地制宜，形成内容丰富、形式多样的校园足球课程。此外，完善校园运动意外伤害保险制度，合理规避运动伤害风险。

（三）家庭层面

家长需要以身作则，带动和鼓励孩子养成良好的体育锻炼习惯。积极引导孩子进行户外体育锻炼，减少孩子使用电子游戏设备的时间，辅助和督促孩子完成家庭体育作业，营造良好的家庭体育氛围。

参考文献

[1] 时维金,万宇,沈建华,等.基于政策工具视角下的中国足球改革发展总体方案[J].武汉体育学院学报,2016(2).

［2］ 毛振明,刘天彪.再论"新校园足球"的顶层设计——从德国青少年足球运动员的培养看中国的校园足球[J].武汉体育学院学报,2015(6).

［3］ 杨献南,吴丽芳,李笋南.我国青少年校园足球特色学校管理的基本问题与策略选择[J]体育科学,2019(6).

［4］ 张诚,王兴泽.动作学习视野下校园足球课程设置研究及案例教学分析[J].北京体育大学学报,2017(5).

［5］ 刘建秀,方雯,王帝之,等.高强度间歇训练促进儿童青少年健康:现状·机制·可行性[J].体育科学,2019(3).

［6］ 吴旸,李倩,包大鹏.加压力量训练对下肢骨骼肌影响Meta分析[J].中国体育科技,2019(3).

［7］ M. B. Randers, L. Nybo, J. Petersen, J. J. Nielsen, L. Christiansen, M. Bendiksen, J. Brito, J. Bangsbo, P. Krustrup. Activity profile and physiological response to football training for untrained males and females, elderly and youngsters: influence of the number of players[J]. Scandinavian Journal of Medicine & Science in Sports, 2010(s1).

［8］ 李恩荆,刘大庆,张一民,等.不同发育水平儿童少年力量素质与激素水平的变化规律与关联分析[J].武汉体育学院学报,2019(3).

［9］ Krustrup P, Dvorak J, Bangsbo J. Small-sided football in schools and leisure-time sport clubs improves physical fitness, health profile, well-being and learning in children[J]. Br J Sports Med. 2016; 50: 1166-1167.

［10］ 房红芸,翟屹,赵丽云,等.中国6～17岁儿童青少年超重肥胖流行特征[J].中华流行病学杂志,2018(6).

［11］ Bendiksen M, Williams C A, Hornstrup T, et al. Heart rate response and fitness effects of various types of physical education for 8 to 9-year-old schoolchildren[J]. European Journal of Sport Science, 2014(8).

［12］ Milanović, Zoran; Pantelić, Saša; Čović, et al. Is Recreational Soccer Effective for Improving VO2max A Systematic Review and Meta-Analysis[J]. Sports Medicine, 2015(45).

［13］ Hansen P R, Andersen L J, Rebelo A N, et al. Cardiovascular effects of 3 months of football training in overweight children examined by comprehensive echocardiography: a pilot study[J]. Journal of Sports Sciences, 2013(13).

"十四五"期间上海市青少年体育发展评价体系研究

刘　阳　李　博　修　晨　霍倩文
施利娟　韩姗姗　张丹青　洪金涛　王　飞*

"少年强则国强",青少年是国家的未来和民族的希望,促进青少年健康也是实施"健康中国"战略的重要内容。我国历来重视青少年体育发展工作,出台了一系列的政策文件来指导青少年体育工作的开展。2020年8月31日,国家体育总局和教育部联合印发《关于深化体教融合 促进青少年健康发展的意见》,强调树立"健康第一"的教育理念,开齐开足体育课,推动青少年文化学习和体育锻炼协调发展。同年10月15日,中共中央办公厅、国务院办公厅印发《关于全面加强和改进新时代学校体育工作的意见》,强调学校体育要以立德树人为根本,帮助学生在体育锻炼中享受乐趣、增强体质、健全人格、锤炼意志。同时,中共中央、国务院印发了《深化新时代教育评价改革总体方案》,其中特别强调要强化体育评价,方案提供了青少年体育发展评价的新思路、新方法和新理念。

---

* 本文作者简介:刘阳,上海体育学院教授,博士,研究方向:为运动健康促进;李博,上海体育学院博士生,助教,研究方向:学校体育学;修晨,上海体育学院讲师,硕士,研究方向:体育教学与训练;霍倩文,上海体育学院讲师,博士生,研究方向:运动与健康;施利娟,上海市师资培训中心,硕士,研究方向:师资培训;韩姗姗,商丘学院助教,硕士,研究方向:学校体育学;张丹青,上海体育学院博士生,研究方向:学校体育学;洪金涛,上海市体育科学研究所(上海市反兴奋剂中心)实习研究员,硕士,研究方向:全民健身与体质健康;王飞,上海体育学院硕士生,研究方向:儿童青少年健康促进。

一、青少年体育发展的现状分析

(一) 我国青少年体育发展的现状及问题

1. 底层基石不稳：缺乏运动成为青少年生活常态

相关文献表明，我国青少年身体活动水平低下、久坐行为情况严重。主要原因包括：疫情防控时期匮乏居家体育锻炼的方式方法；初高中学生升学压力大；电子产品取代原有的纸笔，并在学生的学业学习中普及率较高等。相关文献显示，预计到2030年，我国因缺乏身体活动所导致的医疗支出将增加450%以上，这其中青少年群体数量庞大，不容忽视。

2. 竞训模式固化：学训矛盾依然是"体教融合"的主要绊脚石

现有的青少年训练模式依然是以少体校、学校运动队为主，社会力量和公共体育服务还没有发挥功效。主要涉及两个方面：第一，青少年体育公共服务体系质量。公共服务体系是国家实力的集中展现，体育公共服务体系保障质量的提升是深化"体教融合"、进行青少年体育改革的重要实施基础。从目前的数据和公报来看，我国青少年体育公共服务体系还存在着硬件保障不足、组织建设薄弱、资金投入短缺等的问题。第二，青少年竞技体育后备人才的储备和选拔。现有青少年竞技人才后备力量的培养依然是由少体校占据主导，"体教融合"的新模式、新思路和新方法还没有被实施，由"体教结合"到"体教融合"还需要解决诸多现实问题。

3. 联动主体分散：家庭、学校、社区多元协同不足

家庭、社区和学校营造的体育环境是青少年接受完整体育教育的三大重要场域。其中学校是"体教融合"实施层中落实"体教融合"的中坚力量，家庭和社区是推进"体教融合"有效实施的重要力量支撑。家庭体育环境方面，更多家长对于青少年体育活动的支持只是停留在意识和认知层面，家长的陪伴行为的缺失是制约家庭体育发展的重要原因；社区体育开展情况方面，无论是社区青少年体育活动的开展还是社区体育资源的配置，都难以满足实际需求。从目前来看，还没有形成学校、家庭、社区的多元协同机制。

(二) 上海青少年体育发展的现状及问题

1. 学校体育

运动技能整体发展情况良好，"掌握1~2项运动技能"的体育与健康课程

目标基本实现。运动技能学练是学校体育的主要育人内容之一，华东师范大学汪晓赞团队的调研发现：96.6%的青少年通过体育与健康课程的学习至少能掌握1项运动技能，掌握2项及以上运动技能的比例达到了86.4%，运动技能学练的达成目标较好。但还存在如下问题：一是青少年身体活动每天不足60分钟，周末久坐行为骤增。汪晓赞团队调研数据显示，青少年学生周一至周日自主报告的身体活动时间均不足60分钟。青少年每日身体活动参与现状令人担忧，而周末时间更是成为久坐行为增加的"重灾区"，距离世界卫生组织指南中的"儿童和青少年应达到平均每天60分钟"身体活动推荐量还有较大差距。二是课外体育活动"三件套"现象严重，缺乏创新改观动力。课外体育活动形式陈旧单一，大多初高中依然选择常规"三件套"——阳光体育大课间、早操和体育活动课。作为学生参与比例最高的大课间活动，依旧以广播操和跑操为主。"高中体育专项化"的实施依然停留在体育课堂上，授课教师仅仅改变授课的内容，对于课程的理念没有很好地理解落实。

2. 竞技体育

传统后备人才选育体系面临较大挑战，改革势在必行。作为优秀体育后备人才体系中重要组成部分的体校，面临着生源日趋紧张、培育效力较低、经费投入较大等问题。在加快推进少体校改革发展、不断完善人才培养机制的同时，强化学校在体育后备人才培养中的作用已成为迫切的需求。在传统的"体教结合"模式中，学校体育面临如大中小学培养体系独立化、训练投入与专业队存在较大差距、高水平教练不足及相关发展评价机制不健全等问题，进而影响了培养质量的提升。因此，如何在深入总结"体教结合"和传统培养模式经验的基础上，进一步完善工作机制，不断提高人才培养质量，让更多优秀体育人才从校园中走出，已成当前各方所面临的重要挑战。

3. 家庭体育

一是家长体育素养发展薄弱，家庭体育原生动力不足。家庭体育的开展，较大程度上取决于父母自身的体育素养。然而，由于"隔代教育"等现象普遍存在，大多数家长体育素养有待提高，主要表现在绝大多数家长每周体育运动参与情况不容乐观、参与体育运动的意识不强。显然，家长的体育素养将直接制约家庭体育的开展。二是家长的陪伴行为缺失。父母的体育支持是青少年体育参与的强力引擎。目前，体育运动对青少年健康成长的重要性已成为共识，绝大多数家长对于孩子参与体育运动持积极态度并密切关注，但由于受到家长工作时间等因素制约，少有家长能真正做到切实陪伴孩子共同运动，更未能主动创设环境促进青少年终身体育意识的培养。

4. 社区体育

一是社区青少年体育活动中心缺乏。一方面,社区青少年活动中心建设情况不容乐观。汪晓赞团队的调研发现,近75.0%的社区青少年活动中心建设整体情况不佳,仅有约1/4的被调查者认为社区体育中心数量比较多或很多。另一方面,儿童青少年社区体育活动组织情况有待改善。社区整体开展体育活动的频率较低,近70.0%的被调查者所在社区几乎从未举办过任何体育活动。无论是社区体育活动开展还是社区体育活动中心建设,均呈现出供给乏力的状态,"保证儿童青少年校外一小时活动时间"的要求也难以达到。二是社区体育设施供需失衡。社区体育设施是社区体育的重要组成部分,是社区体育活动开展的物质基础。调研发现,社区体育设施非常便利和比较便利的比例不足五成。为了满足儿童青少年校外体育活动需求,家长普遍认为社区体育环境建设是社区发展的主要抓手。这也进一步反映出,不均衡、不充分的社区体育设施配置与儿童青少年日益增长的健身生活需求正逐渐成为社区体育发展的主要矛盾之一。

5. 体育公共服务

政府引导体育俱乐部、夏令营良性发展,助力提升青少年体育公共服务质量。2018年,上海市体育局以"政府引导、社会举办、多元投入、体现公益、依托平台、共同监管"的模式,推出了青少年"体育公益夏令营""暑期社区体育配送""体育公益培训"以及种类丰富的暑期"体育赛事""体育对外交流活动"等五大板块内容。实践表明,这种政府派送服务的模式产生较好的育人效益,青少年运动技能的习得率和运动技能等级水平上升明显,目前上述活动依然在继续推进。除此之外,体育俱乐部的数量和质量稳步增加和提升,各类体育场地设施向青少年免费或优惠开放力度不断增大,开发适应青少年特点的运动器械、锻炼项目和健身方法等。总体而言,上海市青少年体育公共服务体系的质量不断提高,相关的制度不断地完善。但还存在青少年公共体育服务标准体系缺失、体育服务购买程序不规范、绩效评价和监督不规范、体育社会组织能力薄弱、问责制度缺失等一系列问题需要改进。

(三)青少年体育评价的现状和意义

评价工作是开展青少年体育工作的重要部分,也是有效推进儿童青少年体育健康发展的重要保障之一。以青少年运动技能评价为例,上海市教委率先提出全市中小学体育技能的测试要按照《青少年运动技能等级标准》进行评定,这是上海市推进"标准"进校园方面的一个重大举措,而这次改革也走在了全国同行城市的前列。上海市教委还着眼于使学生切实获得良好的体育意识、技能和习惯,组织研究构建了学生体育素养评价体系,通过实施科学、系统的评价,为青少年学生综合素质的不断提升提供有力保障。在前期试点的基础上,上海市教委决定开展2020年本市中小学生体育素养测评工作,这也是全国首次进行大样本量的学生体育素养测评工作。这也标志着,上海市青少年学生体育评价开始进入体育素养评价的新时期。

学校体育管理部门的访谈对象表示:纵观目前学生身体素质走势(从小学开始逐年级下降,到初中毕业班时触底反弹,高中后呈现断崖式下降)。究其原因,可能是当前青少年体育评价方式的不够完善导致(小升初的升学压力,初三的体育加试,而高考与体育的"关系"似乎不大)。这一系列的问题,导致体育的重视程度似乎随着年龄递进而减弱,也就是说体育在教育评价中的作用逐渐递减,这也成为制约青少年体育发展的重要问题。但值得一提的是,上海市教委在近年推进的"体育素养"工作,使得青少年体育评价日趋科学、全面、多元,体育评价的意义正逐渐增强。

尽管青少年体育评价工作很重要,但在实际工作中容易被忽视。一方面,学生校外体育参与缺乏监控与评价,学生在校期间养成的运动习惯会因周末而中断,导致学校体育在促进青少年体育发展方面的作用被削减。另一方面,青少年体育健康发展政策的监管与评价体系的缺失也致使政策执行效力低下。因此,构建多元化、标准化和可行性较强的评价体系是当前的重要课题。该评价体系应具有"客观公正、科学严谨、全面准确、注重实效、服务发展"等优点,并长期服务于青少年体育发展评价工作。

二、对策建议

(一)深化"体教融合",将"三化改革"做深、做细、做科学

"体教融合"是党中央、国务院作出的重大决策部署,是体育事业发展的重点改革事项,是一项立足当前、着眼长远的持续性事业。从"体教分离"到"体教结合"再到"体教融合",是党中央对青少年体育发展形式的正确判断。针对上海市目前"体教融合"进程的现状及存在的问题,可以从以下两方面进行相应部署和实施。

1. 学训矛盾的解决在于"少体校"和"学校体育教育"的完美融合

"将优秀的运动队办在学校里,让优秀的运动员从校园里走出来",如何为全面发展的优秀体育人才从校园中走出创造积极有利条件。可以参考以下三点:首先在课程教学方面,系统实施大中小幼一体化的学校体育课程改革,强调幼儿和中小学生注重基本运动技能培养,高年级段的学生注重专项运动技能的培养,同时强化体育运动技术理论知识的传授;二是在赛事活动方面,以校园足球为突破,形成校内比赛—校际联赛—选拔性竞赛—国际交流为一体的赛事活动体系,相关成绩逐步纳入运动员等级认定、综合素质评价及中考等体系;三是在培育体系方面,分层实施全面覆盖、系统衔接学校体育"一条龙"人才培养体系建设工作,建立学生"体育训练档案",在课程、训练、比赛、培养及评价等方面形成全面衔接,推进高水平体育教育的普及实施,为优秀体育人才从校园中走出创造了条件。我们应该清醒地认识到,解决学训矛盾并非学校体育一家之责任,更需要社会力量和家长观念的支持。家庭、学校、社区多元协同,共同助力"体教融合"是政策落地开花的主要路径。

2. 以"小学兴趣化、初中多样化、高中专项化"的"三化"改革为抓手,切实提高学校体育的育人功能

"三化"改革是上海市作为全国体育教育改革领头羊的优秀作品,未来继续推行深化"三化"改革是深化"体教融合"的重要途径。第一,在师资力量方面,要优化现有的师资培养路径,将"奥运冠军进校园"等活动做成经典,组织体育专项培训进校园,提升在职教师的专项运动技能水平,补充学校体育师资力量。第二,要部署开展中小学体育"一条龙"课余训练体系建设,改变常规的学段"各自为政"的境况,构建学生课余体育训练档案,进一步提升学生课余训练的质量。第三,要积极开展典型和特色做法及成效的推广与展示活动,以项目为抓手,以校本课程为载体,注重民族传统体育的学练和传承,提炼总结较好的经验做法,重视经验的宣讲和舆论效果,以点带面将上海市"三化"改革的经验普及全国。一系列的工作可以将"三化"改革做深、做细、做科学,切实提高学校体育的育人功能。未来,上海市将以"三化"课程改革为抓手,通过加强师资、开足课程、完善制度、凸显特色等一系列的手段,保障课程改革的有效落实。

(二)注重青少年体育多元化、标准化和智能化评价

1. 单一的体质评价模式无法满足当前青少年体育评价的需求

新中国成立以来,为积极促进青少年参加体育锻炼、提高体质健康水平、

掌握青少年体育健身发展状况,我国开始逐步开展制度性的体质健康测试。在这个过程中,学生体质健康测试日趋规范,《国家学生体质健康标准》制定日益科学。然而,从《体育锻炼标准》到《国家学生体质健康标准》发展过程中,标准本身的身体锻炼功能日趋减弱、体育锻炼的作用降低,过程性评估指标缺失引起评估结果决策参考不全面等问题相继出现,致使近年来国家虽然不断组织实施体质健康测试,但青少年体质健康水平仍不断下降的矛盾出现。同时,随着我国物质生活水平的提高,影响青少年体育发展的因素日益复杂,在新的历史发展背景下,以单纯体质健康测试为主的结果评估受到了极大挑战,过程评估与结果评估失衡制约效应凸显。社会各界对于国家学生体质测试的工作针砭时弊,多元化青少年体育评价方案改革的呼声日益高涨。本研究根据访谈对象对指标选取的反馈,并结合《上海市青少年发展"十三五"规划》,初步拟定了上海市"十四五"期间上海市青少年体育发展评价体系的核心指标,从学校体育、群众体育、竞技体育以及社会环境四个维度、6大板块、下分15个核心指标来综合评价上海市青少年体育的发展(表1)。

表1 青少年体育发展评价体系核心指标

维度	板块	核心指标	指标内涵及测评依据	测评方式
学校体育	体育素养	(1)体育意识评分	参与体育运动的兴趣和动机;按照《体育综合评价试卷(小学版)》《体育综合评价试卷(初中版)》《体育综合评价试卷(高中版)》测评	问卷
		(2)体育知识评分	参与体育运动常识的掌握;按照《体育综合评价试卷(小学版)》《体育综合评价试卷(初中版)》《体育综合评价试卷(高中版)》测评	问卷
		(3)体育行为评分	日常体育学习得分和体育竞赛活动经历得分	档案、记录
		(4)运动技能获得	掌握基本运动技能(水平一二)和专项运动技能情况;专项运动技能测试参照《青少年运动技能等级标准》团体标准执行	测试
		(5)体质健康达标率	参照《国家学生体质健康标准(2014年修订)》测试	测试

续　表

维度	板块	核心指标	指标内涵及测评依据	测评方式
群众体育	参与情况	(6) 青少年体育活动数	评价青少年体育活动体系，验证"青少年体育活动促进计划"	档案、记录
		(7) 青少年体育组织数	评价青少年体育社会参与活力	档案
竞技体育	竞技服务	(8) (职业性)体育赛事举办数	专门性青少年体育赛事举办情况；验证"体教融合"的政策精准落地情况	档案、记录
		(9) 职业教练员/运动员带教数	高水平教练员/运动员参与"体教融合"情况；验证"奥运冠军进校园"等活动的开展情况	记录
	技能养成	(10) 运动技能等级	青少年训练工作的开展情况，国家性、世界性体育赛事的参与度；验证落实落实《奥运项目竞技体育后备人才培养中长期规划(2014—2024)》	测试
		(11) 高水平教练员/团队引入数	高水平教练员、教练团队、科研人员的引入和扶植情况	档案、记录
社会环境	成长环境	(12) 青少年专门性体育设施	综合评定学校、家庭和社会提供给青少年体育设施的数量和质量	问卷、档案
		(13) 青少年日均闲暇体育活动时间	综合评定学校、家庭和社会的协同程度，青少年个体负压情况	问卷、档案
	权力环境	(14) 体育公共服务平台年均服务人次	青少年体育公共服务水平(软件)	记录
		(15) 场馆对青少年开放度	青少年体育公共服务水平(硬件)	问卷、记录

2. 标准化评价是未来青少年体育评价的主流范式

标准化评价应具有"客观公正、科学严谨、全面准确、注重实效、服务发展"等优点。一套青少年体育标准化评价体系的建立、实施和持续改进，更凸显了教育评价的公平性、普及性等原则。目前，上海市学生体育素养评价工作稳步推进,这是实施青少年体育标准化评价工作的关键环节。体育素养由体育意识、体育知识、体育行为、体育技能、体质健康五个维度构成,各维度权重不同,每个维度下都有二级指标和相应的评测方案,共同构建成了一个基于体育知识与技能、过程和方法、情感态度和价值观的体育素养评价体系。目前,体育素养评价的成效已经初步显现,一是从根本上解决了无法对普通青少年学生的体育素养进行量化的难题,为客观评价学生体育素养、及时实施干预指导及完善学生综合素质机制等提供了理论依据;二是评价指标与体育课、赛事活动、运动技能及学生体质等重要工作紧密对接,对促进体育课程改革建设、赛事活动体系完善及学生体质健康水平提升等都具有十分重要的作用。但是青少年体育评价是一个庞大的工程,除了学生本身的体育素养之外,还需要对青少年竞技体育、体育公共服务等其他方面进行综合评价,未来相应的评价体系应逐步完善,最终构建一套融合学生体育素养、竞技体育发展和体育公共服务质量等多项指标的综合评价体系。

3. 科技辅助青少年体育评价将成为未来评价发展的方式

《深化新时代教育评价改革总体方案》中指出,要"创新评价工具,利用人工智能、大数据等现代信息技术,探索开展学生各年级学习情况全过程纵向评价、德智体美劳全要素横向评价"。方案为下一步教育评价方案评价方式的选择提供了明确的方向,新兴科学技术将为上海市青少年学生体育发展测评提供新的动力与方向。

在数字化信息技术发展浪潮下,青少年体育评价也需要与时俱进,加强与现代科学技术的深度融合,进一步建立健康监测与政策评估的智能化服务平台,为青少年健康成长提供精准服务。以体育素养评价为例,未来新兴技术介入之后或将出现以下改观:第一,虚拟现实等新技术将拓宽体育素养评价测试的方法,为学校体育中的课程教学、课余训练、赛事活动等助力;第二,出现安全、准确、高效的测评仪器(如心率表、跳绳计数器、乒乓发球机等);第三,出现数据建立、统计、分析的联网平台(如体育知识与体育意识答题系统、体质健康上报平台等),大数据技术将为体育素养的可视化分析提供技术支撑,未来不同指标分类下的学生体育素养将在大数据技术的支持下实现快速分析,从而促进相关方案的制定。第四,出现自动计算、分析、诊断软件(如体育素养总分计算器;AI智能系统导出青少年的运动综合能力报告;功能性健身内容推荐;健身套餐搭配等)。可以看出,科技介入评价将会大大提高测量效率,保证评价的客观性和科学性。

(三)以体育素养提升为导向的青少年学校体育评价模式

体育素养是人类在整个生命过程中获得利于全人生存发展要素的综合,包括体育意识、体育知识、体育行为、体育技能和体质水平。相应的研究也显示,学校体育环境是发展体育素养的有效环境。学生的体育素养评价可应用于以下三方面:第一是逐步应用于学生综合素质评价,进一步健全形成科学的综合素质评价培养和提升机制;第二是依托体育素养大数据平台,建立优秀体育后备苗子选培办法,完善并形成科学的优秀苗子早期识别、选拔和培养机制;第三是研究将体育素养评价应用于体育进中考、高考,逐步增加评价权重,进一步促进结果评价向过程评价、综合评价转变。可以说,体育素养评价将成为未来青少年体育评价的中坚力量。

体育素养评价是上海青少年体育改革的一个突破口。未来的工作中可以从以下方面推进体育素养评价工作的开展:第一,各区(县)教育局要以学生体育素养测评工作为契机,进一步推动学校体育改革与发展。要将中小学生体育素养测评工作与"三化"改革工作相结合,根据年度课程计划要求,与中小学生"每天锻炼一小时"工作相结合,提升体育课和课外体育锻炼质量和水平,引导学生把体育锻炼当作一种生活方式。第二,在开展运动技能测试的过程中,学校要结合自身现有场地,利用体育课、活动课期间开展测试,如有学校自身条件无法满足的测试项目,由各区(县)教育局统筹安排测试。第三,对标上海教育现代化目标,将传统人工测试、手写记录等流程与智能化测试手段相结合,通过学生身份实时认证、测试数据实时传输等方式,确保测试数据及测试流程客观、公正、科学、便利和可追溯。一系列的科学、系统的体育素养评价工作,将为学生综合素质的不断提升提供有力保障。

(四)以运动技能养成为导向的青少年竞技体育评价模式

青少年运动技能养成是终身体育的基石,是"教会、常练、常赛"理念的基础性工作。运动技能也是体育区别于其他学科的基本特征。构建以运动技能养成为导向的青少年竞技体育评价模式或许是青少年体育评价的一个导向思路。这种"倒逼"机制可以进一步地让学生学会2项以上运动技能。具体可以从以下三个方面开展:第一,继续深化学校办训工作。相关的职能部门,体育局与教委等需要进一步加强协作,结合上海竞技体育发展新体系的战略目标,优化运动项目的布局,其中最主要的是建设"9+X"的中小学体育"一条龙"项目布局,完善课余训练制度,继续提高教练师资水平,大力引入高水平教练员团队,确保学生的课余训练时间,推进学校建设高水平运动队。第二,继续扩大扶持社会力量。通过升级青少年体育培训机构星级管理办法和制定青少年体育后备人才社会培养基地管理办法,加强全周期管理和引导,让更多社会办训机构能够走进校园,进一步加强校园体育青训工作力度。第三,布局青少年竞赛网络。进一步整合各级各类青少年学生体育赛事,面向不同运动水平的青少年,搭建"推动普及、促进提高、精英选拔"导向明确,"校、区(县)、市"三级联动,校内校外相结合的青少年学生体育竞赛平台。通过这种"以评促进"的方式,可以通过竞技体育普及化工作来培养学生的运动技能,进而实现"教会、勤练、常赛"的新时代体育教育理念。

(五)以公共体育服务质量提升为导向的青少年群众体育评价模式

政府购买青少年公共体育服务是政府职能转变的内在要求,是一种旨在降低行政成本,提高服务效率和提升服务质量的政策工具,而不是一项"政治任务"。以公共体育服务质量提升为导向的青少年群众体育评价模式一方面可以"倒逼"政府职能部门提高行政效率,提升服务质量;另一方面,可以完善公共服务的内涵建设,进一步提升体育服务的功效。具体可以从以下方面完善:第一,政府要扮演"提供者""精明买家"和"合作伙伴"的角色。强化服务职能,制定相应的目标政策、途径政策与条件政策,释放制度活力,要从社会力量(主要是社会体育组织)层面为其赋权、赋能,增强其独立性、自主性和社会资本。第二,逐步改善学校、社区体育场地建设。部分落后场地设施可以分批推倒重建,做到国家规定的学校一场一馆一池,社区的体育健身设施占据一定的空间比例,让青少年有空间去锻炼。第三,注重高水平体育人才队伍建设。全国青少年校园足球工作领导小组办公室主任王登峰在2020年全国青少年校园足球"满天星"训练营发展高峰论坛上强调,"足球改革的第一重使命就是通过选派高水平教练,把辖区内所有特色校的足球教学、训练和竞赛水平提升一个很大的台阶"。可见,人才队伍建设在整个体育公共服务体系中占据较高的地位。通过上述工作的逐步铺开,公共体育服务质量提升的导向性评价可以进一步推动"体教融合"的深化改革。

参考文献

[1] 刘海元,展恩燕.对贯彻落实《关于深化体教融合促进青少年健康发展的意见》的思考[J].体育学刊,2020(6).

[2] 柳鸣毅,胡雅静.家庭体育引领我国青少年体育新风尚[N].中国体育报,2020-11-09(7).

[3] 汪晓赞,杨燕国,等.历史演进与政策嬗变:从"增强体质"到"体教融合"——中国儿童青少年体育健康促进政策演进的特征分析[J].中国体育科技,2020(10).

[4] 柳鸣毅,龚海培,等.体教融合:时代使命·国际镜鉴·中国方案[J].武汉体育学院学报,2020(10).

[5] 李世宏.新中国成立以来儿童青少年"体育健身"的话语建构研究[J].体育科学,2020(9).

[6] 舒宗礼.基于整体性治理的我国青少年体育公共服务体系研究[J].武汉体育学院学报,2020(8).

[7] 胡雅静,柳鸣毅,王梅,等.英美青少年体育冬夏令营组织体系、治理策略、经验启示[J].中国体育科技,2020-7-6(网络首发).

[8] 汤利军,蔡皓.基于"立德树人"的我国青少年体育品德评价指标体系构建研究[J].武汉体育学院学报,2019(10).

[9] 司琦,金秋艳.青少年体育健康促进干预项目评价指标体系构建[J].武汉体育学院学报,2018(3).

[10] 陈海东.我国农村青少年体育的评价指标体系研究[D].西安电子科技大学,2013.

[11] 孔琳,汪晓赞,徐勤萍等.体教融合背景下中国儿童青少年体育发展的现实困境及解决路径[J].中国体育科技,2020(10).

上海"三大球"发展现状及改革研究

朱从庆　张　怡　李　俊　谢　懿　曾　彦
姜志成　张元文　邱路遥　曹玉洁　成奥晨*

一、各项目职业化及市场化发展程度

上海"三大球"的职业化、市场化是伴随中国体育职业化、市场化的发展与改革进程而开始的,其中足球职业化、市场化的发展历程已有26年,篮球为25年,排球略晚,为22年。运动项目职业化、市场化的标志就是建立商业化的职业俱乐部。政府实施管办分离和简政放权,有序推进了一系列改革,实行运动项目的职业化,在推进自身规范化管理的同时,通过职业化、市场化的运行模式,吸引更多"三大球"爱好者到现场观赛,实现企业经济和社会效益最大化,助力于"三大球"项目的普及和运动水平的提高。上海"三大球"目前均有各自所属的职业俱乐部,但在其职业化及市场化发展程度方面仍有欠缺和余力。

(一)篮球项目

男篮方面,上海东方大鲨鱼篮球俱乐部的前身是上海体育运动委员会下辖的上海市男子篮球队,成立于20世纪50年代初期。自1996年参加CBA

---

* 本文作者简介:朱从庆,上海师范大学副教授,硕士,研究方向:体育教育训练学;张怡,上海市徐汇区第一少年业余体育学校,中级教练员,研究方向:运动训练;李俊,上海市徐汇区第一少年业余体育学校,中级教练员,研究方向:运动训练;谢懿,上海市向明中学教师,研究方向:运动训练;曾彦,上海市徐汇区第一少年业余体育学校,初级教练员,研究方向:运动训练;姜志成,上海师范大学体育学院研究生,研究方向:体育教育训练学;张元文,上海师范大学体育学院教授,博士,研究方向:体育教育训练学;邱路遥,上海师范大学体育学院研究生,研究方向:体育教育训练学;曹玉洁,上海师范大学体育学院研究生,研究方向:体育教育训练学;成奥晨,上海师范大学体育学院,研究生,研究方向:体育教学。

联赛以来,培养出姚明、章文琪、刘炜、王勇、王立刚、彭飞、刘子秋、张兆旭等多名历届中国国家男子篮球队球员,并在2001—2002赛季夺得CBA总冠军。但此后的多年里,上海男东方大鲨鱼的战绩一直不理想,球队名次多次位列十几名开外。2019年,上海久事集团旗下的上海久事体育集团全资收购俱乐部,俱乐部迈入全新的"久事时代"。依托久事集团及久事体育集团的强大支撑,蓄力建立青训体系,持续发掘优秀梯队人才,以不断提升联赛成绩和夺取联赛冠军为目标,力争"鲨"回巅峰,再铸辉煌。

女篮方面,2014年7月9日,上海宝山大华女子篮球俱乐部正式成立,由上海体育职业学院、宝山区体育局、大华集团三方共同组建,通过市体育局与宝山区、大华集团密切合作,整合有利资源,加强宝山大华女子篮球俱乐部的职业化、市场化、规范化建设,在提升竞技水平的同时为振兴上海"三大球"贡献力量。

(二)足球项目

上海目前共有两支职业化发展较好的足球俱乐部球队参加中国足球协会的超级联赛,分别是上海绿地申花足球俱乐部和上海上港足球俱乐部。

上海绿地申花足球俱乐部前身是上海申花足球俱乐部,成立于1993年12月10日,由专业体制的上海足球队改组而来,是中国足球甲A联赛的创始球队之一。2000年2月,俱乐部所有权发生变更,原投资方上海申花集团退出,七家上海大型国有企业成为新投资方。2001年12月,上海广电集团、上海文广集团等单位收购俱乐部,并将其重组为"上海申花SVA文广足球俱乐部",2004年成为中国足球协会超级联赛的创始球队之一。2007年2月,俱乐部被朱骏收购,并与上海联城足球俱乐部合并,翌年更名为"上海申花联盛足球俱乐部"。2014年1月30日,上海绿地集团正式宣布接手俱乐部,2月将其更名为"上海绿地足球俱乐部",队名则更改为"上海绿地申花队"。2015年1月,俱乐部更名为"上海绿地申花足球俱乐部"。

上海上港集团足球俱乐部始建于2005年12月,时称上海东亚足球俱乐部,由上海东亚集团有限公司和上海根宝足球俱乐部基地有限公司共同出资建立,由著名足球教练徐根宝担任公司董事长、俱乐部主席及球队总教练。俱乐部自东亚时期就非常重视青训体系建设,培养出了一批上海本土优秀球员。2012年年末,俱乐部得到了上港集团的冠名赞助,2013赛季起以"上海上港队"的名义征战各类赛事。2014年11月18日,上港集团完成了对上海东亚足球俱乐部的整体收购,同时更名为"上海上港集团足球俱乐部",并聘请徐根宝担任总顾问。

两支球队目前均征战于中国足球协会超级联赛。

(三)排球项目

上海男女排都在职业联赛及全国比赛中多次取得傲人佳绩。尽管如此,其职业化、市场化进程仍处于不成熟的阶段。与足球、篮球相比,排球比赛的转播量、广告位出租以及观众数量都明显较低。在球员收入方面,以上海男排为例,上海男排队员平均收入在年薪 40 万元左右,与足球、篮球运动员的收入也存在较大差距。

二、各项目管理体制

(一)篮球项目

上海东方大鲨鱼篮球俱乐部在姚明到来前,一共有三家股东,但三家股东的职责却不统一:上海文广传媒集团是唯一一方实际出资的股东,主要的管理内容就是俱乐部的运营;上海体育职业学院则以提供训练、住宿、饮食等资源的方式参与其中,负责球队的日常训练和吃住等,实际上就是上海市体育局对俱乐部的竞训进行全面管理;上海机场集团所占股份最少,话语权也相对较弱,基本不参与俱乐部的日常运营和管理工作。东方大鲨鱼篮球俱乐部的性质仍然是由政府为主导,联系社会力量共同组建的,这样容易出现责权混乱的问题,这些问题日积月累便成为俱乐部由盛到衰的加速器。姚明收购俱乐部后,在管理方面,专门成立一个非常擅长俱乐部运营管理的专业产业运营团队——"姚之队"。同时,参考 NBA 的管理理念,成立了上海泰戈鲨客投资管理公司,对俱乐部进行全面管理。2017 年 2 月,姚明正式当选中国篮协主席,将俱乐部的管理职能全权托管给董事会,光大体育基金总裁范南则出任俱乐部执行董事,同上海男篮总经理王群一起处理球队日常管理事务。俱乐部管理改革后,在一定程度上缓解了往日的问题,但仍存在管理方面的不足。近几年,上海男篮主要赞助商有玛吉斯、哔哩哔哩、久事集团等,俱乐部经费还算充裕。

上海宝山大华女篮由上海市竞技体育训练管理中心、宝山区体育局和大华集团三方携手,共同管理俱乐部的竞赛和运营,经费方面较为充足,主要由大华集团支持。为了确保俱乐部运作的规范和有效,协议各方同意成立俱乐部理事会(最高决策机构),并由俱乐部理事会领导下的董事会具体负责俱乐部日常经营活动和相关管理工作,俱乐部负责具体日常训练、赛事及相关工作,且俱乐部拥有对运动队、队员和其所参加比赛的赞助及社会公益的开发和利用权。上海体育职业学院是上海女子篮球队的训练和管理部门,是上海女子篮球队成员劳动关系的管理单位,其拥有的篮球人才资源以劳务输出的形式进入俱乐部。上海体育职业学院负责与国家体育总局、总局项目运动管理中心、上海市体育局和各职能管理部门进行联系和协调,按照俱乐部联赛获得成绩,积极申请并核拨俱乐部以奖代补经费。上海体育职业学院同时负责运动队的训练和比赛、后备力量的培养和梯队建设、运动员文化教育、运动损伤康复、管理和服务保障工作、运动队的文化教育和学历教育、运动员职业发展规划、运动员食宿及食品安全、反兴奋剂、运动队训练场馆和训练设备器材供应、运动队的伙食和住宿等工作。宝山区体育局负责上海宝山大华女子篮球俱乐部相关事宜,包括与大华集团在内的出资方及赞助方保持密切沟通,并根据俱乐部取得的比赛成绩,给予一定经费奖励。大华集团以企业的规范运作为俱乐部提供体制机制上的帮助,并负责投入一定经费,用于俱乐部的日常运营管理。

(二)足球项目

上海市足球成年队都是以俱乐部形式来统一组织管理的。上海市体育局是职业足球俱乐部的政府主管部门,俱乐部有关日常管理工作由市体育局所属的上海市足球管理中心负责。市足协按照其章程规定,对俱乐部在本市参加公开比赛,俱乐部和运动员、教练员注册,运动员转会,外事等方面的工作实施行业管理和监督,提供业务指导和服务。男足资金来源主要是母公司的注资、政府的奖励和部分经营收入,女足资金来源主要是赞助商和政府奖励,成年队在2018年获得了上海农商银行的赞助支持以后,现在发展趋势平稳,整体资金有了一定的保障,与国内女足的职业化快速发展趋势基本匹配,目前上海的俱乐部经营情况、球队训练和比赛情况在国内都处于领先水平。

(三)排球项目

上海体育职业学院主要负责运动队及人员的日常训练和管理等事项,俱乐部主要负责日常经营管理等事项,理事会为俱乐部最高决策机构,由5名成员组成,其中2人由上海市体育局或上海体育职业学院委派,2人由赞助商委派,理事长由赞助商推荐。理事会负责制定俱乐部战略发展目标、聘任俱乐部总经理、批准年度工作目标和预算报告、聘请运动队主教练、批准俱乐部外援引进计划、批准重要管理制度的设立等事宜。俱乐部主教练由上海体育职业学院推荐,理事会进行聘任,主教练负责执行理事会提出的工作目标,全面负责运动队的日常训练和比赛。在联赛的管理层面,足球及篮球项目的运动项目实体化改革已经初步完成,作为"三大球"的另一个重要的项目,排球项目的改革尚在准备之中,社会的资金不能很好地加入联赛的运营之中,每年排管中心拨给上海男排的联赛经费仅为100万元,而球员的主要收入还是来自赞助商。

三、后备人才培养

后备人才的培养是运动项目可持续发展的关键,上海市"三大球"后备人才的培养主要依靠体育系统和教育系统两种途径,社会力量在后备人才培养方面发挥的力量甚微。此外,教育系统未能与体育系统形成较好的人才输送通路,所培养的后备人才基本留在教育系统内进行"一条龙"发展,竞技水平难以达到向体育系统输送的要求,因此上海市"三大球"的运动员后备人才培养时至今日仍由体育系统主要负责。

上海市教育系统形成的"小学—初中—高中—大学"的"一条龙"运动员培养模式,可培养的人才基数较大,但运动员整体竞技水平较低,无法达到专业运动队的输送要求,加之家长更倾向于青少年运动员留校发展,绝大多数优秀运动员都会去往高校高水平运动队,教育系统最终向专业队输送的运动员寥寥无几,对上海市"三大球"后备人才储备的补充效益还不够。同时特长生升学的难度逐年增高,造成教育系统的后备人才储备也面临缩减的问题。

体育系统的培养单位主要分为三个梯队,各区少体校作为基层的三线培养单位,队员主要来源于区所属小学、初中的在籍在校在读学生。培养方式不再是过去的"三集中"模式,而是"学训分离",运动员和普通中小学生一样在学校完成学业,在完成学校基本学业任务的基础上,利用课余时间、周末及寒暑假到区少体校进行集中训练。各区少体校培养出的优秀运动员会输送到隶属二线培养单位的市少体校,特别优秀的队员会直接被选拔到一线的青年队进行训练。近几年,各区少体校培养出的运动员多数是回到教育系统进行发展的,这就进一步压缩了体育系统中可培养的人才基数,也直接影响整个上海市"三大球"后备人才的储备,造成匮乏的局面,专业队及各级体校不得不通过从外省市引进优秀运动员的方式来进行补充,但这种引进制度在实际操作中又受到相关制度及名额等条件的限制,并不能从根源上解决后备人才短缺的问题。

四、校园"三大球"发展

在飞速发展的当今社会,众多青少年的首要任务就是在国民教育体系下进行良好的科学文化知识的学习,逐渐成长为德智体美劳等全面发展的社会公民。因此,学校是各类人才的聚集地,毋庸置疑也是体育人才的成长摇篮。"三大球"的发展需要强大的后备人才力量的支撑,这股力量无法从其他途径获取,只能通过教育大平台来得以实现,所以大力发展校园"三大球"是必经之路。

上海市自2012年成立校园足球联盟,有效促进了各级各类学校足球运动的普及与发展。此后,篮球和排球项目也随之建立校园联盟,在一段时间内收获了良好成效。近几年,校园"三大球"联盟在课程建设、竞赛组织、体育文化等方面不断深入,但仍然面临着发展问题。特别是在高中阶段,学生学业压力较大,学习任务繁重,直接影响到"三大球"活动及竞训等方面的工作进展。并且校园"三大球"发展存在不平衡的现象,这个现象不仅体现在参与度的差距上,政策倾斜程度也很突出,长此以往就会造成各项目的发展差距,这个差距一旦形成就很难再达到平衡。

五、社会普及度和参与度

随着现代社会不断的发展以及体育运动的快速推广,"三大球"作为极具内涵的现代体育运动项目,在全世界范围内得到了广泛认可并掀起一股股运动热潮。同时,在我国全民运动的大力宣传下,"三大球"运动在群众体育中也得到了较为明显的发展,直至今日更加多元化、娱乐化的方式已经悄然兴起,一方面极大地丰富了广泛群众的日常生活,另一方面也带动了整个体育行业的发展。与足球、篮球相比,排球运动对于场地器材的要求都比较高,且参与者必须具备排球的一些基本知识、规则、技战术等,同时隔网对抗项目对参与者的身高和身体素质有一定的要求。篮球和足球对于这些的要求明显低于排球,运动参与者即便不具备该项目的运动知识和技能也可以有非常好的运动体验,通过非竞技的方式获得满足感。因此,篮球、足球项目的普及度和参与度较高。而上海的群众排球因为受到特定条件的限制,普及度较低,参与积极性也不高。从观赏性的角度来说,排球虽然也极具观赏性,但其观赏性与足球篮球相比不是很直观,在观赏足球篮球赛事时,观众对于精彩的定义更多地在于一次漂亮的控球、过人、进球或扣篮,而排球相对于足球篮球,往往一次精彩的得分靠的是队员多次的全力配合,感官上没有足球和篮球比赛的刺激程度高。对于观众来说,观赏排球赛是需要具备一定排球知识素养的,这也导致排球赛事的现场上座率、电视转播率、收视率都远不及足球和篮球项目。

六、上海"三大球"发展问题探究

(一)共性问题

1. "体教结合"模式下后备人才培养问题

上海市利用"体教结合"培养竞技体育后备人才的方式,发展至今已经有20多年的历史,在不断探索与总结中,收获了较为理想的成果。但在人员、资源的流动及整合方面,仍然存在不足。上海市体育系统是上海市"三大球"后备人才培养的主要负责部门,在后备人才培养方面具备传统的经验和优势,无论在训练还是管理方面都具有十分完备的运作体制,并且拥有一批经验丰富的资深教练员,这都是体育系统在运动员培养方面的关键所在。然而体育系统中运动员的精力大多由训练支配,受教育问题就始终存在,运动员文化水平和适应社会发展的能力低于国民教育体系下的普通人群,是运动员退役后再就业所面临的一大难题。在教育系统中,虽有充足的人才基数和潜在的具有运动天赋的青少年,并且具备文化育人的优势,场地等硬件设施也较为充足,但是学校中缺少优秀的教练员去发掘、培养人才,教练员执教及运动员训练的水平要逊于体育系统,特别是在中小学,这种现象尤为突出,是造成教育系统所培养的运动员竞技水平整体低于体育系统的直接原因。目前,上海市各区所属的中小学,大部分学校都缺少专业教练员进行人才选拔、训练,使学校中人才及资源无法得到充分利用,造成教育系统人才及资源的浪费。

上海市体教两个系统在实际配合中困难较多,未有效形成优势互补的局面,各区少体校的选材难以辐射到每所学校,无法实现人才、资源的有效流动及整合。近几年,教育系统对后备人才进行"一条龙"培养,向体育系统渗透的人才量不断缩减,而体育系统所培养的运动员又向教育系统形成人才回流,造成较大的人才流失,体育系统的各级培养单位出现生源数量少、质量低等现象,也导致整个上海市的"三大球"后备人才储备量匮乏,得不到有效的补充。真正通过教育系统培养出来的专业运动员凤毛麟角,主流力量仍然是经过体育系统长期培养出来的运动员,而这些体育系统培养出的运动员是"运动员学生"而不是"学生运动员","体教结合"仍然突破不了原有的瓶颈,严重阻碍了上海市"三大球"运动的可持续发展。

2. "三大球"发展不平衡且仍有余力

从国家层面来看,"三大球"项目近十年的发展,足球项目不论是在政策倾斜、职业化改革、还是资金投入等方面,都遥遥领先篮球和排球,各省市都积极响应国家政策,因此在发展的侧重点上并无较大差别。上海市"三大球"的发展速度不一致,虽然与各运动项目的职业化起始时间有关,但实质上发展的侧重点影响力更大。目前,"三大球"的职业化、市场化发展很不平衡,尤其是排球项目,在发展的各方面都落后于足球和篮球,而且各项目在职业化进程中都存在完善和发展的空间,在未来的发展中需要牢牢把握。除职业化、市场化发展外,校园"三大球"的发展也存在不平衡、不充分的问题,在普及度、参与率、竞赛组织、体育文化构建等方面,校园"三大球"联盟仍然任重而道远。

(二)特有问题

1. 排球项目

"三大球"中,上海职业排球在全国联赛中的成绩一直不错,但其关注度始终不及其他两项,主要的原因在于职业化和市场化的不成熟,排球协会目前还是从属于排管中心之下,这就导致社会资源不能够更好地流向排球,参与者的数量不断萎缩,形成恶性循环。上海作为国际化的大都市拥有天然的商业优势,加快运动项目协会实体化,加强与社会资源的结合是当务之急。回看足球、篮球已经初步完成了协会实体化改革,上海排球应当借鉴其成功经验并结合自己的特点逐步完成转型。纵观国际上一些体育项目高度发达的城市,运动项目就是其城市的象征,其职业化、市场化发展经验是可以去研究和学习的。通过学习和借鉴,以期把上海排球打造成能够作为城市象征的运动项目之一。上海排球的发展还有一系列的问题需要解决,比如俱乐部的实体化运作和发展、球员转会流动、协会自身的"造血"功能等。最后,在群众基础、商业价值、经费等方面,排球跟足球、篮球相比还是存在较大差距,所以在改革的过程中还要结合自身特点,稳步前进。

2. 足球项目

教练员团队水平和球员个人能力是球队战绩的关键,虽然上海足球运动项目的职业化、市场化发展较好,但俱乐部内在的运作却难免出现问题。上海申花足球俱乐部的高水平球员流动性较大,有许多球员被交易或者转会,近几年教练员团队稳定性也出现一些问题,频繁更替,水平有所下降。在2019赛季中超联赛的30场比赛中,俱乐部最终获得8胜、6平、16负,总积分30分,排在第13名,这个成绩是该队伍参加中超联赛有史以来最差的。高水平球员流失,加之在引进高水平外籍球员时资金投入不够,教练团队不稳定,种种原因导致申花队的整体竞技水平严重下滑。

3. 篮球项目

上海篮球运动的职业化、市场化发展进程正不断加快,近些年,除职业队战绩一直不理想外,俱乐部的市场营收情况也不乐观。商业赞助的实质是赞助商与俱乐部之间进行资源或利益的交换与合作,通常是企业或集团为了实现自己的目标(获得宣传效果或打开知名度)而向体育团体提供资金支持或俱乐部运营指导,在这个过程中,赞助商和俱乐部应该是各取所需,合作共赢的。所以成熟的职业化和市场化,必须是双方互利互惠、互有所得的。但目前上海男、女篮职业俱乐部,在门票、转播等营收方面远远不足,出现投入大、回报少的局面,俱乐部的投入和营收没有处在良性的运作状态之中。

七、上海"三大球"发展改革意见

(一)加强"三大球"职业化发展,加大奖励和扶持力度

政府应通过决策、制度、条例等方式,对"三大球"的职业化、市场化发展进行积极引导,调动全社会各类资源的参与,激发各种社会组织或团体的参与积极性,提高各类市场主体的能动性,全面且平衡地推进"三大球"的市场化、职业化发展。鼓励并引导有实力的知名企业或个人,尝试对竞赛或运动队进行资金投入,拓宽商业资金和赞助渠道。社会资金的流入能够加快上海"三大

球"的发展,塑造项目的商业价值,从而保障"三大球"的可持续发展。

同时政府应继续在管理机制方面进行深化改革创新,继续加强管办分离和简政放权工作的实施力度,继续健全"三大球"单项协会管理体系,不断完善项目协会内部治理结构,破除原有的体制障碍,激发市场经济活力,建立高效、协调、顺畅的符合现代化发展运营要求的管理体系。此外,政府理应对发展滞后的项目进行特别关注,加大"三大球"的资金、奖励的投入,不断提高扶持力度。

(二)竞技后备人才的培养应逐步回归教育体系

不管是"运动员学生"还是"学生运动员",都应该接受国民教育体系的全面培育,这是保障青少年全面发展的基本要求。从过去的"体教结合"到当前的"体教融合",都在努力尝试将竞技体育后备人才的培养全面化。教育系统中的可培养的人才基数非常大,但欠缺体育系统的培养专业度,体育系统又缺少足够的人才基数进行培养和筛选,"体教融合"将会把两者的优势形成互补,整合两方面的力量形成合力,这也是我国在体育后备人才培养中的新思路,学校会成为将来培养竞技人才的主战场。上海市"三大球"后备人才的培养应逐步回归到国民教育体系,体教两系统应更加积极地进行深入合作,发挥各自优势,殊途同归,为了同一个目标而努力。这需要政府、各单位乃至全社会多方面的支持,要鼓励更多的学校参与"三大球"后备人才的培养工作,组织各种体育、教育系统竞赛,妥善解决学训矛盾,引进更多的专业队教练员进入学校,全面提升教育系统在后备人才培养方面的硬实力。

(三)理顺"一条龙"培养体系,充分协调"一条龙"所遇到的问题

理顺"一条龙"培养体系,充分协调"一条龙"所遇到的问题,是迫在眉睫的任务。上海市教委应为教育系统及体育系统的青少年后备人才创造良好的受教育机会,保障后备人才的受教育公平性,认可后备人才群体的文化课水平略逊于普通青少年的事实,尽快制定有关运动员升学的优惠政策,为更多后备人才创造良好的学习和成长环境,同时各级各类学校应本着"术业有专攻"的态度积极接纳青少年后备人才。尤其要重视高校高水平运动队的建设任务,鼓励上海市有关高校积极做好筹备工作并向审批部门提交申请。已有的高水平运动队应逐步加大招生名额,为后备人才提供良好的升学机会。尽量解除升学方面的后顾之忧,使运动员全身心投入训练与比赛。

（四）加快普及推广，促进校园"三大球"联盟发展

要继续加快校园"三大球"的普及推广速度，不断提高学生的参与度，利用校园环境下好管理、好集中、好组织、好教学、好训练的"五好"优势，不断加大校园"三大球"潜在人才的数量，为后备人才的培养打下基础。还要充分发挥"三大球"的育人功能，贯彻普及与提高相结合的发展战略，不断提高校园"三大球"专项教师和教练员的执教水平，进一步完善校园"三大球"联盟竞赛体系，以期推动校园"三大球"联盟不断发展壮大。

（五）建立系统、多样、高质量的竞赛体系

竞赛体系的合理性直接关系到运动员的成长，完善竞赛体系利于为"三大球"运动员打好基础，提升运动员的质量。上海市应对目前的竞赛体系进行必要的优化、改革、完善、创新，应使竞赛体系具备健全、完整、高效的特征。竞赛的组别、形式、次数要贯彻科学性和系统性原则，加大竞赛经费投入，激励更多不同层次的队伍参与其中。竞赛应往市场化方向发展，将体育与经济有机结合起来，以此来加快上海市"三大球"的市场化发展进程。

（六）继续提高社会普及度和参与度

政府应继续加强"三大球"的社会投入，包括全民公用场地、宣传推广、全民运动会等方面的投入。应增加以市、区、社区为基本单位的区域性比赛，社区、街道应积极开展有关"三大球"的各类团体活动，鼓励更多群众参与，让"三大球"进入基层，贴近老百姓的生活。通过不断扩大"三大球"参与人数的方式，间接影响参与者的亲属、后代也逐渐参与各运动项目，普及的同时也为将来"三大球"竞技体育人才的培养和筛选打下基础。

全面备战奥运视角下上海市竞技体育项目布局研究

马　佩　姜传银　薛玉佩　吴旭东　郝宝泉　孔令彦[*]

项目布局不仅是竞技体育发展的战略组成,而且还关系着竞技体育的发展方向以及竞技体育的投入与产出是否成正比的问题。东京奥运会因新冠肺炎疫情延期举办,对我国备战奥运会而言是机遇也是挑战,位居全国领先地位的上海竞技体育项目如何实现最佳布局、如何推动上海竞技体育整体水平再登高峰是当前亟须关注和解决的问题。

一、上海市竞技体育项目布局现状

目前而言,竞技体育发展的水平和程度,已经成为一个国家、一座城市综合实力的重要体现。由此,在全面加速推进体育强国建设以及全力备战东京奥运会的征程中,上海竞技体育正处于重要和难得的发展机遇期。围绕"奥运争光"战略和全球著名体育城市建设目标,上海于2019年出台了《关于构建本市竞技体育发展新体系的实施意见》,旨在构建更加科学、开放、高水平、可持续的上海竞技体育发展新体系。文件的出台可以看出上海市对竞技体育发展的重视程度。

考核一个省市的竞技体育成效主要看其在奥运会、全运会中获得的运动成绩,其中在全运会上获得的成绩是这个省市竞技体育水平的直观体现。上海市竞技体育优势项目是"在全运会中多次取得良好成绩,相较于其他项目拥

---

[*] 本文作者简介：马佩,上海工程技术大学,硕士,研究方向：体育人文社会学。课题成员：姜传银、薛玉佩、吴旭东、郝宝泉、孔令彦。

有较为明显的整体优势,且在竞技比赛中具有较强的竞争实力,同时能够为国家队输送具备优异竞技能力和高水平的运动员的运动项目";上海市竞技体育潜优势项目是"在全运会上多次获得奖牌,并在未来的比赛中具备实现突破实力的运动项目"。

本研究主要统计上海代表团在第 11～13 届全运会上获得前 8 名的竞技运动成绩(表 1),以上海代表团在第 29～31 届奥运会获得前 8 名的竞技运动成绩作为参考,运用帕累托分析法(ABC 分类法)确定上海市竞技体育优势项目和潜优势项目。具体确立方法:首先,对上海市在第 11～13 届全运会上取得前 8 名的竞技运动项目进行赋分,第 8 名 5 分,第 7 名 6 分,第 6 名 7 分,第 5 名 8 分,第 4 名 9 分,第 3 名 10 分,第 2 名 11 分,第 1 名 13 分;其次,将各个运动项目在三届全运会上获得分数相加,再按照各个运动项目总得分从高到低依次排序;最后,确立出上海市竞技体育优势项目和潜优势项目,累计百分比在 0%～70%区间段的运动项目为优势项目,累计百分比在 70%～90%区间段的运动项目为潜优势项目(表 2)。

表 1 第 11～13 届全运会上海市代表团前 8 名获奖项目一览　　单位:人次

项　　目	金牌	银牌	铜牌	第四名	第五名	第六名	第七名	第八名	合计
游泳	14	19	22	11	9	13	10	9	107
田径	10	8	5	12	10	14	3	12	74
击剑	4	3	7	2	4	4	7	5	36
射击	5	5	8	6	3	2	3	0	32
跳水	2	4	2	4	4	4	4	3	27
体操	8	5	4	2	1	2	4	1	27
赛艇	2	3	3	0	7	2	1	1	23
自行车	3	3	3	3	4	3	0	4	23
足球	12	3	2	0	0	2	0	1	20
网球	4	3	3	1	1	4	1	2	19
帆船	8	3	0	1	1	0	3	1	17
现代五项	2	1	2	2	2	1	2	1	13
蹦床	1	2	1	1	3	2	2	1	13

续 表

项　　目	金牌	银牌	铜牌	第四名	第五名	第六名	第七名	第八名	合计
排球	7	2	0	0	3	1	0	0	13
拳击	2	1	2	0	7	0	0	0	12
场地自行车	4	3	2	1	0	1	1	0	12
乒乓球	2	1	2	2	2	1	0	1	11
马术	1	2	2	1	1	1	1	2	11
皮划艇	0	2	0	1	1	2	0	3	9
篮球	0	4	0	2	2	0	1	0	9
武术套路	1	1	1	0	0	1	3	1	8
水球	1	4	2	0	0	0	0	0	7
射箭	1	1	2	1	2	0	0	0	7
手球	0	0	3	0	2	1	0	1	7
举重	0	1	1	1	1	1	1	1	7
武术散打	2	0	3	0	0	0	1	0	6
艺术体操	0	0	1	3	0	0	0	2	6
沙滩排球	1	2	0	1	0	0	2	0	6
羽毛球	0	0	0	0	1	1	1	2	5
花样游泳	0	1	1	1	1	1	0	0	5
柔道	1	1	1	0	1	0	1	0	5
国际式摔跤	0	1	0	0	1	0	2	0	4
高尔夫	1	1	0	0	1	0	1	0	4
曲棍球	0	0	0	0	1	1	1	0	3
垒球	0	0	0	1	1	1	0	0	3
棒球	0	1	0	0	1	0	1	0	3
空手道	0	1	1	0	0	0	0	0	2
三人篮球	0	1	0	0	1	0	0	0	2
帆板	0	0	0	1	0	0	0	1	2

续 表

项　　目	金牌	银牌	铜牌	第四名	第五名	第六名	第七名	第八名	合计
跆拳道	0	0	0	0	2	0	0	0	2
轮滑冰球	0	0	0	1	0	1	0	0	2
橄榄球	0	0	0	1	0	0	1	0	2
皮划艇静水	0	0	0	0	0	0	0	1	1
总计	99	97	86	63	81	67	58	56	607

注：不含奥运会奖牌及双积分。

表2　第11～13届全运会上海市代表团各比赛项目得分一览

项　　目	得分（分）	累计百分比（%）
游泳	978	17.70
田径	632	29.13
射击	310	34.74
击剑	300	40.17
体操	268	45.02
足球	228	49.15
跳水	225	53.22
赛艇	214	57.09
自行车	202	60.75
帆船	177	63.95
网球	176	67.14
排球	144	69.74
场地自行车	127	72.04
现代五项	115	74.12
拳击	113	76.17
蹦床	109	78.14
乒乓球	103	80.00
马术	95	81.72

续　表

项　　目	得分(分)	累计百分比(%)
篮球	84	83.24
水球	77	84.64
射箭	69	85.88
皮划艇	68	87.12
武术套路	64	88.27
武术散打	62	89.40
手球	58	90.45
举重	56	91.46
沙滩排球	56	92.47
柔道	48	93.34
艺术体操	47	94.19
花样游泳	45	95.01
高尔夫	38	95.69
羽毛球	31	96.25
国际式摔跤	31	96.82
棒球	25	97.27
垒球	24	97.70
曲棍球	21	98.08
空手道	21	98.46
三人篮球	19	98.80
跆拳道	16	99.10
轮滑冰球	16	99.38
橄榄球	15	99.66
帆板	14	99.91
皮划艇静水	5	100
总分	5 526	

注：不含奥运会奖牌及双积分。

从表3数据可以看出,上海市竞技体育优势项目有游泳、田径、射击、击剑、体操、足球、跳水、赛艇、自行车、帆船、网球、排球;上海市竞技体育潜优势项目有场地自行车、现代五项、拳击、蹦床、乒乓球、马术、篮球、水球、射箭、皮划艇、武术套路、武术散打。因本研究从全面备战奥运视角研究上海市竞技体育项目布局,其中潜优势项目中武术套路和武术散打不是奥运会项目,本研究中不对这两个项目做过多研究。

表3 第11～13届全运会上海市代表团优势项目、潜优势项目一览

项目分类	运 动 项 目
优势项目	游泳 田径 射击 击剑 体操 足球 跳水 赛艇 自行车 帆船 网球 排球
潜优势项目	场地自行车 现代五项 拳击 蹦床 乒乓球 马术 篮球 水球 射箭 皮划艇 武术套路 武术散打

二、上海市竞技体育项目布局面临的挑战

(一)思想政治教育工作欠缺,导向意识融入不足,思想定力有待夯实

党的十八大以来,以习近平同志为核心的党中央高度重视思想政治教育,并将之提升至战略与全局的高度。在竞技体育运动队开展思想政治工作,对于培育艰苦奋斗精神、磨炼意志品质、厚植爱国主义情怀以及备战和参赛的成功起着关键性作用。如上海市体育局竞技体育处处长王励勤指出:"作为运动员不仅要技术好、水平高、能力强,更为重要的是意志品质、思想觉悟也要过硬。"从竞技体育主体成长及选拔方式来看,对运动队进行针对性的思政教育工作尤为必要:一是通过思政教育可以保证队伍稳定性,提升政治站位,形塑积极向上的价值观念;二是通过思政教育可以提升运动队整体素质,真正起到促进提高主体思想道德素质的目的,避免流于形式,起不到实效;三是通过思政教育有助于调动运动员训练热情,使其发挥主观能动性,培育运动员顽强拼搏精神。上海竞技体育在对运动队和运动员思政教育工作方面有待进一步提高。

上海竞技体育项目应进一步积极定期组织,以各种形式开展思想政治教育工作。目前而言,针对性、导向意识融入不足,如全国政协委员、国家体育总

局拳跆管理中心副主任管健民表示:"目前,尤其关于青少年教育问题,家长之于老师而言,其树立榜样、以身示范的重要性更为重要。以此而观,运动队建设亦是如此,队员在争取好成绩之时,不仅仅要感谢父母,更要感谢国家,也要让他们知道何为国家,以及之于国家,肩负着何种担当、责任、使命。"显然,使优势项目更好地可持续发展下去,潜优势项目实现突破性地发展,与管理者和教练员明确竞技体育发展的正确朝向、肩负职责、历史使命等至关重要。管理者与教练员在运动员的思想教育工作和导向意识两个方面的教育不足,运动员的思想定力有待夯实。在备战奥运的同时加快体育强国建设是竞技体育的目标导向,竞技体育是体育强国建设的重要组成部分,运动员的思想教育成熟与否,最能反映出管理者和教练员对运动员的导向意识,通过相关文献分析可以看出,管理者与教练员对运动员的思想教育和导向意识的教育存在一定局限。

(二)人才衔接培养滞后,竞技状态保持受阻,优势项目情势紧迫

上海市竞技体育项目在后备人才培养方面衔接滞后,影响上海竞技体育优势项目可持续发展和潜优势项目突破性发展。如纵观近三届全运会上海竞技体育潜优势项目排球项目,由第12届全运会5枚金牌和1枚银牌滑落到第13届全运会只获得1枚银牌的境地;篮球项目从第11届全运会上"颗粒无收"到第12届全运会上获得4枚银牌和2个第五的好成绩,再到第13届全运会上2个第四和1个第七的成绩。究其背后原因,随着社会进步,高等教育普及程度提高,具有竞技才能天赋的篮球后备生源更多地涌进知名中学和知名高校,不愿意进入少体校、专业队接受专业训练。体育系统办教育短板明显,专业运动员文化水平和素养低下,就业发展受到制约,导致缺少有天赋的篮球专业人才,竞技篮球人才成才率较低;家长和青少年学生对从事职业运动员的职业发展和退役保证存在误解和偏见,导致篮球项目竞技体育后备人才生源受限,后备人才培养匮乏,基层少体校招生困难,无法实现竞技体育后备人才梯队建设。马术、拳击、自行车、帆船、皮划艇等项目也存在参训单位数量少,规模小,后备人才储备明显不足的现象。

东京奥运会的延期举办,给上海市竞技体育优势项目和潜优势项目的奥运会、全运会、冬奥会等赛事创造了更多的备战时间,但同时也面临各种挑战。如上海竞技体育优势项目田径在近三届全运会共获得10枚金牌、8枚银牌、5枚铜牌,游泳项目共获得14枚金牌、19枚银牌、22枚铜牌,体操项目共获得8

枚金牌、5枚银牌、4枚铜牌;进一步分析数据可以发现,游泳项目(第11届6金6银9铜、第12届6金8银7铜、第13届2金5银6铜)和体操项目(第11届4金1银2铜、第12届3金3银1铜、第13届1金1银1铜)从第11届全运会到第13届全运会获金牌、银牌和铜牌的数量呈逐年下降趋势。此外,在乒乓球项目中,老将们随着年龄增长而导致身体机能下降,因伤病而导致竞技状态下滑,同时,对于已集多项世界大赛冠军于一身的老将们来讲,能否保持住最佳竞技状态,再次冲击奥运会冠军才是最大且最艰难的挑战。再例如:在国家击剑队,女子佩剑运动员钱佳睿说:"对于一个运动员来说,竞技状态会有一个巅峰期。对于我来说,现在正是一个上升的阶段,就自己的年龄来说,再拖一年能力很难得到保证。"由此可见竞技状态的保持不仅仅是上海竞技体育面临的挑战,对于国家队而言也是如此。

由表3已得知上海市竞技体育优势项目有游泳、田径、射击、击剑、体操、足球、跳水、赛艇、自行车、帆船、网球、排球,如何把优势项目持续发展下去,在东京奥运会及下一届的全运会上获得奖牌是上海竞技体育面临的又一大挑战。纵观近三届全运会上海市竞技体育项目中只有田径(第11届2金3银2铜、第12届4金1银1铜、第13届4金4银2铜)、跳水(第11届1金2银1铜、第12届1银1铜、第13届1金1银)和射击(第11届2金1银3铜、第12届2金2银2铜、第13届1金1银3铜)三个项目表现出较好的延续性,击剑、体操、足球、跳水、赛艇、自行车、帆船、网球、排球等优势项目都很不稳定,延续性很短。由此可见,上海竞技体育优势项目可持续发展形势紧迫。

(三) 赛事经验积累不足,训练欠缺科研(技)助力,阻碍项目成绩突破

常态化参赛实践是赛事经验积累的必要条件。受新冠肺炎疫情的影响,东京奥运会延期导致各类国际、国内赛事中断,大量项目资格赛和单项赛事取消或延期,上海竞技健儿参加各类赛事的机会也不得不暂时中断,面临无比赛可打的局面。这对于竞技体育项目的竞技状态保持、参赛经验积累、后备人才练兵等形成一定的阻碍,很可能致使上海市竞技体育优势项目可持续发展、潜优势项目实现突破性发展难以实现,此即是上海市竞技体所面临的挑战。

上海市竞技体育项目在科研助力训练方面有所欠缺,没有发挥出"魔都"应有的实力。随着竞技体育运动与科学研究的联系越来越密切,在日常训练中科研(技)的含金量越来越高,向"科研(技)要金牌"的理念正逐步成为管理

者、教练员和运动员的共识。目前上海市竞技体育青少年运动员存在成才率低、淘汰率高、运动伤害多等问题,其与我们在科研方法、训练手段和器材准备等方面的科研(技)水平低有一定的关系:一是,在竞技后备人才科学化训练方面,没有充分发挥出上海体育学院、上海市体科所等高校和科研单位的作用,将最新科学训练进展应用于训练实践。二是科研技术人员在运用现代科学技术手段协助管理者、主教练和运动员解决运动训练中出现的运动伤病的康复方面还有很大提升空间,运动员保持健康的身体状态需要持续追踪、监控。三是运动员的心理素质的稳定性直接影响运动员的比赛成绩,国内外最新的心理放松训练方法的运用还有待提高,需要引进相关方面的专业人员。无比赛可打导致的赛事经验积累不足,在训练方面欠缺科研(技)助力,使得上海市优势项目的继续保持以及潜优势项目未能借助科研力量更进一步实现突破性发展,这在一定程度上阻碍了这些项目的发展势头。

(四)训练观念革新迟缓,专项理论认识不够,训练设计缺乏创新

随着其他省市竞技体育的快速发展,上海市竞技体育优势项目持续发展和潜优势项目突破性发展形势紧迫,这与训练思想观念、方法的革新迟缓有一定关系。一个项目需要不断吸取国际最先进的训练理念来指导实践,上海皮划艇项目在这方面较为欠缺,陈旧的训练理念使其无法紧跟世界皮划艇项目发展前沿,导致项目成绩不理想。

对现代专项运动训练理论认识不够的主要表现是两个方面:一是对现代专项运动训练理论的认识和专项技术特征的理解还不够深入,二是对竞技体育运动项目本质特点、训练基本规律的认识不足。不同运动项目有不同的专项技术特征,一个项目所具有的专项技术特征一定是区别于其他运动项目的专项技术特征,也是一个项目最具代表性的标志。对项目的专项特征认识不深,在很大程度上影响到运动员是否能够达到更高水平。有研究认为,潜优势项目为什么不能像优势项目那样可以多年持续培养出很多世界级高水平运动员,训练反倒更像是一种"自然淘汰过程",问题主要出在训练上还没有掌握项目的"制胜规律",即没有形成一套科学的训练方法和训练路径。例如:上海竞技体育潜优势项目马术运动就存在了解程度不够全面、了解渠道有限、体验欲望不高等问题。

竞技体育每个项目都有自己的项目特点,教练员需要借助最新科学技术,根据不同项目、不同运动员的技术特点,因材施教,大胆创新,提高运动员的技

术水平,以期在比赛中获得优异成绩。比如,在 2020 年下半年国内游泳预选赛赛上发生运动员因体能不过关而无缘决赛的事件,也可以从侧面反映出训练设计创新能力不足。这不仅是全国运动员所面临的问题,更是上海竞技体育运动员面临的一个问题。

三、上海市竞技体育项目布局的对策建议

(一) 推进理想信念教育,厚植爱国主义情怀,培育使命担当精神

党的十八大以来,习近平总书记关于坚定理想信念做出一系列重要论述,为社会各个领域发展注入新动力。在体育领域,早在 2010 年,国家体育总局即曾专门刊文《深入开展国家队理想信念教育努力提高运动队思想政治工作质量备战伦敦奥运》,以为备战奥运会培育内生动力,足见理想信念教育在队伍建设中具有举足轻重之位,其不仅是树立管理者、教练员、运动员正确世界观、人生观、价值观的必由之径,也在形塑运动队风尚、深化意志品质养成方面具有统领作用。在一定程度上,理想信念是争金夺银的基石。在全面备战奥运视角下,包括上海市在内的各省市运动队,需要以各种形式、渠道推进理想信念教育,为优势项目和潜优势项目的可持续发展练好"内功",夺金奥运途中,心有所信,方能远行。

应着重在运动员中厚植爱国主义情怀,相较于项目成绩,爱国主义更应是各项目运动所要秉承、焕发的,凸显体育运动的价值与意义。如女排精神即是爱国主义情怀的生动诠释,将爱国主义内化于心是项目成绩突破的精神动力来源。新中国成立 72 年来,就竞技体育取得的伟大成就而言,爱国主义不仅是一种精神、一种情怀,更是具体的、实际的自觉行动。显然,任何运动项目从起步,到成长为优势项目、潜优势项目,无不需要国际大赛成绩给予肯定、给予证明。因此,中国在从体育大国向体育强国迈进的征程中,不仅需要优势项目取得的辉煌成绩、潜优势项目的不断突破,也更需要爱国主义情怀所塑造的强大动力,同时也是一个体育强国、世界大国日渐成熟的国民心态。在中国体育的长期发展实践中,浓厚的爱国主义情怀也是强烈的社会责任感和历史使命感的具体表现。每一项优势项目的确立和潜优势项目的进展,均包含着从教练员到运动员对于核心技术的探索、技战术的调整、训练方式的革新等等,以求使诸运动项目能从领跑国内到领先世界,这是使命担当精神的真实写照。

唯有在统一思想认识的基础上,才能使各项目队伍凝成合力,勇于突破。

整体而言,之所以在竞技体育项目布局中内涵式地提出要推进理想信念教育,厚植爱国主义情怀,培育使命担当精神,一方面在于凸显其在巩固优势项目、发展潜优势项目中的不可忽视、不可代替的作用;另一方面,也在于使体育的发展更好地融入社会主义核心价值观建设。

(二)整合人才储备资源,加快梯队建设进程,巩固优势项目实力

各省市进一步巩固并扩大优势项目集团整体水平是我国竞技体育可持续发展并能够在世界体育格局中占据一席之地的重要保障和支撑基础,而其中更为重要的关键点就是人才储备。世界各竞技体育大国、强国无不在积极进行人才培养与建设。上海作为国际性城市,经济发展快速并使之成为推动竞技体育发展的动力,同时也在上海市竞技体育后备人才储备和培养中发挥了不可替代的支撑作用。竞技体育后备人才的储备与培养不仅需要打破体育部门之间的壁垒,更需要社会力量介入。目前而言,社会力量所投资创办的各级各类体育俱乐部等已成为发现青少年运动员、培养高水平运动员的主要阵地之一。应进一步加强顶层设计,衔接其与专业运动队之间的选拔、输送机制,使之成为专业化的、定点式的后备人才储备与培养基地。

根据我国竞技体育在第27—31届奥运会上所获成绩,研究者比较其优势指数并指出:主体层的射击、羽毛球、乒乓球、跳水、举重等项目和支撑层的蹦床、体操、游泳、跆拳道、击剑、排球、柔道、拳击等项目聚集起来的综合竞争实力构成了我国竞技体育的核心竞争力,并据此充分肯定了人才梯队建设的作用。作为运动队伍中最为重要的组成部分,教练员和运动员是竞赛成绩的培育者和参与者。推进弱势项目发展为潜优势项目,再成为优势项目甚至绝对优势项目,一方面需要一支由老、中、青组成的优秀教练队伍,兼顾先进理念与训练经验,统筹最新方法与传统练法,从训练方式、训练强度、训练模式等各个层面推进训练效果,争取竞赛成绩;另一方面,需要一支由优秀核心队员、替补队员、潜力队员组成的运动员队伍,以起到衔接与带动作用,尽可能保持常态的稳定发展,巩固和发展优势项目实力。

诚然,具有竞争力的人才储备与梯队建设不仅需要运动员和教练员,还需要诸如比赛分析师、医疗服务人员、心理疏导人员、功能训练师等等,以关照运动员成长与发展的方方面面。显然,从队员选材,到日常训练、技术突破、竞赛监控以及放松恢复等各个环节,均需有相关专业人员的直接参与,而优势项目

群的核心队员更需如此,要以全力、细致保障竞赛成绩。可见,人才储备与梯队建设,不仅需要教练员与运动员,还需要各方人员,凝成合力,构成一个各尽其职、各尽其用的人才体系。

(三)探索区域赛事合作,融通科研训练实践,推进项目突破

2020年10月,上海市、江苏省、浙江省、安徽省各级体育行政部门、各相关单位经国家体育总局同意,联合印发《长三角地区体育一体化高质量发展的若干意见》,不仅为探索区域体育一体化发展的制度体系和路径模式提供了指导,也予区域赛事合作以启示。新冠肺炎疫情极大地阻碍了运动员大赛经验的积累和实践。而在国内探索常态化、规范化的区域赛事合作,对于各个项目成绩的保持具有重要作用。各省市各自有其优势项目和潜优势项目,在努力协同发展打造赛事新格局的同时,亦能促成不同省市之间的优势项目与潜优势项目的良性竞争,以优势互补为原则,在赛事中吸取经验,寻找差距,补足短板,维持运动员竞技状态,在"以赛带练"中保持优势项目和潜优势项目成绩。除上述四省市外,亦可以有针对性地对标其他省市具有世界水准的优势项目,着力探索专项赛事合作模式,形成品牌赛事,共同为国家奥运争光战略做出贡献。

当今时代,科学技术的创新发展已经惠泽社会各个领域,竞技体育成绩的突破也日益离不开科学技术的运用与研判,从训练技术创新、机能状态保持到技战术分析等方面,都离不开科学技术的助力。同时,围绕竞技体育实践,国内外已产出大量科研成果,可为竞技体育训练进行科学探索、为竞技体育成绩的突破提供借鉴。如作为我国成立最早的体育高等院校之一的上海体育学院即在乒乓球等多个项目上创获国际领先的科研成果。由此可见,积极推进科研院所与运动队的合作,运用高科技手段与运动项目训练有机结合,不仅可以提高科研成果转化率,也可以为融通科研与训练实践,打造科研实践新样本。

尤其对于潜优势项目而言,其专项选材、运动能力、训练器材、体能训练、伤病防治等关键性问题,是推动潜优势项目进一步突破的一系列现实问题。而残酷的现实是,诸多竞技体育运动员的巅峰状态是短暂的,而且项目运动成绩也并非一蹴而就的,甚至需要一代又一代运动员、教练员的实践探索、经验积累和无私奉献。由此,先进科学技术的融入可以极大缩短这一时间周期,甚至可能立竿见影,直接破解相关问题,为教练员、运动员争取更多的时间。而对于已经处于发展势头良好的潜优势项目而言,加快科研转化,融通科研训练实践,可以为其实现突破提供更多元的、科学的支持与支撑。

(四)引入先进训练理念,深度挖掘运动潜能,稳步提升总体水平

国家体育总局体育科学研究所副所长冯连世指出,训练、科研和保障"三位一体"的训练模式是近几年世界竞技运动训练的最大变化和创新,这一训练模式的形成即从理念提出开始,推进了世界各国竞技体育运动的发展。我国著名体育运动训练学专家田麦久指出:"能够服务并指导训练成绩、效果位处国内国际领先地位的训练理念,即可谓之是先进的训练理念。"各世界体育大国、强国的优势项目的确立与保持,无不得益于一整套先进的训练理念,有益于教练员、运动员、医务人员准确把握项目运动的活动规律、训练规律。纵览世界各国体育优势项目,如俄罗斯之体操、英国之赛艇、美国之篮球、中国之跳水、韩国之速滑等项目均已形成先进训练理念,并使之根据项目自身不断发展而持续更新。由此,诸如人才引进、互访交流等各种方式对加大对先进训练理念的引入力度极为必要且重要。引入先进训练理念,更为科学地认识、提高训练活动和质量,对于提升项目水平具有重要价值。

竞技体育的魅力所在即人类运动潜能的不断挖掘,引入先进训练理念,不仅能够提高运动训练的效能、提高身体素质、保持竞技状态,更能够极大程度地发挥运动员的积极性、主动性和创造性,使之能够在运动技术等方面,找到最适于激发内在潜力的方式方法。如有研究在对比四届奥运会世界田径运动强国优势项群分布特点后,建议我国田径运动发展尤其要强调"使运动员创建适合个人特点的稳定技术和技术风格",合理、科学地挖掘运动员运动潜能。与此同时,也需要教练组成员随时掌握和把握运动员在日常训练中出现的各种心理、生理反应,以调试训练手段。对此,著名体育学者陈小平即指出:"不断修正和调整训练的目标和方法,最有效并且最大限度地挖掘运动潜能。"总之,运动员潜能的挖掘需要多方人员共同参与,以运动员为本,充分关照其心理状态、生理状态,调动主观能动性的发挥,最大限度地延续最佳竞技阶段的保持时间,为优势项目进一步发展和潜优势项目突破奠定良好基础。

参考文献

[1]　上海市人民政府办公厅.上海市体育改革发展"十三五"规划[Z].2016-11-04.
[2]　马德浩.上海竞技体育发展的机遇、挑战与对策[J].体育科研,2020(1).

[3] 上海市人民政府办公厅.关于构建本市竞技体育发展新体系的实施意见[Z].2016-06-10.
[4] 谢亚龙,王汝英.中国优势竞技项目制胜规律[M].北京:人民体育出版社,1992.
[5] 迟建,苗向军.2008年奥运会我国奥运优势项目、潜优势项目备战策略[J].北京体育大学学报,2006(8).
[6] 王健,刘文华,曲鲁平,等.天津市竞技体育优势及潜优势运动项目的现状调查与对策分析[J].天津体育学院学报,2009(5).
[7] 徐斌,胡小杰.上海市弱势奥运项目跨越式发展研究[J].山东体育科技,2016(1).
[8] 新浪网.国际乒联官宣4项决策!国乒4大老将有喜有忧[EB/OL].(2020-03-30)[2020-05-24].https://k.sina.com.cn/article_6759362328_192e3af1800100rxs4.html?from=sports&subch=pingpang.
[9] 周恩明.中国竞技马术运动发展现状及对策研究[D].成都体育学院,2019.
[10] 杨恒郁,仲满,沈朝阳,等.东京奥运会延期对我国击剑队奥运备战的影响[J].南京体育学院学报,2020(7).
[11] 陈小平.试论"专项能力"的训练对我国体能类项目训练中存在的主要问题的探析[J].中国体育科技,2002(1).
[12] 陈小平.竞技运动训练实践发展的理论思考[M].北京:北京体育大学出版社,2008.
[13] 陈小平,刘爱杰.我国竞技体育奥运基础大项训练实践的若干理论思考[J].体育科学,2009(2).
[14] 刘建军.厚植爱国主义情怀的理论阐释[J].思想理论教育,2019(9).
[15] 孙大光.中华体育精神与爱国主义[N].光明日报,2012-4-4.
[16] 杨国庆.我国竞技体育后备人才多元化培养模式与优化策略[J].上海体育学院学报,2017(6).
[17] 国家体育总局.关于加强竞技体育后备人才培养工作的指导意见[EB/OL].http://www.sport.gov.cn/n10503/c838148/content.html.
[18] 邓万金,张雪芹,何天易.我国竞技体育核心竞争力形成机制及其启示[J].山东体育学院学报,2019(1).
[19] 关于印发《长三角地区体育一体化高质量发展的若干意见》的通知[EB/OL].http://tyj.zj.gov.cn/art/2020/10/23/art_1347213_59014772.html.
[20] 刘文昊,冯鑫.东京2020年奥运会延期背景下我国奥运备战的实然困境与应然进路[J].体育学研究,2020(3).
[21] 邓万金,张雪芹,何天易.我国竞技体育核心竞争力形成机制及其启示[J].山东体育学院学报,2019(1).
[22] 田麦久.先进训练理念的认知与导行——兼论东京奥运会备战与参赛的首选策略[J].上海体育学院学报,2019(2).

[23] 王秀香,铁钰.世界田径运动强国优势项群分布特点与我国田径运动发展方向的研究[J].北京体育大学学报,2003(3).
[24] 陈小平.由结果到过程的控制——当前运动训练科学化的一个重要发展趋势[J].武汉体育学院学报,2007(8).

第 3 篇

体育产业

上海建设国内外重要的体育资源配置中心研究

郭　华　曹如中　朱君璇　黄英实
尚珊珊　卢倩芸　高卫卫*

　　近年来,随着我国城镇居民收入的不断提高和闲暇时间的增加,体育消费市场得到快速发展,体育产业发展与体育资源合理化布局及其科学配置的矛盾逐步引起了业界的关注。根据经济社会发展需要,我国明确提出体育强国发展战略,旨在全面提升体育产业发展水平,最大限度地满足人民群众的体育消费需求。上海是我国体育消费能力最强的城市之一,近年来体育产业发展也取得了巨大的进展。为了促进体育资源高效规范流转,上海明确提出到2025年基本建成国内外重要的体育资源配置中心的战略目标,旨在打造具有国际影响力的体育资源交易平台,理顺政府与市场之间的关系,实现资本与项目之间的无缝对接。上海建设国内外重要的体育资源配置中心,对深化体育产业体制改革、服务体育产业市场主体、吸引社会资本进入体育产业领域、促进体育产业跨区域与跨产业融合发展具有极其重要的意义。本文通过运用文献研究、深度访谈、实地调研等方法,界定了体育资源配置中心的理论内涵,分析了上海建设国内外重要的体育资源配置中心的现状、问题及优势,探讨了全球著名体育城市发展现状及趋势,最后提出上海建设国内外重要的体育资源配置中心的政策建议,拟为上海经济社会发展和体育产业供给侧结构改革提

---

* 本文作者简介：上海工程技术大学。郭华,图书馆馆员,硕士,研究方向：文化产业与信息情报；曹如中,管理学院副教授,博士,研究方向：文化创意产业；朱君璇,管理学院副教授,博士,研究方向：信息管理；黄英实,图书馆馆员,硕士,研究方向：信息检索；尚珊珊,图书馆馆员,博士,研究方向：信息检索；卢倩芸,图书馆馆员,研究方向：信息管理；高卫卫,图书馆馆员,硕士,研究方向：信息管理。

供决策参考。

一、体育资源配置中心的理论认知与基本特征

(一) 体育资源配置中心的理论认知

研究表明,体育资源配置中心主要是指综合运用行政、市场以及各种技术手段,有意或无意地促进或吸引各种与体育相关的资源向特定区域集聚后形成的交易平台。因此,体育资源配置中心至少包含了体育资源及其配置能力两个方面的内容。其中,体育资源主要是指人类社会中能够为体育产业经营与发展所开发和利用且能产生经济、社会效益的各种要素的总和,是体育资源配置中心建设的物质基础和前提条件。而体育资源配置能力是指通过对体育科技、体育人才、体育资本、体育基础设施等体育资源的开发、利用和调控,促成体育资源的产业化和商业化,并实现价值效应和最大限度地获取收益的能力。尽管体育资源的稀缺性在某种程度决定着体育产业发展效益,但体育资源配置方式与体育产业发展效益之间存在显著的正相关关系。与体育资源的存在总是受特定时空条件的约束相比,体育资源配置能力具有动态变化的特点,是体育资源配置方式的重要体现。体育资源配置能力越强,体育产业化运营的成本就越低,对体育资源的综合利用效率也就越高,所能获取的效益空间也就越大,体育产业竞争优势也就越强。因此,体育资源配置中心是体育资源与有效的配置手段有机结合后产生的综合效应的体现。根据配置能力及其影响范围大小来划分,体育资源配置中心可以分为区域性体育资源配置中心、全国性体育资源配置中心和具有国际影响力的体育资源配置中心。

(二) 体育资源配置中心建设的影响因素及其作用机理

研究表明,体育资源配置中心建设既受体育资源稀缺程度及其结构的影响,也受到体育资源配置方式及其能力的约束。由于体育资源只是静态的现状描述与特征分析,难以反映体育资源配置方式的动态变化过程及其对体育资源配置中心建设的影响机理。因此,决定体育资源中心建设的并非体育资源本身,而是对体育资源进行合理配置的动态能力。因为尽管体育资源在某种程度上影响着体育资源配置能力的发挥,但体育资源终究是一个静态的概

念,而体育资源配置是一个动态变化过程,体育资源配置能力才是影响体育资源配置中心建设的关键所在。国家与地区体育资源的稀缺程度及其配置方式,影响着体育资源配置能力,进而对体育资源配置中心建设产生重要影响。这种影响既来自体育资源与要素自身存量的改变,也来自资源与要素结构及其配置方式的变化。体育资源存量结构及其配置方式的变化最终将影响到体育资源配置中心功能与结构的变化。因此,在体育资源配置中心建设过程中,体育资源及其配置能力是一个有机联动的复杂过程。对体育资源配置中心建设的考察,既要注重对体育资源静态约束条件的考察,更要注意对体育资源配置能力动态变化过程的分析。

体育资源配置能力与政府对体育资源的管理体制、产业运营机制、产业科技水平和产业结构等因素息息相关。其中,政府是体育资源的主导者,体育产业管理体制决定着体育资源的运营方式,并进一步制约着体育资源配置方式和配置效率。同时,体育资源配置能力总是与特定的时间和地域紧密关联。这种特定的时空维度主要表现为体育产业行为主体总是在特定的空间和地域范围内进行活动,所能把握的资源也总是局限于既定的空间和地域范围。不同国家或地区的体育资源及其结构功能的不同,决定了体育资源配置方式的差异。

体育资源配置方式可以分为行政配置、市场配置和技术配置三种,不同配置方式的特点和效率也各不相同。对于具有公共产品属性的非竞争性体育资源,通常采取行政配置方式。对于具有非公共产品属性的竞争性体育资源,则必须采取市场配置方式。而技术配置方式则是利用技术手段进行资源优化配置的方式。一方面,资源配置需要借助特定的技术手段来完成,技术手段直接影响和制约着资源配置的效率。另一方面,离开技术配置手段,体育资源价值将无法得到提高和体现。因此,资源配置是技术实现的媒介。体育产业发展实践经验表明,行政配置方式、市场配置方式和技术配置方式为体育资源配置提供了重要规则和手段,规则的完善与手段的进步对体育资源配置能力提升有着决定性作用。体育资源配置中心建设实际上是行政配置、市场配置与技术配置的综合结果。可以说,行政配置、市场配置和技术配置都是决定体育资源配置中心建设的内生变量,是推动体育资源配置中心建设的驱动力。因此,行政配置、市场配置和技术配置往往也成为国家和地区体育资源配置中心建设的决定性因素。也就是说,体育资源配置中心建设既受到所在地体育资源的限制,也受到体育资源配置方式的约束。

（三）体育资源配置中心的基本衡量标准

体育资源配置中心建设的动态演进特征表明，在一个相对封闭且外部诱因减少的制度体系中，体育资源流动性低，体育资源配置方式相对稳定，但体育资源配置能力会相对变弱。而在一个开放合作的制度体系中，体育资源流动性高，外部环境的不确定性使体育资源配置能力变强。尽管从逻辑上来分析，资源的丰富程度需要相对稳定的资源配置方式，但这种方式削弱了体育资源配置能力。从国家与地区体育产业发展的终极意义来说，这种相对稳定的资源配置方式通常使得体育资源配置能力表现为相对迟滞状态。相反，体育资源配置方式的不确定，增强了体育资源配置能力，促进了体育资源配置效率。考察发达国家体育资源配置中心发展的实践经验发现，在一个开放合作的制度体系中，外部环境条件的不确定性将促成不同产业主体之间的互动，虽然可能给体育产业发展带来波动，但却提高了体育资源的总体利用效率，促进了体育资源的优化配置。结合实际来分析，世界公认的国际体育资源配置中心都具有如下三个基本衡量标准：

一是所在城市的发展定位与体育资源配置中心的发展定位具有目标上的适应性。这种适应性可以从所在城市对体育产业的发展理念、人们对待体育的态度、政府所提供的支持政策、体育资源的丰富程度以及对国际体育机构的吸引度等方面来判断。政府是体育资源配置中心建设的主导者，体育产业组织是体育资源中心的重要主体，既是体育资源的开发者和利用者，也是体育资源价值的实现者。国际著名体育资源配置中心不仅拥有丰富的体育资源，而且政府的政策支持和产业扶持力度也十分大，城镇居民对体育的痴迷程度也很高，体育已成为一种社会现象，成为所在城市居民生活中不可或缺的重要组成部分。

二是是否具有举办全球顶级赛事的能力是衡量体育资源配置中心的最直接体现。实践表明，国际著名体育资源配置中心通常是能够举办并且已经举办过具有全球影响力的顶级赛事的城市。因为顶级赛事是国际著名体育资源配置中心最直接的体现，通过构建"固定品牌赛事＋顶级职业联赛＋单次性顶级赛事"的赛事组合策略，许多国际著名体育资源配置中心的辐射范围和影响力已深入世界每一个角落。同时，通过举办大型顶级国际体育赛事，不仅可以培育浓郁的体育氛围，而且能够吸引到全球顶级赛事和评级机构入驻。此外，全球顶级赛事的举办需要建设高水平的体育场馆，而体育场馆的建设对当地相关产业的带动以及城市形象的提升,有着积极而重大的作用。事实上,许多全球著名体育城市大都是体育赛事之都、运动休闲城市、运动健康之城。

三是体育产业化水平成为衡量国际著名体育资源配置中心的重要标准。实践表明,全球著名体育资源配置中心的体育产业化水平都很高,不仅体育产业体量较大,而且体育产业价值链完善,产业关联效应十分明显,体育产业得到了高质量发展。首先,体育产业规模为体育资源配置中心建设奠定了必要的物理基础。其次,体育产业价值链完善说明产业结构得到了很好的优化,体育资源配置能力也强。最后,体育产业的高质量发展不仅可以形成浓郁的体育文化氛围,而且可以产生辐射作用带动关联产业和关联区域的发展。

二、上海建设国内外重要的体育资源配置中心的现状分析

(一)各级政策逐步发力,制度基础得到夯实,体育资源配置能力不断提升

作为我国体育产业资源相对丰富、体育产业辐射范围大、体育产业价值链关联效应强劲、体育基础设施建设相对完善的城市,早在 2007 年上海就把建成国际体育知名城市的构想写入体育发展的"十一五"规划中。2015 年颁布的《上海市人民政府关于加快发展体育产业促进体育消费的实施意见》,不仅对上海体育产业未来十年的发展目标进行了展望,而且明确提出建设全球著名体育城市的和具有全球影响力的体育资源配置中心的战略规划。得益于各级政策的引导和支持,特别是随着上海国际影响力的提升和上海体育产业管理体制改革的不断深入,近年来上海体育资源配置中心建设速度非常快,体育资源配置能力也有了较大幅度的提升,体育产业发展质量也有了明显的改善。

(二)市场体系相对完善,产业结构相对分明,体育资源配置主体逐步到位

研究表明,体育产业以提供满足人们身体和精神需求的产品和服务为切入点,市场在促进体育产业生产、流通、消费、分配等环节方面具有积极而重大的作用。近年来,上海体育产业的生产运作实践严格遵循市场经济发展规律,体育产业发展方向与发展要求十分吻合,体育产业结构得到不断调整,体育用

品市场不断完善,体育消费结构得到优化升级,体育产业体量不断扩大,体育资源的形式与内容越来越丰富多元。经过多年的规划与实践,上海逐步建成了产业有序发展、产业门类齐全、产业结构合理的体育产业体系。目前,上海体育产业结构层次分明,市场体系相对完善,体育产业发展框架逐步分明,体育产业内容非常丰富,产业价值链条已得到充分延伸和拓展。

(三)产业发展模式多元,产业价值有效释放,体育资源得到较好的配置

上海体育产业市场不断拓展,所涉及的领域越来越丰富多元,体育产业市场对体育资源的优化配置作用越来越明显,科技手段对体育资源的开发优势得到体现,各种体育资产得到优化组合,体育经济发展空间越来越大,体育产业效益十分明显。目前,在体育产业有形资产开发方面,上海不仅对存量体育事业单位进行了改制,而且对体育产业管理部门进行了整合。体育事业单位体制改革,促成事业单位向经营单位转换,在国家政策法律规定的范围内,促成体育事业单位按照经营主体进行运营,从而不断规范各种体育事业主体。此外,通过在确保体育事业单位行政任务的基础上,上海促成各类行政事业单位按照经营单位转制,各种行政事业性资产直接以经营性使用,促成各种体育经营主体获得更多的经济收益,促进体育资源得到优化配置和开发利用。经过改革以后,目前上海体育事业单位平均净资产收益得到了快速增长,体育产业化管理水平得到了快速提高,国有体育资产作用和价值得到了释放。而在无形资产的经营与管理上,上海则通过体育比赛冠名、体育赛事转播、体育广告等的开发与利用,既为上海体育产业发展创造了良好的经济效益,也使体育无形资产得到了有效优化,有力地提升了体育资源配置能力。

(四)筹资机制相对健全,社会投资热情高涨,体育资产开发与经营态势良好

近年来,为了更好地推动体育资源配置中心建设,上海通过加大财政拨款力度不断加大对体育经费的投入以促进体育产业发展,这些财政投入和非财政性的投资,为上海建设国内外重要的体育资源配置中心提供了坚实基础。通过调查发现,目前上海体育项目投资经营模式迎来了社会投资办体育产业的发展态势,从而使体育产业在规模和质量上有了较大提升,大型体育产业集团和知名体育企业逐步出现,为上海体育资源配置中心建设奠定了较好的市

场基础。到目前为止,社会投资开发模式促进体育资源的优化配置,如通过体育健身设施的开发和经营,积极带动了体育投资、体育保险、体育代理、体育会展、体育广告和体育赛事的发展,这种综合性的体育资源开发模式对盘活存量体育资产具有重大的意义,极大地促进了体育资产的优化组合。这种多渠道、多层次、多方式的筹资机制的构建,保证了上海体育资源配置中心建设的资金难题。

(五)产业发展目标明确,产业规划思路清晰,体育产业发展成效十分显著

随着上海国际地位的不断提升,上海立足于建设国内外重要的体育资源配置中心的战略目标。围绕这一目标,上海根据体育强国战略并结合城镇居民对体育资源的需求情况制定了体育产业发展规划纲要,要求体育产业发展必须符合社会主义市场经济发展规律,不断完善体育产业发展体系,调整优化体育产业结构,繁荣体育产业发展市场。目前上海正在紧跟国际形势,着力推进国内外重要的体育资源配置中心建设,坚持以体育产业为主体基础,通过明确体育产业发展规划、完善体育产业发展政策、夯实体育产业发展基础、培育体育产业发展氛围、壮大体育产业市场主体等举措,不断强化资源整合实现体育产业与关联以及衍生产业之间的融合发展,旨在立足国内和区域体育产业市场实际需求,走出一条体育产业高质量发展之路。

三、上海建设国内外重要的体育资源配置中心存在的问题

(一)政策支持力度仍然不够,体育资源配置中心建设内外部环境需进一步营造

体育资源配置中心建设是一个全新的摸索过程。由于体育资源配置中心建设涉及的内容十分复杂,建设的形式也相对复杂,需要投入的时间和资金也十分巨大,由此导致上海体育资源配置中心建设的进度仍然不大。相对于上海建设具有全球影响力的科技创新中心以及国际文化大都市等战略目标,上海体育资源配置中心建设的起步相对较晚,规划也比其他战略目标相对滞后。此外,尽管目前上海市委市政府已经出台关于"建设国内外重要的体育资源配

置中心"的政策文件,但顶层设计层面的提法仍然有待细化,且整体框架和执行政策仍然不够清晰,导致现有的政策制度所能给予的支撑力度相对有限。同时,有关体育资源配置中心的提法是与体育赛事中心、全球著名体育城市等一同提出来的,各自之间的关联关系与建设顺序未能得到很好的理顺。由此可见,上海建设国内外重要的体育资源配置中心所需的内部环境和外部空间仍需进一步营造。

（二）赛事品牌和国际影响力不大,体育赛事对体育资源配置中心建设的贡献不足

体育赛事是全球著名体育城市建设的核心要素,在塑造城市品牌、优化产业结构、培养体育爱好等方面具有不可替代的作用。尽管上海已经成功举办多次 F1 中国大奖赛、国际足联俱乐部世界杯等国际顶级赛事,但所举办的高水平的国际顶级体育赛事品质不高,且政府对国际体育赛事影响力的综合评估严重不足,对国际体育赛事专业度和贡献度的持续关注不够。同时,目前上海所引进的国际重大赛事的社会基础不牢固,与上海城市发展规划不相吻合,导致普通市民与老百姓没有机会近距离欣赏到精彩的国际赛事,无法满足最广大市民的观赛需求。此外,上海自有品牌赛事国际影响力不大,本土体育赛事品质有待提升,本土体育赛事格局有待优化,群众对本土赛事的观赛体验感不强,参与本土体育赛事的热情不高,本土体育赛事效应尚未得到有效释放。由此导致无论是国际顶级体育赛事还是本土体育赛事,都无法为上海建设国内外重要的体育资源配置中心提供强有力的支撑。

（三）体育产业发展体育仍不够完善,体育资源配置中心建设的基础性工作不牢固

放眼国际著名体育资源配置中心,除了能够举办大型国际体育赛事以外,其体育产业发展体系都相对完善,体育产业跨界融合与协同发展的态势良好,对关联产业的带动效应明显。目前,上海供市民锻炼的中小型体育场馆建设步伐滞后,群众性的活动中心、市民健身频道、户外休闲运动基地等基础设施仍不够完善,便民利民的"15 分钟体育生活圈"仍有待健全,具有体育场地和体育设施的郊野公园较少,许多公园中的路段没有设置慢跑道和自行车道。同时,群众性体育赛事平台未能得到很好的建立,市民身边的自主体育品牌赛事网络不健全,很少举办具有群众基础的市民运动会和城市业余联赛等项目,

"天天有比赛、人人可参赛"的群众体育赛事氛围不浓。经过走访调查发现,目前上海对跳水、乒乓球、射击、自行车、花样游泳、击剑、体操、射箭、现代五项、羽毛球等优势项目赛事的重视不够,对智力运动、武术、健身气功、龙舟、舞龙舞狮、九子、门球、海派秧歌等传统运动项目赛事的鼓励不够,对棒垒球、网球、空手道、攀岩、帆船、街舞、轮滑、滑板、滑冰、城市越野滑雪等时尚项目赛事的培育不够,对提升青少年本土品牌赛事影响力和完善青少年赛事体系的重视不够。

(四)职业体育发展落后,竞技体育项目对体育资源配置中心建设的支持力度不明显

调研发现,目前上海职业体育专项政策不完善,运动项目职业化发展道路有待探索。尽管部分体育项目技术已超过发达国家,但职业体育高地建设未能取得重大突破,特别是在职业体育俱乐部的排名、等级、数量方面均未能进入全国前列,与世界顶尖级职业体育俱乐部之间存在较大差距。同时,对运动项目的分类引导和精准扶持远远不够,不同体育项目之间开发极不均衡,体育产业发展及项目开发水平整体上仍然落后于发达国家。此外,竞技体育改革步伐不大,竞技体育项目优势不明显,竞技体育项目结构布局有待优化,竞技体育整体发展水平仍然不高,能体现国际水准的竞技项目不多,严重影响到上海建设国内外重要的体育资源配置中心的步伐。

(五)体育产业结构仍欠合理,体育产业总体规模不足以支持体育资源配置中心建设

统计数据表明,2018年上海体育产业总产出为1 496.11亿元,增加值为556.90亿元,占当年全市GDP的比重为1.7%,尽管上海体育产业发展成效显著,超过我国体育产业总规模占到GDP总量的1%的标准,但体育产业规模和市场容量使得上海在体育资源价值上与发达国家仍然存在较大差异,比如美国、日本和欧洲等发达国家体育产业总体规模占到GDP的3%~4%。尽管上海体育产业的发展空间仍然很大,但体育产业总体规模对体育资源配置中心建设的基础性支撑优势不明显。同时,体育产业结构上的不合理导致体育产业质量不高,尤其是体育产业无形资产的开发经营业、体育娱乐健身业和体育竞赛表演业等所发挥的作用十分有限,而这些产业的发展对推动体育资源配置中心建设有着关键和决定性的作用。由此可见,体育产业综合实力的欠缺严重影响了上海体育资源配置中心建设。

（六）体育与科技融合发展水平不高,体育科技对体育资源配置中心建设的支持有限

目前,上海体育科技创新能力不强,体育产业未能全力将 4K、5G 等新技术应用于体育产业发展当中,未能充分导入大数据、云转播、VR 和 AR 等科技元素,未能全方位从办赛、参赛、观赛等环节来展现赛事魅力,无法深入挖掘顶级赛事的平台价值,无法让参赛运动员和观赛群众获得更多高品质的参赛、观赛体验,体育赛事综合效应也未能得到持续放大,体育赛事对餐饮、住宿、旅游、会展、文化创意、职业体育、专业体育、群众赛事等领域的拉动作用也未能得到释放。此外,上海体育产业辐射力仍相对有限,体育资源配置能力不强,体育产业供给侧结构性改革仍然不到位,体育产业管理政策措施对区域体育产业发展的动能仍未形成,体育产业在扩大内需、刺激消费、促进就业和结构优化中的作用尚未释放,体育消费对经济增长的作用尚未完全发挥出来,体育产业市场对体育资源配置中的决定性作用也尚未有效显示,政府对体育产业的支持和引导作用也有待加强,公共服务和体育场地设施配置也有欠合理。

四、上海建设国内外重要的体育资源配置中心的优势

（一）从政策支持力度来看,上海已初步具备建设国内外重要的体育资源配置中心的制度基础

2015 年发布的《上海市人民政府关于加快发展体育产业促进体育消费的实施意见》明确提出打造国内外重要的体育资源配置中心,到 2025 年基本建成"全球著名体育城市"的目标。围绕"全球著名体育城市"的目标,上海市陆续发布系列政策形成制度合力,旨在以体育赛事作为载体和平台,积极整合政府、产业、高校和科研机构等各方力量,构建"政府引导、市场主导、社会参与"的建设模式,吸引社会力量共同参与体育资源配置中心建设。

（二）从城市发展水平来看,上海已初步具备建设国内外重要的体育资源配置中心的国际地位

上海是开埠最早且与西方文化接轨较快的现代化国际大都市之一,不仅形成了海纳百川和开放包容的海派文化,而且是中国经济发展最快的城市之

一,在国际上享有较高的声誉和地位。同时,得益于国家政策的支持,上海在国际贸易中心、航运中心、经济中心和金融中心建设方面已取得显著成就,并且已经具备一定的国际影响力,目前正在目标明确地朝着全球科技创新中心迈进。而体育是展示上海国际化城市形象的基本名片,是体现上海城市精神的重要印记,目前已成为上海不可或缺的城市符号。

(三) 从经济发展水平来看,上海已初步具备建设国内外重要的体育资源配置中心的经济基础

统计数据显示,上海人均GDP、人均可支配收入已位于全国前列。坚实的经济基础为上海奠定了良好的体育消费基础,发达的工业体系催生出巨大的市场发展潜力,较高的经济收入和消费理念培育了前卫的体育消费群体。此外,相对完善的基础设施为全民健身运动提供了保障,在国际上具有巨大影响力的姚明、刘翔等体育明星也为体育消费助力不少,促成了上海体育消费在全国的先发优势。

(四) 从体育文化特色来看,上海已初步具备建设国内外重要的体育资源配置中心的国际影响力

经过多年的发展,上海体育场馆建设相对完善,不仅能够举办大型国际体育赛事,而且培育和发展了许多独具上海本土特色的体育项目,目前上海逐渐形成了中西合璧的体育文化,上海体育产业在国内外的影响力正在逐步提升。如上海在足球、篮球、乒乓、射击、游泳、跳水等传统项目上拥有的优势较为明显,特别是竞技体育水平多年来一直处于全国前列,不仅为国家输送了大量高水平的运动人才,更是涌现出诸如篮球巨星姚明、飞人刘翔等具有全球知名度和国际影响力的明星运动员。2016年钟天使和队友在里约奥运会上夺得自行车女子团体竞速赛冠军并且在半决赛中打破世界纪录,推动和引领上海竞技体育项目取得了全新的突破。

(五) 从产业配套要素来看,上海已初步具备建设国内外重要的体育资源配置中心的产业体系

多年来,上海一直坚持着竞技体育和群众体育齐头并进的体育发展路线,并且取得了丰硕的成果。目前,上海发展体育产业配套要素发展迅速,体育产业关联效应非常明显,体育产业跨区域和跨产业融合发展效应十分显著,体育

产业发展空间和发展潜力巨大,已初步具备在2025年基本建成国内外重要的体育资源配置中心的产业发展体系。根据国际评级机构的数据显示,近年来上海排名次序有了明显提升。与伦敦、纽约、巴黎、东京、悉尼等全球著名体育城市相比,在体育场馆基础设施建设、体育人口所占比例、国际体育赛事及其影响力、体育文化传播等综合评估方面,上海目前已位于全球第18位。

五、全球著名体育城市及其影响力的案例分析

研究表明,许多全球著名的体育城市也是国际著名体育资源配置中心,这些城市的体育发展观、所拥有的体育资源、体育产业发展模式都说明,作为国际著名体育资源配置中心不仅需要拥有各具特色的丰富的体育资源,而且还具有配置体育资源的能力,通过修建大量高规格的体育场馆和举办大型国际体育赛事,能够吸引全球体育运动爱好者来此观赛和旅游。这些体育城市不仅完善了体育产业价值链条,带动了体育产业与关联产业的联动发展,而且提升了所在城市的全球知名度,促进了经济社会的全面发展。如新西兰皇后镇、日本东京、英国伦敦、巴西里约热内卢、澳大利亚墨尔本等全球著名体育城市,不仅体育产业化程度十分高,体育基础设施十分完备,而且其拥有的职业球队更是闻名全世界,更培育了广大市民热爱体育锻炼的热情。

(一)新西兰皇后镇

新西兰皇后镇是世界公认的"探险之都",也是体育产业与旅游度假融合发展十分成功的典范城市。虽然总人口数只有2万人左右,但每年接待的游客量达到300万人。体育产业跨界融合与协同发展,使新西兰皇后镇获得良好的经济效益。皇后镇因极限运动发源地而著名,常年运营的体育项目与旅游景点多达220多个,主要涉及蹦极、跳伞、喷射艇、峡谷秋千、白浪漂流和骑马远足等。其中皇后镇最为著名的蹦极地可以将游客送上400米高空。这一独创的项目不仅风靡全球,而且带来了不菲的收入。而商业喷射快艇项目既可以使游客体验漂流运动带来的乐趣,也能够让游客们观赏到壮丽的峡谷风光。此外,皇后镇星罗棋布的车道既迎合了不同技术水平参与者的多样化选择,也极大地满足了不同山地自行车爱好者的需求。

(二)日本东京

日本东京是一个因体育赛事而出名的著名体育城市,也是全球著名的体

育资源配置中心。其中,职棒联赛(NPB)是日本最受欢迎的职业赛事。日本的许多动漫作品中关于棒球的内容相当多,大多数作品特色鲜明地表现了棒球联赛的热血和情怀。此外,尽管就职业比赛而言,棒球的人气稍胜一筹,但足球运动项目在东京的人气也绝不输于棒球。日本热衷于承办体育赛事的原因在于,依靠举办大型体育赛事不仅可以促进体育经济的发展,而且可以推动关联产业发展,更可以提升整个民族身体素质和身心健康。到目前为止,日本已经举办过两次奥运会,2019年日本迎来橄榄球世界杯,尽管2020年奥运会由于疫情延后至2021年开幕,但由此带来的影响力不言而喻。

（三）英国伦敦

英国伦敦既是政治中心、经济中心和旅游城市,也是全球著名的体育之城,除大本钟、大英博物馆等著名的旅游目的地外,伦敦拥有众多全球著名的体育品牌,特别是伦敦的足球场馆和体育赛事十分有名,这种深厚的足球文化为伦敦带来了巨大的影响力。主要原因除了伦敦人们十分热爱体育运动以外,还与伦敦大量修建高规格体育赛事场馆并积极举办全球性的顶级体育赛事紧密相关。目前,位于伦敦城市中心的温布利、温布尔登、罗德板球场以及阿森纳等体育资源受到全世界球迷的青睐,即使是收费性质的切尔西主场斯坦福桥、阿纳森主场等场馆也成为著名的体育景点或体育圣地。比如斯坦福桥球场、酋长球场、白鹿巷球场、伦敦奥林匹克体育场等知名足球场是每一位来伦敦旅游的游客绝对不愿意错过的地方,而驰骋在这些球场的也都是全球知名球队,如切尔西、阿森纳、热刺、西汉姆联等。目前,仅仅在伦敦注册的足球俱乐部就多达92家,常规的球场15座,并在英超拥有6支球队。此外,伦敦居民对步行和骑自行车情有独钟,群众性体育运动氛围十分浓郁。而伦敦政府对体育运动的支持力度也相对空前,甚至在制定体育政策时确定每年活跃的目标人群。研究表明,伦敦举办的奥运会已达三次之多,通过举办大型体育赛事,伦敦为英国经济做出了巨大贡献。同时,通过奥运场馆的经营与转换,带动的旅游收入十分可观。可以说,体育成就了伦敦。

（四）巴西里约热内卢

巴西是体育最活跃的国家之一,而里约热内卢被称为巴西不同寻常的"足球城",足球是里约热内卢城市文化中的重要组成部分。在这里除了有举办过八场世界杯比赛和一场奥运会的全球著名的马拉卡纳足球场以外,还有很多的足球场和体育场馆。此外,里约热内卢还以拥有众多足球俱乐部而闻名于世,如弗拉门戈因为拥有罗纳尔迪尼奥、梅阿查、内马尔等顶级球星而跻身世界一流俱乐部。而大型体育赛事的举办不仅完善了城市的基础设施建设,调动了人们参与体育运动的热情,而且也延长了体育产业价值链条,极大地提升了餐饮酒店等关联产业的服务能力。到目前为止,里约热内卢因为举办过众多的体育赛事,不仅带动了全世界球迷观赛和旅游的热情,也为巴西带来了不菲的经济收益。

(五)澳大利亚墨尔本

墨尔本是一个国际体育赛事云集的城市,在墨尔本举办过的国际大型体育赛事包括澳大利亚皇家网球公开赛、墨尔本杯赛马、世界一级方程式赛车墨尔本站等。这些体育赛事与城市文化相融合,既实现了城市的转型发展,也促进了旅游与商业发展,旅游经济与体育经济效应十分明显。除了举办顶级赛事以外,墨尔本还集合了许多大型体育场馆,如墨尔本板球场是澳大利亚第一大体育场馆,能容纳10万名观众同时观看比赛,而澳大利亚橄榄球总决赛场馆、墨尔本皇家高尔夫球场、弗林德斯公园国家网球中心、京斯敦健康中心、Huntingdale等场馆,既是球迷观看比赛的理想之地,也是游客们最喜欢参观的最豪华体育场馆。此外,墨尔本还是世界著名的冲浪圣地,接待的游客逐年增加,未来的消费潜力巨大。

六、上海建设国内外重要的体育资源配置中心的基本步骤

(一)加强基础性体育工作,夯实体育资源配置能力,形成具有一定辐射能力的区域体育资源配置中心

上海建设国内外重要的体育资源配置中心是一个循序渐进的过程,而形成具有一定辐射能力的区域体育资源配置中心是其首当其冲的目标。为此,上海必须加强基础性体育工作并夯实体育资源配置能力。一是大力发展运动休闲俱乐部,积极扶持和孵化民办非企业性质的体育俱乐部,不断吸引世界一流体育俱乐部入驻。同时,结合国际特大型体育赛事的举办特点,未雨绸缪地从城市规划、发展用地和场地预留等方面建设高水平体育赛事场馆。二是重

点强化公共体育设施建设,构建良好的运动休闲基础设施,提升城镇居民幸福指数,如建立社区体育场馆促进社区体育医疗和体育养老服务发展,降低城镇民居日常医疗支出,维护社会稳定。三是迎合体育产业发展趋势从科技发展、人口增长、国际合作等方面来规划城市体育产业发展战略。如充分利用高科技手段构建线上线下体育互动平台实现体育资源配置中心自身的增值;借助新媒体手段通过内容创新扩大体育资源配置中心的传播力和影响力;利用互联网技术构建基于"体育+"产业发展模式促成体育产业价值链的延伸;深化与国际伙伴的合作交流,通过提升国际话语权形成体育服务标准,吸引国际体育评级机构入驻,着力提高上海作为体育资源配置中心的国际竞争力。

(二)构建统一开放的区域体育消费市场,拓展体育产业发展体系,形成具有示范效应的国内体育资源配置中心

形成具有示范效应的国内体育资源配置中心要求上海不断拓展体育产业发展体系,构建统一开放的区域体育消费市场。鉴于长三角是我国最具经济活力的地区之一,也是我国体育产业相对发达和体育资源配置能力十分强劲的地区,在区域产业一体化协作进程中有着良好的示范和带动作用。因此,未来上海体育资源配置中心建设必须衔接长三角一体化发展国家战略,坚持以区域体育产业一体化发展为引领,构建区域体育产业一体化协同发展机制,着力推动长三角体育产业一体化联动,不断提升区域体育产业合作成效,为到2025年上海基本实现建成国内外重要的体育资源配置中心做出积极贡献。未来长三角各省市必须围绕上海建设国内外重要的体育资源配置中心建设目标,进一步深化体育产业体制改革,不断创新体育发展机制,构建统一开放的体育产业市场,壮大体育产业发展主体,促进长三角地区全民健身赛事联动,打造具有长三角地域特点的原创品牌赛事,推动体育产业跨领域和跨区域融合发展,支持体育产业向国内外市场拓展,形成具有示范效应的国内体育资源配置中心。

(三)优化体育产业发展环境,吸引世界体育资源加速集聚,形成具有全球影响力的国际体育资源配置中心

形成具有全球影响力的国际体育资源配置中心要求上海着力推进体育产业集聚区建设,通过促进体育产业跨产业和跨区域融合发展,最终引领上海体育产业高质量发展,为上海建成国内外重要的体育资源配置中心奠定产业基

础。体育产业集聚区建设可以加速体育产业规模化和集群化发展,通过形成体育产业品牌特色,引领体育产业高端化发展,提升体育产业整体竞争优势。未来上海必须培育良好的体育产业发展环境,加强体育产业创新能力培养支持,打造独特的体育文化氛围,推动上海建成国内外重要的体育资源配置中心。一是通过吸引国内外体育资源入驻,形成有国际影响力的全球体育资源集聚区,促进体育产业规模化发展。二是以市场需求为导向配置体育资源,不断优化营商环境,推动国际体育资源集聚,提高体育资源配置效益和质量。三是按照体育强国的战略部署,对接国际体育发展趋势,打造国际体育资源交易平台,促进体育资源在全球范围内规范高效流转。

七、上海建设国内外重要的体育资源配置中心的政策建议

随着新时代的来临,人们日益增长的美好生活需要和不平衡不充分的发展之间的矛盾,给上海建设国内外重要的体育资源配置中心带来挑战的同时也带来了良好的发展契机。上海除了需要采取政府主导、体育配合、产业发展的模式来加快体育资源配置中心建设之外,还需要立足于国际国内的实际情况,采取切实有效的手段和有针对性的发展策略,通过营造良好的内部环境和外部空间为上海建设国内外重要的体育资源配置中心提供有力支撑。

(一)加强政府的扶持与引领作用,将体育资源配置中心建设的目标嵌入上海城市发展的整体战略

上海是中国最具发展潜力的体育城市之一,体育产业在上海得到快速的发展,政府在其中发挥了极其重要的推动作用,未来上海必须强化政府的扶持与引领作用,让体育资源配置中心建设嵌入上海城市规划发展的整体战略格局。第一,由于体育资源配置中心建设是一个相对陌生的事情,既需要得到政府的大力支持,也离不开相关政策的引领。因此未来上海必须加强体育资源配置中心的顶层设计,积极出台相应的体育资源配置中心建设与发展的政策文件,从财政和政策上为体育资源配置中心建设提供更多支持。第二,上海在建设国内外重要的体育资源配置中心过程中,必须既立足于我国体育强国建设的总体要求,又从上海体育产业发展实际出发,加强上海体育产业体制改革,积极将体育资源配置中心与上海经济社会发展总体规划相结合,形成体育

资源配置中心建设合力。第三,上海要充分发挥市场对体育资源的决定性配置作用,积极提升体育资源配置能力,为体育资源配置中心的规范化建设和制度化管理指明方向,积极推动上海体育产业的供给侧改革和需求侧协同,为上海建设国内外重要的体育资源配置中心提供内在动力。

(二)健全以体育产业政策为重点的产业支撑体系,加快形成与国际体育资源配置中心定位相匹配的发展格局

随着经济收入的提高,人们越来越追求精神和文化层面的享受。而良好的身体素质是支撑精神和文化追求的基本前提,良好的身体素质依托体育事业的发展。因此近年来,体育承载了太多不可言喻的意义和责任,体育传递的符号和信息也越来越丰富,体育甚至成为驱动经济增长、城市发展和区域协同的重要力量。上海体育产业高质量发展和人民对体育的刚性需求,正在促进上海进一步形成多元化、多层次、多维度的体育产业发展体系。目前上海既有国际著名体育城市的制高点,也有更多满足民众体育休闲度假的城市生活圈。未来上海必须立足城市综合发展的现实,加快融合国际体育机制,不断完善体育赛事产业体系,构建与体育资源配置中心的发展定位相匹配的多层次的赛事结构、多维度的投(融)资机制、国际化的运营模式,最终实现上海建成国内外重要的体育资源配置中心的战略构想。此外,上海还必须加快形成与全球体育资源配置中心定位相匹配的体育产业发展格局,不断完善以高端体育赛事为引领的体育竞赛表演业,促进以创新发展为引领的体育产业市场体系,优化发展以重大体育场馆设施和全民健身服务体系为载体的产业空间发展体系,健全以体育产业政策为重点的产业支撑体系。

(三)联合打造区域性体育赛事品牌体系,发挥体育赛事对体育资源配置中心的支持作用

体育赛事发挥着"城市会客厅"功能,特别是每次大型国际体育赛事都是展示城市形象的重要窗口。体育赛事不仅可以提升城市活力,而且可能完善城市经济文化建设。国际赛事对上海建设国内外重要的体育资源配置中心的重要性不言而喻。据统计,上海每年的体育顶级赛事已经逾百场并且呈现出增长趋势,特别是大型体育赛事的数量与级别在国内一直保持领先地位,平均每年承办国家级以上赛事150场左右,其中国际性赛事占近40%。上海已经制定颁布了《上海市体育赛事管理办法》《上海市体育赛事影响力评估指标体

系》《2019年度上海市体育赛事发展专项资金项目申报指南》和《建设国际体育赛事之都三年行动计划(2018—2020年)》等系列文件,旨在优化体育赛事服务、推动上海体育赛事产业繁荣发展。未来上海必须努力打造与世界一流体育赛事之都相匹配的高端体育赛事体系,形成具有国际影响力的体育赛事品牌,发挥体育赛事对国内外重要的体育资源配置中心建设的支持作用。如通过积极支持举办国际大型体育赛事,建设国家队训练基地,承办重大主场外交活动,推动更多国际体育组织和评级机构落户。通过举办更多优秀的国际知名体育赛事以赛引赛,推动体育赛事的国际化,联合打造区域性体育赛事品牌,努力提升大型国际体育赛事的数量、质量、能量,提升上海体育产业发展的国际影响力,吸引更多的国际顶级体育赛事来上海。

(四)加强体育基础设施建设,夯实上海建设体育资源配置中心的群众基础和辐射能力

丰富多彩的群众性体育活动也是上海建设国内外重要的体育资源配置中心的必要组成部分。根据《上海全球著名体育城市建设纲要》,未来上海将大力推动全民健身活动,实现人均体育场地面积达到2.6平方米的基本目标,促成经常参加体育锻炼的人数比例达到45%以上,规定在校学生至少保证每天1小时的体育锻炼,保障各级各类参加体育锻炼的人数比例高于全国平均水平。然而,目前上海体育基础设施仍然跟不上上海作为体育资源配置中心的步伐。因此,未来上海必须构建"处处可健身"的高品质运动空间、倡导"天天想健身"的现代化生活方式、培育"人人会健身"的高水平健康素养,打造天天有比赛、人人可参赛的群众体育赛事,吸引不同年龄层次的人养成良好的体育锻炼习惯,夯实上海作为国内外重要的体育资源配置中心的群众基础。

(五)着力培养竞技体育人才,打造体育资源配置中心独特的竞技项目和品牌优势

竞技体育的发展以竞技人才为支撑,上海未来必须强化竞体人才培养机制。一是不断创新竞技体育人才的培养机制,拓宽竞技体育人才输送渠道,多层次开发竞技体育人才成长路径,培养具有国际影响力的体育明星,让更多的优秀运动员走出上海、走向世界。二是不断完善体育人才激励机制,打造国际体育人才集散地,增加上海对全球顶尖体育人才的吸引力,释放上海作为体育资源配置中心的价值效应。三是注重对青少年体育人才的培养,着力培育具

有医学、管理、经营等多种素质的综合型人才。在体育竞技项目和品牌培养方面必须做好以下工作：一是坚持政府调控与市场配置相结合，深入推进竞技体育社会化、职业化发展，大力发展竞技水平高、市场活力强的职业体育赛事，着力提升竞技体育发展水平，促成国内赛事参赛成绩保持前列，国际赛事稳步提高国家贡献率。二是优化竞技体育项目布局，形成奥运优势项目更优、传统基础大项更强、集体球类项目和城市特色项目更鲜明的发展格局。三是健全俱乐部管理体制，培育具有国际影响力的体育俱乐部，支持足球、篮球、排球等市场化程度高、基础条件好的运动项目成立职业俱乐部，推动职业俱乐部实现高质量发展。四是激活职业联赛市场，鼓励自行车、乒乓球、羽毛球、游泳、赛车、拳击、网球、棒球、橄榄球、电子竞技、铁人三项等举办职业赛事，打造具有上海特色的职业体育精品项目。

参考文献

[1] 容云.公共体育服务视角下体育场馆资源优化配置研究[J].广州体育学院学报，2018(5).

[2] 曹如中,熊鸿军,郭华,等.上海建设具有全球影响力的体育资源配置中心内涵研究[J].体育科研,2019(3).

[3] 杜梅,江浩岚.上海建设国内外重要的体育资源配置中心的标准与战略[J].体育科研,2019(3).

[4] 蒙可斌,陈华伟.公共体育设施资源配置与服务优化研究[J].体育科技,2019(1).

[5] 朱焱,于文谦.我国公共体育资源配置水平差异与空间演进特征分析[J].武汉体育学院学报,2019(5).

[6] 蔡朋龙,王家宏.论公共体育资源配置市场化改革中政府角色定位[J].沈阳体育学院学报,2020(2).

[7] 应枝澎.新时代公共体育资源配置研究现状及经济学分析[J].当代体育科技,2020(8).

[8] 赵金燕,李井平.公共体育资源配置能力研究进展[J].武术研究,2020(4).

[9] 张文静,沈克印.正义论视角下公共体育资源配置的价值追求与优化路径[J].湖北体育科技,2020(6).

[10] 张俊珍,许治平,郭伟,等.供给侧结构性改革背景下竞技体育资源配置与利用的实证研究[J].体育学研究,2020(4).

[11] 齐爱军,韩德勋.我国体育赛事版权资源的配置和利用问题论析[J].天津体育学院学报,2020(4).

[12] 沈克印,吕万刚.体育产业供给侧改革:投入要素、行动逻辑与实施路径——基于社会主要矛盾转化研究视角[J].中国体育科技,2020(4).

[13] 马勇,叶锦,王青青.BSC理论下体育资源配置中心建设标准:模型与实证[J].沈阳体育学院学报,2018(4).

[14] 胡摇华,吴迪.资源共享视角下的上海市社区体育资源优化配置研究[J].首都体育学院学报,2018(5).

[15] 黄海燕,徐开娟,陈雯雯,等.全球城市视角下上海体育产业发展研究[J].体育学研究,2019(2).

[16] 李强谊,钟亚平.中国体育资源配置水平的空间差异分析[J].统计与决策,2020(13).

[17] 曾石山,钟武,黄琳.新时代我国竞技体育资源配置模式改革的困惑及成因探析[J].长沙大学学报,2020(2).

[18] 朱焱,于文谦.新时期我国公共体育资源综合配置水平评价指标体系构建[J].武汉体育学院学报,2020(3).

[19] 王露露,陈丹,高晓波.国外体育营销研究的启示[J].体育学刊,2020(3).

[20] 朱洪军,张建辉,梁婷婷,等.国外体育赛事政府监管服务标准化研究[J].西安体育学院学报,2020(6).

[21] 李艳丽.国外体育场馆PPP模式应用经验及启示[J].体育文化导刊,2019(4).

[22] 党挺.国外体育竞赛表演市场发展分析及启示[J].体育文化导刊,2017(6).

[23] 杨岚凯,周阳.国外发达国家休闲体育产业发展及启示[J].理论与改革,2017(3).

[24] 徐旭.国外职业体育联赛外籍球员政策研究[J].体育文化导刊,2014(6).

上海高端体育装备制造业提升路径与消费引领对策研究

周晓燕[*]

体育装备是从事体育运动必不可少的物质基础和保障,发展体育装备制造业,既能保障全民健身的物质基础,也是体育大国向体育强国迈进的必经之路。上海体育产业门类中,体育装备制造业是重要组成部分。《上海市体育产业发展实施方案(2016—2020)》提出,上海市应结合科创中心建设,积极推动体育装备制造业的创新发展与转型升级,推动体育装备制造业向高端化方向转变。提升高端体育装备研发制造能力,是上海发展先进制造业和战略性新兴产业的重要组成部分,也是城市软实力和吸引力的重要支撑。

一、对研究对象的综合评价和具体分析

(一)现状和趋势

随着生活水平的提高,人们对于身体健康有了更高的要求。体育运动大多需要体育装备。在"全民健身"理念引领下,体育产业消费比重迅速增加,体育装备制造业飞速发展。除运动健身外,体育赛事对于体育装备也有着较高的要求。体育装备涵盖范围十分广泛,包括从事竞技体育、球类运动、健身活动、水体运动、冰雪运动、休闲旅行等所需的运动鞋服、护具、用品和器材等,可分为公共体育器材及设施、体育锻炼器材及设备、体育场馆营造设施和个人运

---

[*] 本文作者简介:周晓燕,华东理工大学体育科学与工程学院国际经济与贸易专业教研室主任、讲师,管理学博士,研究方向:体育经济、体育管理。

动装备等。近年来,攀岩、户外运动、滚轴溜冰、滑板、山地自行车、蹦极等功能性、个性化以及包含时尚元素的新型项目不断涌现,运动装备消费形式正日益丰富和多样化,对运动装备提出了更高的要求。高端体育装备制造业具有技术密集、附加值高、成长空间大等显著特点,是国家制造业的基础和核心竞争力的重要组成部分。

统计显示,2015 年以来,上海体育产业发展迅猛,呈现逐年上升趋势。但与此同时,上海体育装备制造业发展则相对缓慢,除 2017 年外,其余年份无论体育装备制造业总产值或增加值基本上处于原地踏步状态(图1)。

图 1　上海体育装备制造业发展趋势

究其原因,上海体育装备制造业正处于转型升级的关键时期,存在产业结构不合理等问题,在产品种类上大多为低端产品,缺乏高端、高产值、高附加值产品。研发人员匮乏,技术更新慢,企业技术研发投入少,缺少具有自主知识产权的产品,产品缺乏核心竞争力。要推动上海体育装备制造业的健康发展,必须进行产业结构转型升级,实现上海体育装备制造业由中低端向高端的转变。以标准化和新技术为支撑,打造完善的产业链,培育和壮大新型市场主体。推进体育装备研发能力升级,打造一批拥有自主知识产权、自主品牌的现代化体育装备生产企业。

新冠肺炎疫情暴发以来,各项健身活动和赛事相继被取消或延期,室内外健身场所、体育场馆、体育培训机构受到不同程度的冲击,部分体育装备生产企业被停工或延期开工,这些都对上海体育装备制造业的发展产生了较大的影响。有鉴于此,亟待广大体育科研人员加强对体育装备制造业转型升级和消费引领等问题的研究。

但研究发现,体育装备制造及消费方面的研究严重缺乏,关于高端体育装备方面的研究更是少之又少。国内相关研究包括,邓静以泰山体育集团为例,指出体育装备制造业应以市场需求为导向,持续强化创新能力,抢占体育装备制造业高端市场。顾靖文等对宁波市体育装备制造业标准化现状及变化趋势进行了研究。伊志强等分析了黑龙江冰雪体育装备制造业面临的困境,并提出了相应的发展战略。骆寅等从体育装备制造相关企业的类型、数量、规模和性质等方面,剖析了平湖市体育装备制造业存在的问题,进而提出了与资源优势、引进吸收相结合发展体育装备制造业的策略。王慧明等研究认为,辽宁体育装备制造业的快速发展依赖于互联网经济与创新经济的利益协同作用,分析了"互联网+"及驱动创新对企业发展的重要性,并提出了辽宁体育装备制造业转型升级的路径。高贺等实证检验了我国体育用品制造业升级与服务业发展之间的因果关系,并从互补性视角提出我国体育用品制造业与服务业发展的战略举措。杨志平以李宁网络营销为例,对电子商务环境下体育装备制造业销售渠道进行了较为深入的研究。张良详等针对黑龙江省冰雪体育装备制造业发展现状,设计了适合黑龙江省现状的基地管理体制和运作模式,并有针对性地提出打造基地建设的主要措施。张庆来等研究认为,高科技竞技体育装备正在通过国际竞技体育舞台展现一个国家的综合实力,但当前中国竞技体育装备的研发与发达国家相比发展较为滞后,提出中国应大力提升竞技体育装备的生产水平,创建国际知名品牌,实施竞技体育装备的产业化战略。

总结国内关于体育装备制造业及其消费的研究,存在着文献资料少和研究不系统、不深入等问题,研究方法以定性分析为主,偶有实证研究,但缺乏调查研究、数理模型等定量分析。关于上海高端体育装备制造业发展与提升路径问题的专门研究,目前尚属于空白。

(二)上海发展高端体育装备制造业的 SWOT 分析

研究中,采用了 SWOT 分析法对上海发展高端体育装备制造业的有利条件、不利因素、面临的机遇与挑战等进行系统深入分析,为制定上海体育装备制造业发展战略提供理论依据(图 2)。SWOT 分析法最早由美国旧金山大学 Heinz Weihrich 教授提出,主要用于内外部竞争环境和条件下的态势分析,该方法通过确定企业或行业的竞争优势(Strengths)、劣势(Weaknesses)、机会

(Opportunities)和威胁(Threats),并将企业的经营活动与内部资源、外部环境有机结合,以制定相应的经营战略。

优势(S)
- 群众基础好,体育消费需求大
- 体育资源丰富,赛事拉动效应好
- 工业基础雄厚,体育装备制造体系完善
- 体育服务体系发达,产业环境优良

劣势(W)
- 处于全球价值链中低端,未形成完善产业链
- 缺少核心技术,进口依存度高
- 基础投入不足,核心竞争力不足
- 高素质复合型人才匮乏

机遇(O)
- 符合国家发展战略
- 地方政府出台相关政策
- 全球疫情为弯道超车提供了新机遇
- AI、大数据等现代技术有助于培育新模式和新业态

挑战(T)
- 国际市场竞争态势加剧
- 面临国内相关城市挑战与同质竞争
- 受疫情冲击,市场需求疲软

图 2　上海发展高端体育装备制造业的 SWOT 分析

1. 上海发展高端体育装备制造业的有利条件

上海具有发展高端体育装备制造业得天独厚的优势和有利条件:群众体育基础好,体育装备消费需求大。以 2017 年为例,常住人口中,经常参加体育锻炼的人数达到 42.7%,体育消费超过 5 000 元的人数比例为 24.2%;体育资源丰富,体育赛事多(表 1),2019 年上海共举办 163 场国际国内体育赛事,其中 12 场具有代表性的重大赛事带来直接消费 30.9 亿元,相关产业拉动效应超过 102 亿元,对第三产业的拉动效应达 61.08 亿元;作为曾经的工业中心城市,上海工业基础雄厚,装备制造体系完善,具备发展先进装备制造业的基础、条件和优势,"红双喜""回力""凤凰"和"上海牌"等一系列"上海制造"老品牌家喻户晓;体育服务业发达,2019 年,上海体育服务业总产出和增加值分别为 1 414.66 亿元和 485.49 亿元,占上海体育产业总产出和增加值的 79.4%、86.9%;产业环境持续优化,政策支持体系、行业规范与标准完善,搭建了一大批公共技术服务平台,形成了有利于体育装备制造业发展的产业布局和营商环境。

表 1　上海体育资源分类统计

资源类型		体育资源项目
自然类	陆地及水体类	东平国家森林公园、佘山国家森林公园、海湾国家森林公园、共青国家森林公园、上海滨海森林公园、炮台湾湿地森林公园、九段沙湿地公园、江湾湿地公园等；苏州河亲水观光休闲带、杭州湾北岸休闲娱乐旅游带、城市沙滩海滨休闲区、东方绿舟、环淀山湖休闲旅游区
人文类	体育节庆	苏州河龙舟赛、淀山湖龙舟赛、外国留学生龙舟赛、国际大众体育节、国际武术博览会、世界著名在华企业员工健身大赛、国际风筝节、森林旅游节、丰收节、东方明珠登高节、三民文化艺术节、赶海节、海派秧歌以及遍及各区县的弄堂运动会、棋牌赛等
	体育赛事	F1 中国大奖赛、国际田联钻石联赛、ATP1000 网球大师赛、国际马拉松赛、斯诺克公开赛、汇丰国际高尔夫公开赛、国际摩托艇赛、国际自行车联盟女子公路世界杯赛、世界游泳锦标赛、国际极限运动挑战赛、国际体育舞蹈大奖赛总决赛、世界桥牌锦标赛、世界攀岩比赛、国际沙排巡回赛、上海环球马术冠军赛、城市定向挑战赛、浦东国际房车街道赛、国际滑联"上海超级杯"等冰上赛事，以及崇明全国公路自行车冠军赛、CBA/WCBA 篮球职业联赛、中超足球赛、乒超联赛、市民运动会、农民运动会、航空跳伞表演和各类特色商业性精品体育赛事
	体育基础设施及建筑	上海体育场(馆)、源深体育中心、东方体育中心、虹口足球场、上海游泳馆、江湾体育场、国际赛车场、东方绿舟、旗忠网球中心、国际沙滩排球场、上海国际体操中心及游泳馆、国际体育舞蹈中心、国际极限运动场馆、澳洋国际潜水俱乐部、上海马术运动场、上海马戏城、上海射击中心、上海欢乐谷、上海跑马场、闵行体育公园、浦东体育公园、长风海洋世界、仙霞网球中心、美格菲运动俱乐部、浦东游泳馆、银七星室内滑雪场、热带风暴、太阳岛高尔夫俱乐部、东方巴黎高尔夫乡村俱乐部、西部渔村垂钓休闲中心、新天鸿高尔夫俱乐部、根宝足球基地、海上星国际潜水俱乐部、九子公园、海滨水上运动中心、奉新国际风筝放飞场、松声马术俱乐部、松江大学城体育中心、佘山生态体育旅游基地、莘庄体育训练基地、锦江乐园等

2. 上海发展高端体育装备制造业的不利因素

高端体育装备制造业发展的主要驱动力包括基础研究、核心技术、自主品牌和人才队伍等方面。近年来，因产业结构调整，上海传统制造业逐渐弱化，发展高端体育装备制造业面临着诸多不利因素。

目前，上海发展高端体育装备制造业存在着基础研究投入不足、缺少核心技术、品牌影响力不够、高素质复合型人才匮乏等制约因素,使得上海体育装备制造业仍处于低层次、简单加工制造阶段,位于全球价值链的中低端环节,高端体育装备的进口依存度高。未形成完整的产业链,不具备规模化和专业化优势,难以发挥集聚效应。企业成果转化和资源整合能力差,创新动力不足,产品缺乏核心竞争力,同行竞争现象严重,科技含量低,低端产品多,高端、自主知识产权原创产品稀缺,即使拥有自主知识产权品牌,但品牌效应差。体育装备制造企业人才匮乏,制约了企业的持续创新与发展。

当前,上海制造业总产值已突破3万亿元,制造业质量竞争力指数连续九年排名全国第一位,但体育装备制造业还处于传统制造业阶段,高端体育装备制造业优势不足。对标国际一流城市,"上海品牌"优势需要进一步彰显。

3. 上海发展高端体育装备制造业面临的机遇

作为"长三角经济圈"的龙头城市和GDP总量突破三万亿的城市,上海承担着"四个中心"建设的战略任务,在服务国家"一带一路"倡议中发挥着桥头堡作用。目前,上海正在全力实施自贸区建设、实施具有全球影响力的科创中心建设等国家战略,正在构建泛长三角产业基础体系,这些都为上海发展高端体育装备制造业提供了新的机遇。

近几年,上海市针对体育装备制造业做出了一系列重大的决策和部署。《上海市制造业转型升级"十三五"规划》提出了高端化、智能化、绿色化和服务化的发展方针。2018年8月,上海市政府在《关于加快本市体育产业创新发展的若干意见》中,提出要推动体育装备制造转型升级,加强体育装备技术创新。伴随着这些政策的出台,将带动上海体育装备制造业焕发新的活力。

当前,上海正在从"上海制造"向"上海智造"迈进。面对全球疫情、市场需求疲软的现实,上海努力"在危机中育新机、于变局中开新局",积极利用大数据、云计算、AI、5G、区块链等新技术,培育体育产业的新业态、新模式,寻找体育装备制造业的转型升级与自主创新之路,助力体育产业提质升级。因此,上海发展高端体育装备制造业恰逢其时。

4. 上海发展高端体育装备制造业面临的挑战与威胁

目前,体育装备消费需求日益高端化,呈现出高层次、高品质的特点,体育装备制造业的产业集聚效益和品牌效应正逐步显现。为此,国内外许多城市都在制定新的体育装备制造业发展战略,全力抢占全球价值链中的优势地位和制高点,未来国际体育装备制造业的竞争将更加激烈。

以体育装备制造业闻名的福建省晋江市,2019年体育装备制造业实现规模以上产值2 152.75亿元,增长率为9.1%,占全市规模以上工业总产值的比重高达39.2%,其中,制鞋板块实现产值1 209.76亿元。服装板块实现产值927.13亿元,增长6.6%,国内市场占有率为20%,全球市场占有率超过8%。以安踏、特步、361°等为代表的体育装备龙头企业的带动作用日益凸显。

反观上海体育装备制造业则面临诸多短板。与欧美等国际知名体育装备制造城市相比,总体发展水平较低,自主创新不足,缺乏核心技术,研发投入偏低,龙头企业及骨干企业缺乏市场竞争力,同时还面临着广州、杭州、南京、晋江和石狮等城市的挑战。截至2020年6月,国内共有体育用品制造相关企业9 534家,其中广东1 411家、浙江1 177家、江苏1 021家、福建929家,而上海只有853家,占比仅8.9%。

二、发展模式概述

当前,全球制造业正在成为新的竞争焦点,信息技术正推动着体育装备制造业组织和制造方式的重大变革。上海应结合打造世界一流国际体育赛事之都的发展定位,依托体育用品品牌总部和服务贸易集聚地的优势,发展先进制造业,大力提升高端体育装备研发制造能力,推动互联网、大数据、人工智能和实体经济深度融合,促进消费引领、创新驱动、绿色低碳等领域发展,助力上海城市能级和核心竞争力的提升。

为此,本课题提出了上海高端体育装备制造业创新发展和转型升级的战略选择,即以"一体两翼三协同"的发展模式,立足上海体育装备制造业独特的区位优势,依托"四个中心"建设,对标全球顶级体育装备城市,建设与全球著名体育城市定位相匹配的国际高端体育装备制造中心。本课题最终形成以提升"上海高端体育装备研发制造能力"为核心,以供给侧"体育装备制造生态"的产业转型升级和需求侧"体育装备消费生态"的消费模式创新引领为两翼,以"央地协同、政企协同、供需协同"为应用的上海高端体育装备制造业发展模式(图3)。

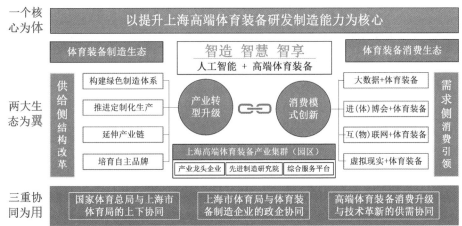

图3 上海高端体育装备制造业"一体两翼三协同"的发展模式

(一)上海高端体育装备制造业的提升路径

当前形势下,上海体育装备制造业下行压力大,产业的转型升级日益紧迫。加快体育装备制造业供给侧结构性改革,以消费引领和产业转型升级助推上海体育装备制造业发展,推动人工智能、大数据和制造业深度融合。

1. 培育上海高端体育装备自主品牌和龙头企业,实施总部发展战略

(1)培育上海高端体育装备自主品牌。上海是国内较大的体育装备制造基地,上海的体育装备制造企业包括运动鞋服、器械、健身与娱乐装备、户外运动装备等共12大类。上海体育装备制造业近年来取得了突飞猛进的发展,一些上海品牌已经接近或迈入世界一流阵营。其中,球类制造业产值约占全国的13%,运动防护装备占到了全国的10%。但无论相比于耐克、阿迪达斯等国际著名体育装备品牌,还是安踏、李宁、特步、361°等国内知名品牌,上海只有红双喜、嘉麟杰、上海久事、兰生股份等少数体育装备制造企业,在国内七大体育用品品牌中,上海无一上榜。与此同时,许多国际国内体育装备制造企业已形成完整的产业链和产业集群,如晋江、温州的运动鞋业集群,石狮、中山的运动服装业集群,富阳、泰州的体育器材产业集群等。因此,上海可通过如下途径培育自主品牌:一是汇聚上海体育装备制造业龙头企业,加强研发创新,提升体育装备制造技术水平,培育体育器材装备民族品牌、上海品牌。二是通过品牌组合实施产品组合,鼓励上海本地体育装备生产企业和国内外体育企业开展合作,在沪设立地区总部或分支机构,共同研发和制造"联名品牌"产

品。三是实施战略性外延收购,打造完善的体育装备品牌矩阵,实现从专业运动到时尚运动,从大众市场到高端市场的全面覆盖。

(2) 引进、培育体育装备制造龙头企业。目前,上海拥有的体育装备制造龙头企业数量、顶级体育装备展会及论坛数量仍与上海的国际地位极不匹配。上海应从以下几个方面加快培育和引进体育装备龙头企业:一是以引领体育消费的新型体育装备、可穿戴式运动设备、虚拟现实运动装备等为重点,加快培育本地的体育装备骨干企业、龙头企业或"独角兽"企业。二是积极引进国内外体育装备龙头企业落户上海。通过技术引进、海外并购等方式,形成新的体育装备制造龙头企业。三是支持龙头企业建设高端研发、设计机构,提升新产品研发能力。利用上海在球类制造、运动防护装备制造方面的优势,进行深度开发,建设有影响力的体育装备产业集群。

(3) 引进体育装备制造跨国公司地区总部。总部经济作为一种新的经济形态,对提升上海自主创新能力,推动经济转型升级,具有重要的战略意义。截至2019年底,上海累计吸引的体育装备制造跨国公司地区总部包括adidas中国区总部、SPALDING体育用品(中国)有限公司总部、NIKE(中国)总部和ODLO体育用品贸易(上海)有限公司总部等。中国体育装备十大品牌中,总部位于上海的只有上海红双喜股份有限公司。上海应从以下几方面加快引进体育装备制造跨国公司地区总部:一是以智能制造为主攻方向,引进国际体育装备制造企业在沪设立区域总部。加强高端体育装备的研发、制造和销售,建设具有本地特点的国际体育装备智能制造总部基地。二是以室内健身、水上运动、山地户外、冰雪运动、汽车摩托车运动和航空运动等的智能运动装备为重点,吸引大型跨国体育装备制造企业在上海设立实验室和研发中心。

2. 延伸上海体育装备制造产业链

制造业和服务业等的融合将催生新的行业和生产方式。上海体育装备制造业必须通过跨界与其他产业融合发展,寻找新的出路和发展的突破口。

(1) 鼓励体育装备制造企业向服务业延伸发展,推进制造与服务的系统集成与融合发展,催化体育产业链和创新链双链共生,形成全产业链优势。

(2) 依托"互(物)联网+体育",打通线上线下资源,重视线上渠道的电商打造,推进产业的拓展,延展其在产业链条上的布局。

(3) 利用"进(体)博会+体育"带动体育产业升级,推进体育产业与新技术互动融合,催生智能体育、数字体育和全场景体育等新增长点,推动价值链向高附加值端攀升。

（4）推动体育装备制造企业参与举办上海国际越野赛、世界摩托车越野锦标赛、环球马术赛等国际国内顶级赛事，延伸产业链，提高品牌知名度。

3. 推行个性化、定制化体育装备生产

（1）推动体育装备制造企业的技术创新，加大高端产品的研发投入。鼓励企业运用大数据技术，精准定位和对接消费者体育健身的个性化需求，拓展定制业务，开展高端体育装备的个性化、定制化生产。

（2）利用互联网技术，建设定制服务平台，使消费者可以在该平台上任意搭配自己喜欢的颜色、款式和材质，通过下单定制消费者专属的运动装备，以迎合其个性化需求。

（3）根据不同消费人群尤其是青少年、老年人的个性化需求，支持企业研发多样化、适应性强的体育装备器材，拓展针对儿童、女性消费者的专项运动装备市场，定向化生产针对专门赛事直播、裁判质量改进的体育装备，以及智能穿戴、智能服饰、智能健身器材等。

4. 构建绿色体育装备制造体系

积极落实上海体育装备制造业的供给侧结构性改革，以绿色产品、绿色工厂、绿色园区和绿色供应链为内容，构建上海绿色体育装备制造体系。

（1）设计绿色产品。上海体育装备制造企业要在全球价值链中处于较好的位置，需要精准产品市场定位，从绿色环保的新材料入手，应用模块化、智能化的新工艺和绿色设计技术，研发节能环保、高效能、易回收的绿色产品，打造自主知识产权的绿色体育装备品牌。

（2）建设绿色工厂。采用绿色建筑技术进行厂房建设和改造，优化布局厂区内物质流、能量流和信息流，加强可穿戴设备、大数据、物联网等技术的融合应用，加大研发投入，推广绿色设计、采购，生产绿色产品，建立资源回收和循环利用机制，实现工厂的绿色发展，提升企业自身竞争力。

（3）打造绿色园区。在园区规划布局、基础设施与环境建设、运行管理等方面秉承节能减排等理念，打造布局集聚化、基础设施共享化、信息及技术服务平台化的绿色产业园区。

（4）形成绿色供应链。以体育装备龙头企业为主体，在采购、生产、营销及物流各环节，加强企业间的协同，搭建供应链绿色信息共享平台，带动上下游企业的绿色发展，形成体育装备制造的绿色供应链。

（二）以消费引领上海高端体育装备制造业的提升

上海高端体育装备制造业短板明显，上海体育装备制造业走出"困境"的关键,就是坚持走消费引领、创新驱动,高端化、智能化、绿色化、服务化的发展之路。以虚拟现实、互(物)联网＋、大数据、云计算和机器人技术相驱动,提升体育装备的科技含量和智能化水平,推动上海体育装备制造业向智能化方向转变。

1. 以"VR/AR＋体育装备"模式实现立体化沉浸式用户体验

(1) 注重交互式体育装备体验。利用虚拟现实技术(VR)和增强现实技术(AR),对一些经典比赛或重要时刻等进行重现,以及进行体育赛事直播、在线培训和健身等,给消费者带来立体化沉浸式体验。

(2) 基于VR交互体验模式,邀请顶级专业选手与消费者进行零距离互动,给消费者以"身临其境"的体验和震撼。

(3) 通过体育装备的AR虚拟试穿、试戴等服务,使消费者亲身体验运动装备的品质与魅力,用体验来刺激消费。

2. 以"互(物)联网＋体育装备"模式深耕体育装备制造细分市场

(1) 利用"互(物)联网＋"技术,建立企业与消费者交流的桥梁,加快体育装备制造企业对消费者信息的反应速度,增加消费者黏性,降低交易成本。

(2) 将消费者纳入企业价值网络,通过线上线下互动,使消费者深度参与体育装备的设计与制造,构建企业的核心竞争力。

(3) 将物联网传感器嵌入到运动装备和可穿戴设备中,通过网络连接运动鞋服和其他装备,收集和分析关键数据,了解消费者对体育装备的适应性,以改善产品的设计与制造工艺流程。

3. 以"进(体)博会＋体育装备"为载体主动融入全球价值链

将体育装备制造融入进博会和体博会,发挥上海全球体育高端资源的"集聚平台"效应。

(1) 利用进博会新设的体育用品专区,吸引国际知名体育装备品牌厂商进行首发新产品和重点展品发布,引领上海体育装备制造业升级、向高端化转型。

(2) 强化体博会的进口展示与交易平台功能,向外推介自己的产品,促进上海体育装备制造业快速融入全球产业链和价值链。

(3) 引进中外高端体育装备高峰论坛进入进博会、体博会,在进博会设立专门的体育装备贸易板块,推进关于体育装备的产权交易、咨询、融资租赁、策划规划、教育培训等新兴贸易。

4. 以"大数据＋体育装备"模式满足个性化需求和用户推荐

(1) 构建体育装备大数据应用平台,建立完整的比赛数据库,研发能够提供原创资讯、赛事预测、动画直播、文字直播、可视化的数据统计、数据娱乐节目等功能的体育装备产品和服务。

（2）利用大数据技术，进行体育装备消费者的数据统计、热力分析，开展个性化体育装备定制和用户推荐服务。

（3）大数据统计显示，上海大多数体育装备制造企业主要面向专业、家用和商用领域进行研发与生产，很少涉足教育系统，而学校对高科技、智能化、大品牌的体育教学装备有较强的接纳能力。因此，沪上体育装备制造企业应深耕教育领域和市场。

三、对策和建议

上海高端体育装备制造业是一个庞大的系统工程，其发展需要各机构、各环节齐心协力，共同努力。研究认为，上海高端体育装备制造业的发展与升级，当前应采取如下策略：

（一）三重协同赋能创新，优化产业发展环境

上海高端体育装备制造业的健康发展依赖于优良的基础设施和发展环境，包括交通运输、港口码头、通信网络、供水供电以及政府支持和产业政策等。通过国家体育总局与上海市体育局的央地上下协同、上海市体育局与体育装备制造企业的政企协同、供给侧高端体育装备制造业技术革新和转型升级与消费侧消费模式创新引领的供需协同，构建多方协同的创新平台体系。建议由体育装备制造行业协会牵头组建高端体育装备制造产业联盟，同时政府出台促进上海体育装备制造业发展的政策措施。

（二）加大研发投入力度，提升产品研发能力

上海高端体育装备制造业价值链提升的主攻方向是智能制造。要加快构建现代体育产业体系，完善体育装备制造产业结构。以消费为引领，注重体育装备的升级，占领全球价值链的高端。要引入人工智能、区块链等新技术，推动体育装备制造业的转型升级、创新发展，培育一批有规模、技术新、能创新、发展潜力大的体育装备制造骨干和龙头企业，推动体育装备制造企业向高端化、精细化方向发展，满足消费者的个性化需求。要健全体育装备制造业技术标准体系，鼓励体育装备制造企业积极拓展国内外市场，提升上海高端体育装

备制造业的国际地位。要建立健全上海体育装备制造技术创新和成果转化机制，鼓励企业自主知识产权研发，推动上海体育装备制造领域的技术创新成果转化。

（三）整合资源集约经营，走集群化发展之路

要积极进行体育装备制造业的供给侧结构改革，围绕龙头或骨干企业，设立若干个先进制造研究院（所），构建综合化服务平台，着力打造上海高端体育装备制造功能集聚区或产业集群（产业园）。要以产业集群（产业园）为载体，通过汇集体育装备制造与服务资源，规范高端体育装备制造产业市场，助力"上海制造"品牌建设，建设具有较高国际知名度的高端体育装备制造及消费城市。

（四）整合创新流通体系，扩大细分销售市场

上海高端体育装备制造业的发展需要配套的流通体系支撑。建议由政府、行业协会、中介组织或科技机构牵头，对体育装备各流通环节，如报关清关、物流保险等环节进行整合，打造"一站式"综合物流服务体系。运用大数据技术，打通线上线下用户数据，依据用户行为因素细化高端体育装备的销售市场，开拓增量市场，精准定位目标客户，创新营销渠道，通过自助营销、智慧营销、直播引流、导购带货等措施提升营销效果。

（五）加快人才队伍建设，实现需求精准对接

人才是上海高端体育装备制造业发展的基础，也是技术创新的核心因素。为实现人才培养的供需精准对接，政府必须统筹规划，以资源、区位优势吸引专业人才、复合人才，出台人才新政，加大人才引进力度，建立多元化体育装备设计制造人才培养机制，在部分高校开设体育装备工程专业，形成完善的体育装备人才培育体系。

参考文献

[1] 上海市人民政府.关于加快本市体育产业创新发展的若干意见[EB/OL].上海市人民政府网站 www.shanghai.gov.con.

[2] 上海市人民政府.上海市体育改革发展"十三五"规划,上海市体育产业发展实施方案(2016—2020年)[EB/OL].上海市人民政府网站 www.shanghai.gov.cn.

[3] 上海市人民政府.上海市制造业转型升级"十三五"规划[EB/OL].上海市人民政府网站 www.shanghai.gov.cn.

[4] 中华人民共和国工业和信息化部.工业和信息化部办公厅关于开展绿色制造体系建设的通知[EB/OL].中华人民共和国工业和信息化部网站 https://www.miit.gov.cn/.

[5] 伊志强,张良祥,连洪业等.黑龙江省冰雪体育装备制造业发展:现状、困境与趋势[J].冰雪运动,2017(3).

[6] 骆寅,马少壮.平湖市体育装备制造业发展现状及对策研究[J].浙江体育科学,2017(3).

[7] 王慧明,辛丽."互联网＋"背景下以创新驱动辽宁体育装备制造业转型升级问题研究[J].中国市场,2017(14).

[8] 高贺,付志华,陈颇.我国体育用品制造业转型升级与服务业发展的关系研究[J].体育学研究,2019(16).

[9] 杨志平.电子商务环境下体育装备制造业销售渠道的研究——以李宁网络营销为例[J].环球市场信息导报,2016(38).

[10] 周晓燕,王跃.上海建设国际体育贸易中心的战略选择与实施路径研究[J].上海对外经贸大学学报,2020(1).

[11] 张庆来,张林,李森.浅论竞技体育装备的科技现代化[J].南京体育学院学报,2014(6).

上海建设国内外重要的体育资源配置中心的现状及对策

徐 斌 丁云霞 胡小杰 沈 敏 王 海 朱自强[*]

2015年7月印发《上海市人民政府关于加快发展体育产业促进体育消费的实施意见》明确提出到2025年基本实现全球著名体育城市的建设目标,努力打造国内外重要的体育资源配置中心。围绕这一目标,首届上海体育资源配置峰会于2017年11月举行。2018年9月,第二届体育资源配置峰会提出:构建专业的体育资源交易平台,促进体育资源高效流转。但是到目前,上海对建设体育资源配置中心的设计尚未完成,对国内外重要的体育资源配置中心的评价指标体系尚未形成统一的意见。面对到2025年基本实现"国内外重要的体育资源配置中心"的建设目标,我们必须制定科学合理的规划并有序地执行。

一、研究对象与方法

(一)研究对象

以体育资源配置中心的概念、评价标准体系与建设路径为研究对象,对上海在国际体育组织、国内体育组织协会、国际体育产业集团、国际体育经纪公司、体育资源交易市场、国际体育赛事、体育产业从业人员、职业体育俱乐部、专业体育场馆等方面的建设现状进行分析与总结,找出困难与不足并提出相应的对策。

---

[*] 本文作者简介:徐斌,上海商学院教师副教授,硕士,研究方向:体育经济与管理。课题组成员:丁云霞、胡小杰、沈敏、王海、朱自强。

（二）研究方法

基于"体育资源配置中心"的定义与特征，采用构成要素定量研究的通行办法，将收集到的文献、资料和数据采用比较、分类、判断和推理等方法进行分析研究，初步筛选出"体育资源配置中心"潜在构成要素指标30项。（表1）

表1 国内外重要的体育资源配置中心初选构成要素指标

序号	指标内容	序号	指标内容	序号	指标内容
1	国际体育组织	11	体育场地总面积	21	从业人员工作、居留政策
2	国内体育组织协会	12	高水平职业运动员	22	体育资源配置政策
3	国际体育产业集团	13	国际知名教练员	23	体育资源配置方式
4	国际体育经纪公司	14	国际级裁判员	24	体育资源配置方法
5	体育资源交易市场	15	社会体育指导员	25	体育产品博览会
6	国际体育赛事	16	从业人员教育培训机构	26	体育产品研发中心
7	体育产业从业人员	17	体育市场规模	27	城市国际化竞争力
8	职业体育俱乐部	18	体育法律法规	28	体育产业生产总值
9	专业体育场馆	19	政府投资扶持力度	29	城市动态学习能力
10	体育传媒金融等服务组织	20	城市文化与传统	30	网络服务能力

二、体育资源配置中心的概念、特征及评价指标

（一）相关概念

上海建设国内外重要的体育资源配置中心是上海建设全球"四个中心"城市的需要。虽然目前学界尚未就国内外重要的体育资源配置中心的概念达成统一的认识，但是可以明确的是"体育资源配置中心"一定是既有丰富的、可以满足需求的体育资源条件，又有对体育资源进行开发利用和配置，以达到社会效益和经济价值最大化的能力。

1. 体育资源

体育资源从性质上来说属于社会资源,是由人类创造出来并用于开展体育活动,造福人类。本课题组结合相关学者的研究成果,认为:体育资源是指一个社会用于开展体育事业活动所需要的各种体育要素,既有有形资源,也有无形资源,包括国际体育组织、国内体育组织协会、国际体育产业集团、国际体育经纪公司、体育资源交易市场、国际体育赛事、体育产业从业人员、职业体育俱乐部、专业体育场馆等等内容。

2. 配置能力

在社会活动中,体育资源总是呈现出一定的稀缺性,无法完全满足人们的需求。因此如何提高体育资源配置能力就显得尤为重要。本课题组在相关学者的研究基础上,认为:资源配置能力就是科学运用配置方式、配置方法和配置政策,将有限的体育资源最大化,以解决体育资源供给与日益增长的体育资源公共需求之间的矛盾,包括在世界范围内进行体育资源的整合、控制和分配。

3. 体育资源配置中心

对于体育资源配置中心而言,丰富的、优质的资源条件是前提,对体育资源进行控制、整合与分配是核心。本研究认为:"国内外重要的体育资源配置中心"是指通过运用各种市场和行政手段,实现各类体育资源低配置成本、高配置效率的国际化体育资源集聚区。

(二)国内外重要的体育资源配置中心评价指标体系构建

1. 指标体系构建的理论支撑

从理论上分析体育资源配置中心,必须是既拥有丰富的体育行业的人力、资本、技术、信息、装备、组织机构等各种体育资源,又能够对上述体育资源进行科学配置和合理使用,并最终实现社会效益和经济价值双丰收的大型体育资源集聚区。虽然目前学界对"国内外重要的体育资源配置中心"尚无明确定义,但是借鉴有关专家学者的研究成果,本研究认为:"国内外重要的体育资源配置中心"是能够主导全球体育资源市场发展的,体育资源丰富、服务功能健全、服务范围覆盖全球、配置能力高效、多元的具有全球化服务网络的特定区域。全球化资源配置中心必须具备三个基本特征:集中度、配置力和全球化。因此从体育资源的多元化、配置能力的高效化和扶持政策的重视化三个方面来构建"国内外重要的体育资源配置中心"评价指标体系是科学的,具有理论支撑的。

2. 指标体系的基本架构

以国内外重要的体育资源配置中心的内涵和特征为逻辑起点,在综合现有各种有关体育资源配置中心评价指标的基础上,结合专家访谈建议,最后确定"国内外重要的体育资源配置中心"评价指标体系,包括3个一级指标、18个二级指标(表2)。

表2 国内外重要的体育资源配置中心评价指标体系架构

	一级指标	二级指标
国内外重要的体育资源配置中心	1. 资源类指标	(1) 国内外体育组织协会 (2) 国际体育产业集团 (3) 体育经纪公司 (4) 国际体育赛事 (5) 职业体育俱乐部 (6) 专业体育场馆 (7) 体育资源交易平台 (8) 体育产品博览会及相关论坛
	2. 能力类指标	(9) 体育资源配置方式 (10) 体育资源配置方法 (11) 体育产业从业人员 (12) 体育专业服务与管理 (13) 城市综合服务与管理
	3. 政策类指标	(14) 体育法律法规 (15) 政府投资扶持力度 (16) 体育资源配置政策 (17) 体育产业发展政策 (18) 体育产业从业人员工作、居留政策

三、指标解读及现状分析

21世纪以来,在上海体育事业的发展定位上,上海市委市政府先后发文并作了明确指示,鲜明地提出了"建设全球著名体育城市"的奋斗目标,到2025年上海体育将实现全领域、全方位高质量发展。体育资源配置能力是全球著名体育城市建设的重要内涵,建设国内外重要的体育资源配置中心是实现全球著名体育城市建设目标的重要支撑。近年来,上海在体育人才、体育场馆、体育组织机构、体育会展、国际体育赛事等各类体育资源汇聚上呈现总体增长态势,在体育资源配置方式与方法的改革上不断推进,政府服务水平不断提高,体育法律法规不断完善,但距离国内外重要的体育资源配置中心的建设目标还有不小的差距。

(一)资源类指标现状分析

1. 国内外体育组织协会

国内外体育组织协会作为全球体育赛事的主办者,掌控着全球主要的体育事务和竞技体育人才。如果一个国家或地区既没有体育组织协会的入驻,又缺乏相关体育人才在体育组织协会中任职,特别是在奥运重点项目组织协会中任主要职务,必然会影响该国家或地区体育事业的发展速度。上海当前只有国际体育仲裁院上海听证中心这唯一一个国际体育组织入驻,极其缺乏国内外体育组织协会,直接影响着体育资源在上海的集聚和配置效率的提升。

2. 国际体育产业集团

本研究所指的体育产业集团是指从事体育用品及相关产品制造、销售、出租和贸易代理的企业公司。公开资料显示,2019年体育产业集团总产值和增加值分别为1 014.81亿元和348.92亿元,所占比重分别为56.98%和62.43%。但是,体育产业总规模只占当年全市GDP的1.5%,为1 780.88亿元,虽然远高于全国1%的水平,但是距离欧美体育产业发达国家2%~3%的比重,还有不小的差距。通过分析,我们发现本土体育产业企业多为中小型企业,以贴牌代工生产低端体育用品为主,缺乏核心技术,经济效益低下。只有红双喜稍具规模和影响力,但也只能跻身国内十大体育品牌排行榜榜末位置。国际方面,截至2019年6月底,只有迪卡侬中国区总部,阿迪达斯中国区总部,斯伯丁(中国)有限公司总部,耐克(中国)总部等少数国际体育产业集团入驻上海。国际体育产业集团控制着体育要素市场的供给,要提升体育资源集聚度和配置力,必须加快培育和引进国内外著名的体育产业集团。

3. 体育经纪公司

体育经纪公司是体育资源配置的重要环节,作为链接体育产业上下游的纽带,在体育产业发展中起着重要的作用。上海目前虽然有一定数量的体育经纪公司和经纪人,但总体上缺乏影响力。统计数据显示,2019年上海体育经纪与代理、广告与会展、表演与设计服务这一体育产业大类总产出为36.18亿元,增加值为5.27亿元,是体育产业所有11个大类中占比最小的。据《福布斯》2019年发布的全球最具价值体育经纪公司排行榜显示,全球前50位的体育经纪公司全部位于欧美发达国家,其中50%以上在美国。50位全球最有影响力的体育经纪人全部属于上述经纪公司,排名第一的Jonathan Barnett合约金额为13亿美元,由此可见欧美体育经纪公司对全球体育资源的控制。因此,当前必须重视体育中介市场的培育与发展,重视高端体育经纪人的引进和培养。

4. 国际体育赛事

国际体育赛事是全球著名体育城市建设的核心要素,是吸引体育资源聚集、体现体育资源配置能力的重要指标,一座全年举办多项全球顶级体育赛事的城市,足以体现强大的体育资源配置能力。近10年来,上海每年举办国际、国内重大体育比赛100多场次,2017年更是达到162场次,其中国际赛事61场次,国际影响力不断提升。上海体育赛事体系逐渐走向成熟,呈现出以"十二大品牌赛事"为核心、赛事市场不断繁荣的发展态势。同时,我们也发现上海国际体育赛事体系构建还有继续提升的空间:一是国际重大赛事举办数量有待进一步增加,特别是国际大型综合性体育赛事,单项最高等级赛事的举办数量明显不足。二是国际体育赛事能级有待进一步提升,体现在赛事吸引力、赛事竞争力和赛事影响力上。例如,上海国际马拉松赛,虽然同是国际白金标赛,但与其他同级别的赛事相比,还有差距。以男女赛会纪录来说,上海马拉松男子赛会纪录是2:07:14、女子赛会纪录是2:20:38,而同处于亚洲的东京马拉松男子赛会纪录是2:04:15、女子赛会纪录是2:17:45,差距还是很明显的。三是全年赛事举办时间布局不合理,上海赛事全年集中在5月、10月和11月,占全年总量的60%左右。四是自主品牌赛事影响力较弱,多为乒乓球、太极拳、木兰拳等地方小众项目,时尚性与消费引领性明显不足。

5. 职业体育俱乐部

职业体育俱乐部是吸引体育人力资源的基础和平台,是体育产业的核心组成部分,对城市经济增长有着长远的推动作用。当前以三大球为代表的上海地区职业俱乐部在全国总体上处于中上水平(表3),但是国际影响力明显不足。近年来,只有上港、申花和有线男排参加洲际以上的职业赛事,总体成绩并不理想。上港足球俱乐部最好成绩是亚冠联赛前四名,申花足球俱乐部成绩更差,只有有线男排于2017年参加世界男排俱乐部比赛,获得第五名。以这样的成绩和影响力,很难吸引高水平运动员加盟,也很难获得国际赞助商的重视和青睐。

表3 上海市三大球项目各职业俱乐部队伍近五年国内最高等级联赛成绩

名　　称	2020年名次	2019年名次	2018年名次	2017年名次	2016年名次
上海上港足球队	4	3	1	2	3
上海申花足球队	7	13	7	11	4
上海农商银行女足	3	2	5	4	1
上海久事男篮	16	8	11	3	2
上海宝山大华女篮	11	7	4	7	7
上海有线男排	1	1	1	1	1
上海光明优倍女排	2	3	2	6	3

6. 专业体育场馆

体育场地设施是体育发展的物质基础,国际重大体育赛事的举办更是离不开专业体育场馆的保障。到2020年底,上海人均体育场地面积将超2.4平方米,最大限度地满足了市民的健康需求和各类业余比赛的需要。专业体育场馆方面,上海目前有2个专业足球场、1个综合性体育馆、1个专业田径场、1个网球中心、1个F1赛车场等,与全球著名体育城市伦敦、巴黎、纽约相比还有差距,主要表现在：一是综合性体育中心设施老化,需要更新换代；二是能承办国际主流项目赛事的专业场馆缺乏；三是现有体育场馆开发利用效率低,资源浪费严重。

7. 体育资源交易平台

体育资源交易平台是加快推进体育产业发展、提高体育资源有效配置的重要手段。2015年,上海联合产权交易所体育资源交易中心正式上线,主要开展体育赛事承办权、电视转播权、体育场馆冠名权、运动员转会权等资源交易业务。经过5年多的建设,取得了一定的成绩和影响力,对盘活、挖掘体育资源,促进体育资源的有效流转起到了一定的作用,但总体来说,上海体育资源交易平台还处于起步发展阶段,存在如下一些困境：一是缺少优质体育资源进场,导致现有标的对市场吸引力不大,没有形成完善的产品体系；二是由于目前市场上缺乏专业的、权威的体育资源价值评估机构,因此进场交易的体育资源商业价值不能被市场接受；三是由于目前体育资源交易平台还处于初期发展阶段,国内外影响力有限；四是目前体育资源交易平台的中介机构呈现出小、弱、散的特征,缺乏既了解体育资源特性又熟悉资本市场交易规则的复合型人才,因此当前体育资源交易平台专业化服务能力不足。

8. 体育用品类展会及相关论坛

目前上海地区主要有四个体育用品类展会:一是中国国际体育用品博览会,该展会已连续多年在上海举办,并且已发展成为亚洲组权威的体育用品展览盛会;二是上海国际体育用品展览会,这是体育用品企业品牌推广和渠道拓展的有效平台;三是上海(国际)赛事文化及体育用品博览会,该展会将体育赛事、体育文化和体育产业三者有效融合;四是中国国际进口博览会体育用品及赛事专区,该展会发挥了上海全球体育资源的"集聚"效应,连接起国内外体育市场。两个论坛峰会:一是中国体育产业峰会;二是上海体育资源配置峰会。上述四个展会和两个论坛经过这些年的建设,虽然取得了一定的影响力,但也存在如下一些困境:一是缺乏具有影响力的品牌,产业竞争力偏弱;二是国际化程度不高;三是各展会展品范围有重叠,不利于专业化发展。

(二)能力类指标现状分析

1. 体育资源配置方式

体育资源与其他社会资源一样,总是呈现出一定的稀缺性,无法完全满足人们的需求,如何使稀缺性的体育资源得到充分、有效的使用,产生最高的社会效益和经济效益,这就需要在分配体育资源时采用合适的配置方式。当前我国对体育事业的管理已从直接、微观管理向间接、宏观管理转变,因此,体育资源配置方式也逐渐由计划配置为主向以市场配置为主转变。但目前还明显以政府主导为主,存在着很多的不足,需要进一步加大改革的力度,提高体育资源配置的效率。

2. 体育资源配置方法

配置方法就是分配体育资源时采取的门路、程序。因为体育资源具有稀缺性的特点,要想以最少的资源消耗来实现社会效益与经济效益的最大化,推动体育事业的健康发展,就必须运用最科学的体育资源配置方法。当前我们采用的还是粗放型的配置方法,即只注重总量,不讲过程,不重视细节的投入产出比,造成体育资源投入量大,浪费也多。

3. 体育产业从业人员

体育专业人才队伍是推动我们体育事业健康发展的第一资源。要实现2025年上海市体育产业4 000亿元的规模,必须有一支高质量的体育产业从业人员队伍作为支撑。目前上海市体育产业从业人员数量还太少,占劳动人口不到1%,高端体育产业人才更是匮乏。

4. 体育专业服务与管理

体育专业服务主要包括体育传媒与信息、体育广告、体育法律、体育融资等服务。数据显示,2019年上海市体育传媒与信息及其他体育服务总产出430.63亿元,占体育产业总产出的24.1%,增加值为99.6亿元,占增加值的14.2%。当前上海体育专业服务人才匮乏,服务水平和服务能级有待进一步提高。

5. 城市综合服务与管理

城市综合服务一般包括交通、金融、商贸、制造业与社会环境服务。城市综合服务功能的强弱对资源集聚和配置有着重要的影响。因此,增强城市综合服务功能,通过集聚和整合资源,引导资源的使用和流向,提高对资源的配置效率,实现对区域内外资源的优化配置。当前上海城市核心竞争力显著提升,国际经济、金融、贸易、航运中心基本建成,金融、商贸服务功能全球领先,交通、制造业、社会环境服务功能还有待提升。

(三)政策类指标现状分析

政策类指标主要包括:法律法规、政府扶持力度、体育资源配置政策、从业人员工作居留政策、体育产业发展政策等。近年来,上海市委市政府、市体育局和相关委办局连续出台多项加快建设全球著名体育城市,促进体育产业发展,解决高端体育人才工作与落户的政策、制度和战略措施。2019年中共中央政治局又审议通过了《长江三角洲区域一体化发展规划纲要》,将长三角一体化发展上升为国家战略。在这样一个上海体育发展的黄金时期,我们更应该深入贯彻落实各项政策、制度,加快上海全球著名体育城市建设的步伐。

四、上海建设国内外重要的体育资源配置中心的对策

(一)加强上海听证中心建设,适时引进国际体育组织落户

当前入驻上海的国际体育组织只有国际体育仲裁院上海听证中心,不仅与纽约、伦敦、巴黎等全球体育城市差距明显,严重削弱上海体育在全球的影响力,更可能阻碍上海体育资源配置中心的建设进程,因此,上海要做好以下两方面工作:一是加强上海听证中心建设。伴随着中国体育事业全面走向世

界的进程,运动员、教练员、赞助商、国际体育组织之间以及国家之间的体育纠纷日益增加,上海听证中心要深入与各国际体育组织的交流沟通,全面提升专业能力,不断拓展听证中心的业务范围,坚持公开独立、高效务实的原则,提高全球体育规则制定的话语权,使上海成为解决全球体育争端的重要城市之一,全面提升国际影响力。二是吸引国内外体育组织落户上海。在新冠肺炎疫情的背景下,世界各地的体育组织遭受着前所未有的损失。为应对疫情带来的危机,各国都把重心调整到国内体育事务上,造成了国际体育组织对全球体育"掌控力"的下降,全球体育事务面临调整与重新洗牌,在此局面下,上海要积极参与国家战略,主动加强与国际体育组织的沟通与合作,广泛参与国际体育事务,发挥上海力量,出台相关配套政策、措施,吸引国际体育组织入驻上海,同时加强国际体育组织人才的培养,助力国际体育组织克服困难,再创辉煌。

(二)加强体育产业聚集区建设,吸引国内外体育产业集团入驻

针对当前上海体育产业集团总部经济效益不高的局面,一是要支持本土体育企业的发展,以人工智能、大数据为引领,推动上海体育企业向智能化、高端化体育产品制造转型,引导有实力的体育企业进一步开发核心技术,提升核心竞争力,实现走出上海,走向世界的战略目标。二是通过战略合作与产业联盟,鼓励本土体育企业和市外、境外著名体育企业实施产品组合,以上海为基地,共同研发和制造"联合品牌"产品。三是建立国家级的体育用品产业集聚区,通过税收、用工、用地等优惠政策吸引国际、国内体育产业龙头企业在沪设立研发、生产中心或区域总部,发挥上海已有的制造业优势,进行体育产品的深度开发,力争将上海区域总部升级为全国性、全球性的研发中心和创新平台。

(三)制定配套措施,引进国际著名体育经纪公司

一是通过政策扶持,引进1~2家国外著名体育经纪公司及其高端经纪人,学习他们先进管理理念和手段,提升上海影响力和市场竞争力。二是联合国内外知名体育经纪公司,成立合资公司共同开拓市场,拓展体育经纪业务。三是重视本土经纪人的培养。体育经纪人作为完成体育中介服务的主体,既要重视高端体育经纪人的引进,更要重视本土体育经纪人的培养。上海体育学院、上海财经大学等上海高校应从上海建设全球著名体育城市的要求出发,着眼体育经纪人的知识结构和能力构成,参照国外体育经纪人的培养体制,增

设体育经纪人专业,通过人力资源部和体育总局的体育经纪人职业技能考试,执证上岗。

(四)打造科学的体育赛事体系,建设一流的国际体育赛事之都

2020年10月17日,上海市人民政府办公厅印发《上海市全球著名体育城市建设纲要》,明确提出"建设世界一流的国际体育赛事之都",以专业化、品牌化、国际化为发展新方向,全面提升赛事的专业度、关注度和贡献度:一是引进和申办国际重大赛事,力争每年都有世锦赛、世界杯、职业巡回赛总决赛等重大国际比赛在沪举办。二是继续办好"十二大品牌赛事",努力提升马拉松、田径、网球、自行车、斯诺克等国际赛事能级,通过各种手段吸引更多顶级运动员来沪参赛,创造更多更优异的成绩,扩大国际影响力和知名度。三是合理安排赛事时间,注重室内项目与室外项目,夏季项目与冬季项目相结合,充分利用4月、5月、9月、10月、11月等月份举办马拉松、自行车、田径、网球、水上运动等赛事;利用12月、1月、2月等上海冬季月份,举办各类冰雪运动赛事。科学论证夜间办赛的可能性,挖掘夜间赛事经济。四是利用春节、元宵、端午、重阳等传统节日,举办舞龙舞狮、龙舟、武术、自行车、登高等自主品牌赛事,结合五一、十一等节假日,发展赛艇、水上、网球、跆拳道、羽毛球、街舞、滑板、滑冰、极限运动等具有时尚特性的赛事。

(五)加强职业俱乐部建设,吸引顶级运动员加盟

深入推进竞技体育职业化发展,做大做强职业体育俱乐部,以长远发展来打造百年俱乐部。一是在当前职业体育联赛全面限薪的前提下,很难通过花重金的方式快速提升俱乐部实力和影响力,只有扎扎实实做好俱乐部梯队建设,做好俱乐部发展的顶层设计,建立科学的训练、比赛、管理体系,重视青少年运动员权益的保护,逐步提高俱乐部成绩。二是在新冠肺炎疫情对全球各大职业俱乐部投入产生影响的前提下,适时引进有实力、有前途的年轻运动员做长期打算。三是请进来、走出去,加强与国际著名职业俱乐部的交流比赛,提高竞技水平,提升影响力,并以此契机吸引高水平运动员加盟。四是政府要出台相关政策,通过购买服务、以奖代补等形式扶持职业俱乐部发展。

(六)加强专业体育场馆建设,提升体育场馆服务水平

对标全球著名体育城市的目标,以及未来上海要申办国际重大赛事的要

求,一是要统筹规划能承办国际顶级大赛的综合性体育场馆的布局并适时开建;二是在现有专业场馆的基础上,继续推进国际主流项目专业场馆的建设,如上海马术公园、上海市民足球公园、上海极限运动场、上海水上运动场等;三是加快体育场馆所有权和经营权分离改革,培育一批专业化体育场馆运营主体,提高体育场馆开发利用效率和效益。

(七)加强体育资源交易平台建设,提升专业化服务水平和国际影响力

针对当前体育资源交易平台存在的困境,一是落实"政府转变职能和简政放权"的改革要求,加快所有权与经营权分离,引导体育管理部门将优质体育资源推向交易平台,盘活现有体育资源存量,激活交易平台活力;二是积极推进专业体育资源价值评估机构的培育,鼓励相关专家学者发挥研究专长,逐步建立体育资源估价体系;三是整合各地分散的体育资源交易平台,建立综合性平台,进一步活跃交易平台,以实现投资方与体育资源主体的高效对接;四是加强区域合作和联动,培育专业的体育资源中介机构,提升从业人员的专业水平和服务能力,加深对各类体育资源的认知,加强交易平台的专业化服务能力,提升国际影响力。

(八)加强体育展会建设,提升国际竞争力

一是加快体育用品展会品牌化进程,吸引代表行业发展方向的著名企业积极参展,只有推进品牌化进程,才能提高知名度和美誉度;二是推进体育展会市场化进程,政府行政部门要逐步退出对体育展会的直接参与,更多地在硬件设施、配套服务等方面做好辅助工作,在税收、交通、海关等方面提供便利;三是促进体育展会专业化发展,政府部门要做好顶层设计,对各类体育展会进行一定的整合,突出各展会的重点和专业性。

(九)改革体育资源配置方式,提高配置效率

体育资源配置方式的改革,既要依靠市场的价格机制、竞争机制,提高资源配置的效率,又必须采用行政手段、法律手段来指导、规范市场行为,同时依据各类资源在发展体育事业中的不同地位,采用不同的配置方式。一是对于注重社会效益的体育资源,如学校体育资源、公共健身设施等,应实行政府干预的计划配置方式,满足人民的健身需求;二是对于一些休闲性、娱乐性、职业化的体育资源,应实行市场方式来配置,发挥其最佳的经济效益。为了能发挥计划配置与市场配置的效益最大化,目前急需要准确界定政府与市场的边界,即哪些是可以进行商业化和产业化运作的体育资源,哪些又是具有公共产品属性的资源。只有分清了资源属性,才能通过运用合适的配置方式来提高配置效率,实现社会效益与经济效益最大化。

(十) 改变体育资源配置方法,提高资源配置效益

体育资源配置方法决定着资源配置的效益。在当前体育资源短缺与浪费严重并存的情况下,有必要通过改革实现集约式体育资源配置方法的转变。一是重视市场机制的调节作用,在国家宏观调控的前提下,根据市场供求变化,对市场化、商业化运作的体育资源不再进行行政干预,保证体育资源按照市场需求进行配置;二是重视引进先进的管理手段,以先进的技术手段做支撑,不断提高上海体育资源的配置效益;三是发挥个人和社会团体的积极性,改变当前体育场地设施由政府单一投资建造的局面,对公益性的体育设施主要由政府投资并予以免费开放使用,对于可商业化、产业化运营的场馆,应当充分吸纳社会资本进行建设,并实行收费开放,有偿使用;四是要通过制度创新来配置存量体育资源,加快推进优质体育资源进入体育资源交易平台,使体育资源所有权与经营权有效分离,提高体育资源配置效益。

(十一) 加强体育产业从业人员队伍建设,提升资源配置能力

打造一支高质量体育产业从业人员队伍,一是要集聚人才高地建设,以上海建设国内外重要的体育资源配置中心为契机,积极引进国内外职业俱乐部管理与经营、体育市场开发、体育赛事运营、体育经纪、体育专业服务等具有"国际产业"视野的复合型人才;二是吸引国内外著名体育产业集团、体育经纪公司输入高新技术、现代管理方法、经营方式,逐步构建承担上海全球著名体育城市发展规划的组织协调机制和管理框架;三是鼓励上海各有关高校设立体育产业专业,重点培养体育经营管理、科研、中介、服务等复合型人才;四是落实高层次体育人才工作、居留政策,满足他们的医疗、社会保障、子女教育等公共服务需求。

(十二) 提高体育专业服务水平,提升上海体育国际吸引力

上海要吸引国际体育组织协会、国际体育集团以及国际体育经纪公司入

驻,就必须加强体育专业服务与管理水平。在体育传媒与信息服务方面要积极培养专业能力强、业务能力突出的复合型人才,提高体育传媒报道的质量,既要对上海竞技体育进行报道,更要对大众健身、学校体育教育等方面进行关注和宣传,加强体育传媒报道的全面性和引导性,加强对体育文化和体育精神的传播。在体育广告方面要丰富广告的投放方式,加强对体育广告内容和创意的研究,体育广告要建立与消费者的情感纽带,要努力创造与消费者的关联,获取消费者的关注和信任,要创造与消费者之间的互动交流,提高广告的可信度。在体育融资服务方面要提高银行的支持力度,促进体育彩票的销售规模,支持发展金融中介机构和互联网金融系统,扩大社会投资体育的渠道。

(十三) 提高城市综合服务水平,增强上海国际竞争力

城市综合服务是城市竞争力的基础,提高交通服务、金融服务、制造业服务与社会环境服务是提升上海国际竞争力的一个重要途径。交通服务要以长三角一体化示范区为重点,推进交通设施互联互通,以集约化公共交通为主体,积极推进轨道、道路等重大基础设施建设。金融服务方面要加快完善金融市场体系,健全金融机构体系,扩大金融对外开放,强化金融基础设施建设,加强战略规划引领,加大人才资源聚集,完善金融法治和监管。制造业服务方面紧紧围绕四个方面下功夫:一是打造高端创新链、产业链和价值链;二是推动智能化、数字化和个性化生产方式发展;三是加快淘汰资源利用率和劳动生产率较低的相对劣势产能;四是推进传统生产型制造向服务型、消费型制造转变,加快制造业与服务业的融合发展。社会环境服务方面要以生活环境、创业环境和市场环境为重点,建设国际化的社会环境服务体系:一是以人为本的舒适化生活环境;二是与国际接轨的充满活力的创新环境;三是网络化的公平市场环境。

参考文献
[1] 曹如中,熊鸿军,郭华,等.上海建设具有全球影响力的体育资源配置中心内涵研究[J].体育科研,2019(3).
[2] 杜梅,江浩岚.上海建设国内外重要的体育资源配置中心的标准与战略[J].体育科研,2019(3).

[3] 黄海燕,徐开娟,陈雯雯,等.全球城市视角下上海体育产业发展研究[J].体育学研究,2019(2).

[4] 马勇,叶锦,王青青.BSC理论下体育资源配置中心建设标准:模型与实证[J].沈阳体育学院学报,2018(4).

[5] 黄海燕.上海建设全球著名体育城市的若干思考[J].体育科研,2016(4).

[6] 周晓燕,王跃.上海建设国际体育贸易中心的战略选择与实施路径研究[J].上海对外经贸大学学报,2020(1).

[7] 张程锋,张林.体育产业资源交易平台建设研究:基本情况、发展审视、推进策略[J].山东体育学院学报,2018(1).

[8] 廉涛,黄海燕.长三角体育产业高质量一体化发展研究[J].中国体育科技,2020(1).

[9] 廉涛,黄海燕.上海推动长三角体育产业一体化发展的路径研究[J].体育学刊,2020(6).

[10] 宋忠良,陈更亮.上海建设全球著名体育城市的机遇及发展路径[J].体育研究与教育,2018(5).

[11] 戴健,焦长庚.全球著名体育城市构建的内在逻辑与优化路径——基于上海体育名城建设的分析[J].体育学研究,2019(3).

[12] 张凤彪,颜海玉,刘亚云.新中国成立以来我国体育传媒业发展研究[J].湖南工业大学(社会科学版),2020(4).

[13] 李璟.社会化媒体下体育广告的创意策略研究[J].运动精品,2019(8).

[14] 朱燕燕.新媒体时代体育信息传播与开发利用.[J].中国报业,2020(11).

[15] 石蕾,孙淑鸿.新时期体育产业融资渠道探析[J].产业经济,2020(9).

[16] 本刊特约评论员.全面提升城市综合服务功能:方向与抓手[J].上海经济研究,2004(12).

[17] 上海财经大学课题组.未来30年上海全球城市资源配置能力研究:趋势与制约[J].科学发展,2016(8).

[18] 上海市城乡建设和交通发展研究院.2019年上海市综合交通运行年报[J].交通与运输,2020(3).

[19] 郑睿.后工业化时代上海制造业发展定位和对策研究[J].当代经济管理,2017(9).

[20] 周振华,张广生.全球城市发展报告2019增强全球资源配置功能[M].上海人民出版社,2019.

融媒体时代上海自主品牌体育赛事的品牌价值提升策略

齐 超[*]

近年来,上海围绕建设"全球著名体育城市"这一战略目标,以增强城市国际竞争力、建设国际化大都市为发展主线,坚定不移地推进赛事精品战略。以F1中国大奖赛、上海ATP1000网球大师赛、国际田联钻石联赛、环崇明岛国际自行车联盟女子公路自行车世界巡回赛等为代表的知名品牌赛事,在赛事规格、办赛品质、赛事社会价值以及赛事影响力拓展等方面不断突破。

与此同时,上海自主品牌体育赛事也得到蓬勃发展并呈现出多样化发展的态势。既包括举办多届已颇具规模的传统项目赛事,如上海国际马拉松赛、上海城市定向户外挑战赛,也有新兴项目赛事的崛起,如国际滑冰联盟"上海超级杯"赛、上海电竞大师赛等。这些本土原创品牌赛事迅速成长,赛事品牌、赛事影响力不断提升,为城市注入时尚的元素和新鲜的活力。然而,与纽约、伦敦、墨尔本这些公认的国际体育赛事知名城市的体育赛事发展相比,上海的自主品牌体育赛事数量仍然较少、级别普遍不高、影响力较弱,赛事的品牌价值亟待提升。

体育的终极目的是民众的健康与福祉。体育赛事作为与举办地自然环境和社会人文紧密联结、互惠共生的复杂生态系统,同时肩负着城市营销、品牌塑造、全民健身和休闲娱乐等多种功能。以体育赛事为契机,打造城市符号,发展绿色经济已成为国内外诸多城市不约而同的选择。随着融媒体时代的到来,注意力竞争日益加剧,品牌建设和有效传播必将成为城市自主品牌体育赛

---

[*] 本文作者简介:齐超,上海体育学院经济管理学院副教授、硕士研究生导师、博士,研究方向:管理理论与公共政策。

事未来发展的核心资源。

值得关注的是,在党和政府的领导下,2020年中国人民的抗疫斗争取得了阶段性胜利。上海城市定向户外挑战赛、上海国际马拉松赛、上海电竞大师赛等自主品牌赛事在科学、严格的防疫措施和赛事管理下,已于下半年相继成功举行。但是应当看到,新冠肺炎疫情也给体育赛事的组织、运行与品牌塑造带来了巨大的不确定性。在这种背景下,如何提升上海自主体育赛事的品牌塑造能力,并使之持续产生最大化的社会价值与经济价值,就显得尤为重要。

一、上海自主品牌体育赛事选取及数据采集的基本情况

当前,体育赛事常用的品牌传播途径主要包括专业(学术)品牌传播、事件(公关)品牌传播、赛事(组织)品牌传播、活动(营销)品牌传播等。本文选取上海国际马拉松赛、上海电竞大师赛、国际滑冰联盟"上海超级杯"赛、上海城市定向户外挑战赛、"上海杯"诺卡拉帆船赛五个本土原创品牌赛事为典型样本,考察上海自主品牌体育赛事的品牌塑造和传播现状。

为强调时效性,本文数据采集范围为2016年1月至2020年12月。在此期间,这五项自主品牌体育赛事的举办情况有所不同。其中,上海国际马拉松赛和上海城市定向户外挑战赛均为每年举办,共举办五届;国际滑冰联盟"上海超级杯"赛先后于2016年、2017年和2019年举办三届;"上海杯"诺卡拉帆船赛于2017年和2018年举办两届;上海电竞大师赛于2019年和2020年举办两届。

通过数据挖掘工具,对2016年1月至2020年12月期间各类媒体信息平台中的赛事报道和呈现信息进行"挖掘"和"清洗",得到各项赛事的品牌传播内容和社会关注情况。其中,图文类(包括百度新闻、今日头条)的有效条目为1 424条,视频类(包括网络电视、百度视频、头条视频、哔哩哔哩)的有效条目为2 467条,社交类(包括微信公众号、微博)的有效条目为3 988条,问答类(知乎)的有效条目为338条。

二、上海自主品牌体育赛事的社会关注情况

从数据抓取结果来看,在2016年至2020年期间这五项自主品牌赛事的关注情况有所差异,举办次数也有不同,传播总量呈现出比较明显的梯次差

别,一定程度上反映了各项赛事目前的影响力差异。

上海国际马拉松赛的总体关注度最高,共有 2 904 篇(条)。在大多数媒体类别(平面媒体、电视媒体、社交媒体)中,关注度均远远高于其他赛事。

上海电竞大师赛虽然只举办两届,但是总关注度仅次于上海国际马拉松赛,达到 2 063 篇(条),其中在网络媒体和新兴媒体两个类别中的关注度为各赛事最高。

城市定向户外挑战赛(1 527 篇/条)和国际滑联超级杯(1 082 篇/条)的关注度相对马拉松赛和电竞大师赛较低,但在社交媒体中也有较集中的反馈。诺卡拉帆船赛的关注度总体较低(485 篇/条)。

将举办频次纳入考量,进一步考察各项自主品牌赛事的品牌影响力分布,各自主品牌赛事分别为:电竞大师赛 1 031.5 篇(条)/届,上海国际马拉松赛 580.8 篇(条)/届,国际滑联"上海超级杯"360.7 篇(条)/届,上海城市定向户外挑战赛 305.4 篇(条)/届,诺卡拉帆船赛 243 篇(条)/届。

三、上海自主品牌体育赛事的媒体传播呈现

在样本选取的五项上海自主品牌赛事中,赛事级别、赛事形式、举办频次、参与人群、项目热度等各方面均存在不同。因此,各项赛事在不同媒体平台中的表现也有差异。一般而言,社交媒体和新兴媒体更倾向于民间视角上的形象建构,传统媒体如平面媒体和电视媒体则更倾向于官方宣传意义上的话语体系。特别是电视媒体,由于资源(节目时长)相对稀缺,其报道情况往往代表了主流意见对报道内容的认可情况。

社交媒体是这五项赛事的主要传播推动模式(3 988 条),是目前体育赛事品牌传播中值得关注的重要方向。

电视媒体的呈现在上海杯诺卡拉帆船赛和城市定向户外挑战赛中远远少于其他赛事。虽然有运动类别和赛事级别的关系,但也说明了部分自主赛事的"品牌高度"还有很大的提升空间。这种高度固然来自赛事自身的运动热度和组织级别,但在赛事策划和举办理念中,也需要加入更充分的、与上海城市气质和发展方向更匹配的顶层公关设计。

新兴媒体的呈现在电竞大师赛中表现最为明显,这也一定程度上说明了新兴项目赛事受众与新兴媒体传播受众之间的紧密联结。

赛事品牌的塑造与官方宣传和民间互动密切相关。在融媒体时代,不同

的媒介形式对这两种声音的呼应差异明显。对此各个上海自主品牌赛事的表现也有不同。如"上海杯"诺卡拉帆船赛的传统（融）媒体信息呈现占到了全部信息内容的59.8%，属于明显的官方推动宣传；而城市定向户外挑战赛只有35.4%，属于民间推动传播；其他赛事则在45%上下，介于两者之间。

四、上海自主品牌体育赛事的品牌价值成长

从2016年至2020年，上海各项自主品牌赛事呈现出不同的发展势头，并在传统（融）媒体和社交（新）媒体中的表现各有不同。

（一）各项自主品牌赛事在传统媒体（融媒体）的呈现情况

2016年至2020年，上海自主品牌体育赛事快速发展。在不断完善的赛事组织和持续积极的赛事宣传下，媒体关注度快速攀升。

具体到各项赛事中，上海国际马拉松的表现尤为突出。五年间，该项赛事的媒体关注度持续走高，表现出良好的发展势头。

2019年，在上海打造全球电竞之都的战略设计下，首届上海电竞大师赛横空出世，并迅速在各大主流媒体中高频曝光。2020年12月，这一赛事再次引起高度关注，媒体报道量比前一届更为巨大。

在其他自主品牌赛事中，城市定向户外挑战赛虽然受到了新冠肺炎疫情的明显影响，但也一直保持了一定水平的媒体曝光。

国际滑联"上海超级杯"在2019年受到了较高关注，但由于赛事举办和疫情的不确定性，2020年呈现明显的下滑状态，在品牌成长方面还需要进一步推动。

"上海杯"诺卡拉帆船赛则只在2017年和2018年连续举办两届，在举办期间有一定量的媒体关注，但媒体话题没有表现出延续性。

（二）各项自主品牌赛事在社交媒体（新媒体）的呈现情况

上海各项自主品牌赛事在社交媒体（新媒体）中的呈现情况与在传统媒体（融媒体）中的呈现情况基本对应。

总体来看，在2016年至2018年间，各项自主品牌赛事的发展整体平稳，而2019年属于多数赛事的品牌爆发年，无论是电竞大师赛、国际马拉松或是国际滑联"上海超级杯"，都出现了高热度的民间讨论。2020年受新冠肺炎疫

情影响,国内外多数赛事停止举办或降级举办,可能会对自主品牌赛事的未来发展产生深刻影响。

(三) 各具体品牌赛事的成长情况

1. 国际滑联"上海超级杯"

"上海超级杯"是国际滑联在中国举办的三大赛事之一,也是国际滑联首次以一座城市来命名的冰上赛事。其诞生于2016年,是一项将短道速滑、花样滑冰及队列滑三个项目齐聚的冰上赛事。但由于种种原因,2018年和2020年的赛事相继取消,对这项赛事的品牌价值成长影响很大。

在2016年诞生之初,"上海超级杯"就得到了主流媒体的高度关注和广泛报道。但是由于冰上运动在国内尤其是南方地区的认知度不高,社会公众对该项赛事的呼应和讨论并不强烈。但随着北京冬奥会会期的临近,国内冰雪运动项目热度陡然攀升。在经历2018年停办之后,2019年的"上海超级杯"重新举行,除了主流媒体纷纷关注之外,网络话题也迅速炒热,表现出了极好的市场价值与发展前景。

但随着2020年疫情的到来,"上海超级杯"再次停办。作为一种观赏性的体育赛事,又处在上海这样冰雪运动底蕴不足的城市,市场需要长期的培育,品牌的成长也需要长期的积累。而2022年北京冬奥会前期正是一个最好的窗口期。当前因为疫情原因被迫阻断,非常可惜。

从项目关注层面,本文借鉴了百度指数中热词"滑冰"的用户画像。整体来看,关注群体以20~40岁的青壮年人群为主,20岁以下的年轻人关注程度相对不高,说明冰雪运动的市场培育还需要做出长期的努力。

从表现内容层面,国际滑联"上海超级杯"在传统(融)媒体和社交(新)媒体中的呈现也有所不同。在传统媒体及其融媒体平台的报道中,报道框架都集中在赛事本身,尤其是竞争激烈的短道速滑等比赛上。而在社交媒体和新兴媒体平台上,更有美感的花样滑冰占据了更多的传播空间。同时,传统媒体报道更加看重的竞技元素,在社交媒体中表现也不是特别充分。除了中国运动员的金牌归属以外,很少有其他方面的信息呈现。

在参赛选手的报道方面也同样如此,传统媒体更看重的往往是竞技水平,而社交媒体则更关注"花边新闻"。如我国花滑选手隋文静在赛下是个汉服爱好者,曾经传言其会在"上海超级杯"上着汉服出场,这在网络话题就掀起一阵热议。同样,日本花滑"贵公子"羽生结弦的华丽出场,在视频网站哔哩哔哩上也掀起了一片弹幕狂潮。这些与年轻人群高度契合的话题元素在"上海超级杯"中的出现，对赛事影响力的提升产生了巨大的影响。

2. "上海杯"诺卡拉帆船赛

"上海杯"诺卡拉帆船赛是上海举办的国际 A 类帆船竞赛，挖掘和继承了 1873 年"上海杯"帆船赛的历史，成为上海又一项自主品牌国际赛事。

与其他体育项目相比，帆船运动的参与门槛更高。同时由于比赛场地往往在开放水域，比赛的观赏和转播也受到限制，因此爱好者群体在国内相对小众。

2017 年，为传承上海百年水岸运动生活文化，提升上海城市形象，于百年后再次举办"上海杯"诺卡拉帆船赛。在主流媒体的积极推动下，取得了比较好的传播效果。2018 年，该项赛事再次举办，主流媒体的报道热度虽然基本持平，但是民间反馈却明显减少，说明赛事在市场引导和品牌培育方面未能如期取得突破。因此一般公众在赛事的"新鲜期"过后，对这项运动的关注反而走低。2019 年后，"上海杯"诺卡拉帆船赛赛事停办，从此无论是在官方报道或是民间讨论中，都鲜有话题保留。

从项目关注层面，热词"帆船"的百度指数用户画像来看，帆船赛的关注人群主要以 20～40 岁的青壮年为主。在 20 岁以下的年轻人中，帆船运动的关注程度比滑冰运动更低。

在内容呈现层面，"上海杯"诺卡拉帆船赛在传统媒体和社交媒体之间的话题没有明显差别。很多在社交平台上的赛事话题相关内容都是各类官方账号转述的媒体内容，民间生成的独创性内容很少。从官方传播的内容来看，报道的深度和故事性的挖掘也比较有限。而在知乎和哔哩哔哩这样的新型媒体平台上，则完全没有本项赛事的相关话题。当然这也与该赛事在 2018 年之后就停办有关。

3. 上海城市定向户外挑战赛

城市定向户外挑战赛，是将娱乐、旅游、运动三者结合的休闲娱乐体育项目。参赛选手在城市中寻找指定的地标（景点、建筑、综合体、实体店等），并在指定的地标进行各式趣味竞技（游戏、问答、任务等），以完成各个指定地标及任务为完成标志。上海城市定向户外挑战赛自 2011 年创立以来，迄今已经举办十届。2016 年，该项赛事全面升级为中国登山协会和中国定向运动协会共同主办的"中国坐标"系列品牌赛事。

从效果来看，无论是官方宣传还是民间互动，上海城市定向户外挑战赛的关注度整体比较稳定。相对而言，2018年是一个热度年，而2019年赛事的关注度相对走低。

2020年，受新冠肺炎疫情影响，该项赛事延期且规模减小，同时在宣传报道上有所收紧，但从民间反馈来看，热度仍然没有明显下滑，说明这项赛事已经形成了固定的消费参与人群。但如果期待该项赛事品牌能够在此基础上有所提升，则需要有更新鲜的创意和更有力的推动。

从项目关注层面，热词"户外运动"的百度指数用户画像来看，户外运动的关注人群虽然向20~40岁的青壮年集中，但相对而言，全年龄段分布更加均衡。说明户外定向运动有着良好的群众基础和发展潜力。

在内容呈现层面，社交媒体和新兴媒体对上海城市定向户外挑战赛的塑造是非常生动和全面的。相较于其他"高大上"的专业赛事和门槛相对更高的马拉松而言，户外定向赛更容易被普通市民所接受，因此也就生成了更多贴近性的内容。如在知乎问答"参加上海坐标城市定向赛是一种什么样的体验"中，回答者就详细地描述了其本人参加2016年度上海城市定向户外挑战赛的各种心得。在弹幕网站哔哩哔哩上，也有很多参加上海城市定向户外挑战赛的个人剪辑。这些视频内容虽然关注度不够高，弹幕也不够多，但是个性非常明显。这种重在参与的年轻气质也与赛事高度吻合。在很多描述中，上海城市定向户外挑战赛的游戏性质都远大于竞技，被亲切地称作"平民版'跑男'"。

值得一提的是，在答问社区知乎中，上海城市定向户外挑战赛的名号还经常出现在各类非体育信息的回答中。如"在上海生活是怎样的一番体验""南京和上海相比哪方面的差距最大"等等，定向户外挑战赛往往会被答问者拿作上海城市美好生活的一个重要佐证，成为城市魅力的一个代表项目。

在媒体和官方层面，上海定向户外挑战赛的信息呈现也显得更加年轻而有朝气。如上海发布的"'体育'魔都今年有嘎许多顶级体育赛事！你想看哪场？"，新民晚报的《用脚步与城市谈一场恋爱》，上海体育的《听说，今朝上海小宁的票圈都被这场比赛刷爆了》等等，都用非常接地气的形式对赛事进行了报道。这些都说明上海城市定向户外挑战赛已经初步形成了自己独特的品牌文化和品牌价值。

4. 上海电竞大师赛

电竞领域的大多数赛事都由厂商主办。而区别于以往的电竞赛事，上海电竞大师赛是一项由政府主导的自主品牌官方赛事。这项赛事也是全球首项以城市命名，以政府为赛事支持，以行业协会为办赛主体的自创电竞赛事IP。

这项赛事的连续成功举办，为上海电竞产业布局增添了重要砝码，并已经成为上海建设"全球电竞之都"的重要抓手。

自2019年横空出世以来，赛事已经受到了市场的极大关注和认可。无论是在报道量还是话题量方面，单届赛事都已经远远超过了上海其他自有赛事品牌。在官方话语的引导下，民间互动特别是在新兴媒体平台（如问答社区类、弹幕视频类、短视频类）下的信息呈现都极为丰富。由于电竞行业天生贴近年轻人的特殊性，各种创新性、突破性的传播形式和内容一定会不断出现。只要主办方加以充分的支持和引导，该项赛事的潜力仍然巨大。

在一般理解中，电竞是典型的年轻人的项目。但是从项目关注层面的百度指数热词"电竞"的用户画像来看，电竞在30岁到50岁区间人群的关注热度也相当可观。从这个角度来说，电竞运动的市场覆盖绝不应当自我狭窄化。

从报道内容来看，无论是官方宣传还是民间互动，上海电竞大师赛的报道内容都非常丰富。但在报道框架上，电竞运动又与其他项目赛事（如世界滑联上海超级杯）存在明显不同。在其他项目中，往往是官方传播从专业竞技角度进行解读，社交平台更加关注赛事花絮和追星；而在电竞项目中，往往是官方新闻在解读赛事意义和赛事花絮，社交媒体和新兴媒体更加关注竞技层面的技术内容。

5. 上海国际马拉松赛

上海国际马拉松赛始于1996年，经过20多年的发展，已经成为一项具有国际影响、参与人口众多的上海自主品牌经典赛事，是上海建设国际化大都市、全球著名体育城市的重要支撑。

考察2016年至2020年期间的上海国际马拉松赛事关注度，发现该项赛事虽然传承已久，却仍处在非常优秀的影响力上升通道当中。无论是官方话语或是民间互动，都呈现出了非常优越的成长性。

在项目关注层面，以"马拉松"为关键词，考察其在百度指数中的用户画像，发现赛事关注相对集中在20～40岁的青壮年主流人群，这与近些年来持续风靡的"跑马热"不无关系。

在报道内容上，官方报道与社会讨论之间存在一定的差距。主流媒体对上海马拉松的报道多为新闻式、导览式的内容，如澎湃新闻的《上海国际马拉松赛将于下周举行，警方发布交通管制通告》、五星体育的《热情、文明，"成就飞凡"，上海马拉松跑出一个更美的上海》、中国新闻网的《2018上海国际马拉松即将开跑 世界顶尖选手前来助阵》等等，虽然报道量很大，但是内容的深度、丰富性和趣味性似有不足。而在社交平台和新兴媒体上,话题内容就活跃得多,而且存在着各类的体验分享,非常具有可读性。如"关于马拉松志愿者面试的一些技巧""我不敢更快,也不敢退赛""女生经常跑马拉松会变丑吗"等等,话题延展性强,成为官方报道的非常重要而有益的补充,对推高上海国际马拉松的品牌价值起到极好的助力作用。

五、发现与建议

经过多年的发展,上海自主品牌体育赛事在地方、行业和市场上都取得了高度的认可,并且整体呈现出快速发展的向好趋势。本文认为,通过分析和考察各项自主品牌赛事在媒体关注和公众认知方面的得失,对了解各项赛事的品牌现状及其发展态势具有非常重要的参考意义。特别是对这些自有品牌赛事而言,亟须通过持续的创新、高效的组织、完善的支撑,以直接传播或间接传播为途径进行充分的品牌扩散,迅速形成独特的品牌形象和强大的品牌价值。

通过对不同赛事项目在不同媒介平台中的信息呈现进行横向和纵向比较,并加以分析和解读,本文认为,相较于传统的赛事营销和宣传模式,融媒体时代的赛事品牌应当适用于全新的品牌建设理念和形象传播模式,针对赛事传播渠道和公众接收渠道的差异、品牌传播内容和公众关注焦点的差异,在赛事品牌塑造和传播升级中下功夫,全力助推各项自主品牌赛事的品牌价值提升。对此,本文提出部分实践路径建议如下:

(一)进一步关联自主赛事品牌与上海城市品牌

从目前对上海自主品牌赛事的宣传和讨论内容来看,上海更多是作为一般意义上赛事地点或是举办背景出现,赛事品牌塑造和传播中的"海派"整体不足,与其他地域同类赛事之间的差异性并不明显。因此,要提升上海自主品牌赛事的品牌价值,首先应当从赛事设计和传播策划上实现与上海的城市发展、城市规划和城市气质的密切相合,并在各种赛事元素中加以密切关联。

一是要密切紧扣上海的城市发展格局。2020年10月,上海市政府印发《上海全球著名体育城市建设纲要》,明确提出到2050年不同时期、不同阶段的发展目标,要将体育打造为弘扬社会主义核心价值观和上海城市精神的重要名片,建成具有国际影响力的体育资源配置中心。

二是要充分展现上海的城市发展水平。上海的城市建设、组织能力、服务能力、市民素质,都在国内乃至全球范围内稳居前列。因此,上海自主品牌体育赛事在线上线下的品牌展现中,都应该积极体现和传递出"上海水平",并通过各种公关和媒介的设计制造话题,并反复强调,实现"上海赛事"与"上海品质"的强关联。

三是要积极出现上海的城市形象元素。上海的城市形象有独特的魅力,要加强上海自主品牌赛事的辨识度和吸引力,可以更加充分地借用和展示上海城市形象和海派文化的突出元素。这些上海元素的表现可以体现在硬件上,也可以体现在软件上;可以体现在视觉中,也可以体现在声音上;可以体现在场景中,也可以体现在行动中,等等。通过这些元素在自主品牌中的高强度嵌入,实现自主品牌赛事项目与上海城市形象的高度关联,以迅速提升赛事辨识度,强化品牌差异性。

(二)进一步提高自主赛事的品牌站位

目前上海自主品牌赛事的品牌建设和传播,大多数还在"就赛论赛",在形象高度的设计上还有进一步提升的空间。

一是找准切入点,重视高端传播。如前所述,建议从赛事设计和整体包装上尽量与上海的城市发展规划和城市气质相匹配,如以城市形象和城市品质为切入点,不断挖掘题材深度,争取国家级权威主流媒体的关注,争创自主品牌赛事建设的"上海模式"。

二是争取参与重要活动,积极抢占形象资源。自主品牌赛事作为一项城市体育产品,不能仅仅关注自身的活动宣传平台,还应当争取联合、协力、借力等多种形式,争取在各类会议、论坛、评奖、文化产品、重大活动和媒体热点事件中进行曝光。并通过各种重点奖项和高层次活动中的运作,提升赛事影响力。

(三)进一步丰富自主赛事的品牌内容

目前,上海自主品牌赛事的品牌传播内容主要以"竞技欣赏"和"招徕参与"为主,虽然实用性很强,但是从品牌建设的角度来说,还有进一步提升的空间。

一是注重运动科普,培育细分市场。上海自主品牌赛事很多属于小众项目,要想在竞争中脱颖而出,首先需要对细分市场进行长期耕耘。但在很多官方报道中,对赛事的解读尚不充分。如在"上海杯"诺卡拉帆船赛的报道中,几乎没有报道对诺卡拉帆船的由来和特点进行说明和解读。在电竞大师赛的报道中也同样如此，对竞技项目本身的解读极少。这样的赛事宣传模式，只能瞄准"懂行的人"，对赛事市场本身的培育从长期来看是不利的。

二是精心设计赛事话题及核心价值点。在对各项上海自主品牌赛事的品牌宣传中，除了竞技本身之外，少有对赛事话题的整体设计和赛事文化、价值观的主动塑造。如在城市定向户外挑战赛中，少有对赛事话题的积极引导和互动，在电竞大师赛中，也刻意回避了电竞项目与"玩电子游戏"之间的敏感关系等等。缺少了对赛事文化和价值观的塑造、引导和把握，就严重限制了赛事品牌的提升空间。

三是充分把握赛事信息的传播节奏。目前上海自主品牌赛事的信息传播多数是高爆发性的，即在赛事的前几天开始出现信息，然后在赛事开幕时爆发性地出现，赛事结束后立即收声。这种传播方式来去匆匆，并不利于赛事品牌价值的高效利用。建议加强赛事信息传递的阶段性设计和把握，通过有技巧、有节奏的话题引导与把握，主次分明，重点突出，分阶段开展信息传播，在不同时期开展不同活动，及时调整传播信息的侧重点，以此丰富赛事内容，延长赛事话题时效，提高公众对赛事的认知和认可。

四是积极推动赛事内容的民间生成。目前上海自主品牌赛事的内容生产以官方为主，且更接近于"新闻发布"的层面。虽然在一些相对热点的项目如国际马拉松和电竞大师赛当中，有较多主流媒体的介入与补充，但在整体来看赛事内容的丰富性、故事性、贴近性仍不充分。特别是对融媒体时代而言，短视频（弹幕视频）、问答社区（知识图谱）、在线直播等形式更加活跃，传统媒介逻辑中的内容优势已经极大衰减。因此，必须以更加开放和积极的心态，推动赛事品牌内容趋于丰富，如通过恰当的组织和激励形式，将（新闻和体育之外的）各领域媒体及新闻客户端、知名自媒体、意见领袖、主播甚至网红引导组织起来，约请他们对赛事话题进行多维生产，以充分展示一个更加鲜活、全面、深刻的赛事形象，推动赛事品牌价值提升。

（四）进一步拓宽自主赛事的品牌渠道

上海各项自主品牌赛事的品牌建构在传统媒体，尤其是主流媒体传播中卓有成效，能够将赛事特色和亮点充分展现出来，成为赛事形象传播的主渠道；但在网络媒体和新兴媒体中的品牌塑造还存在明显不足，需要在品牌内容、传播策略、传播手段、传播效果等方面进行更为精细且系统的布局，从而构建立体传播矩阵,不断提升并全面展示这些自主品牌赛事的活力、优势和特点。

一是使用多种新兴媒体手段,推进赛事品牌立体传播。在上海自主品牌赛事的品牌建设中,应该以更加积极地开放心态,如在目前最为火热的短视频、直播等各种基于移动互联网的新型媒体平台上推动宣传,形成立体传播效应,营造社会关注氛围。

二是跳出上海市域,加强重点区域的赛事品牌宣传。从五项主要的上海自主品牌赛事的参赛者构成来看,除了城市定向户外挑战赛的参与者主要是本地市民及在沪学生之外,其他赛事中都有相当比例的参与者来自上海以外;而在5G+融媒体的技术背景下,赛事的观看者和消费者更是来自世界各地。在此背景下,要拓展赛事品牌影响力,就应该跳出地域限制,积极开拓重点区域市场。在条件许可时,对上海周边(都市圈)、长三角区域等重点市场展开更加积极的品牌宣传,通过市场所在地的媒体报道、活动参与、公关参与及必要的广告投放,来拓展赛事的影响力。

三是设计接触点,加强面向重点人群的专项策划。无论是年轻化的电竞项目还是高端化的帆船项目,除了吸引该项运动自身的爱好者之外,拓展大众认知和关注也是提高赛事影响力的重要渠道。在这方面最为典型的例子就是足球世界杯期间遍布全球的"伪球迷"。上海自主品牌赛事的价值提升,也必须充分争取到社会主流人群的"路人缘"。因此,应当在泛化的媒体信息传达之上,设计更加细致的接触点传播。如对中高端商务人士、相关行业/产业精英、大学生及年轻人群体、文娱体验及游客群体这四类人群高度关注,根据不同类别人群的信息接收习惯开展专项品牌传播策划,以实现这些人群对赛事项目的认知、关注和参与。

参考文献

[1] 余明阳,朱纪达,肖俊崧.品牌传播学[M].上海:上海交通大学出版社,2016.
[2] 张业安.大型体育赛事媒介传播效果理论与实践[M].上海:上海人民出版社,2017.
[3] 李芳.大型体育赛事移动化传播研究[M].北京:北京体育大学出版社,2015.
[4] 段绪来.体育赛事与城市品牌建设耦合发展及其治理研究[M].北京:经济管理出版社,2020.

上海高端体育装备
制造消费引领研究

于嵩昕[*]

随着信息技术的日新月异,消费者个性化需求的不断提升,体育装备已经不仅是一种辅助人们运动的体育设施,也逐渐成为智能化、个性化、时尚化的健康体验装备,并逐渐成为一种生活的必需品。本课题着重探讨上海高端体育装备制造的消费引领作用。

一、上海高端体育装备制造发展的历史契机

上海高端体育装备制造的发展正迎来一个崭新的历史契机,主要体现在国家发展、城市发展、产业与行业发展三个层面。上海独特的发展历史和区域优势都在一定程度上推动了上海高端体育装备制造的发展。

(一)国家发展战略的内在契合

2020年新冠肺炎疫情对各个国家影响的深度和广度都远远超出了大多数人的预期。中国虽然在抗疫中最先复苏并取得了较为喜人的经济数据,但在一些领域面临的挑战也不容乐观。目前的国际环境和国内发展现实让我们逐渐认识到两个关键问题:一是由于国际贸易环境的不确定性,我国主要的经济增长点要从投资、消费、出口三驾马车转移到以国内消费需求为重心;二是虽然西方在现当代的发展历程中,逐渐将低附加值的制造业、第二产业转移到了其他国家,但是在我国的经济发展中,制造业仍然是非常重要的,特别是高

---

[*] 本文作者简介:于嵩昕,东华大学人文学院讲师,博士,主要研究方向:公共传播、时尚传播。

端制造业,其涉及我国经济发展的质量。

因此,在2020年11月发布的《中共中央关于制定国民经济和社会发展第十四个五年规划和二〇三五年远景目标的建议》中明确提出,要强化国家战略科技力量,支持北京、上海、粤港澳大湾区形成国际科技创新中心;加快发展现代产业体系,推动经济体系优化升级;要畅通国内大循环,促进国内国际双循环,全面促进消费,增强消费对经济发展的基础性作用。近些年来,体育消费在国内消费领域中越来越重要。随着人们健康理念的不断提升,体育健身等方面的消费也与日俱增。体育装备制造,特别是高端体育装备制造的发展,一方面与国家制造业的未来发展导向契合,另一方面也与我国经济内循环、刺激国内消费需求的增长模式相契合。

(二) 上海城市发展的必然趋势

上海地处中国经济发达的长三角区域,上海的先进制造业发展一直处于全国城市前茅,上海的发展规划和愿景也具有全球战略视野。2018年1月发布的《上海市城市总体规划(2017—2035年)》就提出了要将上海建设成为卓越的全球城市、具有世界影响力的社会主义现代化国际大都市,这是上海在国际经济、金融、贸易、航运、科创五大中心建设之后,再次提出的全景目标。2018年8月,《关于加快本市体育产业创新发展的若干意见》提出了上海要加快国际体育赛事之都建设。2018年12月,上海市体育局发布《建设国际体育赛事之都三年行动计划(2018—2020年)》。2020年上海发布的《关于制定上海市国民经济和社会发展第十四个五年规划和二〇三五年远景目标的建议》中明确提出上海要加快建设全球电竞之都、打造全球著名体育城市、促进体育产业高质量发展。

上海在体育城市建设方面发力是上海全面发展的一个缩影。上海在未来的发展过程中,一定会注重体育行业和领域在全国乃至全球的影响力建设。同时,上海的消费市场本身就为体育产业和事业的发展提供坚实的基础。国家统计局2020年1月公布的数据显示,2019年,上海市GDP为38 155.32亿人民币,全国城市排名第一;全市居民人均可支配收入为69 442元,领跑全国。2019年,上海市常住人口为2 428.14万人,人均GDP达到157 300元,即22 802美元,已经达到了发达国家的基本标准。上海的经济发展水平以及居民生活水平的不断提高,为上海体育消费市场的发展提供了基本的保障。

(三)上海体育产业发展的要求

上海体育局公布的数据显示(表1),2019年上海市体育产业总规模为1 780.88亿元,占全市GDP的比重为1.5%。在体育产业的11个大类中,体育用品及相关产品销售、出租与贸易代理的总产出与增加值最大,分别为678.56亿元和279.17亿元,占比也最多,分别为38.10%和49.94%。而体育用品及相关产业制造的总产出和增加值则为336.25亿元和69.75亿元,占比则分别为18.88%和12.48%。可见制造业在体育产业中的比重比较小,而高端体育装备制造就更少了。这就意味着,在上海体育产业中,目前的产出主要还是以低附加值的体育服务业、销售行业等为主。

表1 2019年上海体育产业总产出和增加值

体育产业类别名称	总量(亿元)		结构(%)	
	总产出	增加值	总产出	增加值
上海市体育产业	1 780.88	558.96	100.00	100.00
体育管理活动	38.97	16.83	2.19	2.92
体育竞赛表演活动	44.67	31.87	2.51	5.70
体育健身休闲活动	145.62	57.65	8.18	10.31
体育场地和设施管理	18.48	4.80	1.04	0.86
体育经纪与代理、广告与会展、表演与设计服务	36.18	5.27	2.03	0.94
体育教育与培训	21.55	10.53	1.21	1.88
体育传媒与信息服务	130.66	49.5	7.34	8.86
其他体育服务	299.97	29.85	16.84	5.34
体育用品及相关产业制造	336.25	69.75	18.88	12.48
体育用品及相关产品销售、出租与贸易代理	678.56	279.17	38.10	49.94
体育场地设施建设	29.97	3.72	1.68	0.67

2018年上海市出台的《关于加快本市体育产业创新发展的若干意见》中提出要推动体育装备制造转型升级、加强体育装备技术创新,要将提升高端体育装备研发制造能力作为发展先进制造业和战略性新兴产业的组成部分。由此

可见,上海市体育产业的转型升级势在必行,这与上海市在科技创新、高端制造业等方面的发展要求是一致的。

二、高端体育装备制造引领消费的内在逻辑

高端体育装备制造和消费行为之间有着内在的逻辑联系,他们之间的桥梁是时尚。高端体育装备制造产生的产品和服务通过时尚认知和时尚行为影响消费者的认知心理和消费心理,进而引领并推动消费。

(一) 成为时尚的技术

高端体育装备意味着更加先进的技术和创新,其本身与时尚心理有着很大的契合。技术在今天已经不仅仅是辅助人们生产、生活的工具,更是人们享受的生活内容,技术业已成为人们感性体验的对象,更是人们在追求快乐的过程中希望获得的。技术的不断革新与时尚的求新有内在的一致性。时尚在变革和求新中改变着人的生活、关照着人性、推进着社会历史的进步,这些也是技术发展的重要特征。在现当代社会,技术本身已经成为一种时尚。

美国学者温纳(Landon Winner)认为,技术不仅有自主性,而且拥有很强的建构作用,技术是"重塑人类行为及其意义的强大力量"。具有自主性的技术要维持对生活世界和人性的关照,就需要不断地推进社会历史的发展,也就需要不断地进行变革和创新,并不断地为人们创造幸福。美国学者埃弗雷特·罗杰斯(E. M. Rogers)曾言:"创新的意义会渐渐在社会发展历程的框架下体现出来。"技术的这种历程最终和时尚的求新走到了一起。然而,变革是需要人们经历一段适应期的,对变革的恐惧也是人之常情。而时尚的重要性就在于让人们在变革的世界中觅得认知和行为的落脚点。

时尚的技术体现了时尚在不断变革的社会历史中对人类幸福的关怀,而这种逻辑最终成为新时代的价值观,深刻影响着人们的思维方式和行为方式,而人类也逐渐习惯了在日新月异的世界中享受生活。

(二) 引领消费的时尚

高端体育装备可以影响人们的消费行为,主要是由于时尚对人们观念的影响会使人们的行为发生改变,促发消费行为,因而其具有引领消费的作用。

技术创新成为一种时尚,进而就会发挥其引领消费的社会功能。德国社会学家西美尔(Georg Simmel)认为,时尚源于"模仿",和社会的特殊性与普遍性、阶级、身份等有密切的关系。美国学者凡勃伦(Thorstein B. Veblen)在其著作《有闲阶级论》中提出了"炫耀性消费",他认为有闲阶级,即新兴的中产阶级,他们通过明显的时尚消费、浪费和闲暇来证明他们的社会地位和财富,这体现了精神上的需求,这些行为呈现出"炫耀性消费"的心理。凡勃伦的观点有些负面,但他说明了一个重要的问题,即时尚行为是人们追求社会生活的一种基本行为方式。

当下社会中的消费行为是非常多元的,既有满足日常生活的物质消费、追求文化生活的精神性消费,也有追求社会地位、身份并展示的奢侈品消费或"炫耀性消费"。人们的消费行为并不是始终如一的,而是在追求满足自己的各方面需要的过程中,不断调整和适应。时尚在这个过程中会发挥很大的作用,因为时尚将各种选择和可能提供给人们,进而引领消费行为。因此,技术创新及其产品成为一种时尚也就会极大地影响到人们的消费行为。

(三)城市中的时尚消费

高端体育装备对时尚消费的引领主要发生在城市之中,这与城市本身的特征及其在时尚消费中的地位有着密切的关系。现代城市是人类文明的最集中呈现,也是所有时尚元素最集中的地方,因此时尚与城市有着不解之缘。城市中出现的新鲜事物,几乎都在一时间成为时尚的标志,如代表现代大众媒介的报纸、代表现代交通工具的汽车、代表现代文明的摩天大楼、代表现代消费经济的超市和商场等等,城市的时尚吸引了越来越多的人进入城市空间,城市化的进程正是时尚的逻辑发挥作用的过程。

作为物质生活和精神生活的有机体,城市需要通过时尚的逻辑去传达并呈现意义、精神和价值观,以鼓舞人们工作、学习、生活,将城市协调成顺畅运作的复杂系统。城市中的最大时尚,是生活理想的时尚。美国著名学者芒福德(Lewis Munford)曾言:"城市的主要功能是化力为形,化能量为文化,化死的东西为活的艺术形象,化生物的繁衍为社会创造力。"正是在城市这个时尚场域中,人们创造了城市生活、创造了城市文化,也创造了城市理想中的未来。而高端体育装备所代表的是人们的一个共同的生活理想:健康。

三、上海高端体育装备制造引领消费的主要挑战

近些年来,上海在先进制造业领域一直名列全国城市前茅,区域优势、经济发展优势也让高端体育装备制造拥有各种有利的条件,但是在具体发展过程中,仍然面临着理念、定位、其他城市竞争、全球环境等方面的挑战。

(一)高端体育装备制造界定模糊

上海在体育装备制造领域已经有了长足的发展,但是究竟何为高端体育装备制造?它包括哪些类别?它与其他领域和产业有怎样的关系?这些问题目前都悬而未决,也就意味着上海高端体育装备制造的发展还没有形成行业或产业共识。

按照中国社会科学院李金华的划分,高端制造业包括医药制造业、航空航天器及设备制造业、电子及通信设备制造业、计算机及办公设备制造业、医疗仪器设备及仪器仪表制造业、信息化学品制造业等六类。从表面上看,体育装备制造并不在其中。但是,这并不意味着体育没有高端装备制造。体育高端装备制造的范围比较难以清晰界定,一方面主要是由于体育装备是一个典型的跨学科、跨领域、跨行业的产业和问题。比如一个性能先进的赛车,其装备制造和生产涉及车身材料、发动机、变速箱、数控系统、轮胎等多个行业和领域,因此是否将这些行业和领域都界定为体育装备制造就成为一个有争议的难题。第二方面主要是应用领域的问题。一些先进的技术手段和装备应用于体育,其实就是体育装备。比如VR技术在体育竞技中的应用,但是VR技术只是一部分应用在体育领域中,因此,如何将一部分VR装备的生产和制造界定为体育装备制造也成为一个难题。

不过,我国政府在体育装备制造方面有了一些指导性的意见和建议,比如2019年国务院颁布的《体育强国建设纲要》提出,要在体育领域打造现代产业体系,完善体育全产业链条,促进体育与相关行业融合发展,加快推动互联网、大数据、人工智能与体育实体经济深度融合。这意味着,高端体育装备制造必然要涉及现代产业体系、相关行业和领域、互联网、大数据、人工智能等高科技领域以及高端制造业。

(二)传统体育装备制造转型升级困难

体育装备制造常常涉及多行业和多领域,因此体育装备制造企业如果希望

通过转型升级来提升体育装备产品的质量、功能和市场占有率，那么也就意味着企业需要自身发展多领域技术或者与其他行业和领域的企业进行合作，这都将驱使企业调整发展战略并承担极大的风险，对此，许多企业是不愿意承受的。

比如上海红双喜集团旗下的红双喜体育用品是中国人非常熟知的，其产品涵盖乒乓球、羽毛球等相关运动用品，一张专业的乒乓球比赛用桌价格在7万元人民币以上，但这已经是其能够到达的极限了，乒乓球、羽毛球运动用品在材质、制作工艺等方面都非常成熟，短期内也很难有重大突破，已经形成了比较稳定的产品生产流程和消费市场，因此对于红双喜体育产品的生产者而言，可能并没有很大的必要去借用大数据、人工智能等新兴技术将相关体育用品装备制造进行提升。不过，这也并不意味着传统体育装备制造无法进行提升，红双喜体育产品与国外同行业竞品相比并不占优势，主要在材料、设计、工艺等方面还是有一定的差距。因此，传统的体育装备制造还有很大的提升空间。

（三）其他城市体育装备制造的激烈竞争

上海虽然在很多领域都走在全国的前列，但仍然面临着激烈的竞争。在全国体育城市排行中，举办过2008年奥运会、并即将举办2022年冬奥会的北京当之无愧地排在第一的位置上，上海在此排行中名列第二。北京凭借在体育赛事等方面的巨大号召力和首都的地缘优势，吸引了众多体育品牌和企业，在体育用品市场上有着巨大的优势。

此外，深圳、杭州等集聚了新兴产业的城市在高端体育装备制造方面有很大的技术和产业优势。比如国内市场日益受到关注的跑步机，许多国产跑步机品牌都使用了华为的智能系统，而且浙江已经形成了跑步机产业集聚。这使得上海生产跑步机的企业无论在软件还是在硬件方面都处于劣势。在其他体育装备制造领域，上海也面临类似的竞争压力。比如在赛车领域，凭借自主发展和收购沃尔沃技术的吉利集团在赛车行业已经有了一定的成果，领克03TCR赛车在2019年WTCR赛事上勇夺年度总冠军，创造了中国制造的又一个传奇。虽然地处上海的上汽集团有着悠久的发展历史和雄厚的研发实力，其业绩多年来都领跑中国车企，而且上海拥有中国唯一一条F1赛道，但是，上汽集团并没有涉足与之紧密相关的赛车体育领域。

（四）新冠肺炎疫情影响的不确定性

2020年全球遭遇的新冠肺炎疫情是人类历史上经历过的最严重的疫情之

一。与非典的不同在于,新冠肺炎疫情并没有随着季节温度的升高而消失。因此可以预期的是,近几年疫情防控将成为一种常态。虽然我国防疫已经取得了巨大的阶段性胜利,但是这对许多企业而言,生产、营销、研发等仍然会受到巨大的持续性影响。这种影响体现在多个方面,比如企业运营管理的风险增加,如果出现一例确诊病例,那么企业就会直接停业,国内市场和国外市场的不确定性也在增加,营销活动的投入也有很大的风险。这些风险一方面需要企业自身努力去规避,另一方面也需要政府相关部门进行帮扶。

四、上海高端体育装备制造引领消费的对策建议

(一)传播新时代的健康理念,推动消费结构变革

健康理念的传播会影响人们对生活和消费的认知,进而影响人们的生活实践和消费行为。新时代中国人民日益增长的美好生活的需求已经不仅仅限于对基本的吃穿住用行的需求,人们日益注重生活品质和情趣。健康是人们越来越注重的一个基本生活目标。上海的城市发展水平与居民收入水平意味着上海的人民群众对健康有着更高的要求和追求。

在推进高端体育装备制造引领消费的过程中,需要向社会公众宣传新时代的健康理念,如何实现更好的健康生活,是人们普遍比较关注的社会议题。高端体育装备可以进入普通人的生活,让人们的健康追求更加有品质、有趣味,特别是对于年轻人和热衷于时尚消费的群体,需要让他们能够比较容易地接触到高端体育装备的各种信息、产品、活动等。

(二)明确高端体育装备制造领域,设立产业名录

目前业内并没有明确界定高端体育装备制造,这对行业和领域的发展、相关信息的传播和宣传都是极为不利的。当下普遍认同的高端制造业主要指技术含量高且附加值高的制造行业;消费领域里的高端也常常指价格高端,涉及产品和服务的高端。高端体育装备应该是指技术含量高、附加值高的体育装备,但是并不一定是价格高端,类似的如手机芯片,其制造是典型的高端制造行业,但是其产品价格不一定很高,搭载其产品的手机价格也差异较大。由此,我们可以这样界定:高端体育装备制造就是指生产和制造技术含量高、附加值高的体育装备的制造业。

但这里有个核心概念需要进一步明确,即体育装备。由于体育领域涉及众多,相关的装备和器材也涉猎较广,不可避免地会与其他行业和领域产生很大的交叉,因此需要进一步明确哪些行业的哪些产品属于体育装备。比如汽车制造业,表面看来与体育关系不大,但是赛车的制造则应该属于体育装备,因此,赛车的发动机、变速箱、轮胎等零部件的制造也应该属于体育装备。不过,很难有车企专门来制造赛车及其零部件,世界上著名的赛车制造企业都是著名的车企,其企业划定特定的部门来从事相关的研发和制造。因此,在上海我们也可以这样界定,车企中专门制造赛车及其零部件的部门,就应该属于高端体育装备制造。这种界定对于企业的发展、政府政策的落实有很重要的基础作用。

在明确界定的基础上,需要对体育装备相关的高端制造产业进行进一步明确,这就需要设立产业名录。高端体育装备制造产业名录可以基于体育项目的名录,结合高端制造业的名录,针对上海本地的优势产业和短板产业进行设立,为未来上海高端体育装备制造的发展奠定基础。

(三)借助相关产业优势,通过创新引领消费

上海在先进制造业领域已经走在了全国的前列,在建设具有全球影响力的科创中心的进程中也越走越稳。上海的大飞机制造、船舶制造、芯片制造等高端制造业都引领全国相关行业的发展,并逐渐具有了世界影响力。以张江高科技园区为代表的多个科技园区经过几十年的发展,逐渐集聚了大量的高新技术企业,这些对于高端体育装备制造的发展都是极大的利好。

上海高端体育装备制造需要结合其他产业发展的成果。比如,当下体育智能化装备无一例外的都需要芯片配件,芯片的技术质量直接影响到体育智能化装备的使用效果,因此,上海体育装备制造可以根据自身产品和发展的特征,与上海芯片企业进行联合研发,推出搭载更加高端芯片的智能体育装备。

是否搭载技术含量更高的配件已经成为产品是否具有更高创新价值的标志,而创新在当下已经成为吸引消费者的主要因素。新时代的消费者群体、特别是年轻的消费者群体,在更新换代自己的消费品时,往往并不是因为已有的产品出现故障、影响正常使用等,而是因为更加具有创新价值的换代产品的出现,而竞品在消费者心中的比较,也倾向于更具创新价值的一方。因此,高端体育装备要赢得消费者的青睐,就必须结合其他相关行业的优质成果,不断进行创新,通过创新引领消费。

（四）攻关重点技术，发挥上海区域研发优势

上海不仅有着经贸、产业的优势，更拥有高校、科研院所的研发优势。对于高端体育装备制造而言，要向通过创新不断激发消费潜能，就需要通过研发来保证创新的持续活力。研发主要通过两种途径：一是自主研发，企业通过自己的研发部门进行；二是通过联合研发，通过与其他科研机构合作进行。上海在很多领域都具有强大的研发优势，体育装备制造可以借用相关研发重点攻关一些技术，并形成产品优势。

比如东华大学在服装材料领域有着雄厚的研发实力，无论是内衣、还是中国宇航员的宇航服，都有东华大学服装材料的身影。上海的高端体育服饰制造可以和东华大学进行服装材料的研发合作。目前，国外进口的中高端专业运动服饰价格单件要上千元甚至近万元，随着我国消费者支出能力的提升，这种中高端运动服饰在国内的需求与日俱增，但国内的品牌和类似材质却并不被看好。上海高端体育装备制造可以联合本地优势研发团队进行相关技术的攻关，加之良好的设计、营销，一定会抢占可观的市场份额。

（五）借用商品展销平台，传播上海高端体育装备制造

上海高端体育装备制造对消费的引领，不仅仅要关注上海的消费者，更要放眼全国市场甚至是全球市场。上海高端制造业已经有了很好的基础，可以将"上海制造""上海智造"的品牌推向全国和全球，在体育装备领域，上海应该着力打造"上海高端体育装备制造"的品牌，向全国、全球进行宣传。

除了传统媒体、新媒体外，上海举办的博览会也是非常重要的交易平台和展示窗口。上海每年承办的中国国际进口博览会、中国国际体育用品博览会等，都可以被用作上海高端体育装备的展台。

（六）联动相关政府职能部门，确保政策与资金支持

针对上海高端体育装备制造的发展，上海市体育局是主导的政府职能部门，但是体育局自身还无法涵盖行业和领域相关的所有政策及问题。体育局需要和其他政府职能部门，如上海市经济和信息化委员会、上海市发展和改革委员会、上海市科学技术委员会等部门沟通合作相关事宜，包括政策的拟定和实施、产业的整合与名目设立、具体研发与制造的落实等。

上海正在打造国际体育赛事之都、全球电竞之都、全球著名体育城市，因

此,体育装备制造和相关产业的发展已经是上海发展战略中非常重要的一部分。上海需要将相关行业和领域的发展纳入城市发展的规划中。比如在上海"十四五"规划的确立过程中,相关部门应该联合且共同将高端体育装备制造写入"十四五"规划的相关条目中。

参考文献

[1] (德)西美尔.时尚的哲学[M].费勇,等译.北京:文化艺术出版社,2001.

[2] (法)鲍德里亚.消费社会[M].刘成富,译.南京:南京大学出版社,2010.

[3] (法)费尔南·布罗代尔.15至18世纪的物质文明、经济和资本主义(第一卷).顾良,等译.北京:生活·读书·新知三联书店,2002.

[4] (法)吉尔·利波维茨基.超级现代时间.谢强,译.北京:中国人民大学出版社,2005.

[5] (法)吉勒斯·利浦斯基.西方时尚的起源[J].杨道圣,译.艺术设计研究,2012(1):18.

[6] (美)凡勃伦.有闲阶级论[M].蔡受百,译,北京:商务印书馆,1964.

[7] (美)刘易斯·芒福德.城市发展史——起源、演变和前景[M].宋俊岭,倪文彦,译.北京:中国建筑工业出版社,2004.

[8] (美)罗杰斯.创新的扩散(第5版)[M].北京:电子工业出版社,2016.

[9] (美)迈克尔·所罗门,南希·拉波尔特.消费心理学:无所不在的时尚[M].王广新,等译.北京:中国人民大学出版社,2013.

[10] (英)恩特威斯特尔.时髦的身体:时尚、衣着和现代社会理论[M].郜元宝,等译.桂林:广西师范大学出版社,2005.

[11] Elizabeth Wilson. Adorned in Dreams: Fashion and Modernity[M]. London: I. B. Tauris & Co Ltd, 2003.

[12] Langdon Winner: The Whale and the Reactor: A Search for Limits in an Age of High Technology[M]. Chicago: University of Chicago Press, 1986.

[13] 李金华.高端制造业创新要素、创新活动及成果非均衡测度[J].财经问题研究.2019(4).

[14] 梁枢,王益民."互联网+"视域下体育制造业供给侧改革研究——O2O商业模式的开发与应用[J].体育与科学.2016(4).

[15] 周学政.体育制造企业申请高新技术企业认定的困境与解决对策[J].北京体育大学学报.2016(5).

上海体育特色小镇建设模式和发展路径研究

李 霞 王筱莉 张 强 江 瑶 刘 笑[*]

随着全民步入小康生活后对高品质生活的追求,越来越多的民众开始重视健康和休闲、重视体育运动项目。伴随特色小镇的兴起,2017年国家体育总局颁布了《关于推动运动休闲特色小镇建设工作的通知》。随后,公布了全国第一批96个运动休闲特色小镇试点项目名单,全国各地开启了体育小镇建设的热潮。2019年,为了更好地指导和规范其有序发展,国家体育总局又印发了《运动休闲特色小镇试点项目建设工作指南》。

上海成功入选的体育特色小镇有四个,分别为:崇明区陈家镇体育旅游特色小镇、奉贤区海湾镇运动休闲特色小镇、青浦区金泽帆船运动休闲特色小镇、崇明区绿化镇国际马拉松特色小镇。作为特色小镇的一种形式,体育特色小镇能够很好地将体育产业与旅游、文化、教育等其他产业相融合,满足人们多样化的体验需求,即包括运动体验需求,也包括文化休闲需求等。因此,体育特色小镇的建设发展可以成为体育产业最有效的载体。对各个体育特色小镇进行有针对性的系统分析,提出上海体育特色小镇的建设发展模式和发展路径,既有助于上海体育特色小镇健康有序地快速发展,也有助于上海成为具有全球影响力的体育资源配置中心,还可以提升上海作为国际化大都市的形象与地位。

---

[*] 本文作者简介:作者均来自上海工程技术大学管理学院。李霞,讲师,博士,研究方向:旅游管理;王筱莉,副教授,博士,研究方向:信息管理;张强,讲师,博士,研究方向:企业管理;江瑶,讲师,博士,研究方向:企业管理;刘笑,讲师,博士,研究方向:企业管理。

一、上海体育特色小镇发展现状与存在问题分析

（一）上海体育特色小镇发展现状

1. 数量有限，所属资源禀赋不同

对比其他省份，上海入选的首批国家级体育特色小镇数量居中，少于北京、河北、湖北一市两省（六个），山东、湖南、广东三省（五个）。上海四个体育特色小镇分布在三个区，分别为崇明区（陈家镇、绿化镇）、奉贤区（海湾镇）和青浦区（金泽镇）。具体情况如表1所示。

表1　上海体育特色小镇信息概况

序号	名称	所属区域	旅游资源	相关的运动基地
1	陈家镇	崇明区	瀛湖、郊野公园、东滩国家级保护区、中华鲟保护区	上海崇明国家体育训练基地 运动基地：高尔夫、自行车、马术运动等 水上运动带：帆船、赛艇、皮划艇等
2	绿化镇	崇明区	明珠湖、西沙湿地、马拉松博物馆	马拉松赛道、马拉松学院、航空营地
3	海湾镇	奉贤区	海湾森林公园、最长海岸线、都市菜园、星火公园、中国国际象棋之乡	碧海金沙水上娱乐运动场、上海松声马术俱乐部
4	金泽镇	青浦区	淀山湖、古镇、古桥、上海大观园	美帆游艇俱乐部

资料来源：根据网上资料整理。

上海四个体育特色小镇都拥有丰富的生态旅游资源，特别是水资源，三个小镇拥有海岸线资源，一个小镇拥有淀山湖资源。四个小镇所属的核心运动资源各不相同，陈家镇聚焦"自行车运动"，绿化镇聚焦"马拉松运动"，海湾镇聚焦"象棋和马术"，金泽镇聚焦"帆船运动"，特色都较为鲜明，不存在同质化现象。其中，金泽镇最具特色，是全国唯一以帆船为主体运动的特色小镇，具有独特的产业发展优势。

2. 内容丰富,开发处于初级阶段

虽然全国的体育特色小镇都处于起步发展阶段,缺乏长期、系统的产业标准引导,但是上海四个体育特色小镇都依靠自身资源禀赋,进行了相关系统的规划开发,具体如表2所示。从表2中可以看到,除了金泽镇,其他三个体育特色小镇都有了较为详细的空间规划与内容规划,具有清晰的战略发展目标。

然而,对四个体育特色小镇进行了实地走访调研,发现其建设开发都处于初级阶段:一是陈家镇,虽然建成了国家级训练基地,可是周围缺乏相关配套服务设施。二是绿化镇,除了常规的健身步道之外,仅处于一些运动场所的兴建和运动基础设施的建设阶段,其他尚在规划中。三是金泽镇,目前定位与体育小镇不太符合,其帆船运动普及性不够广泛,还是纯俱乐部运营模式,其所属的美帆游艇俱乐部,还在依赖景点门票的售卖,其营利模式还需进一步改进。四是海湾镇,目前旅游业做得很好,游客量比起其他三个镇具有明显的优势,但是在体育特色小镇整体规划运营方面还是较弱。由此可见,上海四个体育特色小镇的开发规划还处在初级阶段,未来还需根据自身定位,进一步系统规划与开发。

表2 上海体育特色小镇的规划目标与规划内容

名称	定位	发展目标	具体规划内容
陈家镇	中国运动之城	成为集职业训练、体育旅游、体育培训、群体活动、运动康复等为一体,与教育、旅游、养生、文化等互通融合	东部为水上运动带——依托瀛湖布局OP帆船、赛艇、皮划艇等水上运动,兼顾自行车运动; 北部为奥体运动带——依托国家体育训练基地开展体育旅游、体育培训、运动康复等产业项目; 全域为自行车带——在现有的"三纵四横"自行车道基础上,建设环湖自行车道
绿化镇	全球路跑者圣地	打造主题为"中国崇明国际马拉松特色小镇"	运动设施布局为"一带"(路跑及自行车)、"一湖"(水上运动)、"三区"(极限拓展运动区、房车露营区、亲子及趣味运动娱乐区)

续 表

名称	定位	发展目标	具体规划内容
海湾镇	"户外运动健康湾、生态休闲养生地"的整体运动休闲城市	以生态为底色、以海农为特色,充分利用现有的生态、文化、旅游资源以及承办体育运动赛事的丰富经验,打造长三角地区特色鲜明的体育小镇、滨海休闲度假旅游胜地	北部老镇区以局部功能改造为主,打造小尺度闲适生活圈;南部新建区以完善公共服务为主,重点打造赛事配套辅助及市民文体体验功能
金泽镇	上海西部生态旅游型的生态科创特色城镇	全球有影响力的世界水环境与水上特色运动的引领示范区	以帆船运动为核心,形成具有独特体育文化内涵的产业链,并以长三角城市一体化发展为理念,打造存量资产改造为主的帆船运动主题文旅综合体

资料来源:根据网上资料整理。

另外,从上海各个体育特色小镇举办的体育赛事来看,其影响力都相对较弱,缺乏全国性、国际化有影响力的大型赛事(如表3所示)。

表3 上海体育特色小镇举办体育赛事列表

小镇名称	举办赛事
陈家镇	中国自行车系列赛环上海崇明站
	上海崇明·东滩半程马拉松
绿化镇	上海崇明绿化特色小镇半程马拉松
海湾镇	"上海海湾杯"全国国际象棋新人王赛、上海"松声杯"马术公开赛、海湾杯校园足球联盟赛、上海市学生龙文化全能赛
金泽镇	全国青少年帆船联赛

资料来源:根据网上资料整理。

(二)上海体育特色小镇发展中存在的问题

1. 区位优势不明显,目标市场不明确

通过图1可以看到,分属崇明岛的两个体育特色小镇距离上海市中心都较远。特别是绿化镇,距离更远,自驾游的时间需要三个多小时,区位优势不是很显著。这也意味着陈家镇和绿化镇要打造更多的适合两日游,甚至三日游的体育旅游项目,围绕游客的过夜需求,配套住宿、餐饮、娱乐等多样化休闲需求,开展相应的夜间经济娱乐活动。另外,针对当前上海体育特色小镇的赛事影响力,进一步明确目标市场,未来的体育赛事,是考虑上海层面,还是长三角层面,这些都需要很好地进行战略规划。

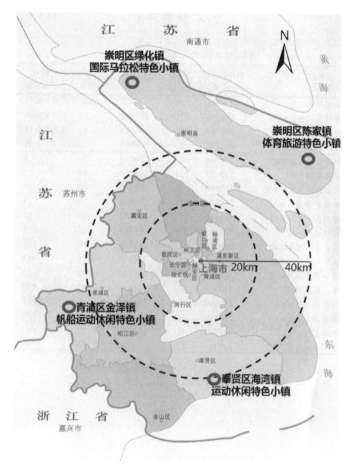

图 1　上海体育特色小镇区位示意图

2. 开发与宣传不够,民众知晓度很低

虽然上海拥有 F1、国际田联钻石联赛、上海国际马拉松赛等系列顶级赛事,且体育服务业占体育产业比重最高,上海市也在积极打造全球著名体育城市。然而对于"体育特色小镇"这个发展模式,民众知晓度特别低,甚至当地老百姓都不是很了解。因此,上海四个体育特色小镇,面对上海这么大的目标市场,客源众多,本身就需要加大宣传和营销力度。这就意味着未来四个体育特色小镇要加强系统的开发与宣传,同时针对开发处于初级阶段,要结合美丽乡村建设的发展战略,通盘考虑产业、文化、社区、生态、旅游等多种发展要素,进行体育特色小镇的系统建设。

3. 政策扶持力度不够,专业人才缺乏

当前仅有上海市体育局出台的《2020年上海市体育产业工作要点》中提到将深入推进体育特色小镇建设,指出要深化本市四个全国运动休闲特色小镇试点,发挥运动项目产业发展在建设体育小镇中的基础性作用。除此之外,上海市有关部门暂未出台任何有关体育特色小镇建设的相关扶持政策,同样区级层面也未见任何公开的扶持政策。另外,体育特色小镇的建设发展涉及旅游、文化、健康、养生等多种产业,除了体育运动专项人才之外,复合型体育人才也非常稀缺,需要更多懂得"大体育大健康"理念的专业人才,能够在体育小镇的建设和发展中给予专业的知识和技术支持。

二、国外体育小镇发展的经验借鉴

(一)全球体育小镇概览

体育特色小镇更多源于欧美发达国家,这主要与其经济发展水平和体育文化积淀有关,这些欧美发达国家相继出现了一批特色鲜明的全球知名体育小镇(表4)。

表4 全球知名体育特色小镇一览表

小镇名称	所属国家	运动特色
韦尔镇	美国	韦尔山地运动会,包括自行车、越野跑、水上运动、攀岩、瑜伽等25个项目
阿斯彭	美国	滑雪胜地与夏季音乐会
哈内雷	美国	以冲浪为主、帆板、潜水、泛舟、海钓、海底漫步、水上飞机等水上运动
云杉溪	美国	飞机运动小镇
托菲诺	加拿大	拥有北美最佳冲浪城镇的头衔;运动活动:垂钓、皮划艇、冲浪; 旅游活动:赏鲸、观熊、观鸟、露营、健行、观看暴风雨以及原住民文化之旅

续 表

小镇名称	所属国家	运动特色
惠斯勒	加拿大	世界级的滑雪和度假胜地
亨利镇	英国	赛艇爱好者的圣地：欧洲最大的赛艇基地，河流与划船博物馆
温布尔登	英国	全球网坛4大满贯赛事温布尔登网球锦标赛的举办地；草地网球博物馆是世界上最大的草地网球博物馆
安纳西	法国	空中运动爱好者的圣地：三角翼、风筝滑雪、热气球与翼装飞行等；不同级别的滑翔伞起降场和全球最系统的滑翔伞培训学校
尚蒂伊	法国	著名的马术重镇：世界顶级的跑马场、独一无二的活马博物馆、欧洲最大的马球俱乐部
霞慕尼	法国	现代登山的发源地，第1届冬奥会的举办地
龙达	西班牙	斗牛爱好者的朝圣之地：现代斗牛发源地、西班牙最古老的斗牛场、斗牛博物馆和斗牛士学校
蒙特贝卢纳	意大利	运动鞋生产基地
瓦腾斯	奥地利	体育用品生产基地，阿迪达斯、彪马等品牌公司总部坐落在此
达沃斯	瑞士	滑雪胜地：穿城雪橇道和冰道、达沃斯冰球场等；运动休闲设施：网球、攀岩、壁球、羽毛球、射箭和室内高尔夫球场等
皇后镇	新西兰	高空弹跳之都与诞生地，喷射快艇、激流泛舟和跳伞等
格雷梅	土耳其	世界上最有名的热气球运动胜地
博卡拉	尼泊尔	被称作"东方小瑞士""徒步天堂"
莫西镇	坦桑尼亚	主要开展旅游登山和登山运动员登山

资料来源：根据网络资料整理。

从表4可以看到，体育小镇各具特色，各有千秋，聚焦于滑雪登山、水上运动、体育赛事、户外运动、运动装备等各个方面，都拥有自己独具特色的体育运动项目，以下选取三个具有代表性的体育小镇（休闲型、产业型与赛事型）进行分析。

（二）休闲型体育小镇——法国霞慕尼

1. 发展基础——天然的自然资源与悠久的体育文化

霞慕尼小镇拥有优越的自然资源，其境内拥有欧洲最高的高峰——勃朗峰。1786年8月，小镇有人成功登顶勃朗峰，开启了阿尔卑斯登山运动的序幕。1924年，小镇又成功举办了第一届冬季奥运会，更是推动了其冰雪体育项目的世界影响力。经过百余年发展，霞慕尼小镇的高山运动和冰雪项目得到全面开发，成为欧洲乃至全世界最有名的山地度假目的地。

2. 发展模式——围绕登山开展多元化产业模式

（1）多元化的运动项目及国际赛事。为了满足游客多元化需求，霞慕尼围绕登山运动不断开发新的线路，以勃朗峰、大乔拉斯峰两座山峰为例，就开发了多达五千多条的攀岩路线，还有众多的登山路线。另外，该镇还建有十几家大型滑雪场，拥有从最初级的绿道到超高难度的黑道等各种赛道，可以满足不同层次游客的滑雪需求。这也使得霞慕尼有能力承办众多国际顶级赛事，举办滑雪世界锦标赛、攀岩世界杯等国际赛事。同时，针对不同季节特点，还开展了徒步旅行、高山滑翔伞、滑雪、高尔夫、网球、漂流和溪降运动等，体育运动项目呈现多样化，全方位满足不同游客的多样化需求。同时，为了更好地推广登山运动，小镇还建有世界上第一所登山向导学校，即法国国家滑雪登山学校（ENSA），另外还有高山医学培训、高山警察培训中心等相关机构，全力保障登山运动的广泛开展。

（2）完善的休闲配套服务。一方面，为了更好地保障游客安全，成立专门的向导公司，提供专业登山向导服务，同时设置了"急诊＋医院＋研究中心"的综合医疗服务体系，全方位提供专业医疗服务。另一方面，强化旅游六要素中的"食、住、行、游、购、娱"，从青年旅社到星级酒店、从家庭旅馆到露营营地等，提供了多样化的住宿设施；同时建有四十多家体育用品商店，销售登山、滑雪等各类旅游纪念品；当然传统美食和酒吧娱乐等应有尽有，全方位满足游客的需求。

（三）产业型体育小镇——意大利蒙特贝卢纳

1. 发展基础——传统制鞋工艺

文艺复兴时期，源于为当地伐木工人制作登山鞋，蒙特贝卢纳小镇就已经有了很多登山制鞋业的手工小作坊。随着制鞋工艺的不断精进，配上优质的用料，蒙特贝卢纳随后成为世界闻名的冰雪运动鞋生产基地，包括：赛车靴、滑雪靴、冰刀鞋和登山鞋等各种鞋类。

2. 发展模式——围绕制鞋进行的产业集聚发展模式

(1)运动鞋产业集聚。围绕冰雪运动鞋的规模生产,从制鞋产业链的前端,涉及研发设计、配件生产等产前配套生产企业,到中端的各类制鞋品牌公司,再到后端的广告服务等相关服务企业,形成了多个产业集聚区。正是依靠冰雪运动鞋的规模生产,推动了上下游配套企业的产业集聚,推动了蒙特贝卢纳小镇制鞋产业特色化发展。

(2)注重相关产业拓展。在制鞋产业带动下,镇内旅游、运输、皮革加工、家具制造、首饰加工、造纸出版、医药、化工等都发展起来了,在产业集聚的基础上开始多元化产业发展模式,甚至打造出了享誉世界的葡萄酒品牌等。

(四)赛事型体育小镇——英国温布尔登

1. 发展基础——悠久的网球赛事

温布尔登,最有名的当属其自成一派的网球锦标赛,由全英俱乐部于1877年创办,是全球四大网球公开赛中历史最为悠久和最具声望的赛事。依靠这一国际赛事,每年都能为这个小镇吸引全世界各地喜爱网球活动的游客,让温布尔登成为知名的体育旅游小镇。

2. 发展模式——围绕体育赛事进行的旅游开发模式

(1)围绕温网开展的体育旅游小镇。温网已经成为温布尔登小镇的旅游名片,为此小镇专门兴建了草地网球博物馆,该博物馆是世界上最大的草地网球博物馆,吸引全世界各地喜爱网球的人前往小镇探寻网球的历史。另外,小镇还设有丰富的体育活动:迷你型小球场、足球、板球、自行车、划船、游泳等,使得游客在观赛之余能够体验参与到丰富的运动项目。

(2)温网赛事带来的多种盈利模式。一是赛事门票收入。温网本身就吸引了全世界各地的游客前来观赛,年游客量在50万人次左右,除了温网门票收入,另外还有住宿、饮食和各类特许商品的大量售卖。二是电视转播费用。电视转播为温网带来了更多的收入,也为温布尔登小镇的宣传带来了更多的契机。另外还有包括劳力士、IBM等全球知名企业的商业赞助收入。

(五)经验借鉴

1. 借助自然资源和体育文化优势

体育特色小镇发展的首要条件是资源,包括独特的山水资源、气候资源或深厚的文化底蕴等。一方面,国外的体育小镇通常起步早,拥有悠久的发展历史和独特的体育 IP 文化,形成了独具地域特色的体育传统文化,大大丰富了体育小镇的文化内涵。另一方面,休闲型和康体型的体育小镇往往较赛事型和产业型的体育小镇拥有更加优越的自然资源,小镇的基础配套设施,餐饮、住宿、医疗、商业服务一应俱全,更加注重游客的休闲文化。

2. 注重产品多元化和产业集聚发展

从国外体育特色小镇运营来看,一是注重运动项目的系列服务,比如霞慕尼体育小镇从登山培训、向导服务到医疗服务等,保障游客全方位的体验需求。二是注重产品多元化供给,一方面弥补了一些独特运动的季节性结构问题,另一方面满足了不同消费群体的多样化需求。比如美国的阿彭斯,冬天作为滑雪胜地受到游客追捧,而夏季则以音乐会为主要活动形式。三是注重体育用品的产业集聚,围绕某一项体育用品的研发、设计、生产等形成产业集聚优势。比如,奥地利的瓦腾斯,拥有大量运动鞋生产公司集聚在此。

3. 注重差异主导和特色培育

体育特色小镇重在"特色",重在"差异",通过产品差异实施差异化战略,让国际知名体育小镇拥有核心竞争力。主要体现在:一是通过运动项目赛事 IP 形成特色,打造品牌效应,比如温布尔登网球锦标赛;二是通过不断细化产品内容形成特色,比如拥有 5 000 多条攀岩路线的霞慕尼;三是通过产品创新形成差异。比如拥有世界第一条雪橇道的达沃斯;四是借助区域独特的建筑文化、节庆文化、宗教文化、民俗文化形成特色,比如西班牙龙达的斗牛活动。

三、国内体育小镇发展的经验借鉴

(一) 浙江省体育小镇建设发展经验

1. 颁布了各项扶持政策

浙江省作为最早提出特色小镇概念的省份,在建设的两百多家特色小镇中不少都含有体育元素,比如桐庐·莱茵国际足球小镇、莫干山"裸心"体育小镇、龙山越野运动小镇等。为此,专门出台的《关于加快发展体育产业促进体育消费的若干意见》指出:"培育创建一批体育特征突出、产业基础较好、产业融合潜力较大的特色小镇。"随后,浙江省开展了省级体育特色小镇培育项目,培育对象至今已达到 19 个。为了全面建设和发展体育特色小镇,浙江省对省级层面体育特色小镇实施资金奖励,高达 300 万元,对于固定投资额更高的小镇,资金奖补更是高达每个镇 500 万元。

2. 独特的建设发展模式

浙江省体育特色小镇的建设模式采用省地共建的方式,建设周期一般为两年。为了更好地把控体育特色小镇的发展,制定了严格的申报条件,在资源、场地、项目、赛事、投入、配套、管理等方面都提出了相关要求。同时,从产业特色、规划建设、项目投资、体育文化、管理服务和产业带动六个方面进行硬性指标的量化考核,确保体育特色小镇健康有序地发展。

3. 清晰的战略发展目标

浙江省计划到 2025 年力争培育 20 个以上省级体育特色小镇,形成一批"慢生活·快运动""有味道·有风情""领域细分·特色彰显"的体育特色小镇集群,打造成为国际知名的"运动休闲目的地"。为此,浙江省构建了体育特色小镇的四级梯队建设体系,从运动休闲村(居)、省级运动休闲小镇、体育类的省级特色小镇到国家级运动休闲特色小镇,分阶段分层次地保障体育特色小镇建设。

(二)江苏省体育小镇建设发展经验

1. 注重顶层设计

自 2016 年起,江苏省最先出台了《省体育局关于开展体育健康特色小镇建设工作的通知》《省体育局关于做好体育健康特色小镇共建推荐工作的通知》,成为全国首个建设体育特色小镇的省份。目前江苏正在建设的体育特色小镇多达 21 个,同样采用省地共建模式,由省体育局和小镇所属县(市、区)政府签署相关共建协议,共同推动小镇高起点、高标准建设。

2. 注重模式创新

江苏省首创 7 个"体育+"发展模式,具体内容包括:"体育+旅游""体育+赛事""体育+休闲""体育+制造""体育+培训""体育+健康""体育+互联网"这 7 个产业融合发展模式,成为指导体育小镇建设产业方向的基本原则。同时强化标准引领,通过制定体育特色小镇评审指标,组织专家评审和实地考察,严把小镇共建准入关。印发《江苏省体育健康特色小镇中期评估指标》和《江苏省体育健康特色小镇奖补资金使用管理暂行办法》,形成针对各个共建小镇的中期评估指标,对所有共建小镇开展跟踪指导和过程监管。

3. 加强政府与市场联动

一方面,各个市县体育部门加强在体育特色小镇规划、申报、建设等工作的全程指导,做好服务工作和过程管理。另一方面,鼓励社会资本参与体育小镇建设,与阿里体育、苏宁体育等企业开展合作,积极布局体育特色小镇项目。同时,积极参加全国体育产业大会等活动,开展体育特色小镇的相关专题宣传,不断提升小镇在全省乃至全国的知晓度。

四、上海体育特色小镇建设模式

随着体育小镇的纷纷建设,出现了不少负面问题,比如政绩工程、地产化倾向、运营不佳等现象,同时也出现了不少体育小镇缺失体育文化内涵、核心产业不突出甚至体育功能弱化等问题,因此各地政府一定要严格把控体育小镇的全面建设。上海的体育小镇正好处于建设初期,需要根据自身资源禀赋,进行有针对性、科学化的系统规划与开发。一是各个体育小镇要结合自身资源特色,探寻与产业基础相契合的发展运营模式,不盲目追求建设规模和投资数量,确保稳步发展;二是各个体育小镇要突出重点和特色,基于体验经济多角度布局核心运动项目,构建"体育+"的新业态;三是各个体育小镇要根据规划目标,多资金渠道来培育产业项目,打造以体育特色小镇为核心的产业聚集区。

(一)陈家镇:围绕体育培训构建康体娱乐型体育小镇

1. 发展目标

目前整个崇明岛正在积极探索生态旅游新模式,打造自行车、水上运动、路跑、足球等户外健身休闲项目,着力打造"旅游度假岛""运动休闲岛""文化创意岛""养生健康岛"。因此,陈家镇和绿化镇两个体育小镇要根据崇明岛的发展目标,结合自身资源特色进行有针对性地开发。

由于陈家镇拥有丰富的生态资源和多样化的运动基地(高尔夫、自行车、马术以及水上运动带),以及国家级训练基地,未来发展的目标就是康体娱乐型体育小镇,即以体育运动项目为有效载体,以健康养生为发展目标,结合旅游、疗养等多种形式构建康体娱乐型体育小镇。

2. 发展重点

一是围绕国家级训练基地,进行赛事举办、体育培训、体育医疗服务等相关产业的布局;二是围绕特色运动基地和水上运动带,开展各项特色运动体验项目,满足不同年龄段群体的需求;三是围绕生态旅游资源,进行康体娱乐型旅游项目的开发,让游客"进得来,玩得好,留得下"。

(二)绿化镇:围绕马拉松项目构建赛事体验型体育小镇

1. 发展目标

由于绿化镇距离市中心的空间距离较远,其体育小镇的打造,除了常规体育设施布局之外,还要重点考虑旅游六要素(食、住、行、游、购、娱)的全面布局。未来的发展更应该从乡村旅游与体育旅游的融合出发,围绕马拉松项目构建赛事体验型体育小镇。

2. 发展重点

按照绿化镇规划,未来要逐步构建"生态+体育+文化+医疗+旅游+养老"生态IP产业链。一是围绕马拉松赛道、马拉松学院和马拉松博物馆等,营造马拉松运动文化氛围,吸引长三角,甚至全国的马拉松爱好者,以及想体验马拉松体育精神的群体。另外,继续延伸当前体育产业链,加大休闲运动、体验运动等系列产品的开发,拓展产品多样化形式,满足不同群体的不同诉求。二是以明珠湖为核心区,以西沙湿地、郊野公园为辐射,外围以房车露营区、极限拓展运动区、亲子娱乐运动区、综合配套区为点状分布。注重与体育、健康等产业融合,配套餐饮住宿、娱乐购物、体育休闲等相关服务业态,结合亲子旅游、老年旅游等不同的旅游群体,打造一个以马拉松赛事为核心,多种功能业态为一体的高品质体育特色小镇。

(三)海湾镇:围绕海湾旅游资源构建休闲度假型体育小镇

1. 发展目标

奉贤区的海湾镇,正在依靠现有资源特色,积极营造"一城绿色半城海、上风上水上海湾"的滨海运动城市意象。正是因为拥有丰富的海湾旅游资源,较长的生态岸线和风景优美的绿地林地,因此,休闲度假将成为该体育小镇发展的主旋律,要积极打造休闲度假型体育小镇。

2. 发展重点

一是围绕体育运动主题所进行的体验项目设计将成为小镇吸引游客的关键手段,围绕骑行、越野、水上运动、马术等特色运动,逐步形成运动特色主题游、时尚运动体验游、田园亲子休闲游等各类休闲旅游品牌。二是营造休闲度假主题文化,完善休闲配套公共服务设施。继续拓展多样化的住宿业态,特色民宿、房车营地、帐篷营地等，丰富多样化的休闲文化业态，完善旅游公共服务设施建设，实现"把体育植进去、让休闲动起来"。

（四）金泽镇：围绕帆船运动构建产业联动型体育小镇

1. 发展目标

青浦的金泽镇，正好位于"世界级湖区"淀山湖地区，其帆船运动将成为上海城市运动休闲功能板块的重要组成部分。因此，金泽镇作为全国唯一的以帆船运动为主题的体育特色小镇，将围绕帆船运动大做文章，将该帆船特色运动做细、做深和做强，打造帆船运动主题文旅综合体，构建帆船产业联动型体育特色小镇。

2. 发展重点

一方面，继续加大帆船赛事活动的承办，加强与国家体育组织等专业机构的合作交流，继续打造区域性、全国性、国际性的帆船赛事活动品牌。同时，结合研学旅行和公司团建等，开展更多的让普通大众都能够参与的帆船体验活动，成为上海乃至长三角帆船运动的科普基地。另一方面，拓展帆船运动的产业链，从上游帆船的生产设计，到帆船活动的培训体验，再到帆船赛事的举办开展，甚至俱乐部的运营管理等，需要进行合理的产业布局，借鉴国外产业型体育小镇的发展经验，全产业链融合发展。同时，金泽作为古镇，虽然其规模和景观略逊于朱家角等古镇，但是却拥有独特的旅游资源，即众多的古桥，可以配套开发古镇游，作为系列产品的有效补充。

五、上海体育特色小镇的发展路径

（一）注重文化培育，实现体育文化和海派文化的融合

1. 文化是体育小镇建设发展的关键

国外体育小镇的发展是伴随人类社会进步而自然发生的体育文化的产物，而我国才是近几年开始探索体育小镇的建设发展，相比于国外成熟的小镇，我国的差距不仅在于建设经验不足，更重要的是没有深厚的体育文化根基支撑体育小镇的发展。我国的体育小镇普遍缺乏对体育文化的培育，体育文化的培育不仅需要资金投入和文化宣传，还要经过漫长的时间沉淀。

2. 注重体育文化与海派文化的融合发展

由于较早接触西方文化，上海已经形成了"海纳百川、兼容并蓄"的海派文

化。同样,上海的体育文化与海派文化相伴而生,上海的体育文化也将成为这座国际化都市不可或缺的文化标识。上海体育特色小镇的未来建设离不开体育文化的发展,要加强对体育文化的培育,只有具备扎实的体育文化底蕴,不断促进体育文化与海派文化的多元融合,才能激发上海体育小镇源源不断的内生动力。

(二)围绕"体育＋",注重体验式消费项目的全方位开发

1. "体育＋"模式能够更好地推动行业融合发展

随着体育产业的深入发展,体育将不断与旅游、教育、健康、养老、地产、金融、信息等产业进行融合发展,融合后的"外溢效应"将成为体育产业新的价值增长空间。上海当前体育小镇的体育产业投入回报率较低,须采取"体育＋"模式,推动行业融合发展。比如采取"体育＋文化""体育＋旅游"乃至"＋N"的多产业集合,以体育运动项目为入口、以旅游体验引人气、以文化底蕴为特色、以产品消费为盈利点,实现体育产业的范围经济和品牌效应。

2. 体验式消费将成为上海体育特色小镇发展的路径

体育小镇,非传统的旅游景点,在注重体验的基础上,更需要通过参与度最大化,引导重复体验消费,实现的健康商业模式。除基础的场地租赁外,更强调通过赛事周边的培训、服务、展览等衍生方式来盈利。在设计体验项目时,应力求项目的独特性,最好应使其具备不可替代性,并通过持续创新优化,不断为游客带来全新的运动休闲感受,使游客在参与过程中得到高享受的体验过程。运动体验项目的规划与设计将是上海体育特色小镇生存发展的核心手段,它的成功与否将直接影响到小镇对于游客吸引力的强弱。

(三)遵循需求链—产业链—供给链的发展,实现小镇可持续发展

1. 注重不同群体的多样化需求

上海体育特色小镇的目标群体应该是全年龄段人群,以全年龄化可参与的体育运动休闲产品系列为核心,吸引户外拓展、旅游等相关运营商,导入大量可参与性体育休闲资源,形成上海体育特色小镇全域运动文化氛围;同时要突出一至两项核心运动项目,引入具有一定影响力的相关赛事,通过赛事的举办扩大上海体育小镇的对外宣传与外界影响力,提升上海体育小镇的全国知名度和美誉度;最后融合休闲旅游等产业,配套住宿餐饮、娱乐购物、健康养生

等功能业态,丰富和扩大上海体育小镇的内涵和外延。

2. 注重完整体育产业生态链

对于像金泽镇这样的产业联动型体育小镇,主要依靠核心运动项目——帆船,就要深耕帆船运动产业生态链,吸引与帆船运动相关的多种业态,邀请更多的具有综合投资能力和资源整合能力的产业服务方和运营方,参与小镇的产业规划与建设发展,才能建立发展有序的帆船运动产业生态链。同时,依靠该特色运动产业带动体育旅游、体育会展等相关业态,实现体育与其他产业的融合发展,形成"帆船+"的运动产业生态圈。

3. 注重提升价值链和区域链

虽然近几年我国出现了一些运营较为成功的体育特色小镇,但是由于其发展时间较短,尚不能作为标杆式成熟模式进行推广,国外体育特色小镇的发展经验虽可以借鉴,但无法照抄照搬。但是,产业链、价值链和区域链是体育特色小镇发展的核心要素,上海体育特色小镇要注重提升价值链,以具有一定影响力的专业体育赛事为引领,将区域体育赛事、民俗特色体育活动以及节假日相关赛事活动作为补充,培养目标市场体育文化消费惯性,从而能够更好地扩大体育消费规模,有利于解决体育特色小镇淡旺季明显的问题。同时,上海体育特色小镇要注意整合区域链,实现体育特色小镇与区域经济、社会、环境的全面联动协调,促进区域居民的生活水平进步。

六、上海体育特色小镇建设的保障机制

(一)注重顶层设计

目前,我国体育小镇建设的主导性力量多数是政府,无论是小镇建设初期的筹备,还是基础设施建设,以及周边产业的规划等,这就需要当地政府协同上级主管部门以及多方利益主体,对体育小镇的建设规划、发展目标、保障机制等进行顶层设计,坚决不能为了追求一时的短期利益,盲目胡乱发展,应切实保障体育小镇的健康有序可持续发展。上海四个体育特色小镇的发展规划需要与市级、区级层面的发展规划相配套,坚持"政府引导、企业主体、市场化运作"的发展原则,做好体育小镇的战略规划与顶层设计,开展各项扶持政策与建设资金的监督管理,对产业形态以及产品配套等做好引导,避免同质化发展等形式主义,让四个体育特色小镇成为上海建成具有全球影响力的体育资

源配置中心的有力补充。

(二)体制机制创新

2019年国家体育总局颁布的《运动休闲特色小镇试点项目建设工作指南》中明确指出,要警惕四个问题:一是政府债务风险;二是房地产化倾向;三是节约集约用地;四是生态保护红线。因此,上海体育小镇的建设要不断进行体制机制优化创新,明确政府和市场的边界,政府部门的主要职能是做好顶层设计,做好体育特色小镇的空间布局和产业布局,并做好各项公共服务基础设施的建设等;而其他产业的发展则需要通过市场进行有效配置,健全和丰富产业业态和功能业态。同样,借鉴江浙等其他省份的发展经验,抓好政府部门的统筹协调功能。体育小镇的发展规划涉及多方利益主体,既有体育局、文旅局等部门,也有相关企业、区域民众等各方主体,要本着互惠共赢的原则,了解相关利益主体的不同诉求,创新合作共谋发展。另外,上海市各级政府和相关部门也应出台一系列的规范指导政策,约束体育小镇建设中各方主体的行为,确保体育特色小镇的健康有序发展。

(三)加大扶持政策

上海需借鉴江浙两地的成功经验,加大政策扶持力度,通过税收、人才与资金投入等扶持手段,给予体育特色小镇发展建设保障。一是给予相关企业的税收优惠政策,吸引关联企业强化与体育小镇的合作发展;二是加强专业人才队伍的建设。当前在体育小镇开发建设中,人才的匮乏已成为制约体育小镇创新型发展的重要因素。这是因为体育小镇很多开发项目多为体验式体育项目,例如冒险性的水上项目,这些存在风险性的项目对服务人员的专业化要求非常高。另外,对于复合型人才的需求较大,既懂体育项目运营管理,又懂市场营销运营的人才缺口一时难以补全。三是创新融资模式与渠道,不能继续沿用传统的政府出资或垫资为主的融资模式,利用上海金融市场的优势,拓展多样化的融资模式,采用多种资金组合形式,保障体育特色小镇建设中的资金需求。

参考文献

[1] 王成.中外比较视域下的体育小镇认知反思与重构[J].上海体育学院学报,2020

(1).

[2] 王学彬,项贤林.体育特色小镇建设:域外经验与中国路径[J].上海体育学院学报,2018(4).

[3] 张鸿雁.论特色小镇建设的理论与实践创新[J].中国名城,2017(12).

[4] 王峰,郑国华,陈宁.美国体育小镇的运行机制及其对中国的启示[J].武汉体育学院学报,2019(4).

[5] 武前波,徐伟.新时期传统小城镇向特色小镇转型的理论逻辑[J].经济地理,2018(2).

[6] 展茂浩.我国体育小镇研究的回顾与展望——基于CNKI数据库分析[J].福建体育科技,2019(4).

[7] 陈远莉,苏华成.体育小镇的国际发展模式与启示[J].哈尔滨体育学院学报,2019(5).

[8] 胡美华.运动休闲特色小镇规划策略研究——以上海练塘为例[J].安徽体育科技,2019(1).

[9] 赵承磊.建设运动休闲小镇的价值、问题与行动路径[J].上海体育学院学报,2019(3).

[10] 邰峰,于子轩,李思佳.基于体验经济视角的我国运动休闲小镇发展策略研究[J].哈尔滨体育学院学报,2020(6).

[11] 崔建国.江苏省"体育健康"特色小镇建设的经验及启示[J].首都体育学院学报,2019(9).

[12] 叶小瑜.江苏运动休闲特色小镇的建设实践、问题与优化治理[J].南京体育学院学报,2020(3).

[13] 张长清.上海市运动休闲特色小镇建设现状与策略研究——以奉贤区海湾镇为例[D].上海体育学院,2019.

[14] 范荣昌.体育小镇建设中的政府职能与推进路径探析[J].辽宁体育科技,2020(4).

[15] 薛莹.中国体育小镇建设的实践研究[D].山东体育学院,2020.

长三角区域体育旅游一体化的现状、困境与出路

周　珊　晏　慧[*]

长三角区域是我国经济发展最活跃、开放程度最高、创新能力最强的区域之一,体育产业发展一直走在全国前列。2019年5月,中共中央政治局会议审议通过了《长江三角洲区域一体化发展规划纲要》(以下简称《纲要》),党中央作出重大决策部署,将长三角区域一体化上升为国家战略,意味着将进一步开展更高起点的深化改革。《纲要》强调文旅的合作发展,深化旅游合作,统筹利用旅游资源,推动旅游市场和服务一体化发展,长三角地区体育旅游发展正面临着更多的发展机遇。2012年,长三角相关省市体育行政部门开展在区域体育产业协同联动和一体化发展等方面的尝试,以此为契机共同推动长三角区域体育产业协作。体育旅游是体育产业一体化发展的突破口,为推动长三角地区体育旅游快速发展,2016年,三省一市共同签署了《长三角地区体育旅游合作纲要》,共商区域体育旅游发展的目标和战略,为体育旅游一体化发展提供指导。长三角区域体育旅游一体化发展已落脚在实践,连续举办了七届长三角体育运动休闲体验季是三省一市区域体育产业协作的典范。区域一体化战略地位提升及大力培育发展体育旅游的新时代背景,要求长三角区域体育旅游更高质量地协同发展。京津冀、粤港澳大湾区、成渝经济圈等其他区域体育旅游的迅速发展,给长三角区域体育旅游造成了一定的竞争。相比旅游等其他产业,体育旅游的一体化发展水平还明显滞后。长三角区域体育旅游一体化的发展仍然受内外部环境、机制体制的制约和区域协调的障碍,行政壁垒没有完全打破,导致长

---

[*] 本文作者简介:周珊,久臻(上海)体育咨询有限公司,上海体育学院在读博士生,研究方向:体育管理;晏慧,上海体育科学研究所(上海市反兴奋剂中心)助理研究员,上海体育学院在读博士生,研究方向:体育管理。

三角区域体育旅游资源整合度低、区域联动不足等问题凸显。如何利用政策变化带来的机遇,加强区域体育资源共享,进一步促进区域体育旅游纵深推进,实现体育旅游产品和资源要素在区域内自由流动,助推长三角区域体育产业高质量发展,是长三角区域体育旅游一体化发展研究的新征程。

本研究采用了文献资料法、专家访谈法、实地调查法和逻辑分析法,旨在立足长三角区域一体化发展现状的基础上,分析长三角区域体育旅游一体化发展的外部环境与内生动力,提出目前长三角区域一体化发展存在问题与困境,以期为推动长三角区域体育旅游一体化乃至区域体育产业一体化发展提供借鉴。

一、长三角区域体育旅游一体化的外部环境及内生动力

对长三角区域体育旅游一体化发展的外部环境及内生动力分析(图1),有助于为长三角区域体育旅游发展的策略提供现实依据。外部环境分析将围绕长三角区域体育旅游一体化的政治因素、经济因素、社会因素和技术因素展开,可以准确定位该区域体育旅游一体化发展的机遇与挑战;而内生动力分析则从资源配置、产品创新、人才培养、营商环境方面解释体育旅游一体化发展的需要解决的问题与发展不足。

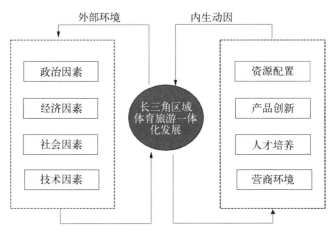

图 1 长三角区域体育旅游一体化发展的外部环境与内生动力

(一)区域体育旅游一体化的外部环境分析

探讨长三角区域体育旅游一体化发展的外在环境因素,有助于为中国目

前长三角区域一体化体育旅游发展问题提供依据。此部分采用PEST模型，系统梳理长三角区域体育旅游一体化发展的政治因素、经济因素、社会因素和技术因素。

1. 政治因素

2016年国务院办公厅相继颁发《国务院办公厅关于加快发展健身休闲产业的指导意见》《国务院办公厅关于进一步扩大旅游文化体育健康养老教育培训等领域消费的意见》后，为了落实上述两份文件的指示，同年12月，国家旅游局、国家体育总局联合印发了《关于大力发展体育旅游的指导意见》，为中国体育旅游的发展提供了政策支持。随后，中国体育旅游产业逐渐兴起。同时，长三角作为中国率先跻身世界级城市群的区域，其经济发展迅猛，成为中国经济高速发展的重要区域。在上海市第十五届人民代表大会上，时任上海市市长应勇提出要全力实施长江三角洲区域一体化发展国家战略。国家政策为体育旅游产业的发展起到了风向标的作用，加上长三角区域协同发展已在体育产业一体化、文旅一体化中积累了一定的经验，再加上如前所述，国家频频颁布的体育旅游发展政策以及长三角协同发展的经验皆有助于长三角区域体育旅游一体化的发展，为其提供了发展动力与方向。就目前而言，长三角区域体育旅游一体化发展中，政府给予一定的产业政策支持，进一步培育了赛事活动旅游市场和体育旅游市场主体，在政策中明确提出加大对体育旅游产业发展的专项资金支持、财税减免和金融工具方面的支持。

2. 经济因素

长三角是中国经济高速发展的区域。自改革开放以来，长三角区域在各项政策的支持下，经济水平逐步提高，为中国GDP的增长提供了有力的支撑。在"十一五"期间，安徽省进入长三角区域，经济总量再度放大。2012年，中国GDP为519 322亿元，长三角区域的GDP总额已达到12.6万亿元，占全国的24.3%。据相关统计数据显示，2019年，长三角区域的GDP已超过23.7万亿元，约为粤港澳大湾区的2倍，约占全国的23.9%。长三角作为中国区域经济最为发达的区域，经济社会发展程度高。城镇居民人均可支配收入指标反映了居民家庭收入中用于家庭日常生活的部分，是衡量地区居民收入水平、城市经济发展水平的重要指标，换言之，人均可支配收入是反映当地居民富裕程度的重要指标。据2015年统计的数据显示，全国人均可支配收入排名前五位的城市中，除北京市之外，其余四座城市均来自长三角区域。因此，长三角区域的城市经济社会水平较高，当地居民相较于其他区域，人均可支配收入较高。

体育旅游作为满足人民高水平需求的消费产品,长三角区域居民具有一定的消费能力,这为长三角区域一体化发展提供了优质的消费群体。

3. 社会因素

近年来,旅游、文化、体育、养老、健康产业作为五大幸福产业,是社会发展到一定阶段的消费产业。体育旅游作为体育产业与旅游产业的融合,更成为社会经济增长的新动能。中国经济的快速增长,使人民的消费模式发生了转变,从物质消费逐渐转变为服务消费,同时人民群众对幸福产业的消费,能更好地满足群众对生活质量的追求、对美好生活的向往,增强他们的获得感、幸福感与安全感。因而经济发展使越来越多的人有意识、有意愿去参与体育旅游。据预测,2020年中国参与体育旅游人数将达到10亿人次,而登山、垂钓、露营等户外运动更是成为体育旅游顾客的首选项目。长三角作为旅游资源丰富的区域,成为国内外游客偏爱的旅游目的地之一。人民对体育旅游消费态度的改变以及对体育旅游消费需求的提升,都将促进区域体育旅游一体化的发展。

4. 技术因素

高科技的发展不仅推动了生产力的发展,提升了人民的收入水平,让人民群众有闲、有钱地消费体育旅游产品,而且促进了体育旅游产品的更新与服务质量的提升。在互联网背景下,大数据挖掘技术可以为体育旅游的市场主体科学、系统地分析旅游行为、营销效果、景区管理以及舆情监测等工作,不仅可以有效地提升旅游市场主体的服务质量,而且可以加强其管理水平与管理效能。旅游产业具有推广和营销上的渠道优势,且与相关产业融合能力强,但存在着产品结构单一、回头客少、受季节限制的短板,而体育内容优质、产品黏性高、带人流能力强、身心一体的历练的特点可以弥补旅游的短板。随着VR和AR技术的技术发展,这些技术可以更加凸显体育与旅游融合的优势,同时弥合体育中消费场景不畅的问题,进而丰富体育旅游产品基础,为体育旅游一体化的创新发展提供支撑。

(二)区域体育旅游一体化的内生动力分析

如上文所述,从长三角区域体育旅游一体化发展的外部环境分析来看,长三角地区体育旅游发展具有良好的政策环境、经济社会发展优势明显、人民对幸福产业消费需求旺盛、新技术发展迅速的外部环境。面对良好的外部发展环境,对长三角区域体育一体化发展的内部动力机制分析,可以分析促进区域体育旅游一体化发展的内部因素。

1. 资源配置

体育资源可分为体育自然资源和体育人文资源。从体育自然旅游资源来看,长三角作为中国旅游产业发展最为成熟的区域之一,拥有丰富的水上体育资源和山体体育资源,如杭州市的西湖、千岛湖,南京市的钟山以及湖州市的莫干山等,众多的体育自然资源为长三角区域体育旅游一体化发展提供了巨大的区域竞争优势。从体育人文资源来看,长三角区域留下了丰富的历史体育文化资源,如上海马桥地区的手狮舞、温州的龙舟竞渡等,这为长三角区域进一步拓展传统体育文化项目、挖掘民俗体育旅游资源奠定了良好的基础。鉴于长三角区域拥有较为丰富的体育旅游资源,如何进一步在长三角区域内集聚资源、发展资源、保障资源、辐射资源,成为推动长三角区域体育旅游一体化发展的内生动力。

2. 产品创新

长三角区域拥有丰富的自然旅游资源和历史人文景观,截至2019年,共有54家5A级景区。但体育旅游产品的形式还较为单一、缺乏创新性,具体而言:从服务项目来看,各项服务雷同,缺乏个性,如划船、观光缆车等;从服务设施来看,同质化现象严重,如长三角各地区的温泉小镇、生态旅游度假村等,都较难让游客产生较高的心流体验和留下较为深刻印象。而体育旅游产品的形式与质量直接决定了旅客的数量与回头率,因此这将影响长三角区域体育旅游一体化的发展。如何借助资源、科技、创意,推进长三角区域体育旅游产品的创新发展,成为推动长三角区域体育旅游一体化发展的内生动力。

3. 人才培养

体育旅游的专业人才培养是促进区域体育旅游一体化发展的重要前提。从宏观方面来看,该市场的规范发展亟须一批相关政策、规划以及管理体系的制定者。从微观角度来看,需要一批既熟悉长三角区域发展形势,又了解体验型体育旅游安全管理、观赏型体育旅游经营管理人才。由此可见,人才的缺少会造成长三角区域发展的不协调、体育旅游产品发展不均衡的问题。因此要借助长三角区域体育专业院校和综合院校的师资资源,联合培养体育旅游人才,成为推动长三角区域体育旅游一体化发展的内生动力。

4. 环境改善

区域体育旅游产业的发展需要政府与市场的"双轮驱动",而目前长三角区域体育旅游产业的市场机制作用尚未完全发挥,政府依然在体育旅游发过程起重要作用,因而体育旅游产业中较为浓厚的行政色彩或许阻碍了区域体育旅游一体化的发展,也限制了体育旅游市场主体的成熟。同时,体育旅游产品往往容易被复制,而利益受损方无法进行侵权维护,因而良好的营商环境成为长三角区域体育旅游一体化发展的重要因素。如何借助长三角区域体育产业的智库,充分调动社会力量有效地改善营商环境,成为推动长三角区域体育旅游一体化发展的内生动力。

二、长三角区域体育旅游一体化发展现状

当前对区域一体化研究的视角主要集中在政策对区域一体化的影响、经济一体化对区域经济增长带来的影响等方面,学者主要围绕区域旅游一体化本质内涵、管理机制、影响因素以及合作模式诸方面展开研究。虽然当前区域体育旅游一体化研究成为众多学者的关注点,但从目前的研究成果来看,对于区域体育旅游一体化的研究相对滞后,未能有效挖掘目前发展现状背后的因素,且内容分散未成体系,不能全面分析区域体育旅游一体化存在的问题。同时,有学者指出长三角区域一体化形成的轨迹、动力与国外区域一体化发展具有鲜明的差异,因而国外成功的经验及模式并不一定完全适用于长三角区域。综上,在当前阶段,本研究将从长三角区域体育旅游一体化的基础分析入手,沿着研究其现状—探究其问题—创新其发展路径的脉络开展。

从实践来看,长三角区域旅游一体化发展表现出"市场需求—政府推动—融合发展"的演进特征,具体可以分为三个阶段:市场需求阶段(2013年之前),由于收入水平的提升和闲暇时间的增多,人们开始经常参与休闲体育活动,体育旅游业得到迅速发展。这一时期一些户外运动的协会或者组织和部分旅游企业开始自发设计体育旅游线路,进行跨区域合作,但体育旅游要素存在约束性流动。政府推动阶段(2013—2019年),体育旅游产业的巨大发展潜力逐渐被发掘,相关部门开始实施一系列促进体育旅游发展的行动。2013年长三角区域体育产业协作正式启动,形成了两省一市一院的基本合作框架。尽管没有正式提出体育旅游一体化发展的政策文件,但体育产业协作发展为体育旅游的一体化发展创造良好的环境。2016年三省一市签署《长三角地区体育旅游合作纲要》,意味着体育旅游一体化从自发性的市场合作转向自主性的制度对接阶段。融合发展阶段(2019年至今),长三角区域一体化战略地位的提升,推动体育旅游寻求更高质量的一体化发展,初步形成政府推动、市场

主导的多元主体共同参与的发展格局。

(一) 政策环境不断优化

随着体育旅游在经济社会发展中的价值逐步显现,我国各级政府在政策制定和产业规划指导等方面均做出积极的尝试,出台了系列相关政策,由国家强制力统筹体育旅游发展,努力破除体制机制上的障碍壁垒,促进体育产业与旅游业的融合发展,为体育旅游一体化发展创造了积极、宽松的政策环境。

1. 区域一体化政策的力推

区域经济发展层面,长三角区域经济一体化为体育旅游一体化发展提供良好的政策环境。1982年国务院提出成立"上海经济特区",2010年正式实施《长江三角洲地区区域规划》,2016年发布《长江三角洲城市群发展规划》,2019年颁布《纲要》,在确定长江三角洲发展方向的同时,指明了体育旅游发展的方向。区域旅游发展层面,区域旅游一体化政策实践为体育旅游一体化的发展奠定基础、提供可借鉴经验。在2003年,江浙沪15个旅游城市和安徽黄山市共同召开建设长三角体育圈首次联席会议,发表了《长三角旅游城市合作(杭州)宣言》,宣布长三角将建成中国首个跨省市的无障碍旅游区。随后,长三角三省一市不断深化区域旅游一体化发展,先后签署《苏浙皖沪旅游一体化合作框架协议》《长三角地区率先实现旅游一体化行动纲领》,扎实推进区域旅游一体化,形成可借鉴、可推广的经验做法。在区域体育产业发展层面,长三角体育产业协作丰富了体育旅游的实操空间。2013年,江浙沪共同签署《长三角地区体育产业协作协议》,以空间结构优化为依托,以城市群为起点,充分利用长三角自然资源,通过休闲体育一体化活动,打造以城市景观、体育休闲景观为特色的体育旅游目的地。2016年,江浙沪皖签署了《长三角地区体育旅游合作纲要》,将共同编制区域体育旅游发展规划,共同培育长三角体育旅游市场,共同打造区域体育旅游品牌,全面提升区域体育旅游产品的吸引力和竞争力。2020年10月23日,《长三角地区体育一体化高质量发展的若干意见》印发,进一步为长三角区域体育旅游一体化发展提供了坚实的制度保障。

2. 围绕一体化地方政策的制定

为促进体育和旅游的融合,三省一市在积极响应国家政策的同时,根据区域发展需要,制定了多项体育旅游相关政策。上海市进一步明确了"全球著名体育城市"的发展目标和定位,出台《关于促进上海体育旅游融合发展的意见》《上海市体育旅游休闲基地等级评定管理办法》,将赛事资源打造成品牌旅游产品,促进上海体育旅游休闲业的跨越式发展。浙江省陆续出台《浙江省运动休闲旅游示范基地、精品线路和优秀项目评定管理办法》《浙江省运动休闲旅游节申办管理办法》《关于加快培育旅游业成为万亿产业的实施意见》等政策,加大对体育旅游产业的资金投入,促进体育旅游发展。江苏省体育局、省旅游局以及省体育产业集团三方在多方面加强深入合作,共同推动体育产业与旅游产业的融合协同发展。安徽省印发《关于加快深化体育旅游改革发展的实施意见》《安徽省省级体育旅游产业基地评定办法》,大力打造体育品牌赛事活动,打造多层次、多种形式的体育主题旅游景区、景点和线路,丰富体育旅游产品,引导体育旅游消费升级。

(二)空间资源日趋丰富

长三角区域依托深厚的自然人文资源,结合不同城市的特色,开展了形式多样的体育旅游项目。经过长期规划整合,长三角区域体育旅游资源和产品日趋丰富:第一,体育赛事结构日趋完善。体育赛事游是体育旅游产业的重要组成部分,赛事可以进一步丰富体育旅游的产品开发。目前,长三角区域初步形成国际顶级体育赛事引领,搭建了自主品牌赛事为主体,民间赛事为支撑的赛事结构体系。第二,体育旅游特色空间集群初步呈现。上海城市休闲景观体育旅游集群、浙江的滨海旅游带、江苏环太湖休闲体育旅游群、安徽"两山一湖"自然体育旅游圈等体育旅游特色集群充分展现各地特色,提升了长三角区域体育旅游形象。第三,体育旅游发展空间载体逐渐增多。江浙皖沪积极培育体育特色小镇,已经建成 14 个国家级运动休闲特色小镇和一批省级特色小镇,体育公园、体育综合体、综合示范区等不断逐渐增多。第四,体育旅游项目质量不断提升。据统计,在 2013—2020 年的八年间,全国共评选出 318 项体育旅游精品"十佳项目"。从"十佳项目"区域分布来看,主要集中在长三角区域,其中江苏省和安徽省分别获得 29 个和 25 个"十佳精品"项目称号,领先于其他省市。

(三)落地产品初有成效

区域合作要落实在具体的产业、具体的项目上,区域体育旅游一体化也不例外。目前,长三角区域在体育产业协作方面已形成以项目合作为抓手的主要工作思路,打造了一批促进体育旅游一体化发展的项目典范:一是长三角运动休闲体验季效果明显。为促进长三角区域体育旅游活动一体化,2014 年由上海市、江苏省、浙江省两省一市体育局共同主办的长三角运动休闲体验季活动正式开启，2015年，安徽省也参与其中。长三角运动休闲体验季活动是长三角区域体育产业协作的重要内容，经过连续七届的成功举办，在促进长三角运动休闲产业联动的同时，串联起区域内体育旅游资源，不断壮大和优化长三角区域运动休闲人群、组织、市场。二是跨区域联动办赛业已成为常态化工作机制。环太湖自行车赛、长三角定向越野巡回赛、不止骑•24H单车环太湖认证赛等品牌赛事已成功举办多届，2020环意RIDE LIKE A PRO长三角公开赛成为长三角生态绿色一体化发展示范区的第一场三地联合举办的大型体育赛事。借助赛事资源创新体育旅游产品，不断导入客源，带动体育旅游目的地全方位发展，推进优质体育资源和生产要素跨区域流动，完善区域协作机制，推动长三角区域体育旅游一体化建设。三是发布精品体育旅游项目。三省一市持续在体育旅游方面开展深度合作，联合推介长三角区域体育旅游项目，发布长三角区域精品旅游线路、赛事、目的地和房车营地，促进体育旅游高质量发展。

（四）协作平台强化整合

产业协作平台等载体在推进区域一体化过程中具有重要作用，有利于消除市场壁垒，促进区域资源流动。在长三角区域体育产业一体化发展的实践探索中，三省一市共同搭建了体育产业资源共享平台，持续推动各省体育资源共享与互动。成功举办两届的体育资源配置上海峰会，为政府与市场、资本与项目搭建了良好资源交易平台；江苏省体育产业大会通过发布长三角体育产业资源和项目推荐，形成政、产、学、研、商互动交流平台；长三角国际体育休闲用品博览会通过企业博览会的形式促进企业间相互交流共享体育产业资源。2017年在十余家省市级体育产业集团共同组建了长三角体育产业集团联盟，2019年90多家中汽联授牌汽车自驾运动营地成立了长三角区域汽车自驾运动营地联盟。汽车自驾营地联盟为区域体育旅游交流合作与资源共享提供良好的平台，体育旅游资源借助产业平台得到有效共享。

三、长三角区域体育旅游一体化发展存在的问题

经过不断的探索和实践，加之在良好的外部环境和强劲的内生动力的推动下，长三角区域体育旅游一体化发展取得了一定成果，也为长三角区域体育

旅游一体化的进一步发展提供了实践经验。但在区域战略地位提升的新背景下,制约长三角区域体育旅游一体化高质量发展的问题更加凸显。上文梳理发展演变的过程,可以发现长三角区域体育旅游一体化发展存在着政府主导、政府推动,尚未有效发挥市场作用的问题。在市场的发展过程中,经济学者一般认为政府对资源调节的反应总是滞后于市场主体,正如市场监管制度总是在监管事项出现之后产生的逻辑一致。总体而言,对比区域经济一体化发展,无论从发展历程或发展成就,区域体育旅游一体化要滞后于区域经济一体化发展进程。区域体育旅游一体化发展主要存在两方面的问题:一是共性问题,体育旅游一体化发展面临与区域经济、区域体育产业同样的发展困境,如市场分割、制度壁垒问题;二是个性问题,体育旅游一体化发展存在独有的发展问题,如主体联动不足、缺乏特色品牌以及专业人才匮乏。

(一)区域利益障碍,体育旅游市场分割严重

区域利益障碍对于体育旅游一体化发展的制约主要表现在两个方面:一方面,各地政府仅注重眼前利益和局部效益,追求表面工作,盲目追求承办国际级体育赛事的数量、星级景区拥有量以及一味强调建设地标性的体育场馆,以此提升本地区的知名度,忽略产品创新,致使长三角区域体育旅游产品单一、档次不高。另一方面,为保护各地自身利益,造成长三角体育旅游市场被分割。市场分割是各地政府用行政手段限制外地资源流入或本地资源的流出,形成壁垒以保护本地利益的一种做法。为了争夺客源和市场,各地政府将体育旅游市场分割,影响长三角区域体育旅游一体化的辐射力,制约着体育旅游进一步发展,未能达到区域一体化发展资源配置流转的初衷。

(二)推进阻力巨大,地方政府制度壁垒难破

区域协调与一体化发展理论强调区域一体化的行政、地理、社会、文化边界及耦合问题,其本质诉求是实现资源要素无障碍地流动和跨区域优化配置。行政边界造成的市场分割、地方保护以及体育部门间条块分割成为实现这一诉求的首要障碍。长期以来,体育旅游行业的各主管部门在政策制定方面相互独立,难免会有相互矛盾和冲突的情况。尤其是体育和旅游部门相互平行,尚未建立深层次的良性互动。跨区域协调机制的形成面临着政策、立法、资金等保障不完善,利益协调机制不健全的现实问题。结合长三角区域体育旅游发展的实际情况来看,制度方面的阻碍仍将是长期制约区域体育旅游一体化

发展的最大阻力之一。

(三) 实践项目较少,体育旅游主体联动不足

区域体育旅游一体化是一个动态发展的过程。欲实现区域体育旅游一体化,需将体育旅游规划、体育旅游产品、体育旅游市场、体育旅游发展政策、体育旅游信息以及体育旅游品牌等内容做实。目前,长三角区域形成了以项目合作为抓手的体育产业协作工作思路,但三省一市的合作项目主要为长三角运动休闲季活动和少部分跨区域赛事。实践项目数量较少、项目涉及的地域范围小、可操作的内容比较窄,难以满足产品创新发展的内生动力需求。在体育旅游路线的联动、体育旅游产品开发、公共体育旅游服务建设等方面的合作还有待加强。一方面,体育旅游资源和产品的管理主体众多,涉及体育企业、体育行政单位、体育社会组织以及民间团体,每个主体的工作机制不同,使项目合作推进困难。另一方面,缺乏专业的具有公信力的资源交易平台,体育旅游信息、项目和资金无法有效流动,也制约着各主体间的有效联动。

(四) 产品结构趋同,特色体育旅游品牌缺乏

长三角区域人文自然资源丰富,各省市根据自身特点设计开发了各种体育旅游项目,或以休闲体验类为主,或以运动参与类为主,也有以赛事观赏类为主,但体育旅游产品主要集中在骑行游、徒步游(马拉松赛、登山)和各类自行车赛事方面。究其原因:一方面,这些体育旅游产品多依赖自然资源,如山地、高原湖泊、森林公园等,具有天然的路线资源;另一方面,徒步类和自行车两类赛事门槛较低,大众参与度较高,与当前全民健身也比较契合。产品结构趋同,面临的客源市场也具有一定的相似性,造成区域内的竞争加剧。游客在少数几次体验以后,容易对该种旅游产品失去兴趣,可能会连带对周边区域产品或同类产品失去兴趣,产生共同衰减的反应,造成体育旅游发展的动力不足,进一步抑制了体育旅游发展。此外,长三角区域体育旅游产品的开发多依附本地旅游业的发展,在景区内仅穿插一些体育元素,未能形成特色性的体育旅游品牌,同时产品创新未能突破空间要素的制约,是体育旅游一体化产品创新动力不足的重要原因。

(五) 行业迅速发展,体育旅游专业人才匮乏

通过对体育旅游相关企业的走访调查发现,目前体育旅游行业的从业人

员存在两方面的特征：一方面，大多数旅游企业的中高层管理人员跨行业从事体育旅游管理工作。由于体育旅游近几年发展迅速，市场对不仅懂体育而且懂旅游的管理人员需求较大，但人才的培养需要一定的周期，两者间的时间矛盾拉大了体育旅游管理人才的缺口。为满足市场的需要，一些曾经从事体育或者旅游行业的管理者开始跨行业从事体育旅游的管理工作。当然，这是一个新兴行业在发展初期必然会遇到的问题。另一方面，基层工作人员尤其是户外领队，以兼职人员为主，人员流动性较大。这一现象的出现与体育旅游产品周期短、季节性强的市场特征密不可分，人才的培养是目前体育旅游发展亟须解决的问题。虽然部分高校开设了休闲体育或者体育旅游专业，使人才紧缺的问题得到暂时缓解，但高素质人才的缺口依然巨大。专业人才匮乏严重阻碍体育旅游产业的发展，部分地区已经出现了体育旅游发展后劲不足的现象。

四、长三角区域体育旅游一体化发展路径

通过梳理长三角区域体育旅游一体化发展存在的困境后，结合区域体育旅游一体化发展的外部环境和内生动力，提出包括加强区域顶层设计、强化区域赛事联动、开发合作实践项目、设计产品供给体系以及加快人才培养五方面的建议。

（一）加强区域顶层设计，编制区域体育旅游发展规划

通过顶层设计规划区域体育旅游未来发展，积极探索区域内体育旅游合作发展的机制，保证科学化决策程序，促进制度创新和制度变迁。一是共同编制专项规划。专项规划是未来几年内长三角区域体育旅游发展的指引和依据，如海南省出台了《海南省国家体育旅游示范区发展规划》以促进海南国家体育旅游示范区建设。2020年10月，长三角区域三省一市体育局联合颁发了《长三角地区体育一体化高质量发展的若干意见》，建议在此基础上，由上海牵头，联合江浙皖体育局、旅游局、高等院校、专家智库等多方力量编制《长三角地区体育旅游发展规划》，与国家规划衔接，促进区域体育旅游一体化发展，可以一定程度上缓解制度壁垒和市场分割的局面。二是建立体育旅游标准化体系，加强政府市场监督，促进体育旅游健康有序发展。将由政府单一供给的体育旅游标准制定转变为由政府推动、市场主导、社会参与的模式；建立体育旅

游标准化建设多元投入机制,鼓励各级财政根据实际情况统筹安排体育旅游标准化建设工作经费,对主导制定行业标准、承担地方标准修订的企事业单位给予适当的资金补助。同时,积极鼓励社会力量参与长三角区域体育旅游一体化的市场运作。三是要强化组织保障,确保规划和标准体系落实。政府在制定了相关的规划与标准后,做好管理工作,明确分工,在继续扶持相关企业的同时,加强对企业的监督管理,确保政策落地、制度落实,同时加强长三角区域体育旅游市场的监管工作。

(二)强化区域赛事联动,探索体育旅游一体化机制

区域联合办赛是推动长三角区域体育旅游一体化的有效方式。一是要充分发挥上海在长三角区域体育旅游一体化过程中的龙头作用,实现一区办赛、多区受益。纵观国内外体育旅游产业,顶级体育IP往往承担着纽带和载体的作用。上海拥有ATP1000网球大师赛,F1中国大奖赛等具有重大影响力的国际顶级赛事,要积极发挥其作用,建立国际赛事与体育旅游的联动,激发体育旅游产业内生动力。以2021年赛艇世锦赛举办为契机,布局长三角水上运动项目产业,促进长三角区域水上体育旅游资源的协同发展。二是要加强赛事间、区域间的联动,多区办赛,形成合力。目前长三角区域马拉松赛事数量较多,既有上海国际马拉松赛(世界田径白金标赛事),又有南京国际马拉松赛、绍兴国际马拉松赛等国家级赛事。在马拉松赛事运营方面,长三角区域政府部门、市场主体具有丰富的经验,以马拉松赛事为介入点,探索区域赛事联动的机制;共同建立长三角马拉松赛事积分制度、赛事名额互通、赛事品牌联合推广等工作机制。借助赛事资源创新体育旅游产品,将长三角区域打造成全国体育旅游先行示范区。

(三)开发合作实践项目,做实体育旅游一体化内容

长三角区域体旅游深层次协作要在办好长三角运动休闲体验季等品牌活动的基础上,增加合作项目数量,拓宽合作范围,向纵深发展。一是三省一市体育局、旅游局等相关政府部门要联合成立长三角区域体育旅游一体化工作小组,形成体育旅游工作联席会议机制,协调区域体育旅游一体化发展;多方共同签署《长三角地区体育旅游项目合作备忘录》,共同开拓区域体育旅游市场。二是打造1~2个具有公信力的长三角区域体育旅游资源交易平台,促进区域内体育旅游资源互动互通,提升品牌等无形资产的经济价值。三是建立

重大项目资源库,共同推进长三角区域体育旅游项目建设;四是举办长三角区域体育旅游高峰论坛和峰会,构建体育旅游企业、组织、政府、研究机构交流合作的平台。五是积极融入示范区建设,拓展体育旅游实操空间。

(四)设计产品供给体系,提升体育旅游一体化内生动力

破除目前长三角地区体育旅游产品同质化严重、缺乏品牌体育旅游产品困局的主要攻坚点在于整合区域体育旅游资源,创新体育旅游产品。通过提质升级和丰富完善传统体育旅游产品体系,培育发展体育经济和旅游融合新业态等多种手段,形成供需两端的正向循环激励,提升体育旅游发展质量与竞争力。一是借助科技、创意等手段,推动体育旅游竞赛表演服务、体育文娱创造、运动健康驱动、参与式和体验式消费等项目发展;二是准确把握消费趋势的变化,进一步丰富和完善体育旅游产品体系,推动体育旅游相关的租赁式公寓、移动式民宿等新兴业态的升级,培育具有高品位的体育休闲街区和度假景点,完善体育文化内涵游、自驾游及越野营地旅游、森林徒步旅游、体育康养旅游、体育红色旅游等产品形态,形成更加丰富、多元、多层级的体育旅游产品供给体系,推动体育旅游业转型升级,打造全国体育旅游精品。

(五)加快专业人才培养,夯实体育旅游一体化基础

三省一市要共同培养体育旅游人才。一是要发挥上海体育学院、南京体育学院、浙江省黄龙体育中心、安徽财经大学长三角体育产业人才培训基地等高等院校的作用,积极探索体育、教育、社会三方共育人才的新机制,优化体育旅游人才培养模式。二是要制订人才引进计划,吸引优秀的体育旅游人才流入长三角区域。体育旅游景区运营管理具有较强的专业性,应积极引进管理人才,或委托专业第三方机构引进一流体育管理团队及聘请职业经理人,负责体育旅游中运动项目的产业化运营,降低管理运营成本,扩大经营规模,确保较高的经营绩效与市场竞争力。三是要为人才发展创造良好的环境,建立人才资源信息库,健全人才激励机制,设立专项资金奖励具有重大贡献的创新人才。多举措加快专业人才的培养和引进,为长三角区域体育旅游一体化的健康发展提供更加坚实的人才保证和广泛的智力支持。

参考文献

[1] 吴义良.安徽省区域旅游一体化研究[D].沈阳大学,2012.

[2] 廉涛,黄海燕.长三角体育产业高质量一体化发展研究[J].中国体育科技,2020(1).

[3] 廉涛.长三角体育产业一体化的理论与实证研究[D].上海体育学院,2020.

[4] 阮威.基于国家战略背景:长三角地区体育旅游一体化发展新思路探究[A].中国体育科学学会.第十一届全国体育科学大会论文摘要汇编[C].中国体育科学学会:中国体育科学学会,2019.

[5] 花建.长三角文化产业高质量一体化发展:战略使命、优势资源、实施重点[J].上海财经大学学报,2020(4).

[6] 刘志彪,陈柳.长三角区域一体化发展的示范价值与动力机制[J].改革,2018(12).

[7] 杨强.体育旅游产业融合发展的动力与路径机制[J].体育学刊,2016(4).

[8] 侯凤芝.推进长三角文化旅游一体化发展[N].安徽日报,2020-05-26(7).

上海培育自主品牌体育赛事研究

李玉峰　黄紫薇　张　凡　孔庆涛*

随着我国经济社会的不断发展,体育赛事已经成为当前促进我国经济发展的新动力之一,体育产业作为第三产业的重要组成部分,对拉动我国经济增长起到切实的作用。中共中央、国务院下发的《关于进一步加强新时期体育工作的意见》指出,体育产业的飞速发展,已经成为我国经济发展的新增长点。产业的发展需要品牌的引领,重大体育赛事的开展对一个城市的管理能力有一定的考验,也彰显着一座城市的文化内涵。体育产业持续、稳健的发展离不开规范化、创新化的带有城市标签的自主品牌体育赛事建设。

上海作为新时代全国改革开放的排头兵、创新发展的先行者,城市形象已经远不止经济层面的范畴,而是由城市经济、社会科技、文化、环境等多因素综合构成。为打响城市品牌,上海提出全力建设"上海服务""上海制造""上海购物""上海文化"四大品牌,体育赛事本身就是"上海服务"品牌的重要组成部分,上海自主体育赛事更是一个城市文化内涵的集中体现。上海自主品牌体育赛事的良好培育能够深化上海体育产业链、增强上海城市国内外影响力、促进内外双循环、助力体育强国目标的实现。

---

* 本文作者简介:李玉峰,上海海洋大学经济管理学院副院长、教授,管理学博士,研究方向:营销与战略;黄紫薇,上海海洋大学经济管理学院硕士研究生,研究方向:农业经济管理;张凡,华东师范大学工商管理学院博士研究生,研究方向:品牌管理;孔庆涛,上海海洋大学体育部主任、副教授,体育学博士,研究方向:海洋体育产业。

一、上海自主品牌体育赛事的发展意义与现状

(一) 上海自主品牌体育赛事的发展意义

2014年《国务院关于加快发展体育产业促进体育消费的若干意见》中指出,要扩大体育产品和服务供给,推动体育产业成为经济转型升级的重要力量,促进群众体育与竞技体育全面发展,加快体育强国建设,不断满足人民群众日益增长的体育需求。2016年《全民健身计划(2016—2020年)》提出,实施全民健身计划是国家的重要发展战略,要弘扬体育文化,以举办体育赛事活动为抓手,因事因地因需开展全民健身活动赛事项目,大力发展健身跑、骑行、健步走等群众喜闻乐见的运动项目,积极培育帆船、击剑、赛车等具有消费引领特征的时尚休闲运动项目,扶持推广武术、太极拳等民族民俗民间传统和乡村农味农趣运动项目。同年,国务院发布的《"健康中国2030"规划纲要》中指出,要完善全民健身公共服务体系,广泛开展全民健身运动,加强"体医融合"和非医疗健康干预,促进重点人群体育活动。2020年发布的《长三角地区体育一体化高质量发展的若干意见》指出,到2025年,推动三省一市在群众体育、竞技体育、体育产业、体育赛事等领域形成一批具有重大影响和示范作用的高水平合作成果,力争成为全国体育高质量发展样板区和区域体育一体化发展示范区,助力加快推进体育强国建设。

政府不断出台政策支持体育产业的发展,党和国家越来越重视人民健康,全民健身运动蓬勃发展,体育赛事作为体育产业的重要组成部分,城市自主品牌体育赛事发展空间较大。上海自主品牌体育赛事的发展无论是对长三角一体化还是对国家都有着不可替代的推动作用,上海自主品牌体育赛事的大力发展,既有利于促进城市的经济发展、提高居民的体育参与度、促进社会民生发展、改善城市建设规划,也有利于促进体育产业的发展、强化大众对体育科学的认知、推动体育体制改革。上海自主品牌体育赛事的发展,符合经济建设和社会文化发展的需求。

城市自主品牌体育赛事的快速发展是体育强国战略贯彻落实的重要支撑。我国自主品牌体育赛事的发展已经经历了早期兴起阶段、初期发展阶段,自2007年上海就提出打造国际知名体育城市的战略,随着上海自主品牌体育赛事的逐渐成熟,2020年上海又提出在2025年基本建成全球著名体育城市的

目标。基于上海提出建设卓越的全球城市、全球著名体育城市的战略目标，以培育上海自主品牌体育赛事为导向，结合上海目前体育赛事发展格局，有针对性地促进上海自主品牌体育赛事标准的建立，构建具有上海气派、层次分明、功能完备的自主体育品牌赛事体系，将成为实现这一战略目标的必然路径。

（二）上海自主品牌体育赛事的定义与分类

1. 上海自主品牌体育赛事的定义

上海自主品牌体育赛事的核心关键词为"上海"和"自主品牌"。首先对自主品牌的定位是能够代表上海的能级和水平，能够聚焦上海优质的资源和优势，能够为助力全球一流体育城市和体育赛事做支撑。其次在于赛事的IP归属，赛事的无形资产开发的相关权益归属上海，区别于其他权益归属非上海的企业或国际组织在上海举办的需要支付赛事承办版权费用的体育赛事。

2. 上海自主品牌体育赛事的分类

从上海体育部门对赛事管理的对象、涉及的群体纬度考虑，主要分为三大类：重大赛事板块（国家级及以上的）、全民健身板块、青少年赛事板块。每个赛事体量能级各不相同，不同体量或能级的体育赛事整体的投入不同。重大赛事板块的定位更偏重于一些影响大、代表城市高度的体育赛事，如上海国际马拉松赛、国际滑联"上海超级杯"等。全民健身板块、青少年赛事板块的赛事是从全民健身的赛事中发展而来，媒体关注度较高，比如高校百英里接力赛等。

从对赛事自身的盈利性等特点考虑，主要分为三大类：消费主导类、文化主导类、消费和文化兼具类。消费主导类品牌体育赛事可以通过其品牌号召力和宣传为举办城市带来建筑、旅游、餐饮等行业的联动，促进消费，带动当地的经济发展。文化主导类品牌体育赛事主要通过文化的宣传，注重"情怀"的感召力，比如一些节假日的赛事，通过节气来带动人们的参与热情，并起到文化传播的作用。部分赛事如上海国际马拉松赛等商业性较强，且兼具文化导向作用，既能通过自身品牌体育赛事的号召力为企业的品牌价值增益，又能与城市文化很好地融合。

结合调研结果及赛事自身特点，课题依据体育赛事按照赛事量级和赛事特点两个维度，将上海目前自主品牌赛事分为六类：一是重大赛事板块且消费主导类，如上海电竞、"上海杯"诺卡拉帆船赛、国际滑联"上海超级杯"、上海国际马拉松赛、JUMP10街球锦标赛、上海邮轮港国际帆船赛等；二是重大赛事板块且文化主导类，如上海国际城市龙舟邀请赛、上海城市景观体育赛事等；三是全民健身板块且消费主导类，如上海中心垂直马拉松；四是全民健身板块且文化主导类，如元旦东方明珠塔登高比赛、上海市民运动会、"延锋杯"职工五人制足球锦标赛、蒸蒸日上迎新跑等；五是青少年赛事板块且消费主导类，如 MAGIC3 三对三篮球赛；六是青少年赛事板块且文化主导类，如高校百英里接力赛。

（三）上海自主品牌体育赛事的发展现状

目前，上海已有的自主品牌体育赛事有上海国际马拉松赛、"上海杯"诺卡拉帆船赛、国际滑联"上海超级杯"、上海市民运动会和城市业余联赛、MAGIC3 三对三篮球赛、元旦东方明珠塔登高比赛、上海电竞大师赛等。商业性自主 IP 赛事包括 JUMP10 街球锦标赛、高校百英里接力赛、上海邮轮港国际帆船赛、蒸蒸日上迎新跑、上海中心垂直马拉松等。上海正在策划的自主品牌赛事有上海赛艇公开赛、中国象棋上海大师赛、上海职工三对三篮球赛等，未来有希望发展壮大，形成能够代表上海城市文化特色的品牌体育赛事。

根据上海赛事承办方问卷调查结果显示，上海自主品牌体育赛事具备一定量级，量级包括举办体育赛事的规模和市场影响力等方面，赛事具有文化价值内涵，在一定程度上能够体现"上海文化"品牌内涵和上海地方海派文化、国际化大都市的特点。赛事承办方在体育赛事品牌价值的评判中，大部分的承办方（占 78.03%）认为自身的体育赛事品牌价值能够体现上海城市文化特色和理念，对赛事的品牌定位明确，办赛前后品牌赛事获得观众或参赛人员好感度、满足其需求和期望程度较高，承办方的工作人员对自身品牌的理解程度、被品牌投资方认可的程度较高。

二、上海自主品牌体育赛事发展环境分析

在世界大型城市的发展历程中，几乎所有的国际化大都市都举办过大型体育赛事。有一定知名度和本土文化特色的重大赛事有利于提高举办城市在世界范围内的社会、文化、政治等方面的影响力，也能促进自身城市经济发展，增加就业机会，促进第三产业的发展。上海作为我国的经济金融中心，对外开放程度高，拥有较大的消费市场和消费规模，并且随着现代人对健康的重视以及国家对"全民健身"概念的强调，上海自主品牌体育赛事在发展潜力上具有一定优势。

随着上海对自主品牌体育赛事的重视程度不断加深,越来越多的赛事承办方在拓展自身业务的同时,更有动力主动承办体育赛事。政府不断出台政策支持体育产业的发展,上海市体育局对自主赛事也有一定的资金支持,居民对体育锻炼和体育赛事的重视程度不断加深,新技术的发展在一定程度上助力体育赛事的蓬勃发展,这些构成了上海自主品牌体育赛事的发展优势。

2020年10月底,英雄联盟全球总决赛S10在上海浦东足球场的成功举办,体现了上海的抗疫成果,更展现了上海城市管理的能力。这是电竞史上首次以城市为单位进行的电竞城市文化活动,这一电竞大IP的落地,能对上海新经济、新消费、新业态产生新动力。根据苏宁易购数据显示,键盘、鼠标、电竞椅、游戏本等电竞属性商品销售环比增长142%,在SN战队比赛获胜后的周末,电竞属性商品销售环比增长了78%。这足以显现电竞对年轻人的吸引力,正转化为他们体验和消费的动力。目前,上海已集聚全国80%以上的电竞企业和俱乐部,今年电竞产业规模预计超220亿元,位于上海的电竞俱乐部收入占全国49.6%,在上海举办的赛事收入占全国50.2%。"文创50条"的出台和相关政策的落实,更是为上海发展电竞,打造上海电竞大赛品牌本土赛事创造了机会。

(一)政策支持是上海培育自主品牌体育赛事的重要保障

2020年《长三角地区体育一体化高质量发展的若干意见》中指出,到2025年,推动三省一市在群众体育、竞技体育、体育产业、体育赛事等领域形成一批具有重大影响和示范作用的高水平合作成果,力争成为全国体育高质量发展样板区和区域体育一体化发展示范区,助力加快推进体育强国建设。同年发布的《上海全球著名体育城市建设纲要》中也提出,到2025年,体育实现全领域、全方位高质量发展,上海市民参与体育的获得感、幸福感大幅提升,基本建成全球著名体育城市的目标;到2050年,上海全面建成全球著名体育城市,形成"一城一都四中心"发展格局。

大部分上海自主品牌体育赛事是由上海市体育局作为主办单位,给予一定资金支持和服务指导。经过调研发现上海体育赛事有一定的扶持资金政策,针对不同赛事体量和能级,政府的资金支持程度也不同。比如国际滑联"上海超级杯"属于重点经费支持的赛事,这类赛事的支持投入很大,政府不会刻意区分无形资产开发的权益等,不需要由办赛主体承担。一些承办方有意向举办赛事,进行大型活动申报审批、与相关国家级协会沟通时,政府也会给予一定办赛的服务和指导。这些政策和政府支持无疑是上海体育产业发展的一大助力,为上海建设自主体育赛事品牌创造了良好的政策环境,是上海培育自主品牌体育赛事的重要保障。

(二)经济环境:上海体育产业集聚发展效应初步显现,结构合理潜力较大

2008年北京奥运会的成功举办彰显了体育赛事对城市发展的综合效益,全国掀起了举办各种体育赛事的热潮。在这股办赛热潮中,上海体育赛事逐渐走向成熟,呈现出规模不断扩大、能级不断提升、办赛主体不断壮大、赛事市场不断繁荣的发展态势,品牌体育赛事建设、体育赛事集群发展、职业赛事影响力、体育赛事经济更是走在全国前列。2014年,国务院颁布的《关于加快体育产业发展促进体育消费的若干意见》,从宏观层面对体育产业的整体发展进行规划布局,体育产业上升至国家战略地位,政府与企业等多方资金的大量注入,促进体育产业的"大爆发"。

根据上海体育及相关产业的数据显示,2018年上海体育竞赛表演活动总产出为65.71亿元,实现增加值46.70亿元,占当年体育产业增加值的8.4%。截至2017年,上海体育服务业从业人员达到了223 273人,同比增加了14.23%。据上海市体育局统计数据,2015—2019年,全市体育产业总产出从910亿元增长至近1 800亿元,年均增长率超过18%;人均体育消费达到2 849元,呈现出良好的发展态势。全市体育产业主营机构单位数量在2019年达到22 385家,较2015年增长2.8倍,市场主体持续壮大。"十三五"期间,上海共举办国际国内重大体育赛事656次,平均每年举办164次;2019年,12项具有代表性的重大体育赛事产生直接消费30.9亿元,相关产业拉动效应超过102亿元,体育产业集聚发展效应初步显现,上海市体育产业总产出占当年全市GDP的比重也在持续上升。

体育服务业是体育产业的核心,体育产业发展水平越高,体育服务业占比就越大。上海的体育产业中服务业占比超过60%,且逐年增加。上海体育服务业规模占体育产业总规模的比重已经基本接近西方发达国家的水平,说明上海体育产业的结构比较合理,发展潜力也比较大。

(三)社会环境:上海市民体育运动意识强

一个地区对体育的需求认识和消费可以反映出当地民众的生活水平,从

消费上来看,生活水平较高的国家或地区,居民在日常生活中用于体育消费方面的开支占整个消费的 30%～40%。自党的十九大提出广泛开展全民健身活动以来,人们对体育锻炼的重视程度越来越高。为了保持身心健康,满足现代化社会的激烈竞争,人们的体育运动意识不断增强。通过体育改变生活方式、提高生活质量,把更多的余暇时间投入体育运动已经成为一种时尚和新生活的概念。

现代人在生活成本和工作加班的重压下,由于体育锻炼和休息不够造成的身体健康问题越来越多,当代"上班族"脊椎病、肥胖等健康问题日益凸显,人们越来越重视体育锻炼在日常生活中的占比。总体看来,随着人民生活水平和人均可支配收入的不断提高,且上海的平均收入比我国其他地区较高,上海市民对生活质量的追求越来越高,体育运动意识强。

(四)大数据、人工智能等新技术为自主品牌体育赛事发展创造了优良的技术环境

新技术在体育赛事上的应用屡见不鲜。如 IBM 为 NBA 编辑团队定制 AI 视频剪辑方案;世界杯期间,美国福克斯体育为用户提供人工智能互动式平台;平昌奥运会上,LED 屏和 3D 投影、实时追踪等新技术结合带来的视觉秀也让人赞叹不已;2020 年 10 月 31 日,2020 英雄联盟全球总决赛在上海浦东足球场落下帷幕,除了令观赛者热血沸腾的精彩对决之外,本次 S10 总决赛期间所运用的先进直转播技术,特别是首次大规模应用于国际体育赛事直播当中的扩展现实(Extended Reality)技术,给全球英雄联盟赛事观众和电竞爱好者留下了相当深刻的印象。近年来,具有直观性、代入感强等特点的视频成为信息传播的主要形式,中国乃至全球在线内容均呈现井喷式增长。

由于疫情影响,很多体育赛事出现停摆,然而,在我国疫情防控取得巨大成效之际,体育赛事承办方运用新方法新技术来举办体育赛事,随着科学技术的不断创新,体育赛事的呈现方式趋于多样化,大数据、人工智能、5G 等新技术的普及与应用,在运动训练、体育产业规划、体育消费者研判、体育市场发展、电视转播及大型赛事管理方面发挥巨大作用。总体来看,新一代信息技术、大数据技术等为上海培育自主品牌体育赛事创造了优良的技术环境,是体育赛事发展的重要推动力。

三、上海自主品牌体育赛事发展中存在的主要问题

目前虽然上海自主品牌体育赛事的发展势头良好,有较好的发展机会和政策优势。但还是存在着一些问题,如对第一、第二产业推动效果不强,部分体育赛事和城市融合度不高等。在上海,自主品牌体育赛事的发展仍然存在着顶级自主体育赛事数量少、长三角区域权益分歧大、体育消费新动能赋能不足等问题。

赛事承办方运营方面,以上海国际马拉松赛为代表的体育赛事发展已然进入稳定期,但仍存赛事服务和沟通的问题;以元旦东方明珠塔登高比赛为代表的文化导向型体育赛事存在着赛事规模有限、赛事场地制约、盈利性不高等难题;以上海电竞大师赛为代表的消费导向型体育赛事虽然具有市场空间大、行业热度高、政策条件好等优势,但同时也存在着宣传力度不足、受众群体较小等劣势,制约了上海自主品牌体育赛事和城市的融合发展,有待升级增效。

(一)政府层面:对第一产业和第二产业融合发展的推动程度较低;顶级自主品牌赛事数量少;长三角区域一体化跨界融合度不高;体育消费新动能赋能不足

1. 自主品牌赛事对第二产业尤其是对第一产业融合发展的推动程度较低

上海地处长江入海口,是中国首批沿海开放城市,是中国最大的经济中心城市,也是国际著名的港口城市,上海在中国的经济发展中具有极其重要的地位。上海自主品牌体育赛事对于第三产业的推动作用明显,但在第二产业方面的推动程度较弱,对第一产业几乎没有直接的正向影响。

2. 全球知名顶级自主品牌赛事数量少

全球知名顶级自主品牌体育赛事是一个城市的名片。上海全球知名的顶级自主品牌体育赛事(如上海国际马拉松赛等)数量还较少,使得上海体育在上海城市文化形象构建中的作用发挥受到一定影响。

3. 长三角区域一体化赛事融合度不高

在长三角区域体育赛事一体化的进程中,四个省市尚未形成长三角区域一体化体育赛事联盟。各个省市各具本土赛事优势,目前均是资源竞争型本

土体育赛事,且长三角区域一体化自主赛事品牌标准尚未确立,导致办赛利益协调困难,融合度不高。目前还难以推动三省一市在群众体育、竞技体育、体育产业、体育赛事等领域形成一批具有重大影响和示范作用的高水平合作成果,也尚未形成全国体育高质量发展样板区和区域体育一体化发展示范区。

4. 体育消费新动能赋能不足

随着体育消费价值转换增速加快,政府为推动体育产业提质扩容、转型升级,为"健康中国"和体育强国建设不断发力,夯实基础。体育赛事盈利模式趋同,缺乏融功能性消费、体验性消费、价值驱动性消费"三位一体"的高品质市民消费需求的开发。政府需引导赛事承办方创造"新经济、新消费、新业态"等新动能。

(二)企业层面:衍生品开发度薄弱;赛事互动平台搭建与完善程度有待提高;宣传方式需创新

1. 衍生品开发度薄弱,盈利能力不高

大型体育赛事及其衍生品的联动开发,拥有巨大的潜在商业开发价值,对于赛事主办城市的体育产业及相关产业如餐饮、旅游等与经济增长有至关重要的带动作用,体育赛事相关衍生品的开发有利于激活赛事本体经济、赛事载体经济、赛事媒体经济和赛事衍生经济等整条体育产业价值链。自主品牌赛事特别是文化主导类体育赛事更注重"情怀"的感召力,普遍存在盈利能力不高的问题,大部分赛事的门票价格不高,赛事承办方关注参赛者的体验感和参与感,因而赛事的盈利点少,衍生品种类少、创意与设计开发力度不足,体育赛事与衍生品开发的连续性与全面性不够、衍生品的潜在市场经济价值未能全面开发。

2. 赛事互动平台搭建与完善程度有待提高

营销互动平台的搭建与完善是体育赛事品牌化的重要因素之一。但很多体育赛事的宣传互动平台尚未搭建或搭建的平台不成熟,使用频率低。整个赛事宣传的平台需要更加丰富化以运营整个赛事,与此同时可考虑从赛事公益、训练营、志愿者平台等方面来拓展。

3. 宣传方式需创新

良好的宣传对体育赛事的举办有着不可替代的作用。随着大数据和微博、短视频等新媒体的兴起,传统的电视、广播、海报等宣传方式渐渐达不到较好的宣传效果,人们接收信息的渠道逐渐多元化,作为体育赛事的主要参与群体,年轻群体更热衷于在微信、短视频等新媒体平台接收信息,和赛事主体进行线上互动。一些传统体育赛事的宣传还停留在电视等传统方式上,宣传方式有待创新,宣传力度也有待加强。

四、上海自主品牌体育赛事发展策略与实施路径建议

体育赛事在树立城市品牌形象、发展文化产业以及推进城市软实力建设等方面有着积极的促进作用。城市举办体育赛事能够促进社会民生发展,举办大型体育赛事,不仅可以增加就业岗位,通过国际交流提升城市人口素质,还可以起到塑造城市品牌形象等作用。上海自主品牌体育赛事建设要重视品牌定位与清晰的品牌形象与内涵,应该体现上海地方海派文化与国际化大都市的特点,凸显生态优势、融合新兴技术。

上海自主品牌体育赛事应以建设上海四大品牌为目标,着重服务"上海文化"与"上海服务"品牌,探索并形成具有海派文化特点、凸显生态优势、融合新技术的本土体育赛事品牌,推动上海体育产业发展,促进城市体育消费升级。上海自主品牌体育赛事应协同体育局等各级主管部门、相关部门、赛事协会与办会主体,形成完善且成熟的市场开发和运营模式,保持体育赛事品牌的自主创新能力,并将城市文化特质根植于内,加强体育赛事品牌的宣传和推广,打造和完善传播平台,根据自身品牌建设所处时期采用不同的品牌开发策略。

(一)政府:建立上海自主品牌体育赛事认证与管理标准体系;根据自身区位优势打造"一区一赛";建立长三角区域一体化利益调和机制;加大自主品牌体育赛事人才培养

1. 建立上海自主品牌体育赛事认证与管理标准体系

为了促进上海自主品牌体育赛事的发展,建议政府参照国际通行的技术规范形式,制定品牌体育赛事认证标准、办赛规范,建立上海自主品牌体育赛事标准,为全面提升上海自主品牌体育赛事建设夯实基础。组建专业性强的自主品牌体育赛事认证委员会,负责自主品牌体育赛事的培育、评价、推广和监管工作,提升上海体育赛事管理的标准化水平。

2. 根据自身区位优势打造"一区一赛"

由于上海每个区的地理位置、场馆设置或办赛优势等都不同,政府可以支持各区发挥自身优势,以打造"一区一赛"赛事为重点,促进赛事举办与区域发

展紧密结合,因势利导打造各具特色的体育赛事,并且鼓励有条件的中心城区充分发挥场馆、人才、企业和消费集聚的优势,举办各类符合区域气质的本土体育赛事。引导自然资源禀赋较好的郊区,因地制宜地举办各类户外运动赛事,形成差异化、品牌化赛事发展格局,形成多点开花的顶级自主品牌体育赛事群。

3. 建立长三角区域一体化利益协调机制

上海作为长三角区域中的"强核",具有极强的辐射带动效应,要充分发挥上海中心城市的作用,协调长三角区域一体化的各自主品牌体育赛事的利益,形成协同发展机制,共同培育长三角区域自主品牌体育赛事,提高长三角区域自主品牌体育赛事的全球竞争力、辐射力,服务全国体育赛事发展大局。

4. 加大自主品牌赛事人才培养

优秀人才是提高上海自主品牌体育赛事专业度的核心要素之一。政府需要加强人才培养,包括赛事管理人才、赛事商业化运作与推广人才、赛事裁判员等,为培育自主体育赛事品牌提供智力支持。

(二)企业:跨界融合带动第一产业和第二产业协同发展;重视品牌绩效评价、法律保护和危机管理;制定"筛选—锁定—深耕"的顾客战略;推动网络时代粉丝经营与衍生品全方位拓展

1. 跨界融合带动第一产业和第二产业协同发展

体育产业可以与该产业相关或无关的企业通过直接或间接的互联方式进行资源整合,通过"体育+旅游+文化""体育+娱乐+文化""体育+农业+乡俗"等模式进行跨界融合。基于体育快速发展所能带来巨大收益的市场预期,企业可以借助其他产业如乡俗体育、体育旅游等来撬动体育产业融合的协同效应。

2. 重视品牌绩效评价、法律保护和危机管理

品牌绩效是品牌的功效与品质在满足市民需求时的表现,赛事承办方应构建自主品牌赛事的绩效评价体系,以评估赛事的社会影响与盈利能力。同时需要关注对自身赛事承办过程中的相关权益的法律保护,形成危机管理机制,以在出现危机事件后能够有效应对。

3. 制定"筛选—锁定—深耕"的市场战略

自主品牌体育赛事的打造和营销的重点在于经营顾客。如何与体育赛事的观众和参赛者建立有效、持续性高的"深耕"关系,是承办方需要关注的重

点。精准筛选潜在客户,培养"种子"用户,并向保持和顾客"售前—售后"的密切联系,优化自主品牌体育赛事的各大流程和运营平台。对赛事内容进行精准推送,持续挖掘顾客的价值,做好营销宣传,进行有效的后端价值开发。

4. 推动网络时代粉丝经营与衍生品的全方位拓展

体育 IP 作为体育产业的内核,是带动体育上中下游整条产业链的原动力。运营良好的自主品牌体育赛事可以为广大观众和体育爱好者带来丰富多彩的观赛、参赛体验,为社会媒体带来极具传播价值的顶级流量,为承办方与赞助商带来不可估量的商业价值。互联网背景下,体育 IP 经营呈现出体育明星娱乐化、交流社群化、粉丝饭圈化等新现象,赛事承办方需要重视网络时代粉丝经营的重要性。衍生品作为体育赛事的重要组成部分,赛事的经营者需要正确把握市场脉搏,紧抓当代年轻人的关注热点,选择一些融合度深、知名度高的品牌进行合作,把握赛事衍生品市场的聚焦点,促进品牌联合的衍生品的全方位拓展,构成"赛事—体育传媒—体育衍生品"体育产业格局的纵向商业链条。

提升全球著名体育城市文化软实力：
创新上海体育赛事文化发展策略

卢天凤　邱佳玉　张文佳　张晓宇
王　敏　顾昌杰　何琛珏*

　　知名体育赛事是城市发展过程中无可替代的"城市名片"，上海目前正在努力建设全球著名体育城市，全球各大体育城市评估指标都包含体育赛事这一重要元素，而上海拥有较为丰富的体育赛事资源但其文化建设以及影响力有限，因此，建设与发展体育赛事文化是提升赛事影响力、城市文化软实力与竞争力的关键。本研究通过对比世界知名体育城市体育赛事文化发展，结合上海实地调研结果，创新上海体育赛事文化发展策略，为上海建设全球著名体育城市提供理论依据。

　　上海的城市发展是中国城市发展的模范与标杆，自上海提出建设全球卓越城市以来，体育领域也在积极建设，跟随城市发展的步伐，着力打造全球著名体育城市；本研究积极回应上海建设全球著名体育城市关切问题，通过文献资料法、访谈法、调查法（$n=286$）和逻辑分析法等了解上海体育赛事文化发展现状，分析其发展机遇与挑战，创新发展策略，打造体育赛事文化品牌，提升上海文化软实力，对加快推进上海建设全球著名体育城市、全球卓越城市具有重要的现实意义，同时为我国建设成社会主义现代化体育强国、文化强国做出贡献。

---

* 本文作者简介：作者均来自同济大学。卢天凤，体育教学部主任、副教授，博士，研究方向：体育与城市互动发展、体育教育训练学；邱佳玉，体育教学部 2019 级在读研究生，研究方向：体育与城市互动发展、体育政策研究；张文佳，体育教学部助教，硕士，研究方向：体育人文社会学；张晓宇，体育教学部 2018 级在读研究生，研究方向：体育人文社会学；王敏，建筑与城市规划学院副教授，博士，研究方向：城市规划；顾昌杰，体育教学部教师，硕士，研究方向：教育学；何琛珏，体育教学部教师，硕士，研究方向：体育社会学。

一、体育赛事文化与城市文化软实力

(一)体育赛事文化

文化是人类创造的一切物质产品和精神产品的总和,与此相对应,体育赛事文化是人类组织实施体育赛事过程中所创造的一切物质产品和精神产品的总和。通过文化的四分法可将其外延分为物质文化、制度文化、行为文化、精神文化。体育赛事物质文化是体育赛事所需的场馆设施、赛事衍生体育产品及赛事相关产业;体育赛事制度文化是赛事规则、赛事组织管理及相关政策法规;体育赛事行为文化指有观赛行为以及体育参与等方面;体育赛事精神文化又可细分为科学文化与思想道德文化,科学文化包含竞赛知识、体育科学相关事业发展,思想道德文化包含体育精神、道德风尚等方面(图1)。

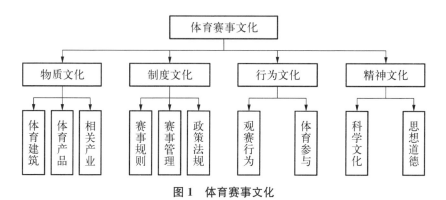

图 1 体育赛事文化

(二)提升城市文化软实力

20世纪90年代,哈佛大学教授约瑟夫·奈(Joseph Nye)提出了软实力(Soft Power)概念,他认为一个国家的综合国力既包括由经济、科技、军事等组成的"硬实力",也包括以文化和意识形态吸引力所体现出来的"软实力",随着时代的不断变化发展,软实力显得更为突出。城市文化软实力则是一个城市永葆竞争优势、实现可持续发展的不竭动力之源。体育赛事文化作为体育文化的重要组成部分,在提升城市综合实力、塑造城市形象等方面发挥着重要作用。

体育赛事物质文化能够丰富城市文化内涵,为城市留下宝贵的赛事遗产。北京奥运会主场馆"鸟巢"和"水立方"并未随着奥运的结束而陨落,成了北京的地标性建筑物:"水立方"在赛后拆除了11 000个临时座位,成为北京市民的水上娱乐中心,设有游泳、跳水等娱乐项目,现在它已华丽转身成为"冰立方",作为2022年冬奥会冰壶比赛场馆重新亮相;国家体育场"鸟巢"在奥运会之后成为著名的"打卡胜地",2015年田径世锦赛的成功举办让"鸟巢"再度成为举世瞩目的焦点,2022年"鸟巢"将承办北京冬奥会的开、闭幕式,延续两届奥运传承。

体育赛事制度文化是城市文化的重要组成部分,体育赛事制度的完善、发展能够提升城市文化软实力。随着体育事业的不断发展,国家相继出台了《体育法》《全民健身条例》《中国足球改革总体方案》《体育强国建设发展纲要》等一系列政策文件、法律法规,规范了体育赛事的发展体系,推动体育事业的发展。北京奥运会同样为北京留下了丰富的制度遗产,《北京奥运行动规划》等文件的出台提升了奥运的服务水平,在奥运会结束后的很长一段时间内仍对于北京打造"绿色、人文、科技"之城产生重要影响。

体育赛事行为文化是城市文化软实力的外在表现形式,对于提升市民素质、体育参与程度具有重要作用。2009年上海获得网球大师赛永久举办权,作为ATP世界巡回赛等级最高的ATP1000大师级别比赛吸引了众多关注,上海体育学院赛事研究中心的调查显示,上海网球大师赛对于丰富上海市民的精神生活、陶冶情操和注重健身习惯和健康生活方式、重视社会责任感和提高主人翁意识有明显的影响。作为"贵族运动"的网球,有其独特的观赛礼仪,随着赛事的推广,市民逐渐了解网球礼仪,文明观赛的习惯促进市民在生活中待人文明礼貌、遵守社会公德和规范。依靠上海网球大师赛的影响力和相关推广活动,网球人口占上海人口的比例从20世纪90年代的1.3%迅速增长到目前的17%以上,市民在参与身体锻炼与各类体育活动方面有较大提升,《2019年上海全民健身发展报告》数据显示上海经常参与锻炼的人数逐年稳定增长。

体育赛事精神文化是城市文化软实力的核心,能够展现一个城市的特质与精神品格。伦敦奥运会的口号"Inspire a generation"(激励一代人)是奥组委对于世界的承诺,也展现了伦敦这座老牌城市面临新挑战的坚定信念,是体育教会孩子们如何在规则的约束下去取胜。此外,"Sport Active"(活力体育)等理念也深刻影响着伦敦市民的日常生活,伦敦拥有最广泛的基层体育参与人群,每周参加体育活动超过150分钟的人数比例超过60%,群众体育运动蓬勃发展。

体育赛事文化拥有深刻内涵与外延,它与城市文化、发展关系密切,是城市现代化的重要标志,培植体育赛事文化品牌、提升城市文化软实力对城市的发展至关重要;上海在建设全球著名体育城市的道路上,要着力打造体育赛事品牌文化,丰富体育文化内涵,坚定体育文化自信,绽放体育文化光彩,让体育文化塑造城市品格、融入城市血脉,以打造更具有全球影响力的体育文化中心。

二、上海体育赛事文化发展现状

(一)对标世界著名体育城市

上海正在为建设全球著名体育城市而努力奋斗,近年来取得了一定的成就,然而从各大权威机构推出的全球体育城市排名榜单来看,上海的排名总体呈下降趋势,与伦敦、纽约、东京等城市仍存在较大差距。赛事是全球著名体育城市建设的核心要素,对标世界著名体育城市有利于上海发现自身差距,借鉴西方优秀经验以促进自身发展,发展体育赛事文化,加快建成世界一流的体育赛事之都(表1)。

Sportcal 公布的"Global Sports Cities Index"(全球体育城市指数)以赛事作为重要指标,伦敦、东京等城市长期排名列前,而上海仅位于30名以后;英国商业周刊发布的"Ultimate Sports City"(终极体育城市)榜单有同样评选趋势,2014年以来,伦敦两次获得"终极体育城市"桂冠,纽约曾夺得一次"终极体育城市"称号,而东京也曾获得"最佳住宿城市"称号。

表1 世界著名体育城市情况对比

城市	国家	全球顶级体育赛事(节选)	体育场馆(物质文化)	体育制度(制度文化)
伦敦	英国	1908年、1948年、2012年奥运会	温布利球场(9万个座席)	Sport Active 活力体育
		1966年足球世界杯	伦敦碗(8万个座席)	Satellite Club 卫星俱乐部
		温布尔登网球公开赛	酋长球场(6万个座席)	
		伦敦马拉松	斯坦福桥球场(4.16万个座席)	

续　表

城市	国家	全球顶级体育赛事（节选）	体育场馆（物质文化）	体育制度（制度文化）
纽约	美国	美国网球公开赛	大都会橄榄球球场（8.25万个座席）	NCAA、NYCBL
		纽约国际马拉松	洋基棒球体育场（5.4万个座席）	总统体育奖励计划
		1994年足球世界杯	麦迪逊广场花园球馆	
东京	日本	1964年、2020年奥运会	东京国立竞技场（9万个座席）	东京奥运遗产计划
		东京马拉松	东京巨蛋（5.5万个座席）	提高体育参与率行动计划
		2019年橄榄球世界杯	伐伐木体育馆	
上海	中国	F1中国大奖赛	上海体育场（5.6万个座席）	上海网球"123推广计划"
		ATP1000网球大师赛	虹口足球场（3.5万个座席）	上海全民健身实施计划（2016—2020）
		国际田联钻石联赛	东方体育中心	
		上海国际马拉松赛		

资料来源：London Sport（伦敦体育）、Sport England（英格兰体育）、ESPN、NYC Open Data（纽约公开数据）、Tokyo Sport（东京体育）、上海统计年鉴、上海体育局、相关中外文献、体育蓝皮书等网络公开资料（由于各国统计方式存在偏差，仅选取部分数据列出）。

纵观全球，每个世界著名体育城市都有自己的发展路径与模式，但也具有一定的共同之处。普遍来看，世界著名体育城市经济社会发达，具有很强的综合实力，拥有承办顶级体育赛事的经验，职业体育赛事发达，运动观念深入人心。伦敦举办过三届奥运会，留下了丰厚的奥运遗产，拥有众多顶级体育场馆，可以承办专业化体育赛事，其专业化服务享誉全球，也成为伦敦亮丽的风景线；依托奥运会而形成的"活力体育"制度覆盖面广，促进伦敦市民参与体育。纽约虽然未承办过奥运会，但其国际性赛事的影响力和经济效益巨大，四大满贯赛事之一的美国网球公开赛吸引全球目光，是全球最具影响力的赛事之一，世界六大马拉松赛事之一的纽约国际马拉松声势浩大，参赛者逾10万人；职业体育联赛发达的美国拥有世界顶级的体育场馆，能够提供高端赛事服务体验。东京获得两届奥运会的举办权，2020年奥运会虽然因为新冠肺炎疫情防控而被迫延期，但依旧为东京赢得众多关注,奥运会场馆东京国立竞技场作为东京的地标性建筑物重新翻修,设计精巧,能够容纳9万余名观众,依托奥运会而颁布的《东京奥运遗产计划》希望整合多方资源,创造丰富奥运遗产,《提高体育参与率行动计划》针对不同人群提出扩大体育参与的方法,以老年人、学生、残疾人等体育参与度较低的人群为重点对象,增强体育意识,提高体育参与率。

上海尚未举办过大规模综合性体育赛事,目前已拥有一些初具规模的单项体育赛事,但在品牌影响力上仍需要进一步提升,需要培育一些具有本土特色的体育赛事;相关体育场馆仍需进一步升级,建设专业化体育场馆,打造具有世界影响力的上海体育地标;依托各大赛事,传播、推广体育文化,使全民健身的理念深入人心,引导大众积极参与体育运动,增强体质、增进健康。

(二)上海体育赛事文化发展面临机遇

1. 海派体育文化开放包容

上海是中国近代体育的发祥地,自1843年开埠以来,一直作为中西方文化的交流枢纽,荟萃东西方文化。随着大量外国移民进入租界,西方多样化的体育文化得以在上海推广,在长期的"土洋混杂"融合发展之中形成了独具特色的海派体育文化。"海纳百川、有容乃大"是海派体育文化开放性与包容性的最佳体现,上海一方面以开放的姿态吸收西方体育文明,另一方面融合西方文明与本土文明并进一步辐射全国,同时积极推动民族传统体育走向世界;多种文明的交融也使得海派体育文化雅俗共赏,具有多样性,同时推动了近代上海体育的创新发展。随着时间的推移,今日的海派体育文化依然保有"继承传统、中西贯通、追求卓越、海纳百川、协调发展"的特征,造就了当今上海开放包容的心态,在这里传统与现代、本土与外来融合发展,为体育赛事文化发展提供了良好的环境。

2. 上海具有全球竞争力

上海是中国的经济中心、金融中心、贸易中心,也是国际著名的港口城市,位于长江入海口,地理位置优越;自改革开放以来发展十分迅速,肩负着面向世界、推动长三角区域一体化和长江经济带发展的重任,在全国的经济建设和社会发展中具有十分重要的地位和作用。上海的体育发展也处于全国领先地位,每年承办各类国际国内赛事数百场,是中国乃至世界举办体育赛事最频繁的城市。随着经济发展,生活水平不断提升,人们也开始重视生活中的体育娱乐活动,休闲体育成为一种全新的生活方式,国际化大都市上海具有无可比拟的优势,能够举办高质量体育赛事,培育优质体育赛事文化。

3. 政策环境好

从中央到地方,一系列政策的出台为上海体育事业发展指明了方向,为体育赛事文化发展保驾护航(表2),也从不同层次、不同维度对于上海体育赛事的发展和体育文化的建设提出了新要求,在建设体育强国和文化强国的大背景之下,把握利好政策,抓住发展机遇,通过引进高质量体育赛事、发展本土体育赛事等多种方式丰富现有体育赛事体系,推动体育赛事文化繁荣发展。

表2 相关政策文件内容梳理

下发时间	文件名称	相关内容梳理
2002	《关于加快上海体育事业发展的决定》	建设亚洲一流体育中心城市
2006	《上海市体育发展"十一五"规划》	形成与上海国际大都市匹配的体育发展水平和发展环境
2014	《关于加快体育产业促进体育消费的若干意见》	丰富体育赛事活动。以竞赛表演业为重点,大力发展多层次、多样化的各类体育赛事;加强体育文化宣传。积极支持形式多样的体育题材文艺创作,推广体育文化。弘扬奥林匹克精神和中华体育精神,践行社会主义核心价值观
2015	《上海市政府关于加快发展体育产业促进体育消费的实施意见》	到2025年基本实现全球著名体育城市建设目标,努力打造世界一流的国际体育赛事之都、国内外重要的体育资源配置中心、充满活力的体育科技创新平台
2016	《上海体育改革发展"十三五"规划》	将F1中国大奖赛、上海网球大师赛等"七大品牌赛事"作为存量的核心资源
2018	《上海市城市总体规划(2017—2035)》	建设卓越全球城市
2019	《体育强国建设纲要》	建立中国特色现代化竞赛体系;促进体育文化繁荣发展,弘扬中华体育精神
2020	《上海市体育赛事管理办法》	市、区体育部门应当积极鼓励和发展具有国内外影响力、市场活跃度高、溢出效应显著的自主品牌赛事,培育体育赛事品牌,弘扬城市文化
2020	《上海全球著名体育城市建设纲要》	建设世界一流的国际体育赛事之都;建设更具全球影响的体育文化中心

4. 体育赛事资源丰富

近年来,上海体育赛事数量不断增长,体育赛事的品质也逐步提升。《上海市体育赛事影响力评估报告》指出,2019年上海共举办163场体育赛事,其中国际赛事87项,占比53.4%;国内外体育赛事引起了广泛的关注,现场受众高达209万人次;赛事组织运营较为成熟,超过半数的比赛采用国际级裁判执裁,吸引了众多世界顶级选手参赛,扩大了比赛的影响力。此外,上海业余联赛资源不断扩容,项目联赛数量增加到12项,项目系列赛设置增加到"46+X"项,特色品牌赛事增加至"19+X"个,覆盖上海各区的业余联赛,极大满足了市民的体育健身需求。丰富的体育赛事资源背后蕴含着深厚的体育赛事文化,需要进一步深入挖掘、巩固、传承体育赛事文化。

(三)上海体育赛事文化发展所面对的挑战

1. 体育赛事缺乏本土特色文化内涵

近年来,上海举办了丰富多彩的体育赛事,形成了一定的国际影响力,但F1大奖赛、ATP1000网球大师赛等都是西方发达国家已有的体育品牌,仅有上海国际马拉松赛是本土品牌赛事。这些国际体育赛事大多通过嫁接西方体育品牌或加入体育联盟,以分站赛的形式呈现,与本土文化的结合不够紧密,定位模糊,不能够展现城市特色,群众基础比较薄弱,发展后劲不足。53.8%的调查对象认同发展体育赛事有利于促进上海城市文化软实力提升,但62.9%的调查对象表示需要发展具有本土特色的体育赛事,努力提升本土赛事的国际影响力,打造有中国特色的体育赛事文化。

2. 赛事水平有待进一步提升

虽然上海的职业体育赛事与民间业余体育赛事呈蓬勃发展态势,比赛场次众多,受众较广,但职业体育赛事的级别并不高,多为加盟赛事或分站赛,缺乏一定的国际影响力,永久性赛事也比较少,多为临时性比赛,赛事的延续性不强,难以形成稳定的赛事文化发展环境。尽管各级业余体育联赛数量众多,辐射面广,但74.8%的调查对象认为业余联赛鱼龙混杂,缺乏品牌赛事,体育赛事制度文化落后,社会化办赛的准入标准有待进一步提高。

3. 大众体育需求亟待满足

上海因举办国内外各类赛事而留下了较为丰富的体育物质遗产。目前,上海拥有6个万座以上体育场馆,而纽约拥有8个,伦敦则拥有15个大型专业体育场馆,大规模的专业体育场馆可为赛事的举办提供高质量的服务。上海已建成的大型体育场馆规格较高,但一般均为承担单一体育项目,利用率比较低,大众也不能够便捷使用。《2019年上海全民健身发展报告》显示,2019年上海市人均体育场地面积为 2.23 m^2;而相关文献资料显示,伦敦人均场地面积为 3.75 m^2,纽约则高达 13.2 m^2(包含公园面积)。由此可见,上海的体育赛事相关物质文化供给与世界著名体育城市仍存在一定的差距,仍需要继续完善公共体育设施以满足大众体育需求。

4. 大众体育参与度不高

市民体育参与有利于增强城市体育活力,54.8%的调查对象表示能够通过参与相关体育赛事丰富精神文化生活,陶冶情操,从而培育体育价值观念,养成终身体育习惯,积极参与体育活动。从《2019年上海全民健身发展报告》来看,上海市经常参加体育锻炼人口比例稳步上升,2019年已达到 43.7%,同期伦敦在"活力体育"政策理念的影响下,市民每周参与体育锻炼 150 分钟以上的比例已超过 60%,上海的大众体育意识与体育参与仍有待进一步提高,提倡通过多种方式参与体育活动,以促进体育赛事文化更好地在市民群体中传播发展。

三、上海创新体育赛事文化发展的策略

提升上海城市文化软实力,建设全球著名体育城市,需要在把握上海城市发展现状的前提下,学习借鉴西方卓越体育城市发展经验,坚持"以我为主、为我所用"。

(一)明确上海体育赛事文化定位

自近代以来形成"兼容并蓄"的海派体育文化,历史造就了上海这座城市的独特魅力,塑造了"海纳百川、追求卓越、开明睿智、大气谦和"的城市品格。中西方文化、传统与现代文化在这片土地上深度融合,目前以 F1 中国大奖赛、ATP1000 网球大师赛、国际田联钻石联赛、斯诺克上海大师赛等国际品牌赛事为主体的赛事体系日趋成熟,下一步上海应着力挖掘本土特色体育赛事,鼓励举办龙舟、舞龙舞狮、海派秧歌等具有上海城市特色的民族传统体育项目,提升群众喜闻乐见的游泳、乒乓球、羽毛球等群众性体育项目赛事水平。在引进国际赛事时充分考虑该赛事与上海经济、社会、文化的适配程度,同时致力于打造一批具有国际影响力的本土赛事 IP,让独具中华文化魅力的特色体育赛事在上海赛事体系中占据一席之地。

（二）夯实体育赛事物质文化

上海目前已拥有一些具有世界一流标准的体育场馆，但仍需要重点关注休赛期体育场馆的运营与维护，探索优质体育场馆向市民开放的可能性，最大程度惠及市民；根据赛事与城市发展需要综合考量、精心选址，建造绿色、环保、智能的新型综合性体育场馆，创新建设体育赛事名人堂、博物馆等，打造世界知名的城市体育地标。改善公共体育服务设施建设，升级市民益智健身苑点、市民球场等，为业余体育赛提供优质硬件服务。

体育赛事衍生产品深受赛事参与者的喜爱，将上海特色文化元素融入体育赛事的周边设计，创造出具有海派文化特色的特许商品进行销售，发展体育文化产业；同时注重收集、整理相关素材，发行影视、音乐、摄影的相关作品，展现上海体育形象。

（三）完善体育赛事制度文化

微观层面上，根据赛事服务的需要不断修订完善赛事竞赛规则，规范参赛者的行为，保证赛事的公平公正；通过观赛、办赛不断积累经验，提升赛事组织管理能力，确保赛事各个环节顺利进行，努力提高赛事的品质，吸引更多人参与赛事，扩大影响力；宏观层面上，响应国家号召，根据上海社会发展需要出台相关政策文件、法律法规，为上海体育赛事发展，体育文化繁荣保驾护航。

（四）培育体育赛事行为文化

目前上海的业余体育联赛仍处于初步发展阶段，职业体育经过多年的发展已经具备一套较为成熟完备的体系可供参考借鉴，通过推进业余体育联赛标准化建设，以"大赛"促"小赛"，规范参赛、观赛行为，努力提升业余联赛的水平。上海拥有各级各类学校1 740所，"体教融合"新形势下，坚决贯彻落实"教会、勤练、常赛"的理念，促进学校体育赛事蓬勃发展，形成人人参与的体育氛围，体验运动带来的快乐，培养终身体育习惯。全面融合竞技体育、社会体育、学校体育发展，培育体育赛事行为文化，增强市民体育意识，提升大众体育参与度，增加上海体育人口数量。

（五）发展优秀体育赛事精神文化

在长期的历史发展过程中，上海积累了包括精武体育、绵拳等海派非物质文化遗产,还保留有九子、龙狮、秧歌等民间体育项目,它们深刻反映上海市民的体育生活方式,凝结上海特有的体育元素,是独具上海特色的体育符号。进一步挖掘整理海派体育文化史料、人物、故事等资源,保护与传承海派体育文化遗产,发扬"海纳百川、兼容并蓄"的精神,发展优秀体育赛事精神文化,塑造城市品格,融入城市血脉。

（六）利用新兴科技推进体育赛事文化交流传播

随着科学技术的不断发展,体育赛事及其文化传播方式正在发生深刻变革,今年的新冠疫情更是冲击了传统的现场观赛模式,"线上＋线下"联动的观赛方式逐渐兴起。上海作为中国科技发展的前沿城市,可以充分利用大数据、云录制、虚拟现实等技术还原体育赛事场景,全方位展现体育赛事魅力,通过"5G＋8K"传输,高效便捷提供高品质的参赛、观赛体验,传播体育赛事文化。

（七）将体育赛事文化纳入城市长期发展规划

体育赛事文化传承与发展需要有稳定的发展环境,需要从多方位、多层次进行综合考虑,谋划体育赛事文化发展路径。将体育赛事文化纳入城市的中长期发展规划,政府积极引导体育赛事文化良性发展,充分发挥上海一千余个体育社会组织的强大活力;培育专业公司,培养、引进体育赛事文化专业人才,打造高质量体育赛事文化;以上海为中心,整合各方优势资源,打造辐射长三角地区的体育赛事文化圈;加强对外交流,让体育赛事文化走出去,打造闪耀的城市名片,讲好上海故事,提升城市文化软实力,助力上海全球著名体育城市建设。

参考文献

[1] London Sport[EB/OL]. https：//data. londonsport. org/.

[2] DCMS[EB/OL]. https：//www. gov. uk/government/organisations/department-for-digital-culture-media-sport.

[3] C H. M. Imaging, tourism and sport event fever: the Sydney Olympics and the need for a social charter for mega-events[M]. 2001.

[4] Hall C M. Urban entrepreneurship, corporate interests and sports mega-events: the

thin policies of competitiveness within the hard outcomes of neoliberalism[J]. Sociological Review,2006,54.

[5] Horton P,Saunders J. The 'East Asian' Olympic Games:What of Sustainable Legacies?[J]. International Journal of the History of Sport,2012(6).

[6] Robertson N. The business of leisure:sport,labour and co-operation in post-war Britain[J]. Labor History,2014(5).

[7] 阮伟.体育赛事与城市发展关系研究[D].北京体育大学,2012.

[8] 邢通.大型体育赛事与举办城市发展耦合研究[J].体育科技,2017(6).

[9] 谢洪伟.大型体育赛事与城市发展耦合研究[D].北京体育大学,2013.

[10] 李宝芳.英国城市复兴中的合作伙伴组织[J].城市问题,2009(12).

[11] 孙伟.后奥运时期我国城市体育文化创新的路径选择[J].成都体育学院学报,2010(12).

[12] 刘东锋.论全球体育城市的内涵、特征与评价[J].体育学研究,2018(4).

[13] 汤立许.城市体育对城市软实力的提升及路径选择研究[J].山东体育学院学报,2010(4).

[14] 王宏江,倪京帅.都市文化视域下的海派体育文化研究[J].上海体育学院学报,2016(2).

[15] 林宁,李凌.我国城市体育文化与城市文化的相容性分析[J].广州体育学院学报,2017(4).

[16] 陈林华,罗玉婷,徐晋妍.伦敦打造全球体育城市经验及启示[J].体育文化导刊,2020(2).

[17] 张荻.广州城市体育文化建设与发展研究[D].广州体育学院,2018.

[18] 丁一,戴健.核心评价指标体系框架下纽约体育发展现状研究及其对上海的启示[J].西安体育学院学报,2019(4).

[19] 魏洪平.文化强国背景下体育赛事文化对城市文化核心竞争力的作用机制研究[J].南京体育学院学报(社会科学版),2017(3).

[20] 康晓磊,朱传耿.新时代江苏体育文化强省建设的实践与路径研究[J].体育学研究,2019(5).

[21] 陈静.基于德尔菲法的全球著名体育城市评价指标体系的构建与实证研究[D].上海体育学院,2020.

[22] 杨至刚,张力,王丽娜.上海建设国际体育强市中城市体育文化定位与发展战略的实证研究[J].南京体育学院学报(社会科学版),2015(2).

[23] 陈万红,鲍军超.文化自觉:上海建设国际体育知名城市的着力点[J].南京体育学院学报(社会科学版),2010(6).

[24] 卢晓,泮秀芬.上海发展大型体育赛事旅游研究[J].城市问题,2012(4).

［25］罗玉婷,陈林华,徐晋妍.大型体育赛事助力上海城市国际化历程、经验及启示[J].体育文化导刊,2019(12).

［26］黄海燕,徐开娟,陈雯雯,蔡嘉欣.全球城市视角下上海体育产业发展研究[J].体育学研究,2019(2).

［27］赵阳.文化社会学视域下奥运文化在中国的社会建构[D].北京体育大学,2016.

［28］刘梦茹.社会学视域下上海城市马拉松文化的发展与变迁[D].上海体育学院,2020.

［29］武胜奇.体育赛事文化对城市文化核心竞争力的影响及提升路径选择[J].天津体育学院学报,2009(6).

［30］殷勤.现代化进程中上海建设体育强市的困境与策略[J].上海体育学院学报,2013(6).

［31］赵方珂,李文辉.关于城市体育文化建设的思考[J].体育文化导刊,2005(7).

［32］韩玉彬.我国体育赛事文化品牌培植路径的研究[J].西安体育学院学报,2019(2).

［33］杜放.美国大学竞技体育文化特征研究[J].体育文化导刊,2018(9).

［34］匡淑平.上海近代体育研究(1843—1949)[D].上海体育学院,2011.

［35］党璇.城市特色体育文化传承与塑造研究[D].广西师范大学,2018.

［36］余阿荣.大型体育赛事对城市文化软实力影响研究[J].体育文化导刊,2017(12).

第4篇 体育法治（体育管理）

上海全球著名体育城市建设研究

陈林华　胡美华　张大治　徐晋妍*

一、上海全球著名体育城市建设的背景分析

体育城市即是具有鲜明体育形态或功能的城市类型,它是后工业化时代城市转型发展的产物,属于现代城市发展的高级阶段。从全球视角来看,体育城市建设已经从部分城市的偶然选择,变成越来越多城市的普遍战略和城市可持续发展的必然要求。上海确立全球著名体育城市建设目标顺应了现代城市发展的要求和方向,为了更加有效和高质量地实现这一目标,就必须结合国际经验和自身实际,探寻全球著名体育城市建设的一般规律和特色发展道路。

(一)国际体育城市建设的缘起、发展与趋势

1. 城市更新背景下的体育城市建设

城市更新即是针对城市中不适应现代化城市社会生产生活的衰败区域做必要的、有计划的改建活动。城市更新的手段一般是对衰败区域进行拆除重建、部分改造或综合治理等,城市更新的目的是优化城市功能、提高生活质量、提高城市效益。20世纪70年代末欧美发达国家率先迈入后工业时代,城区人口和企业开始大量向郊区发展,中心城区就出现了萧条和破败的迹象。为了重塑城市形象,其中一些城市便开始打造体育城市,寄希望通过体育赛事的举

---

* 本文作者简介:作者均来自华东理工大学。陈林华,体育经济理论研究所副教授,硕士生导师,博士在读,研究方向:体育城市评价、体育管理;胡美华,体育科学与工程学院讲师,硕士,研究方向:传统体育现代化;张大治,体育科学与工程学院讲师,研究方向:体育管理;徐晋妍,体育科学与工程学院讲师,硕士,研究方向:体育产业经营与管理。

办来振兴城市,诸如巴塞罗那、谢菲尔德、曼彻斯特等城市开展了一系列城市更新背景下的体育城市建设实践(表1)。

表1 城市更新相关知识要点

项 目	内 容
城市更新概念	指推广以节约利用空间和能源、复兴衰败城市地域提高社会混合特性为特点的新型城市发展模式
城市更新内涵	核心是以人为本,多元目标包含城市功能优化、环境质量改善、治理能力提升的三重提升
城市更新目标	土地效率＋产业优化＋城市治理＋生态环境＋文脉传承
城市更新理论	绅士化、空间再生产、包容性增长、三生空间、城市双修、治理结构、多方参与、空间正义、社区复兴、租差、健康城市
发展历程	城市重建、城市复兴、城市改造、城市再开发、城市再生、城市振兴、城市更新
体育城市更新案例	谢菲尔德、曼彻斯特、伦敦东区

19世纪初,谢菲尔德便开始以钢铁工业闻名于世,坩埚钢和不锈钢的技术革新就诞生在谢菲尔德,因此享有"钢铁之城"的美誉。然而,19世纪70年中后期伴随着国际竞争的加剧和英国煤炭工业的崩溃,谢菲尔德工业快速衰败,工厂倒闭,人口外流,整个城市一片破败。在关于城市未来命运的大讨论中,逐渐确立起英国首个"体育城市"和"体育与科技之城"的定位,并以1991年世界大学生运动会的承办为契机,通过大量修建体育场馆设施、支持当地体育俱乐部和传统赛事发展、促进大学体育学科建设和拓宽体育研究领域等措施推动城市的更新与发展。时至今日,通过体育的形式进行城市更新的实践依然活跃。伦敦东区曾是被边缘化的城市区域,也是"脏乱差"的代名词。在2012年伦敦奥运会申办之初,组委会就作出承诺,要将伦敦东区建设成为引领世界的文化中心。在伦敦东区更新过程中,体育和艺术成为重要的催化剂,体育场馆、休闲设施和艺术空间贯穿整个街区,并且对环境进行了严格的治理,场馆建设大量采用可再生材料和易维护结构,建筑的碳排放标准比平均水平低80%。

2. 经济转型背景下的体育城市建设

在经济转型的大背景下,各种形态和功能的城市相继出现,如金融城市、科技城市、创意城市、休闲城市、消费城市等。体育发展对于城市转型具有重要作用,因此在城市转型的过程中,体育城市建设也往往成为诸多城市发展的目标和方向,诸如芝加哥、新泽西、奥兰多等城市开展了一系列卓有成效的经济转型背景下体育城市建设实践。

随着交通和网络技术的发展,消费逐渐成为后工业时代城市发展的主要驱动力,并且城市作为消费中心的吸引能力越来越成为城市竞争力的关键因素。因此,消费城市便孕育而生,成为现代城市转型的方向之一。新泽西便是利用商业体育空间来创建消费城市的典型范例。以新泽西超级商业综合体 American Dream 为例,该综合体占地 27.9 万平方米,可以为 500 余家商户提供各类商业服务。该综合体在商业模式上的创新在于体育休闲娱乐占比达 55%,其中包含的体育空间有室内滑雪场和滑冰场、水上乐园、"愤怒的小鸟"主题迷你高尔夫球场、数字高尔夫场、大健康中心以及各类体育零售店等,为消费者提供了一个独特的消费场景。因为体育元素的增加发挥了重要作用,既可以为体育服务部门创造最自然的消费场景,也可以为餐饮等部门引流,同时还可以营造出一种节庆式文化,引导消费者深度参与互动。芝加哥通过湖滨地区体育场馆和休闲便利设施的建设,积极践行"绿色体育""低碳体育",不仅为创意阶层提供了绝佳的城市环境,还实现了从生产城市向消费城市的转变,城市功能由提供就业转变为提供生活设施和服务。

3. 城市营销目标下的体育城市建设

"城市营销"概念最早来源于"国家营销"理念,是指为了吸引外部投资者、旅游者和居住者而开展的营销活动,营销主体一般是城市政府、企业或其他组织,目的是为了促进城市经济、社会、人口的健康可持续发展。对于伦敦、纽约、巴黎、东京等国际大都市而言,城市的体育名片是增强国际影响力、提高国际声誉的重要利器。国际上也有越来越多的城市将体育作为城市营销的工具,墨尔本、洛杉矶、拉斯维加斯等都是以体育赛事进行城市营销的成功典范。

以"世界赛事之都"墨尔本为例,其拥有 F1、澳网、国际板球赛、摩托车大奖赛、世界高级冲浪赛、赛马节、澳式橄榄球赛等诸多国际顶级赛事,国际赛事已经到了全年无休的程度。墨尔本拥有全球闻名的墨尔本板球场、阿尔伯特公园赛道、Bells 海滩等场馆设施。城市体育空间规划令人惊叹,从城市 CBD 步行 15 分钟即可到达墨尔本体育片区,那里汇集了墨尔本板球场、罗德·拉沃尔网球场、墨尔本竞技馆以及国家体育博物馆等十余座各类体育场馆。此外,著名的弗莱明顿赛马场、墨尔本大奖赛赛道等也坐落在城市繁华地区,并且还设有"体育游览专线"带领游客畅游城市体育空间。可以说,这些赛事和体育空间与其他城市景观共同塑造了墨尔本的城市视觉形象,承载着体育城市的独特文化与集体记忆,是墨尔本城市的"城市名片",源源不断地吸引着外部资源。

洛杉矶也是体育与城市营销的鲜活案例,曾经两度成功举办奥运会,1960年还吸引了湖人队迁至洛杉矶,1984年洛杉矶奥运会的成功还开启了洛杉矶的大规模商业建设,并将于2028年第三度举办奥运会。如今,体育比赛与好莱坞、迪士尼、文艺演出等共同成为洛杉矶的城市名片,不仅成为体育与城市营销的范例,同时还是体育与娱乐结合的完美典范。

4. 可持续理念下的体育城市建设

城市的可持续发展成为越来越重要的问题,城市的可持续发展要寻求资源、环境、经济、社会的和谐永续路径。可持续城市的概念源于1972年的《人类环境行动计划》,2015年联合国可持续发展目标指出,"可持续城市与社区"致力于建设包容、安全、有风险抵御能力和可持续的城市及人类住区。在可持续发展理念下,越来越多的城市尝试通过体育来促进生态城市、健康城市的发展。如伦敦、利物浦、新加坡等正致力于打造"活力城市",华盛顿、阿德莱德等成为体育助力生态城市建设的典范。

健康城市是以人群、环境和社会健康为目标,从城市规划、建设到管理都以人的健康为中心的城市发展模式。从社会体育角度来看,城市体育休闲空间是促进健康行为、提高健康水平的物质基础。瑞士苏黎世非常注重体育休闲设施和空间的建设,虽然仅有40万居住人口,但在占地92平方千米的中心城区建设了大量的体育场地,有室外草地球场15个、室外田径场6个、室内体育场18个、室内游泳池7个、室外游泳池7个、湖/河滨游泳池11个、沙滩排球/足球场15个、公共网球场8个、俱乐部网球场18个、23条绿色跑道和1条城市马拉松跑道,还有壁球场、滑冰场10余个。此外,与多元化的体育休闲空间配套的是高效的运动空间管理平台和完善的公共体育服务,大部分室内体育馆在平日晚上和周末都安排了多种运动课程供市民学习,市民也能通过加入大众体育俱乐部参与体育活动。据瑞士联邦统计局统计数据,从2002年至2018年,瑞士积极运动人群的占比从62%上升至76%,缺乏体力活动人群的比例则从18%下降至8%。目前瑞士人的预期寿命为83.3岁,位列世界第二。

美国华盛顿则通过绿色体育空间发展来促进生态城市的建设。华盛顿非常强调城市绿地的体育功能,并利用绿道连接公园个体、建立城市公园体系,使得公园成为居民最重要的运动空间之一。与其他绿地类型相比,体育公园可通过完善各类体育运动设施发挥绿地的体育功能,将两者在同一城市空间内融合。截至2019年底,华盛顿市共有624座公园,占城市总面积的21%,98%的市民步行10分钟即可抵达一座公园。华盛顿的实践说明城市体育运动的生态功能和体育功能相互促进,可以提高城市有限土地的使用效率。

(二)我国体育城市建设的缘起与比较

在我国,以体育作为地域标签的情况主要有三类:一是以竞技体育为标志的"体育之乡""冠军摇篮"等,诸如"体操之乡"河北仙桃、"举重之乡"福建龙岩、"冠军摇篮"江苏南通等;二是以传统项目和文化特色著称的体育城市,如"冰雪之乡"哈尔滨、"武术之乡"沧州、"篮球城市"东莞等;三是基于体育与城市营销为目的的城市,北京、上海、广州等城市相继提出体育城市建设的战略定位,如北京致力于建设"国际体育中心城市"、上海提出"全球著名体育城市"的建设目标、广州要建设成为"国际体育名城"、晋江喊出"首个国家体育城市"口号等。

如今,体育的发展不再局限于竞技体育的范畴,更多的城市都将体育发展融入整体城市发展的框架,作为一种特殊的力量服务城市整体战略目标。以北京为例,作为我国的政治中心,北京早在20世纪80年代初就提出了"国际交往中心"的城市定位,核心指向是承载和发挥好首都的外交功能。围绕这个总体目标,北京提出要建设"国际化体育中心城市"。为了实现该建设目标,北京瞄准了世界级的综合性运动会,通过夏季、冬季奥运会的举办提升北京的国际声誉。总之,北京作为国家政治中心、首位城市,体育城市的建设主要服务于政治目标,体育的发展既是城市实力的体现,更是国家制度优越性的体现。福建晋江和山东乐陵则分别提出"中国首个体育城市"和"体育产业之城"的建设目标,前者占据了我国体育用品业的多个第一,如体育产业上市企业数量全国第一、国家级体育用品品牌总数全国第一、体育产业企业总数全国第一,后者则集中了一批以泰山体育产业集团为龙头的体育制造业企业,两个城市的定位目标均是体育产业城市,即实现体育产业"产城融合"的特色城市。此外,三亚和万宁等城市凭借优越的阳光、沙滩、海洋等自然资源,全力打造体育休闲城市,通过国际选美、龙舟、赛艇等赛事传播城市形象,引导健康、休闲的生活方式。

(三)上海"全球著名体育城市"建设的历程与背景

上海是最早关注体育助力城市营销价值并提出体育城市建设的国内城

市之一,上海在 2001 年就提出了建设"亚洲一流体育中心城市"的目标,开始举办诸多洲际的体育赛事,并确立了"举办国际单项体育赛事"的办赛原则,先后创建或引进了国际马拉松赛、F1 大奖赛、国际田径黄金联赛、汇丰高尔夫冠军赛、ATP 网球大师赛和斯诺克上海大师赛等精品赛事。2008 年,上海再次提出建设"国际知名体育城市"的目标,在国际体育赛事举办上,更加注重赛事特性与城市品质的契合度,更加注重赛事举办对城市发展的综合效应。2010 年以来,上海在新一轮城市总体定位中提出"五个中心"以及"卓越的全球城市"中长期发展目标。为此,上海体育也提出了建设"全球著名体育城市"的总体目标,并致力于打造世界一流的国际体育赛事之都、国内外重要的体育资源配置中心、充满活力的体育科技创新平台。

当前,基于上海城市发展的战略背景,上海将呈现五大发展趋势:一是深度全球化步入 3.0 时代;二是经济深度博弈和再平衡;三是技术革新继续引领社会走向;四是城市可持续发展理念持续深化;五是城市力量持续增强。具体表现在体育城市领域,也将呈现如下发展趋势:一是体育全球化和城市国际化深度推进;二是体育产业进入博弈和再平衡阶段;三是技术创新仍是推动城市体育发展的第一动力;四是体育更多地服务于生态城市、活力城市和健康城市建设;五是城市力量在体育事务中将发挥更大的作用。

二、上海全球著名体育城市建设的总体目标与要求分析

(一)指导思想的确立

1. 坚持可持续发展理念

城市化是人类社会发展与进步的必然趋势。然而,城市化发展过快、规模过大,人类活动对自然界的影响强度和范围就会急剧增加,产生的住房紧张、环境污染、资源匮乏、交通拥塞等城市问题也将更加严重。面对诸如此类的问题,城市的可持续发展成为全球城市面临的严峻挑战。可持续发展是一个涉及经济、社会、文化、技术和环境的综合概念,主要包括自然资源与生态环境的可持续、经济和技术的可持续以及社会和人口的可持续三个方面。国际社会为践行城市可持续发展付诸了不懈的努力与探索,在 2010 年上海世博会上,246 个国家和国际组织分享了城市可持续发展的成果,在《上海宣言》的倡议

下,还将上海世博会闭幕之日即每年的10月31日定为"世界城市日",以此为平台促进全球城市相互学习借鉴,共同探讨和实践解决方案,携手提高城市可持续发展水平。

在上海全球著名体育城市的建设过程中,一定要秉承可持续发展理念,高度重视体育助力城市可持续发展的重要价值,积极探索体育在促进环境保护、社会活力、科技创新和居民健康等方面的有效经验,通过"活力城市""体育科创中心"的建设赋予城市"健康""活力"和"创新"的基因,助力"健康上海"和"五个中心"建设。

2. 贯彻生态文明理念

生态城市是21世纪城市建设的方向。所谓生态城市,即是指按生态学原理建立起来的经济、社会和自然协调发展,物质、能量和信息高效利用,生态良性循环的人类聚居地。因此,生态城市的显著特征包括人口素质高、天蓝地绿水清、资源高效利用以及产业结构优化等。从国际经验来看,纽约、伦敦、东京等城市都非常重视绿色基础设施的体育、娱乐与休闲功能,强调生态空间必须满足居民的体育休闲需求。上海在生态文明建设和全球城市发展的引领下,也正在积极探索生态城市发展的方略与路径,在生态要素整合、生态空间优化、生态休闲应对、生态安全保障等方面取得了一定的成绩。

目前,上海居民的生态休闲需求正不断提升,日常休闲活动的升级必然呼唤公园绿地的开放,节假日休闲需求的升级必然要求郊野大型休闲空间的建设,休闲类型的升级必然指向绿道、慢行步道等新型生态休闲空间的体系化建设。因此,在全球著名体育城市建设中必须秉承生态文明理念,坚持绿色、低碳、环保的体育发展模式,通过实施"健康场馆""赛事绿化""穿越丛林"等项目,倡导绿色、低碳、环保的体育生活方式,助力上海城市的生态文明建设。

3. 践行人民城市理念

体育城市的建设既要遵循一般的规律,也要从每个城市自身的特色出发。在建设具有世界影响力的社会主义现代化国际大都市总目标的引领下,上海全球著名体育城市建设也必然秉承人民城市理念,坚持体育发展必须以人民为中心、一切为了人民、一切依靠人民,也即是坚持体育城市人民建、体育城市为人民(表2)。只有这样,才能推动体育城市治理体系和治理能力的现代化,从而不断满足人民对美好体育生活的需求。

表 2 人民城市理念基本内涵

项 目	内 容
城市宗旨	以人民为中心,全心全意为人民服务——"建好城市为人民"
发展目标	城市让生活更美好,满足美好生活需求
发展路线	走群众路线,一切依靠人民——"人民城市人民建"
决策机制	全过程民主,密切联系群众,收集社情民意,问需于民,问计于民
建设路径	以更优质的供给满足人民需求,用最好的资源服务人民,提供更多的机遇成就每个人
治理方式	法制意识是城市治理现代化的重要依托,科学立法,民主立法,依法立法

人民城市理念下的全球著名体育建设,应当坚持"一体两翼"的发展思路,即坚持以人民为中心的发展思想以及依靠人民、为了人民的宗旨。体育城市建设的目标是让城市生活更美好,让人人都有参与体育和人生出彩的机会,人人都能享受高品质体育生活,人人都能感受体育的温暖与活力,人人都能拥有体育的归属与认同。因此,现阶段上海应该加强体育法制建设,促进全民参与的主动性、积极性和创造性,持续提升城市体育治理体系和治理能力的现代化;应该继续优化与提升体育公共服务,推动城乡体育基本公共服务均等化,以更优的体育服务供给满足人民的需求,用最好的体育休闲资源服务人民,提供更多的机遇去成就每一个人。

(二)基本原则的确立

1. 人民至上,以民为本

体育城市发展突出以民为本,坚持人民至上,做到一切为了人民、紧紧依靠人民,办人民满意的体育。要广泛联系群众,坚持问需于民、问计于民,持续提高居民的体育感知度,持续优化居民体育参与体验,提供广覆盖、多层次、差异化和高质量的体育服务,不断提高居民的体育获得感。

2. 创新驱动,持续发展

要探索智慧体育城市发展路径和模式,加快推动互联网、大数据、人工智能在体育应用领域的创新,不断推动城市体育生产方式、服务方式和商业模式的变革,以创新驱动体育城市的持续发展。建立政府引导、社会参与、市场运作和全民参与的发展机制,建立体育城市可持续发展模式。

3. 统筹兼顾，协同共享

加强全市统筹，盘活存量，用好增量，强化流量，推进全市体育基础设施、人才队伍、信息系统、服务体系建设和运营保障机制建设，处理好体育发展中的重大关系，有效化解体育发展不平衡、不充分等突出矛盾。同时，加强体育、教育、文化、园林、旅游等多部门协作配合，建立健全体育城市建设的共享共治机制，促进资源开放共享和管理服务能力升级。

4. 夯实基础，重点引领

按照轻重缓急，分批分步推进全球著名体育城市建设，夯实体育基础，突出特色和优势的同时避免出现"短板效应"。以体育场地设施建设工程、全民健身活动普及工程和体育产业升级工程为引领，积极推进"赛事之都""活力城市""体育消费中心"建设以及体育体制机制改革，全面加快体育城市建设，稳步提高社会公众满意度。

5. 顶层设计，底层保障

一方面要对标国际先进城市，采取自上而下的方式，对体育城市发展的各层面、各要素统筹规划，以集中有效资源，更加高效快捷地实现全球著名体育城市的建设目标；另一方面，也要防止仅停留在理论概念上和管理蓝图里的"假、大、空"，积极夯实体育发展的底层保障，用底层实现去检验顶层设计的合理性与可行性。此外，还要提高体育城市对抗突发事件的韧性。

（三）总体目标的确立

上海全球著名体育城市建设应该确立科学合理的总体目标，一方面要对标伦敦、纽约、巴黎、东京等著名体育城市，在各项主要指标上争取达到或超越部分对标城市；另一方面要坚持社会主义国际化大都市的特色，在一些具体领域起到引领全球的作用。此外，还要随时做好应对疫情等全球性突发事件的准备，在体育城市韧性方面做出表率。概而言之，全球著名体育城市建设的总体目标即是实现体育全领域、全方位高质量发展，体育发展水平、体育实力和国际影响力世界领先。具体而言，应该把上海建设成为"全球活力城市"典范、世界一流的"国际体育赛事之都"、辐射全球的"体育资源配置中心"、全球领先的"体育科技创新中心"、国际知名的"体育消费中心"、具有全球影响的"体育文化中心"，以及具有强大韧性的"体育生态之城"。

1. "全球活力城市"典范之城

活力城市即是在全民健身和主动健康领域投入重要资源、具有丰富经验以及表现优异和成果显著的城市(表3)。当前,国际上已经有一批城市在活力城市建设领域取得了显著的成绩,伦敦、利物浦、新加坡等已成为全球活力城市的典型代表。因此,上海要高度重视体育对城市健康可持续发展的重要价值,要建立政府主导、部门协作、全社会共同参与的活力城市建设推进机制,以项目为抓手,大力推进活力城区、活力社区和活力校园的建设。此外,上海应该积极加入"全球活力城市网络"和"全球活力城市发展计划",一方面努力学习与借鉴国际活力城市建设的有益经验,探索自身的发展模式与路径;另一方面积极参与国际活力城市治理,在标准制定、国际合作方面贡献上海智慧和上海力量。要承接"健康上海"城市战略,对标伦敦、新加坡、洛杉矶,打造"全球活力城市"典范之城。

表3 "活力城市"中英文翻译及内涵解释

英　　文	中文翻译	内　涵　解　释	案　　例
Vibrant City	活力城市	丰富多样的景点、娱乐和生活方式,多样的、精彩纷呈的城市	A Vibrant City:Dubai
City of Vitality	活力之城	热情的、充满生命力的、经济活跃的城市	Wenzhou, a city of vitality
Living City	生活城市	充满活力的、生活化的、多彩的城市	Living Cities:Singapore
Active City	活跃城市	活跃的、健康的、体力充沛的城市	Liverpool:A Global Active City

2. 建成世界一流的国际体育赛事之都

赛事是体育最精彩部分的集中展现,赛事举办对体育事业的全面发展具有强大的引领作用。在现有国际公认的三大体育城市评价指标中,体育赛事都是最常见和最显著指标之一。纽约、伦敦、巴黎、墨尔本等国际上公认的体育城市,也均是国际体育大赛举办的集聚地。上海应该坚持"有所为有所不为"的办赛方针,继续优化国际体育赛事的项目、级别和时空组合,继续引进和举办更具影响力、更高品质的国际顶级赛事,同时探索国际体育赛事的本土化和本土赛事的国际化,不断嵌入国际体育赛事网络并占据核心位置;推进竞技体育赛事、职业体育赛事和全民健身类赛事的协调与融合发展,打造月月有大赛、周周有小赛、天天有活动的赛事体系和氛围；引进和培育具有国际影响力的专业赛事公司和相关服务组织，不断提升赛事服务组织的核心竞争力，持续提升上海的办赛能力和水平。上海要对标伦敦、巴黎、墨尔本，打造世界一流的国际体育赛事之都，成为国际体育赛事的策源地和集聚区。

3. 辐射全球的体育资源配置中心

体育资源一般包括体育人力资源、场馆资源、赛事资源以及体育信息资源、科技资源、体制资源和产业资源等，上海要成为辐射全球的体育资源配置中心，重点是打造能在世界范围将各类体育资源、体育产品、体育品牌与资本对接的能力体系。因此，上海应该加强竞技体育、体育经管、体育市场等高层次体育人才的培养与引进工作，完善"体教融合"竞技体育后备人才培养体系，创造条件支持知名体育人士任职国际体育组织；要继续建设一批高端体育场馆设施，打造识别度高、具有国际声誉的体育地标，加快推动体育产业集聚发展，使之成为综合效益显著的国家级体育产业示范基地；要不断增强体育市场要素供给和创新体育金融服务，借助上海自贸区、进口博览会和联合产权交易所等做大做强体育资源交易平台，深度推进长三角区域体育一体化和"一带一路"体育交流与合作。对标纽约、伦敦、慕尼黑，将上海建设成为辐射全球的体育资源配置中心。

4. 全球领先的体育科技创新中心

科学技术是第一生产力，体育科技是体育事业和产业发展的重要支撑，科技助力也是体育迈向更高质量发展的强大驱动力。上海要建设全球领先的体育科技创新中心，就必须重视体育教育、加大体育科研投入、搞活体育创新创业氛围，大力提升在沪高校体育学科和体育研发实力，重点发展物联网、大数据、人工智能以及新材料、生物与新医药、智能制造等高新技术在体育领域的运用，围绕智慧场馆、科技竞训、智能穿戴、"体医结合"、数字体育等开展大众创新、万众创业，不断提升上海体育发展的科技含量和创新"浓度"。要充分发挥上海建设科创中心优势与机遇，对标新加坡、特拉维夫等国际一流体育科技创新中心，提升并发挥科研院所在体育人才、学科和研发方面的优势，在体育产品、品牌和服务模式上创造具有全球引领的成果，全力建成全球领先的体育科技创新中心。

5. 国际知名的体育消费中心

工业时代，城市是各种生产要素的交换场所，能为企业和政府提供更多利润,大部分人来到城市是为了谋取更好的职业和更高的收入;后工业时代,城市是各种消费场景的集合,消费场景能促使空间美学变成生产力,城市的舒适性和便利性成为吸引更多高层次人力资源的重要因素。上海具备建设消费城市的资质和潜力,应通过体育休闲设施的建设、沿江沿边休闲空间的开发、多样化休闲运动室内空间的布局来营造舒适、融合、智慧的城市体育消费场景,通过提供更多时尚、个性、高品质的体育消费选择来吸引更多的居民和工作者。因此,上海应该对标纽约、芝加哥等全球著名体育消费中心城市,结合自身特点并充分调动长三角区域体育消费市场活力,打造国际知名的体育消费中心。

6. 具有全球影响的体育文化中心

体育文化既是上海的文化符号和城市印记,又是上海城市魅力和城市品牌的重要基础。纵观国际著名的体育城市,无一不是具有独特气质和特色的体育文化中心。上海要建设成为全球著名体育城市和国际化大都市,建设具有全球影响力的体育文化中心城市就是应有之义。上海既要弘扬现代奥林匹克精神,又要弘扬中华传统体育精神和上海城市精神,打造具有独特魅力的海派体育文化,通过影视艺术创作、精品书刊出版、宣传展演活动等形式挖掘和演绎海派体育文化资源,打造经典海派体育文化阵地,让海派体育文化立起来、活起来。同时,要充分借助"一带一路"倡议,借助进博会、友好城市等平台和机制,加强体育对外交流,推动体育文化全球传播,对标伦敦、东京、墨尔本等国际体育文化大都市,使上海成为具有全球影响力的体育文化中心和国际体育文化交流的节点城市。

7. 具有强大韧性的体育生态之城

城市韧性即指城市系统在面对不可预测、不确定的冲击时,能做出迅速响应、较快适应、动态反馈并维持发展的能力,一般涵盖基础设施韧性、经济韧性、社会韧性和制度韧性四个维度。对于体育城市而言,在面对突发事件时,城市韧性则代表抗风险能力和快速适应的能力,高韧性的体育城市能够从原有状态快速切换到新的平衡状态。面对未来的不确定性,上海全球著名体育城市建设要无比注重城市韧性的提升,加快推进体育城市的基础设施韧性、产业经济韧性、社会治理韧性以及制度韧性建设,提升体育空间的多功能性和模块化、体育发展的生态和社会多样性、体育系统多维度的网络链接等,不断提升上海体育发展的韧性,对标纽约、伦敦、东京等国际大都市,将上海建设成具有强大韧性的体育生态之城。

三、上海全球著名体育城市建设的对策与建议

(一)具体对策

1. 向改革要红利,推进体育体制机制改革

向改革要红利,不断推进和深化体育体制机制改革并制定实施改革任务落实清单。要加快推进体育社会组织改革,使之成为政社分开、权责明确、依法自治的现代社会组织,引导体育社会组织向独立法人组织转型,推动其社会化、法治化、高效化发展,提高体育社会组织服务全球著名体育城市建设的能力和质量;加快转变竞技体育发展方式,优化项目结构布局,创新项目管理,优化体育竞赛体系,深入推进竞技体育社会化,健全竞技体育发展领导体制和工作机制;加强青少年体育工作,全方位推动深化"体教融合",促进青少年全面健康成长。此外,正确处理好政府、市场和社会的关系,正确履行职能,深入推进体育治理体系和治理能力现代化。

2. 夯实发展基础,加大体育场地设施建设

体育场地设施是推动竞技体育、全民健身和体育产业发展的重要物质基础,也是推进全球著名体育城市建设的主要内容。因此,上海应该积极推进体育场地设施建设工程,科学合理地制定体育场地设施配置标准,进一步提高人均体育场地面积。一是要加强管理和保护现有的公共体育设施和场馆,提高现有资源利用效率;二是要将公共体育设施建设纳入土地利用规划,做好开发和预留工作;三是要促进学校体育场地建设和乡镇农村体育建设。此外,还要适度建设体育地标性场地设施,使之成为上海全球著名体育城市的名片。

3. 推动高质量发展,促进体育产业转型升级

市场和产业发展程度是体育全面发展的原动力之一,体育城市建设的高质量发展应以人民需求为出发点,同样也离不开体育市场和产业的转型升级。因此,上海全球著名体育城市建设应该实施体育产业升级工程,围绕全民健身、竞技体育和职业体育需求,积极优化和提升体育赛事活动体系,打造一批具有全球影响力的体育用品、企业和品牌,打造具有全球影响力的大型体育消费场景,提高体育市场监督管理法治化水平,并通过科技创新赋能体育产业高质量发展,使上海成为国内外重要的体育资源配置中心和具有世界影响力的体育消费中心。

4. 强化交流与创新,构建全球体育城市网络

创新是引领体育发展的第一动力,全球著名体育城市务必坚持自主创新与开放创新相结合,并且在对外交流与合作中确立文化自信。建议上海加快建设体育城市创新体系,强化交流协同,确立新的发展思路,即从体育城市到体育城市网络,通过国际顶级体育赛事的举办和体育事务的参与,积极嵌入国际体育城市网络并占据重要位置,在学习借鉴纽约、伦敦、巴黎、东京等世界城市体育发展模式和经验的同时创新本土实践,将上海体育城市建设的经验和智慧传播出去,为国际社会贡献更多的中国力量和中国智慧。

(二)保障措施

主要从政府角度,提出上海全球著名体育城市建设的保障措施,具体体现在政策、组织、规范、财政和人力保障等五个方面。

1. 政策投入保障

政策投入保障主要包括规划制定、政策供给和依法治体三个方面:一是应把握全球著名体育城市建设的基本规律和发展趋势,加快制定上海体育发展的中长期规划和各专项规划,在搞好顶层设计的同时做好底层保障;二是要加快研究上海全球著名体育城市建设配套政策,从土地供应、税收优惠、人才建设等方面对体育发展给予政策支持;三是要完善体育统计制度、标准和体系,加快体育领域标准化进程;加大体育立法,推进行业作风建设。

2. 组织领导保障

组织领导保障主要包括党的领导、组织执行和宣传教育三个方面:一是要坚持党对体育工作的绝对领导,贯彻党的体育工作方针和决策部署;二是要加强组织领导,各级政府和有关本部门要将全球著名体育建设纳入城市整体发展战略并作为重要工作内容来抓,各级政府要成立专门的体育城市建设工作机构,实行统一领导、统一规划、统一建设、统一标准、统一管理,做到领导到位、组织到位、措施到位、责任到位;三是要加强宣传,提高社会各界对体育城市建设的认识。

3. 机制规范保障

机制规范保障即是为全球著名体育城市建设提供物质和精神条件的机制,包括运行机制、激励机制和制约机制三个方面:一是要建立政府主导、部门协作、全社会共同参与的运行机制以及管办分离、"公益+市场"的发展模式,充分调动各方积极性;二是要建立激励机制,配套优惠措施对做出贡献的

单位与个人进行奖励,对先进模式与事迹进行宣传,激励社会正能量;三是要建立和完善体育城市建设的监察监督和制约机制,抓好规范化管理工作,设立体育发展的负面清单,及时、坚决地处理违法违规现象。

4. 财政投入保障

全球著名体育城市建设既是典型的民生工程,又关系到城市的长远发展,因此要积极发挥好财政职能作用,为创建活动提供资金保障:一是要做好大型体育场馆、大型体育赛事等重点项目的经费保障;二是要加大政府体育行政事业发展的财政投入力度,提升体育行政管理服务水平;三是要提高基层体育组织经费保障水平,提升基层体育自治能力和水平。此外,还要全力保障城市体育生态系统的韧性,提升体育应对突发事件的适应能力。

5. 人力资源保障

人才是引领体育发展的"源动力"和实现全球著名体育城市建设目标的重要力量,上海应该高度重视体育专业人才队伍建设,通过自主培养和人才引进等形式聚天下英才而用之,建立与完善体育专业人才信息库,围绕重点企业和院校着重加强公共就业服务能力建设,大力促进创新创业带动就业,建立专业人才动态管理长效机制等,打造具有全球影响力的高端体育人才汇聚地,提升上海人才培养和人力资源配置能力。

参考文献

[1] 赵瑞东,方创琳,刘海猛. 城市韧性研究进展与展望[J]. 地理科学进展,2020(10).

[2] 刘士林. 人民城市:理论渊源和当代发展[J]. 南京社会科学,2020(8).

[3] 苏红巧,苏杨,林翰哲. 国家公园与区域发展关系研究——以上海生态之城建设为例[J]. 环境保护,2020(15).

[4] 陈林华,刘东锋. "欧洲体育之都"评选促进体育城市建设实践经验与启示[J]. 体育文化导刊,2020(6).

[5] 姜菲菲. 深化认识 创新推进国际消费中心城市建设[J]. 先锋,2020(5).

[6] 陈林华,潘捷良. 芝加哥体育城市发展的经验与启示[J]. 体育科研,2020(3).

[7] 陈林华,罗玉婷,徐晋妍. 伦敦打造全球体育城市经验及启示[J]. 体育文化导刊,2020(2).

[8] 蔚芳,王鑫. 基于2SFCA法的杭州体育活力空间可达性评价[J]. 城市规划,2019(11).

[9]　单凤霞,郭修金.生态文明:城市休闲体育发展的必然选择[J].体育学研究,2019(1).

[10]　花建.上海建设全球文化中心城市:机遇、特色、重点[J].深圳大学学报(人文社会科学版),2017(1).

[11]　陈林华,王跃,李荣日,等.国际体育城市评价指标体系的构建研究[J].体育科学,2014(6).

[12]　黄卓,周美芳,章盈,等.伦敦体育文化中心城市建设"三步走"战略及启示[J].西安体育学院学报,2014(3).

[13]　陈林华,王跃.消费城市兴起与上海体育的发展策略[J].体育文化导刊,2013(3).

[14]　戴健,焦长庚.全球著名体育城市构建的内在逻辑与优化路径——基于上海体育名城建设的分析[J].体育学研究,2019(3).

[15]　A Vibrant City[EB/OL]. https://www.birmingham.ac.uk/dubai/dynamic-dubai/A-Vibrant-City.aspx,2019-12-05/2020-10-26.

[16]　Wenzhou, a city of vitality[EB/OL]. http://www.ezhejiang.gov.cn/2020-04/22/c_56089.htm,2020-04-22/2020-10-26.

[17]　Saraf, Priam. DEVELOPING LIVING CITIES:FROM ANALYSIS TO ACTION [J]. Journal of International Affairs,2012(2).

[18]　Active City Network[EB/OL]. https://www.activecitynetwork.com,2019-5-15/2020-10-26.

基于数字技术的上海体育市场事中事后全息型监管体系研究

王跃 曾理 王静 宋可可
肖巧俐 杜梅 吴婷 汪艳[*]

一、国内外相关研究评述

(一)关于体育市场监管的研究评述

1. 体育市场监管

体育市场监管是指根据政府法令或法规,对体育市场运营过程进行监督管理的活动,监管对象是体育市场主体的资格和行为。从行政的角度来看,监管主要分为纵向和横向,其中,纵向主要指企业资质、业务、行为、服务的监管,覆盖了市场主体从准入、经营到退出的全过程,横向指不同监管机构之间"信息互换、执法互助、监管互认"的共治机制,一般采用纵横交叉来实现全过程的监管。由表 1 可知,体育市场监管的作用在于推进体育市场规则的完善,维护体育消费者和体育经营者的合法权益,维持良好有序的体育市场和竞争环境。

---

[*] 本文作者简介:华东理工大学。王跃,体育科学与工程学院院长、教授、博士生导师,硕士,研究方向:体育经济学;曾理,体育科学与工程学院院长助理、讲师,硕士,研究方向:体育经济学;王静,体育科学与工程学院讲师,博士,研究方向:健康管理;宋可可,体育科学与工程学院助教,硕士,研究方向:健康管理;肖巧俐,体育科学与工程学院在读博士研究生,研究方向:体育经济学;杜梅,体育科学与工程学院副教授、硕士生导师,博士,研究方向:体育管理学;吴婷,体育科学与工程学院副教授,博士,研究方向:体育经济学;汪艳,体育科学与工程学院副教授,博士,研究方向:体育产业。

表 1 体育市场监管的主要观点

认识角度	作 者	观 点
社会矛盾	杨伟民	满足人民日益增长的美好生活需要;创新、协调、绿色、开放、共享
新发展理念	任保平 周振华	经济发展应综合有效性、充分性、协调性、创新型、分享性和稳定性;提高全要素生产率并实现经济的内生性、生态性和可持续性;将"创新+绿色"作为新动力
监管工具	黄海燕	监管工具创新试点,给予各类主体适当的容错空间,为体育市场监管工具的创新积累经验和依据
法制化	杨 波	构建体育市场法律体系,体育市场管理法制化
管理制度	陈洪平	强化体育信用的信息化建设,以"体育市场黑名单"为表现形式

2. 事中事后监管研究

传统监管模式主要依赖于监管人员开展现场的网格化检查,但是随着新兴企业和新型业态的出现和快速发展,过去的模式无法完成对市场主体全范围、全过程的监管,逐渐暴露出效率低、力度差、覆盖面窄等问题,在新市场、新业态中弊端日渐凸显,甚至出现了对一些隐蔽的违法行为难以及时发现的问题。由此,监管部门及模式本身的变革势在必行,而且在变革的过程中,行政部门开始吸纳不同的监管部门或主体,通过重构监管组织架构、优化政务流程、完善管理制度等来提升管理效能,并通过加强事中事后监管(表2),激发政府管理的深刻变革,实现政府职能的转变。

表 2 事中事后监管模式的主要观点

作 者	观 点
丁水平,林杰	事中事后监管充分吸纳行业协会、社会组织、企业、公众等主体,主体间相互依赖、相互支持、取长补短,构成一个有机的监管体系
陈业宏,王岩	"地摊经济"的规范路径应以事前合理规划为前提,以事中加强服务、优化监管为过程,以事后明确责任、罚免适度来进行三维构建
郁建兴,沈永东,周俊	监管主体多元化和监管模式多样化,监管重心应转移到事中和事后监管;重视税收、财务审计、互益性资产保护、非市场行为约束等监管;发挥行业协会商会自我监管和社会监管作用

续 表

作　者	观　点
蒋硕亮,刘凯	在上海自贸区监管变革中应打造"四位一体"大监管格局,即政府主导、行业自律、企业自控、社会监督;大数据背景下各部门网络互联互通、信息共享
尹少成	PPP模式下,打破传统事前监管,注重事中、事后监管的优势
赵旭东	强化企业信用约束,实现有效事中事后监管

（二）基于数字技术的监管体系运用

1. 数字技术的界定

数字技术是指嵌入在信息通信技术内或由信息通信技术所支撑的产品与服务,泛指移动互联网、物联网、大数据、云计算和人工智能等在内的诸多技术。新时代,数字技术已逐步成为新的社会驱动力量,成为人与人、人与物、物与物之间的牵绊和依存。同时,数字技术催生了数字经济,它最早是1995年泰普斯科特(Tapscott)在其《数据时代的经济学》一书中提出的。在2016年G20杭州峰会上,《二十国集团数字经济发展与合作倡议》中对"数字经济"的官方概念为:将使用数字化信息知识作为关键的生产要素、将现代信息网络作为重要载体、以数字技术的有效使用作为经济结构优化和效率提升的重要推动力展开的一系列经济活动。自2007年,我国互联网与移动互联网飞速发展,数字技术被广泛使用,在2018年我国的数字经济总量达到31.3万亿元,对国内GDP总值增长的贡献率为67.9%。作为经济社会发展的重要驱动力,数字技术在赋予企业持续活力、带动产业和社会全面升级等方面发挥着不可忽视的重要作用。

2. 基于数字技术的监管体系运用

目前,上海、广东等12个自贸区均已使用大数据手段开展信用监管,主要应用于商业登记、市场主体监管方面。"十四五"期间,由信息交换枢纽为主要功能的信息共享和服务平台,将进一步凸显大数据中心的服务功能。随着"一网通办"功能的提升,不同监管部门的数据也会逐渐标准化和规范化,形成信息实时更新、共享的长效机制,为实现互联互通、共享互用打下基础。

3. 全息型的管理体系研究

"全息(Holographic)"原本特指让从物体发射的衍射光能够重现,可引申用来指全部信息得以储存和可被重新识别的属性。全息型监管,指充分利用先进的智能数字技术,结合市场监管需求,通过互联化、物联化、感知化、智能化手段,采集、整合、分析监管的产业发展信息。实现方式是通过监管服务平台,采用数字技术,实现数据分类(Data Classification)、自动预警(Automatic Warning)、动态监控(Dynamic Monitoring)的统一,以整合分析、突出市场的主体性质和经营行为特征来进行监管,规避风险。

(三)数字赋能体育产业发展

1. 数字体育与体育市场中的数字技术

数字体育是数字技术与传统体育相结合催生出来的产物,主要是文化休闲内容产业、信息产业、体育运动产业等跨行业交叉领域。得益于数字技术的渗透,数字体育实现快速发展,改变了以往通过商品形式交换体育产品、服务、劳务、场所的情况,以更便捷的方式给体育消费者提供准确的选择偏好,提供丰富的网络社区服务,拓展了体育市场的外延。

作为技术要素的数字技术不仅提升了生产率,还塑造了新经济发展模式和新思维的经济社会形态。大数据、云计算、人工智能、物联网、3D打印等数字技术,与基础设施、终端设备、终端市场等领域不断地融合发展,改变着传统的生产生活模式,深刻影响着社会及经济结构,也影响着企业的行为范式和业务模式。数字技术的应用也已经对体育产业发展产生了深刻的影响。可以预见,数字技术与体育产业的结合将在未来形成发展合力,在网络数字时代,体育产业的生产效率、市场结构、商业模式等也会发生深刻的变化。

同时,数字技术对于体育活动本身也带来了颠覆性的改变。从个体的层面来看,数字技术的关联性可以使个体用较低的成本与多样化的主体建立起连接,更加便捷地获得信息,同时推动市场的成长。从企业层面来看,数字技术的可扩展性让体育企业可以识别市场的需求或者潜在的需求,数字技术的开放性可以实现数据的可视化,增加企业信息的透明度,便于企业通过信任机制来进行合作伙伴的选择,数字技术的关联性促进企业与用户、用户与用户之间实现不断的交互,其中产生的数据又被用来识别未来需求和资源,发现机会,降低风险。

2. 数字技术下的体育产业新业态

体育新兴业态是体育内容、科技和资本结合的产物,利用多种数字和网络技术、软硬件载体,将文字、影像、语音等体育内容进行加工,通过数字化生产、传递,向消费者提供新形式、多类型的体育产品。随着信息技术、数字技术和传播内容形态的不断更新,更"新"的体育业态必然层出不穷,体育产业的生产效率、商业模式、市场结构等也会发生深刻的变化(表3)。

表3 体育产业业态观点梳理

认识角度	作者	观点
经济结构的合理性	李变花	形成经济增长质量指标体系
产业特征	刘毅,薛捷等	体育新兴产业指的是产业结构优化升级且关系国民经济社会发展,体育产业具有导向性、全局性、动态性和长远性等特征
体育产业高质量	李荣日、刘宁宁	形成体育产业高质量发展理论架构与脉络逻辑
新冠疫情下体育产业的机遇	蒋金鑫	体育产业供给侧结构性改革;加快转型升级,发展数字体育产业
从市场经济角度认识体育、运作体育	任海	认识体育产业优势,推动体育发展;积极应对体育产业带来的新问题
山地体育产业开发	谢英等	山地体育产业链的形成将促进体育产业的发展
区域体育产业发展	徐开娟	梳理和总结了长三角区域体育产业发展态势、经验以及未来发展建议

3. 数字技术助力国家战略

数字技术不仅提升了生产率,还塑造了经济社会形态,从微观层面上,它影响着企业的行为范式和业务模式,从产业层面上,它的应用对体育产业发展影响深远。所以,近几年国家出台的多个涉及体育产业的政策文件中,多次提到推动网络及数字技术在体育产业发展中的应用(表4)。

表4 国家体育政策中涉数字技术的内容

文号	名称	内容
国发〔2016〕37号	《国务院关于印发全民健身计划(2016—2020年)的通知》	鼓励使用"互联网+"等技术进一步拓宽体育服务、产品制造和消费市场
国办发〔2016〕7号	《国务院办公厅关于加快发展健身休闲产业的指导意见》	推动"互联网+健身休闲",鼓励把移动互联网、大数据、云计算技术作为发展健身休闲产业的动力

续 表

文　号	名　称	内　容
国办发〔2018〕121号	《国务院办公厅关于加快发展体育竞赛表演产业的指导意见》	强调把新型技术、人工智能等应用到体育竞赛表演产业中,通过数字技术提升产品的服务水平
国办发〔2019〕40号	《国务院办公厅关于印发体育强国建设纲要的通知》	鼓励使用新信息技术,促进体育市场发展,并提出了智慧体育与体育实体经济的深度融合
国办发〔2019〕43号	《国务院办公厅关于促进全民健身和体育消费推动体育产业高质量发展的意见》	在体育制造领域中使用新兴技术

(四) 研究评述

新时代新业态下,新的治理问题层出不穷,也缺乏现成的经验可以借鉴。数字技术不断对体育市场的行为和结果产生巨大影响,但是基于数字技术的体育市场监管研究还处于探索阶段,缺乏一个系统的研究框架。主要表现为:一是政府与企业、社会之间的数字化监管平台进程缓慢,二是多数企业缺乏技术和认识,三是社会对政策的把握不全面。

在传统的体育市场监管模式中暴露的问题主要有三个:一是由信息不对称造成的监管错位;二是体育企业的规模小造成的监管流动性大;三是重事前查证、轻日常监控,造成隐患难以发现。风险识别、预警与控制是事中事后监管的重要目标,对于风险控制而言,监管部门执法行为的法治化是重中之重,让市场主体能够稳定有序的发展。然而在企业主体经营行为中,只有动态地抓取其行为数据才能准确识别并预防风险,所以事中事后监管必须进一步透明化才能控制和降低风险。

在上海全球著名体育城市的建设过程中,体育企业与体育市场的发展将倒逼监管改革。全息型的管理体系,能为监管部门提供适用的监管模式,而数字技术可以跨越政府各部门之间及政府与企业、其他公共组织之间的鸿沟,做到信息、资源共享,实现协同(图1)。

在数字时代,通过数字技术更好地连接监管者和监管对象,是优化体育市场营商环境、监管体育企业主体行为必由之路。政府部门作为政策制定者,也应该是数字技术的首要应用者,体育市场的有效监管不仅需要

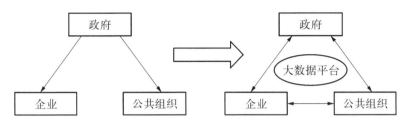

图 1　大数据时代下政府与企业、其他公共组织的连接形式

技术的调整,更需要制度层面的创新,以此找到一条适应时代变迁的新路径。

二、事中事后监管模式的经验与启示

(一) 我国自贸区事中事后监管的经验

在我国的监管法律体系中,针对公司这一市场主体的事前审批包括:公司的发起、设立、登记、合并、股权增发等法律行为;事中事后监管主要包括:在公司完成商事登记后的管理、运营、销售等法律行为。虽然我国目前还没有针对事中事后监管形成权威的定义,但在法治理念下,市场的事中事后监管是指政府根据现行法律及行政法规,按其职能对市场主体在设立后的经营、管理、销售等行为进行监管的法律行为,其目的是规范市场行为、维护经济秩序、防止经营风险、优化营商环境。

特别是近几年,随着国内12个自贸区的出现,为了法治化营商环境,加强事中事后监管被提到非常重要的位置。在诚信管理、分类监管、风险监管、联合惩戒和社会监督等方面,逐项制定了有关事中事后监管的方案和实施细则,确保"放而不乱"。比如:"一枚公章管审批""智慧口岸""电子围网""FT账户动态监管"等这些举措,不仅可以增加企业的活力,还可以提升市场在整个资源配置过程中的作用力。

(二) 我国自贸区事中事后监管的不足

1. 法治化不足

"重大改革要于法有据"。在我国《行政许可法》等上位法没有同步修订的情形下,行使事中事后监管的责任部门缺乏上位法支撑,在职能、职权、执法、监督的过程中面临法律法规缺失的问题。

2. 系统性不强

现行事中事后监管制度的创新,大多是将"自下而上"的创新办法作为蓝本,再从蓝本的实施中总结各个案例的经验,最后形成制度创新成果,所以在整体性治理体系语境下,出现碎片化、系统性不强的问题。比如"双随机,一公开""容缺登记"模式,虽然都是成功的方案,但由于地域和市场成熟度的差异,其他地区、其他行业不能简单地直接照抄。尤其是对于流动性较大的行业,碎片化制度体系很难实现全流程、精细化的监管。

3. 信息化不全

由于现阶段我国社会主体的信息化建设还刚刚起步,本应该在事中事后监管过程中起到核心作用的信息化监管还不能发挥应有的作用。尤其在体育市场中,从业者可能以个人或非企业组织的形式参与经营,而现有的国家企业信用公示平台还没有他们的信息。

4. 协同性不足

由于早期职能部门之间存在同质化的行政审批,虽然"一网通办",但职能重叠在所难免,并且由于体制机制的障碍,协同监管的效率并不高。更重要的是,由于职能不同,所有监管的数据都是非标准化的,即使合并也很难在数据标准和统一中做好协同。

(三) 事中事后监管成功经验

1. 香港特别行政区的事中事后监管经验

我国香港特别行政区的食品安全监管就把营商法律、行政管理、社会治理、商事登记、投资管理等事中事后监管融合其中,形成了政府、企业、消费者三方合作的共治模式,并加大事后的法律惩戒、信用惩戒等,违法成本高昂,铸就了食品安全达标率在99%以上的良好口碑。

2. 新加坡的事中事后监管经验

《金融机构影响及风险评估框架》是由新加坡金融监管局出台的风险评估及防范体系,通过"企业信息申报系统"(BizFile)这一共享信息平台,只要企业存在违法行为,就会被系统重点标识并自动调高信用风险等级。另外,引入非官方的第三方信用风险评估公司对所有企业进行信用风险甄别与画像,提示并协助市场规避可能出现的信用风险。

(四)完整理解上海体育市场事中事后监管中"放管服"改革

1. 上海市体育市场监管现状

2019年,上海市体育产业总产出(总规模)为1 780.88亿元,增加值为558.96亿元,占当年全市GDP的比重为1.5%。按照国家体育产业11个大类分类,体育服务业(除体育用品及相关产品制造业、体育场地设施建设外的其他9大类)总产出和增加值分别为1 414.66亿元和485.49亿元,占上海市体育产业总产出和增加值的比重分别为79.4%和86.9%。其中,体育用品及相关产品销售、出租与贸易代理业总产出和增加值最大,分别为678.56亿元和279.17亿元,占上海市体育产业总产出和增加值的比重分别为38.1%和49.9%。

随着行政审批制度改革的推进,市场准入门槛进一步降低,众多新生的生产经营主体进入市场,市场监管负重运行,形势日益严峻,加强事中事后监管已是当务之急。在天眼查、大众点评等数据库中的调研显示,上海市体育企业总数为2 225家(2020年底数据)。为进一步激活市场,2020年市体育局对500家体育场馆试点发放消费券(图2)。急速增加的企业数量,将尚在成长中的上海体育市场推向了加速发展的快车道。

从静态比较看,2020年底的2 225家体育企业的经营内容覆盖体育管理活动、体育竞赛表演活动、体育健身休闲活动、体育场地和设施管理、体育经纪与代理、体育广告与会展、体育表演与设计服务、体育教育与培训、体育传媒与信息服务、其他体育服务、体育用品及相关产品制造、体育用品及相关产品销售、出租与贸易代理、体育场地设施建设等所有11个大类。企业数量和种类远远超过传统监管的承受极限。

从动态发展看,受制于政府规模,监管机构与人员的增长往往速度缓慢,而宽松市场环境中企业数量快速增长,使监管矛盾更为突出。虽然学界明确提出数字技术对体育市场监管具有颠覆性作用,但是在现实中,还没有明确体育市场事中事后监管的要素,还没有形成部门协同、多元共治的监管机制。比如体育市场中知识产权问题、个人隐私保护问题、大型数字化平台在产业链条中的控制力问题等,都既是新的体育问题也是新的社会问题,需要不断优化监管模式,促进数字化、全球化时代中国体育市场稳定、健康地发展。

上海市体育局在市场监管方面做了非常有效的尝试,如成立了上海市体育局体育培训市场治理工作领导小组、明确了市区体育部门体育培训市场监管工作职责分工、在体育领域推广实施"证照分离"改革全覆盖试点措施清单

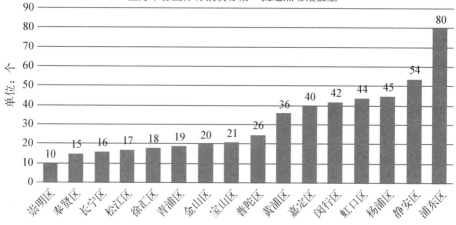

图 2　2020 年上海市体育消费券第一批定点场馆分布情况

等。但上海体育市场事中事后监管体系的创新必须在法治化的轨道上开展，培育市场主体的诚信意识，加快行政执法流程的透明与公开，加大违法失信者违法成本，借助各方自治主体的力量形成多元化的社会监管体系。

2. 放——降低门槛，促进体育市场的内生发展动力

"放"的初衷是简政放权，打破多部门审批的体制僵局，推动社会资本高效进入体育市场。"放"的本身是一种"分权"，旨在通过"开闸放水""放水养鱼"等方式推进体育产业的建设步伐。而随着健康与体育市场的迅猛增长，面对

海量的体育企业,政府难以把有潜力的机构挑出来重点培育,为了规避"灯下黑""大树底下不长草""选择性执法""行政不作为"等风险,选择放开市场竞争,营造普适性的营商环境,通过大面积"育苗造林",成就一种"大带小""小升高"的产业繁荣。

3. 管——宽进严管,防范体育市场风险

从性质来看,事中事后监管依然属于行政监管,只是监管方式发生改变,它包含了培育、监管、管理整个体育市场的责任,强调过程监管、结果考核,实现监管体制的优化和更新。对政府而言,监管是工具,但必须通过转换职能、培育市场、构建机制等来实现标本兼治、应急谋远。对体育企业而言,必须着眼长期效益,担当责任,避免"短平快"式的急功近利。

4. 服——提高政府的体育市场培育能力

用信息的"网上跑"代替办事人的"路上跑"。短期内可以实现破除体系分割,再造审批流程,优化前台界面,倒逼后台革新的目标;长期来看,可以利用信息技术,对内监察政府效能,对外监管市场主体行为,让消费者在充分掌握信息的基础上理性选择,在亿万次的交易中形成优胜劣汰的体育市场。

三、对策与建议

(一)构建基于数字技术的上海体育市场事中事后全息型监管体系的大格局

1. 构建"三位一体"大监管格局

"政府掌舵,众人划桨"是新时期体育市场监管的社会共治大格局,还需要多部门协同、社会支持和市场配合,构建行政执法、政府服务、社会监督、市场评价的监督大格局。这种"三位一体"的透明、高效、便捷的大监管格局,不仅符合市场经济的"横向到边、纵向到底、关口前移、重心下移"的市场监管需要,还将形成上下联动、内外互动、多元参与的综合监管模式,实现"资源共享、协同运作、主体全覆盖、实时监控、快速反应"的管理目标(图3)。从功能上看,这一格局需要政府制定政策法规及执法、企业遵纪守法和自律自治、社会公众投诉以及舆论监督三方面来构成一个有机整体,发挥整体性功能和作用。

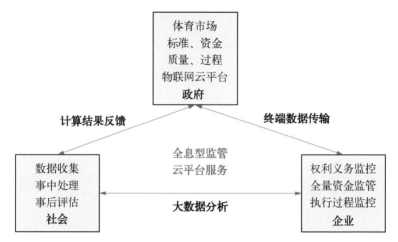

图 3　上海体育市场事中事后监管框架图

2. 建立信息共享与服务平台

针对体育市场的全息型监管,其数据包括但不限于体育市场主体的准入、经营、退出,还包括经营主体行为的跟踪、监督和管理。服务平台还实现自动的、直接的接收和报送相关信息,能及时反映企业运行状态和安全风险。社会机构可以在制度允许的范围内进行数据挖掘和综合评估,研判趋势、预测风险,为政府和企业提供咨询服务。消费者也能更对称地了解信息,并得到更优质的服务,提升市场监管的自动化程度、透明度和便利性。

3. 建立多维协同监管机制

确保体育市场事中事后监管覆盖全领域、全过程、全对象,需要建立纵横交叉的监管机制,实现信息多向流动。同时,加入相关利益方监管,也就是加入消费者或者消费者的监护人、赡养人,因为他们更有足够的动力来进行监管。

4. 建立社会力量参与市场监管机制

新时期下完善的体育市场事中事后监管体系应形成由政府主导、社会力量参与的市场管理新模式。比如:浦东新区市场监督管理局与芝麻信用签署合作协议,向芝麻信用提供企业相关信用信息,芝麻信用运用专业技术客观呈现市场主体的信用状况;上海市自贸区新的监管模式联合了上海市会计协会、上海市信用协会、上海市现代服务业等社会力量参与了自贸区的公示、审计等工作;上海市体育局联合上海市健身健美协会、上海市市场监督管理局、上海市消费者权益保护委员会等机构参与定制的《上海市体育健身行业会员服务合同示范文本(征求意见稿)》等都是体育市场领域监管创新的案例。

(二) 上海体育市场事中事后监管大格局中三大主体的内在逻辑

构建基于数字技术的体育市场事中事后全息型监管体系,不是各自管理或单一的治理,而是遵循整体监管模式的内部逻辑,并将其有机地结合在一起。这一逻辑推演包括:一是要结合国内外体育产业发展趋势和经验启示,立足政府、社会、企业三大主体的关系,构建上海体育市场监管结构框架;二是要协调体育市场参与主体、部门间的职能分工和关系,梳理不同发展要素的平台链接;三是要厘清上海体育市场事中事后监管的主体责任、技术要点;四是形成相互依存,不可或缺的有机统一的监督体系,每个部门都发挥独特的作用,并形成巨大的监督力量。

1. "三位一体"大监管格局符合事中事后监管的理论基础与实践要求

在现代治理理论体系中,政府、社会、企业是解决公共问题的主体。政府不再是集权者,而是引领者;企业不再是简单的守法自律,而是风险共担者;社会不再仅仅是消费者,而是公共事务的支持者。在上海体育市场的"三位一体"监管体系中,作为国家机构的上海体育局被赋予各种公共权力,以确保对体育行业的事中和事后进行监管。体育行业协会和体育企业本身也参与监督,通过对各种信息的了解,能起到消除监管过程中信息不对称的问题。而激发事中事后监管的动力则来自消费者强烈的维权意识。社会组织作为智力支撑参与管理。政府、社会、企业的有机结合,推动了事件事中事后监管的有效运转。

2. "三位一体"大监管格局体现目的与手段的一致性

"三位一体"大监管格局,需采取丰富多样的监管方法和手段。无论是传统的监管方法,如行政监管、法律约束、经济限制、思想沟通等,还是有特色的监管,如电子追踪、交叉执法、跨区域错时监管、行业互助等,都必须要求政府、企业、协会,甚至个人共同参与、共同配合,才能达到有效监督的目标,从而促进市场的公平竞争,增强体育市场活力。

3. "三位一体"大监管格局形成监管结构和功能的整合性

政府作为国家机构,处于绝对的公共权力顶端,故政府监管可以自上而下监管各个市场主体,其位于监管结构的顶层。企业作为自控主体,除了自我监督,还受到来自上层政府的监管与指导,处于监管结构的中层。社会和个人受维权意识的激发,发挥着从下至上的监督作用,由于其具有分散性和自发性,对于监管的效力也最小,处于监管结构中的下层。

（三）上海体育市场事中事后监管的实施路径

基于数字技术建立和完善监管信息共享数据平台能为"三位一体"的大监管格局提供强大的技术支持，能促进上海市体育市场发展的透明、高效和便捷，能为各个政府部门的施政、数据管理、资源共享等高效便捷化操作提供开展平台，是体育市场事中事后监管工作的重要基础。

1. 合理构建三个层次的服务平台

为了实现部门协同管理、高效的监管信息传递、智能的投资准入服务以及"一站式"的企业网上办事等强大功能，上海体育市场信息共享平台立足于信息资源的共享互换，搭建如图4所示的平台架构。

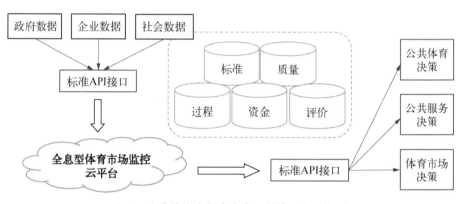

图4　上海体育市场事中事后监管平台架构图

数据资源层是基于标准化数据接口连接小型化终端检测设备或系统，并与云平台链接互传数据。平台服务层是超融合架构的大数据中心和灵活云平台，通过数字技术和应用型智能算法对数据资源进行分析利用，基于 SaaS & PaaS 实现对不同监管主体的信息服务，控制风险。共享应用层是政府、企业、社会共同探讨监管数据分类模型、自动预警模型、动态监控模型的服务载体，能为体育市场注入活力。

2. 平台建设的三个阶段

信息共享平台的建设可分三阶段进行：

第一阶段，形成数据资源层。整合形成完整、全面的大数据库，包括上海市相关政府部门（如经信委、教委、商务委、科委、公安局、民政局、财政局、人力资源和社会保障局、体育局、统计局等）的信息、数据。

第二阶段,打造平台服务层。主要包含以下功能:一是为了履行事中事后监管功能,在管理系统中嵌入各个监管部门;二是打造公共信用信息子平台等在内的对外服务系统,包括体育局"一站式"网站(个人和法人的体育准营准办、职业资格、文化体育和其他类型),达到为企业和社会服务的目的。因此平台服务层由政府监管系统和对外服务系统组成,体育局凭借这一核心层"上下共联、左右互通",提取和开发各种数据,实现多种应用功能。

第三阶段,构建共享应用层。信息共享平台为事中事后监管提供的应用包括三个方面:一是公开体育机构设立终止、评估结果、信用记录等信息;二是对涉及资金的补贴和奖励项目的发放进行系统评估;三是通过智能化"留痕"解决体育服务质量标准问题,如服务时间、内容、对象等。应用层能汇集标准化的数据,通过第三方机构梳理,形成完整的、全面的、便于交互使用的信息,助力社会力量参与市场监管。

评价标准是全息型监管体系维护市场动态平衡的管理工具,该工具要能全面地反映体育企业及其从业人员的执业或从业行为、过程及结果。所以在评价标准的设计时要体现放权与监管之间的动态平衡,满足不同监管主体之间的协同性,满足集中、分级、分散监管的合理组合。

第一,梳理由体育局负责的监管指标。梳理本级行政区体育市场中全息型监管的相关政策文件,协调相关部门规划、指导监管工作等。

第二,梳理由专门部门负责的监管指标。对体育市场拥有监管职能的部门多达十余个,要各自依其职能分工梳理指标,比如涉及资金安全、场馆建筑、消防卫生、文化传媒、食品安全、医疗服务、高危项目等关键指标。

第三,梳理由区级政府负责的属地监管评价指标。对全息型的体育市场监管要实行"属地管理",将管理终端都"下沉"到街道、社区。通过责权对应原则,以责任清单的形式分类分级梳理评价指标。

3. 逐步形成以信用为核心的监管机制

体育市场属于第三产业,而服务品质是其核心竞争力。因此要把市场口碑转化为信用指标体系,建立"黑名单"与企业信用档案,依法对企业进行公示、通报、约谈、警示或惩戒。同时推行监督反馈谈话制度和预警提示风险点,督促企业加强经营管理,防范风险。

(四)解决监管体系转换过程中信息断点与监管时滞的建议

在上海体育市场的事中事后监管体系向数字化转型的过程中,需要分为

"先登记、再备案、后检查"三个阶段,并通过数字化技术将三个阶段的数据断点连接起来,形成有效信息反馈体系。

1. 全息型监管体系中先登记、再备案、后检查三个阶段的衔接及归口管理

先依法在市场监管和机构编制管理等部门完成体育主体的登记工作。在登记阶段,将企业主体的登记信息即时推送至信息共享平台,如将体育机构的登记信息推送至共享平台后,区体育局"接手",查询了解这些机构的设立情况。

区体育局再通过信息共享平台完成具体的经营内容和企业特点的备案。在备案阶段,将体现政府监管要素,体现"告知"或"知晓"等义务,并网上"留痕"。

最后由区级行政部门完成线上线下的检查,并核查结果上传系统。在检查阶段,根据体育机构的性质特征,由相关行政部门对机构进行检查核实,主要包括:督促其进一步完善、更新机构业务与经营信息,并对存在的风险进行抄告、检查或处罚。

在诸多监管手段中,现场检查效果俱佳。在体育市场中,由于主体的性质、形态和经营内容的差异化,应该由不同的行政部门进行监管。所以,体育局要守好第一道防线,应将发挥各个监管部门的职能,让信息"跑腿",让"专业的人干专业的事",确保规范、有效监管。

2. 避免信息断点导致监管缺位,瞄准"新业态"避免监管真空

在现行体制下,诸多体育机构在取得经营性许可后,在没有完成备案检查前就开始营运,其中可能存在两类问题:一是倘若后期运营中出现质量、安全或房屋场地租约等问题,将造成消费者和投资者损失;二是体育部门无法有效掌握全部企业的所有信息,将造成信息不对称,在监管模式的转型中要注意此类信息断点所产生的监管缺位。同时,面对许多科技、会务、销售、广告公司大力进军体育市场并新增经营范围的现象,首先应由市场监督管理部门将此类法人信息发布至共享平台,系统再根据经营的性质和内容找到匹配的监管部门。比如,由个人公司发起的"体育考试培训""在线体育课"等服务项目,就存在着人身安全、资金安全、质量标准和意识形态等隐患。所以在转型中要瞄准新时代的新事物,避免监管真空。

(五)立法与制度、信用与数据的衔接的建议

1. 争取立法授权,构建制度体系

市场经济中,市场失灵、企业道德风险、机会主义行为的风险必然存在,所

以政府监管必不可少。新时期上海体育市场的快速发展需要通过制定新的监管法规、政策和新颖的执法活动加以引导和约束。所以,基于数字化的体育市场事中事后监管体系方面应加强在以下三个方面的创新:

一是由体育局牵头制定《上海市体育市场事中事后监管办法》,通过立法授权,维护公平的市场竞争秩序,实现政府在体育市场主体监管领域的风险识别、管理与处置,通过数字化监管提高市场主体透明度,加以信用评价提升企业自治和诚信水平。

二是通过立法规范监管的程序、技术手段、范围等,明确"放管服"改革的具体事项等。

三是通过立法来构建信用体系、制定行政程序、重塑监管架构、明确第三方的义务和责任。

2. 以信用监管为核心,以数据共享为动力

信息共享、监管互认的基础是数据共享,要让数据流动起来,通过数据交换提高监管效率,要明确"共享即监管"的理念。而信用监管是事中事后监管风险管理最为核心的手段和抓手,要将信用监管贯穿于监管的各个环节,完善被监管主体的信用档案制度,在服务平台上实现信用数据共享。践行"双随机一公开",通过数据共享和联合惩戒,起到"抽检一部分,警示一大片,规范全行业"的监管效果。同时利用信用惩戒机制,引入市场力量参与联合惩戒,例如银行、大众点评、腾讯、阿里等对失信对象的特定行为进行联合惩戒,提高失信者的违法成本,促进企业自治。

(六)监管机制的对策

1. 建立体育市场风险预警机制

体育市场由于自身特征,与民生、健康、城市、社会等方面带有千丝万缕的联系。识别和预防体育市场的风险是事中事后监管的重中之重。而传统的监管手段要遵循和合规性,预警能力较差,所以必须重构一套上海市体育市场监管体系以作补充。通过事中事后的监管体系,全面掌握市场主体类型、行业类属、信誉状况、等级规模、经营方式、违法违纪等属性类指标数据,构建基于大数据的风险概率模型,确定风险概率算法,并发布"黑名单"进行重点监管,做好体育市场的风险识别和数据分析,根据预警参数,做到早发现、早预警、早处置,实现线上线下一体化监管。

2. 建立激励与惩戒机制

政府需建立法治化的信用激励与惩戒机制,依法全面监管,抓取监管对象的信用状况、违法违纪情况、风险频度、日常经营抽检等指标,评定信用等级,按等级将监管对象分为不同类别,建立相应的预警机制、惩戒机制、激励机制,强化企业自律。同时实施企业年报公示与"点名"制度,在上海市体育局门户网站上报年度报告并向社会公示。公示内容包括企业登记备案事项、注册资本缴付情况、资产状况、运营状况、企业从业人数、联系方式等。未如实申报的企业或者存在违规行为的企业,将被"点名",形成"一处失信,处处受限"的联合惩戒机制,增加失信成本。对基本守信企业、守信企业则以激励和帮扶为主,促进企业守法经营。

3. 发挥社会组织和体育产业基地的示范和监管作用

加大体育总会、各单项协会等体育组织在社会监管方面的职能,形成多元化社会监管模式。还要充分发挥政府和企业之外的"第三种管理力量"的社会监管效能,以政府服务外包为抓手,以市场监管为重点领域,以数据分析为工作常态,逐步向国际惯例看齐。要充分发挥上海市体育产业基地示范和引领作用,根据各个产业基地的性质和特点,形成在各自细分行业的龙头作用,在监管指标制定、数据收集分析、资金托管和监管模型方面提供支撑。

体育市场不是新鲜事物,但基于数字技术的体育市场事中事后的全息型监管是新事物。由前述监管大格局、内在逻辑等构筑了其复杂的监管网络特性,而且由于数字化的引入,这个网络体系不再是简单的机构合并,而是一个多元的监管职能的重铸,其监管体系的特征和功能包括:通过数字技术对前期已登记的企业信息进行风险识别,其风险识别信息还可供社会查询;实时抓取企业经营数据与舆情信息,还可在事中第一时间掌握、预判、处置风险隐患;事后引入的评估和惩戒机制,将进一步提升监管效果,实时调整制度和力度,促进市场高质量发展。

习近平总书记在浦东开发开放30周年庆祝大会上的讲话中指出,"加强改革系统集成,激活高质量发展新动力"。在"两个一百年"奋斗目标的历史交汇期,在全面建设社会主义现代化国家新征程的起点上,上海构建基于数字技术的体育市场事中事后全息型监管体系,符合上海体育发展的战略定位,是新时代背景下转变政府职能、深化"放管服"改革的应有之意,也必将在"十四五"期间创造出新成绩和新成果。

参考文献

[1] 周焕月.自贸区建设给广东经贸带来的契机[J].北方经贸,2017(6).

[2] 杨伟民.深入学习习近平新时代中国特色社会主义经济思想 推动高质量发展建设现代化经济体系[J].时事报告(党委中心组学习),2018(2).

[3] 任保平,李禹墨.新时代背景下高质量发展新动能的培育[J].黑龙江社会科学,2018(4).

[4] 周振华.上海改革先行先试的实践经验与理论启示[J].上海市社会主义学院学报,2018(5).

[5] 黄海燕,刘蔚宇.论体育市场监管工具创新——基于深度访谈的质性研究[J].体育文化导刊,2020(5).

[6] 杨波.论我国体育市场管理法制化建设与完善[J].成都体育学院学报,2008(10).

[7] 陈洪平,周峰利.体育市场监管的黑名单管理:制度机理、核心环节与建设推进[J].体育学刊,2020(3).

[8] 刘斌,李禾禾.中国(上海)自由贸易试验区政府监管模式创新刍议[J].上海商学院学报,2014(1).

[9] 丁水平,林杰.市场管理改革中事中事后监管制度创新研究——构建"多位一体"综合监管体系[J].理论月刊,2019(4).

[10] 陈业宏,王岩.论"地摊经济"嵌入现代治理体系的行政监管路径——以15个城市的监管政策为样本[J].湖南社会科学,2020(6).

[11] 郁建兴,沈永东,周俊.从双重管理到合规性监管——全面深化改革时代行业协会商会监管体制的重构[J].浙江大学学报(人文社会科学版),2014(4).

[12] 蒋硕亮,刘凯.上海自贸试验区事中事后监管制度创新:构建"四位一体"大监管格局[J].外国经济与管理,2015(8).

[13] 尹少成.PPP模式下公用事业政府监管的挑战及应对[J].行政法学研究,2017(6).

[14] 赵旭东.强化企业信用约束 实现有效事中事后监管[J].中国工商管理研究,2015(11).

[15] 周瑜.数字技术影响公共服务的经济学机理与实现路径研究[D].中国社会科学院研究生院,2020.

[16] 孙利娟,张二震,张晓磊."一带一路"倡议下对外投资合作的事中事后监管[J].宏观经济管理,2018(10).

[17] 高敬峰,王彬.数字技术提升了中国全球价值链地位吗[J].国际经贸探索,2020(11).

[18] 蔡莉,杨亚倩,卢珊,等.数字技术对创业活动影响研究回顾与展望[J].科学学研究,2019(10).

[19] 赵素君,张祥建,涂永前.上海国际金融中心对接"一带一路"的突破口及措施[J].科

学发展,2017(6).
[20] 汤婧.探索上海自贸区综合监管新路径[N].经济参考报.2014-1-6(8).
[21] AMC, BTKA, BTS. ICT and productivity: conclusions from the empirical literature[J]. Information Economics and Policy,2013(3).
[22] Watanabe Chihiro, Naveed Kashif, Tou Yuji, et al. Measuring GDP in the digital economy: Increasing dependence on uncaptured GDP[J]. Technological Forecasting and Social Change,2018.
[23] 江小涓,李姝.数字化、全球化与职业体育的未来[J].上海体育学院学报,2020(3).
[24] 刘佳昊.网络与数字时代的体育产业[J].体育科学,2019(10).
[25] 李变花.经济增长质量指标体系的设置[J].统计与决策,2004(1).
[26] 蒋金鑫.新冠肺炎疫情下我国体育产业发展的影响、机遇及策略[J].哈尔滨体育学院学报,2020(6).
[27] 任海.论体育产业对中国体育发展的影响[J].体育科学,2015(11).
[28] 谢英,刘畅,杨侃,等.区域经济一体化下山地体育产业开发研究——以陕西秦岭为例[J].西安体育学院学报,2012(6).
[29] 徐开娟,黄海燕.长三角地区体育产业发展态势、经验与建议[J].中国体育科技,2019(7).
[30] 曹晓路,王崇敏.中国特色自由贸易港事中事后监管创新研究[J].行政管理改革,2019(5).
[31] 高凛.自贸试验区负面清单模式下事中事后监管[J].国际商务研究,2017(1).
[32] 李利利.事中事后监管中政府与行业协会协作机制分析[J].重庆工商大学学报(社会科学版),2018(3).
[33] 许瑞生.深化商事制度改革 加强事中事后监管[J].行政管理改革,2015(6).
[34] 陈兵.简政放权下政府管制改革的法治进路——以实行负面清单模式为突破口[J].法学,2016(2).
[35] 上海市体育局主要职责及内设机构[EB/OL]. http://tyj.sh.gov.cn/jgcs/20191101/0027-130696.html,2019-11-01.

上海电竞产业生态系统发展研究

季 丹[*]

电子竞技是基于数字技术的对抗性、益智性、娱乐性的运动,具有文化性、虚拟性、大众性和竞技性特征。电子竞技产业(以下简称电竞产业)则是随着信息技术,尤其是移动互联网技术的发展而兴起的包含巨大市场潜力的新产业。

2017年上海首次提出建设全球电子竞技大赛之都的目标。凭借其在经济、地理、人文环境等方面独特的优势,上海又陆续发布了与电竞产业相关的多项支持政策,包括"文创50条""上海电竞20条""上海体育产业30条"等。这些政策从资金、赛事、人才等方面对电竞产业给予了相应的扶持,目前上海已成为全国电竞扶持政策发布最多的城市。在一系列的政策推动下,人才、资金迅速向国际化程度较高的上海集聚,推动了电竞产业的快速发展。在2019年相关机构的评级中,中国上海位列于韩国首尔、美国洛杉矶、瑞典斯德哥尔摩、美国西雅图之后,是全球排名前五的电竞城市。

疫情防控以来,上海陆续出台《全力支持服务本市文化企业疫情防控平稳健康发展的若干政策措施》《上海市促进在线新经济发展行动方案(2020—2022年)》等,重点强调有关电竞产业发展的鼓励政策。一系列极具针对性的举措表明,作为中国电竞的中心城市,上海对于电竞赛事的发展以及未来各项大型赛事的举办充满信心并予以了强有力的扶持。

2020年,上海陆续举办了"2020英雄联盟城市英雄争霸赛""电竞上海大师赛""2020电竞上海全民锦标赛"等大型比赛,收获了更多观众与新粉丝,呈现出较强的韧性与产业生命力。据《2020上海电子竞技产业发展评估报告》显

---

[*] 本文作者简介:季丹,上海交通大学人文学院副教授、硕士生导师、博士,研究方向:文化产业。

示,2020年,上海电竞产业规模预计将超过220亿元,连续保持增长。

但在数字技术变革的年代与疫情防控常态化环境下,上海电竞产业的发展距"全球竞技之都"的目标尚存在较大的距离。本研究将在文献收集、专家访谈等基础上,分析上海电竞产业生态系统的发展现状、发展问题并提出相应的对策建议,有助于推动电竞产业良性发展,真正实现电竞运动的全民化、观赛普遍化、比赛日常化。

一、电竞产业生态系统的概念、构成、特征

(一)电竞产业生态系统的概念

电竞产业生态系统是从生态体系的视角对产业内部利益相关者的构成、互动及发展情况进行的新的解读,从参与性角度将产业发展视为生物发展系统,充分考虑产业链的构成与环境嵌入的因素,以更精确地表达电竞产业中行动者之间共同创造价值的网络。

电竞产业生态系统的关键是以用户为中心的多重利益相关者的互动,以发挥电子游戏特有的共同生产力,这些利益相关者之间不断增强的互联性使每个利益相关者的商业模式都与其他个体的商业模式交互,从而提高了整个系统的盈利能力。因此,产业生态系统的运营难度超越了基于波特(Porter)所定义的五力模型作用下的产业链,前者更侧重于价值集成,侧重于合作而非竞争。

(二)电竞产业生态系统的构成

根据研究,产业生态系统可分为三个层次:一是内容创建—内容生产—内容出版;二是交付—分销—获取;三是使用—消费—交互。然而,数字环境下的电子竞技产业中互动和价值创造是一个更加复杂的过程,需要更灵活的方式。

根据研究,电竞产业生态系统主要包括:

1. 电竞产业生态系统的外围层

与数字环境内容产业相似,包括的利益相关者和与知识产权相关的价值因素——内容研发、传播和营销,以及其他与基本文化产品生产相关的媒体行业;作为体育产业的一部分,电竞产业也受赞助商的青睐,构成外围层的主体

之一;作为数字内容产业的补充,出现的利益相关者还包括对这一行业发展看好的投资者。

2. 电竞产业生态系统的中间层

该层次主要是与交付—分销过程相关的参与者,这些角色之间的相关性更强,这一层面主要包括数字环境基础架构、与数字环境相关的设备、硬件、软件和操作系统的提供商,以及游戏、流媒体和录音客户及其应用程序提供商,它们促进了用户与电竞游戏相关内容的交互。

3. 电竞产业生态系统的核心层

该层次侧重于内容的使用、消费和与内容的交互。电竞产业具有二元性,兼具体育娱乐与数字内容业等行业特性,这一独特性质决定这一层面包括的角色众多,包括赛事组织者、解说员、裁判、实况主播、粉丝、观众、教练、职业玩家、分析师等。这些角色可能既是独立的个体,也有可能是融为一体的单位。

(三) 电竞产业生态系统的基本特征

电竞产业生态系统注重价值整合,强调合作,具有竞合的特征。这种竞合特征突出了通过在某些领域的合作和在其他领域的激烈竞争来改善整个系统的潜力。

对电竞产业生态系统而言,与竞争对手合作、发展共享愿景是一种长期的战略定位,也是生态系统持久运营的基本特征。

1. 合作竞争

合作竞争是电竞产业生态系统的驱动力之一。许多利益相关者,尤其是经验丰富的玩家,都遵循着合作竞争的规则。竞争对于任何电子竞技组织来说至关重要,但如果没有某种程度的合作,竞争就无法实现。相互认可、相互依靠是合作的先决条件,特别是在电子竞技中,游戏开发商可能需要赛事组织者,但也依赖于专业团队和专业玩家。

价值创造可能会促进竞争,但价值创造也与人人都可以相互学习的价值网络相连。这种合作形式可以培养知识、创造力和创新。对任何组织来说,合作都是有益的,即使是与竞争对手的合作。

合作是电竞产业生态系统的重要基石,有助于创造新颖的想法。电竞产业生态系统中的利益相关者在接触观众的过程中激烈竞争,但与此同时,他们也在合作中促进发展,实现了在共同创造方面的增长趋势。所有电竞产业生态系统内的企业都互相学习,以创造更好的、更有利可图的产品。

2. 共同命运

合作竞争可能有助于利益相关者了解与其他利益相关者合作所带来的收益,但电竞产业生态系统中每个参与者的首要目标是创建一个商业模式以帮助利益相关者成长和获利。在这样一个新兴的、快速成长的行业中,只要有利润,合作就会特别吸引人,一旦利润消失,合作也可能会立即终止。

近十年来,电竞产业生态系统一直表现出一种特定的共享愿景或共同命运。电竞产业的利益相关者对于电竞的发展有着共同的长期目标和战略。这一共同愿景甚至会带来短期的牺牲,以创造最终有利于产业生态系统中每一个利益相关者的增长。这种共同愿景通常由电竞产业生态系统中的某些机构(如行业协会或电竞联盟等)进行管理。这些机构有权执行特定的监管规定,这些规定在短期内可能会对产业发展产生阻碍作用,但从长期来看可带来行业的快速增长。电竞产业尚未形成统一的管理机构,市场上也没有形成足够大的企业来创造共同愿景,但电竞产业的发展受到共同愿景的强烈推动。许多参与电竞产业的利益相关者对电竞产业充满激情,希望看到电竞业的发展。这种共同命运的使命感在电竞产业生态系统中被普遍认同。

共同命运的关键要求之一是电竞产业生态系统中个体之间的相互信任。尽管竞争激烈,但整个生态系统仍保持一定程度的信心。这种信任源于业内针锋相对的情绪,并随产业的发展发生了一定的演变。早期的电竞产业生态系统的运营缺少规则与管理,通过尝试性的反复试验不断进行整合,那些以牺牲电竞整体利益为代价来促进自身利益的个体最终被孤立。电竞产业生态系统在运作过程中自发产生了一个信任网络和非正式的行为准则。在实际的管理规则中,也包含了对电竞运动的理解和行业的共同愿景。随着电竞以外的企业(如体育和媒体企业)更深入地参与其中,这种信任关系的平衡可能会发生改变。

3. 趋同趋势

除了合作竞争和共同命运等,电竞产业生态系统的趋同趋势也是一种基本特征。就电竞业而言,趋同趋势意味着电竞产业生态中组织之间的差异会随着时间的推移而变小。如果电竞产业生态系统中的利益相关者共享合作和共同命运,随着时间的推移,他们将变得相似。新的利益相关者可能会引入新的变化和新发展,甚至可能会扰乱该行业,但竞合、共同命运的想法一旦扩散,随着时间的推移,融合依然会成为主流趋势。电竞系列赛事带来的利益分配冲突可能导致了电竞产业生态系统的短期分化,但最终它仍将促进整个行业的融合。电竞产业的蓬勃发展,使得个体利益相关者能够茁壮成长,这一融合可能是促成最近电竞产业指数级增长的明确特征。当然随着电竞产业的快速发展,也导致了大量的新来者涌入该生态系统中,打破平衡,各种不同力量进行新的竞合博弈,最终实现新的平衡。

综上所述,电竞产业生态系统中的各组织竞争激烈,同时也从合作中获得了巨大的收益,这一现象已经超越了传统意义上的合作竞争。同时,推广电竞运动是这个生态系统的每一个成员的共同目标。这个共同的目标增加了生态系统作为一个整体的生存能力以及其中个体的生存能力,并考虑到了参与者之间的紧密联系。共同命运让各个组织对整个生态系统产生了更多的信任,特别是对以用户为核心的电竞企业而言。

电竞产业正处于指数级增长之中,对受众的价值整合及围绕受众开展业务成为影响该行业发展的关键问题。合作竞争、共同命运和趋同这三个特征增加了电竞产业生态系统内部利益相关者之间的相互联系,并形成了紧密的商业模式网络。

二、上海电竞产业生态系统发展研究

(一)上海电竞产业生态系统的主要构成

与以用户为中心的电竞产业生态系统相比,目前上海电竞产业生态系统尚未健全,其系统运营正处于起步阶段,主要集中在生态系统的核心层,以电竞赛事为核心,涉及电竞赛事内容授权、赛事主办、赛事直播等机构,相关业务也部分涉及生态系统的中间层与外围层的一些组织。

从赛事内容授权来看,主要是游戏内容开发商与游戏运营商的内容授权,其作用是为市场提供高质量的、具有吸引力的游戏产品以形成雄厚的用户基础,进而推动电竞赛事内容的设计。目前上海相关电竞产业厂商主要包括腾讯上海、完美世界、网之易等企业。在电竞生态系统中,游戏内容开发商成为重要环节,掌握着游戏版本的更迭与游戏规则的设计,并同时对相关的电竞赛事给予内容授权。

从赛事组织企业来看,主要包括电竞赛事主办方及电竞职业联盟、俱乐部等。国内的电竞产业生态系统都主要以具有较大市场潜力的赛事作为核心资源。围绕赛事构成价值生成网络:赛事承办(包括赛事主办方、综合性服务平台、电竞场馆)、内容制作(赛事内容设计、衍生内容制作、相关数据流服务)以及赛事参与(电竞俱乐部、职业选手、主播解说等),上海大多数从事电竞业的企业都集中于这个环节。

从赛事传播企业来看,主要是内容传播方。电竞赛事的热度离不开媒体的宣传与推广。目前的赛事传播渠道主要以电竞游戏媒体以及直播平台为主。直播平台是电竞赛事最主要的传播渠道,目前上海电竞直播企业主要包括哔哩哔哩、VSPN。此外,电竞品牌活动、俱乐部主场、电竞衍生品、电竞教育培训也属于内容传播中的环节。

整个电竞产业生态系统的运作受相关政府部门的监管,这些部门主要包括:文化部门、体育部门、公安部门(监管执行)、广电部门(内容监管)。

(二)上海电竞生态系统发展现状

电竞正成为激发上海新的经济增长活力的关键性产业。作为全球疫情防控期间首个启动电竞线上赛事的城市,2020年上海电竞赛事收入占全国的比例达一半之多,而位于上海的电竞俱乐部收入达到 6.7 亿元,占全国的49.6%。电竞产业生态系统逐步完善,形成了产业集聚效应,吸引更多的企业、赛事、人才、资本汇集,各单位之间围绕电竞赛事的整个生态系统进行联动,成为推动上海建设全球电竞之都的关键力量。

1. 核心企业集聚

目前全国80%以上的电竞企业、俱乐部、战队和直播平台聚集上海,其中内容授权类规模以上的企业257家、赛事企业242家、内容直播企业53家。在电竞品牌企业融资排行名单中,融资上亿元的企业全部落户于上海,主要包括上海阳川电子科技有限公司、上海耀竞文化传播有限公司、上海埃甫奕技网络科技有限公司等。

截至2020年,上海拥有电子竞技场馆数总量为37家,知名电竞俱乐部数量占全国的48.7%。目前国内影响力排名较前的电子竞技俱乐部,如iG、EDG等,约半数总部都设立在上海。上海还拥有哔哩哔哩等在游戏直播领域深耕的企业,具备将电竞内容向用户群体深度推广的实力与基础。另外在新粉丝、新需求的激发下,诸多电竞赛事制作、泛娱乐节目制作与推广的企业也加快了电竞娱乐产品的研发与推广。

2. 赛事集聚

上海是目前国内最受电竞赛事欢迎的城市,全国每年500多项具有影响力的电竞赛事中,超过40%在上海举办。2019年在上海举办的成规模的电竞比赛有1 500场,占全国规模赛事总量近50%。仅2020年11月,上海就获得《DOTA2》《王者荣耀》《决战！平安京》等电竞赛事项目的落地。

上海凭借地理、用户、交通等优势,拥有电竞赛事举办的雄厚基础,吸引了一批国内外品牌职业联赛,其原因主要包括：第一,上海具有丰富的赛事举办经验。如以巨人网络旗下的《球球大作战》为代表的电竞赛事致力于构建绿色、健康的电竞价值观的移动游戏,取得不俗成绩。第二,上海举办的电竞赛事受关注度高。如在百度新闻前10名的赛事中,上海举办或参与的赛事占六成。第三,上海企业具前瞻性视野。上海很多企业看中电竞产业的连锁带动效应,具有较高的赛事举办意愿。第四,游戏用户基础雄厚。江浙沪地区历来是游戏玩家的主要聚集地,其用户约占中国游戏用户的两成。第五,上海电竞场馆基础雄厚。上海拥有风云电竞馆、虹桥天地、上海竞界电子竞技体验中心、新开放的腾讯电竞体验馆等多个电竞专业化场馆,东方体育中心、梅赛德斯—奔驰文化中心等场馆也具备雄厚的条件与经验,可支持国内顶级规模电竞赛事的举办。

在诸多大赛中,尤以电竞上海大师赛格外引人注目。电竞上海大师赛作为全球首个以城市命名、以政府为赛事支持、以行业协会为评价主体的自创电竞赛事IP,已成为电竞赛事的重要品牌之一。未来电竞上海大师赛无论是在品牌影响力,还是在赛事整体运营、制播方面、拉动相关产业发展方面都将获得重大突破,成为与城市地位相匹配、为城市文化经济赋能的上海新名片。

3. 人才集聚

城市文化、技术资源基础条件、独特地理位置等因素为上海打造成熟的电竞产业生态系统提供了核心竞争力,其中,对电竞团队及电竞人才的吸引发挥重要作用。电竞俱乐部的集聚又吸引了大批职业选手入驻上海,职业化人才对电竞产业的规范发展提供了助力。

除了头部企业汇集带来的管理人才聚集优势外,上海还吸引了众多科技人才,而高新技术的应用,又使得游戏自主创新能力得到提升,上海自主研发游戏的产值遥遥领先,原创游戏不断问鼎国内外市场,为电竞产业生态系统的发展奠定扎实的原创内容支持。

随着赛制的改革,上海诸多赛事项目形成标杆效应,吸引看好赛事规模化效应的众多电竞人汇集于此。同时在赛事运营、内容制播、艺人经纪、游戏直播等不同板块上海有着非常深厚的积累,聚集了大量的电竞人才,比如俱乐部方面,除了哔哩哔哩电竞旗下的 BLG 外,像 RNG、SNG、EDG 和 iG 等知名的电竞俱乐部都集中在上海;再比如在赛事运营及制播方面,汇聚了哔哩哔哩电竞、VSPN、ImbaTV 等在内的具有专业水准的赛事运营和内容制作的公司。

4. 区域相关配套资源集聚

上海市有关电竞产业的布局自市级层面至各个区级层面全面展开,上海各区积极"腾笼换鸟",打造电竞潮流新地标。如上海静安区的灵石路吸引大量知名电竞俱乐部、电竞企业的总部入驻,成为众所周知的"宇宙电竞中心";上海杨浦区的一些老建筑也根据电竞赛事的需要,改造成为标准电竞场地、电竞赛事演播室等。

上海各区也正相继发布相关具体扶持政策,如静安区出台《静安区关于促进电竞产业发展的实施方案》全面推进"灵石中国电竞中心"建设,助力上海建设全球电竞之都;杨浦区发布了促进电子竞技产业发展的 23 条政策,为符合条件的电竞企业提供经济政策,给予享受办公用房补贴、经营性扶持、上市奖励、人才补贴和营商服务五大普惠政策;徐汇出台《关于推动徐汇区体育产业高质量发展的实施意见》,提出依托徐汇区人工智能产业高地,发挥腾讯华东总部、游族网络等电竞头部企业集聚的优势,抢占电子竞技产业链高地;普陀区出台的《普陀区加快发展电竞产业实施意见(试行)》涵盖全产业链内容,支持电竞企业引进、场馆建设、赛事举办、内容开发运营、平台建设、人才引进、电竞 IP 衍生品开发融合、电竞装备研发等。这些政策为疫情防控常态化的电竞产业发展提供了重要支撑,推动了数字娱乐产业创新发展。

三、上海电竞产业生态系统发展的主要问题

(一)大众接触度不高,电竞文化尚未形成

电子竞技长久以来被社会误解,其原因与青少年沉迷网瘾、身心受损密不可分。电竞业的快速发展,尤其是跻身亚运会项目使电子竞技的"误解"局面有所改变,为在争议声中一路成长的电竞业赢得了良好的舆论环境与契机。但目前电竞运动的主要观众几乎仍都是游戏的深度玩家,尽管 2020 年上海大师赛拓展了宣传渠道,覆盖受众面有所扩大,但与传统体育赛事相比仍不具备庞大的用户基础。

大众对电竞的刻板印象影响其对电竞运动的认知,尤其是家长对电竞运

动的偏见和反对,造成大多数市民对电竞运动知之甚少,甚至抵触,这直接影响了全球电竞之都建设中的大众认知基础。

社会大众对电竞文化认知、价值理解方面的狭隘与片面造成具有团队精神、合作精神、人文精神等积极要素的电竞文化氛围难以营造。

(二) 电竞产业生态系统发展基础相对薄弱

上海电竞产业发展迅速,但整个生态尚未成熟,亟待完善,尤其是在俱乐部的打造与运营等行业健康发展不可或缺的重要基础方面存在各种问题。

国外的优秀电竞俱乐部的体系建设更加的多元化,覆盖的电竞项目比较多,目前上海现有的电竞俱乐部虽然也各有侧重项目,但是全面、多元化发展的比较少。

电竞生态行业发展所处的大环境仍有待完善。尽管市场前景被看好,俱乐部的成绩、影响力也逐步展现,但是国内电竞俱乐部在国际的影响力相对不足,宣传力度还不够。

另外,电竞俱乐部管理机制不够灵活、赛事运营模式不清晰、电竞联盟的利益分成机制(联盟利益相关方之间的利益分配比、运动员的最低薪资水平、运动员转会制度)等目前仍处于不透明的阶段。

(三) 电竞生态系统发展的顶层设计不清晰

尽管上海各区都竞相提供电竞产业生态系统发展所需的各项政策、制度、场馆设施基础环境等,但都是为响应国家和市级层面的号召而为,对电竞产业生态系统的运营机制如何、商业模式怎样及究竟如何发展等缺乏系统思考和国际视野。各区在电竞产业运营初期逐渐呈现同质化发展的现象,缺乏鲜明、差异化、个性化的具有特色的主导产业,大多围绕赛事活动、活动场馆的建设来推动产业发展,对整个生态系统中其他各类产业的发展缺乏重视,导致很多相关产业发展不充分,也很难形成规模化效应。

(四) 商业模式不清晰,利益相关主体联动尚未形成

电竞产业生态系统是基于数字技术基础,打破体育界、文创界、计算机界、娱乐界等边界,由各方面的利益相关者构成的一个相互交织的网络,利益相关者需要彼此之间的相互努力才能获得成功。电竞产业生态系统中个体之间是竞争对手关系,但如果他们互相补充,也可以在不同的领域中进行合作。合作

竞争、共享愿景、利益趋同是电竞产业生态系统发展的长期战略定位。

目前上海电竞产业生态系统发展尚未成熟,商业模式不清晰,各单位主要围绕电竞赛事运作,缺乏长远考虑的单个利益相关者彼此独立运营,相互之间缺乏联动机制,整合协调性差,如上海的电竞赛事的直播、转播和相关内容的呈现,大都借助新媒体平台和渠道,传统媒体很少介入,新媒体与传统媒体的融合较少,造成电竞赛事观赛渠道单一,受众覆盖面窄。此外,电竞产业和体育、教育、金融等行业的融合也很不理想。

(五)高素质电竞产业人才稀缺

我国现有电竞从业人员5万人,2019年人力资源和社会保障部发布的《新职业——电子竞技员就业景气现状分析报告》显示,目前只有不到15%的电子竞技岗位处于人力资源饱和状态,预测未来五年,电子竞技员人才需求量将达到近200万人。

据艾瑞咨询《2019年中国电子竞技行业研究报告》,电竞游戏、电竞主播、电竞选手等数以十万计的从业者给电竞产业发展注入了生命力,但现有的大部分电竞从业人员的入门门槛极低,低学历、低素质的现象较为普遍,尤其是部分电竞直播人员的粗俗的表现影响了电竞运动的推广和发展。

以数字技术为基础的电竞产业对高学历层次、高专业水平、高职业素质人才的需求日益迫切。从电竞产业生态系统发展来看,相关的电竞培训学校及部分高职院校已开始加强电子竞技专业建设,不仅能提升电子竞技产业从业人员的总体职业素养,而且能够提高电竞产业发展的总体水平。但电竞产业生态系统覆盖面广、电竞技术复杂,涉及多学科知识的交叉运用,电竞基础理论研究却相对滞后,电竞领域的专家学者甚少,高素质电竞人才稀缺。

(六)电竞产业发展缺乏相关标准

电竞赛事不断扩大的社会影响力正与行业欠缺的规范化标准形成矛盾,尽管随着《上海市电子竞技运动员注册管理办法(试行)》《电竞场馆建设规范》和《电竞场馆运营服务规范》等文件在上海相继出台,上海电竞产业正朝着规模化、商业化和专业化方向发展。但是电竞产业生态系统是一个涉及诸多利益相关方的开放式系统,目前仅仅对电竞运动员、电竞裁判员、电竞场馆等方面进行标准化建设,在软件、硬件等很多方面缺乏标准化体系,对标"全球电竞之都",上海仍需要持续建立指导性、规范化的行业标准。

（七）电竞产品内容开发程度不高，体验感不佳

电竞产品在研发上与日本等国家有着较大的差距，主要体现为游戏企业单纯依靠国外电竞核心技术进行电竞制作，而忽视了国内电子竞技研发这一空白领域。

电竞产品内容的开发需要投入大量的资金且周期漫长，目前大部分电竞研发企业都看好潜在巨大的商机，抱着"捞金即走"的急功近利的想法，且项目研发资本方面投入不足，研发团队的定向培养也不完善，电竞软件技术人员稀缺，企业技术人员很难独立研发出具有自主性、特色鲜明且具市场影响力的电竞产品。

另外，电竞产品用户的体验尚不足，与电竞产业生态系统以用户为核心的发展理念相去甚远，一些国家已经完全实现了玩家对电竞游戏人物的自主操控能力，因此对电竞产品内容的研发刻不容缓。

四、上海电竞产业生态系统的发展对策

（一）强化电竞产业生态系统发展的顶层设计

要提升电竞内容的原创能力与数字基础架构的设计能力，打造完整的电竞产业生态体系，加强电竞生态系统内部相关利益方的联动、融合；要对各区现有的电竞产业发展基础进行摸底、梳理，优化电竞生态系统的产业空间布局，打造各区优势产业；要围绕用户需求，做大做强电竞产业主体，同时发展电竞产业生态系统中的各相关组织；要优化电竞产业发展的基础环境，强化综合保障支持以及加强组织领导及顶层设计，为实现建设全球电竞之都这一战略目标做好全面准备。

（二）规范电竞产业生态系统发展的相关政策、标准

要梳理电竞产业生态系统发展的现有相关政策，进一步完善电竞产业生态系统发展所需要的各项制度规范，健全电竞俱乐部管理制度，增加以知识价值为导向的分配政策，健全市场公平竞争保障机制，建立电竞产业生态系统持续、健康发展的基础环境。

电竞行业的标准化在当前任何一个国家都比较缺失，如果上海可以率先

制定科学、系统、规范的标准,未来必将影响到全国、洲际乃至影响全球电竞产业的发展,标准化体系的建立是上海打造"全球电竞之都"最大的亮点,不能仅靠电竞赛事的举办量或电竞营业收入来衡量电竞生态系统的长远发展。

(三)打造优秀的具有世界影响力的电竞产业品牌

要通过政策扶持、环境优化、资源强强联合,构建上海发展电竞产业生态系统的核心竞争优势。要推动特色鲜明的电竞产业集聚区形成,在各区原有资源特色基础上,与产业转型升级相结合,准确寻找各区在电竞产业生态系统发展中的发展定位与差异化发展,打造引领上海电竞产业发展的具有世界影响力的产业集聚区品牌,鼓励各区放眼上海,走向国际。

同时,还应当将电竞产业品牌的打造纳入产业发展规划,拓展思路,创新政策,突出示范区品牌文化特色,形成独特的产业集聚区品牌创建模式。要提升公共服务平台作用,营造有利于品牌生长的良好氛围,打造成系列的电竞产业品牌、电竞企业品牌、电竞赛事品牌等,形成品牌体系化推广策略。

(四)推动社会力量参与,营造电竞文化氛围

电竞生态系统的健康发展不仅依靠少数头部企业的努力,还需要政府的积极推动和社会力量共同参与,尤其是上海在建设全球电竞之都的背景下,政府应积极引导和带动第三方社会力量参与,打破电竞赛事被部分企业垄断的格局,积极优化电竞行业发展环境,做好对电竞行业的引导。

同时要加强部门对电竞健康发展的监督管理,对电竞运动采取分级管理制度,在未来发展中要融入有益身心的内容、参与性大于竞争性的内容,要减少不良因素,弥补自身产品的缺陷。要提高电竞运动员的基本素养、提升运动员的文化素质,通过制定规章制度来约束运动员行为,改善大众对电竞的负面印象。

通过宣传典型代表的方式提升公众的认知,对媒体报道进行引导,多向公众普及电竞相关知识及信息。

尽可能扩大赛事的受众范围,举办亲民性、娱乐性的活动或赛事,由此调动大众参与和观看比赛的积极热情程度,营造电竞文化氛围。

(五)电竞高素质人才体系的构建

电子竞技人才体系主要包括游戏内容设计师、裁判、教练、主播、解说、数

据分析师、心理咨询师、营养师、电子竞技赛事运营人员、职业俱乐部管理与运营人才等。

目前仅有电竞运动员注册制,缺失其他领域的人才认定标准,应尽快构建电竞高素质人才评价标准体系。各区政府及相关部门应基于对电竞产业人才内涵的把握,在遵循目的性、明确性、可操作性、科学性等指标设计原则的基础上,结合电竞人才现状调查和人才专家意见,尽可能清晰地明确人才评价综合指标体系,确立较为科学可行的人才评价标准。

对符合相关人才评价标准的人员,予以培养、培训,对于领军人物给予落户、医疗、子女入学、税收等方面的优惠。不断创新人才发展策略,加大政策创新突破力度,为电竞产业生态系统中的人才培养、发展创造良好环境,充分发挥其积极作用,形成产业发展的竞争优势。

(六)构建电竞产业生态系统的多元化商业模式

扩大电竞产业生态系统价值网,根据核心层、外围层以及相关层的层级划分,以用户为中心,从电竞赛事驱动模式向电竞运动驱动、媒体驱动、体育组织驱动、企业家驱动、投资者驱动等多种模式扩展,构建多元化商业模式,促使更多的电子竞技的相关产品或关联服务走向市场。

要以用户体验为中心,拓展电竞生态系统的价值网络,扩大赛事以外的电竞内容消费,如以电竞产品内容开发为基本抓手,大力推动与之相关的电影、动漫、游戏制造等行业融合,同时注重在技战术地图、文化衫、比赛纪念章、官方杂志等外围产品领域的延伸。

要重视新媒体与传统媒体融合,拓展直播平台上的利益链,培养电竞直播明星、实况主播,促进电竞直播产业发展。将电竞明星、实况主所携带的"光环"通过赛事票务、电子商务、节目制作与点播、经纪业务等多种方式转化为更多个利润增长点,刺激"粉丝"经济增长,从而推动整个电竞产业规模质与量的提升。

要将电竞运动与现有的传统体育资产组合,并采用行之有效的策略来增加其电子竞技资产的观众和"粉丝"基础。

要将游戏生产商、赞助商、软件开发商、数字技术开发商、硬件开发商、服务提供商以及媒体运营商等相关利益方融入整个产业生态系统,形成投入、收益与再投入的产业良性循环机制。

参考文献

[1] 王勇.制定内容标准打造"电竞综艺之都"[N].联合时报,2020-10-20(6).
[2] 陈冰.全球电竞之都,为什么是上海?[J].新民周刊,2020(29).
[3] 张丽琳,芦雅茜,徐成龙.上海电子竞技赛事的发展困境与对策研究[J].辽宁体育科技,2020(3).
[4] 徐成龙,李海,张丽琳,等.建设全球电竞之都背景下上海电子竞技行业发展的若干思考[A].中国体育科学学会.第十一届全国体育科学大会论文摘要汇编[C].中国体育科学学会:中国体育科学学会,2019:3.
[5] 张丽琳,魏歆媚,芦雅茜,等.建设全球电竞之都背景下上海电子竞技赛事体系构建研究[A].中国体育科学学会.第十一届全国体育科学大会论文摘要汇编[C].中国体育科学学会:中国体育科学学会,2019:3.
[6] 刘新静.上海建设"全球电竞之都"新思路[J].中国建设信息化,2019(11).
[7] Fransman, M. The New ICT Ecosystem: Implications for Europe[J]. Journal of Evdutionary Economics, 2010(2).
[8] Wirman, H. On productivity and game fandom[J]. Transformative Works and Cultures 2009, 3.
[9] José Agustín Carrillo Vera, Juan Miguel Aguado Terrón. The eSports ecosystem: Stakeholders and trends in a new show business[J]. Catalan Journal of Communication & Cultural Studies, 2019(1).

上海大型体育场馆委托运营管理模式研究

鲁荻 李兴林 秦曼 刘今*

  大型体育场馆运营管理是一个长期困扰体育公共管理学界的棘手问题。从属性上探究,大型体育场馆归类于公共体育场馆,公共体育场馆是提供公共体育产品和服务的事业型体育场馆,它一般伴随着大型体育赛事的举办而兴建,具有建设周期长、投资巨大、赛后运营成本高等特点。从权属上查究,事业型体育场馆是掌握着国有资产的事业单位。国有资产管理执行《行政事业单位国有资产管理办法》,作为准公共体育产品,大型体育场馆国有资产运营管理的目标是构建增值保值的盈利模式,而现实中大型体育场馆往往是为匹配某些大型体育赛事来选址和筹建的,这使得大型体育场馆凸显了体育赛事功能专业性强、地域偏远、盈利条件差等难题。从运营机制上细究,大型体育场馆所有权属于政府,由政府授权当地体育局使用,传统模式为政府每建立一处体育场馆便成立一个事业单位,实行收支两条线管理。这种传统运营模式现今却随着公共体育服务主体的增加、供给方式的丰富和体育供给目标的扩展而出现了服务供给质量和数量下降的状态,并且该问题在大型体育场馆不断推进的体育公共服务市场化和公共服务社会化趋势下而愈发严重,以致出现大型体育场馆运营管理供给侧与需求侧冲突与失衡的矛盾格局。以上海为例,上海属于中国超大型城市,经济发达,人口密集,早在上海"十二五"规划以建设国际大都市为背景以来,以国际体育大都市为目标定位的上海各类国际体育赛事多年来蓬勃发展,由此带动了上海大型体育场馆持续兴建的热潮。

---

* 本文作者简介:鲁荻,上海立信会计金融学院讲师,硕士,研究方向:体育产业。课题成员:李兴林、秦曼、刘今。

通过前期多年对上海大型体育场馆研究发现,上海大型体育场馆运营管理模式主要分为三种:委托经营、与国企合作共营以及事业单位成立公司化运营。较之委托经营管理模式,后两种经营模式凸显的最大瓶颈问题有三个:一是收支两条线管理的"工资总额控制"局限性;二是事业单位逢编必考的公务员考试制度难以匹配大型体育场馆商业化运营的人才需求;三是由于多头管理引发的部门利益分割、体育消费者利益偏好以及大型体育场馆运营分布散乱的难题。正是基于此种视角,在上海体育产业依托下,尝试以上海大型体育场馆商业化运营模式为对象,在最大程度上吸纳国内外与之相关的研究成果,运用新公共体育管理的"善治"理念,结合上海大型体育场馆实地考察资料,就上海大型体育场馆运营管理改革模式进行探讨,提出上海大型体育场馆所有权和经营权分置的委托经营治理创新模式,以期提高上海大型体育场馆运营管理效能。

一、国内外大型体育场馆研究理论回顾

(一)国外大型体育场馆研究现状述评

人类自从进入竞技体育商业化运营时代以来,基于各类体育赛事筹办的大型体育场馆商业化运营理论探究日益丰富。在欧美等发达国家,随着体育产业在国内第三产业占比不断提升,大型体育场馆公私合作供给运营模式已成为国外体育理论界的广泛共识。通过梳理发现,目前国外发达国家大型体育场馆的运营管理模式主要集中于两个方面:

1. 关于大型体育场馆运营资产所有权管理模式

杰森(Jensen)和麦克林(Meckling)等学者从委托代理视角阐述了委托人与代理人签订契约关系来说明大型体育场馆实施委托经营的重要性。詹姆斯·艾辛格(James Essinger)、查尔斯·盖伊(Charles Gay)以及戴维·奥斯本(David Osborne)则分别从公共部门混权、服务外包以及效率优先等角度诠释了大型体育场馆的市场化改革之迫切性。

2. 关于大型体育场馆运行机制的研究

罗纳德·哈里·科斯(Ronald H. Coase)、普拉哈拉德(C. K. Prahalad)以及哈默尔(G. Hamel)各自从现代企业交易成本理论和企业的核心竞争能力出发,强调了大型体育场馆采用现代企业管理制度能有效地降低公共体育场馆运营所需要的人力成本和管理成本,甚至在很大程度上降低各方所需的

契约成本,同时从企业的核心竞争优势进行探讨,大型体育场馆商业化运营势必能够持续带来长期的竞争优势和创造超额利润的空间。高俊雄在深入剖析了美国公共体育场馆运营模式后发现,为大大减少政府对公共体育场馆的投入和补贴,尤其是降低大型体育场馆的高成本运营风控和风险,公共体育场馆采用商业化运营模式势在必行。

总体上,国外学者对大型体育场馆运营模式的研究起步较早,得益于发达国家中市场经济体较为成熟和自身体育产业发展相对快速的优势。国外学者们普遍认为大型体育场馆引入现代企业管理模式是大型体育场馆市场机构多元化供给主体的发展方向,尤其是大型公共体育场馆实施委托经营转型改革分析框架为我国构建更为专业的大型体育场馆市场服务机制提供了有益的参考。

(二)国内大型体育场馆运营管理研究现状述评

改革开放以来,伴随着国内经济高速发展和我国在国际体育综合实力的不断提升,国内各省市大型体育场馆的投资出现了三个较为明显的特点:一是投入资金多;二是场馆规模庞大;三是场馆数量分布区域广泛。通过梳理国内大型体育场馆几十年的运营管理制度变迁和实践改革历程发现,各级地方体育行政部门的委托经营创新模式为各类大型体育场馆的运营机制改革提供了较为理想的"机制改革实验室"。因此,大型体育场馆委托经营管理模式也逐渐成为学界和地方政府分权管理实践机制逻辑的重要切入点。

1. 新公共管理价值理论范式的兴起

传统公共产品项目成功价值标准为时间、成本和质量,对该种成功标准的反思始于新公共管理价值理论的兴起,这一时期,新公共管理科学体系从传统的公共部门科学管理中衍生出"新制度经济学"和商业性的"公共管理价值"理念。赵成根翻译的《新公共管理理论》一书中结合大量实际案例论证了传统的公共产品治理理论已经不适应时代的需求,应当用企业家精神去改造政府,并且要将商业性的现代企业管理应用方法植入政府的公共服务,进而提高政府公共产业运营服务的效率和节省成本。在此理念下,我国大型体育场馆作为体育公共产品服务的重要一环,它的公共体育管理商业化价值运营方式自然而然地得到了凸显。

2. 地方体育行政部门分权管理的实践机制

调研对象来自国内较有影响力的大型体育场馆政府管理者,包括马力、熊伟、计生波、姜金奎、何开文等。宁波市体育中心原副主任计生波认为,宁波市各类公共体育场馆运营改革模式经过多年的实践探索主要分为委托经营、事业单位内部运营以及与国企合作共营三种模式,单就大型体育场馆运营改革创新路径而言,虽委托经营模式滋生出合同履行中的监管乏力等难题,但仍是所有权和经营权分离的最佳模式;北京市东城区体育局副局长马力在中国体育场馆协会论坛上指出,传统大型体育场馆运营管理在制度机制上存在人事制度和财政制度执行的掣肘,管理区域上呈现出涵盖体育局、财政局、安全监察及卫生监督等多头管理的混权现象,这些制约因素的存在促使着北京市大型体育场馆运营管理改革不断进行探索,改革的首要目标是灵活运用现代企业管理优势,加大大型体育场馆运营改革力度,实施大型体育场馆管理权和运营权的分离机制。

3. 部分代表学者提出的分权管理理论体系

调研对象包括:曹克强、谭建湘、李杰等。华南师范大学谭建湘教授在体育场馆运营与智慧体育建设培训上提出大型体育场馆的建设对城市规划和发展有着深远影响,但同时也需要谨防"选址陷阱效应""体制陷阱效应""结构陷阱效应"这三个"陷阱效应";在大型体育场馆具体运营模式问题上一是要通过转企加快推进体育场馆的运营管理体制改革,二是要通过委托运营加快推进场馆的运营机制改革。

综上研究成果可以发现,我国学者与各级地方体育行政部门管理者皆针对国内大型体育场馆的管理机制和运行机制开展了理论研究和实践探索,积极寻求国内大型体育场馆运营创新发展路径,并总结各省市大型体育场馆运营发展成功经验,有效提高了我国大型体育场馆的运营效率。

二、上海大型体育场馆运营管理改革概况

(一)上海大型体育场馆建设、发展及产业化改革的治理逻辑

改革开放 40 余年以来,上海市大型体育场馆的建设、发展以及产业化改革是一个动态演进的过程。它的演进发展逻辑形同于上海市各类公共事业所属的公共服务产品改革内容,并具有自身体育产业发展之特色。在发展轨迹上,上海大型体育场馆的发展和变化完美地诠释了上海在经济领域高速、高质全面发展的范式。在发展改革治理模式上,鉴于大型体育场馆归属公共体育产品的属性,对上海大型体育场馆的改革治理探讨便主要集中于市场和地方政府简单的二元因子主导上。体育市场决定论认为,上海体育产业经济的出现需要引入新的体育资源配置机制,鼓励上海地方政府和体育类企业对上海公共

体育服务产品进行政企合作,形成委托代理关系;而地方政府尤其是主导大型体育场馆管理事项的上海体育行政部门则认为,上海大型体育场馆的市场运营转型和分权改革会受到现有的体育政策、制度和社会等因素的约束,运营过程中容易出现体育信息不对称、体育道德风险以及运营利益分配诉求等问题,因此,对上海大型体育场馆的市场运营转型必须将地方体育行政部门的现有制度因素一并纳入,进而形成大型体育场馆"官场+市场"的新作用机制。由此,该种新作用机制逐渐衍生出了上海大型体育场馆运营管理中地方体育行政部门部分放权+体育类企业部分被授权独立经营的现状。通过细究该机制可以发现,"官场+市场"作用机制实质为"二头"体育场馆管理模式,这种模式曾持续多年主导了上海大型体育场馆运营管理改革的方向,甚至目前上海部分区的大型体育场馆运营管理依旧采用此种治理模式。实质上,"官场+市场"的治理机制较易在上海大型体育场馆管理改革初期和摸索期发挥较为明显的作用,但随着整个上海大型体育场馆现代化管理运营模式的转型和体育消费市场的井喷发展以及上海争创国际体育大都市目标等因素的出现,当前上海大型体育场馆"二头"管理模式遭遇了诸多挑战。比如,"二头"管理背景下营运目标分歧引致的不同利益取向、体育行政部门涵盖财政局、安监部门以及消防部门多头管理等难题。

(二)上海大型体育场馆运营管理改革发展阶段

以改革开放为分水岭,上海大型体育场馆的发展在很大程度上受到了国际体育环境变化和国内体育战略调整两个维度的影响。细究之,可以将上海大型体育场馆40余年的改革发展分为改革起步和探索、科技创新、管理制度全面善治三个阶段(表1)。

表1 上海大型体育场馆40余年的改革发展阶段划分

阶 段	改革起步和探索阶段 (1980—1997年)	科技创新阶段 (1997—2018年)	管理制度全面善治阶段 (2018年至今)
国际体育环境	竞技体育商业化	体育全球化	体育数据化、智慧化
国内体育战略	大型体育赛事探索商业化运作机制	群众体育和竞技体育和谐发展	深化体育改革,创造多方参与的体育发展体制和运行机制; 加强全民健身设施建设和管理

续 表

阶　段	改革起步和探索阶段（1980—1997 年）	科技创新阶段（1997—2018 年）	管理制度全面善治阶段（2018 年至今）
上海体育定位	体育管理体制改革；实行三大球职业体育俱乐部制	扩大体育产业规模提升体育赛事影响力；完善全民健身服务体系	建设国际体育赛事之都；加强各区县体育赛事项目布局；打造国际化电竞赛事之都；培育自主体育品牌赛事
上海大型体育场馆发展举措	快速发展阶段，兴建大型体育场馆包括：上海游泳馆、松江体育馆、上海市体育宫、虹口体育馆、卢湾体育馆、浦东游泳馆、上海国际体操中心等	采用现代企业管理制度；大型体育场馆产权体制改革；地方政府和体育行政管理行政体制改革	筹备设立上海大型体育场馆设施管理中心；激发大型体育场馆运营管理活力；鼓励大型体育场馆采用委托契约制管理模式

1. 上海大型体育场馆运营管理的改革起步和探索阶段

上海作为改革开放的排头兵，在改革开放起步和探索阶段，一直引领我国整个城市区域经济的发展使命。同理，在 1980—1997 年上海大型体育场馆的运营管理处于改革起步和探索阶段，随着把工作重心转移到社会主义现代化建设上来，上海同期兴建了部分规模较大的大型体育场馆，其中在 1980—1990 年筹建的大型体育场馆主要有：上海青浦水上运动场、虹口体育馆、上海徐汇游泳馆等。这一时期兴建的大型体育场馆由于社会化服务程度较低，其管理模式尚未尝试商业化改革，且主要满足国内外大型体育赛事的服务需求。上海大型体育场馆服务的功能定位之所以在这一时期具有相对单一的特点，主要与国内的经济形势和国内外的体育大环境有关。从外部体育大环境来看，自 1984 年洛杉矶奥运会成为奥运营销史上的成功标杆以来，美国竞技体育商业化的起步和蓬勃发展为我国和经济相对发达的上海的体育发展提供了一个较好的"样板"窗口，于是在 1990—1997 年上海大型体育场馆发展探索阶段中，伴随着 80 年代优先发展竞技体育为国争光战略的成功，受我国在 1984 年洛杉矶奥运会上金牌取得历史性突破以及女排"五连冠"辉煌战绩影响，上海的竞技体育走上了高速、健康和持续发展的道路。在这一时期，上海不仅向世界展现了我国市场经济发展的成就，而且上海的大型体育场馆也不断成为国内外大型体育赛事筹办的理想之地。在此形势下，上海大型体育场馆建设的规模和速度出现了前所未有的发展面貌。仅在1997年上海建成的大型体育场馆就高达十余所,如浦东游泳馆、上海国际体操中心、上海国际网球中心、上海马术运动场、上海市射击运动中心、黄浦体育馆、静安体育中心游泳馆、卢湾体育馆、浦东棒垒球场等等。这些大型体育场馆的建成不断成为上海体育事业快速发展的重要保障,同时也激活了上海本地体育市场的发展,为上海大型体育场馆管理改革注入了商业化运营的动力。

2. 上海大型体育场馆体育运营管理的科技创新改革阶段

总的来说,上海大型体育场馆管理改革在起步和探索阶段取得了较快速的发展,但整个大型体育场馆管理机制大多还是沿用计划经济体制下形成的高度集中的地方体育行政部门公共体育治理模式。显然,该种管理模式在1997—2018年上海大型体育场馆运营改革阶段中遭遇了诸多挑战。一是从国际体育产业环境看,由于体育科技与信息技术的日新月异,体育产业化的浪潮早已席卷全球;二是单论上海区域经济的发展概况,上海不仅仅是国内一线经济城市的龙头,产业规模和经济影响力早已媲美国际大都市水平,而且上海经济高速发展模式业已深刻影响了竞技体育、群众体育和体育产业的发展方向。1995年,国家体育总局颁布了《1995—2010体育产业发展纲要》,标志着国家对体育产业发展的总体思路进行了顶层设计,2012年6月,上海在体育事业和体育产业发展的"十二五"规划中提到,上海经常参加全民健身人数比例超过了43.5%,体育产业成效显著,体育休闲健身经营性场所达到了5 200多家。这些政策导向和数据充分表明了上海体育消费市场的潜力,也为上海大型体育场馆运营管理体制改革提出了新的视野和方向。基于此,上海大型体育场馆的发展也在该时期呈现出了较为明显的特点:一是大型体育场馆建设设计理念和投资建设模式发生了较大的变化。上海大型体育场馆整体建筑设计风格更加注重与城市和谐发展的理念,表现为建筑管理突出科技化、建筑材料绿色化、场馆服务人性化等等,一改过去中央和上海地方政府单一投资建设模式,大型体育场馆的投资建设模式则出现了企业代建和PPP投资建设的方式。这些变化让上海大型体育场馆的体育管理运营迈向了科技创新时代。二是上海大型体育场馆运营管理出现了分权改革模式。上海大型体育场馆在该时期的运营模式按照主体角度的不同主要分为内部自主经营、合作经营、委托经营和PPP模式。上海大型体育场馆的运营管理体制之所以不断涌现事企合作或企业委托经营的产业化模式,一方面得益于上海体育管理制度创新机制的保障。自上海成立体育场馆设施管理中心以来,为有效提升大型体育场馆利用的效率和效益,上海地方体育行政部门层面对大型体育场馆的治理主要以制定规划、建立标准和建设体系为主,而大型体育场馆的具体经营则交给有实力和经验的企业或机构运作,如东方体育中心通过委托经营管理模式交给上海久事体育集团经营。另一方面主要还是上海体育产业的持续快速发展倒逼大型体育场馆向市场化运营转型。据统计,2014—2017年,上海体育产业的总规模年均增长超过了18%,这个发展速度是上海GDP平均增速的2倍多,而这其中体育场馆是体育产业发展的核心资源,同时,上海作为国内一线经济城市,大型体育场馆的资源配置却相对稀缺。因此,上海大型体育场馆商业化运营改革自然而然地成为体育产业持续发展的关键一环。

3. 上海大型体育场馆运营管理的改革全面善治阶段

对大型公共体育场馆来说,善治即是良好的治理,是所有参与大型体育场馆管理群体社会和经济效益最大化的管理过程。2018年至今,为继续探索上海大型体育场馆管理治理的模式和方案,在构建全球著名体育城市发展战略基础上,上海市政府办公厅于2020年10月发布了《上海全球著名体育城市建设纲要》,计划将上海积极打造成辐射全球的体育资源配置中心,要求把上海体育场馆、体育人才以及体育机构等各类资源集聚,导入商业资本增强体育市场要素供给,加强能承办国际顶级赛事的超大型体育场馆设施的布局建设,整合大型体育场馆资源,加快公共体育场馆的所有权和经营权分离改革,充分调动社会力量参与大型体育场馆管理运营,提升大型体育场馆治理体系和治理能力的现代化。由此可见,上海市政府对于城市大型体育场馆的治理不再仅是全方位彰显国内体育赛事、大众健身和体育消费的发展,而是走向世界,通过上海大型体育场馆产业转型和体育行政改革赋予场馆管理改革活力,通过委托经营发展助力大型体育场馆的治理现代化。自此,上海大型体育场馆实现了委托治理体系和治理能力现代化的建设,进入了上海市大型体育场馆全面善治的新阶段。

三、上海大型体育场馆运营管理改革现状分析

(一)上海大型体育场馆体育政企统合治理发包机制的制约因素分析

1. 上海大型体育场馆体育政企统合治理发包机制和委托运营模式的差异性

当前,上海大多数大型体育场馆的运营管理模式主要分为地方政府专项

财政拨款、事业单位投资公司运营、与国企合作共营以及委托运营四种模式。在这四种模式中,根据投资主体和大型体育场馆集权和分权边界的界定,地方政府专项财政拨款模式属于政府每建立一所大型体育场馆,则授权给予上海体育局下属事业单位经营,该种模式以事业单位拥有全部集体产权和以体育行政授权的方式直接参与大型体育场馆的经营过程并获取利润。专项财政拨款模式由于事业单位体育政权直接参与大型体育场馆的经营,称为谋利型体育行政政权治理机制。谋利型体育行政政权治理机制目前正随着上海大型体育场馆市场的发展和私营企业持续介入,面临着较为严重的治理挑战。上海大型体育场馆与国企合作共营以及事业单位投资公司运营这两种模式从市场机制上查究可以得出,随着大型体育场馆产业化链条的逐步延伸,事业单位体育行政的集权运营出现了分化,大型体育场馆的管理运营走向了外包式治理模式,这两种外包运营管理模式统称体育政企统合治理发包机制,与国企合作共营和事业单位投资公司运营的投资主体本质上是"一套班子、两块牌子"。事业单位投资公司运营模式主要是事业单位自身成立体育投资开发公司经营大型体育场馆市场业务,体育投资开发公司股权由事业单位全资或控股设立,并且体育投资开发公司的领导班子一般由事业单位领导兼任。与国企合作共营模式则是事业单位与国有企业合作共同经营大型体育场馆,虽然在形式上事业单位与国有企业分属体育行政单位和企业两种不同性质的组织,但两种组织因同属"国有"集权的边界,因此不可能形成真正以契约为核心的大型体育场馆市场运营关系。为此,在统合治理发包机制下,发包方和承包方皆来自同一国有产权投资主体组合,这些投资主体成员是依照事业编制或公务员编制进行考核的,在大型体育场馆具体市场运营上,该种产权分配很容易导致体育行政力量的绝对控制权,并且具有承包方依附性强的特点,而委托运营模式则不同于体育政企统合治理发包机制内部的委托代理关系,后者以体育市场契约为边界,以体育市场机制为基准来运营上海大型体育场馆,前者以体育行政机制运营为基本特征,其体育投资开发公司虽为大型体育场馆市场运营主体,却无法实现独立自主运营,进而无法提升上海大型体育场馆在体育产业市场上的竞争力。

2. 上海大型体育场馆体育政企统合治理发包机制的制约要素分析

不可否认,上海大型体育场馆体育政企统合治理发包机制是一种体育行政发包机制的内部委托代理关系,而基于契约关系的委托运营则是一种体育行政单位外部发包给私营企业市场发包机制。较之委托运营的市场发包机制,上海大型体育场馆体育政企统合发包机制在参与场馆竞争的过程中存在诸多制约要素:第一,在上海大型体育场馆运营市场分工上,体育政企发包机制的发包方通常负责大型体育场馆的总体决策,具体的大型体育场馆运营、建设和维护等任务则委托给体育投资开发公司,两者看似权责分明、和谐分工,实则由于两者在大型体育场馆经营目标上的差异,体育行政发包方经常出现"过度行政干预"行为,将体育投资开发公司视为自身体育场馆市场化运作的体育行政平台,指挥体育投资开发公司更多地完成体育政策性任务,忽视其创造和注重大型体育场馆追求超额利润的利益诉求;第二,在人事控制权和股权关系上,体育行政发包方对体育投资开发公司的领导层具有更显著的控制权,公司董事长和体育场馆运营高层一般由发包方直接任命或指定,并且绩效考核机制完全接轨事业单位或公务员标准。同时,体育投资开发公司的股权结构往往由体育行政发包方全额控股。显然,这种体育行政控制权往往滋生多头管理难题;第三,在薪酬激励分配权上,体育投资开发公司员工薪酬激励制度大多数与公司运营的实际绩效脱钩,对体育投资开发公司的员工薪酬福利往往实行事业单位工资总额控制办法,而并非按照大型体育场馆市场化经营原则和公司实际运营利润来核定薪酬。由此可见,上海大型体育场馆这种体育政企统合发包机制激化了体育行政发包方和体育市场承包方两者运营逻辑间的冲突,进而较为严重地影响着上海大型体育场馆市场化运营的效益。

(二)上海大型体育场馆运营管理改革财政分权和监管权制约因素分析

1. 上海大型体育场馆运营管理财政改革分权的困境

就目前上海大型体育场馆的四种运营管理模式,除去委托经营模式,前三种模式类属体育政企统合治理发包机制,其中地方政府将体育大型场馆行政管理机构划分为科层制的组织架构,它的运营核心是通过体育行政命令和体育等级来管理大型体育场馆方方面面的。因此,推究它的财政管理是一种等额控制预算制度,不存在大型体育场馆财政改革分权的趋势;国企合作共营和事业单位投资公司运营两种治理源于"体育行政+部分市场"机制的特征,两者既有科层制的体育等级权责关系,又有各自独立分担市场经营目标的冲突性。因此,在上海大型体育场馆运营管理的财政改革分权问题上存在显著的分歧。总体上,与国企合作共营和事业单位投资公司运营两者在上海大型体育场馆财政管理上实施的都是差额预算制,这种差额预算制执行其实是大型体育场馆运营财政或预算的分成制度，即大型体育场馆的承包方拥有场馆经营财政剩余价值权利，也就是"交完国家的，剩余的就是自由支配的"，但这种剩余支配权按理说承包方应该具备独立的财政预算和按市场机制划分员工薪酬福利的权利，可事实上，由于这种体育政企统合治理在制度安排上不可能完全做到分权性、扁平化以及法治化的市场组织价值，它在大型体育场馆的具体运营管理过程中便出现了诸多财政分权方面的问题。比如，在大型体育场馆经营财政剩余价值权利上，体育行政发包方会利用行政分配权的优势，限制承包方在大型体育场馆经营中的产业领域和范围，并且极易将一些非营利的公共产品和不良体育资产等打包给承包方进行兜底经营，大大阻碍了大型体育场馆承包方追逐剩余价值的能力和积极性，同时，因承包方的运营财政支出在很大程度上依赖于大型体育场馆的财政分配或收费水平，使得承包方所取得的体育场馆经营收入较易被体育行政发包方严格控制，这也意味着承包方很难以利润为导向进行完全的大型体育场馆市场竞争。

2. 上海大型体育场馆运营监管权效果制约要素分析

无论是谋利型体育行政政权、体育政企统合治理发包机制，还是契约式的委托运营管理机制，对整个上海大型体育场馆运营市场来说，国有资产增值保值的属性必然要涉及体育场馆运营的监管权问题，尤其是涉及上海大型体育场馆运营监管权实效的体系内容。理论上，谋利型体育行政和体育政企统合治理都为科层制的组织架构，它貌似大大规避了委托经营管理模式中的所有权和经营权分离产生的场馆运营越权和监管风险的难题；但事实上，科层制的体育政企统合治理机制更容易导致上海大型体育场馆国有资本运营所有权的虚化问题。具体体现在两个方面：一是多头管理或"内容人控制"的突出问题。由于科层制的体育等级和独立分担市场的关系，上海大型体育场馆市场运营承包方的自主经营权受到较大的限制，上海大型体育场馆的人财物管理受到多种职能部门的控制，对上海大型体育场馆的监管职能也分属不同的部门管理。比如上海大型体育场馆的运营承包方虽是事业单位成为公司或直接由国企市场化经营，可企业的高层人事管理仍归为上海市组织人事部门，大型体育场馆的资产管理和企业的薪酬分配则归属上海市财政部门等等，这就形成了目前上海大型体育场馆国有资产监管"管体育场馆资产的不管人""管体育场馆人的不管事"以及"管事的不管体育场馆资产"的怪圈。这种运营"谁都管"和"谁也不能真正负责"的现状也进一步导致了上海大型体育场馆经营效率和体育市场竞争力低下的问题。二是责权利不统一，难以落实监管效果。

在谋利型体育行政和体育政企统合治理框架下,上海大型体育场馆的市场化运营路径势必须厘清承包方和发包方在体育场馆产权中的界定和登记以及在体育场馆资产的评估监督体系中的职责等,可实际上由于两种治理机制所存在的政企不分、多头管理以及部门利益固化引发的"内部人控制"等制约因素,上海大型体育场馆产业化经营面临最多的问题还是体育场馆资产管理职责分散、体育授权模糊、责权利不清晰等难题,这些现实制约因素导致上海大型体育场馆产业化经营难以实现全流程监管,更难以落实有效的监管措施。

四、上海大型体育场馆委托运营管理改革路径设想

(一)构建政府引导、体育市场主导、体育法治保障的现代体育治理体制

1. 建构体育法治化的委托经营治理体制,解决大型体育场馆购买行为的"内部化"和科层制任命

在上海大型体育场馆逐步走向两权分离的契约式委托运营管理趋势中,传统的谋利型体育行政和体育政企统合治理的发包机制无一例外的皆是在上海体育行政部门支持甚至是主导下设立并发展起来的,两者存在的科层制任命行为在上海大型体育场馆市场化运营过程中由于是非理性的契约关系,双方很难形成市场管理约束甚或演变为市场"内部化"经营。因此,欲真正建构基于契约关系的上海大型体育场馆现代企业场馆运营体制,一是要对相关的体育政策进行细化,制定两者在上海大型体育场馆市场运营方面的体育政策实施细则,防止在体育政策模糊情形下体育行政部门随意干涉承包方的市场经营行为;二是要明确双方在上海大型体育场馆所有权和经营权上的机构设置和权责划分,界定体育行政部门在大型体育场馆所有权上的法律地位以及运营权所持有的引导身份,进而从源头上杜绝大型体育场馆购买行为"内部化"和科层制任命,消除体育行政部门多头管理的"身份困惑";三是要加强相关体育法律的顶层设计,约束体育行政部门对上海大型体育场馆市场机制的过度干涉现象,明晰体育行政部门和场馆承包方之间的法律关系,而不是体育行政任命关系,强化两者的体育市场契约精神,保障承包方在上海大型体育场馆委托运营过程中的独立市场化运行。

2. 建设服务型和引导型的体育行政政府机构,培育大型体育场馆外包的供给主体市场

在体育法治化的委托经营治理体制框架下,体育行政部门的首要目标是建设服务型和引导型的政府,树立服务型体育行政理念,突破目前抑制上海大型体育场馆市场价值规律和公平竞争杠杆作用发挥的原有体育行政体制困局,打破"内部化"的购买行为,积极鼓励私人企业参与上海大型体育场馆的市场运营。体育行政部门一是要加大对上海大型体育场馆的政策倾斜力度,降低大型体育场馆公共体育服务外包的门槛,支持和培育一批有潜力的大中小型体育企业参与大型体育场馆市场的外包供给,扩大上海大型体育场馆的外包供给市场。二是要履行自身的培育外包供给主体的体育市场引导责任,要从法律、体育财政补贴资金、体育宣传等方面制定规则扶持外包企业的发展。三是要努力营造上海大型体育场馆公平、公正的体育市场竞争机制,让体育市场成为上海大型体育场馆公开的招投标制度和运营的主要力量:秉持公平、公正和透明原则开展体育场馆的招投标工作,要实施大型体育场馆投标资格预审制度,开通大型体育场馆计算机网络自动邀标功能,防止大型体育场馆投标腐败行为,提升招标和中标效率,避免上海大型体育场馆投招标工作走形式或垄断;要分类外包,有意识地将上海大型体育场馆的外包合同授权多个有实力的提供商,进而规避一家独大和大型体育场馆内部运营管理和控制的风险。

(二)推进上海大型体育场馆财政制度改革,实施多元化的投融资机制

1. 完善上海大型体育场馆财政分权制度,提高市场运营主体财政预算执行的自主权

就目前上海大型体育场馆市场化运营程度而言,由于大型体育场馆选址、市场成熟度差异以及同质竞争环境等因素的影响,上海大型体育场馆日常运营资金部分来自财政拨款。传统上体育行政部门会依据国有资产管理执行的《行政事业单位国有资产管理办法》和"工资总额控制"进行拨款。上海大型体育场馆在实施两权分离的委托运营路径下,体育行政部门以往对大型体育场馆进行直接财政拨款的制度显然滞后于当下市场机制的运行,也不利于大型体育场馆市场运营主体积极投入资金和扩展市场规模。在此形势下,上海大型体育场馆在"分权+委托制"的完全市场化运行轨迹下,对大型体育场馆实施财政分权便显得尤为重要。具体改革措施主要有:一是加强大型体育场馆

财政体制改革,对上海大型体育场馆现有的财政管理因馆而异采取渐进式重构的办法,使大型体育场馆委托经营双方的财政分权内容更加具体,财政分权的比例更加细化。通过"财政分权、预算执行集权"的方式,让大型体育场馆市场运营主体享有更多的自主权独立进行财政预算,打破市场运营主体在财政分配的"工资总额控制"掣肘,进一步提高大型体育场馆市场运行效率。二是建立跨年度动态财政预算平衡机制,兼顾上海大型体育场馆不同区域财政管理差异。对上海大型体育场馆采用跨年度动态财政预算机制的主要目的是制定合理的财政预算周期,提高体育行政部门财政规划的科学性,界定体育行政部门财政管理职能,同时兼顾上海不同区县大型体育场馆市场运营差异的特点,对市场化运营程度较低的大型体育场馆实施专项财政资金支付机制,确定不同区县体育行政部门提供大型体育场馆的财政预算总额,防止体育行政部门利用相关财政政策边界随意干涉财政资金分配比例。

2. 改革上海大型体育场馆财政补贴制度,采用财政经营性补贴方式

上海大型体育场馆在事业单位成立公司或与国企合作共营阶段,体育行政部门对大型体育场馆的财政补贴方式一般是以直接拨款或无偿资助为主。但在大型体育场馆进入委托经营阶段,这种财政补贴方式存在三种较大的弊端,一是财政资金往往一次巨量投拨,对大型体育场馆市场投资杠杆产生的效应太大;二是粗放式财政资金管理模式容易产生暗箱操作的风险;三是效率和效益是委托运营主体经营的生命线,反复报批和申请的财政预算科目难以有效匹配自由企业运营决策的时效性,并且很难有效激发大型体育场馆运营的活力和体育市场配置场馆产业资源的决定作用。因此,现阶段对上海大型体育场馆采用的财政经营性补贴方式是目前委托运营模式扶持的有力抓手。较之直接拨款方式,所谓经营性财政补贴是指体育行政部门为维持上海大型体育场馆市场运营的可持续发展,在特定时期内对委托运营方由于生产或者经营收入低于成本而产生的差价给予经济补偿,这种经济补偿改体育行政主导型分配为市场投入型分配。最明显的作用:一方面是更加有效衔接了市场化机制,借助市场力量实现了大型体育场馆财政投入从一次性补贴转向滚动式发展,从无偿资助转变为还本偿息,增加了体育行政部门对大型体育场馆财政补贴政策的科学性和前瞻性;另一方面是偏重大型体育场馆经营性领域的补贴,此种补贴可以财政股权投资、体育专项贷款贴息与事后奖补等方式进行。显而易见,这些财政补贴新机制有利于上海大型体育场馆委托运营方在市场竞争中获益,也有益于大型体育场馆国有资产实现增值保值的功能。

(三) 构建上海大型体育场馆运营市场主体的监督和评估体系

在上海大型体育场馆公建民营委托经营模式中,体育行政部门虽然已经将大型体育场馆的运营权进行了契约合同式转移,但并不代表体育行政部门就此成为"甩手掌柜",上海大型体育场馆国有产权性质明确界定了体育行政部门亦负有国有资产增值保值的责权利,并且该种国有资产增值保值不仅仅是大型体育场馆经营中的有形资产,还包括体育行政部门以股权的形式对委托运营方提供的经营性财政补贴。由此,为了确保上海大型体育场馆委托运营模式的市场竞争力,体育行政部门首先必须对委托运营市场主体进行监督管理。现如今,上海大型体育场馆运营管理正处于两权分离的发展阶段,相关的委托经营管理制度和体育服务标准尚未健全,体育行政部门应尽快细化、量化和标准化相对应的委托运营管理规则,创新构建上海大型体育场馆市场运营新的监督管理机制,科学地界定上海大型体育场馆国有资产的法律属性,从法律角度建章立制地推动上海大型体育场馆的国有资产保值和增值;其次必须设立一套系统化、有针对性的大型体育场馆评估体系,明确上海大型体育场馆各级体育行政部门和运营中心的场馆处置权限和体育管理职责,成立和健全上海大型体育场馆国有资产流失责任追究制度,规范和进一步完善上海大型体育场馆国有资产及经营性财政补贴资产的评估、划拨、处置等法律法规,进而保证上海大型体育场馆委托运营模式的优化管理。

参考文献

[1] E·S·萨瓦斯.民营化与公私部门的伙伴关系[M].北京:中国人民大学出版社,2002.
[2] (英)查尔斯·盖伊,詹姆斯·艾辛格著.企业外包模式[M].北京:机械工业出版社.2003.
[3] 顾建江.基于企业文化提升企业核心竞争力的思考[J].电子商务.2010(10).
[4] (美)小罗宾.阿蒙,理查德.M.索撒尔,等.体育场馆赛事筹办与风险管理[M].辽宁科学技术出版社.2005.
[5] 赵成根译,简·莱恩.新公共管理理论[M].北京:中国青年出版社,2004.
[6] 计生波,马力.大型体育场馆转企改革运营模式[R].上海:中国体育场馆协会,2017.

上海发挥单项体育协会作用推进体育治理能力现代化研究

马德浩　薛昭铭[*]

2020年10月颁布的《上海全球著名体育城市建设纲要》明确指出要深化体育社会组织的"社会化、实体化、专业化、国际化、规范化"改革,发挥好体育社会组织在社会管理和公共服务中的作用。事实上,不管是建设全球著名体育城市,还是世界一流的国际体育赛事之都,都要以体育治理体系和治理能力的现代化为前提。然而,目前上海单项体育协会在推进体育治理能力现代化中的重要作用尚未凸显。导致这一问题的主要原因是对单项体育协会的定位尚不明确,实体化后对政府体育部门的依赖性仍较强,在体育治理体系中仍处于相对边缘化的地位,较大程度上制约了其在提升体育治理能力现代化中的作用发挥。而反观英国、日本、美国等发达国家,其高度重视单项体育协会的衔接作用,把单项体育协会视为体育治理体系的重要组成部分,且赋予了单项体育协会更多的自主权,使其在体育治理能力现代化中能够充分发挥作用。对于上海推进体育治理体系与治理能力现代化而言,也应积极学习英国、日本、美国等发达国家的经验,重视单项体育协会在群众体育普及、竞技体育提高、学校体育改善以及体育产业高质量发展中的重要作用。然而,从目前的文献梳理来看,在上海体育治理体系和治理能力现代化建设视域下,系统性地探讨单项体育协会作用、地位以及改革路径的研究仍处于缺失状态。正是基于这种研究现状与现实需求,本课题在系统梳理发达国家经验的基础上,结合上海体育发展实际,论述了单项体育协会在上海体育治理体系和治理能力现代

---

[*] 本文作者简介:华东师范大学。马德浩,体育与健康学院副教授,博士,研究方向:体育社会学;薛昭铭,体育与健康学院硕士研究生,研究方向:体育人文社会学。

化建设中的作用、地位以及相应的改革对策。

一、英、日、美等国发挥单项体育协会作用推进体育治理能力现代化的共性经验

（一）强调"善治"理念在单项体育协会治理中的价值导向作用

"善治"作为一种良好治理模式愿景被学界、政府及社会组织广泛青睐，职能明确、权责清晰、协同、高效、以人为本、网络化治理等一系列"善治"理念在英国的体育战略规划、政策、规章中均有所体现。受"善治"理念影响，英国单项体育协会在推进英国体育战略转型，协同竞技体育、大众体育以及学校体育的发展中发挥着重要作用。英国竞技体育曾跌入谷底，政府在发展战略上进行顶层设计，针对单项体育协会服务性不够及责任界限不清等弊病调整了体育战略方向，设定英国体育的发展目标及实现目标的具体措施。1995年，英国政府颁布全国体育政策性文件《体育：在比赛中得到提升》，明确了英国单项体育协会的职能定位和负责事务是优先发展竞技体育和学校体育。此后，在英国政府的宏观政策强化下，单项体育协会的作用不断凸显，推进英国竞技体育、大众体育和学校体育的协同发展。1997年，布莱尔当选为英国首相后，"新工党"在新公共管理的背景下，奉行"第三条道路"的执政模式，沿用了保守党的政策，即充分发挥体育学校的作用，通过与地方学校、地方单项体育协会等建立联系，形成以学校为中心向周围延伸的网络化治理体系，提高了社区层面的公共体育服务质量。2000年，英国文化媒介和体育部（DCMS）颁布的一项体育治理政策《大众体育的未来》中明确各单项体育协会需要负责竞技体育和青少年体育人才的发展。此外，英国政府十分注重竞技体育的高效运作。21世纪初，英国通过效仿澳大利亚在竞技体育发展上的成功经验，构建了以单项体育协会为载体的高效竞技体育体系，在政策、组织、经费、运动员选拔、科研体系建构、教练员培训等多方面优先保障选定的项目。在注重协同、高效发展的同时，"以人为本"的治理理念也深刻影响着英国单项体育协会在公共体育服务上的供给方式。2002年，英国政府颁布的《游戏计划》，强调地方体育协会应该加强在公共体育服务供给方面发挥重要作用，让更多的人参加体育活动，特别是要引导低收入群体、青少年、老年人和女性参与体育活动。2004年英国体育理事会发布的《英国体育框架》和2014年英国政府颁布的《让更多的人参

加体育运动》等一系列政策文件,都明确了单项体育协会在推广全民体育运动中的重要作用。随着伦敦奥运会的成功举办及在竞技体育成绩上取得的重要成就,英国政府开始以奥运战略引领大众体育的发展。2012年,英国政府推出的"新的青年和社区体育5年战略"中强调大学要和单项体育组织合作,为年轻人从学校转向体育俱乐部过程中提供更多的就业机会,中学至少要和1个单项体育协会开展合作,通过俱乐部、社区等多方主体的协同合作共同保障学生在学校之外能充分参与体育锻炼。这一战略规划深入英国基层的组织治理,有机连接了大众体育组织机构,实现了网络化的治理模式。

日本体育战略规划中也十分强调协同、高效、以人为本、透明等"善治"理念,各体育协会在"善治"理念的价值导向下推进了日本竞技体育、大众体育和学校体育的平衡发展。与英国不同,日本政府的体育战略先后经历了重拾民族自信和"普及"与"提高"并重的发展历程。由于国家政治需要,1946年日本体育协会重建以来,仅服务于各项目体育运动员的召集与培训。借助1964年东京奥运会举办的契机,日本文部科学省决定将地方体育协会以及加盟的运动团体以奥运会为工作中心,建立竞技体育运动员的强化体制。1961年,日本颁布《体育振兴法》持续深化以提高竞技体育为重心的体育政策,强化了各单项体育协会对运动员的培养职能,旨在集中各方资源以高效推进竞技体育的发展,这一时期日本竞技体育快速崛起。1964年东京奥运会成功举办后,日本开始注重"人本"体育战略回归,政府决议颁布《关于增进国民健康与体力对策》以及《社区再造》等政策推动了大众体育的发展。在有了更多公共体育设施的同时,也提升了体育指导员的重要性,日本《体育振兴法》则以立法的形式规定了国家及地方自治体对体育指导员和教练员的培养,对于体育指导员的审批认证权还是掌握在政府手中。1972年,文部省出台《关于普及振兴体育的基本策略》,旨在以奥运战略引领大众体育的发展,一定程度上促进了日本大众体育的兴起。然而在改革期,由于保守性和缺乏可持续性的竞技体育政策,导致日本竞技体育成绩一度低迷,大众体育和竞技体育难以协调发展。为破解这一难题,在竞技体育人才培养体系上,文部省于1989年提出以体育协会为主要推手构建"一贯制"的人才训练指导体系,2000年进一步发布了《体育振兴基本计划》,要求竞技体育管理部门和各类学校携手共同培养运动员,打造以"一贯指导系统"为核心的人才培养体系,并贯穿于运动员培养的各个阶段。2015年,文部省实施《体育职业生涯援助战略计划》,进一步完善了优秀运动员保障系统,构建了一体化的运动员援助体系,通过以日本各体育协会和学校、企业及俱乐部的合作，对运动员在现役和退役后的双重职业生涯进行保障。在社会体育指导员的培养上，日本于2000年制定了体育指导员的知识、技能审查认定规程，通过日本体育协会及其加盟的单项协会（公益法人身份）对社区体育指导员和单项教练员进行审查认定。2002年，日本文部省取消了政府对社会体育指导员的认定制度，交由日本体育协会管理，极大程度上推动了日本体育协会的自治。2010年，文部科学省制定了体育中期发展战略《体育立国战略》，提出了学校、社区俱乐部、政府机构以及地方公共团体等机构进行互动合作的"新型体育文化"战略目标。政府以体育协会为桥梁，以各单项体育协会为衔接点，对国内的体育人才、体育俱乐部、各地区层级学校等体育资源进行重组和整合。此外，该战略还倡导在强化治理单项体育协会职能权力的同时，提高其透明性、公平性和公正性，以构建一个没有"纷争"的体育界。

与英国和日本不同，美国受"三权分立与制衡原则"以及自由主义市场经济的影响，体育治理战略呈现出"分权治理"的思想特征，社会组织高度自治。权责明晰、协同、高效、以人为本等"善治"理念推动了美国单项体育协会在其治理体系中的良性发展，主要体现在以下两方面：一是参与治理的多元主体间的责任是明确的、有约束的，单项体育协会职能清晰，不会出现和其他治理主体相互扯皮的现象。从法律层面看，美国并未设立社会组织的独立法案，而是由美国司法部门、联邦税务总局和州政府对社会组织的非营利性质进行界定，由注册登记、税务、审计等多部门共同治理，使各单项体育协会承担起普及体育运动和培养后备人才的责任。一方面，于1978年颁布的《业余体育法》建立了现行体育治理体制，以奥委会、单项体育联合会、大学生体育联合会为主体的体育社会组织在竞技体育治理中发挥着主导性作用；另一方面，单项体育联合会同奥委会与大学生体育联合会保持相互制衡的关系。譬如，大学生体育联合会虽不受控于单项体育联合会，然而，在注册运动员和参加奥运会等国际大型赛事时需要通过各单项体育协会和奥委会的同意。同样，各单项体育协会虽然可以直接与国际体育联合会进行合作，但在组织参加国内外大型赛事时也必须通过奥委会。需要指出的是，单项体育联合会作为枢纽型组织，对50多个单项体育协会并无直接领导权，但是可以按照法律法规审批或者取消各单项协会的国家机构资格。二是美国的体育治理能有效地整合政府、社会组织、市场组织、学校和社区等多方力量，促使美国单项体育协会与其他治理主体的合作，进而实现竞技体育、大众体育、学校体育以及体育产业的协同发展。最初，在公共体育服务上，联邦政府很少干预包括体育在内的公共服务管理,基层的体育社会组织呈现零散化。政府为强化体育在公共服务中的作用,于1935年颁布《社会保障法》体现政府对公民社会福利、健康制度的干预,逐步注重公共服务的供给。在20世纪70年代,政府为提高国民整体健康水平,制订了一套健全完整的"健康公民"计划,每10年更新一次。2001年,美国还推出了《大众体育计划》,该计划内容的具体实施由体育社会组织负责。美国几乎所有的单项体育协会都会制订其流行项目的社区推广计划以吸引各项目的爱好者,尤其是青少年。2010年,针对儿童青少缺乏体育锻炼的现状,美国卫生与公共服务部颁布《全民健身计划》,单项体育协会在业务技术指导上献计献策。譬如,篮球协会通过发布《美国青少年篮球发展指南》为社区俱乐部和地方学校的青少年进行篮球技术指导。

综上所述,英国、日本、美国三国政府都十分强调"善治"理念在单项体育协会治理中的价值导向作用。各国政府通过体育战略和体育政策的宏观调控,确定单项体育协会在发展竞技体育和推广业余体育运动的责、权、利。从体育战略转型的历史流变来看,各国单项体育协会能有效转承竞技强国战略转向"人本"体育战略的回归,政府依靠单项体育协会的力量将政策贯彻到基层,促使竞技体育、大众体育和学校体育能有效协同发展。对体育竞技人才和体育社会指导员的培养而言,一方面,英国体育理事会、日本奥委会、美国奥委会都构建了以单项体育协会为载体的竞技体育发展体系,对选定的项目进行优先保障。另一方面,在政府的政策引导下形成"依托社会、回馈社会"的治理模式,将绝大部分事务权都移交给单项体育协会。因此,各国的单项体育协会能有效整合学校、社区、俱乐部的人才、场地资源,通过以学校为中心的培养模式,形成网络化的纵深治理体系,促进"体教融合"发展。

(二)充分发挥单项体育协会在多元治理主体间的衔接作用

以地方政府、社会组织、学校、社区以及市场组织形成的多元化治理主体是英国体育治理结构演进的重要特征,而各单项体育协会在多元治理主体中起着十分重要的衔接作用。英国早期的运动项目协会脱胎于社会主导型的管理体制,由于社会的进步和生产力的发展,人们有了更多的闲暇时间和更高的收入水平,体育运动在英国得到广泛发展,各民间组织的体育协会有序发展。譬如,1863年英国建立了世界上第一个足球协会,1871年成立了橄榄球协会。1935—1963年,英国政府为了扩展公共服务范围、重拾国民信心,通过成立社团组织开始对散落的各项目体育协会进行统筹协调,并于1965年成立体育委员会,具体负责制定实施体育政策和组织体育运动,承担着全英体育发展中的诸多任务。1972年,英国体育理事会正式成立,开始全权管理国家和社会事务。在体育委员会刚性的单一管理结构下,政府机构日益庞大,财政吃紧加之经济危机引发出一系列的社会问题。为了充分发挥各项目体育协会的社会效益,撒切尔夫人上台后开始引入社会力量和市场机制进行社会化、市场化的改革,让更多权力回归社会,政府职能则聚焦于竞技体育的发展和国民体育运动的参与。1997年,执政的"新工党"取消了体育委员会,设立英国文化、媒介与体育部以及专门负责竞技体育的英国体育理事会,英国各单项体育协会的运作并不直接受政府部门管控,而是经由英国体育理事会来决议市场、竞技等体育相关工作的开展。英国单项体育协会在体育公共事务的治理体系中占据了核心的位置,上层连接国家级体育执行机构,横向连接郡县级体育合作伙伴和地方政府,下层连接学校和社区体育俱乐部(图1)。单项体育协会贯穿"国家—地区—郡县"三个区级,且基层的体育俱乐部可以自愿参加各郡县级的单项体育协会,成为其会员。在英国体育理事会和英国奥委会等作为枢纽型组织机构的统筹下,政府的绝大部分体育公共事务可以依靠各单项体育协会的力量将政策贯彻到基层。英国单项体育协会还需要与体育领域的专家、高等教育机构保持长期合作关系。在2002年,英国单项体育协会推出了一站式人才培养计划,以中小学、社区俱乐部为支点,实现家庭、学校、社区、市场等多方的融合发展。同时各单项体育协会也积极开发和建立横向合作,通过与各中小学合作来拓宽和丰富自身的发展资源和业务渠道。实际上,英国单项体育协会与行业联盟之间的合作也为英国体育事业的发展做出了巨大贡献。一方面,英国以竞技体育发展战略为核心带动了大众体育的发展,各单项体育协会为保障其运动项目的传承性,需足够的人群来参与该运动项目。另一方面,与各项目协会合作的赛事联盟组织充分发挥市场化、商业化的作用,提高单项体育协会在向全国推广各项目赛事IP的品牌效益。以温网背后的全英草地网球及门球俱乐部(AELTC)为例,从1877年AELTC创建温网,就一直致力于赛事的运营和商业开发。1888年成立的英国草地网球协会(LTA)作为国家管理机构,意在更好地促进网球运动的推广。AELTC和LTA的任务看似各有侧重,但其宗旨都是为了促进英国网球事业的发展。到2053年之前,温网赛事收入税后盈余的90%都将交给LTA用于英国网球基层组织的发展。

日本的体育治理主体包括政府、体育协会、日本奥委会和大学委员会

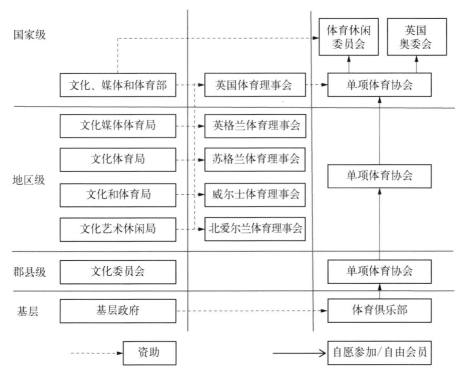

图 1　英国体育治理体制

资料来源：Walter Tokarski, Dirk Steinbach, Karen Petry & Barbara Jesse. Two Players-One Goal? Sport in the European Union [M]. UK：Meyer & Meyer Sport Ltd.，2004：63 - 66.

（图2）。起初，日本绝大部分社团组织兴起于学校中大大小小的比赛，这也奠定了学校成为日本体育治理主体的基础。政府为了将全国散乱的体育组织进行统一管理，于1911年成立了日本体育界的中心组织，即全国性综合体育团体。1948年，日本体育协会正式被文部省确认为民间组织机构，但受管理体制影响，日本体育协会和国家保持着紧密关联。20世纪80年代初期，日本体育协会的事务局成员90%以上都是教育委员会成员，各地方自治体和体育协会也如法炮制。另一方面，日本体育协会70%以上的财源都依靠政府拨发的补助金和委托金，这也就造成了各单项体育协会对政府的高度依赖。为了改变上述状况，日本通过制定体育战略和立法确定了日本政府的行政权限，其治理边界定位于"只管不办"，而日本体育协会成为最高级别、最具权威的综合性体育社团组织。日本体育协会作为枢纽型组织引导58个全国性单项体育协会

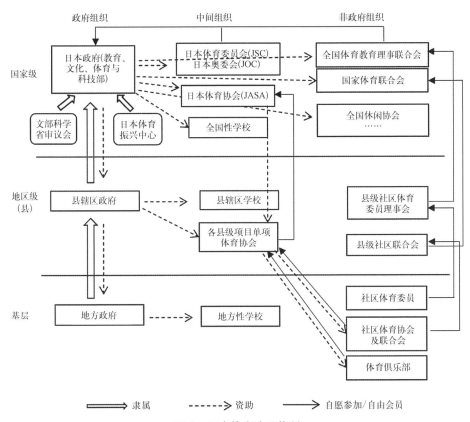

图 2　日本体育治理体制

的加盟,日本都道府县和市町村所设立的地方体育协会是日本体育协会的下属机构。58 个全国性的单项体联统筹协调各单项体育协会完成"发展国民体育"和"提高运动技术水平"两大中心任务。Yasuyuki 等认为在日本体育治理体系中,日本体育协会承担着文部省分派下来的很多管理事务,包括负责举办全国性体育赛事、资助基础体育运动俱乐部、倡导体育运动大众化、培养体育教练员和体育指导员、加强体育科学的研究、促进国际体育运动交流和促进全民健身运动等。而各单项体育协会接受日本体育协会的指导,具体负责组织各项目体育活动开展、推广以及宣传等事务。另外,相关的体育社会团体还设有日本体育设施协会、日本休闲协会等来辅助各单项体育协会的活动开展。各高等院校、中小学、企业和社区体育俱乐部是日本体育治理结构的终端,各县辖区政府联合各县级单项体育协会以学校、社区和企业为基点,利用其场地资源和人才优势进行大众体育活动的开展,这种治理模式很大程度上促进了青少年运动员的培养。由各单项体育协会作为总支援,设立研究会大力发展竞技团体,派遣体育俱乐部的指导者到先进地区考察,然后由日本企业和大学负责招聘高水平指导者,共同推进对运动员的培养。在提供公共体育服务上,日本不同层级的地方协会、单项体育联合会、学生体育联合会构建了庞大的体育组织网络,而社会指导员的培养则是实现体育组织网络高质量运转的关键所在。为促进学校体育、社区体育及家庭体育的共融发展,日本体育协会参照当时联邦德国的青少年社区体育俱乐部,发起并创立了体育运动少年团,该组织依托社区的公益性青少年体育俱乐部开展活动,体育协会通过派遣社会体育指导者的方式对青少年及社区居民的体育活动进行指导。目前,近21万名体育活动指导员(志愿者)正在维系日本体育少年团生存和发展,其中也包括学生家长。此外,在市场组织合作方面,日本各单项体育协会下设的县、市级地方协会、职工单项体育联盟和大学生体育单项联盟所产生的大部分费用是由日本体育协会资助,且很多都是非营利性组织。像棒球、足球、赛马这样社会化、产业化程度高的项目则可以依托各单项协会下的体育联盟及体育俱乐部来进行市场化运作。以日本足球体育协会为例,随着20世纪80年代日本的经济增长,日本国内在日本足球协会的推动下于1993年成立了日本足球职业联盟(J-League),J-League是一个以社区作为基础的俱乐部联盟。日本足协与J-League之间职责分工明确且能相互合作。日本足协在规范俱乐部运营、完善俱乐部准入及升降级制度、审核俱乐部财务状况、完善足球相关法规政策以及颁布一系列足球规范准则等方面的努力,使得日本足球朝向有章可循、有法可依的制度化发展。J-League的使命是提高日本足球的发展水平,包括提高国家队水平以定期获得参加奥运会和世界杯的资格,培养顶级球员和教练,建设足球场和提供足球俱乐部配套设施,使各地域的社区足球俱乐部有序运作起来。当前J联赛运作非常成功。据有关媒体报道,2017年体育直播平台DAZN以2100亿日元(约合131亿元人民币)购买了J联赛10年的版权。

美国属于社会主导型的体育治理体制,其体育治理结构经历了"非政府—政府—非政府"的转变(图3),美国的三大竞技体育组织,包括美国奥委会、美国大学生体育联合会与美国单项体育联合会都属于民间体育社团组织性质。Nils认为在美国体育治理体系中,美国奥委会位于策略顶层,美国各单项体育协会以及地方奥委会等社会组织位于链接层,美国大学生体育联合会、全美高中协会联盟等社会组织位于操作层。美国体育协会联合会作为枢纽型组织,

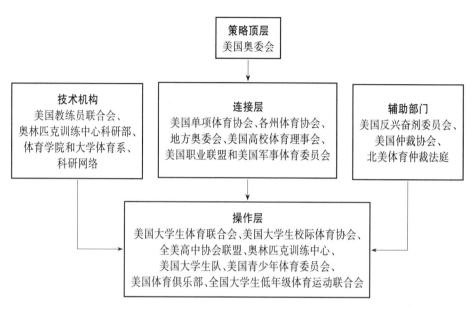

图3 美国竞技体育治理体制

资料来源：侯海波.美国竞技体育体制研究[D].北京：外交学院，2003：45.

在职能上则是起到了一个承上启下的作用，向上是为美国输送奥运会参赛运动员，向下则是与各单项协会相联系，大力开展业余体育运动。在竞技体育发展上，所需的绝大部分资金需要各体育社会组织通过市场机制筹集或通过志愿机制募集，政府对其财政资助有限。政府通过立法、税收以及部分财政拨款等手段，介入美国竞技体育发展。而且，在美国政府部门中，比如教育部、交通部、卫生事业部、司法部、城建规划部等也会不同程度地介入竞技体育相关事务的管理。美国奥委会和各单项体育协会协同名目繁多的社会体育组织，包括职业体育联盟、全美高中协会联盟以及其所管辖的职业队、大学代表队、中学代表队等共同开展对竞技体育人才的培养。1986年，美国奥委会统一筹划并设立了"科学服务与研究课题拨款计划"，资助各单项运动协会开展竞技体育研究。各单项体育协会按照要求，成立科学顾问委员会，由医学、体育、心理学专家和优秀教练员、运动员组成。同时各单项体育协会还会根据项目需要，将大量的运动技术攻关任务向奥委会报备，再由奥委会同各高等院校进行课题研究的签订。在奥委会统筹安排下，单项体育协会也会积极和市场组织合作建有开发运动科技用品的实验室，譬如，耐克公司等大型体育用品企业大都建有自己的实验室，开发和生产具有高科技的运动产品。此外，一些大型医院或医疗中心建也拥有私人研究实验室,能够开展健康与卫生等方面的研究。在大众体育发展方面,美国体质与运动总统委员会(PCPFS)虽然只是一个促进群众体育发展的咨询机构,但美国12个政府部门以PCPFS为渠道,通过多种形式间接参与公共体育事务,譬如内政部管理户外运动休闲场地、国防部管理大众水上活动场所、住宅与城市规划部提供资金修建体育与娱乐设施等。在政府的支持下,美国全国性体育协会有206个,通过在各州和各地设立分会的形式,构建网络化的组织布局来推广全民体育活动。每年各单项体育协会,会针对不同的年龄群体或者是运动爱好者,在体育赛事活动月开展各类活动。譬如,美国篮球协会和职业冰球协会通过其联盟的市场化运作,在社区推广各自的运动,也会派优秀教练员和球星给青少年传授技能。在全国仅提供公共体育服务的社会组织和企业就多达317个,各单项体育协会在协调诸多社会组织和私人企业在美国大众体育发展中发挥着重要的衔接作用。

综上所述,虽然英国、日本、美国的体育治理体制不同,但以地方政府、社会组织、学校、社区以及市场组织形成的多元化治理主体是各国体育治理结构演进的重要特征,而各单项体育协会在多元化治理主体中发挥着十分重要的衔接作用。在上层,各国单项体育协会需要对接英国体育理事会、日本奥委会、美国奥委会落实竞技体育发展和业余体育活动开展等任务。在中间层,英国和日本的单项体育协会需要横向连接地方政府和各郡县级的体育合作伙伴,而美国单项体育协会则协同其他社会组织进行体育活动的开展。在基层,需要单项体育协会连接各层级学校和社区体育俱乐部。此外,各国单项体育协会都十分注重和职业联盟和大型企业等市场组织合作,共同推进"体教融合"发展与各国体育产业的高质量发展。

(三)注重构建合理的治理机制推进单项体育协会的良性发展

除了政府的宏观调控,通过整合资源来充分发挥单项体育协会的职能作用外,其作为社会组织,也需要一套科学合理的体制机制来保障其良好发展。政府和社会组织的有机结合让英国体育治理体系形成了合理的决策机制、执行机制、反馈机制、监督机制和资助机制,保障各单项体育协会作为其项目发展的"掌舵人"身份。在英国的体育治理体制中,各体育协会内部的决策机构与执行机构是分开设立的。Walter等认为在英国的体育治理体系中,文化、媒介和体育等部门虽然负责体育发展的经费下拨,但在经费分配以及具体使用上是交由英国体育理事会来进行统筹和安排。英国体育理事会根据运动项目发展需求将经费再进一步下拨给各单项体育协会,后者用其组织并开展运动项目的国内比赛、教练员和运动员培养、志愿者培训、项目推广、市场开发等事务。以英格兰足球协会为例,在决策机制上,英格兰足球协会理事会是最高级别的管理机构,同时也会选出由 17 人组成的执行委员会,下设 26 个专门委员会负责不同类型的事务,委员会由执委会任命,形成了从"理事会—执委会—专门委员会"的管理体系。理事会,执委会和专门委员会采用定期磋商会议制度,解决联赛中遇到的实际问题。在执行机制上,英格兰足球协会下设运动技术部、市场经营部、医疗服务部、财务部、人事部和法律部,专职人员仅有 32 人,此外,大量的工作还可以依靠志愿者进行服务。在反馈机制上,DCMS 在推行体育政策之前,会根据不同运动项目以及不同层级地区进行政策细化,其中全国单项体育协会以及诸如青少年体育基金会等全国性社会体育组织也会参与政策细化的过程,最后再将细化的政策交付给基层组织来执行。此外,由民间组织组建的运动和娱乐联盟作为英国运动与休闲业的行业协会(CCPR),代表英国基层的 320 个体育民间组织和 15 000 家体育俱乐部负责向政府表达民间组织的最新政策立场和意见,参与政府的体育政策协商。在监督评估方面,由于英国体育理事会在负责政府拨款和体育彩票资金分配方面,政府与单项体育协会都会有权责分明、层级清晰的合同计划,这样便于每个季度或每年的财务和绩效评估的审查。此外,英国体育理事会启动"2016—2018 年使命"的审查体系,跟踪、监测和审查各单项体育协会组织架构、详细账目、财务预算、运动成绩、策略发展等。英国体育理事会对各个单项体育协会从分配资金到获得回报进行连续性评估,审核结果作为评估未来体育彩票资金补助各单项体育协会的依据,以此决定下一个奥运周期的资金投入额度。在资助机制上,英国体育理事会基于"绩效输出"的资助导向以及严格的奖励制度。英国体育理事会根据国内单项体育协会所培养的运动员在世界大赛中所取得成绩来决定资金的资助,并有严格的奖惩分配规定和优先资助的准则。同时,对竞技体育后备人才机制保障上,英国实行"高成就的生活方式规划",对协会中运动员的技术发展、职业规划、教育时间年限和主要任务都做了明确规划,这也成为英国体育人才储备和促进就业制度的动力之源。

同英国一样,日本的体育社会组织发育健全,自治程度较高,内部拥有较为完整的管理体系和运作机制来促进单项体育协会的良性发展。日本对体育审议会制度的相关内容进行了调整,规定体育政策的制定过程中必须有"民间人士"参加,并对体育审议会的"合议制"性质及委员的选拔方法进行重新规定。因此在决策与执行上,日本体育协会通过设立专门的决策机构来分散会长的权力,而决策委员则由各单项协会会员代表以及外聘的专业学者、律师等临时组建,每一次的决策委员并不相同。体育审议会各委员对事务协商完成后,要形成一份论证报告交由日本体育协会及相关政府机构审批,通过后,再由专门的执行机构完成。需要指出的是,日本体育协会与日本政府以及各单项体育协会的关系都属于加盟的形式,而非隶属关系。这种加盟机制,在日本的竞技体育的人才培养、公共体育服务的高效供给方面发挥出重要作用。在竞技体育上,政府在同社会组织互动合作上主要采取业务委托、财政补助和提供场地及设施等方式促使各单项体育协会加盟。譬如,日本网球协会从日本体育协会和日本奥委会那里获得了培训指导者以及承办赛事等业务。在公共服务供给上,政府充分利用市场、社会和公民参与的优势,采用合同外包、特许经营、凭单制和补助等方式,与各单项体育协会或企业建立公私合作伙伴关系,构建了以民需为中心、兼顾公平和效率的体育公共服务体系。在对协会的监督上,政府通过《体育立国战略》来制定体育社团运营评价指标,确保体育社团公平、公正地运营。譬如,各单项体育协会达到一定运营规模后必须定期接受第三方监察,并将监察结果提交政府进行公示。在资助机制上,全国性单项体育协会下设县市级地方协会、职工单项联盟和大学生单项联盟,在财政方面也会得到日本体育协会的补贴,作为举行全国成人、职工和大学生锦标赛的部分活动经费。此外,每年政府会拨款给日本奥委会,再由其下拨给各单项体育协会以资助运动员和教练员的发展。譬如,按照奥运会和世锦赛成绩给予运动员相应的等级分,并以一个奥运会周期为时效期,再通过等级分给予不同层级的资助。在体育服务型人才的培养上,日本体协对培养体育指导员实施补助制度,各单项体育协会负责体育指导员的业务培训,并针对不同的体育指导员采取不同的资助和补助形式。

美国政府并未通过强制性的体制机制来管控单项体育协会的运行发展。除了法律约束外,在美国体育协会的自治规制下,各单项体育联合会拥有代表权、决策权、批准权、管理确认权、推荐权等权利,即各单项体育协会可在相应的国际体育联合会中代表美国。正如前述,美国单项体育协会属于衔接层,其下设的职业体育联盟不受控于各单项体育协会。美国是市场经济高度发达的国家,业余组织具有高度的行业自治性。在决策机制和执行机制上,由于不同运动项目的市场化水平不同,各单项体育协会内部的运行机制也不同。以美国篮球协会和田径协会为例,篮球协会主要负责全美范围内篮球运动的发展,并且负责参与国际篮球事务,负责选拔、组建美国国家篮球队参加奥运会和 FIBA 组织的国际赛事。美国篮球协会的最高权力机构是由 11 人组成的董事会,由美国篮协下属的篮球组织、联盟选举产生,负责监督本协会的管理及其事务,对重大决策和主要人事任免等作出决定。美国田径协会的日常管理部门分为市场部、财务部、联络部以及广告部等,以此来高效协调协会的工作开展。美国各项目协会都十分注重所属项目的人群细分。美国篮球协会下设篮协常务委员会、男子篮球竞赛委员会和女子篮球竞赛委员会。美国田径协会下设了男子竞走委员、女子竞走委员会、男子长跑委员会、女子长跑委员会、名人长跑委员会、越野跑委员会等。这样人群化的细分使得美国单项体育协会便于组织业余体育活动以及同市场组织开展商务合作。在资助机制上,主要由美国奥委会对单项体育协会进行资助,相关资料显示,美国奥委会向各单项体育协会每年提供至少 25 万美元的资助,并且也是根据各运动项目所获奖牌数量作为绩效拨款。另一方面,单项体育协会还依靠自身的市场开发获得资金,譬如企业赞助、赛事门票和电视转播权出售收入或特许经营收入、私人和社会团体的捐助等。

综上所述,英国、日本、美国都注重构建科学合理的治理机制促使单项体育协会在各国的体育治理体制中良性发展。美国的单项体育协会受美国体育治理体制的影响,本身就具有较大的自治管理权力,而英国和日本则通过决策权与执行权的分离,不仅有助于处理好政府与非营利组织以及市场组织之间的关系,还有利于避免权力过度集中和做出科学、合理的决策。在各国单项体育协会内部执行上,都能建立实体的组织机构进行高效率运作。设立的反馈机制则有助于信息的"自下而上",有效推进单项体育协会的纵深发展。监督机制有助于对各部门和组织机构能落实权责,避免贪污腐败行为的发生。在资助机制和保障制度方面,通过绩效导向、培育优势项目,以集中资源和社会力量推进竞技体育的发展,同时也能做到对高水平体育人才的合理分流,充分保障后备体育人力资源的质量和数量。

二、上海在发挥单项体育协会作用促进体育治理能力现代化上存在的主要问题

英国、日本、美国均属经济发达国家,所属的体育治理体制也各不相同。然而,从三个国家的单项体育协会治理改革演进趋势的共性特征来看,在"善

治"理念的指导下,三个国家的单项体育协会职能明确、权责明晰,能不断促使单项体育协会协同、高效的发展,从而有效转承三个国家在不同时期的体育战略规划。同时,三个国家也能充分发挥单项体育协会的衔接作用,推进单项体育协会、社会组织、学校以及社区俱乐部和运动项目联盟等多元化治理主体的共生发展。此外,三个国家也着力构建较为完善的内部治理机制,科学合理地设定决策、执行、反馈、监督、资助保障等运行机制,推进单项体育协会的良性发展。与三个国家相比,上海在发挥单项体育协会作用促进体育治理能力现代化上仍存在以下主要问题。

(一)"善治"理念凸显不足,致使政策引导与单项体育协会治理实际脱节

近年来,上海单项体育协会依据我国体育发展政策与规划,积极融入上海体育治理体系和治理能力现代化建设。在国家社会治理大背景下,上海单项体育协会的功能定位除了要承接政府委托事务和提供公共体育服务外,还应该充分发挥自己应有的职能,注重相关利益主体间的独立、合作、互动,推进竞技体育、大众体育、学校体育与体育产业的协同发展。然而,国家战略与上海体育政策的理念引导却与单项体育协会发展实际出现相互脱节的情况。首先是单项体育协会职能的定位与法律、规章制度的定位脱节。对照《体育法》规定的单项体育协会权利和体育行政部门职能范围,可知单项体育协会应当直接负责运动项目的管理和发展,体育行政部门职能范围限定在设置项目和指导赛事资源的安排,并且为单项体育协会发展提供资助和社会服务保障。然而,上海还有31%和19%的单项体育协会依托项目运动管理中心和直属机构进行管理,且部分历年的工作总结和计划由上海市运动管理中心上报,单项体育协会的职能发挥受限。早在2014年上海出台的《社会组织直接登记管理若干决定》中就明确指出包括新成立的行业协会商会类等四类社会组织,可直接向社会组织登记管理机关依法申请登记。同年,上海市体育局颁布《关于深化体育领域改革的若干意见》,强调要加快行政管理职能转变,下放和转移相关审批事项,着力提高公共体育服务等级,建立以需求为导向,自下而上的公共体育服务需求表达机制,实现供给主体多元化。2016年上海市政府颁布的《体育改革发展"十三五"规划》再次强调加快改革体育社会组织管理制度,规范和促进体育协会更有效地发挥作用。时至今日,各单项体协已进行协会实体化改革,但"大政府、小社会"的体育治理体制扎根在上海单项体育协会发展的土

壤中。

长此以往,由于单项体育协会行政色彩浓厚,导致实体化后单项体育协会职能发挥受限。第一,由于长期缺乏对市民体育参与需求的倾听,协会在提供公共服务上便出现供需不足的情况:一是政府就上海体育社会组织在提供公共体育服务供给职能上缺乏资金保障,无法有效发挥其提供公共体育服务产品的内容,未能对全年龄段提供有效的体育内容服务,也无法进一步拓展各协会的业务内容。据研究调查,上海仅就一个区的政府购买公共体育服务资金的被纳入公共财政预算。二是单项体育协会虽然在政策的引导下逐步被推向实体化和社会化,然而所培训的社会体育指导员对行业缺乏认同感,协会在配置和分流体育社会指导员上存在诸多问题。以足球体育协会改革为例,上海市政府遵照2015年《中国足球改革发展总体方案》调整上海市足球协会,强调其职责为负责团结发动足球力量、培育足球人才、起草制定相关标准、协调服务联赛组织。然而,目前上海市足球协会虽然对足球指导员进行分级分类,但社会认知度不高,除了年轻的运动员、体育院校足球专业学生和部分中小学体育老师参与培训外,极少有社会人士参与培训,社会认知度和推广力度不高。另一方面,足球社会指导员比例极低,而受训后的指导员本身缺乏职业认同感,造成人才流失,这很大程度是因为上海足球协会在合理配置和分流足球指导员上存在问题。第二,对于竞技体育发展而言,上海单项体育协会缺乏对体育后备人才的高效培养模式。上海市体育局于2018年转发总局和教育部《关于加强竞技体育后备人才培养工作的指导意见》强调要进一步完善竞技体育后备人才培养体系,其中学校和社会两大力量是竞技体育后备人才培养的重要基础。2019年6月,上海市人民政府颁布《关于构建本市竞技体育发展新体系的实施意见》,一是强调要进行"体教融合",构建体制内与体制外相结合的竞技体育管理体系,走精兵之路;二是强调要以科技为支撑,建立复合型训练团队,建立健全经费、科技、医务等保障体系。然而上海竞技体育发展仍然依靠体育部门进行管理,各单项体育协会由于职能发挥受限,很大程度限制了其与学校、社区及社会组织产生联系。在上海"体教融合"发展中,如在推进校园足球与足球青训、职业足球、社会足球协同发展时,常常出现体育部门和教育部门培育目标不一、学训矛盾、结构布局不合理等一系列矛盾。可见,现有的培养模式在整合学校、社区及俱乐部的资源方面力度不足,单项体育协会难以与学校和社区产生有效性的联系。另外,就提升运动员训练水平而言,缺乏人才资源以及科技资源是打造复合型团队所要面对的首要难题。第三,在协会产业化发展上,上海市人民政府于 2015 年就出台了《关于加快发展体育产业促进体育消费的实施意见》,强调稳步推进各级体育协会在机构、职能、资产、财务、人员等方面与行政机关、事业单位脱钩,鼓励有市场潜力的体育运动项目积极发展运动项目联盟。然而,目前大部分协会开展的业务仅为单项比赛、综合性运动会、人员培训等,部分拥有巨大市场潜力的协会发展规模普遍较小。

(二)单项体育协会难以在多元化治理主体中发挥衔接作用

自 20 世纪 50 年代起,在赶超目标的驱使下,形成了政府驱动的赶超型体育治理逻辑。在此治理模式的统摄下,由体育行政部门对绝大部分的体育资源进行配置,基于科层制体系通过行政指令的方式"自上至下"对体育发展进行全能型控制。受此治理模式影响,上海单项体育协会的发展空间长期受到挤压,导致驱动体育发展的主体单一。正如前述,上海大部分单项体育协会脱胎于政府行政机构。根据研究资料显示,上海市单项体育协会中由政府有关部门成立的占 60.3%,仅 37.9% 的单项体育协会是自发成立。这种"自上而下"的成立方式使得政府的行政命令和评估指标是绝大部分单项体育协会的"头等大事",协会发展方向与工作内容在很大程度上取决于政府的意愿。一方面,"金牌至上"的绩效评估使得奥运项目成为政府有关部门成立体育协会的主要目的,上海 69.6% 的奥运项目体育协会由政府有关部门成立。另一方面,大部分单项体育协会在人事、办公场地以及部门职能运作上,很大程度上是嵌构于政府组织中。在人事组织上,协会的负责人多来自事业单位或者由拥有行政背景的人担任。在办公用地上,多数协会通过与政府部门、企事业单位联合办公的方式解决场地问题。在职能权力运作上,以上海市篮球协会为例,实体化改革后的上海篮协仍然是个"空架子",主要是对外交流和开展体育工作的"工具"而已。此外,体育行政部门在长期运行中形成"闭环",与教育、文化、卫生、交通等部门的协同度偏低,单项体育协会在实体化后,很难在财政、场地、人才、科技、医疗等方面得到有效支持。一方面,对退役运动员或者部分现役运动员的转型培养来看,亟须与教育、文化等行政部门形成协同效力,致力解决运动员退役安置问题,然而上海市在竞技体育人才培养上长期是以"业余体校到省市专业队"的政府培养机制为主导,而学校培养机制仅仅是消化退役运动员的主要场域,在体育后备人才转型安置上缺乏引导和规划。另一方面,大型体育赛事的承办与举办问题,需要体育部门积极与文化、卫生与交通、社区群体综合处等部门进行协同合作。上海单项体育协会常常在举办群众赛事活动时,无法得到相应部门的支持和配合,致使体育活动开展不了了之。

实际上,近些年上海体育社会组织呈现出快速增长的态势,仅市级体育社会组织就由2012年的116个增长到2018年的160个。随着上海体育社会组织与市场组织对体育发展资源的期望日益增强,使体育社会组织、市场组织与政府之间的利益冲突加剧。这倒逼着政府向社会组织和市场组织放权。然而,在"放管服"改革过程中,上海群众性体育赛事的开展也遇到诸多问题,各单项体育协会在多元化赛事治理主体中并未能起到良好的衔接作用:一是在赛事取消审批后,单项体育协会成为合法性的组织和举办主体,然而政府在赛事监管和服务上存在权责模糊,对协会等社会组织的监管和规范性指导不足。研究资料显示,在承办上海市群众性业余比赛的社会组织中,42.86%的举办方认为政府对承办单位的指导过少,且有35.71%的赛事举办方认为应该完善对协会和市场组织提供服务的招标工作。二是协会实体化后发展难、独立难,政府对其培育力度小。由于长期受到政府与社会力量治理,单项体育协会结构存在失衡,实体化后的单项体育协会并未能得到足够的权力对一些基本的公共资源进行调用。譬如,没有政府的一纸公文,赛事举办方很难顺利得到公安、卫生、消防等行政部门的审批。因此在赛事运作上,单项体育协会要将大量的时间和精力用于整合场地、设施、安保等资源。三是在赛事举办过程中,各项目运动协会也并未承担起赛事的技术开展、赛事安全指导等一系列指导功能。而在各单项体育协会市场化上,上海各单项体育协会未能充分与各项目的市场联盟组织进行合作,深入到社区、学校和各区县俱乐部中,共同推进各运动项目的发展。以上海足球协会为例,其绝大部分精力和资源用在地方的精英联赛和承接国家级的赛事,譬如2020年6月才最终确认中超联赛交由上海足球协会举办。而地方联赛,如上海市足球协会超级联赛和上海市足球协会甲级联赛,也都是政府委托其运作的精英赛事。本身各协会的社会化程度低,还未形成广泛的社会基础,加之没有将精力偏重大众联赛的开展,与国外这种较为发达的粉丝经济相差甚远。以上海登山运动协会为例,政府于2018年就出台了关于户外运动的管理办法,然而并未有相当规模的攀岩主题活动,没能充分衔接各区县社会组织,无法深入攀岩社团和民间组织。

(三)单项体育协会内部实体化运行机制面临诸多问题

上海单项体育协会内部实体化运行机制也面临着诸多问题。在决策机制上，一方面，协会的人才水平结构存在明显不足，且对协会负责人任命方式还存在不合理、任职体系还存在不科学的现象。研究资料显示，协会秘书长学历集中于大专和大学本科，还有少部分是中专学历。部分秘书长多为兼职，大部分人员在政府行政部门或事业单位任职，缺少专职的管理人才。在任命方式上，政府组建的单项体育协会中负责人由主管部门任命或委派和由社团负责人提名经主管部门批准的所占比例分别是13.8%和15.5%。在任职体系上，单项体育协会的负责人在事业单位和有政府工作背景人员的所占比例分别为56.9%和24.1%，仅有18.9%的负责人来自专业机构、企业或民间组织。这很有可能会导致上海单项体育协会的决策治理带有行政化的色彩。另一方面，在决策方式上，上海大部分单项体育协会逐步走向民主科学化的决策治理程序，由理事会或代表大会来决定本协会的战略决策和活动计划，但在理事会和代表大会人员的组成上，缺乏各领域的专业人才参与，譬如体育领域的法律顾问、专家、俱乐部的高管代表等。另外，也有少部分单项体育协会受业务主管部门影响以及因无正式决策机构导致存在"上传下达"的行政干预和主观决策行为。

在执行机制上，一方面，由于协会内大部分人员为兼职人员，流动性强，内部既懂运动项目发展又懂经营管理知识的复合型人才缺失，同时缺少无偿服务的志愿者，使得协会运作缺乏人才支撑。另一方面，在内部机构设立上，奥运会项目和非奥运会项目机构设置存在各自的取向，前者偏向于竞技体育发展部门的设立，一定程度上做到了集中力量促进竞技水平发展，然而大部分项目协会没有相应的机构部门来整合科研、教练员、营养师等人才资源，难以形成研发和攻关团队进行高水平体育人才培养。而对于非奥运且具有一定市场潜力的项目协会设立了群体推广部门、市场开发部和宣传部，然而在实际执行过程中常常出现没能打造出品牌的赛事IP而无法得到赞助商青睐的情况。在反馈机制上，则缺乏"自下而上"的传导机制，正如前述，由于大部分协会机构的设立都是嵌构于政府组织中，协会更多的是对接上头下发的任务，缺乏培育基层的枢纽型组织的意识，无法对各社区体育俱乐部、社区体育指导站进行联系、服务和整合，难以形成有机联系的组织网络。

对监督机制而言，单项体育协会的不足主要体现在以下五个方面：一是内部监督的自觉意识不强，协会大部分的内部监督与评估工作仅仅是为了应付上海体育总会和社会团体管理局的考核评估，而没有形成内部监督和评估的自觉意识。二是外部法律法规内容缺失，虽然2016年新修订的《社会团体登记管理条例》规定各协会要自觉接受财政部门监督,但是关于监督的程序、渠道等问题并没有规范细则。三是缺乏社会监督,一方面公众对协会发展的相关事务并不关注,更谈不上监督参与;另一方面,协会缺少专业的组织评估机构进行第三方评估审核。根据研究资料显示,目前仅就一家第三方公司承接了市民体育大联赛的协会工作能力的评估。四是我国社会组织起步晚,协会尚未形成完善的行业自律机制。目前,上海市体育总会受上海市体育局委托管理着72家市级单项体育协会,但是在职能、人员、资金等方面仍无法保证对各项目协会进行指导与监督。五是财务监督管理制度不清晰,一方面,大部分协会自身掌握着财务信息的公开权利,缺少明确的经费使用与管理实施办法,存在资金使用随意性较大的情况;另一方面,财务管理制度缺失,部分协会有年终财务报告,然而却没有进行内部审计或外部审计。

在资助保障上,目前上海单项体育协会主要收入来源包括会费、承接政府购买服务以及相关行政主管部门的拨款、企业赞助、自身创收等。可见,上海单项体育协会逐渐摆脱政府财政拨款的路径依赖正向着自我供给转型。然而,从项目纬度划分来看,市场化和社会化程度高的非奥运项目则主要依靠企业赞助和自身创收的筹资机制来解决。而奥运项目协会则偏向于政府拨款,而非遵循市场化发展规律。加之,各体育协会及其相关的社团组织"造血"功能不足,缺乏必要的经费保障。以棒球协会为例,负责人表示在经费使用中会受到限制,协会不得不缩减一部分工作。加之长期以来,各协会的经费来源是靠政府财政支持,故此大部分协会将其作为服务对象,而缺乏对社会、市场组织的开发,当政府不再拨款,而是以项目形式给予协会一定活动经费时便会出现问题。此外,脱钩过程中的人事补偿政策落实不到位中,造成人员流动受阻,部分利益既得者被免去行政职务、取消行政编制,降低了部分管理人员在协会工作的积极性。

三、上海发挥单项体育协会作用促进体育治理能力现代化的对策

(一)坚持"善治"理念引导与单项体育协会改革与实际需求相符

在上海单项体育协会改革发展中形成的"同构化"模式、"中心+协会"模式以及"脱钩"模式下的多元化协同治理的三种模式均存在其利弊。如何取长

补短,建立新的治理模式,需要政府针对协会实体化后的发展实际进行系统性和科学性的设计。

一是政府要明确自身定位,做到管理权限分明。在顺应市场经济和时代发展要求下,政府应坚持协会脱钩和有限自治相统一,明确政府的引导、支持、服务与监管的职能,不直接介入具体事务的管理,对需要剥离与保留的职能、决策和执行层面的职能进行系统性评估,在此基础上梳理出政府体育行政部门的权限范围。此外,加大公共政策和管理制度的改革力度,在相关优惠政策、资源倾斜、购买服务等方面,为单项体育协会提供更多的发展资源和空间,以及良好政策环境。

二是要树立长远的治理目标,充分发挥单项体育协会在体育战略转型中的转承作用。上海单项体育协会治理改革不能仅强调政府集中资源优势进行配置和使用,还需立足竞技体育、学校体育、群众体育以及体育产业的协同发展,认识到协同发展的最终目标是使单项体育协会已有的能力可持续地转化为发展的动力。在当前"体教融合"的大背景下,构建高效的单项体育协会的培养运动员模式,并建立体育人才成长的长效机制。譬如在竞技体育人才培养上,要以单项体育协会为载体,对经费、组织、运动员选拔和培养模式进行统筹规划。积极借鉴英国的"一站式"人才培养计划和日本的"一贯式"人才培养机制。通过社会化渠道来培养体育人才,扩大竞技运动人才的培育面,在重视挖掘竞技体育多重功能取向的基础上,将竞技体育发展优势有机纳入学校体育和体育产业的建设中。

三是要积极发挥单项体育协会在体育公共事务中的作用。从英国、日本、美国等发达国家的协会治理经验来看,单项体育协会在组织体系中占据了核心的位置,体育战略的实施均离不开单项体育协会。对此,上海市政府需通过法律法规,充分发挥单项体育协会的公益性和独立性的优势,引入市场机制和评估机制,达到资源的有效利用。一方面,在提供公共体育服务上,上海市应尽快出台各运动项目社会指导员的资格认定标准,注重项目协会的专业资格认定职能,拓宽体育人才的业务面。同时,还应设立专项引导资金,不单单是提供培训资金费用,还需进一步保障体育社会指导员的就业的稳定性,提升体育社会指导员对专业的认同度。政府可通过政策引导,推进单项体育协会与社区俱乐部、各层级学校合作,且要出台明确的合作条款。另一方面,就公共体育服务产品的供给上,单项体育协会应当针对不同的年龄对象、工作方式、单位性质提供不同的赛事活动和项目运动技术指南。

（二）着力构建多主体的协同治理机制

针对当前上海单项体育协会实体化后发展难、协同性差、供需矛盾以及部分协会还需依赖政府才能得以生存的改革困境，要着力构建地方政府、社会组织、学校、社区以及市场组织等多元化主体的治理机制，推进单项体育协会的可持续发展。

一是借鉴英国、日本的治理经验，设立类似英国体育理事会和日本体育振兴中心的枢纽型管理载体，将剥离职能后的运动项目管理中心的职能和编制归于此类组织。通过枢纽型管理载体，积极发挥体育总会在各类专业人才培训、社团评估管理、组织购买服务的招投标、财务与法律咨询服务、年检年审审核以及各类政策的落实等方面的作用，促进各类体育组织可持续发展。此外，将实体化后的上海体育总会作为准政府组织，充当衔接政府和地方单项体育协会的桥梁。针对非奥运项目协会，可将实体化后的项目管理中心合并成立全民健身指导中心。如若是奥运项目，可考虑将同地区的体育学院机构合作，为实体化后的高水平竞技体育提供综合性的服务保障。

二是借鉴美国的治理经验，推进跨部门协同治理，激发社会组织活力。通过体育局、教育局、城建规划部门以及法律部门，为各项目协会的发展提供政策、人才、场地、法律的保障。在此基础上，积极探索在同类别、同性质、同领域的体育社会组织中建立枢纽节点，通过其对各层级的学校、社区体育俱乐部、社区体育指导站进行资源整合，形成有机联系的组织网络，进而激发单项体育协会的发展活力。一方面，通过政策建议各层级学校至少需要与一家单项体育协会合作，推进学校与各区县及单项体育协会之间产生联系，为打造体育特色学校提供人力保障，打破单一的体育教学模式，让学生对自己热爱的项目有更多选择的余地。另一方面，要充分调动镇级单项体育协会深入社区开展群众体育活动，通过公益活动的形式，召集以家长、社区管理员为主的志愿者队伍，为青少年校外课外活动提供更加科学的锻炼指导，也可以为社区老年人提供锻炼辅助，促进小区的体育文化建设。

三是要积极引入市场组织，拓宽单项体育协会的收入渠道，助力协会实体化转型。在发达国家的治理经验中，项目协会和项目联盟属于相互联系又独立发展的关系。一方面，各项目体育协会可以引入加盟制度，整合民营的体育俱乐部，共同打造具有市场前景、适应产业化发展的主题IP赛事，进而对其进行资产开发。以上海市足球协会为例，要积极构建业余足球联赛体系，效仿中国足协各级竞赛体系,设立市足协甲级联赛,整合扎根于社区、企业、学校、基层的业余足球队,打造一项提供专业竞赛服务的赛事。在非营利性前提下,兴办经营实体,提供有偿服务等方式提升自我筹资能力。另一方面,各项目协会需要结合实际来规范俱乐部的运营,制定各项目联盟的赛事运作制度和产业发展规范,使各项目联盟的产业化发展进入有章可循、有法可依的制度化发展。

（三）完善单项体育协会的内部运作机制

目前,上海单项体育协会实体化内部运作面临诸多问题。

一是在决策机制上,需要强化单项体育协会的管理队伍建设,改变现有协会负责人的任职体系和选任方式。一方面,对现有人员通过短期业务培训、进修等方式来提升协会内部管理人员的专业素质。另一方面,鉴于当前上海体育协会兼职人员多、政府相关部门挂职现象严重等情况,可以参照日本的决策人员设置,由各单项体育协会组织聘请各运动项目发展专家、律师、运营管理者、精英人士、俱乐部代表、社区代表以及特色体育学校代表等相关领域的人才,组建临时决策委员会,形成决策报告,最终由各项目协会审核。

二是在执行机制上,一方面,鉴于协会内部编制人员短缺、流动性大等实际情况,可以依托专业体育院校,安排应届体育专业毕业生进行实习。同时要积极培育志愿者,动员社会热爱体育事业的公益人士从事社区体育服务和赛事服务的工作。另一方面,鉴于协会内部机构设置不合理的情况,可以借鉴美国单项体育协会的治理经验,根据不同项目协会的实体化运作水平、产业化发展条件、市场化开发前景等考量因素,以此为基础设立市场开发部、运营部及广告部等部门。市场开发部可以根据项目参与的不同对象、年龄进行人群细分。此外,应建立"自下而上"的反馈制度。协会在去行政化、去级别化、去垄断化的进程中,要坚持"以会管会"原则,通过多种方法来保障平等与民主协商的制度建设,引入多元化治理主体参与协会的发展和建设,倾听不同治理主体的意见,完善自身发展。

三是在监督机制上,鉴于目前上海单项体育协会出现的问题,一方面,要强化协会的内部监督意识,通过设立监事会重塑协会内部的自我监督机制。如给予监事会公开质询、审核内部管理人员绩效的权力,并赋予其相应的处罚权。另一方面,要完善法律法规,规范财务监督管理制度。要求协会设立常态化信息公开机制,尤其是重大决策事项过程公开化,主动接受社会监督。利用相关媒体,向社会公开单项体育协会财务、活动、管理方面的信息。此外,要借鉴日本治理经验,引入第三方评估机制,对协会经费使用、人员的任用是否合理,各项目标任务的完成度,项目运作是否在法治的轨道之内等等进行严格、客观、公正的评估,并且对协会接受委托开展的公共服务事项的过程与效果进行全面评估,将考核结果作为协会等级评定和未来相关事项委托评估的重要依据。

四是在资助保障上,针对当前政府财政吃紧、脱钩后的协会存在资金保障不足的情况,协会自身需要提高筹资能力,通过市场化运作弥补资金短缺问题。政府要基于竞技体育成绩、项目普及程度以及协会市场开发能力这三个维度,对不同项目协会进行分级分类,精准扶持。譬如,针对奥运项目,上海市政府要根据各项目在大赛中的表现进行绩效评估,对能再次冲击奖牌或者有潜力的项目加大财政扶持力度。针对市场化程度低,而在公共体育服务能发挥重要作用的非奥运会项目,可利用体育彩票的收益用于支撑项目协会发展体育公共事业。而针对当下脱钩后部分公职人员转移至项目协会的人事权益保障问题,需要政府保障单项体育协会这类社团人员的工资、养老、医疗保险等待遇。此外,各项目协会在竞技体育人才的资助保障上,一方面要对成绩优异的运动员设立奖金和优先资助机制。另一方面,要对运动员的生涯职业规划进行合理的引导,推进不同阶段竞技体育后备人才的转型发展,为各项目协会发展提供人才保障。

参考文献

[1] 上海市人民政府,2020.关于印发《上海全球著名体育城市建设纲要》的通知[EB/OL]. http://www.shanghai.gov.cn/nw12344/20201104/29ae95eb451e49ca850b71e4be1ee0d7.html.

[2] Green M. Podium or participation? Analysing policy priorities under changing modes of sport governance in the United Kingdom[J]. International Journal of Sport Policy. 2009(2).

[3] 陈丛刊,卢文云,陈宁.英国公共体育服务供给体系建设的经验与启示[J].成都体育学院学报,2012(1).

[4] 王磊,司虎克,张业安.以奥运战略引领大众体育发展的实践与启示——基于伦敦奥运会英国体育政策的思考[J].体育科学,2013(6).

[5] DCMS. Creating a sporting habit for life[EB/OL].[2012-01-01]. http://www.sportengland.org/about_us/idoc.ashx?docid=9f21976f-88d3-4bc6-9b31-

388b763d658b&version=-1.

[6] 彭国强,舒盛芳.日俄体育战略嬗变的经验与启示[J].西安体育学院学报,2016(3).

[7] Allen G, Lee T. Japanese sports: a history[M]. Honolu-lu: University of Hawaii Press,2001:126.

[8] 曲国洋.日本竞技体育体制研究[D].北京体育大学,2011.

[9] 吴寄南.新世纪日本的行政改革[M].北京:时事出版社,2003.

[10] 胡启林.日本竞技体育发展策略研究[J].武汉体育学院学报,2017(6).

[11] 彭国强.日本竞技体育政策演变的历程、特征与启示[J].体育学研究,2019(3).

[12] 日本文部科学省.日本文部科学白皮书[M].东京:东京平成,2016.

[13] 丛宁丽.析日本体育指导员资格认定制度的重大改革[J].成都体育学院学报,2005(4).

[14] 南尚杰,马克.日本《体育立国战略》对我国政府体育管理职能转变的启示[J].西安体育学院学报,2015,(4).

[15] 振华.列国志——英国[M].北京:社会科学文献出版社,2003.

[16] 卢文云,陈宁,龚文平.英国高水平竞技体育人才培养的 LTAD 模式研究[J].体育与科学,2013(5).

[17] 谢斯.英国学校体育合作项目的成功经验和启示[J].体育学刊,2020(1).

[18] Yasuyuki Fujita, Yosikazu Nakamura. Physical-strength tests and mortality among visitors to health-promotion centers in Japan[J]. J. Clin. Epidemiol, 2016(11).

[19] 日本体育協会.少年団とは:スポーツ少年団組織と活動のあり方の解説書[M].东京:日本スポーツ少年団,2011.

[20] Masahiro Sugiyama, Selina Khoo, Rob Hess. Grassroots Football Development in Japan[J]. The International Journal of the History of Sport, 2017(17-18).

[21] 搜狐,日本 J 联赛 10 年卖了 2 100 亿[EB/OL]. https://www.sohu.com/a/106997187_381461.

[22] 张琴,易剑东.体育治理结构的域外经验与中国镜鉴[J].体育学刊,2017(5).

[23] Nils Asle Bergsgard, etal. Sport Policy: A Comparative Analysis of Stability and Change[M]. Burlington: Elsevier Ltd, 2007.

[24] 渠彦超,高力翔.国外竞技体育人才培养模式及其启示(一)——以美国与澳大利亚为例[J].南京体育学院学报(自然科学版),2017(5).

[25] 陈强.美国竞技体育持续走强的社会学分析[J].南京体育学院学报(社会科学版),2017(4).

[26] Walter G, Tacon R and Trenberth L. The Role of the Board in UK National Governing Bodies of Sport[Z]. Birkbeck Sport Business Center, 2011.

[27] 懂球帝,2008.建设性新闻视域下的足球新闻传播研究[EB/OL]. https://

www.dongqiudi.com/news/1467502.html? tt_from = weixin&utm_source = weixin&utm_medium = toutiao_ios&utm_campaign = client_share&wxshare_count=1.

[28] 汤晓波. 当代英国体育发展模式的转变——基于政府与民间组织合作的视角[J]. 体育学刊,2013(3).

[29] UK Sport. Investment Principles[EB/OL]. [2016-09-01]. http://www.uksport.gov.uk/our-work/investing-in-sport/investment-principles.

[30] 李秀媛. 英国竞技体育政策决策研究[D]. 北京体育大学,2013.

[31] スポーツ庁. スポーツ審議会[EB/OL]. [2018-12-25]. http://www.mext.go.jp/sports/b_menu/shingi/001_index/1364925.htm.

[32] 南尚杰,张斌,郑楠,高军. 日本体育治理体系及启示[J]. 体育学刊,2019(4).

[33] 王占坤. 发达国家公共体育服务体系建设经验及对我国的启示[J]. 体育科学,2017(5).

[34] WIPジャパン株式会社. スポーツ政策調査研究:ガバナンスに関する調査研究[M]. 东京:文部科学省,2012.

[35] 胡启林. 日本竞技体育发展战略研究[J]. 武汉体育学院学报,2017(6).

[36] 赵蕊. 体育治理背景下上海市单项体育协会发展现状及对策研究[D]. 上海体育学院,2017.

[37] 上海市民政局. 关于《上海市社会组织直接登记管理若干规定》的修订说明与解读[EB/OL]. http://www.shlnb.cn/gb/shmzj/node8/node890/u1ai46728.html.

[38] 马心茹. 上海市足球社会体育指导员队伍建设研究[D]. 华东师范大学,2016.

[39] 任海. 中国体育治理逻辑的转型与创新[J]. 体育科学,2020(7).

[40] 马德浩. 新中国成立70年我国竞技体育发展方式演进历程与展望[EB/OL]. https://doi.org/10.16470/j.csst.2019182.

[41] 马德浩. 上海竞技体育发展的机遇、挑战与对策[J]. 体育科研,2020,41(01):19-28.

[42] 国家体育总局. 上海市体育总会召开第九届会员大会[EB/OL]. http://www.sport.gov.cn/n14471/n14480/n14517/c879523/content.html.

[43] 牛晶晶. "放管服"改革背景下上海城市业余联赛运作模式及优化策略研究[D]. 上海体育学院,2019.

[44] 刘东锋,姚芹,杨蕾,等. 全国性单项体育协会改革:模式、问题与对策[J]. 上海体育学院学报,2018(4).

[45] 黄亚玲. 我国单项体育协会改革的软法之治[J]. 体育科学,2020(2).

[46] 王志文,张瑞林. 全国性单项体育协会脱钩后内部治理的完善——基于中国足协的实证考察[J]. 天津体育学院学报,2020(2).

上海体育市场事中事后监管研究

黄海燕　刘蔚宇[*]

一、上海体育市场事中事后监管的现状

市场监管是克服市场经济固有缺陷、促进市场经济健康发展的必要手段。结合发达国家上百年的市场监管发展历程和当前文化、旅游等现代服务业市场监管研究实践,一般可将市场监管分为监管主体、监管内容、监管依据、监管工具四部分。应用该分类逻辑对上海体育市场事中事后监管进行检视,可有效分析上海体育市场事中事后监管的发展现状并判断其所处的发展阶段。

(一)监管主体框架比较完善

上海是全国最早试点文化市场综合执法的城市之一,体育市场监管于1999年纳入文化综合执法范围后,经历了从委托执法向授权执法的转变。以此为基础,形成了当前上海体育市场事中事后监管主体的基本框架,《上海市文化领域相对集中行政处罚权办法》(2004年上海市人民政府令第42号公布)为其核心依据。在市级层面,上海市体育局法规处负责制定体育市场监管的相关准则,上海市社会体育管理中心(体育竞赛管理中心)市场监管部负责对体育市场经营活动进行日常监督检查,并将相关涉嫌违法行为上报至上海市文化和旅游局执法总队进一步处理。调研显示,市级体育市场事中事后监管相关部门主要负责情节比较严重的违法行为以及同一市场主体涉及多个区的违法行为。与此类似,在区级层面即由各区体育部门将行政执法权授予区级

---

[*] 本文作者简介:上海体育学院。黄海燕,运动与健康产业协同创新中心教授、博士生导师,博士,研究方向:体育产业政策、体育赛事管理;刘蔚宇,运动与健康产业协同创新中心硕士研究生,研究方向:体育产业。

文化综合执法机构,区级体育部门负责辖区内体育市场经营活动的日常监督检查与案件移送。同时,上海在多元主体参与监管方面也进行了一定探索,例如上海市健身健美协会深度参与了上海体育健身行业预付消费模式管理的多项工作。从结构框架上看,上海体育市场事中事后监管主体设置基本做到了全市各类体育市场主体的全覆盖,且市区两级相关部门的分工与上海文化综合执法的相关要求基本保持一致,为落实体育市场事中事后监管措施奠定了良好的基础。

（二）监管内容覆盖比较全面

目前上海体育市场事中事后的监管对象主要包括竞赛表演业、健身休闲业、体育培训业三个细分业态,基本涵盖了全国体育市场监管关注的重点范围。上海体育服务业发展迅速,2019年,体育服务业总产出和增加值分别占上海体育产业总产出和增加值的79.4%和86.9%,体育服务消费旺盛使很多在全国其他地区尚未出现的监管问题提前暴露,也使得上海体育市场事中事后监管内容体系较全国大部分地区更加完善,且具有一定的超前性。针对竞赛表演业,监管相关部门主要从体育赛事名称使用,主办方、承办方、协办方责任分工等方面加强监管。针对健身休闲业,除传统的高危险性体育项目经营外,监管部门主要聚焦于健身行业预付消费模式的监管。上海市消费者权益保护委员会统计数据显示,2020年第一季度,预付卡销售相关投诉占所有投诉案件的24%,位列第三位,2020年5月,健身服务投诉位列当月所有服务类投诉第三位,反映出疫情防控期间大量健身行业市场主体出现经营危机、退费困难等问题,也反映出继续加强预付消费模式监管的紧迫性与必要性。针对体育培训业,目前全国均处于探索阶段,对体育培训业市场的监管内容尚不明晰。据调研,上海体育市场监管相关部门已开始对体育培训市场的监管范畴进行界定和分类,将为未来加强体育培训业监管提供支撑。

（三）监管相关依据日渐丰富

本研究使用爬虫工具,检索2014年至2020年9月,上海市人民政府政府发布的所有公报,并以"体育""赛事""健身"等为关键词,查找与体育市场事中事后监管相关的依据(表1)。结果显示,与体育市场事中事后监管的依据日渐丰富,且呈现如下两方面特征：一方面,监管依据与当前体育市场发展需求及政府部门改革方向相匹配。以竞赛表演业监管依据为例,将《上海市体育竞赛管理办法》(1999年上海市人民政府第66号令发布)和《上海市体育赛事管理办法》(2020年上海市人民政府令第30号发布)进行词频分析并对比,可发现如下差别:一是监管范围从体育竞赛(59次)变化为体育赛事(86次),概念范围更广泛;二是登记(41次)、申报(9次)、批准(9次)、准予(8次)、保证金(7次)等词不再使用,取而代之的是服务(19次)、指导(6次)、监督管理(4次)等,体现出逐渐放开体育赛事举办的趋势以及管理与服务相结合的理念;三是国际性(5次)、全国性(5次)、群众性(4次)、主办方(18次)、承办方(19次)等词语在《上海市体育赛事管理办法》中得到使用,体现出监管精细化水平的提升。另一方面,监管相关依据与其他相关部门的联系逐渐加强。在上海市体育市场事中事后监管相关依据中,有大量依据为非体育部门制定的,例如上海市人民政府《关于加强本市培训机构管理促进培训市场健康发展的意见》将体育指导作为培训服务中的一项纳入监管,又如由上海市公安局印发的《关于加强公共场所人群聚集活动安全管理的若干规定》通过规定活动参与人数将不同规模的体育赛事纳入监管范围。以上类型的依据是体育部门与其他相关部门协同监管的体现,为各监管部门节约了行政资源,提升了监管效率。

表1 2014年至2020年9月上海市体育市场事中事后监管相关依据(部分)

序号	级别	名称	涉及业态	发布时间
1	市政府规章	《上海市体育赛事管理办法》	竞赛表演	2020-03-13
2	市政府文件	《关于加强本市培训机构管理促进培训市场健康发展的意见》	体育培训	2019-12-20
3	市政府文件	《上海市培训机构监督管理办法》	体育培训	2019-12-06
4	市政府文件	《上海市单用途预付消费卡管理实施办法》	健身休闲	2019-04-01
5	市政府规章	《上海市体育设施管理办法》	场馆服务	2018-04-02
6	条例	《上海市市民体育健身条例》	健身休闲	2017-11-23
7	市政府令	《上海市流动户外广告设置管理规定》	竞赛表演	2017-07-13
8	市政府令	《上海市户外广告设施管理办法》	竞赛表演	2017-07-13
9	市政府规章	《上海市公共场所人群聚集安全管理办法》	竞赛表演	2015-05-15

续 表

序号	级别	名称	涉及业态	发布时间
10	规范性文件	《上海市体育健身行业单用途预付消费卡存量预收资金余额管理实施办法》	健身休闲	2019-06-04
11	规范性文件	《上海市高危险性体育项目(游泳)经营许可实施办法》	健身休闲	2018-06-04
12	规范性文件	《上海市高危险性体育项目(攀岩)经营许可实施办法》	健身休闲	2018-06-04
13	—	《上海市体育局关于本市举办全民健身赛事活动的指导意见》	竞赛表演	2017-06-15
14	规范性文件	《上海市体育竞赛裁判员管理办法（试行）》	竞赛表演	2016-06-24
15	—	《上海市市民体育健身条例实施细则（试行）》	健身休闲	2013-08-06
16	规范性文件	《关于加强公共场所人群聚集活动安全管理的若干规定》	竞赛表演	2019-12-04

数据来源：上海市人民政府政府公报（2014—2020年9月）。

（四）监管工具应用有所创新

课题组于2019年在全国范围的调研结果显示，除传统行政执法工具应用外，体育标准化、监管信息来源渠道建设、"互联网＋电子政务"建设、柔性监管工具、信用监管、科技手段应用等是体育市场事中事后监管工具创新的主要方向，对上海近年来体育市场监管相关实践进行对照，发现其在监管工具应用上已有所创新。在体育标准化建设方面，上海市足球协会制定的《上海市足球培训机构管理规范》《上海市足球赛事办赛指南》均已进入社会意见征求阶段，不仅从运动项目专业层面对体育市场事中事后监管提出指引，弥补了监管依据的不足，还在单项体育协会参与监管方面进行了探索。今年，上海市体育局、上海市市场监督管理局、上海市消费者权益保护委员会、上海市健身健美协会共同制定了《上海市体育健身行业会员服务合同示范文本（2021版）》，通过标准化手段将健身行业预付消费监管从存量预收资金余额管理逐步渗透至消费环节，为健身消费者提供更加充分的保障。在监管信息来源渠道建设方面,上海体育市场监管部门将其与"互联网＋电子政务"、科技手段等紧密结合,提升各类信息化平台的整合水平,提升了监管信息检索的全面性和即时性。例如,在游泳场所监管中,监管部门目前主要以"一网通办"平台和"上海健身游泳"微信小程序、公众号为信息枢纽,推动经营主体主动报送经营信息,通过线上平台实现体育、卫监、文化执法等多部门协同监管,为后续进一步实现远程监管、移动监管、实时监管创造了空间。又如,在赛事监管中,于"一网通办"平台上线了"上海体育赛事信息查询/公示"功能,创建面向全市的赛事信息采集渠道,并尝试将其与食品安全、公安、交通等体育赛事相关部门政务系统打通,推动多部门对同一赛事的不同方面开展精准化监管。在柔性监管工具应用方面,上海体育市场监管部门注重对市场主体的培训,如在2020年9月,上海市体育局和上海市社会体育管理中心(体育竞赛管理中心)举办了体育赛事活动"一网通办"和相关政策解读,加强市场主体对相关条款的理解,帮助市场主体提升经营的规范性,缓解日常监管压力。

二、上海体育市场事中事后监管的主要问题

从现状分析来看,在授权执法的基本框架下,上海体育市场事中事后监管已基本具备了各项监管要素,体育市场监管整体水平全国领先。但目前上海体育市场事中事后监管仍在以下方面存在一定问题,与上海体育市场发展不够匹配。

(一)未充分考虑体育市场特征

从各行业市场监管的发展脉络上看,行业市场监管发展越成熟,越应注重对行业自身特征的关注,并在宏观市场监管理论下提出针对性监管策略。例如,游客对目的地的陌生性是旅游市场信息不对称的主要原因,导致游客无法有效判断产品与服务的质量高低,基于此提出的建设旅游产品信息系统、强化供应商信息披露制度、加强行政指导应用等对策与旅游市场监管所面临的问题更加匹配。《上海市单用途预付消费卡管理实施办法》提出:"本办法施行前已经开展单用途卡经营活动的体育健身行业经营者,由市体育部门根据行业实际情况,研究制定存量预收资金余额的风险防范措施。"表明出监管部门已注意到健身行业与其他预付消费相关行业的资金流转情况有所不同,需通过

更具针对性的政策法规对其予以规制,但在其他细分业态中对体育市场特征的关注仍比较少。如在竞赛表演业中,体育赛事涉及交通、卫生、医疗、应急管理、食品安全等各个方面,通常需要体育部门与其他部门协同监管。但由于体育赛事具有即时性特征,大部分违法违规行为无法在赛事举办时及时固定证据、反馈线索,大量监管工具和手段无法有效落实,即导致了对竞赛表演业的监管不力。上海体育赛事数量较多,仅2019年报送信息至市体育局的国际国内体育赛事就达到了163项,且仍有大量体育赛事信息尚未掌握,违法违规行为使参赛者、观赛者及各类相关主体的合法权益受到威胁,且随着赛事数量的增加,威胁越严重。又如在体育培训业中,不同运动项目对开展培训活动所需的场地设施、安全保障等方面存在明显差异,若使用与教育行业中文化、艺术类培训相似的标准,不仅无法对体育培训业存在问题实施有效监管,部分监管要求与行业现状的不匹配也有可能导致市场主体无法正常开展经营活动,抑制行业健康可持续发展,与包容审慎的监管原则不相符。

(二)监管效率有待进一步提升

以更小的行政资源投入和更高的监管效率来实现监管目的是市场监管工作开展的核心逻辑,以此为依据,可发现上海体育市场事中事后监管效率仍有较大提升空间。放管结合是深化"放管服"改革的核心逻辑之一,以竞赛表演业为例,取消赛事审批前,体育部门可通过审批的方式获取办赛主体相关信息,并对其实施管理;取消赛事审批后,则倒逼体育部门改革,通过加强政府服务的方式了解办赛主体相关情况,关联服务与管理职能,在服务中发现市场问题,并对竞赛表演业市场实施包容审慎监管是简政放权后加强事中事后监管的有效路径。调研中发现,上海各级体育部门已开始对办赛主体提供各类政府服务,但服务与监管两者的联系尚未完全建立,具体表现为赛事服务与监管各项流程重复收集数据、服务与监管的信息流和工作流尚未打通等。一方面,各流程信息收集的割裂可能造成监管与服务流程及其相关部门的信息不对称,服务中发现的问题无法及时反馈至监管工作中,导致监管工作中需再次搜集问题,而监管工作中搜集的问题又无法通过服务予以解决,这在一定程度上为服务质量提升制造了障碍。另一方面,各项管理服务流程在信息采集过程中建立了多个相互独立的数据库,形成了"数据孤岛",不便于体育赛事相关信息数据的挖掘与利用,在一定程度上造成了行政资源浪费,不利于竞赛表演业市场监管效能的提升以及产业的持续健康发展。

(三)监管依据仍需进一步完善

上海体育市场事中事后监管授权执法模式可近似看作是综合执法模式,研究显示,避免综合执法停留在队伍整合阶段,真正做到深化综合执法是其有效发展的必然路径。明确的、可操作的监管依据是深化综合执法的根本基础,目前上海体育市场事中事后监管依据较之其他城市虽比较丰富,但仍无法有效满足深化综合执法、强化体育市场事中事后监管的需求。如在竞赛表演业中,《上海市体育赛事管理办法》中提出应对未履行赛事保障责任、违反名称规范、违反票务管理措施等行为进行处罚,其中未履行赛事保障责任一项尚未出台对应各运动项目的明确标准,违反名称规范一项尚未制定明确的操作流程,违反票务管理措施一项对捂票、参与炒作票价等行为未进行清晰定义,以上均导致相关赛事监管行为无法得到落实。又如在体育培训业中,虽然《关于加强本市培训机构管理促进培训市场健康发展的意见》已经明确将体育培训业纳入培训机构监管范围,但后续尚未出台具体落实政策,导致该意见无法在体育培训监管中有效执行。监管依据的缺乏一方面导致在综合监管框架下,体育市场事中事后监管较文化业、旅游业监管仍相对落后,据调研显示,上海市文化和旅游局执法总队已针对在上海举办的会展活动开展日常巡逻检查制度,且重点检查未在文化部门备案的会展活动,并已形成一套比较完善的工作机制,基本实现了对会展市场的有效监管。另一方面,监管依据的缺乏使基层相关监管部门(即区级部门)无法有效落实相关监管要求,将导致大量市场问题无法得到及时、有效的解决,无法有效保护消费者、市场主体的合法权益。

三、提升上海体育市场事中事后监管水平的关键节点

综合来看,以上出现在上海体育市场事中事后监管中的问题,属上海体育产业快速发展中所体现的阶段性问题。市场监管问题与市场基本情况高度关联,由于上海体育产业发展处于全国领先水平,目前在体育市场事中事后监管中暴露的问题在全国范围内具有一定的前瞻性和引领性。基于现有体育市场事中事后监管相关实践,结合发达国家以及国内市场监管相关经验,提出如下提升上海体育市场事中事后监管水平的关键节点。

(一) 强化分级分类的监管逻辑

当前上海体育市场事中事后监管已积累了比较丰富的实践经验,且监管依据的总体框架也已基本建立。因此,提升监管的精细化水平,强化分级分类的监管逻辑,进而形成示范效应将成为下一阶段的工作重点。在分级监管方面,应将监管重心进一步下沉至区级监管部门。一方面,要加强市区两级体育市场监管相关部门的联动,强化政策法规落实,构建信息互通机制,进而提升监管效率,真正实现区级监管部门负责辖区内市场监管案件,市级监管部门负责重大案件及跨区案件。另一方面,"网格化"管理思想对解决社区管理、公安巡逻、市场监管问题具有较大作用,上海已持续多年广泛开展"网格化"城区管理机制,并建立了较好的社区信息化基础,故应建立区级体育市场事中事后监管与"网格化"城区管理机制的关联,提升行政资源的应用效率。在分类监管方面,不论是从体育产业细分业态角度,还是从运动项目分类角度,都应该进一步完善现有监管依据、工具等要素,以此提升上海体育市场事中事后监管工作的落实水平。

(二) 促进监管与服务深度融合

由上文分析可知,促进监管与服务深度融合是提升事中事后监管效率、深化"放管服"改革、促进体育市场有序发展的科学路径。第一,借助项目管理思维,建立全生命周期管理服务流程。从政府管理部门视角向体育市场主体视角的转变,构建全生命周期管理服务流程,可将针对同一市场主体的所有政府服务行为和管理行为进行关联,不仅可以增强监管部门对同一体育市场主体的跟踪性了解,同时也方便为市场主体提供更加精准化、便利化的服务,进一步优化营商环境。在此基础上,将同一类政府行为的相关数据再进行整合、分析、挖掘,可有效发现当前体育市场面临的主要问题,即同时解决了对个体、重点市场主体的管理服务问题,以及中、宏观市场监管决策问题。第二,促进体育市场管理与服务相关数据的互通共享。在机制构建之初确立数据互通共享的原则,一方面能帮助监管部门在服务过程中即刻发现监管问题,有效降低了监管压力和风险;另一方面能减少向市场主体采集数据信息的频次,为其提高经营效率提供了保障。第三,提升体育市场管理与服务标准化水平。标准化管理服务流程模块使建立全生命周期管理服务流程的难度大大降低,同时标准化的流程也将产出标准化的数据,为体育市场相关信息、数据的互通共享、深度挖掘提供了保障,大大提升了所采集数据的价值,因此管理与服务的标准化也是管理与服务深度融合中必不可少的要素之一。

(三)提升数字化工具应用能力

从体育市场经营特征来看,数字化工具与体育市场事中事后监管高度契合。举办体育赛事关联公安、应急管理、交通、卫生健康、文化旅游、住房城乡建设、经济信息化、市场监管、城管执法等多个部门,据调研,大量办赛主体在举办赛事期间需同时联系多级多类政府部门,很大程度上影响了举办效率,提高了办赛成本。使用数字化工具可大大提升数据流转效率,降低部门与部门、部门与办赛主体间的沟通成本。而在健身休闲业、体育培训业市场主体在经营过程中也会大量与市场监管、应急管理等部门进行联系,随着体育产业与其他产业的深度融合,将会有更多部门加入监管机制中,也需要通过数字化工具以控制监管成本。从监管效率来看,数字化工具的应用对监管目标的实现具有较好的促进作用。例如监管与服务融合过程中要求两者具备一定的模块化和标准化水平,现行数字政府建设所广泛使用的中台逻辑和"乐高"模式本身目的就是通过构建标准化政务服务流程以提升政府工作效率。又如应用数字政府也对数据的存储、分析、挖掘具有较大帮助,将对体育市场监管决策形成较强支撑。同时,从政府改革发展趋势来看,将数字化工具应用于体育市场事中事后监管是其必然趋势。自2012年开始建设的上海"一网通办"平台是上海数字政府建设的主要成果,现有实践可以证明,上海"一网通办"平台已初步具备全链条服务平台、双引擎并驾齐驱、全媒体沟通反馈、多主体协同合作四个基础性要素,为体育市场事中事后监管应用数字化工具提供了良好基础,且上海市高危险性体育项目经营监管已使用"一网通办"多年。提升事中事后监管中数字化工具的应用能力,将对分级分类监管、监管服务融合产生较强的放大效应,进一步提升监管效能。

四、优化上海体育市场事中事后监管的对策建议

综合上海体育市场事中事后监管的现状、主要问题及提升监管水平的关键节点,提出如下优化体育市场事中事后监管的对策建议。

(一)加快赛事综合管理服务机制建设

取消商业性、群众性赛事审批是近年来体育市场监管领域简政放权的重

大举措,在取消审批后如何有效促进赛事活动的监管与服务有效融合,如何在尽可能掌握竞赛表演业市场情况的同时做到对市场发展干扰最小化,不仅对上海竞赛表演业和体育产业的发展具有重要影响,也将影响体育部门和其他监管部门针对其他业态的监管策略。基于此,提出加快赛事综合管理服务机制建设的建议。

一是建立健全赛事活动监管与服务法律法规体系。应构建多层次的上海市体育赛事活动监管和服务依据体系,在宏观层面,应依据《上海市体育赛事管理办法》出台相关实施细则和其他支撑文件;在中、微观层面,应出台相关规范,为各类管理服务事项落地提供更好的政策法规环境。

二是打通赛事活动信息采集和流转渠道。一方面,应着力提升体育赛事活动信息服务水平。办赛主体通过体育部门相关信息化平台获取信息服务是提升其办赛水平的直接渠道,可将行政指导有效应用于监管工作中。故建议全面收集公安、应急管理、交通、卫生健康等与体育赛事活动相关部门的法律法规并于信息化平台进行公示,对部分法律条文予以解释说明。另一方面,应通过建立综合管理服务平台的方式理顺信息流转路径。"前台一口受理、后台协同办理"是赛事活动监管与服务的理想呈现方式,针对体育系统内部,平台设计应充分考虑在现有"上海市体育赛事信息查询"基础上,如何将不同类型、不同区域举办的赛事活动快速分流至市、区两级体育部门赛事活动相关部门,为赛事活动的精细化管理服务奠定基础。针对体育部门与其他相关部门的信息流转,根据对市公安局治安总队的调研情况显示,建立与大型活动安保系统间实现信息同步、数据交互、审批进程展示等功能的赛事活动综合管理服务平台具有一定可行性,建议以此为突破口,建立体育部门与相关部门的信息流转的一般性逻辑。

三是构建体育赛事活动全过程监管流程。应促进赛事活动监管与赛前信息采集、赛事活动审批指导等工作结合,在赛事活动举办前通过检查赛事活动方案等信息的方式侦测违法违规风险,通过行政指导提升办赛规范性。建立赛事活动抽查、实地检查工作机制,在赛事活动举办过程中对名称规范、赛事活动保障情况等重点环节予以关注。另外,应完善行政检查、行政处罚等工作的流程与信息流转路径,做到发现违法违规行为由体育部门先行进行约谈和责令改正,对情节严重或拒不整改的赛事活动,将线索移送至文化综合执法总队进行行政处罚的标准化工作流程。

（二）提升健身休闲业监管精细化水平

健身休闲业与消费者生命安全、财产安全、信息安全的关联更加密切，上海市体育市场监管部门也已针对健身房预付消费等问题进行了较多实践与探索。建议未来继续以落实现有政策法规为主要任务，严守监管底线，提升事中事后监管能力，形成常态化、可复制的健身休闲业监管"上海模式"。

针对高危险性体育项目经营监管，建议以现有游泳场所安全监管为基础，一方面将数字化平台应用经验向攀岩、潜水等其他高危险性体育项目经营监管推广，减少市场主体与消费者的信息不对称。另一方面可以进一步理顺体育部门与卫生、市场监管、文化旅游、公安、应急管理等相关部门的沟通机制，形成更高效的信息流转路径，为赛事活动监管全面接入"一网通办"平台提供更多参考借鉴。

针对健身行业预付消费模式持续开展监管，建议继续强化《上海市体育健身行业单用途预付消费卡存量预收资金余额管理实施办法》等相关政策法规的落实。课题组对全国健身行业问题进行分析时发现，合同规范性不高、健身房与消费者沟通随意性较强是导致行业预付消费屡屡出现问题的主要原因，因此建议市、区两级体育部门、市场监管部门、消费者协会、健身健美协会共同推动《上海市体育健身行业会员服务合同示范文本（2021版）》的应用，提升健身卡销售过程的规范性，从源头减少预付消费出现问题的概率。

针对新兴运动项目安全监管，可与文化旅游、市场监管、标准化等相关部门建立常态化沟通机制，及时了解新兴运动项目经营情况、消费者偏好、事故概率、事故原因等信息，根据运动项目特征进行针对性分析，科学界定对不同新兴项目的监管权力与义务。

（三）探索建立体育培训业监管框架

在三个业态中，体育培训业监管起步较晚，仍有较多不确定性，伴随《关于深化体教融合 促进青少年健康发展的意见》（体发〔2020〕1号）等政策文件的出台，体育中考相关培训也将加快进入市场，将加大体育培训业发展、监管的不确定性。因此，建议在坚持包容审慎的监管原则下，以探索建立体育培训业监管框架为主要任务，加快体育培训业监管的发展进程。

一是进一步界定体育培训业监管范围。比较清晰的监管边界是开展市场监管工作的基础条件之一，建议以是否属于我国正式开展的体育运动项目等为界定依据,对体育培训的类型、要素进行更加明确的解释,以便深入开展监管工作。

二是丰富体育培训业监管相关法律法规。在进一步明确监管边界后,可以此为基础丰富监管依据,需要注意的是,体育培训业同样含有体育运动自身的风险性,且具备与健身行业类似的预付消费模式,针对与其他行业类似的特征,可以考虑通过修订现有政策法规的方式将其纳入监管,以节省立法资源,提升法律法规普适性和执法效率。

三是促进多元化主体参与体育培训业监管。目前,体育培训业监管经验相对匮乏,政府、社会、企业等各类主体均处于学习探索过程中。因此体育部门应积极加强与市、区两级单项体育协会、具有代表性的体育培训企业的联系,弥补三者的信息不对称,更好发现当前监管问题,力争在不干扰体育培训业发展的情况下强化监管,构建更加有序、健康的市场环境,促进多元化主体共同发展。

(四)提升上海体育市场监管创新水平

综合当前上海体育产业发展情况以及上海体育市场事中事后监管在全国所处定位,除了应从细分业态方面提升监管水平外,也应从监管体制机制上整体提升上海体育市场监管的创新水平。

一是强化体育市场监管顶层设计。建议在体育产业发展顶层设计时同时考虑发展与规制两方面的平衡,避免只注重发展或规制导致市场问题激增或市场活力降低。例如,建议在《上海体育改革发展"十四五"规划》等政策文件中增加对体育市场总体以及不同细分业态监管的说明,为体育市场监管相关部门开展工作提供抓手。

二是建立与市、区两级消费者权益保护委员会的数据互通。消费行为和消费需求是市场构成的基本要素,实现消费者权益保护和市场监管的良性互动,是维护市场秩序、提升监管效能的关键路径。建议在工作流、信息流两方面与上海市、区两级消费者权益保护委员会建立互通机制,及时将有关上海体育消费的投诉反馈至体育部门及相关监管部门,通过对更具上海特征的数据进行分析,提升监管工作与市场发展的契合程度。

三是探索构建上海体育市场监管实时监控系统。对市场问题纠正得越及时,所造成的损失与破坏越小,因此建立即时反馈上海体育市场监管问题的实时监控系统具有一定必要性。建议将消费者投诉、互联网检索、各相关部门协会等各类信息源进行梳理与整合,建立具有操作简便、容易观察等特征的上海体育市场监管数据面板,并做到实时更新,为及时发现监管重点,合理配置行政资源等提供支撑。

四是加强评估工作在监管中的应用。一方面,建议通过委托第三方机构等方式,对上海体育市场事中事后监管相关政策法规的落实情况予以评估,深入分析政策法规落实的痛点和堵点,为修订、更新、出台市场监管相关政策法规提供更加科学的依据。另一方面,加强现有评估工作与市场监管之间的关联,例如可在上海体育赛事影响力评估工作中进一步梳理竞赛表演业市场的问题,并尝试通过加强市场监管予以解决。

参考文献

[1] 卞靖.发达国家市场监管体系建设的发展历程、共同特征及相关启示——以社会性监管为例[J].当代经济管理,2015(1).

[2] 吴雨霏.文化产业发展的政府规制研究[J].科学社会主义,2014(1).

[3] 宋志方.旅游品质的保障与旅游市场的监管[J].社会科学家,2008(12).

[4] 国家体育总局政策法规司:上海市经营高危险性体育项目执法纳入文化综合执法体制 监管大见成效[EB/OL]. http://www.sport.gov.cn/zfs/n4973/c768459/content.html.

[5] 上海市消费者权益保护委员会:《2020年一季度投诉处理情况通报》[EB/OL]. http://www.315.sh.cn/html/tspl/2020/05/21/d57a9761-5860-42b1-a53e-a6a3af4ac083.shtml.

[6] 上海市消费者权益保护委员会秘书处.2020年5月消费投诉情况分析[EB/OL]. http://www.315.sh.cn/html/tspl/2020/06/03/9d7b09b0-414e-4032-a461-323f5ebb19f2.shtml.

[7] 黄海燕,刘蔚宇.论体育市场监管工具创新——基于深度访谈的质性研究[J].体育文化导刊,2020(5).

[8] 新民网:今夏上海游泳开放场所达到763家,创新监管模式让游泳"安全一夏"[EB/OL]. https://paper.xinmin.cn/html/dfsports/2020-09-21/A16/22210.html.

[9] 上观新闻:上海体育企业如何享受政府"一站式"服务?专家来指导![EB/OL]. https://www.shobserver.com/news/detail?id=293814.

[10] 胡燕佼.旅游市场监管中运用行政指导的利弊分析[J].求实,2012(S1).

[11] 熊元斌.论市场监管方式创新[J].商业经济与管理,1999(5).

［12］薛澜,李希盛.深化监管机构改革　推进市场监管现代化——以杭州市为例[J].中国行政管理,2018(8).

［13］郑士源,徐辉,王浣尘.网格及网格化管理综述[J].系统工程,2005(3).

［14］北京大学课题组.平台驱动的数字政府：能力、转型与现代化[J].电子政务,2020(7).

［15］谭必勇,刘芮.数字政府建设的理论逻辑与结构要素——基于上海市"一网通办"的实践与探索[J].电子政务,2020(8).

［16］武斌.试论消费者权益保护与市场监管执法的良性互动[J].中国工商管理研究,2007(3).

上海市黄浦区电子竞技产业研究与政策建议

沈 云 杨 越 吴 鸿 袁建国 李志朋 刘忠亚[*]

随着现代信息科技的大规模应用,电子竞技(简称电竞)已经成为当今世界快速崛起的科技和体育文化现象,吸引了大量的参与者与观赏者,其主体是青少年。在多种因素作用下,这一体育文化形态正在风靡世界,产生极为广泛而深刻的社会影响。电子竞技正在成为新一代青年时尚生活方式的重要组成部分和广受追捧的体育项目,逐渐形成一个庞大而复杂的产业。

从国内外发展趋势来看,电子竞技是长期全球关注度最高的体育项目之一。2020年国内电子竞技产业规模将超过1300亿元,增速31%,产业就业人数45.6万人,电竞用户(有观赛习惯者)数量规模近2.6亿人,16~35岁青年人群平均花费33%的闲暇时间用于电子竞技和相关娱乐活动。国际传统体育项目在世界各国青年人群中的关注度不断下降,2020年调查显示:三大赛事(奥运会、世界杯、NBA)80%的观众年龄超过42岁,即使在体育发达国家,青年群体的关注目标也正从传统体育转移到电子竞技。

凭借关注度和顶级流量,电竞不仅是很多国内外城市着力打造的"新城市名片",而且是"赋能"城市文化、旅游、商业等传统产业的最活跃的产业力量。黄浦区作为上海的"心脏、窗口和名片",有电竞发展所需的产业优势和区位优势。本研究基于黄浦辖区内政府部门、市场主体和社会团体的走访调研,对下一步黄浦区电竞产业发展提出对策建议。

---

[*] 本文作者简介:沈云,上海市黄浦区体育局局长;杨越,国家体育科学研究所电子竞技研究室主任、研究员,经济学博士;吴鸿,上海市黄浦区体育局副局长;袁建国,上海市黄浦区体育局副调研员;李志朋,上海市黄浦体育事业发展指导中心助理研究员;刘忠亚,上海市黄浦区体育局竞训科科长。

一、电子竞技产业的基本概况

电子竞技产业是网络游戏产业衍生品,依托于职业体育运营模式不断发展壮大。特别是近年来手机端口电子竞技游戏的普及,电子竞技流量出现了爆发式增长。依托电子竞技高流量,电子竞技产业不断衍生迭代,电子竞技产业进入了快速成长阶段。作为互联网时代数字化产物,电子竞技产业已然成为全球化发展道路的最大受益者。

(一)用户规模持续高增长

2020年我国电子竞技用户数量突破4亿人,并且持续保持较高增长幅度。电子竞技用户数量相对2016年的1.3亿人,增长了近3倍。相关数据显示2020年疫情防控期间,中国电子竞技用户新增约2600万人,并且有望保持长期增长(图1)。

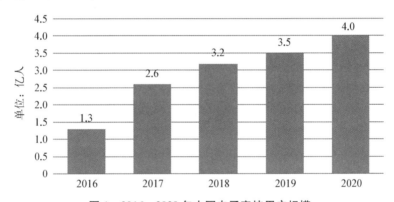

图1　2016—2020年中国电子竞技用户规模

(二)用户特征更加多元化

从4亿电子竞技用户的年龄结构上看,主力集中在35岁以下。据图2数据显示,2019年35岁以下电子竞技用户整体占比高达76%,这2.66亿电子竞技用户几乎涵盖了我国所有学生人群。与此同时,2020年电子竞技用户结构中出现45岁以上人群增多的现象。从电子竞技用户性别结构上看:2019年,男性用户占比70%,女性用户占比30%;2020年,男性用户占比下降至66%,女性用户占比上升至34%。电子竞技用户性别占比的日益平衡使得参与电子竞技运动成为男女社交的重要途径。

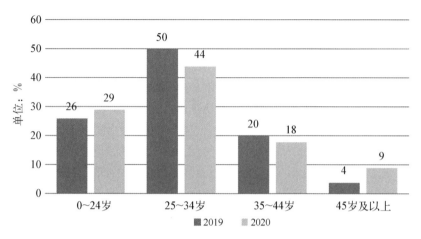

图 2　2019—2020 年中国电子竞技用户年龄结构

（三）产业链凸显整体性

电子竞技产业通过与移动互联、网络游戏、信息装备等产业的结合，改变了传统观念下人们对于电子竞技片面的理解。从电子竞技产业链图谱中（图3）可以看出，电子竞技产业是以赛事执行和内容制作为中心，在游戏开发和运

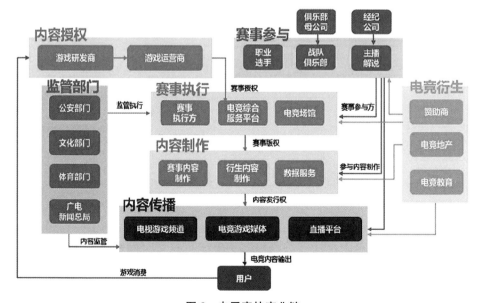

图 3　电子竞技产业链

营商的授权下,由新闻、体育、文化、教育、公安等多部门监管,结合多边赛事参与方以及电子竞技衍生产业,通过网络直播转播平台输出电子竞技内容的竞技产业。以"赛事"为中心也是电子竞技产业链的核心特征。

二、上海市电子竞技产业基本情况

(一) 空间分布集聚化

目前上海电子竞技企业空间分布呈现集聚化趋势。以 ArcGIS 核密度估计测算显示(图4):2014 以来,上海市电竞企业聚集核心不断向外扩张,聚集核心由原来各个孤立存在的单规模的点核心发展为各核心点连接构成的组团

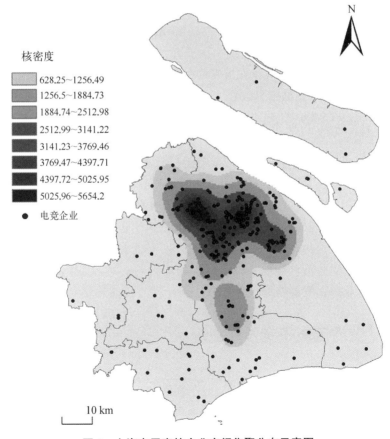

图4 上海电子竞技企业空间集聚分布示意图

式核心。产业聚集面积显著扩大且横跨上海10个行政区域,涵盖了复旦大学、同济大学、华东理工大学、华东师范大学、上海外国语大学、上海理工大学等多所高等学府,并覆盖上海多条铁路交通枢纽。

与此同时,上海市电子竞技企业在核心城区聚集的同时开始呈现不断向外扩散态势。2018年电子竞技企业分布数量最少的青浦区也有9家企业入驻,新增的上海中小型移动端开发企业开始逐步向金山区、奉贤区等扩散,原聚集核心外围的闵行区与奉贤区开始形成一定聚集。

(二)上下游产业头部化

上海作为我国的电子竞技产业中心,聚集了从上游开发公司、到中游赛事运营和俱乐部以及下游的媒体资讯和电子竞技周边企业,是国内拥有最完整的电子竞技产业链布局的城市。目前,在上海市A股上市的游戏企业有16家,占全国总数20%;"新三板"游戏企业25家,占全国总数22%;国内80%的电子竞技企业、俱乐部和运动员集中在上海。2020年上半年,虎牙直播与体坛电竞联合发布《2019中国电竞城市发展指数》,上海获得99.21分,被定义为全国唯一的"超一线电竞城市"。

(三)产业布局特色化

当前,上海市围绕电竞展开的布局正在从市级行政区域下沉至区级行政区域。"电竞20条"推出后不久,浦东新区、静安区、杨浦区和普陀区相继出台落实"电竞20条"的区域政策,不仅有43家新电竞场馆完成布局,而且通过政府引导,形成了不同的区域特色——有的区积极引进一流战队俱乐部,有的致力于通过研究机构与产业联盟吸附优质企业,有的着力于场馆与5G通信等基础设施项目。这些特色展现了电竞之都的活力与多彩,形成了全市范围内的电子竞技产业竞相发展格局。

三、黄浦区电子竞技产业现状

(一)对头部企业的吸引力突出

外部资本进入黄浦区发展电子竞技产业的热情较高,具备一定实力的头部电竞企业出于公司战略布局和品牌建设的需要,已经开始在黄浦区设立线下运营与展示窗口,未来这一趋势将更为明显。近期,黄浦区陆续吸引了大型央企中国电子与国内商业价值排名前列的皇族俱乐部(RNG)合作成立的头部电竞平台公司"中电创智"、国内最知名的电竞赛事制作公司量子体育 VSPN、Dota2 世界冠军队 NewBee 站队等国内最知名的电竞企业和俱乐部长期入驻。尽管当前黄浦区的电竞专项政策尚未出台,但 2020 年后期国内最重要的两大赛事活动——王者荣耀世界冠军赛的无人机展示和英雄联盟全球总决赛的电竞嘉年华活动也都不约而同地选择将黄浦区的外滩作为展示区。

(二)产值占比可忽略不计

通过对黄浦区发改委、大数据中心、税务局、金融办等相关部门的走访和调研,课题组系统性地调查了黄浦区的电子竞技及其相关产业的发展情况。黄浦区电子竞技企业的数量不多,产业增加值在全区的占比仅为 0.1%。这与黄浦区自身的产业特点有着很强的关联性:黄浦区是上海经济密度最高的区域,金融服务业、专业服务业、商贸流通业等才是黄浦区的支柱产业,与这些规模巨大的产业相比,黄浦区电子竞技产业占比可以忽略。

(三)产业未能形成闭环

黄浦区内电竞企业的运营范畴涵盖了电子竞技竞赛表演、休闲活动、场地与设施管理活动、信息服务等,企业质量优秀,但数量偏少。而电竞产业链中的电子竞技组织管理活动、培训与教育服务、直播服务、设备生产与销售服务、场馆建设等供给主体均缺失(表 1)。特别是作为电子竞技产业发动机的游戏开发环节并不是黄浦区的优势。此外,黄浦区内缺乏高校,未能以高等院校、科研院所雄厚的科研力量为依托,集聚形成开发和产业孵化为一体的电子竞技科技研发基地,制约了黄浦区电子竞技产业的规模和产业链延伸。

表 1 黄浦区电子竞技产业分类

序号	产业分类细目	产业形态	代表性供给主体
1	电子竞技组织管理活动	行政部门、行业协会	缺失
2	电子竞技竞赛表演活动	俱乐部、赛事组织	Newbee 俱乐部

续 表

序号	产业分类细目	产业形态	代表性供给主体
3	其他电子竞技休闲活动	电子竞技网咖、电子竞技酒店	虎猫电子竞技（非本地注册）
4	电子竞技场地与设施管理活动	电子竞技小镇、电子竞技馆	中电创智
5	电子竞技经纪与代理、广告与会展、表演与设计服务	广告、会展服务公司	中电创智
6	电子竞技培训与教育服务	大专院校、职业培训机构	缺失
7	电子竞技直播服务	直播平台	缺失
8	电子竞技信息服务	传媒与信息制作公司	VSPN
9	电子竞技设备生产与销售服务	电子竞技产品生产商、销售商	缺失
10	电子竞技场馆建设	工程设备公司	缺失

（四）大型电子竞技场馆缺乏

传统体育赛事活动包括体育组织管理活动、体育场馆管理活动和体育中介活动三项，在此简称"体育赛事活动"，它是体育产业中带动能力最强、产业影响力最大的核心产业之一。调研中发现电子竞技上述三项产业活动在黄浦区均不发达。一方面，黄浦区受辖区面积与规划约束缺乏大型电子竞技场馆；另一方面，辖区内头部电子竞技俱乐部近几年成绩下滑，市场号召力减弱。这使得以赛事产业为核心的线下电子竞技生态无法得到充足的发展。

（五）主力人群消费潜力巨大

黄浦区作为上海市内中央商务区，是上海青年白领人群最集中的区域，其线上电竞消费规模巨大，完全可以通过本地化、线下化的形式将黄浦区内的主力电竞消费人群的消费潜力转化为当地的经济贡献。进一步看，黄浦区作为上海商圈文化、旅游文化的最集中展示区，每年都会吸引大量区域外青年人群来到黄浦区消费，带动区内住宿、餐饮、文化娱乐消费等各种延伸消费。与传统模式相比，近年来电子竞技对这些传统行业具有更强的赋能能力，已经衍生出电竞酒店、电竞食堂、电竞嘉年华等丰富多彩的"电竞＋"和"＋电竞"的经营模式,是留住并促进外来青年人群消费的最有效和最有活跃的赋能产业,可以最大程度地发挥黄浦区区内文化创意产业与休闲旅游产业的天然优势,拓展新的变现途径。按照本地白领和外来旅游两者最保守的转化率测算就能为黄浦区带来数十亿元的新增消费。

(六)中小企业运营成本较高

从产业分类与调查上看,黄浦区电子竞技产业并不发达。黄浦区是上海经济密度最高的区域,也是租金等成本最高的区域。对于电子竞技产业本身而言,电竞行业的利润主要集中在头部游戏厂商、线上直播等环节,而其余线下电竞实体经营的各个环节盈利水平普遍不高,但这些行业却是线上消费向线下转化的关键。因为对实际运营成本的敏感性,大量线下电竞产业对于电子竞技政策补贴也更加敏感,需要政府的扶持与鼓励。

综上所述,一方面要看到当前黄浦区电子竞技产业总体规模仍然偏小,电子竞技在黄浦区未来经济发展中仍然需要补齐短板;另一方面黄浦区强势支柱产业如金融服务业、专业服务业、医疗服务业等均显示出黄浦区对电子竞技产业未来发展战略资源的高度掌控能力,预示着未来黄浦区电子竞技产业具备创新式发展潜力。

四、结论与建议

(一)整合资源优势,在全国率先推出"健康电竞"发展理念

目前国际电竞界越来越关注电竞与健康指导等新兴领域。面对年轻一代的巨大消费群体和他们已经形成的生活习惯,如何既满足他们的兴趣爱好同时又能解决其面对的生理和心理问题,是全社会共同关注的话题。这些问题的解决不仅能够保障数字时代青少年群体健康成长和生产生活,而且解决问题的过程本身也正在形成规模巨大的健康产业。目前国际医学巨头,特别是人体运动医学领域纷纷加大了研发力度,开始有计划地布局针对电竞职业运动员和普通玩家的运动指导、医疗辅助、保健康复产业。国内有前瞻意识的头部俱乐部和厂商都在探索发展以电子竞技为载体的教育培训、医疗康复、心理咨询等产业并获得了巨大的收益(如国内俱乐部举办的面向深度游戏玩家的夏令营培训的简单试水就获得了空前的成功和非常好的社会评价)。因此,黄

浦区电子竞技产业需要跨越式思考,联合区域内丰富的体育、医疗卫生资源和创投金融服务资源,以解决当前电子竞技健康问题为抓手,率先提出"健康电竞"的发展理念。从上海市定位与"全球电竞之都"的目标出发,发挥黄浦区的独有的产业整合优势。基于这一目标,黄浦区未来在电子竞技产业方面应着力发展电子体育项目运营,从而联动体育、健康、医疗等关联产业共同打造黄浦区"健康电竞"产业发展概念。拟考虑在黄浦区设立基于5G的新型电子体育原创中心、面向专业电竞运动员和有电竞习惯群体的专项健康监测与健康指导机构,培育和发展相关"体医融合"产业,整合国际电竞教育培训资源,进一步加强上海市在亚洲乃至全球"健康电竞"产业中的引领与推动作用。

(二)推动电竞金融服务,输出电竞资本运作模式

电竞消费的基础是信息科技创新,每一次科技大革命或者颠覆性科技创新,都会带来产业升级甚至是产业革命,比如智能手机、互联网、5G和人工智能等。电子竞技市场化与产业发展的过程本质上是电子竞技消费者消化科技投入的风险的过程,电子竞技用户的积极消费是帮助科技创新与进步的一种最有效的市场化方式。科技创新需要资本的推动。作为新兴行业,电子竞技行业本身也正在尝试和探索多种资本化行为,比如全球范围内每年高达十多亿美元的职业赛事席位转让为众多电竞投资者提供了机会与渠道;国内外优秀电竞企业均在布局企业上市(2020年有两家国际电竞俱乐部上市,国内目前潜在运作上市的电竞相关企业数量在10家以上,未来除俱乐部外,直播企业、文化内容制作与传播企业、教育企业、医疗健康企业、体育企业等更多类型的准备上市的企业中都有电竞相关的资本运作)。

黄浦区产业优势集中于金融服务业与高端专业服务业,包括券商、投行、财务、法律与商务咨询服务。具备为电子竞技产业头部企业提供包括融资上市在内的全过程服务,能够运用资本力量助推电子竞技产业更好地开展技术创新与推广。应鼓励有实力的电子竞技企业通过融资上市等融资手段,有效消化创新风险,从而将黄浦区塑造成电子竞技企业的资本"加油站",电竞企业资本运作、跨行业整合、辅导上市的"最后一公里",形成黄浦区电子竞技资本输出新模式。电竞金融创新不仅能为电子竞技产业本身的科技转化提供资本助力,也能进一步为电竞产业在更大范围内继续赋能其他传统产业提供"出口",更能让众多希望能够投资电竞、分享电竞产业红利的普通投资者得到机会和实惠。

(三)立足本地商圈优势,探索电竞消费新风口

电子竞技消费金融(以区域内电竞消费积分和电竞竞猜为代表)不是消费金融与电子竞技的简单相加,而是在提供金融目标下进行的电子竞技产业商业模式重塑。目前,国内电竞消费金融的热点和政策出口在海南省,通过比较研究,电子竞技消费金融从经济条件上更加适合在黄浦区进行试点,原因在于黄浦区具有本地受众群体消费黏性强和外来群体消费潜力大的天然优势,以黄浦区自身的金融产业优势、商圈文化优势和旅游目的地优势,黄浦区有条件在国内率先建设空间巨大的电子竞技消费金融市场。

从增加电子竞技用户的角度来看,电子竞技消费金融能够带来更好的游戏体验、更便捷优质的金融消费服务,从而源源不断地吸引用户进行电子竞技游戏场景消费。电子竞技消费金融服务将融合各类金融主体,包括商业银行、非银行消费金融公司以及电子竞技游戏公司、直播平台、俱乐部等,它们各自侧重于不同的产品服务类型并具备自身的优势。电子竞技消费金融服务创新将立足自身优势,从产品设计创新、技术创新、模式创新、营销手段创新、服务流程创新等多方面展开。作为以电子竞技用户为中心的消费金融服务,注重服务细节的优化和服务流程的再造,能够更贴近用户需求开展电子竞技消费推送,将电子竞技全产业链上的产品和服务自然、流畅、全面地嵌入用户的各种电子竞技游戏消费场景,从而彻底打通电子竞技线上与线下消费通道。

(四)打造"中国电竞城市会客厅",建设"全球电竞之都窗口区"

继上海之后,北京、海南、广州、深圳、西安、重庆、成都、青岛等更多的城市均推出了自己电竞产业扶持政策。在国际上,美国(洛杉矶)、韩国(首尔)、日本(福冈)、英国(曼彻斯特)、法国(巴黎)、德国(汉堡)、加拿大(多伦多)、波兰(卡托维兹)等,已经形成若干国际化电竞中心城市。电子竞技已经成为新一代的"城市名片"和国际交流窗口产业。作为以"全球电竞之都"为目标的上海市,非常有必要也有责任推动上海与国内外其他城市之间的电竞产业交流、学术交流、文化交流等活动,树立上海在全球电竞界的高度和地位。

黄浦区作为上海传统的地标性大区,拥有南京东路、淮海中路两条著名商业街,是全市首批国际消费城市示范区、国际时尚之都示范区。根据课题调查,疫情以来为更好地吸引年轻人群,搞活"夜间经济",电子竞技元素已经被越来越多的用于商圈活动。以电子竞技、二次元为元素的小型赛事、粉丝互

动、走秀都一定程度上起到了激活传统商业经济的作用,已经吸引了VSPN、中电创智等国内头部电竞企业入驻,这是黄浦区商圈独有的历史文化积淀的结果。

  从更长远的角度看,未来黄浦区在继续丰富商圈电竞产业展示活动之外,有必要加入国际与国内电竞产业的城际人员交流、高端电竞学术交流、电竞文化讨论等更为丰富的展示内容。以多层级的职业性、群众性和竞技性产业活动为抓手,以统一标识的"上海文化""黄浦文化"电竞赛事与展示为特色,以上海优秀传统文化和中国顶级商圈、顶级学术高地为对外形象,将黄浦区打造成中国电竞核心价值的"全球电竞之都窗口区",发挥黄浦区"中国电竞城市会客厅"的独特作用。

参考文献

[1] 杨越.新时代电子竞技与电子竞技产业研究[J].体育科学,2018(4).
[2] 江小涓.体育产业发展:新的机遇与挑战[J].体育科学,2019(7).
[3] 任海.当代体育发展与体育概念的界定[J].成都体育学院学报,2019(5).
[4] 王睿.家庭视域下扩大我国体育消费的政策研究[J].体育科学,2020(1).
[5] 超竞教育,腾讯电竞.电子竞技俱乐部运营与管理[M].高等教育出版社,2020.
[6] 2019年上海市关于国民经济和社会发展的统计公报:上海市统计局;2020.
[7] Newzoo, Global Games Market Report, 2020 - 10 - 11.

疫情防控常态化背景下体育赛事医疗保障对策研究

王惠英 贾 波 孙 峰 张 昂[*]

一、背景

改革开放以来,随着人们物质生活条件逐步改善,运动与健康成为生活中日益重要的组成部分。党中央高度重视社会体育活动开展,指出"体育是社会发展和人类进步的重要标志,是综合国力和社会文明程度的重要体现。体育在提高人民身体素质和健康水平、促进人的全面发展,丰富人民精神文化生活,推动经济社会发展,激励全国各族人民弘扬追求卓越、突破自我的精神方面,都有着不可替代的重要作用"。高水平的体育赛事活动是群众体育发展成果的展示和体现,而体育赛事的举办对社会体育运动氛围的营造和推动有着不可估量的作用。

近些年来,上海成功举办了一系列高水平国际体育赛事,如 F1 中国大奖赛、环球马术冠军赛(上海站)、国际田径钻石联赛(上海站)、世界汽车耐力赛(WEC)、上海国际马拉松赛、篮球世界杯上海站、花样滑冰世界杯赛和短道速滑世界杯赛(上海站)等。这些重大体育赛事的顺利举行,为上海打造国际赛事之都、建设国际化大都市赋予了重要意义。在体育赛事顺利开展的背后,离不开赛事组委会的统筹安排和相关部门的通力合作,专业的赛事医疗保障也是其中重要的一环。重大体育赛事的医疗保障是一项复杂的系统工程,包括运动员驻地医疗保障、热身场馆医疗保障、比赛场馆医疗保障和定点保障医院的医疗保障,以上保障均需要一系列完善的制度和流程以及一大批专业的、具有丰富保

---

[*] 本文作者简介:作者均来自复旦大学附属华山医院。王惠英,医务处处长,博士,研究方向:临床眼科/卫生管理;贾波,科长,学士,研究方向:临床外科/卫生管理;孙峰,主治医师,博士,研究方向:感染医学;张昂,科员,学士,研究方向:卫生管理。

障经验的专业医护人员参与完成。

2020年,新冠肺炎疫情席卷全球,经过全社会与广大医护人员的共同努力,国内疫情防控已取得阶段性成效。在目前疫情防控常态化的背景下,在推进体育活动复训、复赛的同时,需要着重兼顾疫情防控措施。

在上海市体育、卫生行政管理部门的组织协调下,复旦大学附属华山医院(简称华山医院)充分发挥医院的学科优势,整合院内资源,已成功为上海举办的多项重大赛事活动提供了全方位的赛事医疗保障服务,形成了规范的体育赛事医疗保障处置流程和操作规范,培养了一批实际操作和管理经验丰富的专业医务人员。凭借丰富的医疗保障及防疫经验,华山医院在2020年承担了中超足球联赛复赛防疫指导工作,并参与了第三届中国国际进口博览会的现场医疗保障与防疫工作。

本保障对策结合华山医院开展大型赛事活动的医疗保障的制度流程,并根据疫情防控的要求与实战经验,通过危害分析和关键控制点方法(Hazard Analysis Critical Control Point,HACCP),对疫情防控常态化背景下体育赛事医疗保障关键风险点进行梳理,并制定相应的应对控制措施。希望能为上海在疫情防控常态化背景下开展体育赛事的医疗保障工作提供完善、合理的理论支撑。

二、指导思想

（一）指导文件

为切实做好疫情防控常态化背景下的体育赛事医疗保障,落实疫情防控责任,统筹推进疫情防控常态化期间的体育赛事医疗保障,根据《国务院应对新型冠状病毒感染肺炎疫情联防联控机制关于做好新冠肺炎疫情常态化防控工作的指导意见》(国发明电〔2020〕14号)指示精神,结合《应对秋冬季新冠肺炎疫情医疗救治工作方案》,上海市体育局印发的《常态化疫情防控期间体育赛事举办指引(第二版)》相关要求,参考国家卫生行政部门相关指南及已经在疫情防控常态化背景下成功开展的国际活动医疗保障经验,制定以下赛事医疗保障对策。

（二）工作原则

本医疗保障对策目标是第一时间将疫情相关风险事件影响最小化,工作原则为"坚持科学防控、坚持精准防控、坚持联防联控",统筹做好疫情防控与赛事医疗保障的结合,动态评估疫情发展趋势与防控措施,及时完善调整医疗保障与防控举措。通过危害分析,聚焦"人、物、馆"的管理,有针对性地制定控制措施。强化赛事组织方、管理方、运动员及相关人员的分类管理,明确职责分工,开展联防联控、群防群控,以确保体育赛事活动顺利进行。

三、危害分析

(一)分析工具

由于新冠肺炎病毒在空间上具有聚集性,其流行病学特殊具有较多的不确定性且扩散路径复杂,对体育赛事活动的各项组织工作带来了较多困难,因此需要采取科学方法,全面梳理在举行大型体育赛事活动过程中的风险及关键点。采用危害分析和关键控制点方法(Hazard Analysis Critical Control Point,HACCP),结合相关指导文件与工作原则,判断风险环节及关联程度,建立关键控制点与控制方法,及时处置疫情对赛事的影响,并降低至可控安全水平。

(二)关键风险点

通过综合分析,在庞杂的不确定性因素中,梳理在疫情防控常态化背景下开展体育赛事医疗保障工作中的主要风险,重点围绕"人、物、馆"的管理,确定以下关键风险点:

一是疫情防控的整体协调组织及应急措施预案;
二是赛事期间各类人员的管理;
三是各医疗保障点的防控措施;
四是相关物品的防控标准措施。

四、关键控制点和控制方法

针对以上关键风险点,确立关键控制点(Critical Control Point,CCP)和控制措施,通过采取预防措施或应急预案,控制并减少疫情扩散的风险和危害。关键控制点包括组织架构、人员管理、场地管理、物品管理和突发事件应急处置五个方面,控制方法主要为准入管理、流程监管、应急处置。可通过疾控监测,检验关键风险点控制措施的有效性。

(一)组织架构

1. 组织架构

一般体育赛事的医疗保障由赛事组织方协调当地卫生行政部门召集医务人员参与赛事医疗保障活动,并设立赛事医务官对赛事医疗保障团队进行统筹协调。在疫情防控常态化期间开展体育赛事活动,还需要在赛事组织管理层级增设疫情防控领导与工作小组,以利于疫情防控与医疗保障的协调和统一,统筹协调赛事期间的政策指导、防控措施与医疗保障工作。由于防控工作涉面广,因此疫情防控领导与工作小组需包含多部门人员,体育赛事的级别各异,应根据实际情况,将相关主要部门或组织纳入疫情防控领导与工作小组,该领导小组应当作为赛事运营的重要组成部分,参与赛事的组织工作。

2. 岗位职责

(1)疫情防控领导与工作小组:一是负责承担本次赛事的疫情防控与救治的整体协调工作,发挥疫情防控主导责任与主体责任;二是制定本次赛事疫情防控专项方案和防控工作要求,建立和完善各类工作机制,整体部署,协调推进;三是督促落实疫情防控措施及相关要求,开展督查工作;四是强化与赛事举办地区疫情防控指挥部门的沟通协调,接受工作指导,建立快速反应的联动机制;五是组织开展疫情防控工作的知识、措施的培训与演练;六是负责本次赛事疫情防控工作信息汇总上报,制定信息发布方案。

(2)疫情防控及医疗保障人员:一是开展本次赛事活动疫情防控工作的各项措施落实;二是接受相关部门的疫情防控培训、演练及督查工作;三是负责疫情防控工作的信息及时汇报;四是按要求参与医疗保障工作;五是服从安排,参与紧急事件处置。

3. 疫情防控及医疗保障工作

根据体育赛事组织方的运营要求,结合各场馆的整体规划和医疗卫生需求,在疫情防控常态化背景下开展的赛事医疗保障工作有:与赛事举办地的医疗卫生体系衔接,提供赛事期间的医疗服务与急救转运,做好相关区域传染病预警与防控工作;做好相关区域的病媒生物预防控制工作;做好相关区域的公共卫生监督和指导工作;做好发生突发公共卫生事件时的卫生应急处置和卫生救援工作等。

具体包括体育赛事现场的疫情防控与医疗保障、驻地宾馆的疫情防控与医疗保障、定点医疗机构绿色通道设置等资源配置。由于各疫情防控与医疗保障的场景与对象不同,赛事的防控与保障要求也不同。

(二) 人员管理

1. 赛事活动相关人员

赛事活动相关人员包括但不限于参赛者、赛事组织方、运营方、现场观众等。在人员管理方面,需要根据国务院联防联控机制发布的关于新冠肺炎疫情分区分区实时动态进行及时调整,密切关注中、高风险地区实时动态信息,对于所有来自中、高风险地区(境内外)的赛事活动相关人员,应当做好相关人员的准入管理,严格把握参赛人员审核标准,主动配合赛事举办地疫情防控部门对相关人员在"入城口""落脚点"和"流动中"实施相应的管控措施。

(1) 准入管理。

各级别赛事,应当严格按照国务院联防联控机制发布的有关管理办法,参照执行。落实"谁邀请,谁负责"和"谁派遣,谁负责"的原则,严格执行。严格制定参赛人员要求,控制参赛人员数量,做好赛事活动相关人员的健康管理。管理措施包括全员核酸检测、要求出具参赛日 7 日内有效核酸检测证明(采样日期)、14 天自我健康检测(体温检测)、健康承诺书等。所有参与赛事的相关证件,需凭有效核酸检测证明激活。根据国务院联防联控机制发布的新冠肺炎疫情分区动态,配合赛事举办地疫情防控主管部门,对来自国内外中、高风险地区的人员严格落实隔离医学观察、核酸检测等相关措施。赛事举办期间,非必要不得离开赛事举办地。在必要时,经赛事疫情防控领导与工作小组讨论,报上级主管部门同意,可升级准入管理要求,包括但不限于限制中高风险地区人员参赛、扩大检测品种及次数、全员赛事期内闭环管理、扩大集中医学观察人群范围及时间等措施。

(2) 生活管理。

第一,集中管理。在生活管理方面,有条件的可以优先选择对赛事活动相关人员进行集中管理,实行集中住宿,原则上不采取走训、自由流动等方式,以减少不必要的人员流动与交叉感染风险。在赛事期间的生活中,可以遵循以下防控要求:一是购物和在户外时,尽量避免邻里聚集;二是步行或运动时,建议距离他人至少 1.5 米以上;三是尽量不接待访客,尤其是有频繁旅行史的人员;四是外出应避免乘坐公共交通,如确实需要的,应佩戴口罩并做好个人防护措施。

第二,分散管理。如实现集中住宿、集中管理,需住家或自行解决住宿与生活的人员可结合实际情况,参考以下防控要求:一是条件允许的,应当居住在通风良好的单人房间,并确保公用区域(厨房、浴室等)通风良好(开窗);二是与家庭成员居住在同一房间的,应当保持1米以上距离;三是缩小自身活动范围,尽量不与家庭成员共用一个区域,尽量避免一起用餐;四是不共用牙刷、毛巾、餐具、厕所、被服等物品;五是尽量拒绝访客,特别是有频繁旅行史的人员;六是每天对桌子、门把手和扶手等经常接触的表面至少进行一次清洁和消毒;定期清洁衣服、床单、毛巾和浴巾等;七是注意日常接触人员并观察他们的健康状况。

第三,手部卫生。所有人员应当重视手卫生,做好手部消毒工作。应做好以下几个方面:一是从公共场所返回、接触公共物品后、咳嗽或打喷嚏用手捂住之后、脱口罩后、饭前便后、接触脏物后应当洗手;二是洗手应当使用洗手液或肥皂加流水,或使用含酒精成分的免洗洗手液;三是洗手时,应在流水下,淋湿双手,取适量洗手液或皂液,均匀涂抹至整个手掌、手部、手指和指缝,认真搓洗双手各15秒,在流水下彻底冲洗双手,使用干净毛巾或纸巾擦干双手;四是避免频繁触摸脸部,特别是眼睛、嘴和鼻子。

第四,口罩佩戴。所有人员需按照如下口罩佩戴要求,严格执行,做好个人防护:一是至公共场合、进入人员密集或密闭场所、乘坐公共交通工具等,均建议戴口罩;二是居家、住宿地、户外、无人员聚集、通风良好的场合,可以不佩戴口罩;三是佩戴口罩须紧贴面部,不应该用手触摸或移动口罩外面,口罩应同时遮蔽口鼻,当口罩变湿或被分泌物污染后,应立即更换,使用过的口罩应妥善丢弃,更换口罩后应进行手部消毒;四是如果不能佩戴口罩,要在咳嗽和打喷嚏时注意遮挡的方式;五是不推荐使用纸口罩、活性炭口罩、棉纱口罩和海绵口罩,在低风险地区建议佩戴一次性医用外科口罩;六是条件允许的情况下,口罩累计使用时间不超过8小时,对于一般观众,在没有接触过患者或可疑患者的情况下,可以根据口罩的清洁程度适度延长使用时间,酌情重复使用,但应当注意专人专用;佩戴口罩前应按规程洗手,佩戴时应避免接触口罩内侧;一旦口罩被飞沫或其他污染物污染,或者口罩变形、损坏、有异味时,应立即更换口罩;七是如需重复使用口罩,可将其悬挂在洁净、干燥的通风处,或将其放置在清洁、透气的纸袋中;口罩需要单独存放,避免彼此接触,并标识口罩使用人。

第五,其他事项。一是适量饮水,遵循富含维生素的营养膳食;二是注意保持呼吸道和黏膜温暖;三是若有身体不适,及时上报驻地医务人员。

(3) 训练、参赛管理。

第一,训练管理。一是参赛队员训练时,只有必要的队员、教练员和工作人员方能参加训练,未接受核酸检测的人员不能进入训练场地;二是分批使用室内的健身设备,避免人群聚集和交叉;三是运动员和工作人员在进入训练场前由防控人员负责对所有人员进行体温检测,体温合格后方可入场训练,运动员与工作人员应自备个人用品(如水壶等),个人用品不交叉使用。

第二,参赛管理。一是按照场馆分级管理的防疫要求执行相关措施;二是在赛前,所有参赛运动员应当主动上报身体健康情况,所有队员无不适后方可参赛。

2. 工作人员

工作人员是指参与赛事活动的组织方、运营方、医疗、安保、后勤人员,以及媒体工作人员等。各级别赛事,应当严格按照国务院联防联控机制发布的有关管理办法,参照执行。对于工作人员,落实"谁派遣,谁负责"的原则,开展执行防控措施。严格制定工作人员防控措施,控制工作人员数量,严格做好赛事过程中工作人员的健康管理。管理措施包括所有人员的核酸检测,要求出具参赛日 7 日内有效核酸检测证明(采样日期)、14 天自我健康检测(体温检测)、健康承诺书等。所有参与赛事的相关证件,需凭有效核酸检测证明激活。严禁对来自国内外中、高风险地区的工作人员参与工作。如有来自国内外中、高风险地区人员确有需要参与赛事保障的,配合赛事举办地疫情防控主管部门,严格落实隔离医学观察、核酸检测等相关措施。赛事举办期间,工作人员非必要不得离开赛事举办地。

3. 现场观众

在赛事期间,现场观众应当严格按照国务院联防联控机制发布的有关管理办法,参照执行。采用实名制发放观赛票证,并要求参加新冠肺炎疫情防控科普宣教,签订安全协议及健康承诺书,严格落实入场信息登记制度,包括姓名、联系方式和座位号,核验"健康码",进行体温检测,如发现有发热(37.3℃以上)症状人员,应禁止其入场。在运动员训练期间,谢绝观众观看。如确有需要参与训练,参照工作人员管理。

建立观赛动态管理机制,根据赛事举办地疫情防控主管部门要求,妥善处理观赛需求,必要时可升级观赛管控制度,包括但不限于要求提供近期有效核酸检测报告、禁止现场观赛、采取在线直播等措施。

（三）场地管理

举办大型体育赛事涉及的场所较多，通过分析，其疫情防控和医疗保障工作的关键控制点分为赛事场馆、驻点宾馆、定点医疗机构。

1. 赛事场馆

根据赛事级别、规划和场馆分布布局，考虑实际医疗需求，并据此在场馆设立一定数量的医疗站、临时观察处置点。

（1）分级管控。

在赛事举办时，可将场馆周边一定范围区域作为控制区，进行封闭管理，设立一定数量的人员、物品进出通道，预留应对突发事件专用通道。所有人员通过控制区外围入口时，需要进行测温，并配套设置临时观察处置点，用于有发热（37.3℃以上）、呼吸道症状人员临时观察与处置场所。外围区域与赛事场馆间的区域可视为外围缓冲区。

在场馆整体作为警戒区，严守入口关，做好进馆人员、物品的登记、监测、消杀工作。所有人员进入场馆前，应当核验"健康码"，开展体温监测。设立配套的临时观察处置点，用于有发热（37.3℃以上）、呼吸道症状人员临时观察和处置场所。

在场馆内，减少观众、赛事活动相关人员、工作人员通道，限制人员交叉流动。根据实际情况在不同功能区，设置一定数量的医疗站、临时观察处置点。场馆内临时处置点应当按照"三区两通道"原则设置，可用于临时处置观察可疑人员。

以上分区可根据实际情况进行调整。工作目标为第一时间识别风险并控制在警戒区外；第一时间将可疑人员引导至临时观察处置点；第一时间对可疑人员开展流行病学调查、尽早转运可疑患者、尽早筛查可疑患者的密切接触者；第一时间报告并组织落实相应分类控制的处置措施。

场馆内实施观众限流措施，一般室内场馆观众上座率应控制在30%以内，室外场地观众上座率应控制在75%以内。可根据疫情防控形势，调整入场观众人数。采用错峰入场、间隔就座、分批离场等措施，引导观众保持1米以上安全距离，避免人员聚集。

实施媒体工作区域限流措施，保持良好通风状况。允许召开新闻发布会，发布会时长原则上不超过10分钟，与会人员需全程佩戴口罩，减少发布会现场人数。一般情况下禁止在场馆内进行赛前采访,有条件的场馆可开展赛后采访,记者与工作人员需全程佩戴口罩,记者之间应保持1米以上安全距离。鼓励采用加长版支架、话筒,扩大采访人与被采访人的距离,或采用采访者与被采访者之间可设立透明屏障的方式,鼓励采用视频采访的方式。

(2)设立防控、保障点。

第一,医疗站。根据实际情况,在场馆内适宜位置设置医疗站。医疗站主要负责为体育赛事相关区域参赛、观赛人员提供临时、便捷的医疗服务;对危重病人、特殊病人开展院前先期处置和伤病员转送对接工作;开展场馆内重点疾病的监测工作。在人员配置方面,医疗站应当根据比赛性质及服务区域,配备相关专科、具备一定保障经验的医生与护士,配置一定数量的公卫专业人员及志愿者。

第二,临时观察处置点。根据实际情况,在场馆及周围控制区内适宜位置设置临时观察处置点。临时观察处置点用于对发现的发热症状人员进行临时留观管理。对在控制区内(含场馆)发现的发热症状人员,经发热症状人员专用通道就近引导至相应的临时观察处置点进行处置。临时观察处置点工作人员应当做好发热症状人员的体温复测、信息登记传报、人员转送工作安排。有条件的情况下,在场馆内通风较好的地区,按"三区两通道"原则建立临时观察处置点,以应对突发事件的应急处置。在人员配置方面,临时观察处置点应当配备具有一定疫情防控经验的医生及护士,并配备公卫专业人员。按"三区两通道"原则设计的临时观察处置点,应当配置熟悉疫情处置流程、具备核酸采样操作技能的医护人员。

(3)急救转运。

在场馆内,由卫生行政部门指派急救转运力量,能够提供现场紧急医疗处置及应急转运服务。一般在每个医疗站毗邻区域安置1辆监护型救护车,车内配备必要的急救药物和医疗器械。同时,为了做好疫情防控,按体育赛事规模配备一定数量的负压救护车及备用监护型救护车,以开展突发事件的应急处置。

(4)管理及消毒。

场馆现场医疗站提供一般性医疗服务,所有就诊患者在就诊前,需由护士在医疗站外进行测温,体温正常患者方可进入医疗站接受诊疗服务。如遇发热症状人员,经由发热症状人员专用通道送入临时观察处置点进行处置。

一般情况下,患者自行至现场医疗站就诊。紧急情况或无法自行前往者,由现场志愿者、工作人员(如志愿者、保安)等通过呼救,根据需求由赛事运营方调动救护力量至现场进行救治或转送至医疗站就诊。经医疗站医生检查,如需进一步诊治,由医疗站向赛事运营方报告,并安排救护车转送定点医院治疗。同时患者基本病情和处理情况也应提前告知定点医院,使其做好接收准备。医疗站工作人员应当如实记录当班时间段内患者就诊、诊断和转送情况,并及时上报。

医疗站应当定期通风,必要时进行空气消毒,如遇污染则需即刻消毒。消毒剂的使用、无菌物品、隔离预防的管理需参照医院门急诊消毒、隔离的相关质控要求执行。

(5)特殊场所的管理。

第一,餐饮区域。在体育赛事举办期间,若在场馆区域提供餐饮服务,需要注意以下方面:一是鼓励外带形式,做好食物包装及消毒工作;二是限制同一时间段内就餐人数;三是若提供堂食服务,需要在就餐前做好体温测量。排队过程中要求佩戴口罩,减少语言交流,顾客间保持一定安全距离,保持就餐环境清洁,提供餐前洗手水台或含酒精的洗手液,就餐时减少交谈,推荐使用公筷、公勺或者采用分餐制;鼓励错峰用餐,鼓励非接触式的电子支付方式,减少餐厅逗留时间;四是做好食品质量监控,做好定时消杀工作;五是控制区内严禁销售冷冻生鲜食品,禁止开放未经全熟加工的冷冻生鲜食品。

第二,展位及消费区。在体育赛事举办期间,若在场馆区域提供相关物品展出、消费区域的,需要注意以下方面:一是留有该区域足够空间,保持内部空气流通;二是鼓励以展示为主,减少互动性设施;三是鼓励采用非接触式的电子支付方式,减少展位逗留时间;四是限制同一时间段进入人数;五是做好定时消杀工作。

第三,更衣室、行李寄存区。原则上暂停现场衣帽间或行李寄存服务,确有必要开放的,需做好消毒工作。

2. 驻点宾馆

在部分体育赛事举办期间,若存在赛事活动相关人员集中住宿需要安排驻点宾馆医疗保障的需求,可按照实际需求配置相关专科医务人员及急救转运力量。所有就诊患者在就诊前,需由护士在宾馆医疗点外进行测温,体温正常患者方可进入医疗站接受诊疗服务。如遇发热症状人员,在做好个人防护后,由救护车转运至定点医院进行处置。

一般情况下,配备有医疗点的驻点宾馆,保障对象应自行至宾馆医疗点就诊。紧急情况或无法自行前往者,由现场志愿者、工作人员等通过呼救方式,通知工作人员进行救治或转送至医疗点就诊。经医疗点医生和救护车医护人员检查,如需进一步诊治,经报备后,采用救护车将患者转送定点医院治疗;同时通知定点医院做好接收准备。每日医疗点就诊患者的诊疗情况需及时做好记录,并做好每日报送,危重患者应立刻上报。

医疗点应当定期通风,必要时进行空气消毒,如遇污染时即刻消毒。消毒剂的使用、无菌物品、隔离预防的管理工作参照医院门急诊消毒、隔离的相关质控要求执行。

在必要时,疫情防控措施可升级为赛事活动相关人员宾馆—场馆闭环管理,宾馆医疗点医护人员需要配合相关措施执行。

3. 定点医院

可根据体育赛事举办规模、场馆位置选取一定数量的定点医院。定点医院是赛事现场医疗站、驻点宾馆医疗点开展医疗保障工作的有效依托与支撑,能够为整个赛事提供全方位的医疗保障。

定点医院保障主要任务包括派遣赛事场馆医疗组、在驻点宾馆内设置现场医疗点,开展现场医疗保障服务;加强院内值守力量,做好病人接收准备;做好赛事现场突发事件应急救援和批量伤员接收准备;做好赛事现场发现的传染病疑似病例的首诊和排查工作。

定点医院在参与体育赛事的保障活动时,需按照赛事的实际医疗需求,储备院内应急队伍,安排专用诊室、专用病房、专用ICU,为相关人员提供就诊绿色通道服务。

定点医院接收患者后应及时记录其诊疗情况,并做好每日报送,危重患者应立刻上报。

(四)物品管理

1. 消毒工作

新冠肺炎病毒主要传播途径为经呼吸道飞沫和密切接触传播,接触病毒污染的物品也可造成传播,在相对封闭的环境中长时间暴露于高浓度气溶胶情况下,也存在经气溶胶传播的可能。由于在粪便、尿液中可能存在新型冠状肺炎病毒,应当注意其对环境污染造成接触传播或气溶胶传播的可能。同时,国内外曾发生多起与冷链物品相关的感染病例,亦应当引起重视。《新型冠状病毒肺炎防控方案(第七版)》指出,人群普遍易感。因此,需要重视消毒工作的开展。

在消毒方法上,已知新冠肺炎病毒对紫外线和热敏感,56℃ 30 分钟、乙醚、75%乙醇、含氯消毒剂、过氧乙酸和氯仿等脂溶性溶剂均能有效灭活病毒。氯己定不能有效灭活病毒,其他消毒方法对新冠肺炎病毒灭活的依据不足,不予以推荐。

对于无新冠肺炎确诊病例、无症状感染者或密切接触者的环境,一般不需要进行环境特殊消毒,做好一般卫生清洁即可。确有需要进行预防性消毒的,需要制定预防性消毒管理制度,安排专人负责并对消毒操作进行记录。

在体育赛事防疫过程中,除洗手液外,不建议使用除菌、灭菌、抑菌类消毒产品。在消毒方法上可采用环境消毒,可用消毒酒精或含氯消毒剂擦拭物体表面。建议对场所环境、工作人员手部、比赛器械进行清洁消毒。通道、看台、电梯、卫生间等公共区域,赛事期间按 2 小时一次的频率进行消毒,若区域人员密度较大,应提高消毒频率至 1 小时一次,并加强卫生监测,做到地面无污水,确保公共区域清洁、无积污、无蝇蛆、无异味。

对于耐热物品,如毛巾、耐热水杯等,可采用浸没水中煮沸 15 分钟的方法进行消毒。对于精密器械或电子类产品,宜进行非触摸式使用或佩戴一次性手套触摸。确有必要徒手触碰的,可使用生产厂家推荐的消毒方法进行消毒。

对于进入场馆的车辆、物品进行 100% 清洁消毒。采用 250～500 mg/L 的含氯(溴)消毒液进行擦拭或喷雾消毒,作用时间 15～30 分钟,运输工具每次使用后均应消毒。冷链物品及其运输人员提供有效核酸检测证明。配合卫检部门,对进入场馆、驻点宾馆的物品加强抽样检测;做好公共区域疫情防控,保持通风,对公共设施定期消毒。

2. 空调通风系统

场馆内应尽量保持通风。若需要在公共场所使用空调,则需要注意以下方面:

(1) 当空调通风系统为全空气系统时,应当关闭回风阀,采用全新风方式运行。

(2) 当空调通风系统为风机盘管加新风系统时,应当满足:一是确保新风直接取自室外,禁止从机房、楼道和天棚吊顶内取风;二是保证排风系统正常运行;三是对于进深较大的房间,应当采取措施保证内部区域的通风换气;四是新风系统宜全天运行。

(3) 当空调通风系统为无新风的风机盘管系统(类似于家庭分体式空调)

时,应当开门或开窗,加强空气流通。

当出现新冠肺炎疫情时,应当在当地疾控中心指导下对场所进行终末消毒,同时对空调通风系统进行清洗和消毒处理,经卫生学评价合格后方可重新启用。

有关空调系统通风具体操作指南,可参考《关于印发新冠肺炎流行期间办公场所和公共场所空调通风系统运行管理指南的通知》(肺炎机制综发〔2020〕50号),以及国家卫健委发布的《夏季空调运行管理与使用指引(修订版)》。

3. 垃圾清运

场馆、定点宾馆每天产生的垃圾应当在专门垃圾处理区域内分类管理,定点暂放,及时清理。未清运的垃圾要置于有盖的垃圾筒内。垃圾筒定时用有效氯(溴)500~1 000 mg/L的含氯(溴)消毒液进行喷洒或擦拭,也可用消毒湿巾进行擦拭。

医疗站、临时观察处置点产生的医疗垃圾由医疗废弃物处置公司进行处理,操作流程按定点医院内医疗废弃物处置流程管理。

(五) 突发事件的应急处置

1. 完善应急预案

针对在赛事过程中可能存在的风险和突发情况制定完善各项应急预案,强化疫情防控专项演练,全面提高应对突发情况的处置能力、协调配合能力,补齐防控短板,确保各项防控措施有效落实。在技术方面,应重视技防与信息化措施对应急保障方面发挥的作用。

在疫情防控常态化的背景下开展体育赛事医疗保障工作,需密切关注体温异常人员。一旦发现有发热症状人员,医务人员应立即开展先期处置,视情况启动相应工作预案。现场工作人员发现发热症状人员后,应指导发热症状人员戴好口罩、做好个人防护,引导其至就近的临时观察处置点,按既定处置流程开展观察与处置。

2. 警示情况

由于疫情防控形势存在不确定性,因此在体育赛事备赛期间,应当建立熔断机制。确保遇到突发疫情风险时,能够立刻终止相关赛事和活动。

出现以下五种情况,经领导小组讨论,可报赛事运营方及行政主管部门,并报请赛事所在地疫情防控主管部门,审批终止体育赛事举办、停止公共场所人员聚集性活动等。

一是赛事举办地发生本地感染的散发病例;
二是发生感染来源明确的聚集性疫情;
三是发生感染来源不明的聚集性疫情;
四是在赛事举办地区内发生疫情传播;
五是其他认为有必要停赛的情况。

(六)其他关键控制点

1. 联防联控机制

在疫情防控常态化背景下开展体育赛事保障工作,涉及条线、部门众多,需要赛事运营方建立一套有效的联合办公处置机构,明确职责,分工协作,快速形成合力。

2. 专项培训

需要对参与赛事活动的全体相关人员进行针对性的科学健康宣教,针对工作人员还应开展疫情防控流程、操作培训,确保培训覆盖到每个人。在赛事举办前,有针对性地开展突发事件的应急处置演练,检验流程有效性及培训效果。

3. 舆论引导

做好舆情研判和舆论引导,及时通报信息,适时召开新闻发布会,主动做好疫情相关舆情引导,及时回应社会关切。

4. 隐私保护及信息报告

尊重患者文化习俗,视情况主动了解患者的病史、症状、体征、家族史以及个人的习惯、嗜好等信息,诊治过程中注意保护患者隐私。

对于本次赛事活动安排、疫情防控工作、医疗保障工作未公开的文件,患者收治及诊疗信息等或其他保密信息,未经允许,严禁通过互联网、微博、微信或其他自媒体途径私自传播。

患者收治信息、疫情防控信息以及赛事运营方要求报送的信息,需按照要求及时报送。

如遇突发事件,除需要积极开展医疗救治工作以外,还需及时向上级部门汇报。

五、总结

在疫情防控常态化背景下开展体育赛事医疗保障工作,涉及面众多,稍有不慎可能会直接影响赛事的顺利进行。因此,通过 HACCP 的灵活运用,确定可能影响赛事活动医疗保障及防疫举措的风险点,确定关键控制点,在关键环节形成控制措施。上述疫情防控及医疗保障的相关控制措施已在第三届中国国际进口博览会及 2020 年中国足球协会职业联赛保障中执行,验证了其有效性。以上通过系统梳理归纳,形成了适用于多数体育赛事的医疗保障举措,希望能为上海在疫情防控常态化背景下开展体育赛事医疗保障工作提供完善、合理的理论支撑。

参考文献

[1] 夏云,汪志明,卢清.为大型体育赛事提供应急医疗保障的实践与思考[J].中国卫生资源,2008(3).

[2] 王善雨,高春玉,韩红,等.HACCP 在沙漠戈壁某大型活动防疫保障中的实践[J].解放军预防医学杂志,2012(5).

[3] 张文宏.张文宏教授再支招:新冠疫情常态化下健康生活[M].上海:上海科学技术出版社,2020.

[4] 张文宏.张文宏说传染[M].北京:中信出版社,2020.

编 后 语

2020年,是全面建成小康社会之年,是"十三五"规划收官之年。面对突如其来的疫情冲击,上海体育统筹做好新冠肺炎疫情防控工作,协调推进全民健身、竞技体育和体育产业发展,进一步完善体育公共服务体系,全面完成"十三五"规划任务,高质量编制"十四五"体育发展规划,为加快推进建设全球著名体育城市迈出了坚实步伐。

2020年,上海体育决策咨询研究工作成效显著,共收到申报课题174项,经组织专家评审,给予立项33项(其中8项课题进行了平行研究)。在整体研究主题减少的情况下,研究质量进一步提升,立项课题均顺利结题,共评出优秀课题8项,合格课题25项,现将研究成果汇编出版。

本书的顺利出版离不开有关各方的参与和支持。我们对课题评审专家、体育决策咨询研究工作者以及上海大学出版社等各界人士对本书出版给予的支持,表示衷心感谢!

本书汇编课题有关文字内容、观点由作者负责。按照有关课题的规范化要求,我们对部分课题的内容和文字作了适当调整和编辑。

由于编辑水平有限,本书难免存在疏漏之处,敬请批评指正。

编 者

2021年6月